उपेक्षित समुदायों का आत्म इतिहास

उपेक्षित समुदायों का आत्म इतिहास

संकलन एवं सम्पादक

बद्री नारायण, विष्णु महापात्र
अनन्त राम मिश्र

सहयोगी

वनिता सोमवंशी, अमरद्वीप सिंह
मीनू झा, निवेदिता सिंह

वाणी प्रकाशन

प्रकाशन के उत्कृष्टतम 63 वर्ष

सजिल्द पहला संस्करण : 2006
सजिल्द दूसरा संस्करण : 2026

vaniprakashan.com

वाणी प्रकाशन

4695, 21-ए, दरियागंज, नयी दिल्ली-110 002

फ़ोन : + 91 11 23273167, 23275710

शाखाएँ

अशोक राजपथ, पटना-800 004, बिहार

कॉफ़ी हाउस कैम्पस, महात्मा गांधी मार्ग, प्रयागराज-211 001, उत्तर प्रदेश

महात्मा गांधी अन्तरराष्ट्रीय हिन्दी विश्वविद्यालय, वर्धा-442 001, महाराष्ट्र

sales@vaniprakashan.in
vaniprakashan@gmail.com

Upekshit Samudayon Ka Aatm Itihas
by Badri Narayan

ISBN : 978-81-8143-593-4
Collection & Edited by Badri Narayan

मूल्य : ₹ 895

जी.एस. ऑफ़सेट, दिल्ली-110 095 में मुद्रित

वाणी प्रकाशन का लोगो मक़बूल फ़िदा हुसैन की कूची से

उनको, जो
अपना इतिहास
खुद रच रहे हैं

विषय सूची

भूमिका
उपेक्षित समुदायों का आत्म इतिहास

(1)

यह पुस्तक निचली जातियों द्वारा स्वयं लिखे गए अपने जातीय इतिहास का संकलन है जो मुझे जातीय इतिहास पर शोध के सिलसिले में उत्तर प्रदेश के विभिन्न अंचलों में फुटपाथों, छोटी दुकानों, दलित राजनीति से जुड़ी रैलियों एवं मीटिंगों में ठेलों पर बिकते हुए प्राप्त हुए थे। जब मैं, निचली जातियों द्वारा स्वयं लिखे गये प्रत्यय को उपयोग कर रहा हूँ तो यह साफ करना चाहूँगा कि ये पुस्तिकाएँ उक्त जातियों के शिक्षित सामुदायिक इतिहासकारों, सक्रिय राजनीतिक बौद्धिकों एवं उक्त जाति के साहित्यकारों द्वारा लिखे गए हैं।

औपनिवेशिक शासन में खुले नए अवसरों, राष्ट्रवादी एवं समाज सुधार आन्दोलनों एवं उनसे अनुप्राणित शिक्षा के प्रसार, आजादी के बाद भारतीय शिक्षा का उभरते एवं विकसित होते जनतान्त्रिक स्वरूप के कारण धीरे-धीरे अनेक उपेक्षित दलित जातियाँ शिक्षा की परिधि में प्रवेश कर आगे बढ़ती गईं। 'शिक्षित बनने' एवं 'संघर्ष करने' जैसे नारों के साथ दलित जातियों में जो राजनीतिक चेतना विकसित हुई, उसके अनेक आधारों में शिक्षा का बहुत महत्त्वपूर्ण स्थान रहा है। यह शिक्षित-सचेत एवं लिखने की शक्ति से युक्त नवमध्यवर्गीय तबका अपनी अस्मिता की घहराती इच्छाओं, आकांक्षाओं को लिखकर अपने को शक्तिमान बनाने के संघर्ष को गति देता रहा है। यही शिक्षित तबका ऐसे लेखनों के पाठक वर्ग के रूप में भी विकसित हुआ है। साथ ही भारतीय समाज के अन्य तबकों के प्रगतिशील जीवन-मूल्यों से जुड़े लोग भी ऐसी पुस्तिकाओं के पाठक के रूप में पिछले दिनों उभर कर सामने आए हैं। दलित एवं उपेक्षित जातियों में उभरे इस शिक्षित मध्य वर्ग के बारे में बामसेफ द्वारा दिए गए एक आँकड़े से जो तथ्य सामने आता है उसके आधार पर 12 लाख दलित नौकरी शुदा लोग हैं, जिनमें 3,000 डॉक्टर, 15,000 वैज्ञानिक, 7,000 ग्रेजुएट एवं 500 डॉक्टरेट डिग्री धारी सदस्य हैं। हालाँकि यह आँकड़ा पुराना है। आज तो

इनकी संख्या में व्यापक बढ़ोतरी हुई है। दलितों के मध्य विकसित हुआ इस नव शिक्षित मध्य वर्ग में अस्मिता एवं विकास जनित प्रतिद्वन्द्विता का स्फोट साफ दिखता है। उनकी यही आंतरिक आकांक्षा उन्हें ऐसी दलित लोकप्रिय पुस्तिकाएँ लिखने एवं पढ़ने की दिशा में उन्मुख करती है। यह जानना रोचक है कि इसी के कारण तृण मूल स्तर पर दलितों के मध्य लिखने की आकांक्षा के साथ-साथ पढ़ने की आकांक्षा भी जगी है। फलतः दलितों के मध्य ऐसे लोकप्रिय साहित्य का एक व्यापक पाठक वर्ग भी पिछले दिनों विकसित हुआ है।

(2)

उत्तर प्रदेश एवं बिहार के अनेक छोटे-छोटे शहरों, कस्बों एवं जिला मुख्यालयों में 100 से ज्यादा प्रकाशक दलितों की ऐसी लोकप्रिय पुस्तिकाएँ प्रकाशित कर रहे हैं। ये पुस्तिकाएँ सस्ते अखबारी कागज पर बिल्कुल सामान्य स्तर की छपाई एवं साज-सज्जा में प्रकाशित होती हैं। 40 पृष्ठ से लेकर 100 पृष्ठों तक की ये पुस्तिकाएँ प्रायः डेढ़ से दो रुपये मूल्य में या थोड़े से ज्यादा मूल्य में बिक रही होती हैं। कुछ पुस्तिकाओं का मूल्य 10,20,30 रु. भी होता है। इनके लेखक प्रायः अर्द्धशिक्षित, कस्बों एवं छोटे शहरों में वास करने वाले आठवें क्लास से लेकर एम.ए. पास, स्कूल मास्टर, वैद्य, वकील, कुछ छोटे अधिकारी, बहुजन आन्दोलन से जुड़े सामाजिक एवं राजनीतिक कार्यकर्ता होते हैं। इनमें कई राजनीतिक रूप से सक्रिय होते हैं तो कई नहीं; लेकिन जो राजनीतिक रूप से सक्रिय नहीं भी होते हैं वे अपने को 'बहुजन मिशन आन्दोलन' के प्रति समर्पित मानते हैं। यह जानना रोचक है कि वे प्रकाशक और लेखक जो बहुजन समाज पार्टी के बौद्धिक प्रकोष्ठ में सक्रिय होते हैं, वे भी अपने को मिशन साहित्य के काम में संलग्न बताते हैं।

ये पुस्तिकाएँ एक उद्देश्य के तहत लिखी जाती हैं। इनके लेखन के उद्देश्य लेखक अपनी पुस्तक की भूमिका में ही स्पष्ट कर देता है। वे कहते हैं कि ये पुस्तिकाएँ दलित एवं बहुजन के मध्य चेतना जागरण के उद्देश्य से लिखी गई हैं। इन लोकप्रिय पुस्तिकाओं का व्यापक असर दलित राजनीति के विकास एवं विस्तार पर पड़ा है। ये एक सक्रिय प्रभाव उत्पन्न करने वाली पुस्तिकाएँ हैं। जिन्होंने अन्य प्रभावी कारकों के साथ मिलकर उत्तर प्रदेश की दलित राजनीति एवं समकालीन गोलबन्दी की वैचारिकी को मजबूत तो किया ही है साथ ही साथ आम दलित जन के मध्य इन्हें प्रसारित कर उनके मध्य अस्मिता जागरण का महत्त्वपूर्ण कार्य भी सम्पन्न किया है।

ऐसे प्रकाशक एवं लेखक यूँ तो 1960 के बाद ही उत्तर प्रदेश में अपना प्रभाव सिद्ध कर चुके थे, किंतु 1984 के बाद इनकी सक्रियता काफी बढ़ गई। यह वही कालखण्ड था जब उत्तर प्रदेश की राजनीति में बी.एस.पी. का आगमन हो रहा था। बी.एस.पी. स्वयं भी अपने अनेकों 'डाक्युमेंट्स' में दलितों से जनस्तर पर ऐसे सचेत करने वाले साहित्य लिखने की अपील करती रही है। ऐसे साहित्य के निम्न लक्ष्य निर्धारित किए गए—

1. ऐसा साहित्य जो अनुसूचित जाति, अनुसूचित जनजाति एवं पिछड़े उपेक्षितों की मानवीय त्रासदी एवं समस्याओं को सामने लाए।
2. जो साहित्य, समानता, न्याय, स्वतन्त्रता पर आधारित समाज बनाने में भूमिका निभाए।
3. जातियों एवं समुदायों के इतिहास को खोजकर एवं रचकर उनके मध्य आत्मसम्मान एवं आत्मविश्वास पैदा करे।
4. दलित जातियों के नायकों के जीवन चरित लिखे, प्रकाशित एवं प्रसारित करे ताकि दलित जातियाँ उनके संघर्ष एवं जीवन से प्रेरणा लेकर वर्तमान समय में अपनी बेहतरी के लिए संघर्ष कर सकें।

इस प्रकार के दलित लोकप्रिय साहित्य का आधारभूत एजेण्डा दलितों के मध्य उनकी अस्मिता की रचना करना, उसे नई सामाजिक एवं राजनीतिक परिस्थितियों के अनुरूप पुनःसंस्कार देना रहा है। इनका एक महत्त्वपूर्ण प्रयोजन दलित जातियों की अस्मिता रचना के लिए ऐसे साहित्यिक एवं बौद्धिक संस्रोत उपलब्ध कराना ताकि वे अपनी अस्मिता के लिए अन्य की व्याख्याओं एवं बौद्धिक सम्पदाओं द्वारा निर्देशित न हों एवं दूसरों के द्वारा आकार दी गई अस्मिताओं को नकार कर अपनी आत्म छवि खोज एवं रच सकें। ऐसे साहित्य का एक महत्त्वपूर्ण उद्देश्य ब्राह्मणवादी साहित्य के 'प्रति साहित्य' की रचना भी है।

(3)

राजवैद्य माता प्रसाद सागर, जी.पी. प्रशान्त, बुद्धशरण हंस, भवानीशंकर विशारद,

राजकुमार पासी ऐसे अनेक लेखकों की सस्ती पुस्तिकाएँ मेलों, फुटपाथों, दलितों की राजनीतिक रैलियों में बिकती मिल जाएँगी। लक्ष्य संधान प्रकाशन, बहराइच, सागर प्रकाशन, एटा, कुशवाहा प्रकाशन, इलाहाबाद, आनन्द साहित्य सदन, अलीगढ़, अम्बेडकर मिशन प्रकाशन, पटना, कल्चर पब्लिशर्स, लखनऊ दलित लोकप्रिय साहित्य छापते एवं बेचते रहे हैं। कई शहरों में तो 'बहुजन चेतना मण्डप' बने हैं। जहाँ सिर्फ दलित लोकप्रिय साहित्य ही बिकता है। इन ठेलों, चेतना मण्डपों पर आपको हमारे प्रतिष्ठित दलित साहित्यकारों की रचनाएँ न के बराबर दिखेंगी। वहीं इन प्रकाशकों की पुस्तिकाएँ आपके बड़े शहरों के बड़े प्रकाशकों के स्टालों एवं दुकानों पर देखने को नहीं मिलेंगी। इस संबंध में ऐसी पुस्तिकाओं के एक प्रकाशक एवं लेखक बुद्धशरण हंस का कहना है कि ज्यादातर बड़े प्रकाशक एवं वितरक हिन्दू एवं ब्राह्मणवादी मानसिकता के हैं वे उन्हीं के हितों की रक्षा करने वाला साहित्य छापते एवं बेचते हैं। वे हमारा साहित्य अपने स्टाल पर नहीं रखना चाहते। फिर भी ऐसी लोकप्रिय पुस्तिकाएँ बड़े पैमाने पर बिकती हैं। इन्होंने अपना एक बड़ा पाठक वर्ग भी विकसित किया है। किसी-किसी पुस्तिका के तो 10-10 संस्करण 5-6 वर्षों में ही छप जाते हैं। एक-एक संस्करण 5-5 हजार से कम के नहीं होते। ऐसा साहित्य न केवल बी.एस.पी. जैसे दलित राजनीति से जुड़े कार्यकर्ता पढ़ते हैं बल्कि आम मध्यवर्गीय, निम्नवर्गीय, शिक्षित दलित जन ऐसे लोकप्रिय साहित्य का बड़े पाठक वर्ग के रूप में एवं उनके लिए एक प्रतिबद्ध बाजार के रूप में सामने है। यह आम दलित पाठक वर्ग इन पुस्तिकाओं को इसलिए भी पढ़ता है क्योंकि इनमें अत्यन्त रोचक वृत्तान्तों के माध्यम से बातें कही जाती हैं। इनके प्रकाशकों एवं लेखकों का मानना है कि 1984 में उत्तर प्रदेश में बी.एस.पी. की गतिविधियाँ बढ़ने के बाद ऐसी पुस्तिकाओं की बिक्री बढ़ी है। पहले हिन्दी में जो दलित वैचारिक एवं अन्य प्रकार का साहित्य उपलब्ध था वह मराठी का कठिन हिन्दी अनुवाद होता था। जिसकी शैली लोकप्रिय होती ही नहीं थी। फलतः आम पाठक इन्हें नहीं खरीदता था। किन्तु हिन्दी पट्टी में उभरे इन लेखकों ने पहले तो मराठी दलित लेखन की शैली की अनुकृति की किन्तु बाद में इन्हें महसूस हुआ कि अपनी बातों को लोकप्रिय शैलियों एवं स्मृतियों से जोड़ने की जरूरत है तभी उनकी पुस्तिकाएँ आम लोगों तक पहुँचेंगी एवं वे उनकी बातों को ग्राह्य भी कर पाएँगे। फलतः उन्होंने इन लोकप्रिय पुस्तिकाओं में अनेक लोक वृत्तान्त शैलियों का उपयोग किया। मूलवंश कथा जिसमें दलित दृष्टिकोण से भारत के प्राचीन इतिहास को लिखा गया है में सत्यनारायण व्रत कथा की शैली को अपनाया गया है। यह रोचक है कि ब्राह्मणवाद विरोध आख्यान में ब्राह्मणीय कर्मकाण्डी वृत्तान्त की शैली का उपयोग किया गया है। इसमें महाभारत की कथा शैली भी प्रयुक्त हुई है। वहीं 'अछूत वीरांगना नाटक' में नौटंकी शैली में बातें कही गई हैं। इनकी लोकप्रियता का दूसरा कारण यह है कि ये दलितों की लोकप्रिय स्मृतियों में

बसे नायकों एवं संतों की शिक्षापरक जीवनियाँ भी प्रकाशित करती हैं जिसे देखते ही पाठक की लोकप्रिय स्मृतियाँ जग जाती हैं, जो उसे इन्हें खरीदने के लिए प्रेरित करती हैं। तीसरे, राजनीतिक चेतना के विस्तार एवं शिक्षित साक्षर दलित पाठकों के विस्तार ने भी इन्हें लोकप्रिय बनाया है। साथ ही सर्वथा सुलभ उपलब्धता, कम मूल्य एवं सही पाठक समूह की पहचान एवं उन तक पहुँचने की प्रतिबद्ध लालसा भी इन्हें लोकप्रिय बनाने में मददगार साबित होती है।

(4)

इन लोकप्रिय पुस्तिकाओं में आपको आत्मकथाएँ नहीं मिलेंगी। आत्मकथाओं की जगह दलित नायकों, इतिहास पुरुषों एवं सन्तों की जीवनियाँ बहुतायत में छपती एवं बिकती मिलेंगी; सामाजिक आलोचना, भेदभाव एवं सामाजिक व्यवस्था को बेपर्द करने वाला साहित्य, नाटक एवं वैचारिक साहित्य इत्यादि इनमें शामिल मिलेगा। आत्म चिन्ता की जगह सामाजिक एवं ऐतिहारिक चिन्ता दलित लोकप्रिय साहित्य की मूल प्रवृत्ति है। माइकेल स्वारट्लर ने इन्हें 'अछूतों के प्रतिरोध का साहित्य' कहा है। इन लोकप्रिय पुस्तिकाओं में सबसे ज्यादा जातीय इतिहास, दलित संघर्ष का इतिहास, उपेक्षित अस्मिताओं का ऐतिहासिक वृत्तान्त, दलित नायकों एवं संत गुरुओं की ऐतिहासिक जीवनियाँ मिलती हैं। नीचे दिए गए टेबुल के आँकड़ों ये यह बात पुष्ट होती है।

लोकप्रिय दलित/बहुजन साहित्य का प्रकाशन

प्रकाशक	प्रकाशन का स्थान	प्रकाशित एवं संकलित पुस्तिकाओं की संख्या	इतिहास केन्द्रित पुस्तिकाएँ
लक्ष्य संधान प्रकाशन	बहराइच	22	16
कल्चरल पब्लिशर्स	लखनऊ	33	22
अंबेडकर मिशन प्रकाशन	पटना	22	14
आनन्द साहित्य सदन	अलीगढ़	13	9

इससे साफ जाहिर होता है कि इतिहास पुस्तिकाएँ विशेषकर जातीय अस्मिता से जुड़े नायक, नायिका एवं जातीय इतिहास का प्रतिशत इन लोकप्रिय साहित्य के गुच्छे में सर्वाधिक है। इस लोकप्रिय इतिहास लेखन में अकादमिक इतिहास लेखन की शुष्क शैली से इतर लोकायनों, लोक गीतों इत्यादि का भी सहारा अपने वृत्तान्त को रोचक एवं जनग्राह्य बनाने के लिए किया जाता है। अनार्य वंश कथा, मूल वंश कथा, मानव चरित मानस, वीरांगना झलकारी बाई, बुद्ध गीतांजलि, अंगुलिमाल डाकू क्यों बना, राम राज्य न्याय, पासी साम्राज्य, कुर्मी समाज इत्यादि ऐसी ही इतिहास

केन्द्रित लोकप्रिय पुस्तिकाएँ हैं।

इन इतिहास केन्द्रित पुस्तिकाओं में से यहाँ हम जातीय इतिहास की पुस्तिकाओं का संकलन कर उनकी प्रवृत्तियों में आए परिवर्तनों का अध्ययन करना चाह रहे हैं।

भारत में उपनिवेशवादी सत्ता ने अपने शासितों पर सुचारु रूप से शासन करने के लिए 'कॉलोनियल डॉक्यूमेण्टेशन प्रोजेक्ट' के तहत जनगणना एवं गजेटियर्स के माध्यम से भारतीय समाज में जातियों की सामाजिक अवस्थिति का सर्वे कर उन्हें लिखित कर एक अपरिवर्तनशील (फिक्स्ड) सामाजिक अवस्थिति में तब्दील करने लगी तो इस भय से कि जब एक बार जाति की जो हाइरेरकिकल अवस्थिति तय हो जाएगी, वह बदल नहीं सकती, अनेक जातियों ने अपनी नयी पहचान के दावे करने प्रारम्भ किए। जातीय अस्मिता के ये दावे इसलिए भी जगे थे क्योंकि अंग्रेजी साम्राज्य की कल्याणकारी सुविधाओं में से ज्यादा से ज्यादा हिस्सा प्राप्त किया जा सके। जातीय अस्मिता के इन दावों के चलते अनेक जातियों में परस्पर वैमनस्य एवं टकराव भी पैदा हुआ। निचली जातियाँ जब अपने को उच्च कुलशील बताकर अपना संस्कृतिकरण कर ऊपर के क्रम में जाने की कोशिश करने लगीं तो पारम्परिक रूप से उच्च अवस्थिति पर बैठी जातियों को यह नागवार गुजरा और उन्होंने ऐसे दावों का विरोध करना शुरू किया। 1890 के बाद ऐसे अनेक जातीय दावों पर आधारित टकरावों की नामजद रिपोर्ट दर्ज है। इसी प्रक्रिया में अनेक निचली, मध्य एवं ऊँची जातियों ने अपना जातीय इतिहास लिखा, जातीय पत्रिकाएँ निकालीं एवं जातीय संगठन गठित किए। भारतीय समाज में अंग्रेजियत पश्चिमी संस्कृति एवं ईसाईकरण के बढ़ते भय के कारण हिन्दू समाज के दायरे को विस्तारित रखने की वजह से इसी कालखण्ड के आस-पास उभरे सामाजिक आन्दोलन आर्य समाज ने अनेक अछूत, निचली एवं मध्य जातियों को उच्च कुलों एवं ब्राह्मण ऋषियों के गोत्रों से उत्पन्न बताकर ऐसे इतिहास रचने की प्रक्रिया को बढ़ावा दिया जिसमें उन्होंने ब्राह्मण मूल्यों एवं परम्पराओं से सम्बद्ध सिद्ध कर यथा ब्राह्मण, क्षत्रिय इत्यादि प्रमाणित कर उनका संस्कृतिकरण किया जा सके।

यह जानना रोचक है कि इस कालखण्ड में निचली जातियों के ज्यादातर इतिहास जो रचे गए, वो उनके जातीय परिसंघों के साथ मिलकर आर्य समाजियों ने लिखे; जो आज भी दलित जातियों की अस्मिता के आधारभूत तत्त्व के रूप में उनकी पहचान की परिभाषा में कहीं न कहीं शामिल है।

हालाँकि उपनिवेशवादी शासन की प्रक्रिया के पुनरुत्पाद के रूप में 'औपनिवेशिक प्रलेखन परियोजना' ने ऐसी स्थिति पैदा की जिसमें निचली एवं पिछड़ी जातियों की अवस्थिति में गतिशीलता आई एवं वे अपने को उच्च क्रम में होने के दावे कर सके। सदियों से नीचे के पायदान पर ठिठके सामाजिक समूहों को अपने महत्त्व को सिद्ध करने का लगभग पहली बार मौका मिला था। हालाँकि यह देखना रोचक होगा कि

निचली जातियों की इस आर्य समाजी परिभाषा ने उनके आज की अस्मिता के लिए क्या योगदान किया एवं क्या समस्याएँ पैदा कीं। 1907 ई. में प्रकाशित निषाद वंशावली प्रसिद्ध आर्य समाजी देवीप्रसाद द्वारा लिखी गई थी; 1912 ई. में आर्य समाजी मथुरा प्रसाद शर्मा द्वारा रचित 'महालोधि विवेचना' नागपुर से प्रकाशित हुई।

1918 ई. में फर्रुखाबाद के सिकन्दरपुर के निवासी श्री सत्यव्रत शर्मा द्विवेदी जो इस क्षेत्र के जाने माने आर्य समाजी थे ने 'तेलि वर्ण प्रकाश' की रचना की जो इलाहाबाद से प्रकाशित हुई है।

'नायि वर्ण निर्णय' ज्वालापुर गुरुकुल महाविद्यालय के मुख्य अध्यापक श्री रेवती प्रसाद शर्मा ने रचा था, जो खुद प्रसिद्ध आर्य समाजी थे। इस पुस्तक में नायि जाति को ब्राह्मण वंशी सिद्ध किया गया है तथा इसकी भूमिका एवं सम्पूर्ण पाठ में सनातन धर्मियों से विवाद किया गया है जो ब्राह्मण धर्म परम्परा पर एकाधिकार स्थापित कर बैठे हैं तथा अन्यों के ब्राह्मण धार्मिक एवं सांस्कृतिक मूल्य अपनाने पर विरोध करते हैं।

निचली जातियों की अस्मिता निर्माण की यह प्रक्रिया जो आरंभ हुई, वह बाद में चलकर कुछ दशकों के लिए थम-सी जाती है। आजादी के बाद जब उपेक्षित समुदायों का नए बन रहे भारतीय राज सत्ता से मोहभंग हुआ तो ये अपनी अस्मिता के दावे कर आजाद भारतीय राज्य से अपने पिछड़ेपन को दूर करने के लिए माँग करने लगी। 1960 के बाद पुनः ऐसे जातीय इतिहास दलितों एवं पिछड़ी जातियों में फिर से रचे जाने लगे। मण्डल आयोग के लागू होने एवं आरक्षण के प्रश्न पर भारतीय समाज में छिड़े नए विवाद के आलोक में निचली एवं पिछड़ी जातियों की अस्मिता का प्रश्न फिर एक बड़ा सवाल बन उनके खुद के सामने उठ खड़ा हुआ। फलतः जातीय इतिहास फिर रचे कहे-सुने जाने लगे। 1984 में उत्तर प्रदेश में बी. एस.पी. के गठन के बाद एवं बहुजन आन्दोलन के नव उभार के असर के कारण भी बड़े पैमाने पर निचली जातियों ने अपने जातीय इतिहास लिखे। फर्क यह था कि पूर्व में जहाँ उनके जातीय इतिहास पर आर्य समाजियों एवं औपनिवेशिक नृतत्त्व शास्त्रियों ने कार्य किया था, वहीं इस बार खुद उन्हीं के सामुदायिक बुद्धिजीवी उनका इतिहास रच रहे थे।

(5)

इस संकलन में निचली जातियों के जातीय इतिहास के तीनों कालखण्डों एवं प्रवृत्तियों का प्रतिनिधित्व आपको दिखाई पड़ेगा। 1891 के बाद निचली जातियों के इतिहास में प्रायः उन्हें उच्च ब्राह्मणीय सांस्कृतिक मूल्यों से युक्त महाकाव्यों के ऋषियों एवं नायकों के वंश से जोड़कर संस्कृतिकरण की प्रवृत्ति दिखाई पड़ती है। 1923 में प्रकाशित 'नायिवर्ण निर्णय' इसका एक नमूना है। इसमें यह भी दिखाई पड़ता है कि किस

प्रकार आर्य समाजी व्याख्याएँ सनातनधर्मी परिभाषाओं से लड़ते हुए निचली जातियों को ब्राह्मणीय मिथक, प्रतीक, संस्कृति एवं इतिहास से जोड़ रही थीं।

1960 के बाद रचे गए जातीय इतिहासों में निम्न जातियों के गौरव इतिहास में ब्राह्मणीय मिथक, प्रतीकों एवं परम्पराओं के साथ-साथ उनकी अपनी लोक-स्मृतियों से उपजा लोक-इतिहास जुड़कर उनकी अस्मिता के वृक्ष को और ज्यादा मजबूत करता है। साथ ही इस वक्त उनकी अस्मिता की परिधि में ब्राह्मणीय एवं गैर-ब्राह्मणीय पहचानों में संघर्ष भी दिखाई पड़ने लगता है। दुसाधों के बीच उनके उच्च कुलशील उद्भव एवं दलित गरिमा के बीच उभरे विवाद ने उनके मध्य दो गुट बना दिए; इससे जाहिर होता है कि निचली जातियों में दलित गरिमा एवं गौरव की एक नई आत्म अस्मिता इस कालखण्ड में ही उभरने लगी थी। इस संकलन में संकलित दुसाध जाति एक समीक्षा इसी कालखण्ड में बन रही उनकी अस्मिता की प्रक्रियाओं का खुलासा करता है।

1984 के बाद रचे गए निम्न जातियों के जातीय इतिहास की मूल प्रवृत्ति दलित गौरव को स्थापित करना तथा राष्ट्र एवं समाज निर्माण में उनकी अनेकशः कुर्बानी के बाद भी उच्च जातीय षड्यन्त्रों का शिकार हो पीछे रह जाने की पीड़ा एवं अपने अतीत की उच्च स्थिति से षड्यंत्र कर विकास के दौर में अपदस्थ कर लिए जाने का बार-बार हवाला दे अपनी जाति के लिए किए जाने वाले आरक्षण की सुविधा का पक्ष तैयार करना तथा भारतीय राष्ट्र से अपने लिए अनेक विशेष सुविधाओं एवं राष्ट्र निर्माण में अपनी भूमिका का इतिहास, सत्ता में उचित हिस्सेदारी की माँग इत्यादि मूल प्रवृत्तियाँ रही हैं। इन पुस्तिकाओं में आर्य समाजी व्याख्याओं द्वारा रचित उनकी अस्मिता के कुछ निर्णायक तत्त्वों का इस्तेमाल सबवर्सिव (उच्छेदक) तरीके से किया गया है। आर्य समाजी प्रभावों के तहत लिखित जातीय इतिहासों में उच्च महाकाव्यात्मक वैदिक एवं ब्राह्मणीय प्रतीकों का इस्तेमाल निम्न जातियों को वैदिक ब्राह्मणीय संस्कृति से जोड़ने के लिए किया गया है। वहीं मण्डल आयोग द्वारा 'आरक्षण' लागू करने के बाद उभरी परिस्थिति एवं बहुजन आन्दोलन के प्रभाव में रचित इन जातीय इतिहासों में उनमें से अनेक महाकाव्यात्मक पौराणिक एवं उच्च ब्राह्मण ऋषियों के साथ उनके सम्बन्धों के उपयोग का तर्क दलित गौरव गाथा के लिए किया गया है। दलित जातियों की अनार्य एवं अवैदिक व्याख्याएँ तो इतिहास के पाठों में मिलती हैं। साथ ही वैदिक, पौराणिक एवं महाकाव्यात्मक पाठों का उच्छेदक पुनःपाठ से भी दलित दृष्टिकोण से भारतीय समाज की व्याख्या कर उनमें उपेक्षित निचली एवं दलित जातियों का स्थान, भूमिका एवं संघर्ष की रोचक कथाएँ रची गई हैं। वहीं औपनिवेशिक नृतत्त्वशास्त्रियों द्वारा गढ़ी गई एवं प्रलेखित अपनी अस्मिता के कुछ तत्त्वों का इस्तेमाल भी अपने गौरव के इतिहास का पक्ष प्रस्तुत करने के लिए इनमें किया गया है। वर्ण व्यवस्था और कुरील वंश, हेला की कहानी, निषाद वंश के कुल गौरव, मेहतर जाति का इतिहास

हाल-हाल में निचली जातियों द्वारा खुद रचे गए अपने इतिहास के नमूने हैं।

इस सन्दर्भ में एक और महत्त्वपूर्ण तथ्य की ओर इशारा करना चाहूँगा। उत्तर प्रदेश में जो दलित जातियाँ संख्याबल में महत्त्वपूर्ण हैं, जो साक्षरता एवं शिक्षा के दायरे में प्रवेश करती जा रही हैं, जिनके मध्य राजनीतिक नेतृत्व विकसित हो रहा है, उनमें जातीय अस्मिता को गौरवान्वित करने के लिए, आत्मसम्मान की प्राप्ति के लिए जातीय इतिहास रचने, लिखने एवं उन्हें प्रकाशित कर अपने जाति गौरव के पक्ष में प्रमाणस्वरूप प्रस्तुत करने की प्रवृत्ति बढ़ी है। इस प्रकार जातीय इतिहास निचली एवं उपेक्षित जातियों के नवनिर्मित जातीय अस्मिताओं के मूलाधार एवं प्रमुख निर्णायक तत्त्व हैं और अस्मिता एवं आत्मसम्मान की राजनीति का प्रमुख तर्क।

वहीं उत्तर प्रदेश में लगभग 33 से ज्यादा छोटी-छोटी निचली जातियाँ हैं जो मूलतः दस्तकार समुदाय से जुड़ी रही हैं यथा—ततवा, रंगरेज, डफाली, जोगी, नट इत्यादि। जो लोकतांत्रिक राजनीति में अभी दबाव समूह के रूप में नहीं उभरी हैं। जिनमें शिक्षा एवं साक्षरता का प्रसार अभी हो नहीं पाया है, जिन्होंने अपनी अस्मिता के लेखक अभी पैदा नहीं किए हैं, जिनके मध्य अभी राजनीतिक नेतृत्व नहीं उभरा है, उनमें लिखित रूप में जातीय इतिहास का अभाव मिलता है। हालाँकि ऐसा नहीं है कि उनका अपना इतिहास नहीं है। उनके पास भी अपना इतिहास है जो उनकी स्मृति एवं मौखिक परम्पराओं में प्रवाहित होता रहता है। अत्यन्त विनम्रता के साथ मैं यह स्वीकार करना चाहूँगा कि प्रस्तुत संकलन में निचली जातियों के मौखिक इतिहास पर कम जोर दिया गया है, यह एक बड़ा काम है जो अलग से ही सम्भव हो सकता है।

इस संकलन का उद्देश्य सामाजिक-विमर्श, अस्मिताओं के टकराव, आत्मसम्मान की राजनीति की एक महत्त्वपूर्ण प्रक्रिया को पाठकों के सामने लाना है। इसका एक और लक्ष्य शोधार्थियों के लिए इन्हें संस्रोत के रूप में भी उपस्थित करना भी है। अपनी रोचक कथात्मक शैली एवं वृत्तांतों के कारण यह संकलन आम पाठकों को भी पसंद आएगा, ऐसी हमारी आशा है। भूलचूक हो सकती है, उसके लिए क्षमायाचना। आपके हरेक सुझाव एवं प्रतिक्रियाएँ अनखोजे अस्मिताओं के वृत्तान्तों को खोजने में हमारी मदद करेंगी। इस संकलन की और कोई सार्थकता हो या न हो मेरे लिए तो सबसे बड़ी सार्थकता यह है कि हेला एवं मेहतर जैसी जातियाँ भी यहाँ अपना ज्ञानकोष खुद रचती दिखती हैं, अपनी परिभाषाएँ खुद गढ़ती हुई मिलती हैं।

प्राक्कथन एवं आभार

समुदायों में अस्मिता की चाह हमेशा रही है। अस्मिता की चाह का एक तात्पर्य है, अपने को भिन्न दर्शाना। किंतु अस्मिता की यह चाह निरपेक्ष नहीं होती वरन् सत्ता एवं शक्ति के सन्दर्भ में इन्हें नया रूप मिलता है। कई बार तो यह कहने का मन करता है कि अस्मिता की चाह समुदायों के मध्य राजसत्ता द्वारा समय-समय पर उपलब्ध कराए जाने वाले विकास के अवसरों में से अधिकाधिक हिस्सा प्राप्त करने के लिए निरन्तर चल रही प्रतिद्वंद्वात्मक आकांक्षाओं से बलवती होकर नवीन रूप लेती है। यह रूढ़ न होकर नए संदर्भों में निरंतर परिवर्तनशील होती है। यह सदैव नए रूप से अपने को, अपनी सहायक एवं विरोधी शक्तियों को परिभाषित करती रहती है। इसलिए यह जरूरी हो जाता है कि सामाजिक विकास के क्रम में हम समय-समय पर इसका प्रलेखन करें।

अस्मिता अमूर्त है किंतु उसकी चाह की एक मूर्त भाषा होती है जो हमारे वाचिक, ध्वन्यात्मक, दृश्यपरक, लेखन एवं बॉडी लैंग्वेज में अभिव्यक्त होती रहती है। कई बार तो लगता है कि हमारे अधिकांश कलारूप हमारी तरह-तरह की अस्मिताओं की ही अभिव्यक्ति हैं। साथ-साथ रहते हुए अस्मिताएँ हमें एक-दूसरे से फर्क करती हैं। फर्क का यही भाव हमारे कला व्यक्तित्व को सृजित करता है। लोक समाज जो सरल समाज रहा है की सामूहिकता अस्मिता बोध के साथ विखंडित होती जाती है। किंतु यह विखंडन भी विभिन्न इकाइयों का रूप ले उनके भीतर संगठित रूप में वास करता है।

भारतीय समाज में जातीय अस्मिता जातियों की एक प्रकार से सामूहिक एवं सामाजिक अस्मिता के रूप में रही है। इनकी अभिव्यक्ति विभिन्न कालखंडों में रचे गए जातीय इतिहासों में होती रही है। भारतीय समाज में जातीय इतिहास लेखन के शुरुआती दौर में जहाँ अन्यों से संवाद की प्रवृत्ति रही है, वहीं बाद के दौर में इनमें टकरावों का स्वर ज्यादा उभरता दिखता है। किंतु इन टकरावों में भी एक प्रकार का संवादी ढाँचा उभरता है।

ये इतिहास अकादमिक इतिहास तो नहीं हैं किंतु विभिन्न समुदाय इन्हें अपना

इतिहास मानते हैं। इन्हें ये अपना इतिहास मानकर अपने दैनंदिन जीवन के विमर्श में इस्तेमाल करते हैं। उनके लिए शायद 'सच' यही है 'अस्मिता का सच' उन जातियों एवं समुदायों के लिए 'तथ्यात्मक सच' से ज्यादा सच, जीवन्त एवं प्रासंगिक है। पुस्तिकाओं की भाषा में कुछ अशुद्धियाँ उनके मूल रूप में भी हैं, जिन्हें बदला नहीं जा सकता है।

यह संकलन ऐसे ही जातीय इतिहासों का संकलन है जिन्हें मैंने अपने पिछले 10-12 वर्षों के शोध के दौरान संकलित किया है। इसी बीच एक महत्त्वपूर्ण घटना और घटी—फोर्ड फाउंडेशन ने दलितों के लोकप्रिय साहित्य के संकलन की एक बृहद् परियोजना हमारे संस्थान को दी। इस परियोजना पर केंद्रित हम लोगों ने एक दलित रिसोर्स सेंटर विकसित किया है, जिसमें ऐसे सामुदायिक, जातीय इतिहास एवं दलितों का लोकप्रिय साहित्य संकलित किया जा रहा है। इसी परियोजना के एक परिणाम के रूप में इस संकलन को हम आपके समक्ष प्रस्तावित करना चाह रहे हैं। इंडियन काउंसिल ऑफ सोशल साइंस रिसर्च एवं फोर्ड फाउंडेशन की परियोजनाओं के दौरान किए गए संकलनों से यह एन्थ्रोलॉजी विकसित हुआ है। इसी प्रकार दलित संस्रोत केन्द्र, गोविन्दवल्लभ पंत सामाजिक विज्ञान संस्थान, इलाहाबाद के प्रति आभारी हूँ, जिन्होंने मुझे कदम-कदम पर सहायता की। अतः हम इन संस्थाओं के प्रति आभार ज्ञापित करना चाहते हैं।

अपने संस्थान के निदेशक प्रोफेसर रमा चरण त्रिपाठी जी के प्रति भी हम आभार प्रकट करना चाहते हैं जिन्होंने ऐसे शोध को समर्थन एवं हमें हर तरह का सहयोग प्रदान किया।

अपने सहकर्मी श्री अनन्त राम मिश्रा को हम धन्यवाद देना चाहते हैं जिन्होंने परियोजना संचालित करने में हर तरह का सहयोग दिया। अपने शोध सहायकों सुश्री वनिता, मीनू निवेदिता एवं अमरदीप सिंह के प्रति भी मैं धन्यवाद ज्ञापित करना चाहता हूँ। शोध एवं संकलन में जिनका हर तरह का सहयोग मुझे मिला।

मानव विकास संग्रहालय में कार्यरत मेरे अन्य सहयोगी श्री एस. एस. नेगी, अनवर अली, मथुरा प्रसाद बिन्द सबने यहाँ ऐसा माहौल दिया, जिसमें यह कार्य सम्भव हो सका। अपनी पत्नी मंजु एवं दोनों बेटियों अणिमा एवं अनिसा के सहयोग के बिना यह कार्य पूरा हो ही नहीं सकता था। बेटियाँ न चाहकर भी मुझे फील्ड वर्क में जाने की इजाजत दे देती थीं।

अन्त में वाणी प्रकाशन के प्रबन्ध निदेशक श्री अरुण माहेश्वरी जी को भी धन्यवाद देना चाहता हूँ जिन्होंने अत्यन्त रुचि से इस संकलन को प्रकाशित करना चाहा है।

20 अप्रैल, 2006 **बद्री नारायण**

इलाहाबाद

नायि वर्ण-निर्णय

पं. रेवती प्रसाद शर्मा

ओ३म्

भूमिका

(प्रथमावृत्ति की)

जीव कर्म करने में स्वतंत्र और भोगने में परतंत्र है। एक मनुष्य योनि है जिसमें आकर जीव इस जन्म-मरण के बंधन से मुक्त हो सकता है। परमपिता परमात्मा ने अपनी महती कृपा से जीवों को यह मनुष्य शरीर प्रदान करके सर्व सुकर्म करने और परमार्थ पर्य्यन्त प्राप्त करने में समर्थ बनाया है। परंतु भारत के दुर्भाग्य से इस देश में ऐसे नीच मनुष्य उत्पन्न हुए जिन्होंने मनुष्यों की उन्नति में बाधा करना ही अपना कर्तव्य समझा।

प्राचीन काल में मनुष्य अपनी विद्या, धर्म, धन, तप, शुभ कर्म आदि सर्व प्रकार की उन्नति कर सकते थे। परंतु समय के हेरफेर से यह दुष्काल आया जब किसी को नीच कह कर, किसी को अन्त्यज कह कर, और किसी को शूद्र और संकर कह कर शुभ कर्म करने से रोक दिया गया—और तो क्या ईश्वरीय कानून-संग्रह (Penal Code) वेद भगवान् को सुनने तक से रोक दिया गया और आज्ञा निकली कि—

श्रवणे त्रपु जेतुभ्यां श्रोत्र-परिपूरणं उच्चारणे
जिह्वाच्छेदो धारणे हृदयविदारणम्॥

वेदान्त सूत्र (शंकर-रामानुज-माध्व-भाष्य 1।2।38॥)

शूद्र के वेद सुनने पर सीसा या लाख पिघला कर कान में भर दे, बोलने पर जीभ काट दे और यदि हृदय में धारण कर ले (कण्ठ कर ले) तो छाती चीर दे। भला इससे बढ़कर क्या अन्याय हो सकता था कि जिन शुभ कर्मों को करने के लिए परमात्मा ने यह उत्तम मनुष्य देह प्रदान की थी, उन सबसे वञ्चित कर दिया! मनुष्य किसी एक या दो इन्द्रियों से हीन होने पर उन्नति कर सकता है, परंतु वेद-ज्ञान के बिना एक पद भी नहीं चल सकता—अथवा यों कहो कि वेद-ज्ञान और तदनुकूल कर्म किए बिना यह मनुष्य जीवन ही व्यर्थ है॥

उन्हीं समुदायों में, जिन्हें वेद और शुभ कर्म से वंचित किया गया था, एक

नाई समुदाय भी था। इनको वर्णसंकर और शूद्र बतला कर बाधा की जाती थी—यही देख कर तथा इस समुदाय के इटावा, अलीगढ़, आगरा, लखनऊ, मेरठ, सहारनपुर आदि निवासी सज्जनों के प्रेरणा करने पर हमने इस पुस्तक के लिखने का प्रयत्न किया है—

वैदिक सिद्धांतानुसार वर्ण-व्यवस्था गुण-कर्म-स्वभाव से ही होती है, इसलिए उस दशा में कुछ विवाद शेष नहीं रहता। परंतु कुछ मनुष्य हठात् अथवा अविद्या से जन्म से वर्ण-व्यवस्था मानते हैं अतः उन्हीं का सिद्धांत स्वीकार करके उन्हीं के मान्य ग्रंथों के आधार पर नाइयों का ब्राह्मण होना सिद्ध किया गया है। स्मरण रहे हम नायियों को केवल ब्राह्मण सिद्ध करके संतुष्ट नहीं हैं, किंतु हमारी हार्दिक कामना यह है कि वे वेदादि सच्छास्त्रों का अध्ययन कर शुभ कर्म करते हुए सच्चे ब्राह्मण बनें। वह समय शीघ्र आने वाला है जब गुण-कर्म-स्वभाव से ब्राह्मण ही ब्राह्मण कहा और माना जावेगा और नाम-मात्र के ब्राह्मण को कोई भी न पूछेगा उन्नति का समय है—उन्नति करो। यदि इस पुस्तक से इस समुदाय का कुछ भला और सुधार हुआ और संसार में वेदाध्ययन और शुभ-कर्मों की ओर प्रवृत्ति हुई तो हम अपने परिश्रम को सुफल समझेंगे।

इस पुस्तक के प्रकाशन का भार श्रीयुत सुजान सिंह जी रईस आगरा, व स्वामी Ice Factories मथुरा व मेरठ, ने अपने ऊपर लिया है, जिसके लिए न्यायी समुदाय को उनका कृतज्ञ होना चाहिए। इस पुस्तक के लिखने में हमें निम्नस्थ ग्रंथों से सहायता मिली है, उनके कर्त्ताओं के हम कृतज्ञ हैं और हार्दिक धन्यवाद देते हैं—

(1) वेद—ऋग्वेद, यजुर्वेद, अथर्ववेद
(2) ब्राह्मण—शतपथ, साम
(3) वेद—सायण-भाष्य
(4) स्मृति—मनु, अत्रि, पराशर, शंख, औशनसी, याज्ञवल्क्य, व्यास
(5) सूत्र—आपस्तम्ब-धर्म सूत्र, आश्वलायन गृ., गोभिल गृ., आपस्तम्ब गृ., शौनक गृ., पारस्कर गृ.,
(6) वेदाङ्ग—निरुक्त, उणादि कोष
(7) इतिहास—वाल्मीकीय रामायण, महाभारत
(8) पुराण—भविष्य पुराण, शिवपुराण, भागवत, हरिवंश, नाभिक
(9) नीति-शुक्रनीति, भर्तृहरि-शतक, श्रीमद्भगवद्गीता
(10) उपनिषद्—वज्रसूचिकोप., छान्दोग्य.
(11) अन्य—(क) ब्राह्मण निर्णय } श्री पं. छोटेलाल जी महामंत्री
(ख) जाति अन्वेषण } हि. ध. व. मण्डल फुलेरा कृत
(ग) नाय कुल की उत्पत्ति—श्री तुलसी प्रसाद जी ठाकुर कृत
(घ) कुलीन ब्राह्मण निर्णय—श्री पं. मथुरादत्त जी शर्मा ज्योतिषी कृत

(ङ) इष्टि-संग्रह—श्री पं. भीमसेन जी वेद-व्याख्याता कृत
(च) अमरकोष
(छ) ब्राह्मणवंशेतिवृत्तम्—श्री पं. परशुराम जी शास्त्री ऐम. आर. ए. ऐस. (लंदन)
(ज) अभिज्ञान चिंतामणि

कर्णगढ़; जोबनेर,
भाद्र कृ. 8, 38 दया.

रेवती प्रसाद शर्मा,
प्रधान संस्कृताध्यापक
ए. वी. हाईस्कूल जोबनेर,
पो. फुलेरा (जयपुर राज.)

॥ओं तत्सत्॥

द्वितीय संस्करण की भूमिका

प्रिय पाठकगण! हमें यह प्रकट करते बड़ी प्रसन्नता होती है कि संसार ने हमारी पुस्तक "न्यायी वर्ण निर्णय" का पूर्ण सम्मान किया जिसका प्रत्यक्ष प्रमाण यह है कि प्रथम संस्करण की 500 पुस्तकें केवल 3 मास के अल्पकाल में हाथोंहाथ बिक गईं और फिर भी धड़ाधड़ माँग हो रही है। आप सज्जनों ने जो सम्मान हमारी पुस्तक को दिया—उसके लिए हम आपके अत्यंत कृतज्ञ हैं। अब हम इसका दूसरा संस्करण लेकर आपके सन्मुख उपस्थित होते हैं। इसको भी अवलोकन कीजिए!

इस संस्करण में हमने कुछ थोड़ा-सा यत्रतत्र आवश्यक परिवर्तन करके अधिकांश वृद्धि कर दी है और इसीलिए पेज और बढ़ गए अतएव मूल्य भी बढ़ा कर।=) रखना पड़ा, फिर भी स्वल्प मूल्य है। वेदमंत्रों का सायण भाष्य यथावत् दे दिया है। नया अनुसंधान नामक शीर्षक निकाल कर 'परिशिष्ट' का रूप दे दिया है। 'न्यायी' शब्द के स्थान में इस बार हमने 'नायी' शब्द का प्रयोग किया है, जिसका कारण हमने पृष्ठ 41 पर दे दिया है।

पृष्ठ 55 पर पाश्चात्य देशों के नायियों का वर्णन श्री पं. गंगाप्रसाद जी M.A. आचार्य्य गुरुकुल वृन्दावन कृत 'जाति भेद' से दिया गया है। पृ. 72 पर श्री भारतधर्म महामण्डल के उस पत्र की प्रति प्रकाशित की गई है जो महामण्डल के अ. सेक्रेटरी ने हमारे मित्र पं. भगवतीप्रसाद जी शर्मा को लिखा था। हम इन दोनों सज्जनों के भी कृतज्ञ हैं।

कई भाई हम से इस बात पर रुष्ट हुए कि हमने इस पुस्तक में नायियों के विरुद्ध भी प्रमाण दे दिए! परंतु इसमें हमारा दोष नहीं है। हमने इस पुस्तक की रचना 'तटस्थ' हो कर की थी और जो भी प्रमाण अनुकूल या प्रतिकूल हमें देख पड़े, उनको हमने वैसा ही रख दिया। एक आलोचक को जो कुछ करना चाहिए वह हमने किया। हमने एक भी सिद्धांत घढ़ कर नहीं बनाया! जो कुछ पूर्व ग्रंथों में लिखा था उसका संग्रह सप्रमाण कर दिया। जब तक बलाबल का निरीक्षण न हो निर्णय कैसे हो सकता है? रक्षण (Defence) का कार्य भी तभी हो सकता है, जब प्रतिपक्षी के प्रहारों को जान कर उनका निवारण करे। जो प्रतिपक्षी के प्रहारों

वा उद्दिष्ट स्थलों को ही नहीं जानता वह प्रहार को कैसे रोकेगा? नायियों के विषय में जो हमारा स्वमत है वह हमने पुस्तक के परिशिष्ट में दे दिया है।

यह भी प्रकट कर देना आवश्यक है कि 4 वेद संहिता—ऋग्वेद, यजुर्वेद, सामवेद, अथर्ववेद—ही हमें सूर्यवत् मान्य हैं। शेष ग्रंथ उनके अनुकूल होने पर मान्य हैं। अन्य ग्रंथों के प्रमाण उनका मत दिखाने और उनको मानने वालों के संतोष के लिए दिए हैं।

रेवती प्रसाद शर्मा,
ऐम. आर. ए. ऐस. (लंदन)
लोहामण्डी, आगरा।

शिवरात्रि, सं. 1978
39 दयानन्दाब्द

तृतीय संस्करण की भूमिका

लीजिए! पाठकगण! यह नायी वर्ण निर्णय का तीसरा संस्करण है। जिस प्रेम से आपने इसके पूर्व दोनों संस्करणों का सम्मान किया है, उसी प्रेम को हृदय में रख हमने इसका तीसरा संस्करण प्रकाशित किया है। अबकी बार पुस्तक बहुत कुछ बढ़ गई है। प्रायः अनेक स्थलों पर आवश्यकतानुसार बढ़ाया गया है। 'नापित' शब्द पर अबकी बार कुछ अधिक लिखा गया है, 'क्षत्रियत्व' के साथ उसका समाधान भी किया गया है। ऐतिहासिक प्रकरण सर्वथा नवीन बढ़ाया है, जिसमें बतलाया गया है कि वायु, सविता, नारद, हनूमान, व सुग्रीव भी नायी ब्राह्मणों के पुरुषा थे! इसलिए जिन सज्जनों ने प्रथम, द्वितीय संस्करण पढ़ा है वे कृपया इस संस्करण को भी आद्योपान्त देखेंगे। इस बार सर्वत्र ही कुछ न कुछ नई बात देखने में आवेगी।

नायी वर्ण निर्णय की रचना से नायी जाति में एक महान् जागृति हो जाने के कारण, भारतवर्ष का कुछ पर-हित-द्विट् समुदाय बिगड़ उठा है, और नायी जाति और विशेषकर नायी वर्ण निर्णय के विरुद्ध अनेक अंट संट उलटे सीधे लेख लिख कर जनता तथा नायी समुदाय को चिंता में डालने की चेष्टा की गई है तथा की जा रही है जो सर्वथा निंदनीय है। ऐसे क्षुद्राशय पुरुषों के लेखों का उत्तर देना उनकी व्यर्थ बातों को मान देना तथा अपने समय को नष्ट करना है। इनका उचित उत्तर नायी ब्राह्मण में दे दिया जाएगा।

इन लोगों का ऐसी चेष्टा करना कुछ नई बात नहीं है। जब हमारे जाङ्गिड़ा, धीमान्, मैथिल, भार्गव आदि भाई अपने को ब्राह्मण प्रकट करने लगे तो इन लोगों ने ऊधम मचाया। परंतु जब 1-2 मुकदमे हुए और मुँह की खाई तो चुप हो कर बैठ गए, और हाँ में हाँ मिलाने लगे। पहिले ये लोग विधवा विवाह के सर्वथा विरुद्ध थे, अब पिछले दिनों मंगलौर जिला सहारनपुर में ब्राह्मण सभा ने विधवा विवाह सम्पन्न करवा दिया! कुछ समय पहिले अगर कोई हिंदू मुसलमान का पानी भूल से भी पीले तो वह सदा के लिए हिंदू धर्म से अलग समझा जाता था। परंतु आज बड़े 2 टीकाधारी पण्डित तथा बड़ी 2 सनातन-धर्म सभाएँ खुल्लम खुल्ला नौ-मुसलिम राजपूतों को (जो कई पीढ़ियों से जबर्दस्ती मुसलमान बना दी गई थीं) शुद्ध कर लेने की व्यवस्था दे

रही हैं, और स्वयं सनातन-धर्मी पण्डित शुद्धियाँ करा रहे हैं। श्री जगद्गुरु शंकराचार्य्य महाराज ने भी शुद्धि और अछूतोद्धार की आज्ञा दे दी। फिर नायियों ने ही क्या बिगाड़ा है? अपने को सनातन-धर्मी कहने वाले वे पण्डित जो 'नायी ब्राह्मण' नाम सुन कर कानों पर हाथ धरते थे—जनेऊ के नाम से कोसों भागते थे, आज यह देखकर कि नायी ब्राह्मण धड़ाधड़ यज्ञोपवीत पहन रहे हैं स्वयं भी जनेऊ देने लगे। इसलिए हमारा नायी भाइयों से कहना है कि वे घबरावें नहीं धीरे 2 सब उपद्रव शांत हो जावेंगे और सत्य की जय होगी।

यह तीसरा संस्करण अधिकांश हमारी अनुपस्थिति में छपा है, इसलिए कहीं 2 अशुद्धि रह गई है। पाठक कृपया शोध कर पढ़ें।

'नायी वर्ण निर्णय' में कोई 2 श्लोक अशुद्ध छापे गए हैं, जैसे पृ. 35 पर 'कैवर्तकस्य' इत्यादि। इसका कारण यह है कि लेखक ने जिस पुस्तक से उसको उद्धृत किया है उसमें वैसा ही है, प्रारंभिक रूप में, अशुद्धि निकाले बिना छापने का दूसरा प्रयोजन यह भी है कि इस श्लोक का अशुद्ध होना इस बात का प्रमाण है कि यह श्लोक तथा ऐसे ही अन्य बहुत से श्लोक हैं जो द्वेषी लोगों ने गढ़ कर धर दिए हैं।

अब की बार पुस्तक बढ़िया मोटे कागज पर छापी गई है, तथा पृष्ठ संख्या पहिले से भी बढ़ गई है। टाइटिल भी बढ़िया है। इसलिए मूल्य॥=) रक्खा गया है।

पूर्णिमा वैसाखी, स. 1980 वि.
40 दयानन्दाब्द

रेवती प्रसाद शर्मा,
ऐम. आर. ए. ऐस. (लंदन)
कानपुर

नायी वर्ण निर्णय

उपोद्घात

ओं स्वस्ति न इन्द्रो बृद्धश्रवाः स्वस्ति नः पूषा विश्ववेदाः। स्वस्ति नस्ताक्ष्यों अरिष्टनेमिः स्वस्ति नो वृहस्पतिर्दधातु॥

यजु. अ. 25। म. 19॥

एक समय था जब कि हमारा देश उन्नति के शिखर पर विराजमान था। इस देशोत्पन्न ब्राह्मणों से संपूर्ण संसार के लोग विद्या, धर्म, नीति, सदाचार, शिष्टाचार, व्यवसाय आदि की शिक्षा दीक्षा लिया करते थे। महाराज युधिष्ठिर पर्य्यन्त यहाँ के राजाधिराज समस्त भूलोक के चक्रवर्ती राजा रहे। यह देश सर्वथा भूशिरोमणि था। परंतु कराल काल के विकराल चक्र-प्रभाव से कर्म-वशात् यह सर्वथा रसातल गमनोन्मुख हो गया। एक पवित्र आर्य्य* जाति के अनेक खण्ड हो गए। चातुर्वर्ण्य जो एक प्रीति-बंधन

---

* आर्य्य जाति से हमारा प्रयोजन आर्य्यावर्त्त वासी संपूर्ण जनसमुदाय से है जिस का वर्णन वेदादि सच्छास्त्रों में निम्न प्रकार है–

यश्च शूद्र उतार्य्यः॥

अथर्व. कां. 4। सू. 20 म. 4॥

साह्याम दासमार्य्यम्॥

अथर्व. 4।32।1॥

प्रियं सर्वस्य पश्यत उत शूद्र उतार्य्ये॥

अथर्व. 19।62।1॥

आर्य्य-पुत्र पिता माता भ्राता पुत्रास्तथास्नुषा॥

वाल्मीकीय रामायण अयोध्याकाण्ड सर्ग 27। श्लो. 4॥

अनार्य्य-जुष्टमस्वर्ग्यमकीर्तिकरमर्जुन॥

श्रीमद्भगवद्गीता अ. 2। श्लो. 4॥

→

में बँधा हुआ एक रस रहता था, शतशः खण्ड-खण्डित हो गया। ब्राह्मणों में से जिन लोगों ने कुछ भी निकृष्ट कर्म कर लिया वे नीचे गिरा दिए गए, और उनका प्रायश्चित्त न होने के कारण सर्वथा पृथक् जाति माने जाने लगे कई देश-भेद से पृथक् हो गए कई द्वेष के कारण पृथक् हुए। उनका व्यवहार, लेनदेन, खानपान, संबंधादि सब पृथक् हो गया। यहाँ तक वैमनस्य फैला कि गाली गलौज तक उतर आए, जैसा कि:—

ज्योतिर्विदोह्यथर्वाणः कीराः पौराण-पाठकाः।
श्राद्धे यज्ञे महादाने, वरणीया न कदाचन॥

अत्रि स्मृति श्लो. 382॥

आविकश्चित्रकारश्च, वैद्यो नक्षत्र-पाठकः।
चतुर्विप्रा न पूज्यंते, वृहस्पति-समा यदि॥

अत्रि स्मृति श्लो. 384॥

ज्योतिषी, अथर्ववेदी, कीर (तोते के समान रटने वाला), पुराण-पाठी, ये श्राद्ध, यज्ञ और महादान में कभी वरण नहीं करने चाहिए।

आविक (भेड़ों से जीविका करने वाला), चित्रकार, वैद्य, नक्षत्र-पाठी, ये चार ब्राह्मण यदि वृहस्पति के समान विद्वान् भी हों तो भी पूज्य नहीं।

सारका पारखा खण्डा, गौड़ा गूजर-संज्ञकाः।
पञ्च विप्रा न पूज्यन्ते वाचस्पति-समा यदि॥

ब्राह्मण निर्णय॥

सारस्वत, पारीख, खण्डेलवाल, गौड़ और गूजर-गौड़ ये 5 ब्राह्मण वृहस्पति के समान भी हों तो भी अपूज्य हैं।

दधीचि-गौतमादीनां, शापेन दग्ध-चेतसाम्।
द्विजानां जायते श्रद्धा, नैव वैदिक-कर्मणि॥

शिवपुराण विद्येश्वरसंहिता अ. 21 श्लो. 43॥

दधीचि, गौतम, आदि के वंशजों को वैदिक कर्मों में वेद-मंत्रोच्चारण करने का शाप-वशात् अधिकार नहीं है। और भी—

संन्यासी-पुत्रः सनाढ्यः ॥

ब्राह्मण निर्णय॥

→ **आसमुद्रात्तु वै पूर्वादासमुद्रात्तु पश्चिमात्।**
तयोरेवान्तरं गिर्य्योरार्य्यावर्त्तं विदुर्बुधाः॥

मनु. अ. 2। श्लो. 22॥

दश-कोटयः स्मृता आर्य्याः॥ आर्य्याश्च वैष्णवा मुख्या.॥

भविष्यपुराण प्रतिसर्ग पर्व खण्ड 4। अ. 21॥

और किंवदन्ती—

गंगवाने की गूजरी, अरु गूगोर का गौड़।
दोनों ने मिलकर संगम कीना, निकला गूजर-गौड़॥

अभीर-कङ्का यवनाश्च-भृङ्गा,
नारास्तथा मालव-देश-विप्राः।
श्राद्धे विवाहे खलु यज्ञ-कर्मणि,
ते वर्जिता यद्यपि शम्भुतुल्याः।

अभीर, कङ्क, यवन, अश्व, भृङ्ग, नारा, और मालवीय,* ये ब्राह्मण, यदि शम्भु (शिव) तुल्य हों तो भी श्राद्ध, विवाह और यज्ञ कर्म में वर्जित हैं।

कैवर्त्तकस्य भिल्लस्य, पिता भवति यो नरः।
मातायाः गोलकी नारी, पालाश ज्ञातिरुच्यते॥

गोलकी** माता और कैवर्त्त भील पिता से उत्पन्न हुए मनुष्य 'पलाशे' ब्राह्मण कहलाए।

ब्राह्मण निर्णय, पृ. 87-99॥

परिणाम यह हुआ कि देश दुःख, रोग और दुर्भिक्ष का लीला क्षेत्र हो गया और पराधीनता की दृढ़ शृंखलाओं से जकड़ा गया। आशा नहीं थी कि यह देश फिर कभी उठ सकेगा, परंतु कुछ देश का सौभाग्य कहिए अथवा भगवान् की दया कहिए, गीता के—

यदा यदा हि धर्मस्य, ग्लानिर्भवति भारत।
अभ्युत्थानमधर्मस्य, तदात्मानं सृजाम्यहम्॥

गीता. अ. 4।7॥

हे अर्जुन! जब जब धर्म का ह्रास होता है, तब तब मैं अधर्म के नाश और धर्म की रक्षा के लिए जन्म लेता हूँ।

इस वाक्यानुसार महाराणी विक्टोरिया के राज्यकाल में संसारोद्धारक, धर्म-रक्षक महर्षि 'दयानन्द' का जन्म हो गया। ऋषि ने बड़ी 2 कठोर शृंखलाओं को काट कर सब को उन्नति का अवसर दिया। अनाथ, विधवा, गौ, ब्राह्मण और दीनों की टेर सुनी। जो लोग अपनी संपत्ति खो बैठे थे उनको वापस दिलाई। वेद-पाठ ब्राह्मणों का ही धर्म समझा जाता था, दूसरे वर्ण वेद में अपना अधिकार ही नहीं समझते थे अपिच ब्राह्मण भी वेद-पाठ छोड़ते जाते थे ऐसे विकट समय में शंखासुर रूप जर्मनी से वेद लाकर भारत संतान के हाथ में दिए और बतलाया कि वेद के पढ़ने-सुनने का अधिकार भगवान् ने जल, वायु, सूर्य्यादि के समान

---

* देशभक्त श्रीयुत माननीय श्री पं. मदनमोहन मालवीय जी भी मालवीय ब्राह्मण हैं!

** विधवा से जार कर्म द्वारा उत्पन्न सन्तान गोलक कहाती है (देखो पराशर स्मृति अ. 4। श्लोक 23)

सब को दिया है। फलतः सब लोगों की वेदों पर दृष्टिं पड़ी (मुसलमान और ईसाई भी वैदिक ज्ञान के पिपासु बने) वेद का मान होने लगा। ऋषि ने भारत को उसका पुराना गौरव बताया, उसके आत्मस्वरूप का बोध कराया, और हाथ पकड़ 2 कर जगाया। अनेक समुदाय, अविद्या के कारण अपने को पतित और अनधिकारी समझे बैठे थे, उन्नति करने लगे। जाट, गूजर, रोड़, सैनी (क्षत्रिय माली), छीपी आदि अपने को क्षत्रिय और धीमान्, जाङ्गड़ा, आदि अपने को ब्राह्मण कहने और मानने लगे। तद्वत् 'नायी' नामक समुदाय भी आत्मोन्नति में प्रवृत्त हुआ। अनेक पुरुष शिक्षा प्राप्त कर विद्वान् हो गए और अध्यापक, उपदेशक, डॉक्टर, वैद्य, दुकानदार कारखानों के स्वामी और क्लार्क हुए, कुछेक ने बहुत कुछ राज-सम्मान भी पाया। इस समुदाय के लोग अपने को ब्राह्मण या क्षत्रिय वर्ण में बतलाते हैं, आज हम भी स्वमत्यनुसार शास्त्रों के आधार व अन्य साधनों से इसका कुछ विवेचन करना चाहते हैं।

वर्ण-व्यवस्था

वेद का सिद्धांत है कि वर्ण-व्यवस्था गुण-कर्म-स्वभाव से होती है—

चातुर्वर्ण्यं मया स्रष्टं गुण-कर्म विभागशः॥

गीता अ. 4। श्लो. 13॥

चारों वर्ण गुण-कर्म विभाग से मैंने उत्पन्न किए हैं। सृष्टि के आदि में भी वर्ण-विभाग इसी प्रकार हुआ था—

न विशेषोऽस्ति वर्णानां, सर्वं ब्राह्ममिदं जगत्।
ब्रह्मणा पूर्व सृष्टं हि, कर्मणा वर्णतां गतम्॥
कामभोगप्रियास्तीक्ष्णाः, क्रोधनाः प्रियसाहसाः।
त्यक्तस्वधर्मा रक्ताङ्गास्ते, द्विजाः क्षत्रतां गताः॥
गोभ्यो वृत्तिं समास्थाय पीता कृष्योपजीविनः।
स्वधर्मान्नानुतिष्ठन्ति ते द्विजाः वैश्यतां गताः॥
हिंसानृतप्रिया-लुब्धाः सर्व-कर्मोपजीविनः।
कृष्णाः शौच-परिभ्रष्टास्ते द्विजाः शूद्रतांगताः॥

महाभारत शांति पर्व मोक्षधर्माध्याय 188 श्लो. 10-13।

वर्णों में कोई विशेषता नहीं है, सब जगत् ब्राह्मण है, क्योंकि पूर्व ब्रह्म से उत्पन्न हुआ था, फिर कर्म से वर्ण भेद को प्राप्त हुआ, काम, भोग-प्रिय, तीक्ष्ण-स्वभाव, क्रोध-युक्त होकर जिन ब्राह्मणों ने अपना धर्म छोड़ दिया वे क्षत्रिय हो गए॥ गौओं पर निर्वाह करके, निर्मल और कृषि से जीविका करने वाले, जिन ब्राह्मणों ने अपना धर्माचरण नहीं किया वे वैश्य हो गए॥ हिंसा और झूठ को प्रिय मानने वाले, लोभी और सर्व कर्मों से जीविका करने वाले, जिन ब्राह्मणों ने शौच धर्म छोड़ दिया वे शूद्र हो गए॥ और

शूद्रो ब्राह्मणतामेति ब्राह्मणश्चैति शूद्रताम्।
क्षत्रियाज्जातमेवन्तु, विद्याद्वेश्यात्तथैव च॥

मनु. अ. 10 श्लोक 65॥

शूद्र ब्राह्मणता को प्राप्त होता है और ब्राह्मण शूद्रता को प्राप्त होता है, इसी प्रकार क्षत्रिय और वैश्य कुल में जन्म लेने वालों को भी जानो।

कर्म-शील-गुणाः पूज्यास्तथा जाति-कुले नहि।
नात्मना न कुलेनैव श्रेष्ठत्वं प्रतिपद्यते॥

शुक्र-नीति॥

जाति और कुल का मान नहीं होता कर्म, शील और गुण ही पुजते हैं आत्मा और कुल से श्रेष्ठत्व नहीं है।

योऽनधीत्य द्विजो वेदमन्यत्र कुरुते श्रमम्।
स जीवन्नेव शूद्रत्वमाशु गच्छति सान्वयः॥

मनु. अ. 21 श्लोक 168॥

जो द्विज वेद को छोड़कर अन्यत्र (ग्रंथों में) टक्करें मारता है, वह जीता हुआ ही सपरिवार शूद्रत्व को प्राप्त होता है॥ और

न तिष्ठति तु यः पूर्वां नोपास्ते यस्तु पश्चिमाम्।
स शूद्र वद्बहिष्कार्य्यो सर्वस्माद्द्विज-कर्मणः॥

मनु. अ. 2 श्लोक 103॥

जो मनुष्य प्रातः और सायं संध्या नहीं करता वह शूद्र के समान सर्व द्विज-कर्मों से पंक्ति-बाह्य कर देना चाहिए।

अग्निकार्य्यात्परिभ्रष्टाः संध्योपासन-वर्जिताः।
वेदं चैवानधीयानाः सर्वे ते वृषलाः स्मृता॥

पराशर स्मृति 12। 29॥

दक्षिणार्थं तु यो विप्रः, शूद्रस्य जुहुयाद्धविः।
ब्राह्मणस्तु भवेच्छूद्रः शूद्रस्तु ब्राह्मणो भवेत्॥

पराशर स्मृति 12। 36॥

हवन और संध्या से रहित, वेदों के न पढ़ने वाले ब्राह्मण वृषल (पतित) कहलाते हैं। दक्षिणा के लिए जो ब्राह्मण शूद्र के यहाँ होम करे वह शूद्र हो जाता है और वह शूद्र ब्राह्मण हो जाता है।

वृत्या शूद्रसमास्तावद्विज्ञेयास्ते विचक्षणैः।
यावद्वेदे न जायन्ते द्विजा ज्ञेयास्ततः परम्॥

शंख स्मृति 1। 8॥

जब तक वेद विद्या में जन्म न हो (वेदारंभ न हो) तब तक द्विजों को भी वृत्ति से शूद्र समान जानना चाहिए, और उसके पश्चात् (वेदारंभ के पश्चात्) द्विज जानने चाहिए।

न जात्या ब्राह्मणश्चात्र क्षत्रियो वैश्यएवच
न शूद्रो न च वै म्लेच्छो भेदिता गुण कर्मभिः॥

शुक्र नीति 1। 38॥

जाति से ब्राह्मण, क्षत्रिय, वैश्य, शूद्र नहीं है, किंतु गुण, कर्म से भेद हुआ।

अधर्मचर्य्यया पूर्वो वर्णो जघन्यं जघन्यं वर्णमा पद्यते जातिपरिवृत्तौ। धर्म-चर्य्यया जघन्यो वर्णो पूर्व पूर्वं वर्णमापद्यते जातिपरिवृत्तौ।

आपस्तम्ब-धर्म-सूत्र 2। 4। 11॥

अधर्म के आचरण से उत्तम 2 नीच 2 वर्ण को प्राप्त हो जाता है, धर्माचरण से नीच 2 वर्ण उत्तम 2 वर्ण को प्राप्त हो जाता है क्योंकि जाति का परिवर्तन हो जाता है।

वैश्यम्पायन युधिष्ठिर से कहते हैं–

पञ्च-लक्षण-संपन्न, ईदृशो यो भवेद्द्विजः।
तमहं ब्राह्मणं ब्रूयाम, शेषाः शूद्रा युधिष्ठिर!
न कुलेन न जात्या वा, क्रियाभिर्ब्राह्मणो भवेत्।
चाण्डालोऽपि हि वृत्तस्थो, ब्राह्मणः स युधिष्ठिर!!

भागवत॥

हे युधिष्ठिर! पाँच लक्षणों से युक्त जो ऐसा द्विज हो उसको मैं ब्राह्मण कहता हूँ और शेष सब शूद्र हैं। कुल, जाति और क्रिया से ब्राह्मण नहीं होता, यदि चाण्डाल भी वृत्तस्थ हो तो वह ब्राह्मण होता है।

न जातिर्दृश्यते राजन्!, गुणाः कल्याण-कारकाः।
जीवितं यस्य धर्मार्थं, परार्थे यस्य जीवितम्॥
अहोरात्रं चरेत्कान्तिं, तं देवाः ब्राह्मणं विदुः॥

भागवत॥

हे राजन्! जाति नहीं देखी जाती, गुण ही कल्याणकारक होते हैं, जिसका जीवन धर्मार्थ और परोकारार्थ हो, और जिसके मुख पर दिन रात कांति रहे, उसको विद्वान् लोग ब्राह्मण कहते हैं। इत्यादि यथा–

जातो व्यासस्तु कैवर्त्याः, श्वपाक्यास्तु पराशरः।
बहवोऽन्येऽपि विप्रत्वं, प्राप्ताः पूर्वं येऽद्विजाः॥

महाभारत वनपर्व॥

गणिका-गर्भसम्भूतो, वशिष्ठश्च महामुनिः।
तपसा ब्राह्मणो जातः, संस्कारस्तत्र कारणम्॥
ततो ब्राह्मणतां जातो, विश्वामित्रो महातपाः।
क्षत्रियः सोऽप्यथ तथा, ब्रह्म-वंशस्य कारकः॥

महाभारत अनुशासन पर्व अ. 4 श्लो. 48॥

व्यास मल्लाही से, और श्वपाकी (चाण्डाली) से पराशर, उत्पन्न हुआ; और दूसरे भी, जो पूर्व अद्विज थे ब्राह्मण हो गए। वेश्या के गर्भ से उत्पन्न महामुनि वशिष्ठ तप से ब्राह्मण हो गया, क्योंकि ब्राह्मणत्व में संस्कार ही कारण है। क्षत्रिय कुलोत्पन्न महातपस्वी विश्वामित्र भी ब्राह्मण-गोत्र का प्रवर्तक ब्राह्मण हो गया।

भृगोर्वचन-मात्रेण स ब्रह्मर्षितां गतः॥

महाभारत अनुशा. अ. 30 श्लो. 57॥

वीतहव्य राजा भृगु के वचन मात्र से ब्रह्मर्षि हो गया।

तत्रारिष्टषेणः कौरव्यो ब्राह्मण्यं संशितव्रतः।
तपसा महता राजन्! प्राप्तवानृषिसत्तमः॥
सिंधु दपिश्च राजर्षिर्देवापिश्च महातपाः।
ब्राह्मण्यं लब्धवान्यत्र विश्वामित्रस्तथा मुनिः॥

महा. शल्य. अ. 4 श्लो. 36, 37॥

हे राजन्! कुरुकुलोत्पन्न वृती राजा आरिष्टषेण ने महातप से ब्राह्मणत्व को प्राप्त कर लिया। राजर्षि सिन्धुद्वीप और महातपस्वी देवापि तथा विश्वामित्र मुनि ने ब्राह्मणत्व को प्राप्त किया।

नाभागारिष्टपुत्रौ द्वौ वैश्यौ ब्राह्मणतां गतौ॥

हरिवंश पु. 11। 658॥

नाभाग और अरिष्ट दो वैश्य के पुत्र ब्राह्मण हो गये।

नाभागोनेदिष्टपुत्रोऽन्यःकर्मभिर्वैश्यतां गतः।

भागवत स्कंध 9। अ. 2 श्लो. 25॥

नेदिष्ट का पुत्र नाभाग कर्मों से वैश्य हो गया।

गर्गाच्छिनिस्ततो गार्ग्यः क्षत्राद्ब्रह्मण्यवर्तत॥

भागवत॥

गर्ग से शिनि, और उससे गार्ग्य ब्राह्मण क्षत्रियों से हो गए।

म्लेच्छास्ते वैष्णवाश्चासन् रामानन्द-प्रभावतः।
संयोगिनश्च ते ज्ञेया रामानन्द-मते स्थिताः॥
आर्य्याश्च वैष्णवा मुख्या अयोध्यायां बभूविरे॥

भविष्य पुराण प्रतिसर्गपर्व अ. 21॥

वे म्लेच्छ रामानन्द के प्रभाव से 'संयोगी' नामक वैष्णव हो गए और वे आर्य्य और मुख्य वैष्णव अयोध्या में हुए।

वेद में भी कहा है—

ओं आ ब्रह्मन् ब्राह्मणो ब्रह्मवर्चसी जायताम्।
आ राष्ट्रे राजन्यःशूर इषव्योऽतिव्याधी महारथो जायताम्।

यजु.अ. 22। म.22॥

हे परमात्मन्! ब्राह्मण ब्रह्म वर्चस्वी हों, क्षत्रिय शूरवीर, धनुर्धर, न्यायकारी, और महारथी हों। इत्यादि। बज्रसूचि उपनिषद् में भी वर्ण-व्यवस्था पर निम्न प्रकार विचार किया है—

जीवो ब्राह्मण इति चेत्तन्न। अतीतानागतानेकदेहानां जीवस्यैकरूपत्वात् एकस्यापि कर्मवशादनेकदेहसंभवात् सर्वशरीराणां जीवस्यैकरूपत्वाच्च। तस्मान्न जीवो ब्राह्मण इति। तर्हि देहो ब्राह्मण इति चेतन्न। आचाण्डालादिपर्य्यन्तानां मनुष्याणांपञ्चभौतिकत्वेन देहस्यैकरूपत्वाज्जरामरणधर्माधर्मादि साम्यदर्शनाद्ब्राह्मणः श्वेतवर्णः क्षत्रियो रक्तवर्णो वैश्यः पीतवर्णः शूद्रः कृष्ण वर्ण इति नियमाभावात् पित्रादि शरीर-दहने पुत्रादीनां ब्रह्महत्यादिदोषसंभवाच्च। तस्मान्न देहो ब्राह्मण इति॥ तर्हि जातिब्राह्मण इति चेत्तन्न। तत्र जात्यन्तर-जन्तुष्वनेक-जाति संभवा महर्षयो बहवः संति। ऋष्यशृङ्गो मृग्यः, कौशिकः कुशात्, जाम्बूको जम्बूकात्, बाल्मीको बल्मीकात्, व्यासः कैवर्तकन्यायाम्, शशपृष्ठादगौतमो, वशिष्ट उर्वश्याम्, अगस्त्यः कलशे जात इति श्रुतत्वात्। एतेषां जात्या विनाप्यग्रे ज्ञान प्रतिपादिता ऋषयो बहवः संति। तस्मान्न जातिब्राह्मण इति॥ तर्हि ज्ञानं ब्राह्मण इति चेत्तन्न। क्षत्रियादयोऽपि परमार्थदर्शिनोऽभिज्ञा बहवः संति। तस्मान्न ज्ञानं ब्राह्मण इति॥ तर्हि कर्म ब्राह्मण इति चेत्तन्न। सर्वेषां प्राणिनां प्रारब्धसंचितागामिकर्म-साधर्म्य-दर्शनात्मकर्माभिप्रेरिताः संतो जनाः क्रियाः कुर्वंतीति। तस्मान्न कर्म ब्राह्मण इति॥ तर्हि धार्मिको ब्राह्मण इति चेतन्न। क्षत्रियादयो हिरण्यदातारो बहवः संति। तस्मान्नधार्मिको ब्राह्मण इति॥ तर्हि को वा ब्राह्मणो नाम? यः कश्चिदात्मानमद्वितीयं जाति-गुण-क्रिया-हीनं षड़ूर्मिषड्भावेत्यादिसर्वदोषरहितं सत्यज्ञानानन्दानन्तस्वरूपं स्वयं निर्विकल्पमशेषकल्पाधारमशेष भूतान्तर्य्यामित्वेन वर्तमानमन्त-र्बहिश्चाकाशवदनुस्यूतम खण्डानन्दस्वभावम-प्रमेयमनुभवैकवेद्यमपरोक्षतयाभासमानं करतलामलकवत् साक्षादपरोक्षीकृत्य कृतार्थतया काम-रागादि-दोष-रहितः शमदमादि सम्पन्नो भावमात्सर्य्यतृष्णाशामोहादि—रहितो दम्भाहंकारादिभिरसम्पृष्ट-चेता वर्ततत एव मुक्तलक्षणो यः स एव ब्राह्मण इति श्रुति-स्मृति-पुराणेतिहासानामभिप्रायः॥ अन्यथा ब्राह्मणत्व-सिद्धिर्नास्त्येव॥

वज्रसूचिकोपनिषत्॥

(प्रश्न) जी ब्राह्मण है? (उत्तर) नहीं; भूत, भविष्य अनेक देहों के जीव का एक ही रूप होने से; कर्म-वश जीव के अनेक देह होने से; और सब शरीरों के जीवों का एक रूप होने से; इसलिए जीव ब्राह्मण नहीं है। देह ब्राह्मण है? नहीं, चाण्डालादि पर्यन्त मनुष्यों के पाञ्चभौतिक देह के एक रूप होने से, जरा (बुढ़ापा), मरण, धर्म, अधर्मादि का साम्य दीखने से और ब्राह्मण श्वेतवर्ण, क्षत्रिय रक्त (लाल) वर्ण, वैश्य पीत वर्ण, और शूद्र कृष्ण वर्ण होने का नियम न होने से। पिता आदि का दाह कर्म करने में पुत्रादि को ब्रह्महत्यादि दोष का संभव होने से। इसलिए देह ब्राह्मण नहीं है॥ जाति ब्राह्मण है? नहीं; अन्य अनेक जातियों में उत्पन्न महर्षि बहुत हैं। ऋष्यशृङ्ग मृगी से, कौशिक कुश से, जामबूक जम्बूक से, बाल्मीक बल्मीक से, व्यास मल्लाह

की लड़की से, शश (खरगोश) की पीठ से गौतम, वशिष्ठ उर्वशी (नामक वेश्या) से, अगस्त्य कलश से उत्पन्न* हुआ ऐसा श्रुत (सुना) है। इनकी जाति के बिना भी आगे ज्ञान प्रतिपादित ऋषि बहुत हैं। इसलिए जाति ब्राह्मण नहीं है॥ ज्ञान ब्राह्मण है? नहीं; क्षत्रियादि भी परमार्थदर्शी विद्वान् बहुत हैं। इसलिए ज्ञान ब्राह्मण नहीं॥ कर्म ब्राह्मण है? न; सब प्राणियों के प्रारब्ध संचित, और आगामी कर्मों में साधर्म्य दीखने से (क्योंकि) कर्म से अभिप्रेरित मनुष्य क्रिया (कर्म) करते हैं। इसलिए कर्म ब्राह्मण नहीं है॥ धार्मिक ब्राह्मण होता है? नहीं; क्षत्रियादि सुवर्णदान करने वाले बहुत हैं। इसलिए धार्मिक ब्राह्मण नहीं है। फिर ब्राह्मण नामक कौन है? जो कोई अद्वितीय, जाति-क्रिया-गुणहीन, षडूर्मि-षड्भावादि सर्व-दोष रहित, सत्य ज्ञानानन्दानन्त-स्वरूप स्वयं निर्विकल्प, संपूर्ण, कल्याणधारक, सर्वान्तर्यामी रूप से वर्तमान, बाहर भीतर आकाशवद्व्याप्त, अखण्डानन्द-स्वभाव, अप्रमेय (जो प्रमाण से न जाना जा सके), अनुभव मात्र से ज्ञातव्य और प्रत्यक्ष प्रकाशित परमात्मा को हाथ के आँवले के समान साक्षात् प्रत्यक्ष करके कृतार्थता से काम रागादि दोषों से रहित, शमदमादि युक्त, भाव-मात्सर्य-तृष्णा-आशा-मोहादि रहित, दंभ-अहंकारादि से असंयुक्त मन वाला है; ऐसे उक्त लक्षणों वाला जो है सो ही ब्राह्मण है। यह श्रुति-स्मृति पुराणों का अभिप्राय है। अन्यथा ब्राह्मत्व की सिद्धि ही नहीं है।

इत्यादि बहुत प्रमाणों से सिद्ध है कि वर्ण-व्यवस्था गुणकर्म स्वभावानुसार ही है। जो मनुष्य जिस वर्ण के गुण, कर्म, और स्वभावों को धारण करे, वह उसी वर्ण में माना जावे। अतएव नाइयों को भी अधिकार है कि वे अपनी पूर्ण-उन्नति करके यथोचित वर्ण-व्यवस्था प्राप्त करें। यही वैदिक सिद्धांत है और यही हमारा भी अभिमत है। परंतु बहुत से लोग हठ से अथवा अविद्या से, अथवा अन्य कारण से वर्ण-व्यवस्था जन्म से ही मानते हैं। उनके संतोष के लिए दुर्जन-तोष न्यायानुसार उनका मत स्वीकार करके भी हम कुछ निर्णय करना चाहते हैं।

नाय-नापित-न्यायी-नायी

नाय

श्री तुलसीप्रसाद जी ठाकुर इस कुल को ''नाय'' कुल बतलाते हैं। वे लिखते हैं–

'' ''नाय'' शब्द का अर्थ नेता है और ब्राह्मण-वाची शब्द है। नाय से नायी शब्द बनने का क्रम यह है कि ''नी'' धातु को वृद्धि प्राप्त हो के नै हुआ फिर इस में घञ् प्रत्यय लगा, 'घञ्' प्रत्यय के 'घ्' और 'ञ्' का लोप हो के 'अ' रह गया। फिर 'नै+अ' को संधि प्राप्त हो के ''नाय'' पद सिद्ध हुआ।''

---

* यह जन्म वर्णन सृष्टि-क्रम विरुद्ध प्रत्यक्ष है, परंतु जन्म से वर्ण व्यवस्था मानने वाले इनको प्रमाण मानते हैं अतएव हमने लिख दिया है, उपनिषद् लेखक भी 'श्रुतं' (सुना) बतलाता है।

नापित

'नापित' शब्द के विषय में हम ने पूर्व दो संस्करणों में कुछ ग्रंथों के आधार पर लिखा था। पूर्ण विचार के अनंतर हम जिस परिणाम पर पहुँचे हैं, उसको पाठकों के समक्ष रखते हैं।

वेद में तो इस शब्द का प्रयोग देख नहीं पड़ा। स्मृतियों में नापित का लक्षण किया है—

(1) ब्राह्मण × वैश्या का पुत्र—कुम्भकार, नापित, कायस्थ (औशनसी स्मृति श्लो. 32, 33, 34)

(2) ब्राह्मण × शूद्रा का पुत्र—दास और नापित (पराशर स्मृति 11। 23)

परंतु यह अर्थ इन प्रसिद्ध जातियों के लिए नहीं हो सकते, क्योंकि प्रत्येक प्रसिद्ध कुम्हार, नायी, कायस्थ वा दास, ब्राह्मण × वैश्या वा शूद्रा का पुत्र नहीं है, यह प्रत्यक्ष है! यदि कहा जावे कि वर्ण संकर की संतान होने से ये वर्ण संकर हैं सो भी ठीक नहीं, क्योंकि प्रथम तो इस बात का कोई प्रमाण नहीं कि ये वर्ण संकर की संतान हैं, दूसरे वर्ण संकर जाति नहीं हो सकती और न उस से संतान ही चलती है (देखो पृष्ठ 45) इसके अतिरिक्त वेद भाष्यकार श्री सायणाचार्य्य ने—

देव सवितः संस्कारक पुरुष वा त्वं
वप्ता केशानां छेत्ता नापितः॥

(अथर्व का. 8। सू. 2। म. 17 का भाष्य)

देव, सविता, अथवा संस्कार कराने वाला पुरुष (ऋत्विज्), बप्ता, केशों का छेदन करने वाला नापित स्पष्ट लिखा है। इसलिए नापित किसी नीच व्यक्ति के लिए नहीं, अपितु संस्कार कराने वाले ब्राह्मण के लिए प्रयुक्त हुआ है।

व्याकरण की रीति से इसकी व्युत्पत्ति इस प्रकार है—

नञ्याप् इट् च ॥ उणादि पा. 3। सू. 87॥

इस उणादि के सूत्र से 'नापित' शब्द सिद्ध होता है। धात्वर्थ इसका है 'न आप्नोति' नहीं प्राप्त करता है। क्या? सो टीकाकारों के विचारों पर निर्भर है। एक टीकाकार ने लिखा है "न आप्नोति सत्कार्य्याणि इति नापितः" जो सत्कार्य्यों को प्राप्त नहीं करता है। परंतु यही अर्थ क्यों लिया जावे?

न आप्नोति अशौचमिति नापितः

'जो अशौच (अशुद्धि) को प्राप्त न हो वह नापित' यह अर्थ क्यों न लिया जावे? यह ठीक भी है कि नायी जो अभी किसी सूतक या पातक वाले के यहाँ क्षौरादि कर्म करके आया है, वही, तत्काल विवाहादि शुभ कर्मों में भी सम्मिलित होता है। नायी को सूतक पातक का अशौच नहीं लगता, इसलिए नायी को 'नापित' कहना ठीक ही है। पराशर स्मृति में भी लिखा है—

शिल्पिनः कारुका वैद्या दासी दासाश्च नापिताः।
राजानः श्रोत्रियाश्चैव सद्यः शौचाः प्रकीर्तिताः॥

पराशर 3। 22॥

शिल्पी, कारुक, वैद्य, दासी, दास, नापित, राजा और श्रोत्रिय (वेद पाठी) इनके सूतक पातक तत्काल दूर हो जाते हैं।

न्यायी-नायी

हमने इस पुस्तक के प्रथम संस्करण में नायी, नाई और नापित का बोधक पारिभाषिक शब्द "न्यायी" रक्खा था और इसका कारण यह था कि श्री पं. छोटे लाल जी शर्मा महामंत्री हिंदू धर्म वर्णव्यवस्था मण्डल फुलेरा ने "जाति अन्वेषण" के प्रथम भाग में लिखा है कि "प्राचीन काल में जो बड़े विद्वान् व तर्क-शास्त्र के जानने वाले थे, अतः उनका नाम न्यायी रक्खा गया था, जिसका बिगड़ा हुआ रूप नायी व नाई है, इनकी विद्या बुद्धि के कारण लड़के लड़की का विवाह, शादी, सगाई आदि इन्हीं की सम्मति के अनुसार होते थे।" यह शब्द हमें भी प्रिय प्रतीत हुआ अतएव हमने प्रथम संस्करण में इसी का उपयोग किया। परंतु बहुत से सज्जनों का विचार है कि इस जाति का नाम नायी ही रक्खा जावे। इस में कुछ हानि नहीं, यह भी संस्कृत शब्द है। 'नी' (णीञ् प्रापणे) धातु से शीलवा ताच्छील्य अर्थ में 'णिनिँ' प्रत्यय करने से "नेतुं शीलमस्यासौ नायी" 'नेता' (Leader) का जिसका स्वभाव हो वह 'नायी' होता है–नायी का नेतृत्व अध्वर्यु होने से प्रत्यक्ष सिद्ध है (देखो परिशिष्ट)। लोक व्यवहार में वर्तमान दशा में भी नायी का नेतृत्व अनेक स्थलों पर पाया जाता है–

(1) पंजाब आदि देशों में प्रसूता के सूतक से 10वें दिन शुद्ध हो जाने पर नायी बालक को गोद में लेकर प्रसूता के आगे आगे चलता है।

(2) विवाह संस्कार में मुख्य नेता 'नायी' होता है, जो कन्या के लिए वर खोजता है। वर की योग्यता की बहुविधि परीक्षा करता है। वाग्दान संस्कार कराता है और प्रत्येक कार्य में उसी की सम्मति से कार्य होता है और इसी कारण सब से प्रथम नायी को पञ्चवस्त्र पहिनाए जाते हैं। इत्यादि अनेक प्रमाण हैं।

वेद में भी अनेक स्थलों पर 'नायी' को 'सविता' कहा है–

ओं आयमगन्त्सविता क्षुरेणोष्णेन वाय उदकेनेहि॥

अथर्व. का. 6। सू. 68। म. 1॥

हे वायो (अत्यंत गमनशील-नायी) आप सविता (सर्वप्रेरक देव) अपने साथ छुरे और उष्ण जल सहित आइए।

और सायणाचार्य्य ने 'सविता' का अर्थ 'सर्वस्व प्रेरको देवः' किया है। अतएव नायी नाम सर्वथा सार्थक है और अब हम 'नायी'* शब्द का ही प्रयोग करेंगे।

---

* कई सज्जनों को 'न्यायी' शब्द ही प्रिय है। हमें इसमें भी कुछ आपत्ति नहीं है। यह शब्द भी नायी जाति पर बहुत कुछ घटता है, और संस्कृत भी है, जो सज्जन इसको रखना चाहें, इसे रक्खें।

नायी नाम–क्षौर कर्म

भारत के दुर्भाग्य से जब यवनों का राज्य हुआ तो कौन सा अत्याचार था जो इस देश-वासियों पर नहीं हुआ? जीते जी जलाए गए, खाल खिंचवा कर भुस भरवा दिया गया, धर्म के लिए चर्खियों में पेले गए, दीवारों में चुने गए, शिखा सूत्र छीने गए, बहू बेटियों के बलात् धर्म्म नष्ट किए गए, हमारे शास्त्र फूँक 2 कर हम्माम गरम किए गए! गाँव के गाँव भस्म कर दिए गए! शरीरों पर तेल छिड़क कर आग लगा दी गई! जिन ब्राह्मण और क्षत्रियों में आत्मिक बल था, उन्होंने प्राण दिए परंतु धर्म न दिया। फतहसिंह, हरिसिंह दीवारों में चुने गए; गुरु गोविंद, वीर हकीकत और तेगबहादुर प्राण दे गए। परंतु जिनकी आत्माएँ निर्बल थीं उन्होंने या तो मुसलमानों की शरण ली, और उन्हें अपना शिखा-सूत्र (चोटी जनेऊ) प्रदान किया, अथवा नाम और वेष बदल लिया, अपना स्थान छोड़ दिया इत्यादि। जैसे जाट, रोड़, गूजर, राजपूत (रांघड़) आदि; बहुतों ने व्यवसाय बदल लिए। कई ब्राह्मण, क्षत्रिय, कुलोत्पन्न सुनार, लुहार, बढ़ई, छीपी, माली आदि ने केवल व्यावसायिक नाम रख लिए और वर्णत्व-बोधक ब्राह्मण क्षत्रियादि पद उड़ा दिए और द्विजत्व-बोधक चिन्ह यज्ञोपवीत भी उतार दिया। ऐसा करने से यवन लोग उनकी उच्चता को सहसा नहीं जान सकते थे। उन्हीं में से बहुतों ने अपने आपको "नायी"* ही कहना प्रारंभ कर दिया और अपना वही व्यवसाय–पञ्चाङ्गादि बनाना और पठन-पाठन संबंधी कार्य्य–करते रहे। कइयों ने नाम के साथ 2 काम भी बदल लिया।

हम अपने कथन की पुष्टि में कुछ प्रमाण उद्धृत करते हैं–

(1) 197 नायी पांडे–"यह कान्यकुब्ज ब्राह्मणों का एक भेद है इसके दो भेद हो गए जिनमें से जो पढ़े लिखे मनुष्य थे वे तो अपने को ब्राह्मण समझ कर कान्यकुब्जों में मिले परंतु जो समुदाय विद्याहीन था वह एक उस्तरा व कटोरी की पूजन करता 2 परस्पर स्वजाति-वर्ग की हजामत भी करने लगा, जिससे वे नाई पांडे कहलाने लगे। इस तरह ये लोग परस्पर हजामत करते कराते अन्य उच्च जातियों की भी अन्य नाइयों की तरह हजामत करने लगे ये लोग युक्त प्रदेश के फर्रुखाबाद व कानपुर तथा प्रयागादि जिलों में हैं ये ब्राह्मणानुकूल कर्म कर सकते हैं।" (ब्राह्मण निर्णय, पृ. 314-315)

(2) इसी प्रकार रिजले महाशय भी लिखते हैं–

The caste is clearly a functional group formed in probability from the members of respectable caste who in different parts of the country

---

* नायी ब्राह्मण का नामान्तर है। "वेदव्यासः, नयः, गुरुः" ये नाम ब्राह्मण के हैं। नय से नाय और उससे नायी बना है। (ब्राह्मण निर्णय, पृ. 29)
हजामत बनाना निन्दित कर्म नहीं है (देखो आगे 'नायी के कार्य्य का गौरव')

adopted the profession of Barders. (The Tribes and castes by Risely)

(ना. कु. उ.)

अर्थात् नायी जाति कदाचित् उच्च (माननीय) जाति के परिवारों से बना हुआ, स्पष्ट रूप से परिश्रमी समुदाय है। जिन्होंने देश के भिन्न 2 भागों में नायी का व्यवसाय स्वीकृत कर लिया।

बहुत से ब्राह्मण क्षत्रिय कुल सपूतों ने अपनी मूर्खता से शूद्रों के काम भी अपने हाथ में ले लिए; जैसे, पानी भरना, रोटी बनाना यजमानों का बोझा ढोना आदि आदि। कुछ तो अति निकृष्टकर्म नटपना करने लगे—स्वाँगों में स्त्री रूप धारण कर नाचने लगे!!! शोक!

नायी जन्म

रज प्रधान है या वीर्य?

जन्म से वर्ण-व्यवस्था माननेवाले वर्ण-निर्णय जन्म से करते हैं। सवर्ण स्त्री पुरुष में जो संतान होगी वह तो उसी वर्ण में होगी ही; परंतु असवर्ण संबंध होने पर वह संतान किस वर्ण में समझी जावे? यह विचारणीय है।

वर्ण-सांकर्य्य

कुछ लोगों का कहना है कि वर्ण-संकर संतान निन्दित होती है, परंतु यदि विचार कर देखा जावे तो वर्ण-संकर कुछ भी नहीं है। यदि है, तो वर्ण-संकर क्या है? उत्तर यही मिलता है कि एक वर्ण के पुरुष से दूसरे वर्ण की स्त्री में उत्पन्न संतान वर्ण-संकर होगी। तब यह जानना चाहिए कि 'वर्ण' क्या है? न तो जीव ही वर्ण है न शरीर (देखो पृ. 40-41) वर्ण किन्हीं गुण-कर्म स्वभाव विशेष का नाम है; वे जिस किसी व्यक्ति में होते हैं, वह उसी वर्ण में समझा जाता है। इसलिए रजवीर्य के संबंध से वर्ण-संकर संतान हो ही नहीं सकती।

कई कहते हैं कि जैसे गधी और घोड़े के संबंध से खच्चर जाति उत्पन्न होती है, उसी प्रकार एक जाति के पुरुष से दूसरी जाति की स्त्री में उत्पन्न संतान वर्ण-संकर जाति (जैसे नाई, कुम्हार, आदि) बन जाती हैं। सो भी ठीक नहीं, क्योंकि मनुष्य जाति एक जाति है, और एक जाति में सांकर्य्य संभव ही नहीं। दूसरे खच्चर कोई जाति नहीं, क्योंकि न्याय-दर्शन में लिखा है कि—

समानप्रसवात्मिका जातिः॥

न्याय दर्शन अ. 2। आ. 2। सू. 66॥

अर्थात् जाति वह है जिससे तद्नुरूप संतति का प्रसव हो। परंतु खच्चर खच्चरी से कभी संतान नहीं हो सकती। अतएव वर्ण-संकर से भी संतान नहीं होनी चाहिए।

परंतु जिनको ग्रंथों में लिखा है कि ये वर्ण-संकर हैं (जैसे नायी, कुंभकार आदि) उनके संतान प्रत्यक्ष देख पड़ती है। इसलिए वे वर्ण-संकर नहीं हो सकते। इसलिए जो वर्ण-सांकर्ण्य को (जो वास्तव में कुछ नहीं) खच्चर से उपमा देते हैं वे महा-मूर्ख हैं। इसी प्रकार कलमी वृक्ष का बीज कभी स्वजाति उत्पन्न नहीं कर सकता। कोई भी माली कलमी वृक्ष के बीज को बो कर तदनुकूल जाति उत्पन्न नहीं कर सकता। इसी प्रकार वर्ण-संकर से भी संतान नहीं होनी चाहिए। परंतु ऐसा नहीं है, इसलिए यह वर्ण-संकर* का ढकोसला सर्वथा निर्मूल है। और यदि कदाचित वर्ण-संकर की सत्ता मान भी लें तो वह भी चारों वर्णों में ही सम्मिलित होगा क्योंकि मनु महाराज कहते हैं—

ब्राह्मणः क्षत्रियो वैश्यस्त्रयो वर्ण द्विजातयः।
चतुर्थ एक जातिस्तु शूद्रो नास्ति तु पञ्चमः॥

मनु.

ब्राह्मण, क्षत्रिय, वैश्य तीन वर्ण द्विज हैं और एक चौथा शूद्र वर्ण है, पाँचवाँ कोई नहीं है। इसलिए वर्ण-संकर भी इन चारों में ही गिना जाएगा। इसमें इतिहास भी यही साक्षी देता है। क्षत्रिय-कुलोत्पन्न राजा शांतनु से, धीवर-कन्या सत्यवती (मत्स्योदरी) के गर्भज चित्राङ्गद और विचित्र वीर्य क्षत्रिय कहलाए व राज्यसिंहासनासीन हुए। इन दोनों की स्त्रियाँ (काशिराज की कन्याओं) में ब्रह्मर्षि व्यास के वीर्य से जन्म लेकर धृतराष्ट्र और पाण्डु क्षत्रिय हुए। यह निश्चयात्मक कहना कठिन है कि संकर संतान यदि संभव हो तो वह मातृवर्णानुकूल हो या पितृवर्णानुकूल, अथवा अन्य कुछ। स्मृतियों में कुछ विचार किया है परंतु वह परस्पर विरुद्ध होने से अमान्य हो जाता है। तथापि-अधिकतर यही प्रतीत होता है कि वीर्य्य की ही श्रेष्ठता होती है। कभी 2 क्षेत्र के स्वामी का भी अधिकार होता है, परंतु वह नियोग की अवस्था में। वैसे वीर्य्य ही प्रधान माना गया है, जिसके बहुत प्रमाण मिलते हैं। श्रीमद्भागवत नवम स्कंध अ. 14 में एक कथा आती है कि चंद्रमा ने राजसूय-यज्ञ करके तीनों लोगों को जीत लिया और घमण्ड के मारे, अपने गुरु बृहस्पति की पत्नी तारा को चुरा ले गया। बृहस्पति के शिकायत करने पर ब्रह्मा जी ने चंद्रमा को धमका कर गर्भवती तारा बृहस्पति को दिलवा दी। उस तारा ने सुवर्ण के समान कांतिमान पुत्र को जन्म दिया। उस पुत्र को लेने के लिए बृहस्पति और चन्द्रमा में विवाद होने लगा तब—

ब्रह्मा तां रह आहूय, तमप्राक्षीच्च सान्त्वयन्।
सोमस्येत्याह शनकैः, सोमस्तं तावदग्रहीत्॥

भागवत स्क. 9। अ. 14॥

ब्रह्मा जी ने तारा को एकांत में बुलाकर, सान्त्वना देकर पूछा तो उसने कहा

---

* यदि कोई कहे कि फिर शास्त्रों में वर्ण-संकर का वर्णन क्यों मिलता है? तो इसका उत्तर यह है कि जिन नीच लोगों ने मद्य, मांस भक्षण, व्यभिचार आदि घृणित विषय शास्त्रों में मिला दिए उन्होंने ही ऐसी कल्पनाएँ करके देश जाति और धर्म का सत्यानाश कर दिया।

कि यह चन्द्रमा के वीर्य्य से है। तब वह चन्द्रमा को दे दिया गया; और इस प्रकार गुरुपत्नी-गमन रूप महा-पातक से उत्पन्न हुआ पुत्र नवग्रहों में बुध नाम कहलाया और बड़ा बुद्धिमान हुआ। उस बुध का भी आवाहन विवाहादि शुभ-कर्मों में होता है।

एवम्—

यादृशं तूप्यते वीजं क्षेत्रे कालोपपादिते।
तादृगारोहति तत्तस्मिन् स्वैर्व्यञ्जितं गुणैः॥

मनु. 9। 36॥

समयानुसार क्षेत्र में जैसा बीज बोया जाता है, वह अपने गुणों के बल से वैसा ही उत्पन्न होता है॥

ब्राह्मणयां ब्राह्मणाज्जातों, ब्राह्मणः स्यान्न संशयः।
क्षत्रियायां तथैवस्याद्वैश्यायामपि चैवहि॥

महाभारत अनु. पर्व। अ.47। श्लो. 28॥

ब्राह्मण से ब्राह्मणी में उत्पन्न संतान ब्राह्मण होती है, और क्षत्रिया वा वैश्या में उत्पन्न संतान भी ब्राह्मण होती है। इसमें संदेह नहीं॥ पारस्कर गृह्यसूत्र में भी लिखा है कि—

शूद्रामप्येके मंत्र-वर्जम्॥

पारस्कर गृह्यसूत्र का. 1। क. 4। म. 12॥

इस वाक्यानुसार शूद्रा सब वर्णों की स्त्री हो सकती है॥

शूद्रैव भार्य्या शूद्रस्य, सा च स्वा च विशः स्मृते।
ते च स्वा चैव राज्ञश्च, ताश्च स्वा चाग्रजन्मनः॥

मनु. 3। 13॥

शूद्र की स्त्री शूद्र ही हो; वैश्य की वैश्या वा शूद्रा; क्षत्रिय की क्षत्रिया, वेश्या वा शूद्रा और ब्राह्मण की चारों वर्ण की स्त्री हो सकती है, अतएव ब्राह्मण शूद्रा से उत्पन्न संतान भी ब्राह्मण होगी।

नायी जन्म

ग्रन्थों के देखने से ज्ञात होता है कि नापित का जन्म दो प्रकार से वर्णित है, यथा—

(1) **वैश्यायां* विप्रतश्चौर्य्यात्कुम्भकारः स उच्यते।**
कुलाल वृत्त्या जीवेत्तु नापिता वा भवन्तयतः॥

औशनसी स्मृति 32, 33॥

* अच्छा हुआ कि नापित का जन्म वैश्या (वैश्य की लड़की) से बताया। कहीं वेश्या (रण्डी) से कह देते तो नायियों को वशिष्ठ-गोत्रीय ब्राह्मणों से भाईचारा करना पड़ता; क्योंकि "गणिका-गर्भ-संभूतो वशिष्ठश्च महामुनिः" ॥महा.॥

इस प्रकार नायियों का नंबर वशिष्ठ-गोत्रीय ब्राह्मणों से ऊँचा है क्योंकि वे वेश्या-पुत्र नहीं किंतु वैश्या-पुत्र हैं।

वैश्या में ब्राह्मण से, चोरी से उत्पन्न संतान, कुम्भकार कहलाती है और वह कुम्हार के काम से निर्वाह करे अथवा उससे नापित होते हैं।

(2) **शूद्र-कन्या* समुत्पन्नो ब्राह्मणेन तु संस्कृतः।**
असंस्काराद्भवेद्दासः, संस्कारादेव नापितः॥

पराशर स्मृति अ. 11। श्लो. 23॥

शूद्र-कन्या से उत्पन्न, ब्राह्मण से जन्म लेकर यदि संस्कार न हो तो दास कहलाता है और संस्कार हो जावे तो नापित।

अतः ज्ञात हुआ कि ब्राह्मण पिता और वैश्या वा शूद्रा माता** से नापित का जन्म हुआ। उपरोक्त 'वीर्य-प्राधान्य' के सिद्धान्तानुसार नायी "ब्राह्मण" सिद्ध हैं, और कहलाने के अधिकारी हैं मनु कहते हैं—

यादृग्गुणेन भर्त्रा स्त्री, संयुज्येद्यथा विधिः।
तादृग्गुणा सा भवति, समुद्रेणेव निम्नगा॥

मनु.। 9। 22॥

स्त्री जैसे गुण वाले पति से युक्त होती है, वह वैसे ही गुणों वाली हो जाती है, जैसे समुद्र से मिलकर नदी।

---

* नायी भाइयों को चाहिए कि वे पराशर स्मृति और औशनसी स्मृति के बनाने वालों को हार्दिक धन्यवाद दें कि उन्होंने नापित को वैश्या वा शूद्रा कन्या और ब्राह्मण से उत्पन्न कर दिया! अच्छा हुआ कि नापित सृष्टि-क्रम-विरुद्ध तो नहीं उत्पन्न हुए। यदि कहीं उनको नासिकेत के समान नाक अथवा कर्ण के समान कान से उत्पन्न कर देते तो वे क्या करते! और कहीं सत्यवती के समान मछली से अथवा मान्धाता के समान राजा यवानाश्व के गर्भ! से पैदा कर दिया जाता तो नापितों को अवश्य ही अपनी माता या पिता का पेट फाड़ कर निकलना पड़ता! परन्तु एक मज़ा होता कि पिता का पेट फाड़ते तो इंद्र का दूध! पीने को मिलता!!! नायियों को अगस्त्य ऋषि की तरह घड़े से भी नहीं निकाला! धन्य है इन लाल बुझक्कड़ी कथाओं के लिखने वालों को! जिसको जहाँ से चाहा निकाल दिया! यह न सोचा कि कभी वैदिक सूर्य का भी फिर प्रकाश होगा और दिवान्ध के समान छिपने को स्थान ढूँढने पर भी न मिलेगा!

शूद्रा और ब्राह्मण से जन्म लेने के कारण नायी लोग व्यास के भाई हैं। क्योंकि वेदांत-सूत्र के निर्माता, पातञ्जल योगदर्शन के भाष्यकार और कथा-कोश 18 पुराणों के कर्ता (जैसा के पुराणों के मानने वाले कहते हैं) महर्षि व्यास, पराशर और धीवर-कन्या के पुत्र थे! और एक प्रकार से व्यास से भी बढ़चढ़ कर हैं, क्योंकि नापित का पिता ब्राह्मण तो था, परंतु व्यास के पिता पराशर श्वपाकी (चाण्डाली) के पुत्र थे—"श्वपाक्यास्तु पराशरः" ॥महाभारत.॥

** हमारे कुछेक मित्र इस बात से बड़े अप्रसन्न हुए कि हमने नायी जाति के वर्ण-संकर होने के श्लोक अपनी पुस्तक में दे दिए और इस प्रकार हमने नायी जाति को कलंकित कर दिया। परंतु यह भूल है। हम नायी जाति को कदाचित् भी वर्णसंकर नहीं मानते। नायी-जन्म के विषय में हमने अपना सिद्धांत इस संस्करण के अंत में दे दिया है।

येन येन तु वर्णेन, या कन्या परिणीयते।
तत्समं सूतकं याति तथा पिण्डोदकेऽपिच॥

औशनसी स्मृति 85॥

जिस 2 वर्ण से कन्या का विवाह होता है, उसी के अनुकूल सूतक पिण्डदानादि का नियम होता है ॥ विवाह के पश्चात् कन्या का वही गोत्र होता है जो उसके पति का होता है। इसमें स्मृति इतिहास प्रस्तुत करती है—

अक्षमाला वशिष्ठेन संयुक्ताधम योनिजा।
शारङ्गी मन्दपालेन जगामाभ्यर्हणीयताम्॥

मनु. 9 ।23

एवं कृत-प्रतिज्ञां तु, निशम्य झष-जीविकः।
ददौ सत्यवती तस्मै राज्ञे सर्वाङ्गशोभनम्॥

याज्ञवल्क्य 261॥

अवमयोनिजा अक्षमाला वशिष्ठ से संयुक्त हुई, और शारङ्गी मन्दपाल से पत्नी-भाव को प्राप्त हुई। इसी प्रकार धीवर ने प्रतिज्ञा कर लेने के कारण सर्वाङ्ग-सुंदरी सत्यवती उस राजा (शांतनु) को दे दी। ठीक है, कहा भी है—

स्त्रियो रत्नान्यथो विद्या, धर्म शौचन्तु भाषितम्।
विविधानि च रत्नानि, समादेयानि सर्वतः॥

मनु. 2 । 240॥

स्त्री रत्न, विद्या, धर्म, शौच, उत्तम वचन, और विविध रत्न सब जगह से ले लेने चाहिए ॥ अतएव वैश्या वा शूद्रा से जन्म लेने से शूद्र नहीं हो सकता, अतः ब्राह्मण पिता होने से नायी शूद्र नहीं किंतु ब्राह्मण हैं। बहुत से लोग कलियुग का बहाना लेकर (जो नितांत निराधार है) उन्नति करने में बाधा करते हैं उनके संतोषार्थ भविष्य महापुराण से एक कथा उद्धृत करते हैं—

त्रिपाठिनो द्विजस्यैव, भार्यानाम्ना हि कामिनी।
मैथुनेच्छावती नित्यं, महाघूर्णित लोचना॥
द्विजः सप्तशती पाठे, वृत्यर्थं कर्हिचिदगतः।
ग्रामे देवलके रम्ये, बहुवैश्य-निषेविते॥
तत्र मासगतः कालो, नाययौ स्व-मन्दिरे।
तदा तु कामिनी दुष्टा, रूप-यौवन-संयुता॥
दृष्ट्वा निषादं सबलं, काष्ठभारोपजीवितम्।
तस्मै दत्वा पञ्चमुद्रा, बुभुञ्ज काम-पीडिता।
तदा गर्भं दधौ सा च, व्याध-वीर्य्येण सेचितम्।
पुत्रोऽभूद्दशमासान्ते, जातकर्म पिताऽकरोत्॥

द्वादशाब्दे गते काले, स धूर्तो वेद-वर्जितः।
व्याघ-कर्म-करो नित्यं, व्याध-कर्मायतोऽभवत्॥
निष्कासितौ द्विजेनैव, मातृपुत्रौ द्विजाधमौ।
त्रिपाठी ब्रह्मचर्य्यं तु, कृतवान् धर्म-तत्परः॥
निषादस्य गृहे चोभौ, वने गत्वोषतुर्मुदा।
प्रत्यहं जार-भावेन, बहु द्रव्यमुपार्जितम्॥
व्याध-कर्मा तु चौर्य्येण, पितृ-मातृ-प्रियङ्करः।
कदाचित्प्राप्तवांस्तत्र, द्विज-वस्त्रं समुद्धतम्॥
श्रुतमादि-चरित्रं हि, तेन शब्द-प्रियेण वै॥
पाठ-पुण्य-प्रभावेण, धर्म-बुद्धिस्ततोऽभवत्।
दत्वा चौर्य्य-धनं सर्वं, तस्मै विप्राय पाठिने॥
शिष्यत्वमगमत्तत्राक्षरमैशं जजाप ह।
बीज-मंत्रं प्रभावेण, तदाङ्गात्पापमुलवणम्॥
निसृतं कृमि-रूपेण, बहुबर्णेन तापितम्।
त्रिवर्षान्ते च निष्पापो, बभूव द्विज-सत्तमः॥
पठित्वाऽक्षर-मालां च, जजापादि चरित्रकम्।
द्वादशाब्द-मिते-काले, काश्यां गत्वा तु स द्विजः॥
अन्नपूर्णां महादेवीं, तुष्टाव परया मुदा।
सा इत्यष्टोत्तरे जप्त्वा, ध्यानास्तिमित-लोचना।
सुष्वाप तत्र मुदिता, स्वप्ने प्रादुरभूच्छिवा॥
दत्वा तस्मै ऋग्विद्यां, तत्रैवान्तरधीयत॥
उत्थाय स द्विजो धीमान्, लब्ध्वा विद्यामनुत्तमाम्॥
विक्रमादित्य-भूपस्य यज्ञाचार्य्यो बभूव ह॥

भविष्य पुराण प्रति-सर्ग-पर्व 3। खण्ड 2। अध्याय 34॥

एक त्रिपाठी ब्राह्मण की कामिनी नाम्नी भार्या थी, जो सदा मैथुनेच्छा रखती थी और जो दृष्टि से क्रूर थी॥ वह ब्राह्मण बहुत से वैश्यों से युक्त सुंदर देवलक ग्राम में निर्वाहार्थ सप्तशती का पाठ करने चला गया॥ वह एक मास हो जाने पर भी अपने घर नहीं आया॥...तब उस रूप-यौवन-युक्ता दुष्टा कामिनी ने लकड़ी बेच कर निर्वाह करने वाले एक बलवान निषाद को देखकर, उसको पाँच रुपये देकर, कामासक्ता ने उससे भोग किया॥ तब उसने व्याध (निषाद) के वीर्य से सेचित होकर गर्भ-धारण किया। दश मास के अंत में पुत्र उत्पन्न हुआ और पिता ने जातकर्म संस्कार किया॥ वह बालक 12 वर्ष बीतने पर वेद-विवर्जित, धूर्त, व्याध-कर्म करने लगा और

उसका नाम 'व्याध-कर्मा' हो गया॥ उस त्रिपाठी ब्राह्मण ने उस नीच द्विज* माता और पुत्र को घर से निकाल दिया और स्वयं धर्म-पूर्वक ब्रह्मचर्य्य से रहा॥ तब वे दोनों निषाद के घर, वन में जाकर रहे। और नित्य-प्रति जार-कर्म करके बहुत धन कमाया॥ उस व्याधकर्मा ने, जो चोरी करके माता पिता का प्यारा बन रहा था, एक दिन ब्राह्मण का वस्त्र उतरा हुआ पाया। उस शब्द-प्रिय ने आदि चरित्र सुना और उस पाठ के पुण्य-प्रभाव से धर्मबुद्धि हो गया। चोरी का सब धन उस पाठ करने वाले ब्राह्मण को देकर उसका शिष्य हुआ और 'ओ३म' अक्षर का जाप किया॥ उस बीज मंत्र के प्रभाव से सारे पाप कृमि-रूप से निकल आए॥ तीन वर्ष के अंत में वह द्विज-श्रेष्ठ निष्पाप हो गया। वर्णमाला पढ़कर उसने आदि-चरित्र का जाप किया॥ बारह वर्ष बीतने पर उस ब्राह्मण ने अन्नपूर्णा महादेवी को संतुष्ट किया॥ उसने, जो ध्यान से नेत्र मुँदे होने पर सोई हुई थी, जप से प्रसन्न होकर कल्याण-कारिणी स्वप्न में प्रकट हुई॥ उसको ऋग्वेद की विद्या देकर वहीं अंतर्धान हो गई॥ वह बुद्धिमान ब्राह्मण उठकर, उत्तम विद्या को प्राप्त कर, महा-प्रतापी राजाधिराज विक्रमादित्य का यज्ञाचार्य्य हुआ॥ सत्य है—

विद्यातपोभ्यां भूतात्मा, बुद्धिर्ज्ञानेन शुद्ध्यति॥

मनु. अ. 5। श्लो. 109॥

कवष ऐलूष दासी-पुत्र (देखो शतपथ-ब्राह्मण) होने पर भी विद्या और तप के बल से ऋग्वेद के दशम मण्डल के कई सूक्तों का द्रष्टा ऋषि हो गया। ऐतरेय ऋषि इतरा (अन्त्यजा-चाण्डाली) का पुत्र (देखो शंकर भाष्य) मुक्ति-प्रद ज्ञान-काण्ड के भाण्ड ऋग्वेद के ऐतरेय ब्राह्मण का कर्ता हुआ। नायी भी शुभ कर्म करते हुए ज्ञान और तप के प्रभाव से सब कुछ बन सकते हैं। वीर्य्य-प्राधान्य सिद्धांत से भी नायी ब्राह्मण सिद्ध ही हैं।

नायी का अन्न भोज्य है

नापितान्वय-मित्रार्धसीरिणो-दास-गोपकाः।
शूद्राणामप्यमीषां तु भुक्तवान्नं नैव दुष्यति॥

व्यास स्मृति 3। 51॥

शूद्रों में से नायी, प्यारा मित्र, खेती का सीरी (साझीदार) दास, और गोप इनका अन्न खाकर दूषित नहीं होता।

---

* जब एक निषाद के वीर्य्य और व्यभिचारिणी ब्राह्मणी से, प्रतिलोम विधि से जन्म लेकर, चोरी जारी करता हुआ भी द्विज कहला सका, तो ब्राह्मण पिता के पुत्र नायी 'ब्राह्मण' कहलावें तो कौन रोक सकता है? एक निकृष्टतम राक्षस भी जब 'ओ३म' अक्षर के जपने से कलियुग में ही पवित्र हो गया और वीर विक्रमादित्य का यज्ञाचार्य्य बन गया, तो नायियों को क्या बाधा? वे भी ओ३म जपन और वेदाभ्यास द्वारा उत्तम ब्राह्मण बन सकते हैं, इसमें कुछ भी संदेह नहीं।

दास नापित गोपाल–कुल-मित्रार्धसीरिणः।
एते शूद्रेषु भोज्यान्ना यश्चात्मानं विधीयते॥

पराशर स्मृति 11। 22॥

दास, नायी, गोप, मित्र, खेती का सीरी, और जो आत्म समर्पण कर दे, इन शूद्रों का अन्न भोज्य है॥

यहाँ शंका यह उठती है कि इन स्मृतियों के लेखकों ने नापित को शूद्र माना है। सो कुछ चिंता की बात नहीं, कृष्ण-भक्तों ने भी तो अपने उपास्य देव, 16 कला के पूरे अवतार, आनन्द-कंद श्रीकृष्णचन्द्र भगवान् को "चोर-जार-शिखामणि:" चोरों और जारों का सरदार लिखा है; यहाँ तक कि नित्य प्रति गाली भी देते हैं, यथा–"महावराहो गोविन्दः" "भगवान् बड़ा सूअर है।" अस्तु नायियों पर चोरी जारी का दोष तो नहीं लगाया! यह भी कृपा है। नायी उन ब्राह्मण-ब्रुवों से अच्छे हैं जो इक्का चलाते हैं, नाटकों में स्त्री पुरुषों के रूप भर 2 कर लोगों को रिझाते हैं, इत्यादि, क्योंकि इनका अन्न-जल ग्रहण करना भी ठीक नहीं। देखो मनु महाराज कहते हैं–

हस्ति-गोऽश्वोष्ट्र-दमको, नक्षत्रैर्यश्च जीवति।
पक्षिणां पोषको यश्च, युद्धाचार्य्यस्तथैव च॥
आचार-हीनः क्लीवश्च नित्यं याचनकस्तथा।
कृषि-जीवी श्लीपदी च सद्भिर्निन्दित एव च॥
एतान्विगर्हिताचारानपाङ्क्तेयान्द्विजाधमान्।
द्विजाति-प्रवरो विद्वान्, उभयत्र विवर्जयेत्॥

मनु. 3। 162, 165, 167॥

हाथी, बैल, घोड़ा, ऊँट को चलाने वाला, ज्योतिषी, पक्षी पालने वाला, युद्ध विद्या सिखाने वाला, आचार से हीन नपुंसक, नित्य भीख माँगने वाला, खेती करने वाला, पीलिया रोग वाला, और सत्पुरुषों से निन्दित। इन निन्दित आचार वाले पंक्ति-बाह्य अधर्मों को द्विजाति-प्रवर विद्वान देव और पितृ कर्मों में त्याग दे। यदि इनके हाथ का अन्न भोज्य है तो नायी के अन्न में क्या दोष है?

लोक व्यवहार

"व्यवहार में तो अभी तक यह देखने में आता है कि कान्यकुब्ज ब्राह्मण, जो उत्तम ब्राह्मणों में गिने जाते हैं, एक दूसरे ब्राह्मण के हाथ का नहीं खाते परंतु नायी का छुआ खा लेंगे और राजपूताने में तो नायी के हाथ की कच्ची रसोई क्षत्रिय खाते हैं और ब्राह्मण के समान उनके रसोड़ व रसोई-घर के कर्ता धर्ता यही नायी होते हैं।" (ना. कु. उ., पृ. 13)

किसी का कथन है कि–

नाई दाई वैद कसाई, इनका सूतक कभी न जाई॥

परंतु यह शास्त्र विरुद्ध है। देखो—

शिल्पिनः कारुका वैद्या दासी दासश्चनापिताः।
राजनःश्रोत्रियाश्चैव सद्यः शौचाः प्रकीर्तिताः॥

पराशर 1। 22॥

शिल्पी (दस्तकार), कारीगर, वैद्य, दासी, दास, नाई, राजा और श्रोत्रिय (वेद-पाठी) इनके सूतक पातक तत्काल दूर हो जाते हैं।

नायी के कार्य्य का गौरव

नायी ब्राह्मण की सहकारिता

संपूर्ण पवित्र कृत्यों में नायी का सर्वत्र ही प्रवेश है। जहाँ कहीं भी ब्राह्मण का भाग होता है वहीं 2 नायी का भी साथ 2 ही रहता है। कोई ऐसा शुभ-कर्म (यज्ञादि) नहीं जिसमें ब्राह्मण का हो और नाई का न हो अथवा दूसरे शब्दों में यों कहना चाहिए कि यज्ञ में जो ब्रह्मा, होता, उद्गाता और अध्वर्य्यु चार ऋत्विज् होते हैं उनमें अध्वर्य्यु के कार्य्य का उत्तर-दातृत्व नायी पर ही होता है (देखिए परिशिष्ट)। आगे चल कर हम बतलावेंगे कि अध्वर्य्यु क्षौर (वपन) करता है—और प्रत्येक शुभ कर्म में ब्राह्मण के समान नायी भी दक्षिणा प्राप्त करता है। इस समय भी अनेक प्रदेशों में जब ब्राह्मणों को किसी शुभ अवसर पर दान मिलता है तो उसका आधा नायी को दिया जाता है—जैसे यदि कोई सेठ 1) जनेऊ ब्राह्मणों को दे तो॥) व्यक्ति नायी जनों को मिलेंगे।

राज्याभिषेक करना और राजा को मुकुट धारण कराना ब्राह्मण कर्म है और इस कार्य्य को नायी विवाह के समय करता है अर्थात् वर को, जो सामयिक राजा होता है, मुकुट धारण कराता है। वर वधू की अनेक प्रकार से परीक्षा करना तथा संबंध निश्चय करना नायी का ही कार्य है—जो इनके चातुर्य्य का दृढ़ प्रमाण है।

सिल्ली उस्तरे की पूजा

देखो पृष्ठ 44 पर और—

ओं शिवो नामासि स्वधितिस्ते पिता नमस्ते अस्तु मा मा हिꣳसीः।

यजु. 3। 63॥

हे क्षुर! त्वं नाम नाम्ना। **शिवः शान्तोऽसि स्वधितिः वज्रं ते पिता। ते तुभ्यं नमोऽस्तु मा मा हिंसीः॥**

(प. महीधर-कृत वेददीप-भाष्य)

हे क्षुर! तू शिव नाम वाला है, तेरा पिता वज्र (फौलाद) है, तुझे 'नमस्ते' हो, (इस बालक को) मत मार अथवा मुझे मत मार॥

क्षुर (उस्तरे) की महिमा

वेद में छुरे की महिमा और भी वर्णित है, देखो–

ओं अदितिः श्मश्रु वपत्वाप उन्दन्तु वर्चसा।
चिकित्सतु प्रजापतिर्दीर्घायुत्वाय चक्षसे॥

अथर्ववेद काण्ड 6। सू. 68। म. 2॥

अदिति अर्थात् अखण्डित (जो टूटा वा भोथरा न हो और ठीक फौलाद का बना हो) छुरा केशों को काटे, जल तेज के साथ भिगोवे। और प्रजापति (ईश्वर) दीर्घायु और सब का कल्याण देखने के लिए (वपन कराने वाले की) चिकित्सा करे॥

नायी का कर्म (क्षौर कर्म) वैदिक है

क्षौर कर्म वैदिक है। बालक का एक संस्कार "चौल" वा "मुण्डन" कहलाता है, जिस का सर्व सूत्र-ग्रंथों में वर्णन है। यह श्रौत-कर्म है, क्योंकि इसका मूल वेद में मिलता है–

ओं यत्क्षुरेण मर्चयता सुतेजसा वप्ता वपसि
केशश्मश्रु। शुभं मुखं मा न आयुः प्रमोषीः॥

अथर्व. का. 8। सू. 2। म. 17॥

यत् यदा हे देव सवितः संस्कारक-पुरुषो वात्वं वप्ता केशानां छेत्ता नापितः सन् मर्चयता व्यापारयता सुतेजसा शोभनतेजोयुक्तेन क्षुरेण केश-श्मश्रु-शिरो-रोमाणि मुख-रोमाणि च वपसि। यद्यपि वपति धातुर्वीजसन्तानार्थस्तथापि केश-सम-भिव्याहारात् छेदने वर्तते। तदा वपनं कुर्वन् मुखं गोदान-चौलो-पनयनैः संस्क्रियमाणस्य बालस्य मुखं शुभं दीप्तं तेजस्विकुरु। वपने सति मुखविकाशभावादेवं प्रार्थ्यते न अस्माकं पुत्रस्य आयुर्मा प्रमोषीः ॥सायणभाष्य॥

हे देव! सवितः संस्कारक पुरुष! तू वप्ता, केशच्छेदक नापित! कार्य्य में आने वाले उत्तम तेज वाले क्षुर (उस्तरे) से केश, श्मश्रु, और शिर के बालों को और मुख के रोमों को जब काटता है (यद्यपि वप धातु बोने के अर्थ में है तो भी केश के साथ व्यवहृत होने से छेदन अर्थ में है) तब वपन करता हुआ गोदान (केशांत) चौल (मुण्डन) उपनयन (जनेऊ) संस्कार किए जाते हुए बालक के मुख को शुभ दीप्त और तेजस्वी कर। वपन (हजामत) होने पर मुख का विकास होने से ऐसे प्रार्थना की जाती है कि हमारे पुत्र की आयु को नष्ट न कर॥

ऋग्वेद म. 8। सू. 4। म. 16॥ म. 1। सू. 166। म. 10॥ म. 10। सू. 28। म. 9॥ इत्यादि अनेक स्थलों पर तथा सूत्र ग्रंथों में क्षुर की महिमा बहुविध वर्णित है, विस्तार भयात् हम इसको यहीं तक लिखते हैं।

"The Barber's trade is undoubtedly of great antiquity. In the Veda

(Wilston's Rigveda IV 223 x 142-4 Rajendra Lal Mitra's Indo-Arayans 1, 219) we read "Sharpen us like the razor in the hands of the barber shaving a beard."

"In time they must have enjoyed considerable dignity. Upali **the** barber was the first propounder of the law of the Budhist church (Oidenbery Life of Buddha. 159 : Spance Hardy Eastern Monarchism p. 34.)"

(ना. कु. उ.)

नायी का कार्य्य निस्संदेह बड़े मान्य का है, वेद में हम पढ़ते हैं (ऋग्वेद विल्सन भाष्य : राजेन्द्रलाल मित्र कृत Indo-Aryans) "हम को उस प्रकार तीक्ष्ण करो जैसे नायी के हाथ का छुरा" और फिर "वायु से प्रचलित अग्नि पृथ्वी के केशों को (वनस्पति आदि को) उसी प्रकार काटता है जैसे नायी दाढ़ी को मूड़ता है" "प्राचीन काल में उन्होंने (नायियों ने) अवश्य ही बहुत आदर पाया होगा। उपाली नाई बौद्ध मत के सिद्धांतों का प्रथम निर्माता था।" (स्पेन्स हार्डी)

"ऋग्वेद में वर्णित है कि आर्य जाति अर्थात् ब्राह्मण, क्षत्रिय, वैश्य, इन तीनों जातियों के पूर्व पुरुष नायी के काम अपने आप किया करते थे" (भारत-इतिहास अधरचन्द्र मुखोपाध्याय कृत)

अथर्ववेद काण्ड 8 के दूसरे सूक्त का देवता 'क्षुर' है—इसलिए क्षौर-कर्म वैदिक है। यह सिद्ध हो चुका कि क्षौर-कर्म कुछ निन्दित कर्म नहीं है किंतु वैदिक है। अब भी बड़े 2 विद्वान् लोग क्षौर-कर्म अपने हाथ से करते हैं और इस कार्य के लिए अनेक प्रकार के छुरे कैंची प्रचलित हुए हैं। एक प्रश्न विचारणीय रह जाता है कि नायी का क्षौर कर्म यद्यपि प्रशंसनीय है परंतु निकृष्ट सेवा करके जीविका करना निंदनीय है। सेवा धर्म बुरा नहीं है, हम अपने छोटे से छोटे भाई की निकृष्ट से निकृष्ट सेवा धर्मार्थ कर सकते हैं। परंतु इस से जीविका करना ठीक नहीं (तथापि स्मरण रहे कि अपने छोटे भाई को जो हमारी निकृष्ट सेवा निर्वाह लेकर भी करता है, उसको घृणा की दृष्टि से देखना महापाप है—सबके साथ प्रीति पूर्वक यथायोग्य वर्तना चाहिए) परंतु जब तक एक समुदाय दूसरे घरों में वा स्थानों में भोजन बनाना, चौका लगाना, झाड़ू लगाना, पानी भरना, पानी पिलाना आदि अनेक शूद्र-कर्म करता हुआ ब्राह्मण कहला सकता है, तब तक नायियों को भी ब्राह्मण कहने से हटाया नहीं जा सकता। नायियों ने अनेक स्थलों पर गौरवान्वित कार्य्य किए, जिनका वर्णन विस्तार भयात् यहाँ नहीं करते फिर देखा जाएगा।

नायी अन्य कार्य्य भी करते हैं

जैसे पूर्व बतलाया जा चुका है कि उपाली नायी धर्म का नेता था, उसी प्रकार इसी समुदाय के अनेक पुरुष समय 2 पर उपदेशक, गुरु, राजा, पुरोहित, प्रधान सचिव,

रह चुके हैं। अब भी बहुत से अध्यापक, उपदेशक, वैद्य ज्योतिषी, डॉक्टर, सेठ, दुकानदार कारखानेदार आदि हैं।

"Anarpuria Napits do not practise the profession of the caste but make their living by trade medicine and all kinds of clerical Work. Many of them.................as napits and moharrirs in the management of landed property." (The Tribes and Castes by H.H. Risely.)

(ना. कु. उ.)

"अनारपुरिया नापित अपना जातीय व्यवसाय नहीं करते किंतु अपनी जीविका, व्यापार, वैद्यक, और सब प्रकार के लेखन-कार्य द्वारा करते हैं। उनमें से बहुत भूमि की जायदादों के प्रबंध में नायब और मुहर्रिरों के पदों पर नियुक्त हैं।"

पाश्चात्य देशों में भी नायियों ने बहुत उन्नति करके दिखाई है–

"पादरियों में अति प्रख्यात कवि और उपदेशक जैरेमी टेलर (Jeremy Taylor) पहिले नाई था। सर रिचर्ड आर्कराइट (Sir Richard Arkwright) जिसने रुई धुनने कातने और बुनने की कलें निकाली हैं–पहिले नाई ही था। अति प्रख्यात चीफ जस्टिस लार्ड टेंडरडन (Lord Tenderden) और प्राकृत दृश्यों का सब से प्रसिद्ध चित्रकार टर्नर (Turner) भी पहिले नाई थे।"

(जाति भेद, पृ. 59)

नायी का गौरव

क्षौर कराने वाला (यजमान) छुरे की प्रशंसा करता हुआ, नायी को संबोधन कर के उससे प्रार्थना करता है–

ओं यत्क्षुरेण.॥

अथर्व. 8। 2। 17॥ (देखो पृष्ठ 54)

हे नाई! जब तू तेज चमकीले छुरे से केश और डाढ़ी मूँछ काटता है, मुख को सुंदर बना, इसकी आयु को क्षीण न करना!

चौल संस्कार में नायी को 'धाता' कहा जाता है, जिसका अर्थ धारण करने वाला है–

ओं येन धाता बृहस्पतेरग्नेरिन्द्रस्य चायुषे ऽवपत्॥
तेन त आयुषे वपामि सुश्लोक्याय स्वस्तये॥

आश्व. गृ. अ. 1। क. 17। म. 16॥

धाता (धारण करने वाले–नायी) ने जिस क्षुर से बृहस्पति, अग्नि, और इन्द्र का क्षौर, आयु के लिए किया था, उसी से तेरी आयुवृद्धि, सुख, और कल्याण के लिए वपन करता हूँ॥

फिर नायी को 'पूषा' भी कहा जाता है, जिस का अर्थ पोषण करने वाला है–

ओं येन पूषा बृहस्पतेर्वायोरिन्द्रस्य चावपत्। तेन ते वपामि ब्रह्मणा जीवातवे जीवनाय दीर्घायुष्टवाय॥

साम मं. ब्रां 1। खं. 6। म. 7॥

पूषा (पोषण करने वाले—नायी) ने जिस छुरे से बृहस्पति, वायु, और इन्द्र का क्षौर किया, उस 'ब्रह्म' रूप छुरे से तेरे जीवित रहने, जीवन, और दीर्घायु के लिए पवन करता हूँ॥

यह क्या कम गौरव की बात है कि वेद छुरे को ब्रह्म से उपमा देता है और नायी को बृहस्पति, अग्नि, वायु, इन्द्र आदि के जीवन, कल्याण, सुख और आयु का धारण करने वाला और पोषण करने वाला कहा जाता है!

नायी को वेदाधिकार

वैसे तो भगवान् ने अपना ज्ञान वेद मनुष्य मात्र के लिए प्रदान किया है, जैसा कि—

ओं यथेमां वाचं कल्याणीमावदानि जनेभ्यः।
ब्रह्मराजन्याभ्या ᳬ शूद्राय चार्य्याय च स्वाय चारणाय॥

यजु. अ. 26। म. 2॥

जैसे इस कल्याण-कारिणी वेद-वाणी को मनुष्यों के लिए ब्राह्मण, क्षत्रिय, वैश्य शूद्र, निज परिवार और सेवकादि के लिए ....वैसे तुम भी किया करो॥

तथापि नाई के वेदाधिकार में कुछ और प्रमाण देते हैं—

(1) **आचान्तोदकाय गौरिति नापितस्त्रिर्ब्रूयात्॥**

गोभिल प्र. 4। खं. 10। सू. 17॥

यजमान के आचमनादि कर लेने पर नापित तीनवार "गौः" बोले॥ तिस पर यजमान—

(2) **मुञ्च गां वरुणपाशाद्द्विषन्तं मेऽभिधेहीति तं जह्यमुष्य चोभयोरुत्सृज गामत्तु तृणानि पिवतूदकमिति ब्रूयात्॥**

गोभिल अ. 4। खं. 10। सू. 18॥

इस मंत्र को बोल कर गौ छुड़ावे, अर्थात् नापित मंत्र बोलने और सुनने दोनों का अधिकारी है।

(3) "श्रीयुत सुरेन्द्र मोहन भट्टाचार्य्य संकलित पुरोहित दर्पण के तृतीय खंड पृष्ठ 70 में—नापित कन्या को लाके वर से यह मंत्र पाठ कराएगा—"ओं दीर्घायुत्वाय श्रीः शांतिःपुश्टश्चास्तु। शिवा अपः संतु अक्षतं चारिष्टं चास्तु"

(ना. कु. उ.)

इस से सिद्ध है कि नापित मंत्र-पाठ करावे और मंत्र-पाठ वही करा सकता है जो स्वयं जानता हो।

(4) कलियुग में पराशर स्मृति अत्यंत मान्य है, जैसा कि—

कृते तु मानवा धर्मास्त्रेतायां गौतमाः स्मृताः।
द्वापरे शङ्खलिखिताः कलौ पाराशराः स्मृताः॥

पराशर. 1 । 25॥

सतयुग में मनुस्मृति, त्रेता में गौतम-स्मृति, द्वापर में शङ्ख-लिखित-स्मृति और कलियुग में पराशर-स्मृति मान्य हैं।

तदनुसार—

शूद्र-कन्या-समुत्पन्नो ब्राह्मणेन तु संस्कृतः।
असंस्काराद्भवेद्दासः संस्कारादेव नापितः॥

पराशर. 11 । 23॥

शूद्र कन्या में बालक को उत्पन्न कर ब्राह्मण संस्कार न करावे तो बालक दास कहलाता है और संस्कार कराने से नापित। संस्कार किसे कहते हैं—

जन्मना जायते शूद्रः संस्काराद्द्विज उच्यते॥

जन्म से शूद्र उत्पन्न होता है और संस्कार से द्विज कहलाता है॥

गणिका-गर्भ-सम्भूतो वशिष्ठश्च महामुनिः।
तपसा ब्राह्मणो जातः संस्कारस्तत्र कारणम्॥

महाभारत।

वेश्या (वाराङ्गना) गर्भोत्पन्न महामुनि वशिष्ठ तप से ब्राह्मण हो गया, जिस में संस्कार कारण है। वह कौन सा संस्कार है जिस से जन्म से शूद्र और वेश्या-पुत्रादि द्विज और ब्राह्मण बन जाते हैं?

आचार्य्यस्तु पिता प्रोक्तः सावित्री जननी तथा।
ब्राह्मण-क्षत्रिय-विशां मौञ्जि-बंधन-जन्मनि॥
वृत्या शूद्रसमास्तावद्विज्ञेयास्ते विचक्षणैः।
यावद्वेदे न जायन्ते द्विजा ज्ञेयास्ततः परम्॥

शंख स्मृति 1 ।7, 8॥

मौञ्जिबंधन संस्कार (वेदारंभ) रूप जन्म से ब्राह्मण, क्षत्रिय, वैश्य का आचार्य्य पिता कहलाता है और सावित्री (गायत्री-गुरुमंत्र) माता॥ और तब तक वृत्ति से शूद्र समान समझना चाहिए। जब तक वेदारंभ न हो और तत्पश्चात् द्विज जानना॥

पराशर स्मृति के लेखानुसार संस्कार होने पर नापित होता है और संस्कार से प्रयोजन वेदारंभ संस्कार है अतएव नापित का यज्ञोपवीत (जनेऊ धारण करना) व वेद पढ़ना दोनों सिद्ध हैं।

(5) (क) कुरुक्षेत्रादि अनेक तीर्थों और सहारनपुरादि जिलों में द्वादशाह के दिन 12 घड़ों में से 2 घड़े नायी को मिलते हैं, जिनके ढकनों पर मिठाई और जनेऊ (यज्ञ-सूत्र) के जोड़े होते हैं—दक्षिणा में जनेऊ ब्राह्मणों को ही मिलते हैं।

(ख) बीकानेर रियासत में जब कोई नायी मर जाता है, ब्राह्मण लोग रथी उठाने

वाले 4 नायियों को जनेऊ पहना देते हैं। दाह-कर्म करके स्नान करने के पश्चात् 3 जनों का तो उतरवा देते हैं और चौथा त्रोयोदशाह तक पहने रहता है।

(ग) पंजाब में प्रायः सब नायी यज्ञोपवीत धारी होते हैं। विवाह संस्कार के समय उनका जनेऊ हो जाता है।

(घ) नायी पांडे (देखो पृष्ठ 44) यज्ञोपवीत धारी होते हैं। पत्रा पञ्चांग बनाते हैं। नायी पांडे कर्री, कम्पिला, मैनपुरी और फर्रुखाबाद में बसे हुए हैं। इनका यज्ञोपवीत शून्य नायियों से बेटी व्यवहार भी है।

(ङ) नायी याजक (याज्ञिक-जाजक) भी जनेऊ धारी हैं।

(च) काङ्गड़े की ज्वाला देवी और विलासपुर की नैना देवी के पुजारी नायी हैं, और वे सदा से जनेऊ पहिने चले आते हैं।

(छ) श्री पं. जईदत्तजी जोशी, पेंशनर तहसीलदार मु. दथा शहर अल्मोड़ा अपने 6 फरवरी 1923 ई. के पत्र में लिखते हैं "हमारे कूर्माञ्चल प्रदेश (कुमाऊं) में परम्परा से नायी लोग 3 पल्ला जनेऊ पहनते हैं, मैं इस बात को तसदीक करता हूँ।"

उपरोक्त अनेक उदाहरणों से सिद्ध है कि नायी यज्ञोपवीत धारी हैं और यज्ञोपवीत धारण करने के अधिकारी हैं, जो कि उनके द्विज होने तथा वेदाधिकारी होने का पुष्ट प्रमाण है।

नायी ब्राह्मण हैं

उपरोक्त सब प्रबल युक्तियों और प्रमाण से सिद्ध है कि नायी ब्राह्मण हैं और ब्राह्मण माने और कहे जाने के अधिकारी हैं—तथापि कुछ और—

वेद-विद् ब्रह्मचारी क्षौर-कर्म करे

ओं आयम-गन्त्सविता क्षुरेणोष्णेन वाय उदकेने एहिं। आदित्या रुद्रा वसव उन्दन्तु सचतसः सोमस्य राज्ञो वपत प्रचेतसः॥

अथर्व कां. 6। सू. 68। म. 1॥

हे वायो (अत्यंत गमन-शील, नायी)! आप सविता (सर्व प्रेरक देव)! अपने साथ छुरे और उष्ण जल सहित आइए। आदित्य (48 वर्ष के ब्रह्मचारी), रुद्र (36 वा 44 वर्ष के ब्रह्मचारी) वसु (24 वर्ष के ब्रह्मचारी)* ध्यानपूर्वक केशों को भिगोवें और चतुराई से सोमगुणयुक्त राजा का क्षौर करें॥

---

* पुरुषो वाव यज्ञस्तस्य यानि चतुर्विंशात वर्षाणि तत्प्रातः सवनं, चतुर्विंशत्यक्षरा गायत्री गायत्रं प्राप्तः सवनं, वसवोऽन्वायत्ताः प्राणावाववसव एते हीद ँ सर्वं वासयन्ति॥1॥.....अथ यानि चतुश्चत्वारिंशद्वर्षाणि तन्माध्यन्दिन ँ सवनं चतुश्चत्वारि ँ शदक्षरा त्रिष्टुप् त्रैष्टुभं माध्यन्दिन ँ सवनं तदस्य रुद्रा अन्वायत्ताः प्राणा वाक्रुद्रा एते हीद ँ सर्वे रोदयन्ति॥3॥....अथ यान्यष्टचात्वारि →

आचार्य्य क्षौर करे

उपनयन संस्कार (जनेऊ) में आचार्य्य बालक का क्षौर करता है–

अनुवाकस्य प्रथमेन यजुषाऽपः संसृज्योष्णाशीता स्वानीयोत्तरया शिर उनत्ति॥ त्रींस्त्रीन्दर्भानन्तर्धायोत्तराभिश्चतसृभिः प्रति मंत्रं प्रति दिशं प्रवपति॥ वपन्तमनुमन्त्रयते॥

आपस्तम्ब गृह्य-सूत्र पटल 4। खं. 10। सू. 5-7॥

आचार्य्य (उष्णेन वायो.) अनुवाक के इस पहिले यजुर्मंत्र से शीत जल में गर्म जल मिला के (आप उन्दन्तु.) इस अगली ऋचा से बालक का शिर भिगोवे। फिर बालक के शिर में पूर्व की ओर तीन दाभ बालों में लगाकर (येनावपत्.) ऋचा पढ़ के क्षुरे से कुश सहित बाल काटे। दक्षिण की ओर बैठी बालक की माता वा कोई ब्रह्मचारी बाल काटते हुए आचार्य्य का अनुमंत्रण करे। (इस भाषा के लेखक ने आचार्य्य के क्षौर करने के पश्चात् नाई का बाल बनाना भी अपने घर से लिख दिया है, जिसका मूल में नाम निशान भी नहीं–ग्रंथकर्त्ता) (इटावा निवासी श्री पं. भीमसेन जी शर्मा शास्त्री वेद-व्याख्याता यूनिवर्सिटी कलकत्ता)

अध्वर्यु क्षौर करे

वैश्व-देव नामक इष्टि (यज्ञ) में अध्वर्यु* क्षौर करता है।

---

* शद्वर्षाणि तत्तृतीयं-सवनमष्टाचत्वारि * शदक्षरा जगती जागतं तृतीयं-सवनं तदस्यादित्यान्वायत्ताः प्राणा वावादित्या एते हीढ * सर्वभाददते॥5॥

छान्दोग्योपनिषद् प्रपा. 3। खण्ड 16॥

इन्हीं तीनों को पिता, पितामह, और प्रपितामह कहते हैं:–

वसून् बदन्ति तु पितृन्, रुद्रांश्चैव पिता-महान्।
प्रपितामहांश्चादित्यान्, श्रुतिरेषा सनातनी॥ मनु. 3। 284।
उपनीय तु यः शिष्यं वेदमध्यापयेद्द्विजः।
सकल्पं सरहस्यं च तमाचार्य्यं प्रचक्षते॥

मनु.। 140॥

जो शिष्य का उपनयन करके साङ्गोपाङ्ग वेद पढ़ावे वह द्विज आचार्य्य कहलाता है।

* यज्ञ कराने वाले चार ऋतिवज होते हैं; होता, उद्गाता, अध्वर्य्यु और ब्रह्मा, जिनका वर्णन निरुक्त में–ऋचामेकः पोषमास्ते पुपुष्वान्होतर्गर्चनी गायत्रमेको गायति शक्करीषूद्गाता। ब्रह्मैको जाते जातं विद्यां वदति। यज्ञस्य मात्रां विमिमीत एकोऽध्वर्युः। अध्वर्युरध्वरयुरध्वरं युनक्त्यध्वरस्य नेताऽध्वरं कामयत इति वा॥

निरुक्त उपोद्घात अ. 1। खं. 8॥

1. होता–ऋचाओं का पोषण करने वाला। 2. उद्गाता–मंत्रों में गायत्री को गाने वाला। 3. ब्रह्मा–यज्ञ का व्यवस्थापक। 4. अध्वर्य्यु–जो यज्ञ की मात्रा को मापता है–यज्ञ का युक्त करने वाला, यज्ञ का नेता अथवा यज्ञ का इच्छुक। नेता नायी एकार्थवाची हैं।

प्राङ्मुखं यजमानमुपवेश्याध्वर्युः स्वयमुदङ्मुखो भूत्वा प्रथमं यजमानस्य दक्षिणं गोदानं-शिरसो दक्षिणं प्रदेश सवित्रेति-अद्भिरार्द्रं कुर्य्यात्...कतिपय केशान्पृथक्कृत्य त्रीणि कुश-तरुणान्योषध इत्यन्तर्दध्यात्...क्षुर माददीत।...ततो निवर्तयामीति केशांश्छिन्द्यात्॥

इष्टि-संग्रह। वैश्वदेवं पर्व पृ. 29। 30॥

पूर्व-मुख यजमान को बिठा अध्वर्यु स्वयं उत्तर मुख हो कर प्रथम दक्षिण गोदान (सवित्रा.) मंत्र पढ़ के जल से भिगोवे।

कुछ केशों को पृथक् कर के तीन तरुण कुशों को (ओषधे.) इस मंत्र से बालों के भीतर धरे...क्षुर लेवे....तब (निवर्त्तायामि.) इस मंत्र से केशों को काटे।

देवताओं की माता क्षौर कर्म करे

औं अदितिः श्मश्रु वप.

(देखो पृष्ठ 54)

अदितिः अदीना देवमाता। सा अस्य पुरुषस्य श्मश्रु वपतु। मुखस्य परितो वर्तमानानि रोमाणि श्मश्रूणि ता निव पतु वर्जयतु॥ आपः अब्देवता वर्चसा तेजसा स्वकीयेन उन्दन्तु क्लेदयन्तु॥ तथा (प्रजापतिः) प्रजानां देवमनुष्यादीनां पतिः स्रष्टा चिकित्सतु भिषज्यतु। अस्मिन सम्भवद्रोगादिकमिति शेषः। किमर्थम् दीर्घायुत्वाय। दीर्घमायुश्चिरकालजीवनमस्य यथा स्यादित्येवमर्थम् चक्षसे दर्शनाय। सर्वस्य श्रेयसे इति शेषः।

सायण भाष्य अथर्ववेद काण्ड 6 सूक्त 68। म. 2।

(अदितिः) दीनता रहित देवताओं की माता इस पुरुष के (श्मश्रु) दाढ़ी, मूँछ के बालों को (वपतु) काटे। (आपः) उष्ण जल देवता (वर्चसा) अपनी गर्मी से (उन्दन्तु) भिगोवें। (प्रजापतिः) देव मनुष्य आदि प्रजा के पति-स्रष्टा-परमेश्वर (दीर्घायुत्वाय) इस पुरुष की दीर्घायु और (चक्षसे) सबका भला देखने के लिए (चिकित्सतु) इसको होने वाले रोगों से बचावे।

गुरु वशिष्ठ ने क्षौर कर्म किया

तुलसी रामायण बाल काण्ड में लिखा है–

कछुक काल बीते सब भाई। बड़े भये परिजन सुखदाई॥
चूड़ा करण कीन्ह गुरु आई। विप्र दक्षिणा पुनि बहु पाई॥

कुछ समय बीतने पर परिवार को सुख देने वाले सब भाई (चारों राजकुमार राम, लक्ष्मण, भरत, शत्रुघ्न) बड़े हुए। तब भी गुरु वशिष्ठ ने आकर चूड़ा करण (मुण्डन-संस्कार) किया फिर विप्र ने बहुत दक्षिणा प्राप्त की।

नायी राजाओं के गुरु रहे

"According to Prof. Wilson whose authority was the Bhaktamal, he (Sain Bhakta–the Napit) was a devout worshipper of Vishnu and his descendants were for some time the family gurus of the Rajas of Bandhugurh." (The Tribes and Castes of the N.W.P. & Oudh by W. Crooke B.A. Bengal Civil Service Vol. IV page 41)

(ना. कु. उ.)

प्रो. विल्सन भक्तमाल के आधार पर लिखते हैं कि "सैन भक्त नायी विष्णु का अनन्य उपासक था और उसकी संतान कुछ काल तक बंधुगढ़ के राजाओं की राजगुरु रही।"

दक्षिण में अमात्य ब्राह्मण

प्रथम अखिल भारतवर्षीय नाई जातीय महासम्मेलन के अवसर पर जो आगरा में 26, 27, 28 दिसंबर, 1921 ई. को हुआ मद्रास निवासी श्री पं. ऐस. ऐस. आनन्दम् महाशय ने अपने व्याख्यान में कहा कि–

"We in Southern India call ourselves Amatya Brahmans, as our caste men held very high positions in the Kingdoms of Pandiya, Chola and Chera kings, who reigned in Southern India. The word 'Amatya' means, he who sits by the side of the king. Our caste men were ministers commanders-in-chief and Ayurvedic Doctors.....saint manica Vasagar was the Prime Minister of the Pandia king named Arimardanam."

दक्षिण भारत में हम अपने को "अमात्य ब्राह्मण" कहते हैं, क्योंकि हमारे सजातीय मनुष्य दक्षिण भारत में राज्य करने वाले पांड्या, चोला और चेरा राज्यों के राजाओं के यहाँ अतीव उच्च पदों पर नियुक्त थे। शब्द 'अमात्य' का अर्थ है 'राजा के समीप बैठने वाला (सचिव)'। हमारे सजातीय सचिव (राजमंत्री), सेनाध्यक्ष और आयुर्वेदिक वैद्य थे। .....महात्मा 'मनिकावसगर' 'अरिमर्दनम्' नामक पाण्ड्य राजा का प्रधान सचिव था।

आचार्य्य कोष में नायी ब्राह्मण

श्रीयुत पं. रामचरणाचार्य्य जी शास्त्री संस्कृत प्रोफेसर सादक अजर्टन कालिज बहावलपुर कृत 'आचार्य कोष' प्रथम संस्करण के पृष्ठ 127 पर लिखा है–

"नाई–नापितः, क्षुरिन (पु.)
नाई–(ब्राह्मण) न्यायिन्, नायकः, नेतृ (भि.)

इससे स्पष्ट है कि 'नाई' शब्द नापित क्षौर कर्म करने वाले, न्याय करने वाले, नेता ब्राह्मण के लिए आता है।

ब्राह्मण भेद व गोत्र नायियों के

भेद व गोत्र भी प्रायः ब्राह्मणों के ही हैं।

	नायी	ब्राह्मण
(1)	सीलपाड़	सिगिपाल ब्राह्मण वंशेतिवृत्तम् प्रथम भाग सं. भेद 1687
(2)	सिंधु	सिंधु ब्रा. व.–1म भाग भेद 1693
(3)	भागीरथा	भागी ब्रा. व.–1म भाग भेद 1241
(4)	समनिया	सम ब्रा. व.–1म भाग भेद 1771
(5)	ओझा	ओझा ब्रा. व.–1म भाग भेद 99
(6)	माथुर	माथुर ब्रा. व.–1म भाग भेद 1275
(7)	गोला	गोला पूर्व ब्रा. व.–1म भाग भेद 420
		गोल्हा ब्रा. व.–1म भाग भेद 433
(8)	भनेरिया	भनेरिया ब्रा. व.–1म भाग भेद 1215
(9)	भंबीरू	भंबी ब्रा. व.–1म भाग भेद 1239
(10)	चीतोड़िया	चीतोड़िया ब्रा. व.–2य भाग पृ. 162
(11)	सैन भक्त	सैन हसन ब्रा. व.–2य भाग पृ. 10 भेद सं. 210
(12)	भारद्वाज	भारद्वाजी ब्रा. व.–1म भाग भेद 1230
(13)	खंडेलवाल	खंडेलवाल ब्रा. व.–1म भाग भेद 326
(14)	कश्यप–इत्यादि।	

नायी की शर्मा उपाधि

"शर्म ब्राह्मणस्य" शौनक गृह्य सूत्र में लिखा है कि 'शर्मा' ब्राह्मण की उपाधि है, पूर्व काल में नायी की भी शर्मा उपाधि थी। देखो–

"फिर बङ्ग देश में राजा बल्लाल सेन के समय में नायी की शर्मा उपाधि थी, जो ब्राह्मण भिन्न किसी की नहीं होती। उस समय नर-सुंदर शर्मा नामक एक पुरुष था जिसने अत्याचारी बल्लाल सेन से लाञ्छित होकर अपना पृथक् समाज स्थापित किया था जो प्रमाणिक समाज व नर-सुन्दर-समाज के नाम से कहा जाता था। उस समय बङ्ग देश के कायस्थों ने नर-सुंदर शर्मा से कहा कि आपकी जाति की तो राजा ने कोई व्यवस्था नहीं की और हम कायस्थों की तो व्यवस्था हो चुकी है क्या अच्छा होता जो आप लोग भी हमारे समाज में आ जाते। इस पर नर-सुन्दर-शर्मा ने कहा कि मैं श्रेष्ठ ब्राह्मण वर्ण का हो कर शूद्र कायस्थ जाति में नहीं मिल सकता।"

(लालमोहन विद्यानिधि कृत 'संबंध निर्णय') (ना. कु. उ.)

नायी के ब्राह्मणोचित कर्म व उपनाम

"साधारण रीति से पंजाब में उस्ताद, खलीफा और गुरु कहलाता है, और विशेष रूप से पश्चिम में ठाकुर और पंजाब में राजा, महता और याजक।....नायी महाराष्ट्र देश में पण्डित, बद्रिकाश्रम के निकट टेरी राज्य में पाण्डे और फर्रुखाबाद के अंतर्गत गाँवों अर्थात् कर्री, कम्पिला व मैनपुरी में पाण्डे कहलाता है, और पत्रा पंचाङ्ग बनाता है। ये सबके सब जनेऊ धारी होते हैं।....नायी बहुतेरे देशों में कितने एक शूद्रों के यहाँ पुरोहित के उपस्थित न रहने पर विवाह कर्म करा देते हैं।....आश्वलायन-गृह्य-सूत्र में कर्ण-भेद करना ब्राह्मण के लिए रक्खा गया है जिस अपने ब्राह्मण कर्म को नायी अभी तक करता चला आता है।"

(ना. कु. उ.)

नायी के उस्ताद, गुरु याजक (यज्ञ कराने वाला), पण्डित पाण्डे आदि उपनामों से संबोधित होने; पंचाङ्ग बनाने, विवाह, चौल (मुण्डन), कर्ण-वेधादि पवित्र संस्कार कराने, और यज्ञोपवीतधारी होने के कारण नायियों का ब्राह्मणत्व सिद्ध ही है।

नायी ब्राह्मण सहकर्मा हैं

आज कल बहुत से लोग नायी को कमीन समझते हैं परंतु यह भूल है। नायी ब्राह्मण का सहयोगी समानकर्मा—हमपेशा—है। जब विवाहिता कन्या श्वशुर गृह को जाती है तो नायी की स्त्री उस के साथ जाती है, और यदि नायी की ही कन्या पतिगृह को जावे तो उस के साथ ब्राह्मणी जावेगी (यह प्रथा पंजाब के दक्षिण पूर्व के भाग हिसार, रोहतक, करनाल, मुजफ्फरनगर, मेरठ आदि जिलों में अत्यधिक प्रचलित है) परस्पर कार्य्य संचालन समान जाति वालों का ही कार्य्य है। सूतक पातक आदि की शुद्धि के भी नायियों के यहाँ वही नियम हैं जो अन्य ब्राह्मणों के यहाँ।

एक और बात विशेष ध्यान देने योग्य है कि जैसे नायी यजमान के केशों का प्रसाधन (संस्कार) करता है, वैसे ही नायिनें अपनी यजमानिनों के केशों का प्रसाधन (गुंथन) करती हैं*। कई स्थानों पर प्रथा है कि जब नायिन यजमानिन के केशों का प्रसाधन कर चुकती है, तो यजमानिन (चाहे ब्राह्मणी ही हो) नायिन के पैरों लगती है। यह नायिन के गौरव को प्रकाशित करती है, परंतु अब देखने में आता है कि इस पुरानी प्रथा को रोकने का यत्न यजमानों की ओर से हो रहा है। नायियो! अपने लड़के लड़कियों को विद्वान् बनाओ जिस से उन की पूजा बनी रहे!

---

* नायी जाति के रत्न श्री पं. संतराम जी खोलिया लाहौर में 175) मासिक किराए वाले बंगले में बैठ कर बड़े 2 लोगों का क्षौर करते हैं और एक हजामत की 1) दक्षिणा लेते हैं। बड़े 2 अंग्रेज लोग आपके बंगले पर मोटरों पर चढ़ कर आते हैं और दक्षिणा देकर मुण्डन कराते हैं। अंग्रेज खेड़ियों का भी विशेष प्रकार से मुण्डन होता है। खेड़ियों का मुण्डन श्री पं. संतराम जी की धर्म पत्नी करती हैं।

नायी कवि और वेद-वक्ता

श्री पण्डित ऐस. ऐस. आनन्दम् ने बतलाया कि–

"There were three academies of Tamil Language at Madura, some thousand years ago, where many poets sang poems of rare marit. The last academy existed two thousand years ago. In that last academy there were three poets from our caste. All the three are poets of very high order and their poems are widely read in the Tamil Land. The prominent among them was one Maruthavan Damodarauar. This Damodarauar was aksed to give an openion about Thirukkural, an immortal work in the Beautiful Tamil Language. From this you can understand, what amount of respect that our brother-poet commanded from other communities! Saint Manica Vasagar, who was the Prime Minister of the Pandia king named Arimardanam, wrote a sacred book called thiruvac'akam, and is belonged to our community. His work is included in the Tamil Vedas. There is none in the Tamil world, who does not pay is homage to this great saint. His work contains devotional hymns in excellent Tamil. His love towards Lord Shiva is considered to be unparalelled in the whole of Tamil literature, nay the world Literature. Dr. G.U.. Pope speaks of his sacred work as one of the three world renowned books."

"कई सहस्र वर्ष व्यतीत हुए मदुरा नगर में तामिल भाषा के तीन महा-विद्यालय थे, जहाँ कि अनेक कवि अपूर्व काव्य रचना किया करते थे। अंतिम महा-विद्यालय आज से 2 सहस्र वर्ष पूर्व विद्यमान था। उस अन्तिम महा-विद्यालय में तीन कवि हमारी (नायी) जाति के थे। वे तीनों कवि उच्च कोटि के कवि थे और उनकी कविता तामिल देश में दूर 2 तक गाई जाती है। उन तीनों में मुख्य 'मरुथवन दामोदरौअर' नामक थे। इन दामोदरौअर महाशय से 'थिरुक्कुरल' के विषय में, जो सुंदर तामिल भाषा में अद्‌भुत ग्रंथ है, सम्मति ली गई थी। इससे आप अनुमान कर सकते हैं कि दूसरी जातियाँ हमारे जाति-कवि का कितना सम्मान करती थीं! महात्मा 'मनिकावसगर' ने जो कि 'अरिमर्दन' नामक पाण्ड्य राजा के 'प्रधान सचिव' थे, एक धर्मशास्त्र 'थिरुबशाकम्' नामक लिखा है, और वे हमारे सजातीय हैं। उनका ग्रंथ तामिल वेदों का 'अङ्गभूत' है। तामिल संसार में कोई भी ऐसा न होगा जो इन महात्मा की पूजा न करता हो। इनके ग्रंथ में प्रभावोत्पादक तामिल भाषा के भक्ति पूर्ण भजन हैं। यह भगवान शिव के अद्वितीय उपासक, संपूर्ण तामिल साहित्य में, नहीं नहीं, जगत् साहित्य में, माने जाते हैं। डॉ. जी. यू. पोप इन के धर्म-ग्रंथ को संसार की तीन

प्रसिद्ध पुस्तकों में से एक परिगणित करते हैं।''

कितने आश्चर्य्य की बात है कि जिस तामिल वेद को पढ़ने वाले, उस वेद के पढ़ने के कारण ब्राह्मण कहलावें। और जिन्होंने अपने पवित्र मुख से उस वेद का संसार में प्रकाश किया वे 'शूद्र' समझे जावें, उनको 'अम्बत्त' (अम्बष्ठ) कहा जावे। उनके साथ इतनी घृणा कि उनके ऊपर से छूत का भूत उड़ कर 20-25 गज फासले पर खड़े हुए ब्राह्मण देवता! के ऊपर जा चढ़े! शोक! इस अनधिकार चेष्टा ने देश का सत्यानाश कर दिया! जिसने 'तामिलवेद' की रचना की वह ब्रह्मा-ब्राह्मण-नहीं तो क्या है!

वेद ने नायी को ब्राह्मण कहा

वेद भगवान् ने तो नायी को स्पष्ट ही ब्राह्मण कहा है। देखो–

ओं येनावपत्सविता क्षुरेणा सोमस्य राज्ञो वरुणस्य विद्वान् । तेन ब्रह्माणो वपतेदमस्य गोमा नश्ववानयमस्तु प्रजावान्॥

अथर्व. का. 6। सू. 68। म. 3॥

सविता देवः विद्वान् जानन् सोमस्य राज्ञो वरुणस्य संबंधिनो येनक्षुरेण अवपत् वपनं कृतवान्। यद्वा कर्मणि षष्ठी सोमं राजानं वरुणं चयेन क्षुरेण अवपत् इत्यर्थः। हे ब्रह्माणः! ब्राह्मणाः। तेन तादृशेन क्षुरेण अस्य पुरुषस्य इदं केशश्मश्रु वपत। तेन विशिष्ठ-वपन-संस्कारेण अयं पुरुषः गोमान् बह्वीभिर्गोभिर्युक्तः। अश्ववान् अश्वैर्युक्तः। प्रजावान् पुत्र पौत्रादिभिर्युक्तश्च अस्तु भवतु।

(येन) जिस (क्षुरेण) उस्तरे से (विद्वान्) पूर्ण विद्वान् (सविता) सर्व प्रेरक देव ने (सोमस्य राज्ञो वरुणस्य) सोम, राजा, और वरुण अथवा उनके संबंधियों का (अवपत्) क्षौर-कर्म किया (तेन) उससे (ब्राह्मणः) हे ब्राह्मणो! (नायी ब्राह्मणो!) (अस्य) इसके (इदम्) दाढ़ी मूँछ और बाल (वपत) काटो। जिस विशेष वपन संस्कार से (अयम्) यह पुरुष (गोमान्) बहुत गौओं वाला, (अश्ववान्) घोड़ों वाला, (प्रजावान्) पुत्र पौत्रादि संतान वाला हो।

वेद सूर्यवत् स्वतः प्रमाण होने से सर्वमान्य है, जब वेद ने क्षौर करने वाले को ब्राह्मण कहा तो कौन बात शेष रहती है। ''सर्वे पदा हस्तिपदे निमग्नाः'' इस उक्ति के अनुसार वेद-प्रमाण में सब प्रमाण आ गए। नायी ब्राह्मण हैं।

ऐतिहासिक प्रकरण

नायियों के आदि पुरुषा 'वायु' और 'सविता' ऋषि

ओं आयमगन्त्सविता.॥ अथर्व. 6।68।1॥

(देखो पृष्ठ 59)

इस वेद मंत्र में परमेश्वर ने आज्ञा दी कि "हे वायो! हे सविता! आप अपने साथ छुरा (उस्तरा) और गर्म जल ले कर आइए और क्षौर कर्म कीजिए।" यहाँ पर प्रश्न होता है कि 'वायु' और 'सविता' कौन हैं? अथवा थे? यदि कहा जाए कि वायु (हवा) और सूर्य्य (सविता का अर्थ कई कोषों में सूर्य्य लिखा है) को यह आज्ञा है, सो ठीक नहीं। क्योंकि वायु और सूर्य्य जल और उस्तरा लेकर हजामत नहीं बना सकते। यदि कहो वायु और सविता कोई देवता विशेष हैं तो अत्यंत ही उत्तम है, और क्षौर कर्म देवताओं का कर्म सिद्ध हुआ। परंतु देवता कभी हजामत बनाने नहीं आते। क्षौर कर्म करने वाले कोई पुरुष विशेष होने चाहिए। आइए! जरा प्राचीन शास्त्रों का अवलोकन करें। यह देखिए, ऋग्वेद के ऐतरेय ब्राह्मण में लिखा है–

तेभ्योऽभितप्तेभ्यस्त्रयो वेदा अजायन्त, ऋग्वेद एवाग्नेरजायत यजुर्वेदो वायोः सामवेद आदित्यात्।

ऐतरेय ब्राह्मण पं. 5। अ. 32॥

उन तपस्वी ऋषियों से तीनों वेदों का प्रकाश हुआ। ऋग्वेद 'अग्नि' ऋषि रो, यजुर्वेद 'वायु' ऋषि से, और सामवेद 'आदित्य' (सविता-सूर्य) ऋषि से॥

ऐसा ही अन्यत्र भी लिखा है–

एवं वा अरेस्य महतो भूतस्य निश्वसितमेतद्यदृग्वेदो यजुर्वेदः सामवेदोऽथर्वाङ्गिरसः॥

शतपथ का. 14। अ. 4। ब्रा. 4। का. 10॥

इस प्रकार उस परमात्मा से ऋग्वेद, यजुर्वेद, सामवेद, और अङ्गिरा द्वारा अथर्ववेद का प्रकाश हुआ।

तेभ्यस्तप्तेभ्यस्त्रयो वेदा अजायन्ताग्नेर्ऋग्वेदो वायोर्यजुर्वेदः सूर्य्यात्सामवेदः॥

शतपथ का. 11। अ.5॥

तीनों ऋषियों ने तप करके तीनों वेदों का प्रकाश किया, अग्नि से ऋग्वेद, वायु से यजुर्वेद और सूर्य्य (सविता) से सामवेद॥

मनुस्मृति में भी लिखा है–

अग्निवायुरविभ्यस्तु त्रयं ब्रह्मसनातनम्।
दुदोह यज्ञ-सिद्ध्यर्थमृग्यजुसाम-लक्षणम्॥

मनु. अ.1। श्लोक 23॥

परमात्मा ने (संसार के नियम संचालन रूप) यज्ञ के लिए सनातन ज्ञान, कर्म, उपासना युक्त वेद-त्रयी ऋग्वेद, यजुर्वेद, सामवेद को अग्नि, वायु, और रवि (सूर्य्य-सविता) के द्वारा प्रकट किया।

आदित्य, रवि, सविता भास्कर आदि सूर्य्य के अनेक नाम हैं। (देखो अमर कोष काण्ड 1)।

सिद्ध हुआ कि 'वायु ऋषि' ने यजुर्वेद का प्रकाश किया और 'सविता (सूर्य्य, रवि वा आदित्य) ऋषि' ने सामवेद का प्रकाश किया। इन दोनों ऋषियों को परम

पिता परमात्मा ने अथर्ववेद के **"ओं आयमगन्त्सविता.॥** अथर्व. 6।68।1" इस मंत्र द्वारा आज्ञा दी कि तुम लोग गरम जल और क्षुर (उस्तरा) लेकर क्षौर कर्म करो। और ये ही दोनों ऋषि नायियों के आदि पुरुषा थे।

यह सत्य भी है। क्योंकि यजुर्वेद में कर्मकाण्ड का उपदेश है, और नायी लोग जन्म से लेकर मरण पर्य्यंत संपूर्ण कर्मकाण्ड में कार्य्यकर्ता होते हैं। अध्वर्य्यु को क्षौर करने की विधि की गई है और अध्वर्य्यु को यज्ञ (कर्मकाण्ड) का नेता कहा है (देखो पृ. 60) इस से नायी का कर्मकाण्डाध्यक्ष होना प्रत्यक्ष है और यह अधिकार नायियों को उनके आदि पुरुषा 'महर्षि वायु' से प्राप्त हुआ।

'सविता (सूर्य्य) ऋषि' से सामवेद का प्रकाश हुआ। सामवेद में गान विद्या तथा उपासना (भक्ति) का वर्णन है, नायी जाति में भी सेन महाराज जैसे भगवद्भक्त हो गए हैं तथा मद्रास देश के नायी गान विद्या में अब भी बड़े निपुण हैं, यह नायियों के 'सविता ऋषि' की संतान होने का प्रमाण है। संसार दो वेदों का ज्ञान प्राप्त करने के लिए नायियों के पुरुषा श्री महर्षि 'वायु' और महर्षि 'सविता' का कृतज्ञ रहेगा।

देवर्षि नारद नायी थे

मुम्बई के पुरन्दर ऐंड को के यंत्रालय में शकाब्द 1818 सन् 1896 ई. में एक मराठी ग्रंथ "मूल स्तंभ" नामक प्रकाशित हुआ है जिसके पृष्ठ 94 पर लिखा है कि—

न्हावी वंश नारदा चा॥

मूल स्तंभ अध्याय 13। पद 36॥

अर्थात् नायी वंश नारद का है। और नारद ऋषि ब्रह्मा जी के पुत्र थे।

ब्रह्मणा निर्मिता वर्णा मुख बाहूरु-पादतः।
ब्राह्मणः क्षत्रियो वैश्यः शूद्रश्चैव यथाक्रमम्॥
मरीचिअत्र्यंगिरयौ पुलस्त्यः पुलहः क्रतुः।
भृगुर्वशिष्ठश्च्यवनो नारदो दक्ष एव च॥
तेषां पुत्राश्च पौत्राश्च ब्राह्मणेषु प्रतिष्ठिताः।
वेदाध्ययन-संपन्नास्त्रिषु वर्णेषु पूजिताः॥

वर्ण विवेक चन्द्रिका श्लोक 19-21॥

ब्रह्मा जी ने मुख, बाहू, उरु, और पाद से ब्राह्मण, क्षत्रिय, वैश्य, शूद्र चार वर्ण क्रम से बनाए। मरीचि, अत्रि, अङ्गिरा, पुलस्त्य, पुलह, क्रतु, भृगु, वशिष्ठ, च्यवन, नारद, और दक्ष॥ उनके पुत्र और पौत्र (पोते) ब्राह्मणों में प्रतिष्ठित, वेदाध्ययन संपन्न, और तीनों वर्णों में पूजित हुए॥ इस प्रकार नायी ब्रह्मा के पुत्र नारद की संतान होने से ब्राह्मण हैं।

नारद कुछ सामान्य पुरुष नहीं थे, वे राजर्षि और ब्रहर्षि नहीं बल्कि 'देवर्षि नारद' कहलाते थे। देवता लोग भी उनको ऋषि मानते थे। उनकी विद्या के विषय

में छान्दोग्योपनिषद् में लिखा है कि सनत्कुमार के पूछने पर देवर्षि नारद ने बतलाया कि—

ऋग्वेदं भगवोऽध्येमि यजुर्वेद ँ सामवेदमाथवर्णं चतुर्थमितिहासं पुराणं पंचमं वेदानां वेदं पित्र्य ँ राशिं दैवं निधिं वाकोवाक्यमेकायनं देवविद्यां ब्रह्मविद्यां भूतविद्यां क्षत्रविद्यां नक्षत्रविद्यां ँ सर्प देवजनविद्यामेतद्भगवोऽध्येमि॥

छान्दोग्योपनिषद् प्रपा. 7। खण्ड 1॥

हे भगवान्! मैंने ऋग्वेद पढ़ा है तथा यजुर्वेद, सामवेद, चौथा अथर्ववेद पाँचवाँ इतिहास पुराण, वेदों का वेद [व्याकरण], पित्र्य विद्या, राशि विद्या (गणित शास्त्र), दैव विद्या, निधि विद्या, वाको वाक्य विद्या, एकायन विद्या, देव विद्या, ब्रह्म विद्या, भूत विद्या, क्षत्र विद्या, नक्षत्र विद्या, सर्प विद्या, देवजन विद्या, इनको हे भगवन् मैंने पढ़ा है।

इस प्रकार 16 विद्याओं में निधान 'श्री देवर्षि नारद' नायियों के पुरुषाओं में थे। जिन्होंने कथाएँ पढ़ी या सुनी हैं वे भली प्रकार जानते हैं कि देवर्षि नारद ठीक उसी प्रकार संवाद देते विचरण किया करते थे, जैसे वर्तमान में नायी। वे सदा यात्रा में ही रहते थे। यह गुण उनमें आदि ऋषि 'वायु' से परंपरागत था, क्योंकि **''वातिगच्छति जानाति वेति वायुः॥** उणादि 1।1॥'' वे अपना सितार लिए सदा भगवद्-भजन में मग्न रहते थे। श्री देवर्षि नारद का रचित 'नारद भक्ति सूत्र' उनके अपूर्व भगवद्भक्त होने का पुष्ट प्रमाण है। यह सूत्र ग्रंथ हमारे पास है, और हम इसको अनुवाद सहित शीघ्र ही पाठकों की सेवा में अर्पित करेंगे। गांधर्व विद्या के तो वे अपूर्व आचार्य्य थे, उन्हीं की बनाई 'नारदी शिक्षा' से आज कल के सामगाचार्य्य सामगान सीखते हैं। यह दोनों गुण देवर्षि नारद को उपासना काण्ड और गांधर्व वेद के मूल सामवेद के प्रकाशक 'सविता' से विरासत में मिले थे।

श्री हनूमानजी नायी थे

श्री हनूमानजी को पवन-सुत कहा जाता है। रामायण में लिखा है—

पवन-तनय बल पवन समाना। बुधि विवेक विज्ञान निधाना।
कौन सो काज कठिन जग माहीं। जो नहिं तात होहि तुम पाहीं?

तुलसी रामायण किष्किंधा काण्ड॥

युवाभ्यां स हि धर्मात्मा सुग्रीवः सख्यमिच्छति।
तस्य मां सचिवं वित्तं वानरं पवनात्मजम्॥

वाल्मीकीय रामायण किष्किंधा काण्ड सर्ग 3॥

वह धर्मात्मा सुग्रीव आप दोनों से मित्रता करना चाहता है और मुझ वानर पवनात्मज (पवन-सुत-हनूमान) को उसका सचिव (मंत्री) जानो।

तस्य वानर-राजस्य श्रुत्वा वायु-सुतो वचः।
दिक्षुसर्वासु विक्रान्तान्प्रेषयामास वानरान्॥

वाल्मीकीय रामायण किष्कि.। सर्ग 30॥

वायु-सुत (हनूमान) ने उस बानर राज (सुग्रीव) के वचन सुनकर विक्रांत वानरों को सब दिशाओं में भेज दिया।

अब प्रश्न होता है कि श्री हनूमान जी किस वायु के सुत (पुत्र) थे?

क्या वे इस जड़ वायु के पुत्र थे? क्या यह वायु पुत्र को जन्म दे सकता है? कदाचित् नहीं। श्री ठा. सुखराम दासजी चौहान ने श्री हनूमान जी का एक जीवन चरित्र लिखा है, उसमें उन्होंने पवनसुत को बिना किसी प्रमाण के क्षत्रिय बतलाया है। परंतु यह भूल है वे क्षत्रिय नहीं किंतु 'नायी ब्राह्मण' थे। उनका नाम 'पवन-सुत' इसलिए था कि वे नायियों के आदि ऋषि 'वायु' अर्थात् 'पवन'* के वंशज थे। जैसा नाम था वैसे गुण भी थे, अर्थात् चलने फिरने के जितने काम थे वे सब इन्हीं को सौंपे जाते थे, यथा—

(1) जिस समय सुग्रीव अपने भाई बालि के भय से ऋष्यमूक पर्वत पर रहता था उस समय एक दिन दो वीरों (श्री राम और लक्ष्मण) को उधर आते देखा तो सुग्रीव ने श्री हनूमान जी को ही सत्य समाचार लाने के लिए भेजा।

सुग्रीव ने कहा—

अति सभीत कह सुनु हनुमाना। पुरुष-युगल बल रूप निधाना॥
धरि बटु रूप देखु तैं जाई। कहेसि मोहि निज सेन बुझाई॥

तुलसी रामायण किष्किंधा काण्ड॥

(2) जब श्री माता सीता का समाचार लाने भेजा गया, तो श्री रामचन्द्र महाराज ने अपनी मुद्रिका श्री हनूमान जी को ही दी, क्योंकि वे जानते थे कि यही सीताजी की टोह लावेंगे—

ददौ तस्य ततः प्रीतः स्वनामाङ्कोपशोभितम्।
अंगुलीयमभिज्ञानं राजपुत्र्याः परन्तपः॥
अनेन त्वां हरि-श्रेष्ठ! चिन्हेन जनकात्मजा।
मम सकाशादनुप्राप्तमनुद्विग्नानुपश्यति॥

वाल्मीकीय रामायण किष्किंधा काण्ड सर्ग 31॥

तब श्री हनूमान जी से प्रसन्न होकर परन्तप श्री राम ने अपने नाम के अक्षरों से सुशोभित अंगूठी (मुद्रिका) राजपुत्री श्री सीता के लिए अभिज्ञान रूप (सहजानी) दी। (और कहा कि) हे हरि श्रेष्ठ! इस चिह्न से जनक सुता सीता तुझको मेरे पास से आया हुआ विश्वस्त रूप से जानेगी।

---

* मातरिश्वा, मारुत, मरुत्, वात, पवन, पवमान इत्यादि नाम वायु के हैं (देखो अमर कोष काण्ड 1)

(3) बिना किसी यान के लंका को जाने के लिए समुद्र लाँघने का साहस किसी अन्य को न हुआ, यह कार्य्य केवल हनूमान जी ने कर दिखाया। यह आकाश मार्ग से जाने की विद्या उनको महर्षि 'वायु' और देवर्षि 'नारद' से परंपरागत प्राप्त थी।

(4) जिस समय श्री लक्ष्मण जी मेघनाद की शक्ति खाकर मूर्छित हो गए तो उनके लिए सजीवन बूटी लेने श्री हनूमान जी ही गए थे।

(5) युद्ध समाप्त हो जाने पर माता सीता को समाचार देने के लिए भी हनूमान जी भेजे गए थे।

अनुज्ञाप्य महाराजमिमं सौम्य विभीषणम्।
प्रविश्य नगरीं लंकां कौशलं ब्रूहि मैथिलीम्॥
वैदेह्यां मां च कुशलं सुग्रीवं सह लक्ष्मणम्।
आचक्ष्व वदतां श्रेष्ठ! रावणं च हतं रणे॥

वाल्मीकीय रामायण लंका काण्ड सर्ग 60॥

इन महाराज विभीषण की आज्ञा लेकर हे सौम्य! हनूमान! लंकानगरी में जाकर सीता से कुशल समाचार कहो॥ मेरी और लक्ष्मण सहित सुग्रीव की कुशल कह कर, हे वक्ताओं में श्रेष्ठ! वैदेही को रावण का युद्ध में मारा जाना कह देना।

माता सीता की खबर लेने भी श्री हनूमान जी भेजे गए थे और संवाद देने भी गए। यह कार्य्य उनसे इसलिए कराए जाते थे कि वे आदित्य ब्रह्मचारी नायी ब्राह्मण थे।

आदित्य ब्रह्मचारी को क्षौर कर्म की आज्ञा अथर्व. का. 6। सू. 68 म. 1 में दी गई है। नायी ब्रह्मचारी—सदाचारी—होते थे इसीलिए यजमान लोग अपनी युवा बहू बेटियों को नायी के साथ निःशंक होकर भेज देते थे। नायी लोग सदा उसको पुत्री भाव से देखते थे। इसी प्रकार श्री हनूमान जी को आदित्य ब्रह्मचारी नायी ब्राह्मण समझ कर यह काम सौंपा गया था। एक और स्थान पर भी सुग्रीव ने अपनी स्त्री तारा को श्री हनूमान जी के साथ भेजा था—

सुनु हनुमन्त संग लै तारा। करि विनती समझाउ कुमारा॥

तुलसी रामायण किष्किंधा काण्ड

(6) अयोध्या को लौटते समय श्री राम जी ने श्री हनूमान जी को ही आगे चल भरत जी को राम-आगमन का समाचार देने भेजा था।

ऐसे ही कार्य्य हैं, जिनको वर्तमान नायी करते हैं। कई लोग श्री हनूमान जी को बंदर समझते हैं परंतु यह भूल है। वे बंदर नहीं, अपितु मनुष्य थे। यह भ्रम लोगों को रामायण में वानर, कपि आदि शब्द देख कर हुआ है। वास्तव में बात यह है कि पूर्व काल में मानव समाज गुण कर्म वा देश भेद से विभक्त था, जैसे आर्य्यावर्त्त, ब्रह्मावर्त्त, हरिवर्ष, यवन देश, नागदेश इत्यादि। यूरोप को संस्कृत ग्रंथों में हरिवर्ष लिखा है, तो क्या वहाँ के निवासी बंदर (हरि का अर्थ बंदर भी है) थे वा हैं? एवं अमेरिका देश के निवासी 'नाग' कहलाते थे, तो क्या वे सर्प थे? कदाचित्

नहीं। नाग देश के राजा बलि और अहिरावण (विश्वश्रवा मुनि के पौत्र और रावण के पुत्र) हुए। क्या ये दोनों सर्प थे। युधिष्ठिर के अनुज अर्जुन का विवाह नागराज की कन्या उलोपी से हुआ, जिससे बभ्रुवाहन नामक पुत्र हुआ। क्या मनुष्यों के सर्पों से संबंध हुआ करते थे? कदाचित् नहीं जैसे नाग, हरि, यवन आदि भेद थे वैसे 'वानर' नामक भी मानव समाज का एक भेद था, इस नाम के पड़ने के कारण उन लोगों में चलने की विचित्र योग्यता थी, जिस प्रकार बंदर उछलते-कूदते अत्यंत शीघ्रता से चले जाते हैं, उसी प्रकार वे लोग भी चला करते थे। इसीलिए उनको 'प्लवङ्गम' (कूदते हुए चलने वाले) कहा गया। यह विद्या नायियों के पुरुषा 'महर्षि वायु' से परंपरागत प्राप्त थी। वायु संसार में सबसे अधिक बलवान है। वायु सर्वगत है। वायु के बिना अग्नि, जल और पृथिवी भी नहीं ठहर सकते। इन सब में वायु सदा व्याप्त रहता है। इसी प्रकार 'वायु ऋषि' की संतान में भी यह सर्वत्र अप्रतिम गति के अपूर्व गुण रहे और अब भी हैं। अब भी नायी लोग बेरोकटोक सर्वत्र जा सकते हैं। श्री हनूमान जी में ये गुण पूर्ण रूप से विद्यमान थे। सुग्रीव ने स्वयं हनूमान जी से कहा—

न भूमौ नान्तरिक्षे वा नाम्बरे नामरालये।
नाप्सु वा गति सङ्गं ते पश्यामि हरि पुङ्गव!
सासुरा सहगन्धर्वाः स-नाग-नर-देवताः।
विदिताः सर्व-लोकास्ते स-सागर-धरा-धराः॥
तेजसा वापि ते भूतं न समं भुवि विद्यते।
तद्यथा लभ्यते सीता तत्त्वमेवानुचिन्तय॥
त्वय्येव हनुमन्नस्ति बलं बुद्धिः पराक्रमः।
देशानुकालानुवृतिश्च नयश्च नय-पण्डित*!!

वाल्मीकीय रामायण किष्किंधा काण्ड सर्ग 31

हे हरि पुङ्गव! हनूमान! भूमि पर, अंतरिक्ष में, अंबर में, अमरलोक में, अथवा जल में तेरे समान गति वाला नहीं देखता हूँ॥ असुर, गंधर्व, नाग, नर, देवता और सागर, धरा, अधरा सहित सर्व लोक तेरे जाने हुए हैं॥ और तेज में भी तेरे समान न तो कोई पृथ्वी पर हुआ न है, इसलिए जैसे सीता मिले वैसे तू ही सोच॥ हे हनूमान! हे नय-पण्डित! तुझ में ही बल, बुद्धि, पराक्रम देश कालानुसार वर्त्तने की योग्यता और नय (नीति) है।

यह वायु पर साम्राज्य वायु-पुत्रों को प्राप्त था। पूर्व काल में आकाश मार्ग से जाने की एक विद्या थी, जिसको विशेष कर वायु वंशज तथा सामान्यतया अन्य ब्राह्मण भी जानते थे। शकुन्तला नाटक में लिखा है—

गालव, इदानीमेव विहायसा गत्वा मम वचनातत्र भगवते कण्वाय प्रियमावेदय

---

* इस श्लोक में 'नय पण्डित' शब्द का 'नायी ब्राह्मण' शब्द से साम्य विशेष ध्यान देने योग्य है।

यथा पुत्रवती शकुन्तला तच्छापनिवृत्तौ स्मृतिमता दुष्यन्तेन प्रतिग्रही तेति॥

(अभिज्ञान शाकुन्तले)

हे गालव अभी आकाश मार्ग से जाकर मेरे कहने से वहाँ भगवान् कण्व को शुभ समाचार दे दे कि पुत्रवती शकुन्तला को उस शाप के निवृत्त हो जाने पर दुष्यन्त ने स्मरण करके ग्रहण कर लिया। एवम्–

ततः प्रतस्थे भगवान्प्रयागात्,
तंमण्डनं पण्डितमाशु जेतुम्।
गच्छन् ख-सृत्या पुरमालुलोके,
माहिष्मती मण्डन मण्डितांसः॥

शंकर दिग्विजये महाकाव्ये॥

तब भगवान् शंकराचार्य्य पण्डित मण्डन मिश्र को शीघ्र ही जीतने के लिए प्रयाग से प्रस्थित हुए। आकाश मार्ग से जाते हुए मण्डन मण्डित माहिष्मती नगरी को देखा।

वायु के समान चलना, समाचार लाना, ले जाना, पुरुष स्त्री की परीक्षा करके पहिचानना तथा संबंध कराना ये नायी ब्राह्मणों के प्रधान कर्मों में से हैं। श्रीराम के समय में भी ये कर्म वायु पुत्रों के व्यवसादिक कर्म थे। सो स्वयम् राम ने कहा, राम हनूमान से बोले–

व्यवसायश्च ते वीर सत्वयुक्तश्च विक्रमः।
सुग्रीवस्य च सन्देशः सिद्धिं कथयतीव मे॥

बा. रा. किष्किंधा काण्ड सर्ग 31॥

हे वीर! तेरा व्यवसाय (जाति-पेशा) और महा पराक्रम और सुग्रीव का संदेश मुझे विश्वास दिलाता है कि तुझे सिद्धि प्राप्त होगी अर्थात् तू सीता को ढूँढ़ निकालेगा।

श्री हनूमान जी को क्षुद्रपशु बंदर समझना या कहना महा भूल है वे चारों वेदों के ज्ञाता पूर्ण विद्वान नायी ब्राह्मण थे। उनकी प्रशंसा भगवान् राम ने यों की है। राम लक्ष्मण से कहते हैं–

सचिवोऽयं कपीन्द्रस्य सुग्रीवस्य महात्मनः।
तमेव कांक्षमाणस्य ममान्तिकमिहागतः॥
नानृग्वेद-विनीतस्य नायजुर्वेदधारिणः।
नासामवेद-विदुषः शक्यमेवं प्रभाषितुम्॥
नूनं व्याकरणं कृत्स्नमनेन बहुधा श्रुतम्।
बहु व्याहरतानेन न किञ्चिदपशब्दितम्॥
न मुखे न नेत्रयोश्चापि ललाटे च भ्रुवोस्तथा।
अन्येष्वपि च सर्वेषु दोषः संविदितः क्वचित्॥

संस्कारक्रम-सम्पन्नामद्रुतामविलम्बिताम्।
उच्चारयति कल्याणीं वाचं हृदयहर्षिणीम्॥

वाल्मीकीय रा. किष्किंधा काण्ड सर्ग 4॥

यह कपीन्द्र महात्मा सुग्रीव का सचिव है, और उसी की इच्छा से यहाँ मेरे पास आया है॥ ऋग्वेद-विद्या पढ़े बिना, यजुर्वेद का धारण किए बिना, तथा सामवेद का विद्वान् हुए बिना ऐसा भाषण नहीं कर सकता॥ निश्चय इसने संपूर्ण व्याकरण बहुधा सुना है, क्योंकि बहुत देर तक (संस्कृत) वार्तालाप करते हुए भी कुछ भी अशुद्ध नहीं बोला॥ (बोलते हुए) मुख पर, आँखों में, अथवा ललाट पर, या भौंहों पर, अथवा किसी अन्य स्थान पर भी कहीं दोष नहीं देख पड़ा!! संस्कार-क्रम से युक्त, अद्रुत (जो जल्द 2 न बोली जावे), अविलम्बित (जो देर 2 में न बोली जावे) हृदय को हर्षित करने वाली कल्याण कारिणी वाणी को बोलता है।

ऐसे चारों वेदों और व्याकरणादि वेदाङ्ग उपाङ्गों के ज्ञाता, पूर्ण विद्वान् अखण्ड बाल ब्रह्मचारी, वज्राङ्गी हनूमान थे।

श्री हनूमान जी के विप्र रूप धारण करने की कथा तुलसी कृत रामायण में भी आई है। श्री राम हनूमान से कहते हैं—

नाम राम लक्ष्मण दोउ भाई। संग नारि सुकुमारि सुहाई॥
इहां हरी निशिचर वैदेही। खोजत विप्र फिरहिं हम तेही॥
आपन चरित कहा हम गाई। कहहु विप्र निज कथा बुझाई॥

तुलसी रामायण किष्किंधा काण्ड।

विभीषण हनूमान से—

करि प्रणाम पूछी कुशलाई। विप्र कहहु निज कथा बुझाई॥

तुलसी रामायण सुंदर काण्ड।

श्री हनूमान जी ने विप्र रूप धारण नहीं किया अपितु विप्र ही थे। श्री हनूमान जी 'वायु (मरुत) ऋषि' के वंशज और केशरी के पुत्र थे—

वीर केसरिणः पुत्रः वेगवान् मरुतात्मजः।
ज्ञातीनां विपुलःशोकस्त्वया तात प्रणाशितः॥

वाल्मीकीय रामायण किष्किंधा काण्ड सर्ग 34॥

हे वीर! तू केसरी का पुत्र वायु के समान मरुत् (वायु) वंशज है। हे प्रिय! तूने ज्ञानियों के संपूर्ण शोक को नष्ट कर दिया!

श्री हनूमान जी का जन्म—

चतुर्दशी कातिक बदी। शुभ घड़ि अरु शनिवार।
ता दिन तुम प्रगटे सुनहु। बीच सकल संसार॥

तुलसी रामायण किष्किंधा काण्ड॥

इसीलिए शनिवार को नायी लोग कम हजामत बनाते हैं। श्री हनूमान जी के

नायियों के पुरुषा होने का एक प्रमाण और भी है कि नायी लोग अधिकांश श्री हनूमान जी के उपासक हैं, और जगह जगह हनूमान जी के मंदिर बनवा रक्खे हैं। हनूमान जी का नाम 'मारुति' (मरुत् = वायु का पुत्र) भी है। दक्षिण में अधिकांश नायी अपना नाम 'मारुति' रखते हैं, जैसे, फकीरा मारुति, मारुति रम्भा जी, मारुति राव जी नाथोबा इत्यादि।

दक्षिणी नायी भाइयों ने अपनी जाति का नाम 'अमात्य ब्राह्मण' इसीलिए रक्खा है कि उनके पुरुषा श्री 'मनिकावसगर' प्रभृति महानुभाव चेरा, चोला, और पाण्ड्या के राजाओं के यहाँ अमात्य (सचिव मंत्री) थे। यह सर्वथा ठीक है, क्योंकि दक्षिणी नायियों के अति प्राचीन पुरुषा श्री हनूमान जी भी तो पम्पापुर के राजा सुग्रीव के अमात्य थे।

सुग्रीव भी नायी ब्राह्मण थे

पूर्व हम बतला चुके हैं कि नायी ब्राह्मणों के आदि पुरुषा 'वायु' और 'सविता' ऋषि थे। जैसे हनूमान जी 'वायु-पुत्र' थे, वैसे ही सुग्रीव 'सविता-पुत्र' थे। रामायण में लिखा है—

स हि राज्याच्च विभ्रष्टः कृत-वैरश्च बालिना।
हृत-दारो वने त्रस्तो भ्रात्रा विनिष्कृतो भृशम्॥
करिष्यति साहाय्यं युवयो र्भास्करात्मजः।
सुग्रीवः सह चास्माभिः सीताया परिमार्गणे॥

वा. रा. किष्किंधा काण्ड सर्ग 5॥

(श्री हनूमान जी लक्ष्मण से कहते हैं कि हे लक्ष्मण!) राज्य से भ्रष्ट, बालि से विरोध करने वाला, स्त्री जिसकी छीन ली गई है, भाई ने जिसको दुःख देकर वन में निकाल दिया है, ऐसा भास्कर (सूर्य्य-सविता) का पुत्र सुग्रीव, हम सहित, सीता के खोजने में तुम दोनों की सहायता करेगा। प्रतीत होता है कि वायु और सविता के वंशजों ने दक्षिण भारत में राज्य स्थापित कर लिया था। इन्हीं के पड़ोस में अगस्त्य मुनि का राज्य (आश्रम) था। यह इन्हीं वीरों का ही प्रताप था कि रावण जैसे राक्षसों के पड़ोस में रह कर भी निःशंक राज करते थे। सुग्रीव के भाई बालि ने रावण को नाक चने चबवाए थे। बालि, सुग्रीव, हनूमान आदि के बंदर न होकर, द्विज होने का एक प्रमाण यह भी है कि जहाँ वर्तमान प्रसिद्ध रामायणों के चित्रों में, इनके चित्रों में, इनके पूँछ लगा दी है वहाँ उनके शरीर पर यज्ञोपवीत भी दिखाया (देखो तुलसी रामायण गुटका पंचम संस्करण संवत् 1863 निर्णयसागर प्रेस—बंबई के किष्किंधा का प्रारंभिक चित्र)

ब्राह्मण का पुत्र नायी

जिस समय महाबलपराक्रांत राजा आदिशूर बंगसिंहासन पर विराजमान थे उस समय ब्राह्मणों के धर्म की अवस्था शोचनीय थी। एक समय राजा आदिशूर ने पुत्रेष्टि यज्ञ करने की इच्छा की, परंतु देखा कि बंगाल में उस समय ब्राह्मणगण वेदादि शास्त्रों से अनभिज्ञ आचार भ्रष्ट और ब्रह्मण्य शक्ति विहीन थे। उनके द्वारा यज्ञ संपादन वा कार्य्य सिद्धि की संभावना न जानकर वेदपारगामी, यज्ञ-कार्य्य विशारद, सद्वंशभूत पाँच ब्राह्मणों के भेजने को कान्यकुब्जाधिपति महाराज वीरसिंह के निकट दूत भेजा। कान्यकुब्ज राजा ने उनकी प्रार्थना के अनुसार वेदविशारद, क्रिया दक्ष, महा प्रभावशाली पाँच गोत्र के पाँच ब्राह्मण भेद दिए। इन ब्राह्मणों ने शके 999 में उस देश में गमन किया था। "आदिशूरो नवनवत्यधिक-नवशती-शताब्दे पञ्च ब्राह्मणानानयामास" विद्यासागर कृत कृष्ण चरित्र॥

कान्यकुब्जात् समानीतान् दूतेन द्विज-पंचकान्।
वेद-शास्त्रेष्ववगतान् सर्वास्त्रे च विशारदान्॥
गोयानारोहितान् विप्रान् खड्गचर्मादिभिर्युतान्।
पत्ति-वेशान् समालोच्य विषादो जायते हृदि॥
अश्रद्धा जायते राज्ञ इति ज्ञात्वा द्विजोत्तमाः।
आशीर्वादार्थ निर्म्माल्यं मल्लकाष्ठोपरिस्थितम्॥
तदा काष्ठं सजीवं स्यात् फलपल्लवसंयुतम्।
इति दृष्ट्वा नृपस्तस्मिन् कम्पान्वित-कलेवरः॥
स्तोत्रं च बहुधा तेषामकरोत्स नृपोत्तमः।

इति देवीवर घटक कृत कारिका

देवीवर घटक कृत कारिका में लिखा है—कान्यकुब्ज देश से दूतों के द्वारा बुलाए हुए, वेदशास्त्र में निपुण, संपूर्ण अस्त्रों में पण्डित, ढाल तलवार लिए, बैलों की गाड़ी में बैठे, पाँच ब्राह्मणों को राजद्वार में उपस्थित हुआ देखकर दूतों ने राजा से कहा। राजा उनके वीर वेश की कथा सुनकर दुःखी हुआ। वे ब्राह्मण श्रेष्ठ राजा की अश्रद्धा भाव को जान गए। उसको आशीर्वाद देने को जो निर्माल्य लाए थे वह निकटवर्ती एक मल्लकाष्ठ के ऊपर स्थापन कर दिया। उनका ऐसा अद्भुत प्रभाव था कि अर्ध स्थापनमात्र से ही वह मल्लकाष्ठ उसी क्षण में फल पत्तों से शोभित होकर सजीव हो उठा। यह देखते ही वह नृप-श्रेष्ठ भय से कम्पित शरीर होकर उन ब्राह्मणों की अनेक प्रकार से स्तुति करने लगा॥

तब ब्राह्मणों ने प्रसन्न हाकर राजा को आशीर्वाद दिया फिर राजा ने उन पाँच महापुरुषों के द्वारा पुत्रेष्टि यज्ञ कराया इस यज्ञ के अमोघ प्रभाव से संवत्सर में राजा के पुत्र हुआ उस समय राजा ने विविध प्रकार की सामग्री से उन ब्राह्मणों को तृप्त

कर अपने देश में रहने का अनुरोध किया। वह राजा की भक्ति और विनय से संतुष्ट होकर वहाँ रहने की इच्छा करते हुए राजा ने पंचकोटी, कामकोटी, हरिकोटी, कंकग्राम और वटग्राम ये पाँच ग्राम उनके निवास करने को दे दिए।

भट्टनारायणो दक्षो वेदगर्भोऽथ छान्दडः।
अथ श्रीहर्ष, नामा च कान्यकुब्जात्समागताः॥
शाण्डिल्य गोत्रज-श्रेष्ठो भट्टनारायणः कविः।
दक्षोऽथ काश्यप-श्रेष्ठो वात्स्य-श्रेष्ठोऽथ छान्दडः॥
भरद्वाज कुल-श्रेष्ठः श्री हर्षोहर्ष-वर्धनः।
वेदगर्भोऽथ सावर्णो यथा वेद इति स्मृतः॥
पञ्चकोटिः कामकोटिर्हरिकोटिस्तथैव च।
कङ्कग्रामो वटग्रामस्तेषां स्थानानि पंच च॥

इति कुल दीपिका।

कुल दीपिका में लिखा है। भट्टनारायण, दक्ष, वेदगर्भ, छान्दड, और श्रीहर्ष ये कान्यकुब्ज देश से आए थे। कवि भट्टनारायण शाण्डिल्य गोत्री, दक्ष कश्यप गोत्री, छांदड वात्स्य गोत्री, हर्ष वर्द्धन हर्ष भरद्वाज गोत्री, वेदगर्भ सावर्ण गोत्र में उत्पन्न वेद की तुल्य हुए। पच्चकोटी, कामकोटी, हरिकोटी, कंकग्राम, वटग्राम ये पाँच इनके स्थान थे।

वेदगर्भ के बारह पुत्र हुए उनके अनुसार इनको बारह गाँई की उपाधि मिली।

गाङ्गलिः पुंसिको नन्दी घण्टाकुन्द-सियारिकाः।
साटोदायी तथा नायी पारीवाली च सिद्धलः॥
वेदगर्भोद्भवा एते सावर्णे द्वादशस्मृताः॥*

इति कुल दीपिका

गाङ्गलि, पुंसिक, नंदी ग्रामी, घण्टेश्वरी, कुंद ग्रामी, सियारिक, साटो, दायी, नायी, पारीहाल, वाली, सिद्धल ये विख्यात बारह पुत्र सावर्ण गोत्र वेदगर्भ के हुए।

('जाति निर्णय' पं. ज्वालाप्रसाद मिश्र महामहोपदेशक भारत धर्म महामण्डल काशी कृत—छापा लक्ष्मी वेंकटेश्वर प्रेस मुंबई सं. 1972 वि. पृ. 20-24)

नायी गणेश्वर के पुजारी

हरिवंश पुराण में लिखा है कि—

पार्श्वे तिष्ठन्तमाहूय, निकुम्भमिदमब्रवीत्।
गणेश्वर! पुरींगत्वा शून्यां वाराणसीं कुरु॥
मृदुनैवाभ्युपायेन ह्यतिवीरः स पार्थिव।
ततोगत्वा निकुम्भस्तु पुरीं वाराणसीं तदा॥

* यह वृत्त हमें श्री पं. ललिताप्रसाद जी मास्टर पुराना बाजार उन्नाव से प्राप्त हुआ।

स्वप्ने निदर्शयामास कण्डुके नाम नापितम्।
श्रेयस्तेऽहं करिष्यामि स्थानं मेरचयानघ॥
मद्रूपां प्रतिमां कृत्वा नगर्य्यन्ते तथैव च।
ततः स्वप्ने यथोदृिष्टं सर्वं कारितवान्नृप॥
पुरी-द्वारे तु विज्ञाप्य राजानं च यथाविधिः।
पूजां तु महर्ती तस्य नित्यमेवाप्रयोजयत्॥
गन्धैश्च धूपमाल्यैश्च प्रोक्षणीयैस्तथैव च।
अन्नपानप्रयोगैश्च अत्यद्भुतमिवाभवत्॥
एवं सम्पूज्यते तत्र नित्यमेव गणेश्वरः।
ततो वर सहस्रं तु नागराणां प्रयच्छति॥
पुत्रान् हिरण्यमायुश्च सर्वान्कामांस्तथैवच॥*

हरिवंश पुराण अ. 29। श्लोक 45-51॥

कैलाश वासी श्री शिवशंभु महादेव जी ने अपने पास बैठे हुए गण निकुम्भ को बुलाकर कहा कि 'हे गणेश्वर! पुरी में जाकर बनारस को शून्य कर दे।' हे राजन्! उस महापराक्रमी निकुम्भ ने बड़े सहज उपाय से बनारसपुरी में जाकर, स्वप्न में 'कण्डुक' नामक नायी को दर्शन देकर कहा कि हे निष्पाप! मैं तेरा उपकार करूँगा तू मेरे रूप की मूर्ति बनाकर नगर के भीतर मेरा स्थान बना दे! हे राजन्! उसने राजा को सूचना देकर स्वप्न के आदेशानुसार पुरी के द्वार पर विधिपूर्वक मंदिर बना दिया। और उसकी नित्य प्रति बड़ी पूजा करने लगा। गंध, धूप, माला, प्रोक्षणीय, तथा अन्न जल आदि उपचारों से अत्यंत अद्भुत प्रकार से गणेश्वर पुजने लगा। तथा नगर निवासियों को पुत्र, सुवर्ण, आयु, और सर्व कामना आदि सहस्रों प्रकार के वर देने लगा।

नायी पुरोहित और पुजारी

मारवाड़ की प्राचीन राजधानी मंडोर है। यहाँ पर पहाड़ी पर राजप्रासाद (राजमहल) आदि अनेक गगन भेदी मंदिर हैं, सतियों और वीरों की समाधियाँ बनी हुई हैं। इसी स्थल पर परिहार-वंश-मुकुट-मणि, वीर शिरोमणि श्री नाहर राव का मंदिर है, इस मंदिर के पुजारी नायी ब्राह्मण हैं। श्रीयुत Leutinent Colonel James Tod, Late political Agent to the Western Rajput States (कर्नल टाड) ने अपने राजस्थान* नामक ग्रंथ के प्रथम भाग में लिखा है कि—

---

* ये श्लोक हमें श्री पं. फकीरचंद जी, सब पोस्टमास्टर जेवर द्वारा पं. श्यामलाल जी सनातन धर्मी से मिले।

* 'Annals and Antiquities of Rajasthan by Lt.-Col. Tod, Vol : I Page 749, Published by Indian Publication Society Limited Calcutta in 1898.

In a recess or cave is a rude alter sanctified by the name of NahurRao the Famed King of Mandore, who met in equal combat, the chivalrous Chohan, In the pass of the Aravali. A Nayee, or barber, performs worship to the manes of this illustrious Rajput in whose praise Chand is most eloquent. Whence the choice of a barber as a priest I know not; but as he has the universal care of the material portion of the Rajput, being always chosen as the cook, so there may be reasons for his having had an interest in the immaterial part in olden days, the tradition of which may have been lost."

"एक कन्दरा अर्थात् गुफा में एक बेडौल यज्ञवेदी है, जो मंडोर के प्रसिद्ध महाराज, नाहर राव जी के नाम से पूजित है, जिन्होंने अरावली पर्वत की घाटी में चौहान योद्धा से समान युद्ध किया था, और चंदबरदाई (भाट) ने इनकी बहुत महिमा गायी है। इन प्रख्यात राजपूत के आत्मा की पूजा नायी करता है। मैं नहीं कह सकता कि नायी को किस प्रकार (किस प्रमाण से) पुरोहित रूप से स्वीकार किया गया; परंतु यतः नायी को राजपूतों के प्राकृतिक विभाग की रक्षा का संपूर्ण स्वत्व होता है, इसलिए संभव है कि प्राचीन काल में नायी का अधिकार अप्राकृति (आत्मिक) विभाग में भी हो, जिनकी दंतकथा अब नष्ट हो गई हो!"

पाठकगण! आज यदि टाड महोदय होते तो वे यह जानकर और 'नायी वर्ण निर्णय' देख कर कितने प्रसन्न होते कि नायी भी वेद शास्त्रानुसार ब्राह्मण वर्ण में हैं और उनका आध्यात्मिक विभाग पर कितना अधिकार था। आज टाड महाशय का अनुमान प्रत्यक्ष रूप में आकर अपनी सत्यता प्रकट कर रहा है!

कांगड़ा की ज्वाला देवी और बिलासपुर की नैना देवी के मंदिरों के पुजारी नायी ब्राह्मण सदा से चले आते हैं और वे जनेऊ धारी हैं। मु. धरवाल जि. इटावा में देवी के मंदिर के पुजारी नायी ब्राह्मण हैं, इस समय श्री पं. झण्डेलाल जी वहाँ के पुजारी हैं।*

प्यारे नायी ब्राह्मण भाइयो! यह तुम्हारी जाति का संक्षिप्त इतिहास है। महर्षि वायु, महर्षि सविता, देवर्षि नारद, आदित्य ब्रह्मचारी हनूमान, श्री पं. नरसुंदरशर्मा, भगवद्भक्त श्री सेन महाराज, श्री मनिकावसगर, श्री दामोदरौअर प्रभृति महानुभाव इस संसार में अपनी अक्षय कीर्ति छोड़ गए हैं। परंतु स्मरण रखिए कि–

A tree is Known by its fruits.

मनुष्य का गौरव गुण कर्म से जाना जाता है। आप में से अधिकांश लोगों ने अब जैसे 2 बुरे कर्म प्रारंभ कर दिए हैं, उनसे कोई भला मानुष यह अनुमान

---

* यह वृत्त हमें श्री पं. भगवानलाल जी महेन्दु (जिला पटना) निवासी से मिला।

नहीं लगा सकता कि आप उन्हीं उपरोक्त महापुरुषों के वंशज हैं। इसलिए हमारी आप से सविनय प्रार्थना है कि सब से प्रथम जगत् पिता जगदीश्वर और फिर अपने पूर्वजों को स्मरण करके सहसा उठ खड़े हो और सच्चे 'नायी ब्राह्मण' बनकर दिखला दो!

आज कल शुभ कर्मों में जब कभी 'नायी ब्राह्मण' शब्द का प्रयोग होता है तो उससे 2 व्यक्ति—नायी और ब्राह्मण—समझे जाते हैं। परंतु इसको एक ही अर्थ में लेना चाहिए। जैसे गौड़ ब्राह्मण, सनाढ्य ब्राह्मण, उपाध्याय ब्राह्मण आदि नाम एक व्यक्ति के लिए प्रयुक्त होते हैं उसी प्रकार "नायी ब्राह्मण" भी एक नायी के लिए ही प्रयुक्त होना चाहिए।

क्षत्रियत्व और उसका समाधान

कई लोगों का विचार है कि नायी लोग क्षत्रिय हैं। वे कुछ युक्तिएँ भी इसके समर्थन में देते हैं; जैसे—

(1) नायी शस्त्र (छुरा कैंची आदि) धारी हैं। और शस्त्र को क्षत्रिय धारण करते हैं।

(2) नायी राजा भी रह चुके हैं। मौर्य्यवंशी राजा मगध देश में राज्य करते थे। इस वंश के प्रथम राजा श्री चंद्रगुप्त मौर्य्य ने ख्रीष्टाब्द पूर्व 297 से 321 तक 24 वर्ष—आज से 2300 वर्ष पूर्व—भारत भूमि पर उत्तमतापूर्वक राज्य किया। इनकी माता का नाम 'मुरा देवी' था, और यह नायिन थीं और इन्हीं के नाम के अनुकूल श्री चन्द्रगुप्त का वंश 'मौर्य्य-वंश' कहाया। इनके पिता मगधेश महानन्द पक्षपातान्ध होकर, अपने ज्येष्ठ पुत्र—श्री चन्द्रगुप्त—के अधिकार को छीन कर, छोटे पुत्रों को राजा बनाना चाहते थे परंतु श्री वात्स्यायन मुनि* (पं. चाणक्य) ने चन्द्रगुप्त को अधिकारी

---

* वात्स्यायन मुनि अपने समय के अपूर्व महानुभाव हो गए हैं। अभिज्ञान चिंतामणि नामक ग्रंथ में पं. हेमचंद्र जैन ने लिखा है कि—

वात्स्यायनो मल्लनागः, कौटिल्यश्चणकात्मजः।
द्रामिलः पक्षिल-स्वामी, विष्णुगुप्तोऽङ्गुलश्च सः॥

मल्लनाग, कौटिल्य, चाणक्य, द्रामिल, पक्षिल-स्वामी, विष्णु गुप्त और अङ्गुल ये सब महर्षि वात्स्यायन के ही नाम हैं। उक्त महर्षि शब्द शास्त्र, न्याय-शास्त्र, नीति-शास्त्र, अर्थ-शास्त्र आदि विषयों के अद्भुत विद्वान् थे—हमारे देखने में उक्त ऋषि के तीन ग्रंथ आए हैं—

(1) चाणक्य नीति—नीति का विचित्र ग्रंथ है—यह ऋषि की विचित्र नीतिज्ञता का ही बल था कि महाराजा नन्द जैसे प्रतापी व बलशाली राजा को (जिससे बादशाह सिकंदर भी भय खाकर सतलज से आगे न आ सका और वापिस स्वदेश को चला गया) उचित दंड देकर महाराजा चन्द्रगुप्त को संसार में सब से अधिक बलवान राजा बना दिया! श्री चंद्रगुप्त का सुप्रबंध इन्हीं ऋषि की बुद्धि की उपज थी।

(2) वात्स्यायन-भाष्य—महर्षि गौतम प्रणीत न्याय-दर्शन का सर्वमान्य भाष्य यही है—इस से ऋषि की धर्म-शास्त्र और न्याय-शास्त्र और शब्द-शास्त्र की विचित्र योग्यता ज्ञात होती है—इसी भाष्य के आधार पर 200 से अधिक ग्रंथ न्याय पर लिखे गए हैं। →

समझ कर उन्हें राजसिंहासनारूढ़ कराया। इसका विस्तृत वर्णन 'मुद्रा राक्षस' नामक ग्रंथ में विद्यमान है। चन्द्रगुप्त का राज्य बंगाल की खाड़ी से लेकर ईरान तक था। ईरानाधीश सिल्यूकश ने चंद्रगुप्त के राज्य पर आक्रमण किया था—परंतु हार मान कर संधि करनी पड़ी, और परिणाम में हिंदूकुश तक का देश चंद्रगुप्त के अधिकार में आ गया और सिल्यूकस ने अपनी कन्या भी चन्द्रगुप्त को ब्याह दी। महाराज चंद्रगुप्त की सभा में सिल्यूकस का भेजा एक राजदूत मगस्थनीज नामक रहा था। उसने महाराज के राज्य का वर्णन यूनानी और लातीनी भाषा में किया है। उसका कहना है कि मगध की राजधानी पाटलीपुत्र (पटना) 9 मील की लंबाई और 1॥ मील की चौड़ाई में समानान्तर-चतुर्भुजाकार बसती थी—चारों ओर परकोट था, जिस में 64 द्वार थे। नगर में 6 (Municipal Boards) थे जो विदेशी यात्रियों के आवागमन, माल के आयात-निर्यात, शिल्प-कला, बाजार के भाव, माप-तोल, कर-संग्रह, जन्म-मरण-पत्रक आदि सबका प्रबन्ध करते थे। चन्द्रगुप्त के राज्य में चोरी जारी, आदि का नाम को भी प्रचार नहीं था—सार यह है कि महाराज चन्द्रगुप्त अपने समय के बड़े प्रतापी राजा हो चुके हैं, जिनका यश इतिहास-नभमण्डल में शुक्र के समान प्रकाशित हो रहा है।

श्री चंद्रगुप्त के विषय में प्रायः उपरोक्त लेख ही देखने में आया है, परंतु 'नाय कुल की उत्पत्ति' पृ. 40-41 पर ये शब्द हैं—

"यह वही चंद्रगुप्त महाराज हैं जिनका पिता एक साधारण नायी था, जिस पर मगध देश की रानी आसक्त हो वृद्ध पति को मार इस नायी को लेकर राज करने लगी। कुछ दिन पीछे वह नायी मर गया और तब रानी ने अपने वृद्ध पति के पुत्र नन्द को राज्य देना चाहा परंतु चाणक्य पण्डित ने इन्हीं नायी पुत्र श्री चंद्रगुप्त महाराज को सब प्रकार की उपयुक्त शिक्षा दे योग्य बना, राज्य दिलवाया था।"

(3) अनेक नायियों ने अनेक स्थलों पर बड़े 2 वीरोचित कर्म भी किए हैं; यथा नौमहले के राजा अमरसिंह के सहचर किसना नायी ने आगरा में वीरता दिखाई। सहेबा नाई गुरु गोविंदसिंह के उन पाँच वीरों में था जिन्होंने देश-हित में आत्म-समर्पण किया। एक बार महाराणा राजसिंह जी (मेवाड़ाधिप) औरंगजेब की दुष्टताओं से दुःखी होकर, संधि का निश्चय कर, बादशाह की ओर प्रस्थित हुए और आज्ञा दे दी कि कोई चारण सामने न आवे (वे जानते थे कि यदि किसी चारण ने कोई उत्तेजक वचन कह दिया तो कार्य में विघ्न होगा) ऐसे विकट अवसर पर महाराणा के सूर्यवंश की पवित्र धवलध्वजा को कलंक-कालिमा से बचाने के लिए, कम्मा नामक नायी

→ (3) कौटिल्य-अर्थ-शास्त्र—लोग (विशेषकर पाश्चात्य) समझते थे कि भारतवासी अर्थ-शास्त्र Economics नहीं जानते—परंतु 'कौटिल्य अर्थशास्त्र' ने अपनी सत्ता से कमाऊ अंग्रेज जाति की भी अक्ल ठिकाने लगा दी है।

ने महाराणा के सन्मुख आकर कहा—

अजों सूर भळेहळे, अजों प्राजले हुताशण।
अजों गंग खळहळे, अजों साबित इन्द्रासण॥
अजों धरिण ब्रह्मण्ड, अजों फळ फूळ धरत्ती।
अजों नाथ गोरक्ख, अजों अहिवात शकत्ती॥
आजु हिळोहळे धू, अटळ वेद-धर्म वाराणसी।
पतशाहूंत चीतोड़पति, राण मिलै फिर राजसी॥*

अर्थात् अभी तक सूर्य्य आकाश में प्रकाश कर रहा है; अग्नि में तेज धर्म विद्यमान है, इन्द्रासन सुदृढ़ है, धरती और ब्रह्माण्ड स्वस्थ हैं, पृथ्वी फलती फूलती है, अभी गोरखनाथ जी वर्त्तमान हैं (ऐसा लोगों का विश्वास है), पार्वती सौभाग्यवती (सधवा) हैं (यह भी लोगों का विश्वास है); अभी तक काशी में वैदिक धर्म अटल है, परंतु हे राणा! आज महाराणा राजसिंह (कुल मर्यादा और प्रतिज्ञा को भंग करके) बादशाह से मिलने जा रहे हैं! महाराणा ने हाथी लौटा लिया और कहा कि "वर माँग!" कम्मा नायी ने कहा "महाराज! यदि आपकी कृपा हुई तो यह वर दीजिए कि नायी को बरतन माँजने के निकृष्ट कर्म से मुक्त कर दिया जावे।" महाराणा ने कहा **"तथास्तु, आज से कोई नायी मेवाड़ में बरतन नहीं माँजेगा"** यह व्रत आज तक पालन हो रहा है। धन्य है वह कम्मा नायी जिसने आर्य्य (हिंदू) जाति, पवित्र क्षत्रिय वंश, मेवाड़ और राणाकुल की यशो-राशि की आधार-भूत व्रत-नौका को अपयश-सागर में डूबते 2 बाल-बाल बचाया और जिसने अन्न, वस्त्र, धन, भूमि, सेना, अधिकार अपने लिए कुछ न माँग कर, पूर्ण निष्काम भाव से जाति-हित किया; और धन्य है वह क्षत्रिय-वंश और महाराणा राजसिंह जिन्होंने अपने वचन को प्राण-प्राण से आज तक निबाहा और निबाहेंगे।

(4) नायी के खलीफा, राजा, महता, और ठाकुर आदि क्षत्रियोचित उपनाम हैं।

(5) नायियों के भेद क्षत्रियों जैसे भी हैं; जैसे, चौहान, राठौड़, गहलोत, परिहार आदि।

यद्यपि उपरोक्त युक्तियों से क्षत्रियत्व भी झलकता है, परंतु यह क्षात्र-संबंध देश विशेष में है तथा सागर में बिंदु के समान है और ब्राह्मण धर्म संबंध सर्वव्यापक है। हम इनका भी समाधान क्रमशः करते हैं—

(1) नायी के छुरा, कैंची आदि उपकरण शस्त्र नहीं हैं। उणादि कोष में लिखा है—

* यह कविता हमें हमारे माननीय श्री ठा. नरेन्द्रसिंह जी वर्मा जोबनेराधीश से प्राप्त हुई है। हम उनके परम कृतज्ञ हैं।

अपिचिमिशसिभ्यः क्रः॥ अन्त्रम्। चित्रम्।
मित्रम्। शस्त्रम्॥ उणादि कोष अ. 4। सू. 134॥
भाष्य–शंसति हिनस्तीति येनतत् शस्त्रम्॥ आयुधं वा॥

"जिससे हिंसा की जावे उसे शस्त्र कहते हैं। जैसे, युद्ध करने का आयुध (शस्त्र)" परंतु नायियों के क्षुर, कैंची आदि शस्त्र नहीं हैं, क्योंकि ये हिंसा के लिए नहीं, अपितु–

पापोशमनं केशनखरोमापमार्जनं हर्षलाघवसौ भाग्यकरमुत्साहवर्धनम्॥ सुश्रुत चिकित्सास्थान अ. 24। सू. 72॥

केश, नख, और बालों का काटना पापों का नाशक; प्रसन्नता, लाघव (हलकापन), सौभाग्यकर, और उत्साह को बढ़ाने वाला है।

पौष्टिकं वृष्यमायुष्यं शुचिरूपं विराजनम्।
केशश्मश्रु नखादीनां कर्तनं संप्रसाधनम्॥

चरक संहिता अ. 5। सू. 93॥

केश, श्मश्रु (दाढ़ी मूँछ के बाल), नखादि का काटना तथा सँवारना पुष्टि, वृष्य, आयु, पवित्रता, और सौंदर्य्य को बढ़ाता है।

क्षत्रिय में मन्यु (क्रोध) का होना आवश्यक है, जिसके होने पर ही वह शस्त्र प्रयोग करता तथा रक्तपात करता है। परंतु क्षुरधारी नायी का स्वभाव इसके सर्वथा प्रतिकूल है। क्षुर दया का प्रतिनिधि है। नायी तीक्ष्ण क्षुर को हाथ में रखता हुआ भी रक्तपात से सदा बचता है। यदि कहीं असावधानी अथवा अन्य कारण से, यजमान के शरीर पर रक्त आ भी जावे, तो तत्काल उसको बंद करने का प्रयत्न करेगा। यह नायी की अपूर्व दया है।*

जैसे 'स्फ्य' नामक यज्ञ का उपकरण होता है उसी प्रकार क्षुर, कतरनी आदि भी वपन-यज्ञ के उपकरण हैं। वैश्वदेवं पर्व नामक इष्टि (यज्ञ) के पात्रादि का वर्णन करते हुए लिखा है कि–

दोहन-चतुष्टयम् (शाखा, उखा, पवित्रम्, दोहन पात्रं च)....मन्थन-चतुष्टयम्। तत्राधरारणिः, प्रमन्थः, शकलम्, द्वे तृणे च। पक्षे क्षुर-चतुष्टयं च। (क्षुरः, नवकुशतृणानि, त्र्येणी शलली, आपश्चेति क्षुर-चतुष्टयम्)॥ इष्टि संग्रह॥

(उक्त यज्ञ में यह सामिग्री भी हो)–दोहने की चार वस्तुशाखा, हंडी, पवित्र, और दोहन पात्र।....मंथन (अरणि द्वारा अग्नि तैयार करने) की चार वस्तु–अधरारणि,

---

* यह नायियों की अपूर्व दया का परिणाम है कि अनन्त दुःख तथा अपमान सह कर भी वे लोग अपने यजमानों की यजमानी करते रहे। फल यह हुआ कि वह अत्यंत नीच माने जाने लगे। कहा है "अति सर्वत्र वर्जयेत्" यह अति दया का ही फल है। तथापि हमारा अपने प्रिय नायी भाइयों के प्रति यही वक्तव्य है कि वे अपने इस अपूर्व दया धर्म को न छोड़ते हुए ही आत्मोन्नति करें। यह ब्राह्मण का मुख्य कर्त्तव्य है। यदि कोई दुष्ट अपनी दुष्टता न छोड़े तो सुजन अपना सौजन्य क्यों छोड़ दे?

प्रमन्थ, शकल और दो कुशतृण। वपन पक्ष में क्षौर की चार वस्तु—क्षुर (उस्तरा), नए कुश तृण, त्र्येणी श्लली (सेही के काँटों से बना हुआ—अथवा कंघा), और जल—यह क्षुर-चतुष्टय।

(2) राजा होने से वंश परंपरा विनष्ट नहीं हो सकती। यदि राजा होने मात्र से क्षत्रियत्व हो तो आजकल भी अनेक ऐसे राजा महाराजा हैं, जो राज्य करते हुए भी ब्राह्मण कहला रहे हैं, जैसे, काशी व दरभंगा नरेशादि। पूर्वकाल में श्री द्रोणाचार्य्य ने भी विराट नरेश का आधा राज्य ले लिया था, परंतु वे क्षत्रिय न कहाए। पेशवादि महाराष्ट्र ब्राह्मण भी राजा रहे। हमारे पौराणिक भाई, रावण को राक्षस-कर्मा होने पर भी ब्राह्मण पुत्र ब्राह्मण ही मानते हैं। शुक्रनीति के कथनानुसार पहिले ब्राह्मण लोग भी ग्रामाधीश बनाए जाते थे—

ग्रामपो ब्राह्मणो योज्यः कायस्थो लेखकस्तथा।
शुल्क-ग्राही तु वैश्यो हि, प्रतीहारश्च पादजः॥

ग्राम का स्वामी (राजा) ब्राह्मण को बनाना चाहिए, कायस्थ को लेखक, कर संग्रह के लिए वैश्य, और सेवा के लिए शूद्र नियुक्त करना चाहिए। पंजाब के राजा जयपाल भी ब्राह्मण ही थे :—

"Sabuktagin who once attacked in the valley of peshawar, that leads from Afghanistan into the Punjab, by the Brahman King of Lahore, named Jaipal and in revenge he twice overran the whole of the punjab and carried back vast amount of plunder to Ghazni-having totally defeated, not only Jaipal himself but also all his Rajput allies, who had assembled from Delhi, Ajmer, and Kanauj to aid in repelling the fierce invader."

(Introduction to History of India by Lethbridge page 33.)

एक बार लाहौर के ब्राह्मण राजा जयपाल ने पेशावर की उस घाटी में, जहाँ होकर अफगानिस्तान से पंजाब को मार्ग जाता है, सुबुक्तगीन (महमूद गजनवी के पिता) पर आक्रमण किया और इसके बदले में सुबुक्तगीन ने सारे पंजाब को दो बार नष्ट किया। और केवल जयपाल ही नहीं वरन् इस भयंकर आक्रमण-कार को हटाने में सहायता करने के लिए देहली, अजमेर, और कन्नौज से जो राजपूत मित्र एकत्र हुए थे, उन सबको सर्वथा परास्त करके अपने साथ बड़ी भारी संपत्ति ले गया। (लैथब्रिज)

अतः सिद्ध हुआ कि मुलसमानों के भारतवर्ष में पदार्पण करने के समय पंजाब के राजा ब्राह्मण थे, और वे ही सब से अधिक संख्या में तथा मान्य थे। पंजाब सदा आक्रमणों का ग्रास रहा है। पंजाब के ऊपर जो अत्याचार हुआ है उसका दिग्दर्शन निम्नस्थ शब्दों में होता है—

"Five Hundred years have passed since that dreadful time, but never since or before has there been such aweful slaughter. Coming down with his faster hords through Afghanistan into the Punjab, he (Taimur) Marched slowly towards Delhi, leaving nothing behind him but dead bodies and blazing villages. When he got near Delhi, he had a hundred thousand prisoners in camp, and as he found it hard to gaurd so many captives, he put to death all over the age of fifteen. Then Taimur fell on him (the pathan king of Delhi) and utterly defeated him. For five days, the cruel Tartars roamed through the city Killing the people and burning their houses."

—History of India by E. Marsden B.A. Page 51, 52.

"उस भयंकर समय को आज 500 वर्ष व्यतीत हो गए, परंतु न तो उससे पूर्व और न अब तक ऐसा भयानक रक्तपात हुआ। अपनी तातारी सेना सहित अफगानिस्तान होकर पंजाब में पहुँचकर तैमूर ने शनैः 2 देहली की ओर बढ़ना प्रारंभ किया। परंतु उसने अपने पीछे (पंजाब में) शवों (मरे हुए शरीरों) और जलते हुए नगरों के अतिरिक्त कुछ न छोड़ा। जब वह देहली के समीप पहुँचा तो उसकी छावनी में एक लाख कैदी थे, और जब उसने देखा कि इतने कैदियों की रक्षा करना कठिन होगा, तो उसने 15 वर्ष से अधिक आयु के सब कैदी मार दिए! तब तैमूर देहली के पठान बादशाह पर टूट पड़ा और उसको सर्वथा परास्त कर दिया। पाँच दिन तक निर्दयी तातारी देहली नगर के मनुष्यों का प्राणान्त करते और उनके घरों को जलाते हुए फिरते रहे!!"

पाठक गण! यह तुर्कों के अत्याचार का नमूना है। विचार कीजिए, ऐसी दशा में राजकुल कहाँ तक बच सकता था। ऐसे समय में कई वीरों ने प्राण दिए पर धर्म न दिया। कइयों ने अपना शिखा सूत्र अर्पण कर अपने प्राण बचाए और कइयों ने नाम वेष बदल कर प्राण रक्षा की। इन्हीं में से ये नायी हैं। पंजाब में नायी का सम्मान सूचक नाम 'राजा' है। ये नायी उसी राजा जयपाल के वंशज हैं, जिसका वर्णन अभी हम ऊपर कर चुके हैं। और तभी से पंजाब के नायी 'राजा' कहला रहे हैं। प्राण रक्षा के लिए उन्होंने अपना वर्ण 'ब्राह्मण' न बतला कर 'नायी' कहना प्रारंभ कर दिया, क्योंकि नायी शब्द भी ब्राह्मण वाचक है (देखो पृ. 44।) और उनका कर्म क्षौर कर्म भी ब्राह्मण कर्म है।

श्री चन्द्रगुप्त के विषय में जो दो मत हैं, उनमें से पता नहीं कौन सा सत्य है। यदि नायी पिता माना जाए, तो वीर्य्य प्राधान्य सिद्धांत से संपूर्ण मौर्य्यवंश—चन्द्रगुप्त, बिंदुसार, अशोक आदि नायी माने जावेंगे। और माता नायिन मानी जावे तो विपरीत होगा। परंतु इस विषय में एक विचित्र विचार श्री पं. नन्हेंलाल जी शर्मा (पूर्व प्रधान नायी ब्राह्मण सभा खण्डवा व वर्तमान प्रधान नायी ब्राह्मण सभा नागपुर) ने हमारे सामने रखा आपने कहा "चन्द्रगुप्त का अपने वंश का नाम मौर्य्य वंश, अपनी माता

के नाम से, रखना इस बात का प्रमाण देता है कि उस समय नायी क्षत्रियों से उत्तम माने जाते थे। यह निर्विवाद है कि प्रत्येक मनुष्य अपना वा अपने कुल का नाम अच्छा ही रखता है न कि बुरा। यदि उस समय नायी वंश से क्षत्रिय नंद वंश अधिक मान्य होता तो चन्द्रगुप्त 'मौर्य्य' न रख कर 'नन्दवंशी' ही रखते। क्षत्रियों से उत्तम वर्ण केवल ब्राह्मण वर्ण है। इससे स्पष्ट हुआ कि चन्द्रगुप्त के समय में नायी ब्राह्मण माने जाते थे।'' यदि कोई कहे कि 'मुद्रा राक्षस' आदि पुस्तकों में चन्द्रगुप्त को 'वृषल' लिखा है, सो पीछे के इतिहास लेखकों की कृपा है, जो नायी ब्राह्मण वंश का गौरव देख कर उनकी भरसक निंदा करने में कसर नहीं करते थे।

(3) वीरता के कार्य्य करने से भी क्षत्रियत्व मान्य नहीं हो सकता। श्री परशुराम जी ने वीरता के कार्य्य किए, द्रोणाचार्य ने महाभारत में सेनापति का पद ग्रहण किया, कृपाचार्य्य, और अश्वत्थामा ने भी युद्ध किया। परंतु इनमें से कोई भी अब्राह्मण नहीं माना गया।

(4) नायी के राजा आदि नाम उनके राजा हो जाने से पड़े हैं, जैसा कि हम ऊपर वर्णन कर चुके हैं। खलीफा का अर्थ गुरु है, जो कि ब्राह्मण वाचक है। महता भी पंजाब में ब्राह्मणों का भेद है। ठाकुर भी बंगाल में ब्राह्मण की उपाधि है, जैसे श्री रवीन्द्रनाथ ठाकुर आदि। श्री रघुवीर शरण दुबलिस मैनेजर भास्कर प्रेस मेरठ प्रकाशित 'संस्कृत हिंदी कोश' पृ. 301 पर लिखा है ''ठक्कुर'' (पु.) देवता, ठाकुर, देवमूर्ति, ब्राह्मण की उपाधि। इत्यादि। इन नाम मात्र की बातों से नायियों का क्षत्रियत्व मान बैठना भूल है।

(5) चौहान, राठौड़, गहलोत, परिहार आदि भेद के नायी प्रायः राजपूताने में पाए जाते हैं। परंतु इसका कोई भी क्रमबद्ध प्रमाण नहीं मिलता कि वे कब से क्षत्रियों से पृथक् हुए और क्यों पृथक् हुए? प्रतीत होता है कि नायी लोग जिन क्षत्रियों की यजमानी करते थे, वा करने लगे, उन्हीं के भेदों को भी अपने लिए प्रयोग करने लग गए। और वास्तव में बात यह है कि जो मनुष्य जिस समुदाय में मिलकर तदनुकूल आचरण ग्रहण कर लेता है वह उसी समुदाय में समझा जाता है। जो हो, चौहान, राठौड़ आदि कहलाने वाले नायी नायी जाति में सम्मिलित हैं, उन्हीं के अनुकूल व्यवहार आचरण करते हैं। इसलिए उनको भी नायी ब्राह्मण ही माना जाएगा। प्राचीन काल में भी अनेक इतर वर्णों के लोग गुण कर्मानुरूप वर्णों को प्राप्त कर चुके हैं। इसका वर्णन हम वर्ण व्यवस्था प्रकरण में पृ. सं. 41 तक कर चुके हैं कि अरिष्टषेण, सिंधुदीप, देवापि, विश्वामित्र, गार्ग्य आदि क्षत्रियों से ब्राह्मण हो गये। इसलिये यदि कुछ लोग नायी क्षत्रियों में से आकर यदि नायियों में मिल गए तो वे भी नायी ब्राह्मण ही समझे जावेंगे।

किंकर्त्तव्यता

अपने आप को उच्च समझने वाले भाइयों को विचार करना चाहिए कि परस्पर के वैमनस्य से देश रसातल को पहुँच गया। भाई से भाई को बिछुड़ा दिया—और देश, धर्म का विध्वंस कर दिया। परंतु अब ईश्वर कृपा से भारत में एकता की शृंखला तैयार करने का प्रयत्न हो रहा है—कड़ी से कड़ी को जोड़ा जा रहा है। गोरक्षा के प्रश्न पर हिंदू-मुसलमान एक हो रहे हैं। भारत-वासी चाहते हैं कि स्वराज्य मिले, क्योंकि 'पराधीन सपने सुख नाहीं' परंतु जो दूसरों को स्वाधीन करना नहीं चाहता वह स्वयं स्वाधीनता का अधिकारी कैसे हो सकता है? जिस समय होम-रूल-लीग का डेपुटेशन विलायत में स्वराज्य माँगने गया तो उसका विरोध करने वाला यदि कोई बड़ा समुदाय था तो उन लोगों का जिनको हम लोग अछूत और नीच समझते हैं। यदि इनको उन्नति का अवसर दे दिया जाता और साथी बना लिया जाता तो बहुत कुछ सफलता की संभावना थी। जब मि. मांटेग्यू (भारत सचिव) भारत वासियों को कुछ अधिकार देने का विचार कर रहे थे उस समय आल इण्डिया मुसलिम लीग का डेपुटेशन अलग गया, सिक्ख अलग गए, ब्राह्मण अलग गए, अब्राह्मण अलग गए, जमींदारों ने अपनी न्यारी हाँकी और सबने अपने 2 न्यारे 2 अधिकार माँगे। भारत-सचिव (मि. मांटेग्यू) ने सोचा कि किस को क्या दूँ? परिणाम उलटा हुआ। यदि सब सहमत होकर उड़ते तो कुछ न कुछ कर गुजरते। जब तक वेद की आज्ञा का पालन न होगा—देश का कल्याण कदाचित् भी न हो सकेगा। वेद की आज्ञा है कि—

ओं संगच्छध्वं संवदध्वं सं वो मनांसि जानताम्।
देवाभागं यथापूर्वे संजानाना उपासते॥

ऋग्वेद मं. 10। सू. 191। म.2॥

हे मनुष्यो! यदि तुम पूर्व विद्वानों के समान ऐश्वर्य्य वाले बनना चाहते हो तो सब एक वैदिक मार्ग पर चलो, एक वैदिक, सत्य वाणी को बोलो, और तुम्हारे मन एक हों॥ भारतवासियों को चाहिए कि अब अपने वैमनस्य को भुलाकर, एक आर्य्य जाति के बनावटी जाति-भेद रूपी सहस्रों खण्डों को संयुक्त कर, वैदिक चातुर्वर्ण्य की स्थापना करके एक दूसरे को प्रेम-पाश में बद्ध करें। ब्राह्मण भाइयों को चाहिए कि अपने बिछुड़े हुए नायी भाइयों को सम्मिलित कर अपनी शक्ति बढ़ा प्रीतिपूर्वक उन्नति करें। अत्रिस्मृति में लिखा है—

अंगीकारेण ज्ञातीनां, ब्राह्मणानुग्रहेण च।
पूंयन्ते तत्र पापिष्ठा, महापातकिनोऽपि ये॥

अत्रिस्मृति 274॥

अर्थात् ज्ञाति के स्वीकार कर लेने और ब्राह्मणों की कृपा से बड़े 2 पापी और महापातकी भी पवित्र हो जाते हैं। इन नायियों ने तो कोई अपराध नहीं किया—फिर इनको दूर क्यों रक्खा जावे? अपिच, इस समुदाय पर ज्ञाति की स्वीकृति और ब्राह्मणों की अनुग्रह दोनों हैं—

ज्ञाति का अंगीकार

मोती प्रेस होशियारपुर से एक पुस्तिका श्री पं. मथुरादत्त जी शर्मा ज्योतिषी की ओर से "कुलीन ब्राह्मण निर्णय" नामक उर्दू में प्रकाशित हुई, जिसमें निम्नस्थ लेख है—

"अखबार हिंदुस्तान मतबूअः 10 नवंबर, 1911 ई....ब्राह्मण अखबार मतबूअः 21 जून, 1911 ई. में ब्राह्मण महासभा पंजाब की तरफ से बतौर जवाब नोटिस नं. 8 लिखा हुआ पायाकि—

"ब्राह्मण महासभा को शास्त्रार्थों से कोई वास्तः नहीं है। नायी ब्राह्मण हैं वह अपने आपको ब्राह्मण लिखें—ब्राह्मण महासभा उनके ब्राह्मण बनने में सद्देगह नहीं होती और राजपूत वगैरः हिंदू पबलिक उनको बेशक पुरोहित बना लेवे।"

नायी याजकों का ब्राह्मणत्व स्वीकार

श्री पं. दयानन्द जी शर्मा वैद्य याजक (नायी ब्राह्मण) डेरागाजीखां निवासी हैं। जो आज कल गोग्रा ब्रांच चक नं. 117 जि. लायलपुर में रहते हैं। आप वह व्यक्ति हैं जिन्होंने इस पतन काल में सब से प्रथम पंजाब में नायियों के ब्राह्मण होने की ध्वनि उठाई। आपको कई पण्डितों ने इस बात के लेख दिए कि याजक नायी वास्तव में ब्राह्मण हैं। हम नीचे एक व्यवस्था पत्र की प्रति देते हैं, जिसमें पण्डित मण्डली ने उक्त पण्डित जी को ब्राह्मण होने की व्यवस्था संवत् 1962 विक्रम में दी थी। असल व्यवस्था पत्र हमारे सन्मुख है—

श्री गणेशायनमः

ब्राह्मण वर्ण से जो जातियाँ दैवयोग से पतित होकर नीच अवस्था को प्राप्त हुईं जैसे तिरवे, ब्रह्मी, गाँधी भारद्वाज आदि याजक जिनका धर्म उपरिउक्त शास्त्रानुसार यज्ञ करना और कराना है ब्राह्मण याजकों को मलिन आजीविका का त्याग ही योग्य है क्युँकि इनको अपनी आजीविका उत्तम विद्या शुभ गुण कर्मों से करना ही उचित है और ब्राह्मण याजक की कन्या का पाणिग्रहण ब्राह्मण याजक से ही होता है अन्य वर्ण क्षत्री वैश्य शूद्र इनसे कन्यादान नहीं ले सकते याजक शब्द ब्राह्मण वर्ण सिद्ध होता है इसलिए दयानंद शर्मा याजक जाति गाँधी जो चिरकाल से उत्तम आजीविका और शिवार्चन आदि प्रयोग निष्काम करता रहा है और जन्म से ब्राह्मण वर्ण ही है इसलिए ये पत्र इसको योग्य समझ कर दिया गया है अतः धन की लालच रहित

प्रसन्नतापूर्वक निम्न स्थान में सनातनी पण्डितों के हस्ताक्षर हैं निवासी डेरागाँज़ीख़ाँ मार्गशीर्ष सं. 1962।

मुशल जातीय नंद शर्मा

पं. ऊधोदास शर्मा मुशल

पं. सदानन्द शर्मा ज्ञाति सामेपोभा

केवलं याजक शब्द एव ब्राह्मण वर्ण एवान्तर्भवतीत्यनुमन्यते

पं. चिम्मनलाल शर्मा

पं. तरवत राम शर्मा तीक्ष्ण

रामचन्द शर्मा मूलत्राण निवासी कुंबरीया

ब्राह्मणानुग्रह

ऋषि दयानंद ने तो गुण-कर्म-स्वभावानुसार वर्णव्यवस्था करके प्रत्येक मनुष्य को उन्नति का अवसर दे ही दिया है। तथापि श्री श्रोत्रिय पं. छोटेलाल जी शर्मा महामंत्री, हिंदू-धर्म-वर्णव्यवस्था मण्डल* फुलेरा राज्य जयपुर ने भी अपने जाति अन्वेषण के प्रथम भाग में लिखा है कि–

"प्राचीन काल में जो बड़े विद्वान व तर्क-शास्त्र के जानने वाले थे अतः उनका नाम नायी रखा गया था जिसका बिगड़ा हुआ रूप न्याई वा नाई हो गया इनकी विद्या बुद्धि के कारण लड़के लड़की का विवाह, शादी, सगाई आदि इन्हीं की सम्मति के अनुसार होते थे। यह जाति प्रायः अभी तक ईमानदार व प्रतिष्ठित समझी जाती है। अकेली युवा बहू बेटियों को हजारों के जेवर सहित इनके साथ निधड़क रूप से भेज देते हैं। प्राचीन काल में जितनी इस जाति की स्थिति उत्तम थी उतनी आज कल निकृष्ट है। तथापि यह उच्चतम कोटि को पहुँचने के उद्योग में है और अपने को ब्राह्मण वर्ण में बतलाती है।...शास्त्रीय एक नियम से यह जाति ब्राह्मण वर्ण तथा दूसरे मन्तव्य से क्षत्रिण वर्ण में ठहरती है। परंतु इनके मुख्य भेद 888 हैं अतएव प्रत्येक की अलग 2 स्थिति देखकर वर्ण निश्चय करना है, इनमें कन्नौजिए सरयूपारी तथा नाई पांडे आदि भेदों का ब्राह्मणत्व से संबंध है वा नहीं? युक्त प्रदेशीय आर्य्य गुरुकुलों में नाइयों के लड़कों के यज्ञोपवीत करा दिए गए हैं।"

(जाति अन्वेषण, पृ. 280-281)

---

* इस मण्डल के (1) प्रधान-श्री. पं. शिवदत्त जी महामहोपाध्याय हैड संस्कृत प्रोफेसर, ओरियण्टल कालिज, लाहौर।

(2) उप-प्रधान-श्री. पं. बुलाकीराम जी पंजाब भूषण, विद्यासागर ऐम. आर. ए. ऐस. (लंदन) मेयो कालिज, अजमेर।

नायियों के प्रति

हमारा वक्तव्य है कि अब समय है जब कि तुम पूर्णतया उन्नति कर सकते हो। विद्याभ्यास करो, धर्म की शिक्षा ग्रहण करो और धर्मानुसार व्यवहार करना सीखो। उन्नति करते समय अपने से निकृष्ट की ओर दृष्टि नहीं करनी चाहिए, किंतु अपने से उत्तम को आदर्श बनाना चाहिए। उन्नति वही करेगा जिसका आदर्श उच्च हो। प्रत्येक मनुष्य को मुक्ति की उपलब्धि की आवश्यकता है, वही उसका उच्च आदर्श है। अपने समुदाय में से कुप्रथाओं को दूर करने का प्रयत्न करो, सेवा कर्म द्वारा जीविका त्याग कर द्विजोचित कर्म करो और अपने गुण, कर्म, स्वभावानुसार वर्ण-व्यवस्था प्राप्त करो। स्मरण रक्खो परमात्मा ने तुम्हें सुकर्म करने के लिए संसार में भेजा है। उत्तम से उत्तम कर्म करने का तुम्हें पूर्ण अधिकार है, परंतु पूर्व योग्यता की आवश्यकता है। शुभाशुभ कर्म तुम्हारे हाथ में हैं, जो चाहो करो परंतु जीवन वही सार्थक है जो धर्मानुकूल हो जैसा कहा है–

धर्मार्थ-काम-मोक्षाणां, यस्यैकोऽपि न विद्यते।
अजा-गलस्तनस्येव, तस्य जन्म निरर्थकम्॥

धर्म, अर्थ, काम, मोक्ष इनमें से जिसके पास एक भी नहीं है उसका जीवन बकरी के गले के स्तन के समान निरर्थक है।

हमने अनेक ग्रंथों के आधार पर यह सिद्ध कर दिया कि नायी ब्राह्मण कुलोत्पन्न और ब्राह्मण हैं। परंतु इसका यह प्रयोजन नहीं कि नायी भाई इतने ही में संतुष्ट हो रहें, किंतु सच्चे ब्राह्मण बन कर दिखावें। ब्राह्मण के लिए वेदाध्ययन परम धर्म है। यदि स्वयं विद्याध्ययन न कर सकें तो अपनी संतान—लड़का-लड़की—को शिक्षा दिलावें। 8 से 11 वर्ष तक अपने बालकों का उपनयन करा कर नियमानुसार गुरुकुल पाठशाला आदि पवित्र संस्थाओं में प्रविष्ट करावें और धर्म-शिक्षा दिलावें। निकृष्ट कर्मों को छोड़ सुकर्मों को धारण करें, यज्ञोपवीत धारण कर नित्य प्रति संध्योपासन, हवन आदि शुभ कर्मों को करें। ब्राह्मण-कुल में जन्म लेकर कर्म-शून्य होना कुल को कलंक लगाना है–

यथा काष्ठ-मयो हस्ती, यथा चर्ममयो मृगः।
यश्च विप्रोऽनधीयानस्त्रयस्ते नाम बिभ्रति॥

काठ का हाथी और चर्म से बना मृग और अविद्वान् ब्राह्मण यह तीनों नाम मात्र होते हैं, अर्थात् उनसे कोई विशेष कार्य्य सिद्ध नहीं होता है॥ जैसे बनावटी (कपड़े आदि की बनी हुई) बिल्ली से चूहा भी नहीं डरता उसी प्रकार विद्या-गुण-हीन ब्राह्मण का कोई मान नहीं करता॥

......"श्री भारत धर्म महामण्डल काशी" सनातन धर्म की सब से बड़ी महासभा है। इसके–

(1) महासभापति—श्री आनरेबल महाराजा बहादुर सर श्री 108 श्री रामेश्वर सिंह जी G. C. I. E., K. B. E. दरभंगा नरेश।

(2) सभापति अखिल भारतवर्षीय प्रतिनिधि सभा—

श्री लेफ्टिनेंट जनरल हिज हाइनेस महाराजा सर श्री 108 श्री प्रतापसिंह जी इन्द्र महीन्द्र बहादुर G. C. S. I., G. C. I. E., G. B. E. L. L. D. जम्मू व कश्मीर नरेश।

(3) सभापति व्यवस्थापिका सभा—श्री आनरेबल महाराजा बहादुर सर श्री 108 श्री रवनेश्वर प्रसाद सिंह जी K. C. I. E. गिधौर (मुंगेर)

(4) संरक्षक—अनेक राजा महाराजा।

(5) महामंत्री (General Secretary)—श्री कुंवर कवीन्द्र नारायण सिंह जी, और

(6) मुख्यमंत्री (Chief Secretary)—श्री आनरेबल धर्म-भूषण श्री के. वी. रंगास्वामी ऐयङ्गर इत्यादि हैं।

इस भारतधर्म महामण्डल के मंत्री महोदय की सेवा में हमारे एक मित्र श्री पं. भगवती प्रसाद जी शर्मा ने एक पत्र लिखा था उसके उत्तर में महामण्डल के उपमंत्री श्री पं. गोविंद शास्त्री जी ने लिखा है कि—

श्री भारत धर्म महामण्डल काशी की व्यवस्था

"महाशय!

आपका पत्र प्राप्त हुआ। नाइयों ने एक पुस्तिका* और आपका भेजा विज्ञापन** हमारे यहाँ भी भेजा है। ब्राह्मण होकर भी वे अपना क्षौर कर्म अबाधित रखना चाहते हैं। यह संतोष की बात है।

रही बात ब्राह्मण आचार की। ब्राह्मण ही अपना धर्म कर्म इस कलि काल में नहीं निबाह सकते, हज्जाम कैसे निबाहेंगे?

यदि इसमें वे सफल हुए तो हमें संतोष ही होगा।"

नायियो! यह है महामण्डल की व्यवस्था! वह भी तुम्हारी उन्नति में बाधक नहीं! अब भी उन्नति न करो तो तुम्हारा ही दुर्भाग्य है!

इस स्थान पर अन्य सनातनी भाइयों से भी हमारा वक्तव्य है कि वे महामण्डल के इस लेख का सम्मान करते हुए नायियों की उन्नति के सहायक हों। यही मनुष्य धर्म है।

नायी भाइयो! एक और बात स्मरण रखो—

निन्दन्तु नीतिनिपुणा, यदि वा स्तुवन्तु,
लक्ष्मीस्समाविशतु गच्छतु वा यथेष्टम्।

---

* न्यायी वर्ण निर्णय।

* शास्त्रार्थ के आह्वान का विज्ञापन (लेखक)

अद्यैव वा मरणमस्तु युगान्तरे वा,
न्याय्यात्पथः प्रविचलन्ति पदं न धीराः॥

भर्तृहरि.

नीति निपुण पुरुष चाहे निंदा करे चाहे स्तुति, चाहे लक्ष्मी आ जावे चाहे चली जावे, जो हो; आज ही मरण हो या युगांतर में, परंतु धीर पुरुष न्याय मार्ग से विचलित नहीं होते। सब मिलकर ईश्वर पर विश्वास करके उन्नति करो। अवश्य सफलता होगी॥ पाठकगण! आओ! हम सब मिलकर जगत् के कर्त्ता, धर्त्ता, संहर्त्ता, अनादि, अनन्त, अनुपम, नित्य शुद्ध-बुद्ध-मुक्त-स्वभाव सर्वानन्दप्रद शिव के, जो हमारे मन-मन्दिर में विराजमान हैं, चरणों में विनीत भाव से बैठ कर प्रार्थना करें कि–

ओं अस्तोर्मा सद्गमय तमसोर्मा ज्योतिर्गमय मृत्योर्मा अमृतं गमयेति॥

शतपथ ब्रा. 14।3।1।30॥

ओं यत्रानन्दाश्च मोदाश्च मुदः प्रमुद आस्ते।
कामस्य यत्राप्ता कामास्तत्र माममृतं कृधि॥

ऋग्. 9।112।11॥

हे सर्व जगतोत्पादक, सर्वान्तर्यामिन्, सर्वेश्वर सर्व-शक्तिमान् सर्वाधार, जगदीश्वर! आप हमको असत् पदार्थ से बचाकर सन्मार्ग पर ले जाइए, अंधकार से हटाकर ज्योति की ओर ले जाइए, जन्म मरण रूप मृत्यु से मोक्ष रूप अमृत को प्रदान कराइए॥ हे परम पितः! जिन आपके भीतर आनन्द, मोद, मुद, प्रमुद विद्यमान रहते हैं, जिन आप में कर्मों के भी काम उपलब्ध हो जाते हैं, उन अपने आप में मुझे अमर बना दीजिए! यही प्रार्थना है!!

ओ३म् शम्!

परिशिष्ट

हम से अनेक बार प्रश्न पूछे गए, कि "नायियों की उत्पत्ति कहाँ से हुई और कैसे हुई?" प्रश्न की आकांक्षा यह है कि हम नायी का जन्म किसी ऐसे विचित्र प्रकार से बतावें जैसे कि–

(1) दुर्गा देवी के हाथ के छालों से ब्रह्मा, विष्णु, शिवजी की उत्पत्ति; और दुर्गा और शिव के द्वारा सृष्टि का चलना।

(2) क्षीर सागरस्थ शेष-शायी विष्णु भगवान् की नाभि से कमल, कमल से ब्रह्मा और ब्रह्मा से सृष्टि की उत्पत्ति होना।

(3) अगस्त्य ऋषि का घड़े से, ऋष्यशृंग का हरिणी के सींग से, गौतम का खरगोश की पीठ से उत्पन्न होना, इत्यादि–

यदि इसी प्रकार की उत्पत्ति सुननी इष्ट है तो हम नायी की भी उत्पत्ति उसी

प्रकार की सप्रमाण सुनाते हैं।

सुनिए!—

नाभिक पुराण* के प्रथम अध्याय में लिखा है कि आदि पुरुष श्री शिव जी महाराज थे, उनके हृदय से विष्णु भगवान् का जन्म हुआ, फिर—

श्री विष्णू चे नाभि कमल॥ ते थें जन्मलें द्विजकुल॥
अष्ट वर्गीं अति निर्मल॥ ऐसे तया बोलती॥

अर्थात् श्री विष्णु के नाभि कमल से ब्रह्मा उत्पन्न हुए। इस प्रकार ब्रह्मा के पिता विष्णु और विष्णु के पिता शिवजी हुए।

जिस समय ब्रह्मा जी का जन्म हुआ उस समय विष्णु भगवान ने अपने पिता शिव जी से पूछा कि "पिताजी, जिस कारण से नाभि कमल की आठ पंखड़ियों पर ब्रह्मा उत्पन्न हुआ, उसी कारण से यह ब्राह्मण है, और इसका उपनयन (मौंजि बंधन) अवश्य होना चाहिए, क्योंकि—

ब्रत बंधा बांचुनी। द्विजत्व नव्हे कदा जाणी।
या लार्गी त्वां वेद अर्पुनी। मोंजी बंधन करावे॥

अर्थात् उपनयन संस्कार हुए बिना द्विजत्व नहीं हो सकता इसलिए वेदारंभ के लिए उपनयन अवश्य कराना चाहिए।"

परंतु उपनयन कराने के लिए शिव जी महाराज को बड़ा संकट उपस्थित हुआ, क्योंकि बिना शिखा रक्खे हुए पूर्ण ब्राह्मण नहीं हो सकता—ऐसा शास्त्र का वचन है। इस प्रकार चिंता करते हुए विष्णु और शिव दोनों ने सोचा कि अपने (शिवजी के) कण्ठ में शेष का निवास है, यह यदि ब्रह्मा की शिखा-स्थापन का कार्य्य कर लेवे तो अत्युत्तम हो। तब शिवजी ने शेष से कहा कि—

तू प्रिय पुत्र माझा। योगी पांग करतील तुझा।
मोक्ष पद प्राप्त द्विजा। तुझे चेनी॥89॥
सर्वामाजी तुज आदी। मान देतील सुबुद्धि।
तुझे नियोगे तत्काल सिद्धी। ब्राह्मणत्याची होईल॥90॥
तुझ वांचून जगा माजी। पवित्रता नव्हे सहैजी।
ब्रत बंधादि सर्व काजी। सन्मानितेल तूं तेची॥91॥
सकल तीर्थी तुजसी जाण, सर्वदा देतील सन्मान।
गोहत्यादि पापें संपूर्ण, तुझे हस्तें निरसती॥103॥

---

* यह 'नाभिक पुराण' श्रावण शुक्ला पंचमी, शकाब्द 1260 में लिखकर समाप्त हुआ था, जिसको आज पौने छः सौ वर्ष से अधिक होते हैं। इसको श्री नाथ्यवां लक्ष्मण वाभणकर पाटील जिला सतारा ने, मुंबई के 'सुबोध प्रकाश यंत्रालय' में सन् 1892 ई. में छपवाया और इसकी 1867 के 25वें ऐक्ट के अनुसार रजिस्टरी भी हो चुकी है।

आणि भ्रतारा विणज्याजयानारी। अति अपवित्र
निर्धारी। तयाची शुद्धि तुझेंनिकरी। होईल जाण॥104॥
दानव यक्ष किन्नर, चारी वर्ण याति समग्र।
तुझेनि हस्ते अति पवित्र, जगा माजी होतील ॥105॥
आणि जोगी संन्यासी, मुनी जन आणि संत
ऋषी। ते उद्धरतील तव हस्तेसी। निश्चये॥106॥

तू मेरा प्रिय पुत्र है, योगी लोग तेरे चरणों की वंदना करेंगे॥ हे द्विज! तुझ से मोक्ष पद प्राप्त होगा॥89॥ बुद्धिमान् लोग सब से प्रथम तुझको मानेंगे। तुम्हारी कृपा से ब्राह्मणत्व की सिद्धि तत्काल होगी॥90॥ तुम्हारे बिना संसार में पवित्रता नहीं होगी, उपनयनादि सर्व कर्मों में तुम्हारा सम्मान होगा॥91॥ सर्व तीर्थों में सदा तुम्हारा ही सम्मान होगा। गोहत्यादि संपूर्ण पापों का निरास तुम्हारे हाथों से होगा ॥॥103॥ जो जो स्त्री पति रहित (विधवा) होंगी॥ वह अति अपवित्र समझी जावेंगी। उनकी शुद्धि भी तुम्हीं करोगे ॥॥104॥ संसार में जो भी दानव, यक्ष, किन्नर, चारों वर्ण और संपूर्ण जातियाँ हैं, उनकी शुद्धि तुम्हारे ही हाथ से होगी॥105॥ योगी, संन्यासी, मुनि जन, संत और ऋषि आदि सबका निश्चय से तेरे ही हाथ से उद्धार होगा॥106॥

यह सुनकर शेष को बड़ा आन्नद हुआ और शिवजी के नाभि कमल से उत्पन्न होने को तैयार हुआ। और तदनुसार नाभिक का अवतार होने पर, उसको शिवजी ने वर दिया–

या नाभिका वाचोनी, वेदमंत्र शून्य जाणी॥
येणे हस्ते महान मुनी उद्धरतील॥

नाभिकपु. अ.2। श्लो. 48॥

इस नाभिक की वाणी के सन्मुख वेद मंत्र शून्य समझना चाहिए। इसके हाथ से बड़े 2 ऋषि मुनियों का उद्धार होगा।

इन्हीं नाभिक देव के हाथ से शुद्ध हो जाने पर ब्रह्मा जी का भी उपनयनादि हुआ और गौतमादि ऋषियों के गोहत्यादि पर्यन्त पापों का नाश भी नाभिक देव ने किया। इन्हीं की संतान कालान्तर में नापिक और फिर नापित कहलाई जो आजकल नायी कहलाती है।

शिवजी के दो पौत्र हुए ब्रह्मा और नापित। ब्रह्मा ने तो सृष्टि उत्पन्न करने का ठेका (contract) लिया और नापित ने शुद्ध कर 2 के संसार सागर से पार उतारने की duty ड्यूटी ली। ब्रह्मा और नायी भाई हैं–और ब्राह्मण ब्रह्मा के पुत्र हैं। इस हिसाब से नायी ब्राह्मण का, चाचा-भतीजे का संबंध होता है–

शिव जी

विष्णु — **ब्रह्मा** — **ब्राह्मण**

नाभिक — **नापित (नायी)**

उपरोक्त कथा, कथा-प्रेमियों को बड़ी प्रिय प्रतीत होगी। परंतु दार्शनिक दृष्टि से इसका सम्मान नहीं हो सकता। क्योंकि ऐसी जितनी भी कथाएँ हैं, उनमें परमात्मा को शरीरधारी माना है। परंतु परमात्मा शरीरधारी नहीं। वेद में लिखा है—

ओं स पर्य्यगाच्छुक्रमकायमव्रणमस्नाविर ँ शुद्धमपापविद्धम्॥

यजुर्वेद अ. 40। म. 8॥

वह परमात्मा सर्वव्यापक, पवित्र, काया (शरीर) रहित, फोड़े फुंसी, नाड़ी नसों के बंधन से रहित, शुद्ध और पाप से शून्य है। क्योंकि—

(1) शरीर सावयव पदार्थ है और सावयव नित्य नहीं हो सकता। परमात्मा नित्य है।

(2) शरीरधारी सदा एकदेशी होगा और एकदेशी सर्वव्यापक नहीं हो सकता और न विश्व का पालन, पोषण और धारण करता है। परमात्मा सर्वदेशी (सर्वव्यापक-विभु) है। विभु का शरीर कदाचित् हो नहीं सकता।

हमसे जब कोई पूछता है कि "नायी की उत्पत्ति कैसे हुई?" तो हमें बड़ी हँसी आती है कि क्या अजब प्रश्न है! हम पूछते हैं गौड़, सनाढ्य, सारस्वत, ब्राह्मण, क्षत्रिय, वैश्य, लुहार, सुनार, बढ़ई इनकी उत्पत्ति कैसे हुई? अरे भाई! हम तो किसी को भी नाक, कान, सींग, पूँछ से उपजते नहीं देखते! सब के सब माता पिता के संयोग और ईश्वर-कृपा से, माता के गर्भ द्वारा जन्म लेते ही देख पड़ते हैं! क्या किसी भाई ने कोई मनुष्य ऐसा भी देखा है जो माता की जननेन्द्रिय के अतिरिक्त और कहीं से निकल पड़ा हो या आसमान से कूद पड़ा हो? तो फिर यह प्रश्न कैसा?

हमारा वैदिक सिद्धांत

जैसे संपूर्ण विश्व की उत्पत्ति* हुई उसी प्रकार नायी की भी उत्पत्ति हुई। आज से

* हम सृष्टि उत्पत्ति विषय पर एक पृथक् पुस्तक लिखने का प्रयत्न करेंगे, जिसमें वैदिक सिद्धांतानुसार सृष्टि उत्पत्ति का व्याख्यान होगा और उस में पाश्चात्य विद्वानों के Nebula System और हमारे हिरण्यगर्भ का भी वर्णन होगा।

1972949022 वर्ष पूर्व जब परमपिता परमात्मा ने अन्य संपूर्ण सृष्टि को रच लिया, तब मनुष्य जाति को जन्म दिया और एक साथ ही अनेक युवा पुरुष स्त्रियाँ उत्पन्न हुईं। किसी के माथे पर यह नहीं लिखा था कि तू ब्राह्मण है, क्षत्रिय है, इत्यादि, और न किसी की पीठ पर इस बात की मुहर थी कि तुझे अमुक कर्म ही करना होगा। भगवान् ने मनुष्य को कर्म करने की स्वतंत्रता दी कि जो चाहे करे, और उसकी बुद्धि के संचालन के लिए ईश्वर ने अपनी असीम दया से सूर्य्यवत् 'वेद' का प्रकाश किया, जिसकी आज्ञानुसार एक मनुष्य जाति ने अपना चार वर्णों में विभाग किया—

ओं ब्राह्मणोऽस्य मुखमासीद्बाहू राजन्यः कृतः।
ऊरू तदस्य यद्वैश्यः पद्भ्या ँशूद्रो अजायत॥

यजुर्वेद अ. 31। म. 11॥

"ब्राह्मणोऽस्य मुखमासीत्"—मनुष्य-देह में जो मुख के गुण-कर्म हैं, वही गुण कर्म मनुष्य-जाति रूप देह में ब्राह्मण के हैं। मुख (शिर) में संपूर्ण ज्ञानेन्द्रियाँ—कान, नाक, आँख, रसना और त्वचा—हैं, जिनसे संपूर्ण ज्ञान प्राप्त होता है और जो कुछ जाने उसको कह देना—उपदेश कर देना—मुख्य कर्म है। यही कर्म-धर्म ब्राह्मण के हैं—

अध्यापनमध्ययनं यजनं याजनं तथा।
दानं प्रतिग्रहं चैव ब्राह्मणानामकल्पयत्॥

मनु. 1।88॥

वेद पढ़ना, पढ़ाना, यज्ञ करना, यज्ञ कराना, दान देना (विद्यादि का), और दान लेना ये 6 ब्राह्मण के कर्म हैं।

"बाहूराजन्यः कृतः"—जो बाहुओं के कर्म हैं वे क्षत्रिय के कर्म हैं। एक ज्ञानेन्द्रिय त्वचा (चर्म) बाहुओं पर भी है, जिससे शीतोष्ण का ज्ञान होता है। भुजाओं का काम है कि संपूर्ण शरीर को आपत्तियों से बचावे। अतएव—

प्रजानां रक्षणं दान मिज्याध्ययनमेवच।
विषयेष्वप्रसक्तिश्च क्षत्रियस्य समासतः॥

मनु. 1।89॥

प्रजा की रक्षा करना, दान देना, यज्ञ करना, वेद पढ़ना, विषयासक्ति में न पड़ना ये क्षत्रिय के गुण-कर्म हैं।

"ऊरू तदस्य यद्वैश्यः"—जो कर्म-धर्म ऊरू (जंघा से उपरिष्ठ भाग) का है, वही कर्म-धर्म वैश्य का है। त्वचा ऊरू पर भी है, ज्ञान वह भी प्राप्त करे। अर्थात्—

पशूनां रक्षणं दानमिज्याध्ययन मेव च।
वणिक्पंथ कुसीदं च वैश्यस्य कृषिमेव च॥

मनु. 1।90॥

पशुओं की रक्षा, दान देना, यज्ञ करना, वेद पढ़ना, वाणिज्य करना, ब्याज लेना* और खेती करना वैश्य के गुण कर्म हैं।

"पद्भ्या ४ं शूद्रोऽजायत"—जैसे पैर सर्वथा शीतोष्ण सहन करके संपूर्ण शरीर का भार वहन करते हैं, वैसे ही शूद्र भी उपरोक्त तीनों वर्णों की सेवा द्वारा भार वहन करें—ज्ञान ये भी प्राप्त करें। तदनुसार—

एकमेव हि शूद्रस्य प्रभुः कर्म समादिशत्।
एतेषामेव वर्णानां सुश्रूषामनसूयया॥

मनु. 1।91॥

शूद्र का एक ही मुख्य कर्म बतलाया गया है कि वह इन्हीं वर्णों की सेवा श्रद्धापूर्वक करे।

इसी प्रकार की व्यवस्था से मनुष्य जाति चार वर्णों में विभक्त हुई; और प्रत्येक मनुष्य को अधिकार था कि जैसे उसके गुण कर्म हों, तद्वत् वर्णत्व प्राप्त करे। शेष अन्य वर्ग भी वेद भगवान् ने चार वर्णों में बाँट दिए।

---

* 1।) सैकड़े से अधिक और।) सैकड़े से कम ब्याज न ले।

दुसाध-समाज–एक समीक्षा

यशोदा देवी

लेखिका **यशोदा देवी** एम.एल.ए. (बिहार)
उपाध्यक्षा, अखिल भारतीय गहलोत राजपूत
(दुसाध) महासभा।

दो शब्द

'दुसाध-समाज—एक समीक्षा' नाम की पुस्तिका में 'लेखिका' श्रीमती यशोदा देवी एम.एल.ए. ने दुसाध रूपी मोती को गहलोत राजपूत संसार की खोई हुई निधि रूपी लड़ी में पिरोकर दुसाध जाति के बिखरे हुए स्वर्णिम अतीत के इतिहास को शृंखलाबद्ध कर इसकी वर्तमान दुर्बलता और हीनता की भावना के निवारणार्थ अपने सफल प्रयत्न द्वारा हमें अद्भुत बल प्रदान किया है। इस समाज के लिए उनका यह प्रयास सराहनीय और अपूर्व दान ही कहा जा सकता है।

देवी जी का अथक और गहनतम परिश्रम तथा उनकी लगनशीलता और भाषा की ओजस्विता ही उनकी महानता का द्योतक है। खेद है कि गौरवमय अतीत वाली दुसाध जाति का वर्तमान इतना संकटमय हो गया है। जबतक इसमें जागरण नहीं होगा; कर्त्तव्याकर्त्तव्य का ज्ञान नहीं होगा, तब तक उन्नति के पथ पर यह जाति नहीं जा सकती है। हम लोग अपने पूर्वजों के मर्यादायुक्त आदर्श को भुलाकर अकर्मण्य सा हो गए हैं।

भाइयो एवं बहनो! मुझे पूर्ण आशा और विश्वास है कि 'दुसाध-समाज—एक समीक्षा' पुस्तिका को पढ़कर आप सबों को अपने पुराने धर्म तथा वंशानुगत संस्कार को पुनर्जीवित करने और उसे पुनः अपनाने की रुचि पैदा होगी; साथ ही नवयुवकों की रग में शूरता-वीरता की भावना पुनः पनपेगी और सर्वांगीण जागृति की लहर अवश्य ही फैलेगी।

ऐतिहासिक प्रमाणों और पुरानी परंपराओं के अवशेषों के तुलनात्मक और विवेचनात्मक अध्ययन के आधारों पर लिखित अपनी इस पुस्तिका द्वारा लेखिका ने गहलोत राजपूत की श्रेष्ठ शाखा 'दुसाध' की संतान को अपने सुनहले अतीत को देखकर शिक्षा ग्रहण करने के लिए दर्पण स्वरूप उपहार भेंट की है।

रामगति राय
सभापति—अखिल भारतीय गहलोत
राजपूत (दुसाध) महासभा।

भूमिका

सर्वप्रथम मैं परम पिता परमात्मा की वंदना करती हूँ जिनकी कृपा से सामाजिक कार्यों में मुझे उत्तरोत्तर अभिरुचि बढ़ती ही गई। पुनः अपने पूज्य पतिदेव की वंदना करती हूँ जिनकी प्रेरणा से मैंने समाज-सेवा का व्रत ली। फलतः समाज के हित के दृष्टिकोण से आज यह 'दुसाध-समाज—एक समीक्षा' नाम की पुस्तिका लिखने का सौभाग्य भी प्राप्त की। यह पुस्तिका जातीय सुधार की शृंखला की पहली कड़ी मात्र है। यदि पाठकों का उत्साह बना रहा तो और भी कड़ियाँ जोड़ने का प्रयास मैं कर सकती हूँ। मुझे पता नहीं कि प्रस्तुत पुस्तिका को सर्वांगपूर्ण बनाने में मुझे कहाँ तक सफलता मिली है? परंतु मुझे हार्दिक प्रसन्नता है कि तथ्यों के आधार पर सारी बातों का जिक्र इसमें करके पाठकों के सेवार्थ रख छोड़ी हूँ। दुसाध नाम की सार्थकता, इसकी उत्पत्ति आदि का संक्षिप्त विवरण के साथ ही विभिन्न सभाओं द्वारा सुधार के निमित्त उठाए गए कदम की विवेचना और समाज में फैले विभिन्न दुर्गुणों के निराकरण के लिए अन्य विषयों का भी समावेश करने की कोशिश की हूँ।

दुसाध जाति अपने गौरवमय अतीत को भुलाकर आज अविद्यारूपी अंधकार में भटक रही है। जो हिंदू, हिंदूधर्म के रक्षार्थ भूतकाल में अपनी जान की बाजी लगाती रही। स्वर्ग से भी श्रेष्ठ अपनी जननी और जन्मभूमि राजपूताना (मेवाड़) का मोह छोड़कर बिहार के गया जी जैसे प्रसिद्ध एवं पवित्र तीर्थ स्थान को यवनों से बचाने हेतु राणा लाखा के साथ बिहार में सर्वप्रथम 'दुसाधों' की सेना आई थी। फिर भी समाज में उनकी गिनती आज निम्न श्रेणी में होती है, वे अछूत भी कहे जाते हैं। आज हर दृष्टिकोण से उनकी संतान समाज में उपेक्षित, पददलित और पतितावस्था में पड़ी हुई है। मेरी समझ से यवन एवं अन्य विदेशी आक्रमणकारियों ने इस लड़ाकू स्वाभिमानी कौम को दबा कर अपना उल्लू सीधा करने के लिए समाज स्रष्टाओं को प्रलोभन देकर या बहकाकर या विद्वेष पैदा कर इसे समाज में बहुत ही निम्न स्थान देकर, इसे तिरस्कृत और अनादृत करने को उत्प्रेरित किया। फलतः शताब्दियों तक हर क्षेत्र में गिरी हुई रहने से यह जाति अपने स्वर्णिम इतिहास को एकदम भूल

गई, साथ ही शायद इसे अपनी उत्पत्ति तक का भी ज्ञान नहीं है। फलतः कभी अपने को सूर्यवंशी कभी चन्द्रवंशी, कभी गहिलोत या सिसौदिया, कभी दुःशासन वंशीय तो कभी प्रह्लाद या बलि वंशीय फिर कभी कभी अपने को राहु वंशीय भी कहती हुई अंधकार में भटकती रही है।

मैंने सारे तथ्यों को छानबीन करने की भरसक कोशिश की है। खासकर धार्मिक पुस्तकों, ऐतिहासिक प्रमाणों, प्रचलित सामाजिक रीति-नीति, संस्कार और व्यावहारिक कार्यों तथा वंशानुगत अवशेषों को ठीक से देखने एवं गौर करने से मुझे पूर्ण यकीन हो गया है कि दुसाध निःसंदेह ही सूर्यवंशी क्षत्रियों में से गहलोत राजपूत की ही एक शाखा है। अपने 'दुसाध-समाज—एक समीक्षा' नाम की इस पुस्तिका में मैंने इन तथ्यों की पुष्टि प्रमाणों के आधार पर करने की भरसक कोशिश की है।

'दुःसाध्य' से अपभ्रंश मगर सार्थक शब्द 'दुसाध' हुआ, परंतु अज्ञानवश महासभा वाले निरर्थक और अव्यावहारिक शब्द दुसाद का भी व्यवहार मन-माने ढंग से सभी पत्राचार तथा किताब में भी करते पाए गए हैं जो कि उनकी भयंकर भूल है। फिर शब्दकोष में 'दुसाध' शब्द का अर्थ अपमानजनक लिखा जाने का भी कभी विरोध नहीं किया गया; शायद पता भी इसका किसी को नहीं था। खैर! मैं कृत संकल्प हूँ कि आपके सहयोग से उसका समाधान शायद मैं करवा सकूँ।

दुसाध जाति का कोई जातिगत पेशा नहीं है। फिर ब्राह्मण, वैश्य और शूद्र की विभिन्न उपजातियों की सूचियों में दुसाध का कहीं भी नाम या जिक्र नहीं है। दूसरी ओर जाति भास्कर, क्षत्रिय वंश प्रदीप, कर्नल टाड द्वारा लिखित 'राजस्थान' इतिहास आदि विभिन्न प्रामाणिक आधारों पर दुसाध क्षत्रियों की सूची में पाया जाता है। वैभवहीन होने पर इस जाति के लोग चौकीदारी, दरबानी, पटवारीगिरी, सिपाहीगिरी, रखवाली आदि विभिन्न रक्षा के कार्यों को पूर्ण उत्तरदायित्व के साथ अपनी दृढ़ता, सच्चाई और ईमानदारी के बल पर करने लगे। आज भी मुख्यतः उनकी संतान वही परंपरागत कार्य करती पाई जाती है। अतः अपने पूर्वजों के स्वर्णिम इतिहास से शिक्षा ग्रहण कर अपने मनःपटल से हीनता का भाव त्याग, अपने पूर्वजों से प्रदत्त उनके रोम रोम में सन्निहित उत्कृष्ट संस्कार के अवशेषों द्वारा धैर्य, साहस, आत्म विश्वास और आशावादिता के साथ उज्ज्वल भविष्य की आकांक्षा रखते हुए प्रगति की दौड़ में भाग ले उन्नति के पथपर अग्रसर होना चाहिए और सुषुप्तावस्था से आलस्य त्याग कर समाज में जागरण की लहर फैलावें; तभी उनका कल्याण होगा। अन्त में पाठकों से निवेदन है कि त्रुटियों की ओर मेरा ध्यान दिलाएँ जिससे उनका सुधार कर हम उसे दूसरे संस्करण में और भी ओजपूर्ण, सुंदर और आकर्षक बना सकें। मैं साहित्यिक भाषा का कलेवर या पुट देने में असमर्थ हूँ। अस्तु, सही बातों को सरल भाषा में रखकर सत्य और निष्ठा से अपने दिल के गुबार [गुमर] को इस पुस्तिका के रूप

से निकालकर आपके विचारार्थ रखी हूँ। मैं समाज सेविका के रूप में बहुत ही अल्हड़ हूँ; साथ ही समयाभाव के कारण जल्दीबाजी में पुस्तिका को तैयार कर शीघ्रता से छपवाने में संभवतः बहुत-सी त्रुटियाँ रह गई होंगी, पाठकगण मेरी उन गलतियों के लिए मुझे क्षमा करेंगे। जिन पत्र-पत्रिकाओं, तथा पुस्तकों से सामग्री संकलन में सहायता मिली, उनके लिए आभारी हूँ और भी जिन्होंने मुझे प्रत्यक्ष या अप्रत्यक्ष रूप से प्रोत्साहन देकर पुस्तिका लिखने में सहयोग दिया है उनके प्रति भी अपनी कृतज्ञता ज्ञापित करती हूँ।

–लेखिका

श्री गणेशाय नमः

'दुसाध' की उत्पत्ति का संक्षिप्त इतिहास

पुराण आदि ग्रंथों में प्राचीन समय के भारतीय राजाओं को सूर्यवंशी और चन्द्रवंशी लिखा गया है। सूर्यवंशी का मूल पुरुष विवस्वान था। इसी वंश में मान्धाता, हरिश्चन्द्र, सगर, दिलीप, भगीरथ, रघु आदि स्वनामधन्य राजा हुए हैं। अयोध्या पति महाराज दशरथ के पुत्र श्रीरामचन्द्र महाराज इसी वंश में उत्पन्न हुए थे। भगवान बुद्ध एवं उनका लड़का राहुल भी इसी कुल में पैदा हुए थे। महाराजा रामचन्द्र के पुत्र कुश से सूर्य्यवंश का वंशसूत्र आगे चला। पुराणों के अनुसार कुश से लेकर सुमित्र तक 61 राजा हुए, जिनकी राजधानी अयोध्या थी। सुमित्र के 13 वें वंशधर विजयभूप ने अयोध्या से निकलकर दक्षिण भारत को विजय किया और वहाँ पर अपना राज्य स्थापित किया। विजयभूप की दूसरी या तीसरी पीढ़ी में विजय सिंह राजा हुए जिन्होंने विजयपुर, बल्लभीपुर और विदर्भ नगरी की स्थापना की। राजा विजयभूप का छठा वंशज शिलादित्य हुए। सुमित्र के कई पीढ़ी बाद राजा कनक सेन हुए थे। कर्नल टॉड के इतिहास 'राजस्थान' में वहाँ के भट्ट कनकसेन को ही मेवाड़ राज्य की स्थापना करने वाले मानते हैं जो संवत् 200 में सौराष्ट्र में आ बसे थे, जहाँ उन्होंने वीरनगर की स्थापना की थी।

जो भारत अपने सौभाग्य एवं धर्मपरायणता के लिए अलौकिक रहा हो, जिसने विश्व के सामने अपना आदर्श रूप स्थापित किया हो, उसकी संतान अच्छे इतिहास न मिल सकने के कारण अपने पूर्वजों का रहन-सहन, आचार-व्यवहार तथा इसकी रीति-नीति, शासन प्रणाली एवं धार्मिक भावनाओं से अनभिज्ञ रहे और सब कुछ होते हुए भी इतिहासहीन कहलाए, तो यह भारतवासियों के लिए लज्जा की बात है। इसकी वजह यह है कि उन्हें सैकड़ों वर्षों की लंबी अवधि तक पठानों, मुगलों एवं अंग्रेजी शासकों की पराधीनता में काटनी पड़ी; दूसरे उत्तर पश्चिम दिशा से जो आक्रमण होते रहे, उसमें आक्रमणकारियों ने राज्य करने के लिए नहीं, बल्कि धर्म बदलने, व्यापार एवं कलाकौशल को नष्ट करने तथा खासकर धन दौलत जवाहिरात आदि बहुमूल्य वस्तुएँ लूटने के ख्याल से ही ऐसा किया था; इसी वजह से यह युग अच्छे और प्रामाणिक इतिहास की सृष्टि नहीं कर सका। सर विलियम जौन्स के अलावे

अनेक इतिहासवेत्ताओं ने संस्कृत साहित्य आदि की खोज द्वारा इतिहास का सृजन करने की कोशिश की, मगर वे सभी असफल रहे।

बाद में लेफ्टिनेण्ट कर्नल जेम्स टॉड ने इस ओर प्रवृत्त होकर 30 वर्षों तक भारत के भिन्न 2 भागों का भ्रमण किया, वहाँ की शासन प्रणाली, रीति-नीति, आचार-व्यवहार, धार्मिक भावना आदि की खोज के साथ ही वेद, रामायण, महाभारत, स्मृति, राजवंशावली, स्थानीय जनश्रुति, शिलालेख, अष्टादश पुराण, पुराने खर्रे, भट्टों तथा जैनों की कृतियों, यवनों द्वारा लिखित अनेक अन्य आदि जो भी ऐतिहासिक चीजें जिस किसी भी रूप में प्राप्त हो सकीं, उसको पढ़कर या देखकर सार निकाला और श्रद्धा, भक्ति एवं निष्पक्ष भाव से आर्य क्षत्रिय जाति का इतिहास लिखा। इनके पहले ऐसी सच्चाई एवं सच्चरित्रता का वर्णन किसी भी इतिहासकार ने नहीं किया था। फलतः कर्नल टॉड द्वारा लिखित 'राजस्थान' का इतिहास सर्वमान्य रहा।

आप सोचेंगे कि क्षत्रियों का आचार-व्यवहार, रीति-नीति आदि का सही-सही वर्णन वे निष्पक्ष भाव से क्यों किए? इसका समाधान टॉड के शब्दों द्वारा ही किया जा सकता है। अपने 'राजस्थान' इतिहास की भूमिका में टॉड साहब ने साफ-साफ लिख दिया है। जो यों है—"मेरा सैद्धांतिक दृष्टिकोण यही रहा है कि भारतीय और पुरातन योरोपीय वीर-जाति एक ही वंशरूपी वृक्ष की अलग-अलग शाखाएँ हैं और इसी भाव को प्रमाणित करने का मैंने प्रयास किया है"। यही कारण है कि टॉड साहब ने यह ग्रंथ लिखते समय पक्षपात को अपने समीप फटकने तक नहीं दिया। निष्पक्षता के कारण टॉड साहब काफी लोकप्रिय हो गए हैं। इस तरह टॉड द्वारा लिखित 'राजस्थान' का इतिहास बिलकुल सही और एकदम प्रामाणिक माना गया है, उनके अनुसार सूर्यवंशी राजा शिलादित्य के बाद का संक्षिप्त इतिहास इस प्रकार है—

राजा शिलादित्य के राज्यकाल में उनके विश्वासघाती मंत्री की वजह से यवनों द्वारा वल्लभीपुर का विध्वंस हुआ था और महाराज शिलादित्य देश की रक्षा करते हुए वीरगति को प्राप्त हुए थे। उनकी सभी रानियाँ सतीत्व के रक्षार्थ चिता में जलकर जौहरव्रत का पालन की थीं, सिर्फ पुष्पावती गर्भवती होने के कारण ऐसा नहीं कर सकी थी। वह बेचारी संतान को जन्म देने तक के लिए मलिया नामक शैलमाला की एक कंदरा (गुफा) में जा रही, निश्चित समय बीत जाने पर उसने एक पुत्र को जन्म दिया। उन्होंने पुत्र के रक्षण एवं पालन-पोषण का भार कमलावती नाम की ब्राह्मणी के कंधे पर छोड़ पतिलोक की यात्रा कर ली। गुफा (जिसे गुह या गुहा भी कहते हैं) में पैदा होने के कारण लड़का का नाम **गोह** पड़ा जिसे बाद में **गोहादित्य गुहिल, गुहदत्त** आदि कहा जाने लगा। गोह का नाम उनके वंशजों का गोत्र हो गया। **गोह का वंशज उसी दिन से गहिलोत, गिहलोत, गुहलोट, गहलोट, गहिलोट, गहलोत, गौहिल्य, गुहिल, गुहिलपुत्र, गोभिल, गोहिल** आदि भिन्न-भिन्न नाम से पुकारे जाने लगे। गोह बचपन से ही ढीठ प्रकृति का था; उसका अधिकांश समय ईडुर राज्य

के भील बच्चों के साथ खेलने में बीता करता था। एक दिन भील बालकों ने खेल ही में गोह के माथे पर उँगली काटकर रुधिर से तिलक कर दिया। जब यह घटना ईडुर के राजा मंडलीक को मालूम हुई तो उन्होंने आनन्दपूर्वक सारा राज्य गोह को दे दिया और स्वयं वृद्धावस्था के कारण राजनीतिक झंझटों से मुक्ति पा ली। कहा जाता है कि इसी गोह ने उक्त राजा मंडलीक की हत्या कर दी थी। गोह ने ऐसा क्यों किया? इसका सबूत नहीं मिलता। भीलों के वंशजों ने अपने महाराज के रक्त का बदला गोह की आठवीं पीढ़ी में उत्पन्न राजा नागादित्य को मार कर लिया और पुनः ईडुर राज्य पर अधिकार कर लिया।

नागादित्य की मृत्यु के समय सूर्यवंशी युवराज वप्पा रावल की आयु केवल तीन वर्ष की थी। उस अशांति के समय उनकी रक्षा का भार ब्राह्मण पुरोहितों पर छोड़ा गया जो उनके पहले एक यदुवंशी भील के यहाँ रखा, फिर वप्पा रावल का शैशवकाल पहाड़ की तलहटी में स्थित नागदा नाम की एक नगरी में एक ब्राह्मण के यहाँ बीता। उन्हें वन में गाएँ भी चरानी पड़ी थीं। अंत में वे योगीराज की कृपा से शक्तिशाली बने। उस समय इनके मामा मानसिंह मालवा के सिंहासन पर थे। उन्होंने ही वप्पा को विपत्ति में सहारा देकर अपने सभी सरदारों तथा सामंतों को रुष्ट किया था। अंत में यही भानजा चित्तौड़ की राजगद्दी के कारण उनका बधिक सिद्ध हुआ था। इस तरह वप्पा संवत् 684 में चित्तौड़ के सिंहासन पर बैठे। जैन ग्रंथों तथा दंतकथाओं से प्रकट होता है कि चित्तौड़ का गढ़ मोरी राजा चित्रांगद ने बनवाया था और गुहिल वप्पा ने यह किला मान मोरी से संवत् 770 वि.ई. सन् के 713 में लिया था। वप्पा रावल के शासन काल में चित्तौड़ की काफी उन्नति हुई थी। उन्हें यवन सुन्दरियों के गर्भ से 130 पुत्र और हिंदू ललनाओं के गर्भ से 98 पुत्रों ने जन्म लिया था। पहले पुत्र नौशेर पठान और दूसरे पुत्र सूर्यवंशी कहलाए।

महाराज वप्पा रावल की मृत्यु पर उनका सौतेला पुत्र अपराजित गद्दी पर बैठा और अपराजित के बाद उसका पुत्र खलभोज। फिर खलभोज के छोटे भाई खुमान ने चित्तौड़ के राज्य को सँभाला। इनकी कीर्ति जल्द ही चारों तरफ फैल गई, मगर उनका पुत्र मंगल उनका बध कर स्वयं राजा बन बैठा। मगर सरदारों ने पितृघाती को गद्दी से उतार दिया। इनके वंशवाले गहिलोत के नाम से प्रसिद्ध हुए इनकी गद्दी से उतारे जाने पर भर्तृभाट चित्तौड़ की गद्दी पर बैठे। इन्होंने मालव और गुर्जर राज्य के 13 स्वतंत्र राज्यों में अपने 13 पुत्रों को स्थापित कर दिया था। ये सब गाढ़े गहिलोत के नाम से प्रसिद्ध हैं।

संवत् 1206 में महाराज समरसिंह का जन्म हुआ था उनकी शादी पृथ्वीराज की बहन पृथा से हुई थी। गोरी से युद्ध में समरसिंह मारा गया और पृथ्वीराज बंदी बनाकर गजनी ले जाया गया। महाराज समरसिंह की मृत्यु के बाद युवराज कर्णसिंह के अबोध होने के कारण महारानी कर्मदेवी ने राज्य को सँभाला और स्वयं भी युद्ध

स्थल में लड़ती हुई अपनी सेना द्वारा कुतुबुद्दीन एबक की विशाल सेना को परास्त की थी और विजयश्री महारानी के हाथ लगी।

संवत् 1249 में युवराज कर्णसिंह, राजगद्दी पर बैठे, इनकी इकलौती बेटी का विवाह कालौर के सोनागढ़ वंशवाले सामंत के साथ हुआ था। इसी के गर्भ से रणधबल ने जन्म लिया था। इनके जन्म लेते ही इनके पिता की इच्छा हुई कि रणधबल ही चित्तौड़ की गद्दी पर बैठे, इस इच्छा को रणधबल के पिता ने महाराणा कर्णसिंह की मृत्यु के अवसर पर पूरा किया।

महाराणा के चचेरे भाई का नाम भरत था। उन्हें सामंतों ने किसी कारणवश राज्य से निर्वासित कर दिया था। इन्हीं के पुत्र राहुप ने कालौर के सामंत से युद्ध करके पूर्वजों की जन्मभूमि का उद्धार किया था, और स्वयं संवत् 1257 में चित्तौड़ की गद्दी पर बैठे थे।

इन्हीं के राज्यकाल में मेवाड़ में दो महान परिवर्तन हुए थे। इनके राज्यकाल से गहिलोत के स्थान पर सिसौदिया पुकारा जाने लगा, दूसरा यह कि रावल की उपाधि के स्थान पर राणा की उपाधि से इनके वंशवाले पुकारे जाने लगे। तब से गहिलोत कुल के महाराजा राणा कहलाए जाने लगे। राणा राहुप 38 वर्षों तक राज्य करके परलोक सिधारे। इनसे नौ (9) पीढ़ी पीछे राणा लक्ष्मण सिंह संवत् 1331 में चित्तौड़ की गद्दी पर बैठे। इनकी कम उम्र के कारण राज्य का सारा भार इनके चाचा भीमसिंह के कंधों पर पड़ा। भीमसिंह की शादी विश्व विख्यात सुंदरी पद्मिनी के साथ हुई थी, इनका सौंदर्य ही चित्तौड़ के विध्वंस का कारण बना। दिल्ली के सम्राट अलाउद्दीन खिलजी ने सौंदर्य की प्रतिमूर्ति पद्मिनी को पाने के लिए धोखे से राणा भीमसिंह को बंदी बना लिया था, महारानी चुने हुए वीरों के साथ राणा को अपने चातुर्य से छुड़ा लाई थी। इस महासमर में वीर एवं पराक्रमी गोरा वीरगति को प्राप्त हुए थे। चित्तौड़ पर कब्जा करने पर भी पद्मिनी उन्हें हाथ न लगी। वह जौहरव्रत का पालन कर चिता में जल चुकी थी। युद्ध में जाते समय राणा लक्ष्मण सिंह ने अपने पुत्र अजयसिंह से कहा था कि "तुम्हारे उपरांत अरिसिंह का पुत्र राजगद्दी पर बैठेगा।" अजयसिंह ने पिताज्ञा का पालन किया और पराक्रमी वीर हम्मीर सिंह को संवत् 1357 में मेवाड़ की गद्दी पर बैठाया। इनके ही साथ चित्तौड़ के तत्कालीन अधिकारी मालव देव की विधवा कन्या [बेटी] का विवाह हुआ था और उसी के परामर्श से राणा हम्मीर सिंह अपने पूर्वजों की भूमि चित्तौड़ का उद्धार कर सके थे। तब मालव देव ने मुहम्मद खिलजी की मदद से चित्तौड़ पर चढ़ाई की जिसमें हमीर ने यवनों को पराजित किया। इनकी मृत्यु के बाद संवत् 1421 में राणा क्षेत्र सिंह चित्तौड़ की गद्दी पर बैठा, मगर उनके भावी ससुर ने उनका वध करवा दिया।

राणा क्षेत्र सिंह की अकाल मृत्यु पर संवत् 1439 में राणा लाखा गद्दी पर बैठे। मारवाड़ाधिपति की 12 वर्षीया राजकुमारी के साथ इनके लड़के चण्ड द्वारा शादी

की शर्त को ठुकरा देने पर इसे अपना अपमान समझकर वृद्धावस्था में स्वयं ही राणा लाखा ने उसी लड़की से शादी कर ली थी। जिसके फलस्वरूप पिताज्ञा के अनुसार चण्ड ने उस राजकुमारी से उत्पन्न मुकुलजी को गद्दी पर बैठाया था। राणा लाखा (लक्ष सिंह) गया जी तीर्थ स्थान के यवनों का उद्धार करते हुए वीर गति को प्राप्त हो गए थे।

मुहम्मद तुगलक की सहायता पाने पर भी मुकुल जी के मामा जोध तथा नाना रणमल चण्ड की वीरता के आगे परास्त हो गए और मुकुल जी की गद्दी चण्ड के कारण बनी रही। इनके तीन पुत्र और एक लालबाई नामक पुत्री ने जन्म लिया था। इनका विश्वासघाती सामन्त "मैर" तथा "चाचा" ने (इनका) वध कर दिया।

इनके बाद राणा कुंभ संवत् 1475 में राजगद्दी पर बैठे। इनका विवाह योगीराज कृष्ण की प्रेयसी मीराबाई के साथ हुआ था। इन्होंने 50 वर्ष तक अखण्ड प्रताप एवं प्रजावत्सलता के साथ राज्य सँभालते हुए वृद्धावस्था में पदार्पण किया। ऐसे योग्य पिता का वध इनके ही पाखण्डी पुत्र उदय सिंह ने किया था। उसे भट्ट कवि "नरहंता" और "हत्यारा" नाम से पुकारते हैं। इसका फल भगवान की ओर से उसके ऊपर बिजली गिरकर मृत्यु होने से, उसे मिला। सामंतों ने इनके अत्याचार से तंग होकर राणा कुंभ के दूसरे पुत्र रायमल को गद्दी पर बैठा दिया था। इनके (रायमल) तीन पुत्र संग्राम सिंह (सांगा), पृथ्वीराज और जयमल हुए तीनों में राजगद्दी के लिए घात प्रतिघात चला। अंत में राणा रायमल की मृत्यु के पश्चात अपने दोनों भाइयों के अकाल मृत्यु का ग्रास बन जाने के कारण राणा संग्राम सिंह संवत् 1565 में चित्तौड़ की गद्दी पर बैठे थे, इन्होंने कई बार बाबर को युद्ध में परास्त किया था। इन्हीं युद्धों में इनकी एक आँख, एक हाथ, एक टाँग जाती रही थी और 80 घाव लगे थे। इनके बाद भी बारी-बारी से कई राजा हुए और उनके वंशज अभी भी राजस्थान में रह रहे हैं।

इस तरह आप पढ़ चुके हैं कि किस तरह गोह के वंशधारी अपनी तथा अपने राज्य की प्रतिष्ठा तथा देश के धार्मिक स्थानों के रक्षार्थ अपनी जान की बाजी लगाने को और उसकी वीरांगनाएँ इज्जत पर मुसीबतों के आने की आशंका से सतीत्व रक्षार्थ चिता में जलकर जौहरव्रत का पालन करती रहीं। राणा लाखा (लक्षसिंह) ने बिहार के प्रसिद्ध तीर्थ स्थान गया जी के मंदिर को यवनों द्वारा विनष्ट होने से बचाने के लिए मेवाड़ के चुने-चुने गहिलोत वंशीय वीरों को लेकर यहाँ आए और यवनों से भयंकर युद्ध करके तीर्थ स्थान को तो बचा लिया। मगर राणा लाखा वहीं लड़ते-लड़ते वीर गति को प्राप्त हुए थे। कहा जाता है कि राणा लाखा या लक्ष सिंह की छावनी जहाँ थी, उसका प्राचीन नाम लक्षी डेरा या लक्षम डेरा भी था, वही स्थान मुख्य जिला में लखीसराय के नाम से मशहूर है जहाँ रेलवे स्टेशन भी है। संभवतः मुसलमानों के समय लक्षी डेरा या लक्षम का नाम बदलकर लखीसराय पड़ गया क्योंकि 'डेरा'

के स्थान पर उर्दू लफ्ज 'सराय' रख दिया गया। यवनों से गया जी की रक्षा करने में राणा लाखा के साथ ही अनेकों योद्धा युद्ध में आए। जो बच गए, उनमें से अधिकांश बिहार में ही रह गए क्योंकि भविष्य में भी यवनों के आक्रमण से तीर्थ स्थान की उन्हें रक्षा करनी थी, साथ ही उस समय आवागमन की द्रुत व्यवस्था नहीं रहने के कारण राजस्थान वापिस होना कठिन था। फिर राजस्थान की तुलना में बिहार की सुखदायिनी भूमि उन्हें लुभावनी प्रतीत हुई, फलतः वे यहीं बस गए। इसीलिए इस के इर्दगिर्द के जिले जैसे मुंगेर, पटना, शाहबाद, आदि में गुहिलोतों की आबादी अभी भी ज्यादा है। काल और स्थिति के अनुसार आबादी बढ़ने पर सुविधा के ख्याल से आवश्यकतानुसार, वे लोग बिहार के अन्य जिलों में भी बस गए, साथ ही बिहार के इन स्थानों से सटे बंगाल में लोग जा बसे। कुछ लोग पश्चिम की ओर राजस्थान होते हुए रास्ते में यू.पी. में भी बस गए। इस तरह बिहार के अलावे बंगाल और यू. पी. में भी गहिलोतों की आबादी पाई जाती है।

आप जिज्ञासु होंगे कि गहलोत आखिर है कौन? कर्नल टॉड के अनुसार गहिलोतों की 24 शाखाएँ हुईं जो निम्नलिखित हैं :—1. आहाड़ीया [आहड़ीया] 2. मंगोलिया 3. सिसौदिया 4. पीपड़ा [पीपाड़ा] 5. कैलाया 6. गहोर 7. घोरनियाँ [घोरनीया] 8. गोदाह [गोध] 9. मजरोपा [मजरोजा] 10. भीमला 11. कंकोट 12. कोटेच [कोटेचा] 13. सोरा 14. उहड़ 15. उसेसा 16. निरूप 17. नादोड़्या 18. नाधोता [नादोडा] 19. भोजकरा [भोजकर] 20. कुचेरा 21. दुसाध 22. भेटवरा 23. पाहा 24. पुरोत। इनमें से कुछ शाखाएँ तो सिर्फ रावल वप्पा के समय में ही हो गई थीं।

हम सभी जानते हैं कि सृष्टि के आदि पुरुष 'आदम' को 'ईव' नाम की पत्नी थी, इन्हीं दोनों से सृष्टि की रचना शुरू हुई और कालक्रम से दुनिए में अनेक जातियाँ, उपजातियाँ अवतरित हुईं और सृष्टि में ईश्वरीय लीला बढ़ती ही गई।

अब हम लोग भारत की बात देखें! वेदपुराणादि के अनुसार यहाँ हिंदू नाम की एक ही जाति थी। कालक्रम से आबादी बढ़ने तथा कार्य के विभाजन होने से मनुस्मृति के अनुसार ब्राह्मण, क्षत्रिय, वैश्य और शूद्र नाम की चार जातियाँ हुईं। ब्राह्मणों का कार्य पूजा करना, क्षत्रियों का काम रक्षा करना, वैश्य का धन कमाना और शूद्र का सेवा करना। फिर चारों जातियों में भी अनेकों उपजातियाँ हुईं। इस तरह क्षत्रियों में भी सूर्यवंशी और चन्द्रवंशी हुए। सूर्यवंशी के वंशज ही गहिलोत राजपूत हुए क्योंकि आप पढ़ चुके हैं कि सूर्यवंशी नरेश शिलादित्य की पत्नी पुष्पावती से गुफा [गुहा, गुह] में एक लड़का पैदा हुआ जिसका नाम गोह पड़ा और गोह का वंशधर अपना गोत्र उन्हीं के नाम पर रख लिया जो गहिलोत कहलाए।

गहिलोत के उपर्युक्त 24 शाखाओं में से कुछ तो प्रायः लुप्त हो गईं, कुछ का शायद नाम परिवर्तन आदि के कारण पता ही नहीं चलता है। इसे खोज करने की आवश्यकता है। जो हो, इतना तो जरूर है कि राजस्थान के अलावे पंजाब, दिल्ली,

मध्य प्रदेश आदि राज्यों में भी कुछ गहिलोतों की शाखाएँ पाई जाती हैं, खास कर बंगाल, बिहार और यू.पी. में तो गहिलोतों की 21वीं शाखा दुसाध की आबादी लगभग 40 [चालीस] लाख की है। इन तीन राज्यों के अलावे दिल्ली, मध्य प्रदेश, पंजाब आदि अन्य राज्यों में कुछ-कुछ यह [दुसाध] शाखा पाई जाती है। फिर मारीशस, नेपाल, लंका आदि दूसरे देशों में भी कालक्रम से वह जा बसीं। आप पढ़ चुके हैं कि समर सिंह के भतीजे भरत सिंह के पुत्र राहुप के राज्यकाल में मेवाड़ में दो महान परिवर्तन हुए। रावल उपाधि के स्थान पर राणा और गहिलोत के स्थान पर सिसौदिया के नाम से इनके वंशवाले सुशोभित होने लगे। इस समय भी उदयपुर के महाराणा इसी [सिसौदिया] शाखा के हैं।

राणा की उपाधि कैसे मिली?

अपने एक भयंकर दुश्मन मुन्दरा नरेश परिहार राजमुकुल को हराकर चित्तौड़ लौटने पर महाराजा राहुप ने विजय-चिन्ह रूप में राणा की उपाधि ग्रहण की क्योंकि हारकर बंदी बनने पर राजमुकुल ने अपनी मुक्ति के बदले शर्त के अनुसार अपनी राज्य उपाधि 'राणा' महाराजा राहुप को दे दी थी।

सिसौदिया क्यों कहलाए?

शिशोदा नामक नगर से सिसौदिया नाम की उत्पत्ति हुई है। यह नगर मेवाड़ के पश्चिम की पर्वत श्रेणी में स्थित है। कहा जाता है कि मेवाड़ से निकाले जाने पर किसी राणा ने बहुत देर तक पीछा करके खरगोश (शशक) का शिकार किया था। उसी की स्मृति में उस स्थान पर शिशोदा नाम का एक नगर बसा हुआ है। इसी से उनके वंशधर सिसौदिया कहलाए जाने लगे।

इस तरह देश काल और परिस्थिति के अनुसार भिन्न 2 जातियों तथा देशों के भी नाम परिवर्तित और परिवर्धित होते गए। उदाहरण के लिए, हम लोगों ने सिर्फ गहिलोत क्षत्रिय को ही 24 शाखाओं में बँटते हुए देखा; जिसमें दुसाध भी एक शाखा है और दुसाध भी कई उपशाखाओं में बँट गई जैसे मगही (मधैया), सिलौठा, कुरना, पलीवार, सूर्यहा, बहेलिया, कामौर, कनौजिया, मदेशिया, ढाढी (ढाड़ी) आदि।

इस तरह श्रृंखलाबद्ध ऐतिहासिक घटनाओं को देखने से निस्संदेह ही यह प्रमाणित हो गया कि सूर्यवंशी राजपूत के वंशधर ही आगे चलकर गहिलोत और सिसौदिया कहलाए तथा रावल एवं राणा की उपाधि धारण की। फिर उसी की एक शाखा दुसाध भी कहलाई।

'दुसाध' का अर्थ होता है 'कठिन' या कठिनाई से जिसको किया जा सके या जिसको हराना कठिन हो। मेरी समझ से दुःसाध्य (जिसका साधन या उपाय या करना, कठिन हो) या दुःसाधी (द्वारपाल, दुष्टसाधक) शब्द का ही अपभ्रंश 'दुसाध' है।

तो कठिनाई से हराने योग्य इन वीर गहिलोत (दुसाध) सेना लेकर ही (राणा लाखा) जैसे कि पहले कह चुकी हूँ गया जी तीर्थस्थान की रक्षा यवनों से कर सके थे और गहिलोत की वही 'दुसाध' शाखा उसी समय से बिहार तथा कालक्रम से बंगाल, यू.पी. आदि राज्यों में बस गई। इस जाति के कई राज्य भी कायम हो गए थे, जिसमें से कुछ का वर्णन करूँगी।

उस समय भारत में पठानों का राज्य था; फिर मुगलों का राज्य हुआ और अंत में अंग्रेजों ने भी राज्य किया। पर मुगल और अंग्रेजों का युग अत्याचार और दमन का युग था जिससे लड़ाकू कौम को दबा दिया गया। फलतः अच्छे साहित्य और जातीय इतिहास का सृजन नहीं हो सका। इस तरह दुसाध जैसे भयंकर लड़ाकू कौम को हर तरह से दबाने की कोशिश की गई। फलतः इसकी संतान अपने पूर्वजों की गौरव-गरिमा भुलाकर अंधकार में गोते खाने लगी और समाज में हर तरह से नीचे गिर गई।

कई लेखकों ने पुस्तकों एवं पत्रिकाओं तथा पत्राचार में 'दुसाध' Dusad शब्द का व्यवहार किया है; जो गलत है; ऐसा कोई शब्द नहीं है और न इसका कोई अर्थ ही होता है। टॉड के प्रामाणिक इतिहास 'राजस्थान' में भी 'दुसाध' (Dusad) शब्द का व्यवहार किया गया है और भारतीय संविधान में अनुसूचित जातियों की सूची में भी 'दुसाध' ही है जो कि प्रचलित और व्यवहृत होने वाला शब्द है। दुसाद, दसोद या दसाद आदि शब्द बिल्कुल ही निराधार, गलत, अव्यावहारिक और निरर्थक हैं। अतः हम सबों के द्वारा कभी भी 'दुसाद' शब्द का व्यवहार कहीं भी करना, भयंकर भूल करना है। साथ ही हमें संविधान, इतिहास तथा समाज में व्यवहृत शब्द 'दुसाध' का ही व्यवहार करना चाहिए। हालाँकि शब्दकोष में उसका अर्थ बिल्कुल गलत एवं अपमानजनक लिखा गया है जिसको सुधारने के निमित्त मैंने काफी विरोध किया है और आगे भी हम सबों को मिलकर ठोस विरोध करना है। जैसा कि पहले भी कह चुकी हूँ 'दुसाध' शब्द 'दुःसाध्य' या 'दुःसाधी' शब्द से ही अपभ्रंश होकर बना है।

दुसाध जाति का जिक्र ब्राह्मण, वैश्य और शूद्र की सूचियों में या कहीं भी किसी ग्रंथ में नहीं किया गया है। दूसरी ओर कर्नल टॉड के अलावे अन्य लेखकों तथा विद्वानों ने प्रमाणादि द्वारा साबित करके बतलाया है कि "दुसाध" क्षत्रियों की एक शाखा है। 'ब्राह्मण निर्णय' ग्रन्थ द्वारा भी 'दुसाध' क्षत्रियों की एक शाखा है। "क्षत्रिय वंश प्रदीप" भाग 1 पृष्ठ 409 में 1100 ग्यारह सौ क्षत्रियों की सूची में दुसाध का स्थान 480 वाँ दिखलाया गया है; फिर उसी के द्वितीय भाग पृष्ठ 808 में गहलोत वंश की शाखाओं में दोसौद भी लिखते हैं जो दुसाद का ही विकृत रूप माना जाता है। मुरादाबाद निवासी पंडित ज्वाला प्रसाद जी द्वारा संपादित जाति भास्कर नामक ग्रंथ में गहलोत राजपूत की 24 शाखाओं में एक दसोद भी लिखा गया है

जो दुसाध का ही अपभ्रंश है।

बिहार प्रांतीय गवर्नर सर एम.जी. हैलेट साहब ने इंडियन फ्रेंचाईज समिति की रिपोर्ट चापटर 3 पृष्ठ 161 में लिखा है कि दुसाध उत्तर बिहार की एक पुरानी जाति है; इनके पूर्वजों में कई राजा हुए हैं; दुसाध राज्य की कहानियाँ उनके यहाँ प्रचलित हैं। एच.एच. रीजली साहब ने अपने लिखे ट्राइब्स एण्ड कास्ट्स ऑफ इंडिया (बंगाल) भाग 1 सन् 1891 ई. पृष्ठ 252 से 258 तक में दुसाध जाति के बारे में लिखा है कि जो फौज नवाब अलीवर्दी खाँ के मातहत थी; वह दुसाध जाति की थी। फिर सन् 1757 ई. के पलासी युद्ध में लार्ड क्लाइव के अधीन रहकर लड़ने वाली फौज में अधिकांश दुसाध जाति के लोग ही थे, जिनकी वीरता से खुश होकर उन्हें जागीर दी गई थी तथा मालगुजारी एवं अल्प कर से भी वे लोग मुक्त कर दिए गए थे, जिसका फायदा अंशतः आज भी उन दुसाध जाति की संतानें उठा रही हैं। रीजली साहब के अनुसार दुसाध जाति का राजा एक समय सूबे बिहार में राज्य करते थे।

डॉ. बुचानन फ्रांसीस अपनी पुर्णिया रिपोर्ट नामक पुस्तक में लिखे हैं कि राहु दुसाध जाति का इष्टदेव नहीं है बल्कि वे भगवान विष्णु की पूजा करते हैं। ये निराकार ब्रह्म पर भी विश्वास करते हैं। फिर रिपोर्ट के 528 पृष्ठ में लिखते हैं कि "राजा शैलेश जो जाति का दुसाध था, बड़ा वीर, पराक्रमी तथा प्रतापी था"।

मासिक पत्रिका 'मनोरमा' वर्ष 5 खंड 1 अगस्त 1928 ई. पृष्ठ 562 में हिंदुओं की कुछ नीच जातियों में दुसाध का अपभ्रंश दुसाद लिखते हुए यह बतलाया गया है कि 'दुसाद' (दुसाध) प्राचीन क्षत्रिय वंशों में से है जो बड़ी ही वीरजाति है।

कभी-कभी गुमराह होकर बिना छानबीन किए ही कुछ लोग दुसाध को दुःशासन वंशीय क्षत्रिय बतलाए हैं जो चन्द्रवंशी राजपूत थे। फिर इस जाति के कुछ लोग अपने को प्रह्लाद, बलि, राहु आदि की संतान बतलाते हैं। यह सब धारणाएँ एकदम गलत हैं।

कुरुक्षेत्र के महासमर में वेश्या के पुत्र युयुत्सु को छोड़कर कौरव वंश में अर्थात् धृतराष्ट्र के 100 एक सौ पुत्रों में एक भी नहीं बचा था। दुःशासन का वंश तो दूर रहा; कौरव कुल युयुत्सु के वंश का भी पता नहीं लगता। यदुवंश नाश और कृष्ण भगवान के स्वर्गवास होने का समाचार सुन धर्मराज युधिष्ठिर ने अभिमन्यु पुत्र परीक्षित को राजगद्दी दे दी और द्रौपदी सहित पाँच पांडवों ने महाप्रस्थान किया। तब राजा परीक्षित से राजा क्षेमक तक सिर्फ 1770 वर्ष 11 मास 10 दिन तक ही अर्जुन के वंश का राज्य रहा। इसके बाद मंत्री विश्वा ने राजा क्षेमक को मारकर राज्य हरण कर लिया। फिर बाद में इस कुल का कोई पता नहीं चला। इस तरह दुसाध किसी भी हालत से चन्द्रवंशी राजपूत यानी दुःशासन वंशीय नहीं हो सकता है। पुनः दुसाध जाति की यह धारणा कि वह प्रह्लाद या बलि के वंशज हैं निराधार एवं गलत है।

ये दोनों राक्षस वंश में पैदा हुए थे। 'सुखसागर' के अनुसार विष्णु भगवान के द्वारपाल जयविजय शाप से राक्षस हो गए थे और हिरण्याक्ष और हिरण्यकशिपु के नाम से राक्षस वंश में पैदा हुए तथा विष्णु भगवान के नृसिंहावतार से नाश होने पर वे ही पुनः रावण और कुम्भकर्ण के नाम से पैदा हुए जो कि भगवान राम द्वारा मारा गया था। पुनः ये ही शिशुपाल तथा दंतवक्र के रूप में पैदा हुए जो नारद युधिष्ठिर-संवाद में नारद के अनुसार चन्द्रवंशी क्षत्रिय युधिष्ठिर की मौसी के लड़के (मौसेराभाई) ही थे और जिनका वध श्रीकृष्ण भगवान द्वारा हुआ था। सुखसागर के पन्ना 312 से 314 और पुनः 335 को देखें। फिर सुखसागर पन्ना 388 में स्वयं राजा बलि ने ही हिरण्यकशिपु को अपना पितामह बतलाया है। इस तरह अब स्पष्ट हो गया कि राक्षस हिरण्यकशिपु का पुत्र प्रह्लाद या उनका प्रपौत्र राजा बलि कभी इस दुसाध जाति के पूर्वज नहीं थे। इस तरह अतीत के अंधकार में बिना किसी आधार रूपी टार्च की रोशनी का प्रवेश करना अहितकर है। अतः अपना एवं समाज में फैले भ्रम को दूर करना चाहिए और कतिपय पक्के आधारों पर प्रमाणित सूर्यवंशी क्षत्रियों की संतान समझकर तद्नुरूप अपना आचरण बनाये रखना चाहिए।

फिर कुछ लोग अपने को उस राहु का वंशज बताते हैं जो शायद कश्यपमुनि का लड़का था और समुद्र मंथन के पश्चात् वेश बदलकर धोखे से देवताओं के दल में आ जाने के कारण, भूल से दिये गये अमृत का पान कर लेने की वजह से अमरत्व प्राप्त कर लेने की आशंका होने पर भगवान विष्णु द्वारा सुदर्शन चक्र से काट दिया गया था। गला कट जाने पर भी सर केतु और धड़ राहु कहलाया। मगर उस राहु के वंशज का वर्णन किसी भी पुराण, ग्रंथ, इतिहास और साहित्य में नहीं मिलता है। अस्तु, दुसाध जाति के लोग उनकी संतान नहीं हो सकते। दूसरा राहु वह था जो राजा बलि के यज्ञ में चन्द्रमा द्वारा मारा गया था; उस राहु की संतान का भी पता किसी भी इतिहास, पुराणादि में नहीं चलता है। इस तरह उक्त दोनों राहुओं में से कोई भी दुसाध या गहलोत की अन्य शाखाओं का पूर्वज या इष्टदेव कभी नहीं हुए। ये लोग शैव होते हैं। फिर राजा राम की भी पूजा करते हैं। विष्णु भगवान भी इनका आराध्य देव है; ये अपने पूर्वजों के समान एकलिंग (महादेव) महाराज की पूजा पर विशेष आस्था रखते हैं।

तब आप पूछेंगे कि वह राहु-पूजा जो खासकर बिहार की दुसाध जातियों में प्रचलित है, क्या है? मेरी समझ से "राव" (राजा) या राहुप की पूजा का अपभ्रंश ही राहु पूजा है। इसे झील पूजा भी कहते हैं। यह पूजा हिंदुओं में सिर्फ दुसाध के घरों में ही बड़ी पवित्रता से मनाई जाती है, उसे वस्तुतः अग्नि और सूर्य पूजा कह सकते हैं। यह इस जाति की बहुत ही पुरानी पूजा है। अपने पराक्रम एवं शौर्य के कारण राणा कहलाने वाले इस वंश के राजा राहुप के नाम पर शायद यह पूजा 'राहुप' में से 'प' लुप्त होने से 'राहु' हो गई। गोह (जिनका वंशधर गहिलोत कहलाए) के

पिता शिलादित्य के समय में भी उनके राज्य वल्लभीपुर में सूर्यकुंड था। जब कोई युद्ध आ पड़ता, महाराज शिलादित्य उस सूर्यकुंड के पास जाकर भगवान भास्कर (सूर्य) की स्तुति गान करते थे, और तब कुण्ड से एक बड़ा घोड़ा निकलता था। उस घोड़े को रथ में जोड़कर महाराज शिलादित्य युद्ध में विजय प्राप्त किया करते थे। एक बार उनके विश्वासघाती मंत्रियों ने उनके यवन दुश्मन को इसका भेद बता दिया; दुश्मनों ने उस कुण्ड में गाय का रक्त चुपके से डालकर अपवित्र कर दिया। फलतः उसका माहात्म्य घट जाने के कारण तभी से घोड़ा निकलना बंद हो गया। मगर वह सूर्य पूजा आज भी गहलोत राजपूत की 'दुसाध' शाखा के लोग ठीक वैसा ही कुण्ड बनाकर करते हैं। इसे ही झील पूजा भी कहते हैं। धधकती हुई कुण्ड की आग में दुसाध जाति का भगत (पुजारी) इच्छुक दर्शकों के साथ प्रवेश कर जाते हैं; मगर किसी का बाल भी नहीं जलता। फिर खौलती हुई खीर की हंडी में हाथ डालकर वही 'भगत' लोगों को आश्चर्यचकित कर देते हैं।

जंगल में ब्राह्मणों की गाय चराते हुए राजा राहुप को उनकी भक्ति से खुश होकर एकलिंग महाराज एवं योगीराज हारीत की कृपा से उसे दो धारवाली तलवार मिली थी जिसके बल पर वे शक्तिशाली राजा हुए। आज भी तलवार की पूजा दुसाध के देवालय में होती है। उसी तरह झील-पूजा में भी तलवार की भी पूजा की जाती है। एक लंबे हरे रंग के बांस को छीलकर तथा घी आदि लगाकर चिकना बना दिया जाता है और उसके ऊपरी भाग पर तेज धारवाली तलवार बाँधकर उस बाँस को मिट्टी में गाड़ दिया जाता है जिस पर चढ़कर दुसाध जाति का भगत कौतुक करके लोगों को चकित कर देते हैं; भगत को जरा भी घाव नहीं लगता। देवालय में भी अन्य अवसरों पर इस जाति का भगत लाठी या तलवार से कौतुक करते हुए 'सत्य नाम' बोलते हैं। यह वंशानुगत पराक्रम-प्रदर्शन सिर्फ दुसाध जाति में ही आज भी प्रचलित है। जिस तरह सूर्यवंशीय राजा शिलादित्य प्रभात की वेला में ही सूर्यकुण्ड के माध्यम से सूर्य की पूजा करते थे; ठीक उसी तरह सूर्योदय के पहले ही उनकी संतान (दुसाध) भी इस पूजोत्सव को बड़ी धूमधाम से मनाते हैं और अपने त्याग, पराक्रम, संस्कार और सच्चरित्रता का परिचय देते हैं। जैसा पहले कह चुकी हूँ कि गहिलोत की 24 शाखाओं में भीमला भी एक है। भीमला शाखा का नाम पराक्रमी एवं वीर गहिलोत योद्धा भीमल के नाम से पुकारा जाने लगा। उसी वीर एवं प्रतापी भीमल का नाम झील पूजा में गीत के लय के साथ श्रद्धापूर्वक लिया जाता है। फिर गहलोत वंशीय राजा राहुप (राहप) और नरपति का भी जिक्र झील पूजा में गीत के रूप में किया गया है। खासकर राजा राहुप गहिलोत कुल में इतने प्रतापी हुए कि उन्होंने राणा की पदवी धारण की। मेरे विचार से इसी राजा (राव) के नाम से झील पूजा (सूर्यकुण्ड द्वारा अग्नि एवं सूर्य पूजा) को राहु (प) पूजा कहते हैं। राव का अर्थ राजा होता है; वस्तुतः राजा को देवता तुल्य समझकर पुराने जमाने में लोग

पूजा करते थे। अतः राजा राहुप (राहप) की पूजा का नाम ही आगे चलकर, जैसाकि पहले कह चुकी हूँ, अंतिम अक्षर 'प' का उच्चारण नहीं होने पर उसका अपभ्रंश 'राहु' हो गया है; इस तरह देश, काल और परिस्थितिवश भले ही उसके वंशज शिलादित्य के समय में प्रचलित सूर्यकुण्ड द्वारा सूर्याग्नि की पूजा का नामकरण राव पूजा या राहु (प) पूजा कर दिए हों, मगर उसकी सत्यता अभी भी उसकी प्राचीनता को प्रज्वलित करती हुई उसका द्योतक है। गहलोत राजपूत की इस 'दुसाध' शाखा के अलावे यह पूजा किसी भी जाति के द्वारा नहीं की जाती है। इस तरह दुसाध का गहिलोत राजपूत होना बिल्कुल ही प्रामाणिक एवं सही है क्योंकि नरपति, राहप (राहुप) भीमल आदि का वर्णन उक्त पूजा में किया गया है; वे सभी ऐतिहासिक सबूतों के आधार पर गहलोत राजपूत कुल में ही पैदा हो चुके हैं। इस तरह हम लोग निस्संदेह ही गहलोत राजपूत की संतान हैं।

इसके अलावे दुसाध जाति के गहलोत राजपूत होने के और भी कई ज्वलंत उदाहरण हैं जिनमें से कुछ का जिक्र नीचे कर रही हूँ :—

भीमसिंह का अतिथि बन, दर्पण में विश्व विख्यात सुंदरी पद्मिनी को देखकर लौटते हुए अलाउद्दीन ने हिंदू रिवाज के अनुसार विदाई करने के लिए उनके साथ कुछ दूर आते हुए भीमसिंह को झाड़ी में छिपाए गए अपने सिपाहियों द्वारा धोखे से गिरफ्तार कर अपने कैम्प (खेमा) में रक्खा तथा खबर फैला दी कि पद्मिनी को पाने पर ही वह भीमसिंह को छोड़ेगा। मेवाड़ में शोक का पहाड़ छा गया। मगर महारानी ने अपने चाचा गोरा से गुप्त सलाह कर दूत द्वारा कहला भेजा कि वह सखी सहेलियों के साथ पालकी पर जा रही है। फिर सभी पालकियों पर सुंदरी रमनियों के बदले गुप्त भाव से बैठे लगभग 700 मेवाड़ के चुने हुए वीर क्षत्रिय सैनिक वहाँ पहुँचे। आधे घंटे तक पद्मिनी से पालकी पर ही बातें करने की शर्त के बहाने भीमसिंह को पालकी पर चुपचाप बैठाकर बाहर खड़े घोड़े पर शीघ्रता से मेवाड़ पहुँचाया गया। आधे घंटे के बाद भीमसिंह के नहीं लौटने पर अलाउद्दीन को शंका हुई और क्रोधित हो ज्यों ही पालकी के नजदीक पहुँचा, त्यों ही सभी पालकियों पर बैठे वीर सैनिक कूदकर निकल पड़े। फलतः घमासान युद्ध हुआ। उस युद्ध में गोरा तथा उसका भतीजा बादल की वीरता एवं बहादुरी से दुश्मनों के छक्के छूट गए। अंत में उसी युद्ध में लड़ते हुए गोरा वीर गति को प्राप्त हुए। उसी वीर एवं महापराक्रमी तथा प्रखर बुद्धिवाला गोरा को गीत की लय को मिलाने के लिए गौरैया कहा गया है और उनकी पूजा हर गाँव के आदमी बड़ी श्रद्धापूर्वक आज भी करते देखे जाते हैं। वैसे ही मेवाड़ में अभी भी लोग क्षत्रपाल, देव और राणा लाखा के लड़के रघुदेव की पूजा करते हैं तथा पहले रावल बप्पा के लड़के 'कुलेश' को भी पुत्रक देवता के समान ही पूजा करते थे।

(गोरा) गौरैयाबाबा को 'बहर गोसाईं' कहते हैं यानी गाँव के बाहर प्रायः किसी

वृक्ष के नीचे स्थापित होने के कारण लोग उन्हें बाहर से आने वाली किसी भी बीमारियों एवं अन्य विपत्तियों से गाँव की रक्षा करने वाले देवता मानते हैं। इस तरह गोरा दुसाध (गहलोत राजपूत) के ही कुल में पैदा होकर गौरैया भगवान के रूप में पूजे जाने लगे।

फिर बाबा 'बहर सिंह' की पूजा भी हिंदुओं में खासकर प्रत्येक दुसाध के घर में की जाती है; उन्हें मिठाइयों का प्रसाद चढ़ाया जाता है; उनकी महिमा गीत द्वारा गाई जाती है; खासकर उत्तर बिहार में उनकी पूजा अधिकतर की जाती है। बहर सिंह को सभी जानते हैं कि दुसाध का ही देवता है क्योंकि यह इसी कुल में पैदा हुआ समझा जाता है जैसा कि उनके उपनाम 'सिंह' से भी साफ स्पष्ट है। उस समय क्षत्रियों के अलावे कोई भी जाति आज के जैसे सिंह की उपाधि नहीं धारण करती थी। अस्तु, दुसाध के कुल देवता बहर सिंह जब गहलोत राजपूत ही थे तो दुसाध निस्संदेह ही गहलोत राजपूत की एक शाखा है।

महाराज शैलेश का नाम कौन नहीं सुना होगा; खासकर मोरंग (नेपाल की तराई) में जहाँ कहीं भी जाइए, गाँव या बाहर राजा शल्हेश (शैलेश) का नाम हर जाति के लोग बड़े आदर एवं श्रद्धापूर्वक लेते हैं। कहीं भी कठिन कार्य आ पड़े, चाहे जंगल में बाघ सिंह का डर हो या आँधी तूफान का; चाहे भारी से भारी लकड़ी ही क्यों न उठाने की नौबत आ पड़ी हो, राजा शैलेश का नाम लेते ही उनकी शक्ति द्विगुणित हो जाती है और डर एकदम जाता रहता है। इस तरह उनके पराक्रम, त्याग और तपस्या के बल पर उन्हें देवत्व प्राप्त हुआ। अभी भी मोरंग में शैलेश फुलवाड़ी मौजूद है जहाँ वे कुश्ती करते थे। वहाँ की जमीन दलदली है। वहाँ रामनवमी में मेला भी लगता है। कहाँ जाता है कि अभी भी उनके माहात्म्य से वहाँ के पानी में दूध का अंश पाया जाता है। बिहार राज्य के सहरसा जिलान्तर्गत भीम नगर थाने में शैलेश के नाम पर एक गाँव अभी भी मौजूद है। जिसका नाम शैलेशपुर है; वहीं पर समदागढ़ी गाँव में दरबान के रूप में शैलेश की मूर्ति खड़ी है जहाँ राज दरबार में शैलेश रहते थे। राजा शैलेश (शल्हेश) का स्थान बेगुसराय पोखड़ीया कहा जाता है जहाँ आज भी दुसाधों की आबादी बहुत घनी है। अज्ञात कारणवश, शैलेश अपना जन्म स्थान छोड़कर मोरंग के महाराजा के यहाँ द्वारपाल का कार्य किए थे। उनका ब्रह्मचर्यत्व अद्वितीय था। दौना मालिन को उनसे एकांगी प्रेम हो गया था; देवी द्वारा स्वप्न में शैलेश का पता लगने पर वह काफी कठिनाइयों से मोरंग तक शैलेश का पीछा की। जब उसका सारा प्रयास शैलेश को प्रेम-पाश में फँसाने का विफल हो गया तो वह (दौना मालिन) राजा को किसी प्रकार खुश करके उन्हें वचनबद्ध करवा ली कि वे (राजा) उसकी (दौना की) शादी शैलेश महाराज से करवा देंगे; राजा ने शैलेश को वचनबद्ध कर दौना से शादी करने का प्रस्ताव रखा; शैलेश किंकर्तव्यविमूढ़ हो गए; सच्चा, ईमानदार आज्ञाकारी और स्वामिभक्त होने के कारण शैलेश राजा

की बात टाल नहीं सके। मालिन की खुशी की सीमा नहीं रही। शैलेश शादी के पूर्व एक तालाब में स्नान करने गए और वहीं अंतर्धान हो एक फूल का रूप धारण किए। दौना मालिन बिछोह व्यथित हो प्रेमवश उक्त फूल को लेकर उसे पति समझकर श्रद्धापूर्वक पूजने लगी। इस तरह कठोर ब्रह्मचर्य व्रतधारी शैलेश ने अपने उज्ज्वल चरित्र को अंत तक निबाहा। उसी महाराज शैलेश की पूजा मोरंग के अलावे बिहार के हर दुसाध के घरों में बड़ी श्रद्धा एवं आस्था से की जाती है। महाराज शैलेश के गुण का वर्णन डॉ. बुचानैन अपनी पूर्णिया नामक पुस्तक के पृष्ठ 258 में करते हुए लिखते हैं कि महाराज शैलेश जो दुसाध जाति का था; अपने पराक्रम प्रताप तथा योगबल से कभी-कभी पृथ्वी पर नहीं मिलते थे तथा अपने ब्रह्मचर्यत्व की शक्ति से शेर की पूँछ पकड़कर उत्तर बिहार से नेपाल की तराई और बंगाल तक चले जाते थे। फिर रावल वप्पा का पुत्र कुलेश (जिनकी पूजा देवता के समान होती थी) का नाम भी इसी शैलेश के नाम से मिलता-जुलता है। इस तरह शैलेश के राजपूत होने से हम लोग भी निस्संदेह ही राजपूत हैं।

महाराज चौहरमल का मकान बिहार के मोकामा स्टेशन के नजदीक तुलसीपुर इन्दरा बतलाया जाता है। उनका राज्य लक्षीडेरा (वर्तमान लखीसराय) से गया के अनेक स्थानों तक फैला हुआ था। ये शैलेश के समान ही ब्रह्मचर्य व्रत पालन में कठोर थे। व्रत भंग करने की काफी कोशिश की गई; मगर वे अडिग रहे; यहाँ तक कि 16 वर्षीया उच्च घराने की एक बाला द्वारा सर्वस्व न्योछावर करने की एकतरफा प्रतिज्ञा करने पर भी वे अपने ब्रह्मचर्यत्व से जरा भी विचलित नहीं हुए और उल्टे अपने सुन्दर सुमधुर एवं हृदयग्राही उपदेशों से उनका कलुषित हृदय परिवर्तित कर दिया। अभी भी उनके गढ़ का भग्नावशेष मोकामा के नजदीक मौजूद है जहाँ वे कुश्ती भी करते थे। उस स्थान को देखने के लिए काफी दर्शक, खासकर दुसाध जाति के लोग हर साल आया करते हैं। चौहरमल को प्रायः हर आदमी जानते हैं कि वह दुसाध जाति का ही था। मल की उपाधि गहलोत राजपूत की भिन्न-भिन्न शाखाओं में ही पाई जाती है अन्य जातियों में नहीं; इस तरह निस्संदेह ही 'दुसाध' गहलोत राजपूत की एक शाखा है। चौहरमल की पूजा करने के साथ ही उनके पराक्रम का गीत आज भी लोग मुक्त कंठ से श्रद्धापूर्वक गाते हैं।

कुँवर विजयमल ने जो अलीगढ़ (किला) के मैदान में 80 मन का मुगदर (गदा) लेकर खेला करते थे; 16 साल की उम्र में ही बछेड़ी पर सवार होकर अपने भाई और पिता के हत्यारे साले और श्वसुर को मारकर बदला लिया था। वह वीर स्वाभिमानी दुसाध ही था।

इसी तरह चौहरमल और कुँवर विजयमल के अलावे प्रामाणिक इतिहासों के आधार पर बहुत से 'मल' की उपाधिवाले गहलोत राजपूत हुए, जिनमें से कुछ के नाम प्रसिद्ध हुए हैं। महाराणा प्रताप सिंह का पुत्र गहणमल और पुरणमल, पृथ्वीराज

का चाचा (समरसिंह का भाई) सूरजमल, राजा रायमल और उनका पुत्र जयमल, जमीन की पैमाइश करवाने वाले टोडरमल, पृथ्वीमल और श्रीमल (महाप्रतापी राजा), भीमल जिनके नाम पर गहलोत की शाखा भीमला हुई और जिस भीमल के पराक्रम का वर्णन दुसाधों के राहु (प) या झील पूजा में गीतों में किया गया है, राणा कुंभ का पितृहंता लड़का उदय सिंह के पुत्र सिंहेशमल और सूरजमल, राणा लाखा के श्वसुर रणमल आदि अनेक 'मल' उपाधिवाले महान् पुरुष हुए। ये सभी कुँवर विजयमल एवं चौहरमल के समान ही गहलोत राजपूत कुल में ही पैदा हुए थे, क्योंकि उस समय आज के जैसा कोई भी किसी का खानदानी उपनाम धारण नहीं कर सकता था। इस तरह दुसाध जाति के घर में पूजे जाने वाले चौहरमल की उपाधि आज भी इस बात का साक्षी धरोहर तथा ज्वलंत उदाहरण है कि इतिहास प्रसिद्ध 'मल' उपाधि गहलोत राजपूत की ही है, दूसरे की नहीं। इस तरह अब पूर्ण सिद्ध हो गया कि दुसाध निस्संदेह ही गहलोत राजपूत की एक शाखा है।

धोलका का पुराना नाम संभवतः विजयपुर था वहाँ का राजा ढोलन भी गहलोत ही थे। यू. पी. के बलिया जिला की सीमा पर स्थित बिहार के (छपरा) सारण जिला में मांझीगढ़ का खँडहर अभी भी विद्यमान है। वहाँ का राजा मकरा मांझी (जिन्हें मँझमकरा भी कहते थे), वीर तथा प्रतापी था। वह दुसाध जाति का ही नामी राजा था। लोरिक सबरू द्वारा अपनी दस हजार गायों से फसल बर्बाद करवाने की हरकतों पर तंग आकर प्रजावत्सलता के कारण ही लोगों की भलाई के लिए उनकी (लोरिक सबरू की) सभी गायों को एक बार अपने यहाँ बँधवा दिया था ताकि उत्पाद बंद हो जाए। मकरा मांझी का गढ़ अभी भी मांझीगढ़ के नाम से उनके वंशजों को उनकी गौरव-गरिमा की याद दिलाते हुए ढाढस दे रहा है। महाराजा मकरा माँझी की स्मृति में आज भी मोतीहारी, छपरा, बलिया आदि जिलों का दुसाध 'माझी' उप-नाम रखते हैं। मुंगेर जिले के बलिया के नजदीक 'सादपुर' (संभवतः दुसाधपुर का अपभ्रंश) में भी दुसाध जाति की जमींदारी थी।

फिर मेरे श्वसुर पूज्य कृष्ण दयाल हजरा के (दादा) बाबा परम पूज्य बच्ची हजरा के करीब-करीब 5-6 पीढ़ी पूर्व जागीरदार हजारी हुए थे; जिनका नाम उदाम-सुदाम था। उन्हें 7 गाँव जागीर में मिला था। एक हजार सिपाही के नायक को हजारी कहा जाता था, संभवतः इसी वजह से उनका वंशधारी 'हजरा' कहलाए जाने लगे। कहा जाता है कि लड़ाई में सरकार को यवनों के खिलाफ काफी बहादुरी एवं ईमानदारी से उदाम सुदाम दोनों सहोदर भाइयों द्वारा साथ देने की वजह से ही उन्हें जागीर मिली थी जिससे जागीरदार हजारी कहलाने लगे। उन्हें जमींदारी भी थी। मालगुजारी तथा अन्य सभी करों से भी उन्हें मुक्त कर दिया गया था। इसी वजह से खानदानी मूल 'बड़ी बलिया' वाजीतपुर डीह और 'लाखो पोखर' एवं अयोध्या बाड़ी के साथ "जागीरदार हजारी" का नाम भी जुड़ा हुआ है। खासकर अयोध्या बाड़ी से यह स्पष्ट

हो जाता है कि हम लोग अयोध्या के सूर्यवंशी राजा दशरथ के ही वंशज हैं। इस तरह दुसाध जाति का भूतकाल बहुत ही गौरवमय था।

महात्मा गाँधी जी ने कहा था कि "दुसाध जाति के लोग अपने को दुसाध कहते हुए भी क्षत्रिय मानते हैं। फलतः उन्हें मंदिर प्रवेश का अधिकार है। उनका जातिगत कर्म हरिजनों के जैसा नहीं है। वे लोग चौकीदारी अथवा फौजी सिपाहियों में काम करना, अधिक पसंद करते हैं।"

वस्तुतः हर जाति का अपना जातिगत पेशा है। हरिजन में भी हर जाति का कुछ-न-कुछ खास पेशा है; मगर इस दुसाध जाति के व्यक्ति राज्य एवं जमींदारी छीने जाने के बाद दुर्दिन में भी अपनी ईमानदारी, सच्चाई, तपस्या, कर्मठता, दृढ़ता, निर्भयता, कर्त्तव्यपरायणता, स्वामी भक्ति और चारित्रिक कठोरता एवं अपने त्याग, निःस्वार्थ भावना, धैर्य, ब्रह्मचर्यत्व आदि श्रेष्ठ एवं उदात्त विचारों द्वारा तत्कालीन शासकों को खुश कर सके थे। फलतः इस जाति के लोगों की उपर्युक्त परम्परागत विशेषताओं के कारण ही उन्हें समाज के हर क्षेत्र में उत्तरदायित्व के पदों पर नियुक्त किया गया था जो उनकी संतान का भी वंशानुगत पेशा हो गया जैसे चौकीदारी, दफादारी, रखवाली, सिपाहीगिरी, डियोढ़ीवानी, पासवानी, बाराहीली, दरबानी, पहरेदारी, द्वारपाल का काम, पटवारीगिरी तथा गोराईती आदि। उदाहरणस्वरूप पटवारीगिरी करने की वजह से ही स्वयं मेरे बाबा (दादा) पटवारी जी के नाम से विख्यात हैं।

इस तरह उनके अच्छे एवं प्रशंसनीय कार्यों के प्रतिफल उनकी (दुसाध की) मालगुजारी एवं अन्य कर तो माफ कर ही दिए गए थे उन्हें ताम्रपत्र पर लिखकर जागीर भी दी गई थी।

वे लोग घोरविपत्ति में भी कभी घबराए नहीं बल्कि अपने पूर्वजों के समान ही घोर कठिनाइयों के आने पर भी धैर्यपूर्वक उसका मुकाबला किया। फलतः अपनी आशावादिता के बल पर अंत में उन्हें विजय भी मिली। नीचे उनके असीम धैर्य एवं अदम्य साहस तथा सहनशीलता का कुछ उदाहरण दे रही हूँ।

सूर्यवंशी राजा शिलादित्य के कुल में पैदा होने पर भी 'गोह' ईडूर राज्य के भीलों के साथ जंगलों में खेलते हुए गाएँ भी चराता था। उनके संस्कार से प्रभावित हो भील का बच्चा ने एक रोज अपनी उँगली काटकर उसके खून से गोह को तिलक लगाकर जंगल का राजा बनाया था। ईडूर के राजा मंडलीक को जब यह बात मालूम हुई तो वह सचमुच में गोह को बुलाकर उसे राजगद्दी सौंप स्वयं राजनीति से संन्यास ग्रहण कर लिया।

यह सर्वविदित है कि आजादी के वीर सेनानी महाराणा प्रताप को दुर्दिन में जंगलों में घास की रोटी भी खानी पड़ी थी। किंवदन्ती के अनुसार एक रोज महाराणा प्रताप की लड़की के हाथ से घास की बनी हुई रोटी का टुकड़ा भी बिल्ली छीनकर ले भागी थी और रोटी के अपर्याप्त होने के कारण पुनः बच्ची को नहीं मिलने पर

उसे भूखों छटपटा कर रहना पड़ा था।

राणा सांगा (संग्रामसिंह) को भी दुर्दिन में जंगलों में गड़ेरिए की बकरी चरानी पड़ी थी और ठीक से बकरी नहीं चरा सकने के कारण गड़ेरिया ने उन्हें नौकरी से फटकारकर हटा दिया था; मगर बहुत अनुनय विनय करने पर पुनः रख लिया और खाना पकाने का काम राणा सांगा को दिया। वे रोटी पकाने में भी अनभिज्ञ थे। इस कारण गड़ेरिया सदा उन्हें यह कहकर अपमानित किया करता था—"खाना जानता है, पकाना क्यों नहीं जानता"? ऐसी गरीबी में राणा सांगा के दिन कटे थे। इस तरह खासकर महाराणा प्रताप एवं राणा सांगा की कहानी सुनकर एक ओर रोमांच के साथ ही आँखों से आँसू भी टपक पड़ते हैं तो दूसरी ओर उनकी अपार सहनशीलता से हम उनकी संतान भी विपत्तियों में ढाढस बाँधकर अपने विवेक को खोने से बचा सकते हैं। राणा सांगा समान दीनावस्था में उनकी संतान भी आज खानसामा बावर्ची आदि का काम, डाक बंगला, सरकिट हाउस आदि स्थानों में रहकर करती आ रही है। राणा सांगा अपमान ने अपमान सहन किया, परिश्रम की रोटी खाई। मगर अपने दुश्मनों के आगे कभी झुके नहीं। वे पीछे तैयारी करके मुगलों के छक्के छुड़ाए थे। उन्हें एक बार युद्ध में एक पाँव, एक आँख, एक 'हाथ' खोना पड़ा था तथा शरीर पर 80 घाव लगे फिर भी हिम्मत कभी नहीं हारा न सच्चाई और स्वाभिमान छोड़ा। अपने पूर्वज राणा सांगा के समान दीनावस्था में दुसाध जाति के लोग खानसामा (बावर्ची) का कार्य आज करते पाए जाते हैं।

भीलों द्वारा नागादित्य के वध के समय बप्पा रावल की आयु केवल तीन साल थी। जंगलों में ब्राह्मणों की देखरेख में उनका शैशवकाल बीता। अपनी आपदाओं का सामना उन्होंने अपने दो अभिन्न भील 'वालीय और देब' की मदद से किया था। उन्हें जंगलों में गाएँ भी चरानी पड़ी थीं। अंत में योगीराज हारीत की कृपा से शक्तिशाली बने और उनकी भक्ति से खुश होकर गोरखनाथ ने उन्हें दुधारू खड्ग भेंट स्वरूप दिया; जिसके बल पर वह राजा बना।

पीछे कह चुकी हूँ कि किस तरह महाराज शैलेश और चौहरमल भी अनेक बाधाएँ आने पर भी अपने-अपने कर्म से च्युत नहीं हुए और अन्त तक अपने ब्रह्मचर्यत्व की रक्षा की थी।

फिर मेवाड़ के गहिलोत, सिसौदिया या अन्य राजपूत कभी किसी पठान या मुगलों के समक्ष नहीं झुके और अपनी इज्जत की रक्षा बराबर की। मेवाड़ वंशीय राजपूत ने अपनी पुत्री की शादी कभी भी किसी पठान या मुगल शाहजादे से नहीं की।

विश्वसुंदरी पद्मिनी को पाने की कुइच्छा से अलाउद्दीन ने धोखे से उनके पति भीम सिंह को कैद कर यह घोषणा की थी कि पद्मिनी के मिलने पर ही वह भीम सिंह को छोड़ेगा। तब रानी ने किस तरह अपनी राजनीतिक चालों से धैर्यपूर्वक अपने

पति को छुड़ाया और अपने सतीत्व की रक्षा की? जिसका जिक्र मैं पीछे कर चुकी हूँ। फिर यवनों द्वारा जब चित्तौड़ (मेवाड़) का विध्वंस हुआ तो रानी पद्मिनी ने अपनी पुरानी जातीय परिपाटी के अनुसार सभी राजपूत रमनियों के साथ जौहर व्रत का गाना गाते हुए सहर्ष अपने सतीत्व के रक्षार्थ चिता में प्रवेश कर प्राणोत्सर्ग कर दिया। इनके अलावे अनेकों रोमांचकारी और हृदयस्पर्शी घटनाएँ इस कुल में घटती रहीं जिसका वर्णन करने से एक बृहद् पोथा तैयार हो सकता है। इस तरह भूतकाल में इस दुसाध जाति का इतिहास बहुत ही गौरवमय एवं श्रेष्ठ रहा, फिर यह जाति इतना नीचे कैसे गिर गई? इसका मुख्य कारण यों है—

एक तो समाज स्रष्टा का दोष है, जिनके हाथ धर्मशास्त्र, समाजशास्त्र आदि को बनाने तथा संरक्षित करने का पूरा-पूरा भार सौंपा गया था। पता नहीं किस प्रलोभन या ईर्ष्या या अपराध के कारण ऐसी गौरवमयी दुसाध जाति का इतना नीचा स्थान समाज में उन्हें दिया गया। शायद पठान, मुगल एवं अन्य यवनों के इशारे पर ही स्वार्थान्ध हो समाजस्रष्टाओं ने इस बहादुर निरपराध क्षत्रिय कौम को अकारण ही इतना नीचा स्थान निर्धारित कर दिया कि समाज की अन्य सभी छोटी बड़ी जातियाँ इनकी संतान को दयनीय और असहायावस्था में घृणा की दृष्टि से देखने लगीं। दूसरी ओर, कई सौ वर्षों तक विदेशी आक्रमणकारियों की दमननीति द्वारा लूटे खसोटे जाने तथा ग्रंथ आदि बर्बाद कर देने की वजह से यहाँ की संस्कृति भी प्रायः छिन्न-भिन्न हो गई; साथ ही कोई भी साहित्यिक या इतिहासवेत्ता दबाव एवं डर से निष्पक्ष साहित्य या इतिहास का सृजन नहीं कर सके। अविद्या एवं दीनावस्था में पड़ी हुई दुसाध जाति की संतान ने भी स्वर्णाक्षरों से लिखी अपने पूर्वजों की गौरव गाथाओं एवं उत्तम संस्कृति को भुला दिया और समाज निर्माताओं की स्वार्थमूलक नीति में विश्वास कर समाज ने भी हिंदुओं की छोटी कहलाने वाली अन्य जातियों की श्रेणी में उन्हें रख दिया। फलतः समाज की ऊँची जातियाँ भी इस दुसाध जाति के स्वर्णिम अतीत को विस्मृत कर उन्हें अनादृत करने लगीं। इस तरह हिंदुस्तान को छिन्न-भिन्न कर बर्बाद करने एवं अपना उल्लू सीधा करने के लिए विदेशियों ने यहाँ के हिंदुओं की श्रेष्ठ एवं भयानक लड़ाकू कौम दुसाध को सदा के लिए दबाने हेतु हिंदुओं में फूट डालकर उनकी संस्कृति, सभ्यता, इतिहास और साहित्य आदि नष्ट कर आपस में घृणा पैदा कर दी। फलतः दुसाध जाति इस दयनीय परिस्थिति और पतितावस्था में पहुँच गई।

सामाजिक दृष्टि से दुसाध जाति के गिरने की दूसरी महत्त्वपूर्ण बात यह हो सकती है कि अछूत कही जाने वाली डोम मुसहर आदि जातियाँ ही केवल बिहार, बंगाल और यू.पी. आदि प्रांतों में सूअर पालने का काम पहले करती थीं; हिंदुओं की अन्य जातियाँ उसे निकृष्ट समझ वैसा काम नहीं करती थीं और सूअर पालने वालों को हेय दृष्टि से देखती थीं। गहलोत राजपूत की दुसाध शाखा की आबादी इन्हीं प्रांतों में अधिक पाई जाती है। धर्म रक्षार्थ इन प्रांतों में बस जाने के बाद दुसाध

लोग स्वयं सूअर पालने लगे, इस तरह संयोगवश सूअर पालने के कारण नीच समझी जाने वाली जातियों के समान नासमझी एवं अज्ञानवश अन्य हिन्दू जातियाँ दुसाध को भी वैसा ही समझने लगीं। हालाँकि आजकल वर्णव्यवस्था के साथ ही साथ कर्मव्यवस्था भी टूट रही है और हिन्दुओं की ऊँची जातियों के लोग भी सरकारी मदद से सूअर पालन का काम ही नहीं बल्कि धर्मविरुद्ध मुर्गी पालन एवं उसे खाने का काम भी बड़े शौक से करने को इच्छुक है। मगर सामाजिक कट्टरता के कारण उस समय में सूअर पालने का कार्य बहुत ही तुच्छ काम समझा जाता था।

बंगाल, बिहार और यू.पी. आदि प्रांतों में दुसाध जाति के लोगों द्वारा सूअर पालने के निम्नलिखित तीन कारण हो सकते हैं।

प्रथमतः राजस्थान में रहने वाले उनके पूर्वज एवं अन्य राजपूत भी सूअर पालते तथा बनैले सूअर का शिकार करके खाते थे और अभी भी वहाँ खाते हुए सुने जाते हैं। अतः इधर आ बसने पर भी राजपूताने की आदत इन जातियों को रह गई और सूअर पालने लगी। दूसरी बात यह कि जमींदारी एवं राज्य खत्म होने के साथ ही आबादी बढ़ने पर पीछे वर्णित सर्वतोन्मुखी सामाजिक हिफाजत के कार्यों के अलावे अन्य कोई दूसरा जातिगत पेशा नहीं रहने के कारण आर्थिक दृष्टिकोण से मजबूर हो सूअर पालन का काम दुसाध जाति के लोग करने लगे।

दुसाध जाति द्वारा सूअर पालने की तीसरी महत्त्वपूर्ण एवं अकाट्य वजह निम्नलिखित थी। उन्हें मालूम था कि यवनों के धर्मशास्त्र 'कुरानशरीफ' के अनुसार सूअर एकदम अधार्मिक और निकृष्ट पशु माना जाता है फलतः धार्मिक भावना को लेकर यवन सूअर के स्पर्श को भी घृणास्पद समझते हैं। फलतः यवनों से बचाव के लिए सूअर पालकर दरवाजे पर रखना जरूरी समझा। कहा जाता है कि जब कभी भी यवन उनके ऊपर आक्रमण करता था, वे सूअर का मांस, खून या हड्डी उनकी देह पर फेंकना शुरू कर देते थे जिससे छुआ जाने के डर से वे तत्क्षण ही भाग खड़े होते थे। इस तरह सूअर पालकर दुसाध जाति अपनी जान तथा इज्जत की रक्षा के साथ ही समाज की रमनियों के स्वर्ग से भी श्रेष्ठ सतीत्व के रक्षार्थ भी उन्होंने सूअर की हड्डियों से बने तावीज (जंतर) पहनाने की तरकीब बतलाई। खास कर हर कुमारी लड़की को शादी के पूर्व सूअर की हड्डियों से बना वह तावीज पहनना बहुत ही आवश्यक समझा जाने लगा। इसकी वजह यह थी कि यवन, हिंदू की लड़कियों को जबर्दस्ती पकड़ कर अपने पास रख लेता था; वह यवनों का युग घोर अन्याय एवं जुल्म का युग था। इस तरह सूअर पालकर दुसाध जाति ने समाज के धर्म, उसकी इज्जत, जान और संस्कृति की रक्षा की, जिसका सबूत ज्वलंत उदाहरण के रूप में आज भी समाज में विद्यमान है।

प्रायः हिंदू की हर जाति में शादी के पूर्व कन्या निरीक्षण (लड़की परीक्षण) के समय, जिसे कहीं 2 गुड़हथ्थी भी कहते हैं, लड़के की ओर से लड़की के भावी

भैंसुर (पति के बड़े भाई) द्वारा ढोलना (ताँबे की धातु का बना हुआ) में सूअर की हड्डी देकर ताग से पिरोकर (गूँथकर) गले में माला की नाई लड़की को पहनने के लिए दिया जाता है। उसे "ताग पात ढोलना" ("ताग सोहैली") कहते हैं। उसकी गिनती एक महत्त्वपूर्ण आभूषणों में की जाती है जिसके बगैर कभी 2 शादी भी रुक जाती है ऐसा सुना जाता है। अस्तु, सूअर जैसे अपवित्र पशु की हड्डी से लड़कियों के स्पर्श हो जाने पर उन्हें यवनों के बलात्कार का डर नहीं रहता था। इस उद्देश्य से सूअर पालकर अप्रत्यक्ष रूप से दुसाध जाति ने समाज का कितना बड़ा उपकार अतीत में किया, उसका अनुमान पाठकगण स्वयं कर सकते हैं?

मगर कृतज्ञता के बदले समाज-स्रष्टाओं ने कृतघ्न हो इस जाति को नीच, अछूत, पापी आदि कहकर समाज में बहुत ही नीचे ढकेल दिया जिससे इसका मनोबल घट गया और लोगों द्वारा निरादर होने लगा। इस तरह सूअर पालने के कारण सामाजिक दृष्टि से अनादृत होने पर यह जाति बहुत पहले ही यानी लगभग 1900 ई. तक सूअर पालने का काम एकदम छोड़ चुकी थी। तो भी रूढ़िवादी कट्टर हिंदू समाज अछूत कहलाने वाली अन्य जातियों की श्रेणी में इसे भी गिनकर अछूत कहता ही रहा। इस तरह सूर्यकुल का वंशज होने के साथ ही उज्ज्वल अतीत वाली दुसाध जाति समाज निर्माताओं के कुचक्र में पड़कर हर दृष्टिकोण से समाज के हर क्षेत्र में पीछे पड़ अंधकार के गर्त में गिर गई।

मगर, सज्जनो! मुझे पूर्ण विश्वास है कि दीर्घकालीन सुषुप्तावस्था से यह जाति अवश्य ही शीघ्र जगकर अपने गौरवमय अतीत को याद करती हुई पुनः कर्त्तव्यस्थ हो समाज को प्रगतिशील बनाने में पूर्ण सहयोग देने लायक अपने को बना लेगी। क्योंकि वर्तमान में जैसी भी अवस्था में वह रहती हो, अतीत में उनकी जड़ें बहुत ही ठोस हैं और स्वभावतः दृष्टि उनकी अच्छे भविष्य की ओर लगी हुई है। काया उनकी पुरातन है और विचार नूतन। दुनिया परिवर्तनशील है। दिन-रात बदलते रहते हैं। दुर्दिन के बाद सुदिन, उन्नति के बाद अवनति, सुख के बाद दुःख आते ही रहते हैं। कभी चन्द्रमा बादल को बेध कर बाहर निकल जाता है तो कभी बादल ही चन्द्रमा को ओझल कर देता है। इस तरह का उतार-चढ़ाव आता ही रहता है। उन्नति के ऊँची शिखर से नीचे गिरी हुई दुसाध जाति ने प्राकृतिक नियम के अनुसार अब पुनः ऊपर बढ़ने के लिए अपना कदम गन्तव्य स्थान की ओर ले जाने वाली निचली सीढ़ी पर रख तो दिया है; मगर अतिशय निर्बल होने के कारण चलने से लाचार है। मगर 'एकता ही बल है' के सिद्धांत के अनुसार सच्चाई एवं ईमानदारी से एकत्रित हो एकता के सूत्र में बँध, समाज-सुधार की उत्कट इच्छा से कंधे से कंधा मिलाकर एक दूसरे की मदद करते हुए आगे बढ़ें तो निस्संदेह ही शिखर की पूर्व परिचित चोटी पर निश्चय ही पुनः यह जाति सबला हो अपने को पहुँचा सकती है।

वर्तमान स्थिति और सुधार के उपाय पर विश्लेषणात्मक विचार और सुझाव

आज इस दुसाध जाति की सामाजिक स्थिति अच्छी नहीं है। वह आर्थिक, सामाजिक राजनीतिक और बौद्धिक आदि क्षेत्रों में हर दृष्टिकोण से पिछड़ी हुई है। प्रथम विश्वयुद्ध शुरू होने तक यानी 1914 ई. तक इस जाति ने अपनी सामाजिक स्थिति को सुधारने का कोई कदम नहीं उठाया था। सिर्फ सूअर को पालना और उसे खाना छोड़ दिया था। मगर सर्वप्रथम 1915 ई. के मार्च महीने में दानापुर में स्वर्गीय श्री हरिगोविन्द भक्त के प्रयत्न से इस जाति की पहली सभा हुई जिसमें कहा गया कि दुसाध के पूर्वज श्रेष्ठ कामों को करते थे तथा शास्त्रों के आधार पर ही वे उच्च वर्ण समुदाय में गिने जाते थे। दुसाध महासभा का द्वितीय अधिवेशन 1916 ई. में राँची में संपन्न हुआ जिसमें कहा गया कि परसुराम के अत्याचार से भागने के बाद जब कहीं दुश्मनों से उन्हें [दुसाध को] भेंट हुई तो उन्होंने अपने को डर कर "दूसरी जाति" कह कर आत्म रक्षा की। उसी 'दूसरी' [दूसरा] से दुसाध कहलाने लगे। फिर दुःशासन वंशी कहलाने का भी विचार कुछ लोगों ने किया। मगर दोनों धारणाएँ गलत थीं। क्योंकि इसका कोई ठोस प्रमाण नहीं मिलता।

सन् 1923 ई. के 20-21 मई को दुसाद [दुसाध] जाति की महासभा का षष्ठम् अधिवेशन लाहौर में हुआ। उस सभा में पहाड़ी लाल द्वारा लिखी गई गहलौत राजपूत वंशावली तथा गहलौत वंशीय राजपूत होने की बात मान ली गयी। कुछ दिनों के बाद राँची सभा में भाग लेने वाले कुछ व्यक्तियों ने बिना महासभा की राय से 30-10-1923 को एक विज्ञापन प्रकाशित करवाया कि वे दुःशासन वंश के हैं और तद्नुसार ही यज्ञोपवीत (जनेऊ) करवा लिए। फलतः मतभेद होने पर सभा दो शाखाओं में बँट गई।

27-28 दिसंबर 1923 को पुनपुन में महासभा का सातवाँ अधिवेशन हुआ जिसमें राँची सभावाले कुछ लोग दुःशासन वंशीय कहलाने पर दबाव देने लगे और लाहौर में निर्णित गहलौत राजपूत होने की पूर्व घोषणा को अमान्य कर दिया। परंतु समाज

को अविद्या और अंधकार में पड़े रहने से अपने वंश का पता नहीं रख सकने की बात पर सभा में विचार किया गया और अनुसन्धान के आधार पर ठोस प्रमाणादि देने की बात कही गई। मगर कोई खास निर्णय नहीं हुआ। बाद में दुसाद (दुसाध) के गहलौत राजपूत होने का प्रमाण मिलने पर 1924 ई. में समस्तीपुर में अधिवेशन हुआ। इसके बाद की प्रायः सभी सभाएँ अखिल भारतवर्षीय गहलौत राजपूत के नाम से होती रहीं—मगर 1937 ई. में जब बाँकीपुर में महासभा का पन्द्रहवाँ अधिवेशन हुआ तो उसमें कहा गया कि लाहौर महासभा के बाद ही दुसाद [दुसाध] जातीय महासभा का नाम बदलकर गहलोत राजपूत हो गया है। अतः उस सभा को भी अखिल भारतवर्षीय दुसाद (दुसाध) महासभा से बदलकर अखिल भारतवर्षीय गहलोत राजपूत दुसाद (दुसाध) महासभा रखा गया। आगे चलकर दुःशासन वंशीय होने का प्रमाण नहीं मिलने पर राँची सभा ने 1944 ई. के 28 अप्रैल को राँची में एक सभा बुलाकर दुःशासन वंशीय कहलाने की बात छोड़ दी इसके पूर्व 1940 में जब अखिल भारतवर्षीय राजपूत दुसाध महासभा की बैठक पुनपुन या गया में की गई थी तो झंडा भी फहराया गया था।

इस तरह हम देखते हैं कि 1915 से शुरू होकर आगे जितनी भी छिट-फुट सभाएँ, चाहे दुसाध महासभा या अखिल भारतीय गहलोत राजपूत दुसाध महासभा के नाम से हुईं, वे सभी सिर्फ यह छानबीन करती रहीं कि सचमुच में वे क्या हैं? गहलोत क्षत्रिय या दुसाद या दुःशासन वंशीय। इस द्विविधा में उनके द्वारा समाज सुधार संबंधी, न कोई ठोस कदम ही उठाया गया और न उसका कोई संविधान ही था।

बिहार में गहलोत राजपूत आंदोलन का सूत्रपात करने वालों में खास कर पंजाब (बाद में दिल्ली) निवासी पहाड़ी लाल जी अग्रगण्य हैं। उस समय लोग जनेऊ भी धारण किए थे जो अभी भी कहीं-कहीं प्रचलित है। कहा जाता है कि अखिल भारतीय गहलोत राजपूत दुसाध महासभा को पत्रांक शून्यता 11-5-1949 ई. द्वारा द्वितीय क्षात्र-धर्म समाज के अधिवेशन अजमेर ने अपने में मिला लिया था। फिर पता नहीं क्यों 1950-1951 ई. में पूर्णियाँ जिले के कृत्यानन्दनगर स्टेशन के समीप अखिल भारतीय दुसाध महासभा के अधिवेशन में पूज्यचाचा श्री जगन्नाथ मल्लिक (दिलारपुर) थाना मणिहारी (पूर्णियाँ) की अध्यक्षता में संपन्न हुआ? पुनः अखिल भारतवर्षीय गहलोत राजपूत दुसाद (विकृतरूप दुसाध का) महासभा का तथाकथित बीसवाँ अधिवेशन गया के मणिपुरा मैदान में हुआ था। इस तरह छिट-फुट और अनियमित ढंग से कभी दुसाध महासभा की, तो कभी गहलोत राजपूत महासभा की बैठकें कहीं-कहीं होती रहीं तथा सभा के नामकरण पर कभी भी वे लोग एकमत नहीं हुए।

गोवर्नमेंट औफ इण्डिया ऐक्ट 1935 के फलस्वरूप कांग्रेस की पहली मिनिस्ट्री बनते समय दलितवर्ग की सुविधा पर खास ख्याल रखने की बात आई तो दुसाध

दो दलों में बँट गए थे।

वैसे तो डॉ. अम्बेदकर और गाँधी जी के बीच हरिजनों की सुविधा के लिए किए गए पूना पैक्ट के फलस्वरूप ही विशेष संरक्षण हेतु हरिजनों की सूची बनने लगी थी तो 1932 ई. में ही दुसाध महासभा और गहलोत महासभा के बीच मतभेद और भी गंभीर रूप से हो गया था। दुसाध महासभा वाले अपने को हरिजन की सूची में रखना चाहते थे और गहलोत के नाम से भी घृणा करते थे। दूसरी ओर गहलोत राजपूत महासभा को मानने वाले अपने को क्षत्रिय कहलाना चाहते थे। दुसाध शब्द को या दुसाध जाति को अनुसूचित जाति की सूची में रखना एकदम ही नहीं चाहते थे। मेरी जानकारी तथा मेरे विचार और अध्ययन से दोनों मतवाले गलत रास्ते पर थे यानी एक गरम दलवाले और दूसरा नरम दलवाले के जैसे थे। बीच का रास्ता अपनाने वाला कोई नहीं था जो कि एकदम सुगम, सही और लाभप्रद रास्ता था।

15 अगस्त 1947 में स्वतंत्रता मिलने के बाद कन्सटीच्युएण्ट एसेम्बली (संविधान बनाने वाली सभा) बनी। संविधान बनाने वाली सभा के चेयरमैन बी. आर. अम्बेदकर थे। सरकार की यह नीति थी कि आजादी के बाद गिरी हुई जातियों को समाज में ऊपर उठाने के लिए उन्हें विशेष सुविधाएँ दी जाएँ तथा नौकरी और विधान मंडल एवं संसद में उनके लिए जगहें सुरिक्षत की जाएँ। क्योंकि गाँधीजी के विचार के अनुसार, जिस तरह मकान की एक भी ईंट कमजोर रही तो मकान ढह जा सकता है उसी तरह समाज के किसी भी क्षेत्र में किसी जाति या व्यक्ति के कमजोर रहने से संपूर्ण समाज ही कमजोर हो जा सकता है और आजादी सुरक्षित नहीं रह सकती है। इसी नियत से सामाजिक, आर्थिक, राजनीतिक, मानसिक आदि हालतों में गिरी हुई जातियों की जाँच पड़ताल होने लगी और उनकी भिन्न-भिन्न अवस्थाओं के आधार पर उन्हें सूचीबद्ध किया जाने लगा। फलतः दुसाध को भी अनुसूचित जातियों की सूची में रखा गया जोकि बिलकुल सही और आवश्यक था क्योंकि अर्थ राजनीति समाज आदि में ये भी अन्य पद दलितों के समान ही पतितावस्था में था।

हर दृष्टिकोण से गिरी हुई जातियों को ऊपर उठाने के लिए जो सूची (फिहरिस्त) संविधान में (जैसे—अनुसूचित जाति, अनुसूचित जनजाति तथा अन्य पिछड़े वर्ग) रखी गई, उनमें से अनुसूचित जातियों में दुसाध को भी रखा गया। परंतु उससे घबड़ाने की कोई बात नहीं थी, बल्कि हमें खुशी ही मनानी चाहिए थी। इसके फलस्वरूप हमें अपने पुराने और गलहोत राजपूत होने के सही दावे (अधिकार) से वंचित किए जाने की एकदम ही कोई शंका नहीं करनी थी। सिर्फ वर्तमान पतितावस्था में विशेष सुविधाएँ पाकर स्वतंत्र भारत की अपनी लोकप्रिय सरकार द्वारा ऊपर उठाने के कदम से लाभान्वित होने की बात थी।

मगर नासमझी से कुछ लोगों ने सोचा कि अगर हम अनुसूचित जातियों की सूची में चले गए तो सदा के लिए अछूत ही रह जाएँगे। उनका ऐसा समझना बिलकुल

गलत था और समाज (दुसाध) को गुमराह करना भी था। जिसके फलस्वरूप हम और भी नीचे गिर जाते। इस श्रेणी के लोग दुसाध को पुनः सामाजिक स्थान प्राप्त करने के लिए बनी अनुसूचित जाति की सूची में रखना नहीं चाहते थे। वे क्षत्रिय और दुसाध के तादात्म्य संबंध को नहीं जानते थे। उनके मतानुसार क्षत्रिय होकर वे अनुसूचित जाति क्यों कहलाएँगे? उन्हें अनुसूचित जाति की परिभाषा भी मालूम नहीं थीं। सामाजिक, आर्थिक, राजनीतिक और मानसिक स्थिति में गिरी हुई जातियों की सूची को ही अनुसूचित जाति कहते हैं। मगर अज्ञानवश वे बिलकुल ही अनुसूचित जाति में जाने की बात से नफरत करते थे। इन्हें गरम दलवाले की संज्ञा दी जा सकती है।

दूसरे ओर इस जाति का दूसरा ग्रुप (समूह) भी दुसाध का मतलब ठीक से नहीं समझते थे और दुसाध को हरिजन, अछूत और दलित वर्ग की श्रेणी में समझकर अनुसूचित जाति में रखना चाहते थे। वह समूह अपने को क्षत्रिय या गहलोत राजपूत कहने की वजह से विशेष सुविधाओं और संरक्षित पदों से वंचित होने की आशंका किया करते थे। अतः ये लोग गहलोत राजपूत कहलाने की चर्चा तक करना भी बुरा समझते थे। फिर दोनों समूहवाले शायद प्रचलित और अर्थवाचक शब्द 'दुसाध' का असली और शुद्ध मतलब ही नहीं समझ सकने के कारण दुसाद जैसे-निरर्थक और अप्रचलित शब्द का प्रयोग अपनी जाति के लिए करते थे। संविधान में दी गई अनुसूचित जातियों की सूची में भी वास्तविक और अर्थवाचक शब्द 'दुसाध' ही प्रयुक्त किया गया है न कि निरर्थक शब्द दुसाद। इस तरह दूसरा समूह गहलोत राजपूत से एकदम भिन्न समझते हुए अपने को हरिजन और अछूत कहलाने की बात करते थे। इस समूह को नरमदल की संज्ञा दे सकते हैं।

मेरी समझ से उपयुक्त दोनों दल के लोग गलत रास्ते पर थे। शायद उन्हें इतिहास और संविधान की पूर्ण जानकारी प्राप्त करने का मौका ही नहीं लगा हो क्योंकि ऐतिहासिक आधार पर दुसाध कहलाने वाली जाति क्षत्रियों में सूर्यवंशी तथा कालक्रम में गहलोत क्षत्रिय वंश की दुसाध शाखा के रूप में अवतरित हुई। इस (दुसाध) जाति की उत्पत्ति कैसे हुई यह जाति दुसाध कैसे कहलाई तथा इन प्रांतों में आकर कैसे बसी और इसका पतन कैसे हुआ? इसका विशद् वर्णन पीछे कर चुकी हूँ।

तो अब उपर्युक्त दोनों गलत धारणाओं के निस्तारार्थ सभा का नाम गहलोत राजपूत (दुसाध) महासभा रखा जाए तो इस दृष्टिकोण से बहुत ही उपयुक्त होगा क्योंकि संविधान के अनुसार समाज के हर क्षेत्र में गिरी हुई रहने की वजह से ही दुसाध जाति को अनुसूचित जाति की सूची में रखा गया है। इससे समाज सुधार संबंधी आंदोलन और भी सबल होगा। अब हमें पददलित होने की वजह से ही ऊपर उठाने के लिए सूची में रखा गया था, अछूत और नीच समझ कर कदापि नहीं।

उसका उद्देश्य हमें नीचे गिराना नहीं था, बल्कि समाज में ऊँचा स्थान प्राप्त करने का वह एक स्रोत भी था और अभी भी है। वास्तव में हम दुसाध हैं जो कि गहलोत राजपूत की एक शाखा है। इस तरह दोनों में खून का रिश्ता है। फलतः हम लोग अपने को गहलोत राजपूत (दुसाध) कह सकते हैं। इस तरह के नामकरण से, जो बिलकुल ही सार्थक और कटु सत्य भी है, संविधान और इतिहास दोनों के अनुसार हमारा अपना सामाजिक स्थान भी कायम रह जाता है और कोई नुकसान भी नहीं पहुँचता। विशेष सुविधाएँ भी मिल जाती हैं और इतिहासों के आधार पर प्रमाणित जाति भी कायम रह जाती है।

संवैधानिक बातों एवं ऐतिहासिक आधारों की ठीक से जानकारी अगर शुरू से ही इस जाति के उपर्युक्त दोनों समूहों को रही होती तो आपस में उन्हें कोई मतभेद नहीं रहता। खैर!

"बीती ताहि विसारिए,
आगे की सुधि लेहु"

की नीति के अनुसार अब भी हम लोग चेतें और समाज सुधार के लिए एकता के सूत्र में बँध, गहलोत राजपूत (दुसाध) महासभा के अंदर आकर कार्य करें। क्योंकि संवैधानिक और ऐतिहासिक कोई भी अड़चन अब नहीं रही जिसकी विस्तृत व्याख्या मैं पीछे कर चुकी हूँ।

भारत सरकार के कानून सचिव आदि से गहलोत राजपूत (दुसाध) महासभा की संवैधानिक अड़चनों के संबंध में बातें की गईं तथा संसद में भी सरकार से प्रश्न पूछा गया। उक्त सभा की स्थापना से संवैधानिक मान्यताओं के आधार पर विशेष सुविधाओं और संरक्षित पदों से संबंधित कोई भी नुकसान इस दुसाध जाति का नहीं होगा, ऐसा कहा गया।

अगर किसी महानुभाव को पूरी व्याख्या के बाद भी कोई शंका रह गई हो कि अपने को गहलोत राजपूत (दुसाध) कहने पर विशेष सुविधाएँ और सुरक्षित जगहें नहीं मिलेंगी तो वे और भी तत्संबंधी छान-बीन कर सकते हैं। मगर मेरी समझ से यह साधारण ज्ञान की बात है और इस पर विशेष थोथी बहस करना मरे हुए घोड़े को पीटने के समान है। क्योंकि जब कोष्ठ (ब्राइकेट) में दुसाध शब्द का प्रयोग हम करते ही हैं जो संविधान में अनुसूचित जातियों की सूची में है, तो सुस्पष्ट है कि हमें पहले के जैसे अब भी सारी सुविधाएँ मिलती ही रहेंगी जब तक कि दुसाध शब्द संविधान में रहेगा। इसमें अब तनिक भी शंका नहीं रह गई।

दूसरी ओर इतिहास के आधार पर हम गहलोत राजपूत हैं क्योंकि गहलोत राजपूत की 24 शाखाओं में दुसाध का स्थान 21वाँ है। अतः हम क्षत्रिय हैं। पद दलित होने की वजह से ही अनुसूचित जाति की सूची में हैं और तब तक इसमें रहने के लिए संघर्ष करते रहेंगे जब तक कि समाज में समान स्तर पर हम

नहीं पहुँच जाते हैं।

गत जनगणना (मर्दुम-शुमारी) के समय सरकार ने संगणकों को कुछ विशेष हिदायतें (निर्देश) दी थीं जिसका सारांश यह था कि अनुसूचित जाति के कुछ लोग क्षत्रिय आदि लिखने लगे हैं। सरकार को तो अनुसूचित जातियों की आबादी का पता लगाना है। अतः वे लोग जैसा बतावें, वैसा भी लिखें; साथ ही प्रकोष्ठ में (ब्राइकेट) ( ) उनकी जाति का पुराना नाम भी लिखें जैसे दुसाध अगर अपने को गहलोत राजपूत बतलावें तो गहलोत राजपूत (दुसाध) लिखें।

फिर राजनीतिक विभाग (सामान्य शाखा) बिहार सरकार संख्या 106/पी. जी. सरकार के अतिरिक्त अवर सचिव श्री एम.एल. कपूर ने 19 (उन्नीस) जनवरी 1952 ई. में उनके (दुसाध महासभा के) पत्रांक शून्य ता. 6 सितंबर 1951 ई. के प्रसंग (जवाब) में लिखा था कि दुसाध जाति द्वारा सिंह की उपाधि (उपनाम) धारण करने पर सरकार (राज्य) ने कभी भी कोई आपत्ति नहीं की है। जो सिंह लिखना चाहें, वे निस्संदेह ही सरकारी पत्राचार और अन्य संलेख में वैसा लिख या लिखवा सकते हैं।

इस तरह उपर्युक्त दोनों सरकारी पत्रों से भी साफ-साफ जाहिर होता है कि दुसाध द्वारा सिंह उपनाम रखने अथवा गहलोत राजपूत दुसाध कहलाने से संविधान के अनुसार कोई भी आपत्ति तथा नुकसान इससे नहीं होगा। खासकर मर्दुमशुमारी संबंधी उल्लिखित आदेशों से यह स्पष्ट हो जाता है कि सरकार पददलित होने की वजह से ही दुसाध को भी अनुसूचित जातियों की सूची में रख इसे विशेष सुविधाएँ देकर ऊपर उठाने का प्रयास करेगी ही, चाहे दुसाध जाति के लोग अपने को गहलोत राजपूत कहें या नहीं। इस तरह मैं समझती हूँ कि ऐतिहासिक, संवैधानिक और सरकारी व्याख्याओं के आधार पर उपर्युक्त तथ्यों से अब बिल्कुल ही स्पष्ट हो गया कि दुसाध जाति द्वारा अखिल भारतीय गहलोत राजपूत (दुसाध) महासभा कायम कर संचालित करने से कोई नुकसानी इस जाति की नहीं होगी।

अब हम लोग 1915 से 1960 ई. तक हुई दुसाध महासभा या गहलोत राजपूत महासभा की छिट-पुट एवं अनियमित बैठकों पर विहंगम दृष्टि देते हुए निष्पक्ष भाव से दो-चार शब्दों में उनके गुण-दोषों की समीक्षा करते हुए मूल्यांकन करें तो कोई बुरा नहीं होगा, भले ही मेरा यह कार्य, सत्य होने पर भी कुछ लोगों को कटु क्यों नहीं जान पड़े? मगर एक समाज सेविका होने के नाते मैं सही चीज को कहे बिना अपने को रोक नहीं सकती हूँ। इसके लिए मैं क्षमा चाहती हूँ।

मैं मानती हूँ कि 1914 ई. तक समाज (दुसाध) उत्थान संबंधी कोई भी संस्था या सभा नहीं थी। समाज अंधकार में था। 1915 ई. से 1960 तक या यों कहें कि 1964 ई. तक यानी लगभग 45-50 वर्षों तक कार्य करने पर भी, चाहे वह दुसाध महासभा हो या गहलोत राजपूत महासभा, चाहे अखिल भारतीय सभा हो या प्रांतीय,

शायद मेरी समझ में किसी को यह भी पता नहीं था कि वे दुसाध है या दुसाद; बराबर वे अपने को दुसाद ही लिखते आए जबकि दुसाद शब्द निरर्थक होने की वजह से मेरी समझ में शब्दकोश में भी नहीं है। सभा से भिन्न हर आदमी बराबर अपने को दुसाध शब्द द्वारा संबोधित कर वैसा लिखते और कहते आए हैं न कि दुसाद, साथ ही कर्नल टॉड जैसे विदेशी इतिहासकार ने भी पूछताछ और अनुसंधान के बाद दुसाध (Dusadh) शब्द ही लिखा जो अर्थयाचक होने के साथ ही साथ शुद्ध और व्यवहृत शब्द है। संविधान में भी (जैसे कि पीछे कह चुकी हूँ) दुसाध अनुसूचित जाति की सूची में है। संविधानवेत्ता या इतिहासकार कोई भी समाज की मान्यताओं और प्रचलित बातों की जानकारी लोगों से पूछ कर और अन्य आवश्यक अनुसंधान के आधार पर ही किए होंगे। तब चाहे दुसाध महासभा वाले हों या गहलोत राजपूत महासभा वाले, कोई भी इस महत्त्वपूर्ण एवं मौलिक बातों पर कभी ध्यान ही नहीं दिया। दुसाद या दुसाध कहलाने की बात पर ही सर्व प्रथम अपना पहला कर्त्तव्य समझ कर उन्हें कोई निर्णय करना चाहिए था। क्योंकि एक तरफ जहाँ संविधान, इतिहास तथा सामाजिक मान्यताओं के आधार पर यह जाति दुसाध कहलाती है, तो दूसरी ओर महासभावाले अधिकांश लोग दुसाद शब्द लिखते हुए पाए जाते हैं।

दूसरी महत्त्वपूर्ण बात यह है कि उन्हें अपनी जाति को शब्दकोश में दी गई गाली का बिल्कुल ही पता नहीं था। शायद कभी अपनी जाति का अर्थ (खोज) के हेतु भी जानने की जरूरत ही उन्हें नहीं पड़ी जिससे कि वे शब्दकोश का पन्ना उलटते। खासकर नालन्दा विशाल शब्दसागर में तो 'दुसाध' शब्द के अर्थ में वि., नीच, अधम, दुष्ट, पाजी (गाली) कहा गया है इस तरह 45-50 (पैंतालीस-पचास) वर्ष के बाद भी हमारी सभाएँ इस नतीजे पर नहीं पहुँच सकीं कि वस्तुतः वे दुसाद हैं या दुसाध तथा शब्दकोश में 'दुसाध' को उनके सही अर्थ के बदले दिल खोलकर गाली क्यों दी गई है? शायद इसका पता भी किसी जातीय महासभा वाले को नहीं था। अगर कहीं उन्हें पता था तो वे इसके विरोध में क्या-क्या कदम उठाए और उसका फल क्या हुआ? मुझे तो जहाँ तक पता है कि इस ओर उनका ध्यान ही अभाग्यवश नहीं गया। सामाजिक संस्थाओं के लिए समाज सुधार के अन्य प्रयत्नों के पहले उन्हें जानकारी होनी चाहिए थी कि वस्तुतः वह क्या है और समाज साहित्य इतिहास और संविधान में उनका क्या स्थान तथा अधिकार है?

खैर! संभवतः 24 अक्टूबर 1964 को जमशेदपुर में श्री रामनगीना सिंह मंत्री अखिल भारतीय गहलोत राजपूत (दुसाध) महासभा को नालन्दा विशाल शब्द सागर में दुसाध शब्द का अर्थ देखने का मौका लगा और उन्होंने पटना आकर कई जातीय नेताओं से इस संबंध में मिलकर बातें कीं; मुझे भी उन्हीं से 26 अक्टूबर 1964 ई. के करीब दस बजे दिन में उक्त शब्दकोश में लिखित अपमानजनक बातें मालूम हुईं। सुनकर दुख और ढाढस दोनों हुआ।

फलतः उसी रोज, तारीख 26 अक्टूबर 1964 ई. दिन सोमवार को ही जल्दीबाजी में मैंने अपने आर-ब्लॉक स्थित $\frac{6}{8}$ क्वार्टर्स में एक बैठक की जिसमें पटना के गण्यमान्य व्यक्तियों के अलावे कलकत्ता के श्री रामनगीना सिंह और श्री शिवचरण चौधरी भी उपस्थित थे। सभा ने सर्वसम्मति से एक शब्दकोश विरोधिनी समिति बनाई जिसकी उपाध्यक्षा के रूप में मुझे चुना गया। सभा में तय हुआ था कि यह समिति उक्त शब्दसागर के संपादक और प्रकाशक से पत्राचार करे तथा शब्द के गलत अर्थों के बारे में सरकार से भी मिलकर बातें करे। मगर समिति के अन्य पदाधिकारियों की अभिरुचि इस ओर एकदम नहीं देख मैंने स्वयं प्रकाशक जी को 19-11-1964 को विरोध में एक चिट्ठी दी थी। जवाब नहीं मिलने पर ता. 26-8-1965 ई. को एक स्मार पत्र भी निबंधित कर प्राप्ति स्वीकृति पत्र के साथ भेजी थी। अन्य खबर के अलावे प्रकाशक से मुझे उसका जवाब मिला है कि शब्दकोश के अगले संस्करण में सुधार किया जाएगा।

फिर बिहार के माननीय मुख्यमंत्री श्री कृष्णवल्लभ सहाय एवं बिहार के माननीय शिक्षामंत्री श्री सत्येन्द्र नारायण सिंह को स्मृतिपत्र के साथ नालन्दा विशाल-शब्द सागर में व्यवहृत दुसाध शब्द का गलत एवं अपमानजनक अर्थ दिखलाती हुई उस पर सरकार की ओर से उचित और सख्त कार्रवाई करने की मैंने प्रार्थना भी की है जिससे उक्त शब्दकोश से गाली शब्द हटाकर सही अर्थ मुद्रित किया जा सके। उन्होंने उचित सरकारी कार्रवाई शीघ्र ही करने का आश्वासन भी दिया है। खासकर मुख्यमंत्री न तो मुख्य सचिव (बिहार सरकार) से भी इसके बारे में बातें कीं।

फिर मार्च 1915 ई. से जनवरी 1965 ई. तक दुसाध महासभा या गलहोत राजपूत महासभा को सरकार से निबंधित करवाने का कोई प्रयास ही शायद नहीं किया गया। सभा का निबंधन बहुत ही महत्त्वपूर्ण बात थी। क्योंकि निबंधन के बाद लोगों की आस्था जम जाती है और सभा सुचारु रूप से चलने लगती है, ऐसा विश्वास किया जाता है। उसमें किसी भी तरह की गड़बड़ी होने की शंका नहीं रहती। कार्यक्रम और उद्देश्य सहित सभा के संविधान के प्रति की छानबीन करके ही किसी सभा का निबंधन किया जाता है। अंकेक्षण (हिसाब किताब की जाँच) की व्यवस्था से कार्य का नियमन हो जाता है और व्यक्तिगत स्वार्थ को छोड़ना ही पड़ता है। मगर बिना निबंधन के ही उपर्युक्त दोनों सभाएँ लगभग पचास वर्षों तक, बिना किसी खास उद्देश्य और कार्यक्रम के ही, अधिकांश कागज के पन्नों पर अनायोजित ढंग से कार्य करती रहीं।

निबंधन नहीं रहने के कारण मनमाने ढंग से उगाहे गए चन्दे का हिसाब या अंकेक्षण किसी उत्तरदायी व्यक्ति द्वारा कभी भी नहीं किया जा सका। फिर, प्रांत, जिला, सवडिवीजन, थाना आदि इकाइयों में कहीं भी विभिन्न स्थायी समितियाँ कभी नहीं बनाई गईं और न बनाने का प्रयास ही कभी शायद किया गया . फिर उन इकाइयों

नालन्दा विशाल शब्दसागर में 'दुसाध' शब्द का गलत एवं अपमानजनक अर्थ लिखकर एवं प्रकाशित कर गाली देने के विरोध में **माननीय मुख्यमन्त्री श्री कृष्णवल्लभ सहाय** को स्मृति-पत्र के साथ (ता. 11-9-1965 ई. को) शब्दसागर दिखलाती हुई लेखिका

'नालन्दा' विशाल शब्दसागर में "दुसाध" शब्द का गलत एवं अपमानजनक अर्थ लिखकर एवं प्रकाशित कर गाली देने के विरोध में **माननीय शिक्षा मन्त्री श्री सत्येन्द्र नारायण सिन्हा** को स्मृति-पत्र के साथ (ता. 11-9-1965 ई. को) शब्दसागर दिखलाती हुई लेखिका

में नियमित बैठकें होने का कोई प्रश्न ही नहीं उठता। इस तरह समाज-सुधार में कोई प्रगति नहीं हुई और जाति सुधार संबंधी आंदोलन के दोषपूर्ण एवं खोखला होने से स्थायी और आंतरिक ताकत इसमें नहीं आ सकीं।

इस तरह उसकी जड़ें कमजोर थीं क्योंकि उसका कोई निबंधित संविधान, उद्देश्य, कार्यक्रम, बजट, और हिसाब आदि कभी भी प्रकाशित नहीं किया गया। खासकर दुसाध को, शब्दकोश में दी गई अपमानजनक बातें भी उन्हें नहीं मालूम थीं। तो वैसी हालत में समाज सुधार संबंधी बातों पर विचार करने की आशा भी उनसे करना एकदम गलत था। फलतः समाज में फैले हुए दुर्गुणों को हटाने का कभी उनके द्वारा वैसा प्रयास ही नहीं किया गया। समाज में दुर्गुण हटाने का जो भी प्रयास सफल हुआ, वह साधु-संतों का ही प्रयास था। इसके अलावे दोनों सभाओं में स्वार्थ की टक्कर से आपस में गहरा मतभेद था और अनगिनत अवांछनीय त्रुटियाँ थीं जिसका जिक्र करना अच्छा नहीं जान पड़ता।

उपर्युक्त सारे अवगुणों एवं त्रुटियों पर सविस्तार विचार करने के बाद ही अनुभवी समाजसेवियों ने इसे निबंधित करवा कर सुचारु-रूपेण संचालित करने का व्रत लिया ताकि ठोस कदम उठाकर विभिन्न अवगुणों से समाज को त्राण दिलाया जा सके। इस मंशा से संविधान और इतिहास दोनों बातों पर ध्यान रखते हुए सभा का नामकरण 'अखिल भारतीय गहलोत राजपूत (दुसाध) महा सभा' किया गया और उसके निबंधनार्थ ता. 2-2-1965 ई. को दरखास्त दी गई। सभा का निबंधन 3-2-1965 ई. को हो गया तथा उसकी प्रति भी हाथों-हाथ मिल गई। जिसका निबंधन संख्या 1964-65 ई. का एस 6478 ता. 3-2-1965 है।

निबंधन के तुरत बाद 3.2.1965 को ही एक आवश्यक बैठक बुलाई गई। फिर 6.2.1965 ई. को तत्संबंधी बैठक हुई जिसमें अनेक व्यक्तियों को पदाधिकारियों के रूप में चुना गया। फिर सभा के निबंधन के साथ ही उसका एक बाजाब्ता संविधान बनाया गया जिसमें सभा का उद्देश्य, अंकेक्षण की पूर्ण व्यवस्था और सभा का नियमन आदि सभी महत्त्वपूर्ण विषयों का उल्लेख किया गया है। किसी भी पदाधिकारी की शक्ति को एकदम सीमित किया गया है। कार्यकारिणी से मंजूरी करवाकर ही कोई कार्य, खासकर रुपये पैसे खर्च होने या करने संबंधी कार्य किए जा सकते हैं।

इस तरह भरसक प्रयास किया गया है कि किसी भी पदाधिकारी का मनमानापन नहीं चले। संयोगवश मुझे भी संविधान की धाराओं पर बहस में भाग लेने का सुअवसर जनवरी 1965 ई. को कलकत्ते में दिया गया था। बहस के समय मैंने भी संविधान निर्माताओं से विशेष अपील की थी कि "हम लोग सभी निःस्वार्थ होकर यह समझते हुए संविधान बनावें कि हम लोगों में से एक भी व्यक्ति किसी पद पर नहीं लिए जाएँगे।" जैसा कि संभव भी है, क्योंकि पदाधिकारीगण चुनाव से ही लिए जाएँगे। सभा के निबंधन होने तथा उसके आय-व्यय का हिसाब आवश्यकतानुसार सरकारी

अंकेक्षक द्वारा करवाने की व्यवस्था भी संविधान में की गई है जिससे रुपये पैसे का गोलमाल होना एकदम असंभव है।

निबंधन के बाद पहली बार बिहार राज्य गहलोत राजपूत (दुसाध) महासभा का अधिवेशन बिहार की राजधानी पटने के पटना सिटी स्थित मंगल तालाब पर ता. 15, 16 और 17 अप्रील 1965 ई. को बड़ी धूम-धाम से किया गया जिसमें लगभग दस हजार लोगों की भीड़ थी। सभा की अध्यक्षता करने का भार मेरे ऊपर दिया गया था जबकि मैं बिल्कुल ही अध्यक्षा के योग्य नहीं थी। मगर बुजुर्गों का आग्रह मैं टाल नहीं सकी और उसे स्वीकार करना ही पड़ा। सभा का उद्घाटन 15 अप्रील को श्री रामेश्वर प्र. गोलवारा तत्कालीन निगमपति पटना नगर निगम ने किया और 16 अप्रील 1965 को सभा का उद्घाटन माननीय मुख्यमंत्री श्री कृष्णवल्लभ सहाय ने किया था। अधिवेशन काफी धूम-धाम से शुरू होकर सफलतापूर्वक संपन्न हुआ।

परंतु साश्चर्य और सखेद मुझे लिखना पड़ता है कि कुछ राजनीतिक चाल चलने वाले स्वार्थांध व्यक्तियों ने दुसाध महासभा के नाम पर काफी चंदा उगाहकर 25-26 और 27 मई 1965 ई. को पटने में बैठक की जिसमें स्वजातीय बंधुओं के अलावे अन्य हरिजन बंधु भी बुलाए गए थे तथा डेलीगेट लोग कांग्रेस पार्टी का बैज लगाए हुए थे। स्वार्थ की छीनाझपटी में मंच पर ही कई बार नेताओं में आपस में तना-तनी होने के साथ-ही-साथ मल्लयुद्ध का सा वातावरण शुरू हो गया था। साथ ही पद एवं अन्य लोलुपता के कारण सभा पहले दो भागों में बँट गई थी और बाद में उसका तीन भाग हो गया जो अखबार में भी अपना-अपना अलग-अलग सभापति मंत्री आदि पदाधिकारियों की घोषणा की है। इस तरह तीनों भागों में फूट के कारण विभाजित हो जाने से दुसाध महासभा का अधिवेशन पूर्णतः असफल रहा। उसमें चन्द लोग ही निःस्वार्थ भाव से भाग लिए थे।

इस तरह अब गौर करने पर आप को साफ जाहिर होगा कि दुसाध महासभा बुलाने का क्या प्रयोजन था? जबकि दुसाध महासभा और गहलोत राजपूत महासभा दोनों के गुण-दोषों पर विचार करते हुए एवं दोनों की प्रतिष्ठा तथा उद्देश्यों पर ख्याल रखते हुए अखिल भारतीय गहलोत राजपूत (दुसाध) महासभा नाम की तीसरी संस्था की स्थापना, उसे निबंधित करवाकर, उसके पूर्व ही संपन्न की जा चुकी थी। इस तरह निष्पक्षभाव से आप सोचेंगे तो स्वयं कह देंगे कि दुसाध महासभा या अन्य महासभा की आवश्यकता और उपयोगिता अब बिल्कुल ही नहीं रही, जब अखिल भारतीय गहलोत राजपूत (दुसाध) महासभा की स्थापना पूर्णतः कानूनी छानबीन के बाद निबंधित करवाकर हो गई है और वह अपना कार्य भी सुचारु-रूपेण कर ही रही है।

आप देख चुके हैं कि गहलोत राजपूत (दुसाध) महासभा की स्थापना होने

से भी हमें सुरक्षित सीटें एवं अन्य सारी विशेष सुविधाएँ पूर्ववत मिलती ही रहेंगी। क्योंकि उसमें कोई भी संवैधानिक अड़चन नहीं है। इसकी वजह यह है कि दुसाध शब्द भी गहलोत राजपूत के साथ (प्रकोष्ठ में) गहलोत राजपूत दुसाध महासभा के नाम से निबंधन के समय ही जोड़ दिया गया है। फिर कोई भी कभी प्रस्ताव पास कर विरोध नहीं करने वाले हैं कि दुसाध जाति अनुसूचित जाति में नहीं रहेगी, या उसे उससे (सूची से) निकाल दिया जाए। ऐसा गलत कदम किसी के द्वारा उठाने पर भी बिना पूर्ण छानबीन किए और बिना बहुमत का समर्थन प्राप्त किए सरकार की ओर से इस संबंध में कोई भी कदम नहीं उठाया जा सकता है। दूसरी ओर सर्वसम्मति से इस (दुसाध) समाज ने अपने जातीय संविधान एवं अन्य प्रस्तावों द्वारा अपना उद्देश्य स्पष्ट कर दिया है कि वे अनुसूचित जाति की सूची में रहे हैं और रहेंगे। क्योंकि वह सूची जाति के आधार पर यानी हरिजन या अछूत कहलाए जाने के कारण नहीं बनी थी; बल्कि आर्थिक, सामाजिक, राजनीतिक, मानसिक एवं मनोवैज्ञानिक आदि दृष्टिकोणों से पददलितों को ऊपर उठाने के लिए जो सूची बनी उसमें दुसाध को भी सूचीबद्ध कर फिहरिस्त में रखा गया है।

अतः हर तरह से स्पष्ट हो गया कि दुसाध महासभा की उपादेयता अब बिल्कुल ही नहीं रही। इस हेतु इस जाति के सभी लोगों को एकता के सूत्र में बँधकर अपने जाति के अखिल भारतीय गहलोत राजपूत (दुसाध) महासभा नाम की बहुत ही उपयुक्त संस्था के झण्डे के नीचे एकत्रित हो, समाज सुधार के कार्यों को आगे बढ़ाने का कष्ट करें। क्योंकि इस वैज्ञानिक युग में लोगों की तरक्की हर क्षेत्र में दिन दूनी रात चौगुनी हो रही है। जो उन्नति की दौड़ में आज पीछे रह जाएँगे और अविकसित अवस्था से विकसित होने के लिए नींद का त्याग नहीं करेंगे वे और भी पीछे ढकेले जा सकते हैं।

अतः हम सब एकता रूपी सूत्र में अदृश्य धागों से बिलकुल ही बँधकर निःस्वार्थ भाव से तन-मन-धन और जीवन भी अपने समाज के लिए समर्पित करें और अपने मनोबल को ऊँचा उठाने के लिए अपने पूर्वजों की याद कर अपने जंग लगे हुए संस्कार को पुनः प्रज्वलित और निखरित करें, तो इस समाज के लिए बहुत ही हितकर होगा।

वर्तमान सामाजिक परिस्थिति तथा सुधार के लिए कुछ उपाय एवं सुझाव

(क) विधवा विवाह

गहलोत वंशीय राणा हम्मीर सिंह की शादी मालदेव ने अपनी विधवा पुत्री से कर दी थी। उक्त लड़की की पहली शादी किसी भट्ट वंशीय राजकुमार से अबोधावस्था में ही हो गई थी जो समर में मारा जा चुका था। उसे अपने विवाह तथा पति की आकृति की भी याद नहीं थी। उसे माँ से सारा हाल मालूम हुआ था। इस तरह विधवा विवाह के साथ प्राचीनकाल में बाल विवाह भी प्रचलित था। फिर राणा रतन सिंह ने गोपनीय ढंग से पृथ्वीराज की पुत्री से विवाह किया था जिसकी शादी बूँदी के हाड़ावंशीय नरेश सूरजमल से पुनः कर दी गई थी।

बाद में चलकर सती प्रथा चली जिसे विलियम बेंटिग के समय में, राजा राममोहन राय के प्रयास से हटाई गई थी। उस प्रथानुसार पति के स्वर्गवास होने पर जो स्त्री स्वेच्छा से पति की चिता पर जल मरने से हिचकती थी उन्हें जबर्दस्ती लोग पकड़कर चिता पर रख साथ ही जला देते थे। इस प्रथा के बंद होने से पुनः विधवा विवाह होने लगा और इस दुसाध जाति में तो अभी भी विधवा विवाह होता है। मगर विधवा विवाह लड़की की इच्छानुसार होना चाहिए। उन्हें मजबूर नहीं किया जाए। साथ ही जिसकी तनिक भी इच्छा हो, उसे प्रोत्साहन देकर उनके जीवन को शादी करवा कर सुखद बनाया जाना चाहिए। कभी-कभी ऐसा नहीं होने से लड़की का मनोबल घट जाता है और विधवा विवाह नहीं होने से कुछेक पथभ्रष्टा होती सुनी जाती हैं। इस तरह विधवा विवाह समाज सुधार की एक जबर्दस्त कड़ी है।

(ख) मद्यपान का निषेध एवं वर्जन

चीजें दो तरह की होती हैं—आवश्यक चीजें और आदत की चीजें। आवश्यक चीजें जैसे चावल, दाल, रोटी, पानी, हवा आदि के बगैर हम जीवित नहीं रह सकते। मगर आदत की चीजें, खासकर मादक द्रव्य जैसे गाँजा, दारू, ताड़ी, बीड़ी, सिगरेट आदि

सभी नशीली चीजों की आदत छोड़ देनी चाहिए। इससे स्वास्थ्य, अर्थ तथा बुद्धि पर कुप्रभाव पड़ता है। इन अनावश्यक आदत की चीजों का व्यवहार छोड़कर फिजूलखर्ची रोक अर्थ संग्रह कर सकते हैं। अमेरिकन डॉक्टर के अनुसार सिगरेट पीने से कैंसर की बीमारी होती है। इस तरह मद्यपान के साथ ही धूम्रपान भी त्याज्य है। हमारी आर्थिक रीढ़ बिलकुल टूटी हुई है। अर्थाभाव के कारण संतुलित भोजन की कल्पना भी नहीं कर सकते। अतः खासकर मैं अपने स्वजातीय बंधुओं से निवेदन करती हूँ कि वे इन उपर्युक्त बुरी आदतों को छोड़कर अर्थ स्वास्थ्य और बुद्धि का विकास कर समाज की प्रगति में योगदान करें तो सबों का कल्याण हो। साथ ही सरकार को भी चाहिए कि काफी सख्ती से कानून द्वारा मद्यपान आदि पर रोक लगा कर जन कल्याण करे।

(ग) सिनेमा का कुप्रभाव

सिनेमा भी शौकीन और पैसे वालों के मनोरंजन की चीज है। यह गरीबों के लिए उपादेय नहीं है; उन्हें मनोरंजन के अन्य साधन मुफ्त उपलब्ध हैं। सिनेमा देखने से पैसे का दुरुपयोग तो होता ही है। रात में जागने से स्वास्थ्य पर बुरा असर पड़ता है। खासकर नवयुवक-नवयुवतियों के चरित्र पर सिनेमा का अश्लील, संगीतों, चित्रों तथा अर्द्धनग्नता के प्रदर्शन का कुप्रभाव पड़े बिना नहीं रहता। जो लोग सिनेमा देखने से अपने को रोकने में असमर्थ हों, वे लोग आवश्यकता से अधिक पैसा रहने पर भक्ति संबंधी अच्छा फिल्म कभी-कभी देख सकते हैं। प्रायः देखा जाता है कि रिक्शा, टमटम, राज मिस्त्री, कल कारखाने में मजदूरी आदि निम्न श्रेणी के कार्यों में इस जाति के अधिकांश लोग पैसा तो अधिक कमाते हैं मगर उसका दुरुपयोग, मद्यपान, सिनेमा आदि में कर के अपने भविष्य को भाग्य के भरोसे अंधकार में छोड़कर अपनी संतान को भी जीवन पर्यन्त मजदूरी करने को बाध्य करवाते हैं। क्योंकि फिजूलखर्ची के कारण अर्थहीन हो विद्या भी उनकी संतान हासिल नहीं कर सकती।

फलतः उसका जीवन-स्तर वंशानुगत गिरा ही रह जाता है। क्योंकि पैसे के अभाव में अच्छा तथा साफ-सुथरा कपड़ा नहीं पहन सकता और उन्हें अच्छा भोजन भी नहीं मिलता। विद्यार्थी को किताब या अन्य आवश्यक सामान का अभाव भले ही रहे, उन्हें छात्रवृत्ति या कठिनाई से पिता अथवा अभिभावक द्वारा दिए गए पैसे का दुरुपयोग सिनेमा देखने में करते, जरा भी हिचक नहीं होती। इस तरह पुस्तक, अच्छा भोजन और अच्छे कपड़े के अभाव में छात्र का मानसिक संतुलन स्वस्थ नहीं रह सकता और विद्योपार्जन तथा ज्ञानवर्द्धन में ढिलाई होने से अच्छा रिजल्ट भी नहीं कर सकते।

भूतपूर्व कांग्रेस अध्यक्ष श्री यू.एन. ढेबर ने भी सिनेमा के अवगुणों पर प्रकाश डाला था। सरकार को भी चाहिए कि वे सेंसर बोर्ड द्वारा पारित फिल्मों की पूर्ण

जाँचकर अश्लीलता को पूर्णरूपेण सिनेमा जगत से निकाल दे ताकि आनेवाली पीढ़ी और भी ठोस तथा चारित्रिक दृष्टिकोण से सबल नागरिक को देख सके। आचार्य विनोबा भावे ने पाँच सितंबर 1965 ई. को इलाहाबाद के आनन्द-भवन में महिलाओं की सभा में भाषण करते हुए कहा था कि सिनेमा समाज में बुराई फैलाता है। उन्होंने आगे कहा कि अपने सतीत्व की रक्षा करने तथा अपनी संतान का चरित्र मजबूत बनाने तथा सिनेमा की बुराइयों को दूर करने के लिए महिलाओं को मुसीबतें भी झेलने को तैयार रहना चाहिए। सिनेमाओं पर प्रतिबंध लगाने के लिए देशव्यापी सत्याग्रह करने का आह्वान भी विनोबा जी ने महिलाओं से किया।

(घ) शिक्षा

शिक्षा सभी सुखों का स्रोत है और अविद्या सभी कठिनाइयों की जननी है। अतः शिक्षा द्वारा ज्ञानार्जन करके ही मनुष्य सब तरह से सुखी रह सकता है। हम लोग शिक्षा में बहुत पीछे हैं। सरकार द्वारा विशेष सुविधाएँ देने पर भी सुषुप्तावस्था से पूर्णतः जागरूक नहीं हो सके हैं। विद्या से धर्म, अर्थ, काम, इज्जत आदि की प्राप्ति आसानी से हो सकती है। संस्कृत के एक श्लोक–

रूप यौवन संपन्ना, विशाल कुल संभबा।
विद्या हीना न शोभते निर्गंधा इव किंसुका॥

के मुताबिक सुंदरता, युवावस्था तथा उच्च कुल में पैदा होने पर भी विद्या हीन होने से बिना गंध के कुमुदिनी फूल के समान ही उस मानव का तिरस्कार और अनादर होता रहता है। फिर "स्वदेशे पुज्यते राजा, विद्वान सर्वत्र पुज्यते" के संस्कृत के श्लोक खंड के अनुसार राजा की इज्जत अपने देश ही में होती है लेकिन विद्वान की इज्जत हर जगह की जाती है। अस्तु शिक्षा बिना आज के प्रगतिशील वैज्ञानिक युग में हम एक कदम भी आगे नहीं बढ़ सकते। अतः हमें शिक्षा को प्रथिमिकता देनी चाहिए। खास कर स्त्री शिक्षा के प्रसार के बिना प्रगति अधूरी ही रह जाएगी। बाहर जाकर कमाने का सारा भार पुरुष पर ही रहता है। स्त्रियाँ सिर्फ खाना पकाती हैं और बचे हुए समय का दुरुपयोग आपस का झगड़ा तथा कलह का बीज बोने में लगा देती हैं। कहावत भी है "खाली घर (मन) पिशाच का वास" यानी बिना काम के बैठी हुई स्त्रियाँ कलह की बातें सोचती रहती हैं। स्त्रियों की नासमझी से ही संयुक्त परिवार टूटता जा रहा है क्योंकि स्त्रियों द्वारा ही भाई 2 में विद्वेष फैल जाता है। अविद्या के कारण वे अपने परिवार, घर, भोजन आदि को पवित्र नहीं रख सकतीं। खाने पर मक्खी बैठने से क्या 2 बीमारियाँ होती हैं? उसका भी ज्ञान उसे नहीं रहता। बच्चों को भी सफाई और शिक्षा की महत्ता नहीं समझा सकती हैं। **मेजिनी का कहना था कि "बच्चा नागरिकता का सर्वोत्कृष्ट पाठ अपनी माता के चुंबन और पिता के दुलार से सीखता है।"**

अरस्तू (Aristote) जैसे महान् दार्शनिक का कहना था कि "माँ-बाप ही बच्चे की सर्व प्रथम पाठशाला है" इस तरह मनुष्य की सच्ची शिक्षा माँ की गोद में शैशवकाल में ही इन्हें मिलती है। केवल शिक्षिता माँ ही अपने बच्चे को जन्म से ही अच्छे वातावरण में रख कर सफाई, सच्चाई, ईमानदारी आदि विषयों की शिक्षा उन्हें दे सकती है। क्योंकि जिस तरह कुम्हार कच्ची मिट्टी से अपने मनोनुकूल बर्तन आसानी से चाक पर ढाल लेता है उसी तरह कच्ची उम्र के बच्चे को अच्छे वातावरण रूपी पारिवारिक चाक पर स्त्रियाँ जैसा चाहे वैसा बना सकती हैं। पढ़ी-लिखी रहने पर ही परिवार नियोजन की महत्ता को भी समझकर उससे लाभ उठा सकती हैं। क्योंकि अनायोजित परिवार होने से अधिक बच्चे पैदा होने के कारण उनका रहन-सहन, शिक्षा-दीक्षा, भरण-पोषण अच्छे वातावरण में नहीं किया जा सकता। शिक्षिता होने पर ही एकता की महत्ता को समझती हुई घर का वातावरण शांत और सौहार्दपूर्ण रख सकती है।

खासकर देहाती औरतों की बात मत पूछें, अधिकांश तो बहुत गंदी रहती हैं। पैखाना करने जैसे प्राकृतिक और अनिवार्य कार्य की जानकारी पुरुष को नहीं होने देना चाहतीं तथा छिप कर बिना जलपात्र लिए ही पैखाना चली जाती हैं; साथ ही पैखाना से आने के बाद भी शर्म या आदत से यह सोचकर नियमानुसार साबुन या मिट्टी से हाथ साफ नहीं करतीं कि कहीं उनके द्वारा पैखाना जाने की बात किसी पुरुष को मालूम न हो जाए। यह संस्कारहीनता, असभ्यता और गंदेपन की चरम सीमा है। वैसी स्त्रियों का बच्चा कैसे स्वस्थ होगा। यह अशिक्षा का ही फल है। फिर पढ़ी-लिखी रहने से घर का हिसाब ठीक रखने के साथ ही मितव्ययिता भी कर सकती है। वे नौकरी करके कमा भी सकती हैं। अतः समाज के पूर्ण विकास एवं नव निर्माण में स्त्रियों की शिक्षा का भी समुचित प्रबंध कर राष्ट्र की उन्नति की जा सकती है।

(ङ) बाल-विवाह

बाल विवाह के अनेकों दुर्गुण हैं। वैसे तो पुराने जमाने में धर्मशास्त्र के अनुसार लड़की के रजस्वला होने के पूर्व ही शादी करने की व्यवस्था की गई थी। मगर बाद में यवनों से इज्जत की रक्षा करने हेतु लड़की की शादी बिल्कुल ही अबोधावस्था में करने की प्रथा चल गई थी, क्योंकि खास कर मुगल काल में लड़की को जबर्दस्ती पकड़ कर रख लिया जाता था। इस हेतु बाल-विवाह करने के साथ ही (जैसा कि पीछे मैं कह चुकी हूँ) लड़की को ताग-पात-ढोलना (नाग सोहैली) यानी सूअर की हड्डी से बना हुआ ढोलना को गले में हार के समान शादी के वक्त पहनाया जाता था। यह प्रथा आज भी प्रचलित है।

मगर अब जमाना बदल गया। धर्म और इज्जत पर अब एकदम ही खतरा नहीं है। अतः बाल-विवाह को अविलंब हम लोगों को बंद कर देना चाहिए। क्योंकि

बाल-विवाह से लड़का-लड़की दोनों के भविष्य तथा स्वास्थ्य पर बुरा असर पड़ता है। साथ ही बोझ के अनुभव से लड़के की मानसिक चिंता विद्योपार्जन में बाधक सिद्ध हो जाती है। साथ ही इस प्रथा से बेमेल शादी भी हो जाती है। फलस्वरूप कुछ लोग तो तिलक का आश्रय लेते हैं और कुछ तो जीवन भर मानसिक चिंता में डूबकर कष्ट में जीवन-यापन करते रहते हैं, क्योंकि एक-दूसरे के मनपसंद शादी नहीं होने से उनका दाम्पत्य जीवन भार स्वरूप हो जाता है। बाल-विवाह के फलस्वरूप बेमेल शादी होने से कभी-कभी लड़के की आयु से अधिक लड़की की उम्र ही रहती है। कभी-कभी लड़के के मन के मुताबिक लड़की नहीं मिलती और लड़की को उनके लायक वर नहीं मिलता। बाल-विवाह होने पर गार्हस्थ्य जीवन में प्रवेश करते-करते बहुतों की मृत्यु हो चुकी रहती है। फलतः शादी की फिजूलखर्ची के साथ ही साथ वियोग व्यथा काफी बढ़ जाती है, जिसका कुप्रभाव स्वास्थ्य एवं भविष्य पर पड़ता है। अस्तु बाल-विवाह हर तरह से त्याज्य है।

(च) स्वयंवर

(Self selection of husband and wife) मेरी समझ में स्वयंवर बहुत ही अच्छी चीज है। पुराने जमाने में स्वयंवर द्वारा ही शादी हुआ करती थी। यहाँ तक कि पूजनीया माँ सीता की शादी भी स्वयंवर द्वारा हुई थी और संयुक्ता की शादी पृथ्वीराज से, नल की शादी दमयंती से और द्रौपदी की भी शादी स्वयंवर से ही हुई थी। स्वयंवर की प्रथा में मुझे एक भी अवगुण नहीं दीखता। उससे बाल-विवाह के सभी दुर्गुणों से छुटकारा मिल जाता है। एक-दूसरे की पसंद से शादी होने पर दोनों के दांपत्य-जीवन उज्ज्वल और निर्मल हो जाता है। तथा तलाक की कोई बात ही नहीं उठती। तिलक-दहेज के प्रथा रूपी सर्प के डसने से समाज को छुटकारा मिल जाता है। क्योंकि दहेज प्रथा तो बेमेल शादी की भी जननी स्वरूपा है। स्वयंवर से दाम्पत्य जीवन बहुत ही सुखमय हो जाता है। क्योंकि इस प्रथा के बिना लड़के का मोल भाव किया जाता है। पहले तो हाथी के दाम से तुलना करते हुए लड़का का मूल्यांकन किया जाता था। अब तो नकद के अलावे जीप, कार, आदि भी तिलक में माँगा जाता है। इस तरह लड़का का मूल्य बहुत बढ़ गया है। लड़की का पैदा होना या पैदा करना अभिशाप हो गया है। क्योंकि लड़की के पैदा होते ही उसकी शादी में दिए जाने वाले रुपये की चिंता में माँ-बाप सदा डूबा रहता है। माँग के मुताबिक रुपया नहीं दे सकने से बहुत-सी लड़कियों को जीवन भर अविवाहिता रहकर व्यथित जीवन बिताना पड़ता है। कुछ लड़कियाँ अपने को माँ-बाप का बोझ समझकर उनकी चिंता दूर करने के लिए या तो आत्म-हत्या कर लेती हैं या लाचारवश पथभ्रष्टा होकर वेश्यावृत्ति भी अपनाने को बाध्य हो जाती हैं। यह सब तिलक दहेज का ही अभिशाप है।

अतः समाज को सभी दुर्गुणों से छुटकारा दिलवाने के लिए और दाम्पत्य जीवन

को सुखी बनाने के लिए तथा समाज के मनोबल को ऊपर उठाने के लिए निःसंकोच ही उसे स्वयंवर की प्रथा को अपना लेना चाहिए। खास कर हम गरीबों को तो और भी जल्द स्वयंवर जैसी चीजों को अपनाकर अंदर समाज में फैले हुए उपर्युक्त भयंकर दुर्गुणों के संक्रामक रोग जैसी संभावित बीमारी को अपने समाज के पास फटकने तक न दें। स्वयंवर से समाज में मानव जीवन का सच्चा मूल्य आँका जा सकता है और तभी समाज सुखी हो सकेगा।

(छ) तिलक दहेज वगैरह बंद करना

पीछे कह चुकी हूँ कि किस तरह स्वयंवर की प्रथा के पुनः प्रचलित हो जाने से तिलक दहेज की प्रथा के अवगुणों से समाज को छुटकारा मिल सकता है और वह सुखी बन सकता है। तिलक प्रथा तो प्रायः अब हर जाति के लोगों में भयंकर रूप से फैलती जा रही है। लड़का-लड़की की पसंद पर कोई ध्यान नहीं देता। खासकर लड़का वाला तो मोल भाव में अधिक रुपया देने वाले की लड़की के साथ ही अपने लड़के की शादी तय करता है, और लड़का की तुलना में लड़की के गुण-अवगुणों पर कोई ख्याल नहीं करता। फलतः लड़का को मनपसंद लड़की नहीं मिलती। दूसरी ओर माँग के मुताबिक रुपया नहीं दे सकने के कारण सर्वगुण सम्पन्ना लड़की की शादी अच्छे तथा शिक्षित लड़के से नहीं हो सकती। इस तरह लड़का-लड़की के मन के बिलकुल प्रतिकूल शादी होने पर उनका आंतरिक, पारिवारिक एवं दाम्पत्य जीवन सुखपूर्वक नहीं कटता।

हमारी जाति में भी तिलक रूपी छूत की बीमारी फैलती जा रही है। अतः दाम्पत्य जीवन को सुखमय बनाकर नवीन समाज के निर्माणार्थ अगर तिलक दहेज को बिलकुल त्याग आदर्श शादी करने की प्रतिज्ञा तथा व्रत हम सभी पढ़े-लिखे स्त्री-पुरुष कर लें तो तिलक दहेज से होने वाली बेमेल शादी के कुप्रभाव का फल हमें नहीं भोगना पड़ेगा। अगर लड़का-लड़की के गुण-दोषों का तुलनात्मक विचार कर उनकी इच्छा अनुसार शादी करने का सुअवसर उन्हें मिल जाए तो शादी में गरीबी-अमीरी, छोटा-बड़ा, ऊँच-नीच आदि की भावना एकदम मिट जाएगी और बेमेल विवाह के कुपरिणामों से समाज की रक्षा हो सकेगी और तभी आदर्श समाज का निर्माण हो सकेगा।

(ज) महिलाओं से अपील

मैं स्त्रियों से खासकर क्षत्रिय बालाओं एवं प्रौढ़त्व प्राप्त महिलाओं से विशेष निवेदन करती हूँ कि वे अपने पूर्वजों की त्याग-मयी तपस्विनी, वीरांगनाओं के आदर्श जीवन से शिक्षा ग्रहण कर, अपने कर्तव्य को समझें और तदनुसार आचरण करें तो वे सच्चे माने में समाज निर्माण कर सकती हैं।

स्त्रियाँ हर काम में पुरुषों का साथ देती रही हैं जैसे—शासन एवं कूटनीति में भी अगनित चतुरा नारियाँ उदाहरण स्वरूप एलिज़ाबेथ, रजियाबेगम, नूरजहाँ, राज्यश्री, रानी कर्मवती, सरोजिनी नायडू आदि ने सफलतापूर्वक राज-काज में पूर्ण हाथ बँटाया था।

उसी तरह आज भी लंका की भूतपूर्व प्रधान मंत्रिणी श्रीमती भंडार नायक, राज्यपाल और राजदूता के रूप में कार्य करने की क्षमता रखने वाली पंडित विजया लक्ष्मी, बंगाल की राज्यपाल पद्मजा नायडू, सूचना मंत्रिणी इंदिरा गाँधी, स्वास्थ्य मंत्रिणी सुशीला नायर, यू.पी. की मुख्य मंत्रिणी सुचेता कृपलानी और लक्ष्मी मेनन आदि नारियाँ सुव्यवस्थित रूपेण शासन यंत्र को सँभालती रही हैं।

फिर सीता, सावित्री, द्रौपदी, कुंती, मीराबाई आदि का त्याग तथा पातिव्रत धर्म को कौन नहीं जानता तथा पद्मिनी आदि अनगिनत नारियों ने अपनी जान की परवाह नहीं कर खुशी-खुशी से स्वर्ग से भी श्रेष्ठ सतीत्व के रक्षार्थ चिता में जलकर जौहर व्रत का पालन किया। कोमलांगना होने के साथ ही स्त्रियाँ कठोर भी बहुत होती हैं। वह युद्ध क्षेत्र में भी जा सकती हैं। अपने देश के रक्षार्थ फ्रांस की जौन औफ आर्क, भारत में झाँसी की रानी लक्ष्मीबाई तथा सिसौदिया महारानी जवाहरबाई आदि युद्ध में बहादुरी से लड़ती हुई वीरगति को प्राप्त हुई थीं।

विद्वत्ता में भी स्त्रियाँ पीछे नहीं रहीं। बिहार के सहरसा जिलान्तर्गत महिषी के पं. मंडन मिश्र की धर्म पत्नी महापंडिता सरसवाणी ने जगत्गुरु शंकराचार्य को शास्त्रार्थ में हराकर अपनी कीर्ति को अमर बनाया। आज भी स्त्रियाँ उनके चरित्रों से शिक्षा ग्रहण कर समाज में वैसे आदर्शों को स्थापित कर सकती हैं। स्त्रियों को शिक्षा की ओर विशेष ध्यान देना चाहिए। शिक्षिता स्त्री ही अपने परिवार को नियोजित करके सुख का उपभोग कर सकती है तथा बच्चे को शिक्षा देने के साथ ही उन्हें स्वस्थ भी रख सकती है। उन्हें रोजमर्रे का हिसाब किताब रखना, फिजूलखर्ची को रोकना, पुरानी चीजों का सदुपयोग करना, अपने बचे हुए समय का सदुपयोग कर सिलाई, बुनाई आदि अनेक गृह उद्योगों के कार्यों को करना चाहिए ताकि उन्हें आर्थिक लाभ भी हो।

मगर सबसे महत्त्वपूर्ण और आवश्यक बातें यह हैं कि स्त्रियों को चाहिए कि वे हमेशा अपने अच्छे व्यवहार से पति को खुश रखें। थके माँदे आने पर कभी भी उनके क्रोध को बढ़ाकर आग में घी का काम नहीं करें। अपने बच्चों को अच्छी से अच्छी प्रारंभिक शिक्षा देती रहें ताकि वे अच्छे नागरिक बन सकें। जैसा कि पीछे भी कह चुकी हूँ बच्चे की सर्वोत्कृष्ट शिक्षा माँ की गोद में ही उन्हें मिलती है क्योंकि मिट्टी के लोदे के समान कुम्हार के जैसे ही वह उसे जैसे चाहे उसी आकृति में ढाल सकती हैं। व्यक्ति से ही परिवार, परिवार से समाज, समाज से राष्ट्र तथा राष्ट्र से अन्तर्राष्ट्र बनता है। अतः सबकी जड़ में बच्चा ही है। अतः राष्ट्र हित के लिए

उन्हें अच्छे वातावरण में रख अच्छी शिक्षा द्वारा अच्छे नागरिक बनाने का प्रयत्न हम सबों को करना चाहिए। तभी हम सभी सुखमय जीवन व्यतीत कर सकते हैं।

अन्त में सरकार से मैं साग्रह निवेदन करती हूँ कि स्वदेश प्रेम और भक्ति की प्रबल भावना से ओतप्रोत क्षत्रियों में गहलोत राजपूत जैसे लड़ाकू कौम की श्रेष्ठतम शाखा दुसाध की संतान को सारी विशेष सुविधाओं के साथ ही फौज एवं अन्य साहसिक कार्यों में भर्ती कर राष्ट्ररक्षा और राष्ट्र के नवनिर्माण में योगदान करने का शुभ अवसर प्रदान करे। दूसरी ओर अपने सभी स्वजातीय बंधु-बांधवों से भी निवेदन करती हूँ कि वे आत्मविश्वास और आशावादिता के साथ अपने अच्छे कर्म का अच्छा फल पाने की आशा रखकर कर्तव्य करते जाएँ; भाग्य के भरोसे मत रहें, कहावत भी है "ईश्वर उन्हीं की मदद करता है जो अपनी मदद स्वयं आप करता है।"

'रामायण' के

"कर्म प्रधान विश्वकरि राखा
जो जस करहि, सो तस फल चाखा"

के मुताबिक कर्म के अनुसार ही फल भी मिलता है। फिर गीता के 11 वें अध्याय में श्रीकृष्ण भगवान ने अर्जुन से कहा है कि–

"कर्मण्येवाधिकारस्ते मा फलेषु कदाचन्"

यानी फल के बारे में बिना सोचे मनुष्य को कर्म करते जाना चाहिए। विपत्ति में कभी भी हमें धैर्य खोकर कर्त्तव्यच्युत नहीं होना चाहिए। क्योंकि आपदा ही वैभव की जननी है। जो मनुष्य आपद्काल में धैर्य धारण कर कार्य करते हैं उसको शीघ्र वैभव की प्राप्ति हो जाती है। फिर अपने पूर्वजों का अमिट संस्कार भी तो इस जाति के रोम-रोम में सन्निहित है, कहावत भी है।

"बापे पुत पिता पे घोड़ा
बहुत नहीं तो थोड़ा-थोड़ा।"

यानी बाप के गुण की छाप कुछ-न-कुछ बेटे पर पड़े बिना नहीं रहती। अस्तु, मैं पूर्ण आस्था से इस दुसाध जाति के उज्ज्वल भविष्य की कामना के साथ ईश्वर से प्रार्थना करती हुई उनसे समाज सेवा का वरदान ले, अपनी लेखनी समाप्त करती हूँ।

"जयहिन्द"

पासी साम्राज्य

आर. के. चौधरी

मायावती

मुख्य मंत्री
उत्तर प्रदेश

सचिवालय एनेक्सी
लखनऊ

प्राक्कथन

पासी समाज की गौरवशाली परम्परा रही है। पासी समाज के लोग एक समय अवध के बड़े भूभाग पर शासन कर रहे थे। प्रदेश में जगह-जगह मिट्टी के टीलों, खेड़ों और डीह के नीचे पासी शासकों का शताब्दियों पुराना इतिहास आज भी दबा पड़ा है।

पासी शासकों विशेष रूप से महाराजा बिजली पासी, महाराजा सातन पासी और महाराजा लाखन पासी, महाराजा छीता पासी और महाराजा डलदेव जैसे राजाओं का नाम स्वर्ण अक्षरों में अंकित करने योग्य है। लेकिन दुर्भाग्य कि ऐसे प्रतापी और पराक्रमी राजाओं का इतिहास कतिपय पुस्तकों में ही बहुत सतही ढंग से किया गया है। इन राजाओं के दुर्ग, किले आदि के अवशेष आज भी उपेक्षित पड़े हैं। महाराजा बिजली पासी किले का जीर्णोद्धार इस दिशा में एक सार्थक पहल है।

मेरे मत्रिमण्डलीय सहयोगी श्री आर. के. चौधरी ने इस दिशा में ठोस कदम उठाते हुए 'पासी साम्राज्य' पुस्तक का लेखन किया है। मिट्टी की पर्तों के नीचे दबे पासी समाज के इतिहास को सारगर्भित ढंग से प्रस्तुत कर श्री चौधरी ने प्रशंसनीय कार्य किया है इसके लिए वे बधाई के पात्र हैं। दलित वर्ग के शासकों के इतिहास का लेखन आज समय की सबसे बड़ी मांग है। इससे यह वर्ग विशेष न केवल जाग्रत होगा बल्कि उसे अपनी गौरवशाली परम्परा का भी एहसास होगा।

मुझे आशा है कि बहुजन समाज श्री चौधरी की इस पुस्तक को पढ़कर अपना ज्ञानवर्धन करेगा। मुझे पूर्ण विश्वास है कि श्री चौधरी भविष्य में भी इसी प्रकार की रचना करते रहेंगे।

(मायावती)

26-6-97

भूमिका
पासी समाज के बारे में...

राजा से रंक बनने में अधिक समय नहीं लगता। समय का फेर ही ऐसा है कि कब कौन कहाँ से कहाँ पहुँच जाए, किसे पता है। दुनिया में ऐसे हजारों उदाहरण मौजूद हैं कि एक समय में जो शासक थे, बाद में उनको चौकीदारी करनी पड़ी। यहीं लखनऊ में वे नवाब जो कल तक इस शहर के शासक थे, आज आर्थिक तंगी के कारण अपने घरों में कैद हैं।

लेकिन बहादुर कौमें वही होती हैं जो अपने अच्छे और बुरे दिनों में लगातार संघर्ष करती रहती हैं। यहूदियों को नेस्तनाबूद कर देने के कैसे-कैसे अमानवीय प्रयास किए गए लेकिन आज वे दुनिया की नवीनतम जीवन पद्धति और अत्याधुनिक अनुसंधानों से जुड़े हुए हैं और उद्योग, व्यापार, संचार और अर्थव्यवस्था के क्षेत्रों में उनका एकाधिकार है। पासी समाज भी ऐसा समाज है, जिसने लगातार संघर्ष किया और जीवन के विभिन्न क्षेत्रों में बढ़-चढ़कर हिस्सा लिया है। महाराष्ट्र हो या बंगाल, पासी समाज के लोग समाज की मुख्य धारा में बराबर की भागीदारी कर रहे हैं। लेकिन उत्तर प्रदेश में पासी समाज का मनोबल टूटा हुआ है। मुझे कई बार महसूस हुआ कि पासी समाज के लोग अपनी सामर्थ्य के अनुसार सामाजिक स्तर पर पहचाने नहीं जाते। उनकी पहचान दलित-दमित वर्ग के सामान्य आदमी की होकर रह गई है। उत्साह, आकांक्षाएँ और उम्मीदों की जगह संकोच और असंतोष ने ले ली है। एक शून्य सा पैदा होता जा रहा है। जाहिर है कि यह स्थिति किसी भी समाज के लिए अच्छी नहीं होती।

तभी मुझे विचार आया कि पासी समाज के गौरवमयी इतिहास पर पुस्तक लिखना चाहिए, ताकि इस समाज का मनोबल ऊँचा हो और इसके आत्मसम्मान को जो चोट पहुँचाई गई है, उसका कुछ निदान निकले। मैं शुरू से ही पासी समाज के बारे में सुनता आया था और बुजुर्ग बताते थे कि 800 साल पहले पूरे लखनऊ, इलाहाबाद और फैजाबाद मण्डलों में पासी राजाओं का शासन था। यहाँ पासी साम्राज्य की निशानियाँ आज भी खँडहरों/अवशेषों के रूप में हमारे सामने मौजूद हैं। आश्चर्य

का विषय यह है कि इन खँडहरों/अवशेषों का इतिहास जानने की कोशिश समाज के प्रबुद्ध वर्ग ने कभी नहीं की।

इतिहासकारों ने पासी साम्राज्य के बारे में पुस्तकें नहीं लिखीं। शोध करने वालों ने पासी साम्राज्य को कभी अपने शोध का विषय नहीं बनाया। भारत की सांस्कृतिक धरोहर की हिफाजत करने वाले सरकारी विभागों तक ने पासी साम्राज्य के बारे में कभी कोई सूचना एकत्र करने की कोशिश नहीं की। पुस्तकालयों में ऐसी कोई पुस्तक उपलब्ध नहीं है, जिसमें पासी साम्राज्य का विस्तार से उल्लेख किया गया हो। विभिन्न विषयों पर प्रकाशित पुस्तकों में पासी साम्राज्य का उल्लेख यदि कहीं किया गया है तो मजबूरी वश कि उसके बगैर प्रसंग अधूरा रहेगा या अप्रासंगिक हो जाएगा। अंग्रेज लेखकों ने विभिन्न गजेटियर तथा अन्य पुस्तकों में पासी साम्राज्य का उल्लेख किया है लेकिन भारतीय लेखक तो उनसे भी गए गुजरे निकले कि उन्होंने यह कष्ट किया ही नहीं और इतिहास के उस अध्याय को लगभग समाप्त ही कर दिया, जो पासी समाज से जुड़ा था।

अंग्रेजों की बात तो समझ में आती है कि वे क्यों लिखते पासी राजाओं के बारे में क्योंकि उन्हें सबसे अधिक लोहा लेना पड़ा था तो पासियों से ही। लेकिन भारतीय मूल के लेखकों ने इस साम्राज्य को इतिहास की किताबों में क्यों उपेक्षित रखा, समझ में नहीं आता। यह बिल्कुल वैसा ही है जैसे कि 12वीं शताब्दी में जब पासी साम्राज्य पर एक तरफ विदेशी आक्रान्ताओं के हमले हो रहे थे तो दूसरी ओर स्थानीय राजपूतों ने जगह-जगह से उनकी छोटी-छोटी रियासतों को छीनना शुरू कर दिया था। पासी साम्राज्य इस दोतरफा आक्रमण को कब तक बर्दाश्त करता, नतीजा यह हुआ कि अवध का पासी साम्राज्य छिन्न-भिन्न कर दिया गया और पासी समाज के लोग जो कल तक शासन कर रहे थे, उनके अधीन हो गए।

इतिहास की पुरानी किताबों में इस तरह की घटनाओं का उल्लेख है कि पासी राजा को बेदखल करने के लिए मुसलमानों और राजपूतों ने लगातार हमले किए। लेकिन पासी पराक्रमी समुदाय है और अपने बचाव की जुगत तो हर कोई करता है, पासियों ने भी तरह-तरह के जतन किए। साम्राज्य बिखरा तो इधर-उधर प्रस्थान किया और जहाँ ठिकाना मिला, वहीं के हो रहे। लेकिन अवध के अधिकांश पासियों ने मुसलमानों से बचने का रास्ता निकाला था सूअर पालन का। ज्ञातव्य है कि 13वीं शताब्दी के पासियों का उल्लेख सूअर पालन के साथ कई जगह मिलता है लेकिन इसके पूर्व यह इस कार्य में लगे थे, इसके कोई प्रमाण नहीं मिलते। यहाँ यह उल्लेखनीय है कि कतिपय ब्राह्मण, जिन्होंने मुस्लिम आक्रमणकारियों से पराजित होकर इस्लाम धर्म स्वीकार कर लिया लेकिन पासी राजाओं के सर्वनाश के लिए उन्होंने जयचन्द से सहायता ली।

परिस्थितियाँ बदलीं, नतीजा यह हुआ कि पासियों के हाथों से साम्राज्य चला

गया। अब उनके सामने सबसे बड़ा मसला जिन्दगी की जद्दोजहद का था। पासी समुदाय चूँकि पराक्रमी समुदाय रहा है इसलिए इसने उस समय भी अपने लिए संघर्ष का रास्ता ही अपनाया। और इसी अवसर का लाभ उठाया यहाँ के धर्म के ठेकेदारों ने और उन्हें यह समझाया गया कि गाँवों के आसपास बसने से यह लाभ मिलेगा कि विदेशी आक्रांता दूर से ही भाग जाएँगे जबकि वास्तविकता यह थी कि मठाधीशों ने अपने स्वार्थ और सुरक्षा के लिए षड्यंत्र किया था। इसका परिणाम यह निकला कि आज भी अधिकांश गाँवों में पासी समुदाय के लोगों के घर गाँवों के आसपास ही होते हैं। यही नहीं, जब इनको गाँवों के आसपास बसाया गया तो फिर कोई भी देशी-विदेशी हमला होता तो लड़ना इनकी नियति बन गया। पहले स्वयं के लिए लड़ते थे फिर षड्यंत्र का शिकार होकर गाँवों के अंदर बसे हुए लोगों के लिए लड़ते रहे। इनकी शूरवीरता से प्रभावित होकर ही अवध के नवाबों ने अपनी सेना में ज्यादातर पासी समुदाय के लोगों को ही भर्ती किया था। नवाब वाजिद अली शाह की सेना के अधिकांश महत्त्वपूर्ण सैनिक अधिकारी पासी थे, जिन्होंने वर्ष 1857 के स्वाधीनता संग्राम में अंग्रेजों के छक्के छुड़ा दिए थे। जनरल कैम्पवेल को कानपुर से लखनऊ पर आक्रमण के लिए बंथरा और अमेठी के पास से चार बार मुँह की खाकर वापस जाना पड़ा था। कारण था कि बंथरा-अमेठी और उसके आसपास पासी बहुल क्षेत्र है जिन्होंने अंग्रेजों को छठी का दूध याद दिला दिया था। बेगम हजरत महल की महिला बटालियन की सेनापति ऊदा देवी पासी थीं, जिन्होंने सिकन्दरबाग के स्थान पर अकेले 36 अंग्रेज सैनिकों को मार गिराया था। इस तरह के सैकड़ों उदाहरण मिलते हैं। यही कारण था कि जब अंग्रेज अवध पर काबिज हो गए तो उन्होंने सबसे पहले पासी जाति के बारे में विस्तृत रिपोर्ट तैयार करवाई। अंग्रेजों ने इन्हें पहले 'न्यूसेन्स प्रोन जाति' घोषित किया और बाद में इन पर 1871 में 'जरायमपेशा एक्ट' लागू कर दिया।

1959 में डॉ. एच.एन. अग्रवाल ने हरदोई के पासियों के रक्त समूहों का अध्ययन किया था। जाँच के लिए उन्होंने 183 रक्त नमूने इकट्ठे किए। जाँच ए.बी.ओ. पद्धति से मानव विज्ञान प्रयोगशाला में की गई। इन रक्त नमूनों की जीन आवृत्ति बेन्सटियन के फार्मूले के आधार पर जाँची गई और यह पाया गया कि वे उसके सिद्धान्त के अनुरूप हैं। यानी कि कोई अति विशेष बात पासियों के खून में नहीं है। 'द ईस्टर्न एन्थ्रोपालाजिस्ट—15' के पृष्ठ 161-162 पर डॉ. अग्रवाल अपने अध्ययन 'ब्लड ग्रुप ऑफ पासीज' के तहत लिखते हैं, कि जीन आवृत्ति से अनुमानित रक्त समूहों की संख्या तथा अनुमानित आवृत्तियों की गणना की गई और नमूनों की सी.एच.आई.-2 भी आगणित की गई। इसमें 'पी' .1 तथा .2 के बीच पाया गया तथा सी.एच.आई.-2 2.6813 तथा डी.एफ.-1 पाया गया।

गणना में पाया गया कि जीन आवृत्तियों से स्पष्ट होता है कि पासियों में जीन

(क्यू. 359468) अधिक पाया गया। लेखक ने आगे लिखा है कि सी.एच.आई.-2 टेस्ट करने पर 6 अंशों तक आवृत्तियाँ 4.80 पाई गईं जबकि–'पी' 0.7 और 0.5 के बीच था। डॉ. अग्रवाल के अनुसार ए.बी.ओ. पद्धति का यह अध्ययन दर्शाता है कि पासियों में 'बी' जीन की आवृत्तियाँ सर्वाधिक होती हैं तथा 'ओ' जीन की आवृत्तियाँ कम होती हैं। इस तरह यह पाया गया कि आपराधिक जातियों के रक्त समूह पासी जाति के रक्त समूह से काफी भिन्न हैं।

यहाँ यह उल्लेखनीय है कि जाति के आधार पर रक्त समूहों का अध्ययन किसी तरह विश्वसनीय नहीं हो सकता क्योंकि मानव-मानव में भेद करना प्रकृति के सहज सिद्धांतों के अनुरूप नहीं है। लेकिन कथित दुर्भावनापूर्ण किए गए उपरोक्त अध्ययन से भी पासी जाति आपराधिक सिद्ध नहीं होती। इसी तरह का एक अध्ययन गूजर पासी और कुरील चमार की उँगलियों के निशानों का किया गया है। डॉ. वी. के. टण्डन और निशा पाण्डे ने इस अध्ययन में पाया कि गूजर पासी और कुरील चमार में प्रत्यावर्तों और आवृत्ति का अंतर न के बराबर है। इस अध्ययन के लिए गूजर पासी और कुरील चमार के 100 पुरुषों तथा 50 स्त्रियों की उँगलियों के निशान लखनऊ जनपद के उतरौलिया गाँव से लिए गये। कुल 3000 उँगलियों के निशान एकत्र किए गए थे। प्रत्यावर्ती चाप और आवर्त में दोनों जातियों में बहुत कम अन्तर है। जाहिर है कि दोनों अध्ययन दर्शाते हैं कि पासी जाति में आपराधिक प्रवृत्ति का कोई वैज्ञानिक आधार नहीं है। फिर भी इन पर 1951 तक 'जरायम पेशा एक्ट' लागू रहा और अंग्रेजों ने केवल बदले की भावना से प्रेरित होकर यह एक्ट लगाया था। समाज के किसी वर्ग ने इसका कभी विरोध नहीं किया और कभी इसके लिए किसी ने अफसोस तक नहीं प्रदर्शित किया।

अवध पर अंग्रेजों के शासन तक पासी समाज छिन्न भिन्न हो चुका था और प्रताड़ना के दौर से गुजर रहा था। अंग्रेजों ने विशेष रूप से पासी समाज के लोगों को आतंकित करना शुरू किया था। कहीं कोई अपराध होता था तो उस क्षेत्र के पासी अकारण ही पकड़े जाते और गैर पासी को जिस अपराध के लिए पाँच कोड़े लगते थे, उसी अपराध के लिए पासी व्यक्ति को पचास कोड़े लगाए जाते थे, और अधिकांश मामलों में इन्हें अकारण ही गिरफ्तार किया जाता था। यह विडम्बना ही है कि अंग्रेजी शासन समाप्त होने के बाद भारत स्वतंत्र हो गया था और पासियों पर जरायम पेशा एक्ट 1951 तक लागू था। तत्कालीन सरकार की सवर्ण मानसिकता का इससे बड़ा और प्रमाण क्या हो सकता है।

यही नहीं, भारत के प्रथम स्वाधीनता संग्राम में अवध की महान वीरांगना ऊदा देवी को 1961 तक 'अज्ञात वीरांगना' नाम से लिखा जाता रहा। भारत के कई लब्ध-प्रतिष्ठित लेखकों ने इन्हें अज्ञात वीरांगना ही लिखा है। उत्तर प्रदेश सरकार द्वारा 1961 में प्रकाशित अंग्रेजी पुस्तक 'नाना साहेब पेशवा' और 'स्वाधीनता संग्राम'

में पृष्ठ 367 पर ऊदा देवी का जिक्र तो किया गया है लकिन 'अज्ञात वीरांगना' के नाम से। इस पुस्तक के लेखक आनन्द स्वरूप मिश्र हैं।

1991 की जनगणना के अनुसार उत्तर प्रदेश में पासी समाज के लोगों की कुल जनसंख्या 43,56,856 है। जिसमें 22,95,740 पुरुष हैं तथा 20,61,116 महिलाएँ हैं। इस जनसंख्या में कुल 41,62,044 ग्रामीण हैं तथा 1,94,812 नगरीय हैं। यह जनसंख्या केवल पासी-तरमाली जाति की है जबकि 1981 की जनगणना के अनुसार उत्तर प्रदेश में पासी, तरमाली जाति की कुल जनसंख्या 34,25,929 थी। जनसंख्या के इन आंकड़ों के हिसाब से उत्तर प्रदेश में 1981 से 1991 के बीच पासी-तरमाली जाति की आबादी में सिर्फ 9,30,927 की बढ़ोतरी हुई है, जबकि 1981 से 1991 के बीच प्रदेश की कुल जनसंख्या में 25.48 प्रतिशत की वृद्धि हुई, जिसके हिसाब से 1981 में उत्तर प्रदेश की आबादी 11,08,62,512 थी जो 1991 में 13,91,12,287 हो गई। इससे पूर्व 1971 से 1981 के बीच भी जनसंख्या वृद्धि 25.49 प्रतिशत दर्शाई गई है। यदि उपरोक्त आंकड़ों को सही मान लिया जाए तो प्रदेश की आबादी की बढ़ोतरी दर के अनुसार पासियों की जनसंख्या में वृद्धि नहीं हो रही है। इसका कोई प्रथम दृष्टया कारण समझ में नहीं आता। 1891 में प्रदेश में रजपासियों की आबादी 3,53,535 थी और पासी उपजातियों की कुल आबादी 12,19,311 थी। इस हिसाब से यदि गणना की जाए तो 1991 की जनगणना के आंकड़े संदिग्ध नजर आते हैं क्योंकि प्रदेश की जनसंख्या वृद्धि दर पिछले 100 सालों से 15 से 25 प्रतिशत के बीच रही है। आखिर क्या कारण हैं कि पासी जाति की जनसंख्या में पिछले 100 सालों में 35-40 लाख की ही वृद्धि हुई है? जाहिर है कि पासियों के प्रति समाज का नजरिया अभी बदला नहीं है और सम्पन्न वर्ग अभी भी पासी समाज को दुर्भावना की निगाह से देखता है। आंकड़े इकट्ठा करने वाले और इनको सम्पादित कर प्रस्तुत करने वाले लोग अभी उसी समाज से आते हैं। जहाँ पासी शब्द का उच्चारण अच्छे अवसरों पर नहीं किया जाता। 1991 की जनगणना के अनुसार उत्तर प्रदेश में अनुसूचित जाति/जनजाति की कुल आबादी 2,92,76,455 है। यानी प्रदेश की कुल जनसंख्या का 21.05 प्रतिशत। अनुसूचित जाति/जनजाति की इस आबादी में विभिन्न पासी उपजातियों सहित पासी समाज की कुल आबादी लगभग एक करोड़ 10 लाख है। एक अनुमान के अनुसार यदि उन पासी उपजातियों की गणना भी इसमें कर ली जाए, जिन्होंने अपने आपको पासी समुदाय से विलग कर लिया है तो प्रदेश में कुल पासी आबादी लगभग डेढ़ करोड़ हो जाएगी। इसी तरह यदि पासी जाति की उन उपजातियों, जिनकी गिनती अनुसूचित जाति/जनजाति में नहीं बल्कि पिछड़ी जातियों में की जाती है, शामिल कर लिया जाए तो इस समय उत्तर प्रदेश में पासी समाज के लगभग दो करोड़ लोग रह रहे हैं। इस प्रकार उत्तर प्रदेश में अनुसूचित जाति/जनजाति की आबादी 4.50 करोड़ अनुमानित की जा सकती है।

जब मैंने किताब लिखने का मन बनाया तो बार-बार मुझे 'जनश्रुतियों' से जूझना पड़ा। अध्ययन के दौरान ही मुझे एहसास हुआ कि जनश्रुतियाँ वास्तव में इतिहास की सबसे सशक्त कड़ी हैं। दुनिया में जितने भी धर्म हैं, उनका सबसे मजबूत आधार जनश्रुतियाँ ही हैं। आमतौर पर शोध करने वाले जनश्रुतियों को नकारते रहे हैं, लेकिन वास्तविकता केवल नकारने मात्र से ही अविश्वसनीय नहीं हो जाती।

इस तरह की और भी बहुत-सी बातें हैं जो अक्सर मैं सोचता रहा हूँ और इस विषय पर लोगों से बातें करता रहा हूँ। लिखित रूप से इस विषय पर कोई किताब आए, यह मेरी तमन्ना थी। मैंने बहुत कम समय में और अत्यन्त व्यस्तता के दिनों में यह किताब लिखी है, सम्भव है इसमें कुछ कमियाँ रह गई हों, बल्कि अवश्य रह गई होंगी। मुझे उम्मीद है कि पाठक इसकी कमियों तथा इस विषय पर और क्या लिखा जाए, इसके बारे में मुझे सलाह देंगे। राज्य संग्रहालय, राज्य अभिलेखागार, अमीरुद्दौला लाइब्रेरी और सूचना एवं जनसम्पर्क विभाग के उन अधिकारियों और कर्मचारियों का धन्यवाद, जिन्होंने पुस्तक की आधार सामग्री उपलब्ध कराई।

आर. के. चौधरी

22 जून 1997

पासी जाति का उद्भव और विकास

पासी हमेशा से शासक कौम रही है। प्राचीन सभ्यता में अनेक पासी राजाओं की वीरगाथाओं के विवरण मिलते हैं। शूद्रों के साम्राज्य के पतन के अंतिम विवरणों में पासी राजाओं का उल्लेख सर्वत्र विद्यमान है। विशेषकर उत्तर प्रदेश में, जहाँ लखनऊ मण्डल अभी भी पासी-बहुल क्षेत्र है। यहाँ अभी भी पासी राजाओं के किलों के अवशेष उनके विशाल साम्राज्य के मूक गवाह के रूप में मौजूद हैं।

पासी समाज के उद्भव और पासी जाति के बारे में होने वाले शोध के अनुसार पासियों का उद्भव ऋषि परशुराम के पसीने की बूँदों से हुआ, इसीलिए इनका नाम पासी पड़ा। कहा जाता है कि एक दिन एक व्यक्ति ढेर सारी गायों का वध करने जा रहा था। उस समय ऋषि परशुराम वन में तपस्या कर रहे थे। गाय के वध की आवाज सुनकर ऋषि परशुराम वहाँ आए लेकिन गोवध करने वाले व्यक्ति की सहायता उसके मित्र कर रहे थे। अतः ऋषि परशुराम ने कुश घास से पाँच पुतले बनाए और अपने पसीने की बूँदें छिड़ककर उन्हें जीवित कर दिया। उनके पसीने से जीवित हो उठे पुतलों ने उन गायों की रक्षा की। क्योंकि इन व्यक्तियों का उद्भव परशुराम के पसीने से हुआ। इसलिए उनको 'पासी' की संज्ञा दी गई।

कुश के पुतलों से बने इन पाँचों व्यक्तियों ने ऋषि परशुराम से पत्नी की इच्छा प्रकट की। उसी समय एक कायस्थ कन्या, जो उस रास्ते से गुजर रही थी, उसे परशुराम ने उन पाँचों व्यक्तियों को सौंप दिया। इस महिला से कैथवास उपजाति का उद्भव हुआ। यह प्राचीन भारत में बहुपति प्रथा का एक अन्य उदाहरण है। महाभारत में पाण्डवों की पत्नी द्रौपदी भी इसी का एक उदाहरण है। इतिहास की किताबों में पासी जाति के उद्भव के बारे में यह सब लिखा है। वास्तव में यह मिथक भी अन्य पौराणिक कथाओं की तरह हास्यास्पद है। पसीने से न कभी कोई पैदा हुआ है न हो सकता है। यह पूर्णतयाः काल्पनिक-अवैज्ञानिक है और इतिहासकारों की कुत्सित और पूर्वाग्रह से ग्रसित विकृत मानसिकता का सूचक है। यह सब पूरी तरह से मनगढ़ंत है।

प्रसिद्ध ब्रिटिश लेखक क्रुक्स ने अपनी पुस्तक 'ट्राइब्स एण्ड कास्ट ऑफ द

नार्थ वेस्ट प्राविन्सेज एण्ड अवध' के चौथे खण्ड के पृष्ठ 139 पर लिखा है कि 'राजपूतों के कथनानुसार वे पासियों की एक शाखा हैं और गुजरात से आए हैं। इनके अनुसार बैस राजपूत कुल का प्रसिद्ध राजा त्रिलोक चन्द भर राजा था और उसका परिवार राजवंशी या राजपरिवार से सम्बन्धित था। यहीं से राजपासी का उद्‌भव हुआ। लखनऊ सेटेलमेंट रिपोर्ट खण्ड 24 में कहा गया है कि पासी और आरख अपने को भर का कुटुम्बी मानते हैं। अवध का पासी समाज मानता है कि यहाँ उनका राज था और उनके राजा संडीला, धौरहरा, मितौली, रामकोट जो कि खीरी, हरदोई, उन्नाव जिलों में स्थित हैं, में राज करते थे। उन्नाव जिले के बांगरमऊ के बारे में कहा जाता है कि यह स्थान पासियों के प्रभुत्व का मुख्य केन्द्र था। जनपद लखीमपुर खीरी में प्रचलित है कि पासी राजपासी, अरख, मोथी और खटिक आदि सब एक ही कुटुम्ब के हैं। इस क्षेत्र के राजपासियों का कहना है कि वे रतनदत्त सिंह के वंशज हैं। सीतापुर सेटेलमेंट रिपोर्ट 88 में कारनेगी का कथन है कि अवध के राजपूत और पासियों में निकट का संबंध है। वैसे पासी, अरख, मोथी और खटिक में भी निकटवर्ती संबंधों का उल्लेख इतिहास के पृष्ठों में पाया जाता है।

क्रुक्स के अनुसार उत्तर प्रदेश (तत्कालीन संयुक्त प्रान्त) के 305 पासी बहुल उपखण्डों में पासियों के विषय में समानता पाई जाती है। स्थानीय रूप से महत्त्वपूर्ण पासी जाति के लोग इस प्रकार हैं—बदायूँ के बहेलिया और भील, मुरादाबाद के अहेरिया व भील, इलाहाबाद और फतेहपुर के परशुरामी, फतेहपुर के बोरिया, बांदा के रेवा, मिर्जापुर के बछीलिया व भर, गाजीपुर के मनवा और तरमाली, बस्ती, सुल्तानपुर और बाराबंकी के चौरासी, तराई के भदौरिया, लखनऊ के बानिया, उन्नाव के बोरिया-महतिया, और पारसमणि, रायबरेली के बोरिया, सीतापुर के बाहर, धानुक और खटिक, गोंडा के बानिया तथा बहराइच के चुनरहा, धानुक व खटिक तथा फैजाबाद और लखनऊ के गूजर पासी समवंशी हैं।

वर्तमान उत्तर प्रदेश और ब्रिटिश राज के संयुक्त प्रान्त में तथा उससे पूर्व भी यह क्षेत्र सदैव से ही पासी बहुल क्षेत्र रहा है। 1891 की जनगणना के अनुसार प्रदेश में राजपासियों की कुल संख्या 3,53,535 थी और प्रदेश में पासी उपजातियों की कुल संख्या 12,19,311 थी।

पासी समाज के लोग उत्तर प्रदेश विशेषकर मध्य उत्तर प्रदेश में अधिक संख्या में रहते हैं। मध्य उत्तर प्रदेश के लखनऊ, इलाहाबाद और फैजाबाद मण्डल पासी बहुल क्षेत्र हैं। बिहार, पश्चिम बंगाल, मध्य प्रदेश, हरियाणा, महाराष्ट्र, पंजाब, उड़ीसा, हिमाचल प्रदेश, राजस्थान, दिल्ली तथा चंडीगढ़ में भी पासी समाज के लोग अच्छी-खासी संख्या में रह रहे हैं। इनकी मुख्य भाषा हिन्दी है। 'द शिड्यूल्ड कास्ट' पुस्तक में के.एस. सिंह के अनुसार आम तौर पर पासी जाति के लोग मध्यम कद-काठी के होते हैं। इस जाति के विभिन्न उप समूहों में ए.बी.ओ. रक्त समूह का वितरण

जो वंश प्रारूप ए. (24 से 29 प्रतिशत) का सूचक है मिलता है। अभी तक हुए वैज्ञानिक अनुसंधानों से पासी जाति की शारीरिक संरचना अन्य जातियों से भिन्न होने के बावजूद श्रेष्ठ है। पासी जाति के लोग आमतौर पर शाकाहारी होते हैं और यदा कदा ही मांसाहारी होते हैं। पेशे के हिसाब से पासी जाति पारंपरिक रूप से कृषि से जुड़ी रही है। व्यापार निजी व सरकारी नौकरियाँ और श्रमिक के रूप में भी इनकी भागीदारी समाज में है। सन् 1981 की जनगणना के अनुसार पासियों की कुल जनसंख्या का 32.12 प्रतिशत श्रमिक है। इनमें से 93 प्रतिशत से अधिक लोग अर्थव्यवस्था के प्राथमिक सेक्टर में अर्थात् कृषक हैं तथा 26.01 प्रतिशत पासी कृषक मजदूर के रूप में कार्य कर रहे हैं तथा 6.67 प्रतिशत पासी अन्य सेवाओं से जुड़े हुए हैं। एक परम्परा के अनुसार पासी लोग सवर्ण जातियों से कच्चा खाना नहीं लेते, लेकिन पक्का खाना कुछ अवसरों पर लेते रहे हैं।

1939 में पासी समाज के लोगों ने विभिन्न जाति संगठनों का गठन किया। फिर 1949 में लखनऊ के निकट एक मण्डलीय सम्मेलन किया और कुछ राजपासी युवकों ने अपने आपको राजपूतों का वंशज मानते हुए जनेऊ धारण किया। फलस्वरूप ग्रामीण क्षेत्रों में ऐसे राजपासियों का ब्राह्मणों के अतिरिक्त अन्य जातियों ने सामाजिक बहिष्कार कर दिया जिन्होंने जनेऊ धारण किया था। इन्हीं जातियों के सामाजिक दबाव के कारण बाद में अधिकांश राजपासियों ने जनेऊ उतार फेंका। 1981 की जनगणना के अनुसार उत्तर प्रदेश में पासी-तरमाली जाति की कुल जनसंख्या 34,25,929 थी। इस जनगणना के अनुसार पासियों में बालकों के प्रति औपचारिक शिक्षा का रुझान पाया गया लेकिन लड़कियों के प्रति यह रुझान कम है। इस वर्ष हुई जनगणना के अनुसार पासियों में साक्षरता प्रतिशत 10.17 प्रतिशत था। जिसमें पुरुष साक्षरता की दर 17.96 थी तथा महिलाओं की साक्षरता का प्रतिशत 1.71 था।

बिहार में पासी

बिहार में पासी जाति मुख्यतया ताड़ी खींचने वाले समुदाय के रूप में जानी जाती है। ब्रिटिश लेखक एच.एच. रिसले ने अपनी पुस्तक 'द ट्राइब्स एण्ड कास्ट ऑफ बेंगाल' के 1891 के संस्करण में लिखा है कि पासी समुदाय के लोग ताड़ के वृक्षों से ताड़ी निकालने तथा खजूर तोड़ने के श्रमसाध्य कार्य में लगे हुए हैं। बिहार में पासी पटना, गया, नवादा, औरंगाबाद, मुंगेर, भागलपुर, रोहतास, मुजफ्फरनगर, भोजपुर, दरभंगा आदि जिलों में फैले हुए हैं। 1981 की जगनणना के अनुसार बिहार में पासी समुदाय की जनसंख्या 4,63,601 थी। बिहार में पासी समुदाय की भाषा आमतौर पर मगही रही है। बिहार में पासी चार उप समूहों में बँटे हुए हैं। यह हैं त्रिसुलिया, गैदुहा, कमनी और ब्याध। इनमें त्रिसुलिया अपने को अन्य पासियों से सर्वोच्च मानते हैं। ताड़ के वृक्षों से ताड़ी खींचना ही बिहार के पासियों की जीविका

का मुख्य स्रोत रहा है। हालाँकि इस समुदाय के कुछ लोगों के पास कृषि योग्य भूमि भी है लेकिन कई लोग दिहाड़ी मजदूरी भी करते हैं। 1981 की जनगणना के अनुसार बिहार में पासी समुदाय के 30.24 प्रतिशत लोग कामगार के रूप में कार्यरत थे जिनमें 47.54 प्रतिशत पुरुष तथा 11.70 प्रतिशत महिलाएँ थीं। इनमें से 8.04 प्रतिशत लोग घरेलू उद्योग से जुड़े हुए हैं। यह मुख्य रूप से ताड़ी खींचने का उद्योग है। लगभग 15.87 प्रतिशत लोग व्यापार से जुड़े हुए हैं जो संभवतः ताड़ी विक्रय का व्यापार है। हालाँकि पासी समुदाय के अधिकतर लोग अर्थव्यवस्था के प्राथमिक क्षेत्र अर्थात् कृषि कार्यों से जुड़े हुए हैं। जिनका प्रतिशत 59.53 है जिसमें 17.72 प्रतिशत लोग कृषक हैं तथा 41.81 प्रतिशत लोग कृषक मजदूर के रूप में कार्यरत हैं। अन्य लोग दूसरे कार्य कर रहे हैं। पासी जाति के ब्याध उपसमूह से जुड़े हुए लोग आज भी पक्षी पकड़ने का काम कर रहे हैं।

शिक्षा के क्षेत्र में बिहार के पासियों ने सामान्य सी उन्नति की है। 1981 की जनगणना के अनुसार बिहार में पासियों की साक्षरता दर 17.58 प्रतिशत है। इसमें पुरुषों की साक्षरता दर 28.71 प्रतिशत तथा महिलाओं की साक्षरता दर 5.65 प्रतिशत है।

मध्य प्रदेश में पासी

मध्य प्रदेश का रीवा क्षेत्र पासी बहुल रहा है। इसके अतिरिक्त यह समुदाय मध्य प्रदेश के कुछ अन्य क्षेत्रों में भी पाया जाता है। 1981 की जनगणना के अनुसार मध्य प्रदेश में पासियों की जनसंख्या 30.31 प्रतिशत थी जिसमें से 73.84 प्रतिशत जनसंख्या नगरीय क्षेत्रों में रह रही थी। यहाँ के पासी भी हिन्दी भाषा का प्रयोग आम बोलचाल में करते हैं। कैथन, खटिक, परिनंजन, गोहिआ और बौरासी आदि इनके गोत्र हैं। मध्य प्रदेश के अधिकतर पासियों ने ताड़ के पेड़ों से ताड़ी खींचने का अपना पारंपरिक धंधा त्याग दिया है और अब वे दैनिक वेतन भोगी श्रमिकों के रूप में अपनी रोजी रोटी चला रहे हैं।

1981 की जनगणना के अनुसार मध्य प्रदेश में केवल 5.87 प्रतिशत पासी कृषक हैं तथा 13.88 प्रतिशत कृषि मजदूर के रूप में कार्य कर रहे हैं। इसके अतिरिक्त 9.04 प्रतिशत पासी खनन, 9.35 प्रतिशत भवन निर्माण, 5.87 प्रतिशत व्यापार और शेष 29.83 प्रतिशत पासी अन्य पेशों से जुड़े हुए हैं। मध्य प्रदेश में 1981 की जनगणना के अनुसार पासियों की साक्षरता दर 42.68 प्रतिशत थी। उल्लेखनीय है कि यहाँ पासी महिलाओं की साक्षरता दर 28.94 प्रतिशत है तथा पुरुषों की साक्षरता दर 54.47 प्रतिशत है। मध्य प्रदेश में पासी समुदाय के लोग अत्याधुनिक संचार माध्यमों, जनवितरण प्रणाली, परिवार नियोजन, आधुनिकतम चिकित्सा के क्षेत्र से जुड़े हुए हैं।

पश्चिम बंगाल में पासी

पश्चिम बंगाल के पासी ऐसा मानते हैं कि वे बिहार एवं उत्तर प्रदेश के प्रवासी हैं। 1981 की जनगणना के अनुसार पश्चिम बंगाल में पासी समुदाय की कुल जनसंख्या 21,367 थी। वैसे तो इन पासियों की मातृभाषा हिन्दी है लेकिन स्थानीय दबाव के कारण अब वे बंगाली बोलते हैं। यहाँ पर लोग पासी, प्रसाद और चौधरी आदि उपनाम लगाते हैं। कारखानों, सरकारी कार्यालय तथा व्यावसायिक प्रतिष्ठानों में कुछ पासी कार्यरत हैं लेकिन मुख्यतया इनका व्यवसाय ताड़ी खींचना है। 1981 की जनगणना के अनुसार 33.12 प्रतिशत पासी कामगार थे जिसमें 52.07 प्रतिशत पुरुष और 48.01 प्रतिशत महिलाएँ थीं। पासी समुदाय में 48.01 प्रतिशत लोग उत्पादन प्रक्रिया से जुड़े हैं। इसमें ताड़ी खींचने के काम से जुड़े लोग भी शामिल हैं। यहाँ 4.41 प्रतिशत लोग कृषि कार्य तथा 5.78 प्रतिशत लोग कृषक मजदूर के रूप में कार्यरत हैं। 14.67 प्रतिशत खनन कार्य, 7.15 प्रतिशत व्यापार और शेष 19.98 प्रतिशत लोग अन्य कार्यों में लगे हुए हैं। इस प्रदेश में 1981 की जनगणना के अनुसार 26.79 प्रतिशत पासी साक्षर हैं जिनमें पुरुषों की साक्षरता दर 35.76 प्रतिशत तथा महिलाओं की साक्षरता दर 13.18 प्रतिशत है।

दिल्ली के पासी

दिल्ली में रहने वाले पासी समुदाय के लोग मूलतः दिल्ली के निवासी नहीं हैं और समय-समय पर यहाँ आकर बस गए हैं। यहाँ यह पसोई और पस्सी के नामों से भी जाने जाते हैं। 1981 की जनगणना के अनुसार दिल्ली में इनकी जनसंख्या 12,455 थी। जिनमें 8177 पुरुष तथा 4278 महिलाएँ थीं। महिलाओं और पुरुषों की जनसंख्या में इतने बड़े अंतर का मूल कारण संभवतः यह है कि पुरुष रोजी-रोटी की तलाश में यहाँ आकर बस गए और उनके परिजन गाँवों में ही रह गए। दिल्ली में पासी समुदाय के लोग विभिन्न समूहों में बँटे हुए हैं जिनमें प्रमुख हैं गुज्जर पासी, कैथ पासी और बौरासी पासी। गुज्जर पासी यहाँ अपने आपको अन्य पासी उपसमूहों से श्रेष्ठ मानते हैं दिल्ली में पासी समुदाय के लोग कश्यप गोत्र से सम्बन्धित होने का दावा करते हैं और सक्सेना, गुप्ता, गुलाटी, वर्मा और शर्मा अपने उपनाम के रूप में प्रयोग करते हैं। 1981 की जनगणना के अनुसार दिल्ली में 44.52 प्रतिशत पासी श्रमिक के रूप में कार्यरत थे। जिनमें 66.17 प्रतिशत पुरुष तथा 3.13 प्रतिशत महिलाएँ थीं। इनमें से 32.08 प्रतिशत उद्योगों में कार्यरत थे। जबकि 16.74 प्रतिशत लोग परिवहन, 15.17 प्रतिशत व्यापार और 9.09 प्रतिशत निर्माण प्रक्रिया और शेष 26.20 प्रतिशत अन्य पेशागत कार्यों से जुड़े हुए थे। 1981 की जनगणना के अनुसार दिल्ली में पासियों की साक्षरता दर 33.43 प्रतिशत थी जिनमें पुरुषों की साक्षरता दर 39.09 प्रतिशत और महिलाओं की 22.63 प्रतिशत थी।

महाराष्ट्र में पासी

महाराष्ट्र में पासी तरमाली और तिरशुलिया नाम से जाने जाते हैं। 1981 की जनगणना के अनुसार महाराष्ट्र में इनकी जनसंख्या 11,995 थी। जिनमें 7,969 पुरुष तथा 4,026 महिलाएँ शामिल थीं। इनकी कुल जनसंख्या में 83.52 प्रतिशत लोग ग्रामीण क्षेत्रों के निवासी हैं। यहाँ के पासी भी उत्तर प्रदेश और बिहार के प्रवासी हैं। यहाँ के कुछ पासी पत्थर तराशने, बुनाई, चीनी बर्तन निर्माण और सुनारी के व्यवसाय में लगे हुए हैं। यहाँ के पासी अधिकांशतः भूमिहीन हैं लेकिन इनमें से अधिकतर शिक्षक, अधिवक्ता, व्यापारी, तथा कुशल-अकुशल कारीगर के रूप में कार्यरत हैं। 1981 की जनगणना के अनुसार महाराष्ट्र में 43.40 प्रतिशत पासी श्रमिक थे जिनमें 62.02 प्रतिशत पुरुष तथा 6.56 प्रतिशत स्त्रियाँ शामिल थीं। इनमें से 55.76 प्रतिशत श्रमिक उत्पादन प्रक्रिया, पत्थर तराशने, सुनारी और चीनी बर्तन निर्माण कार्यों से जुड़े हुए हैं। तथा 6.11 प्रतिशत लोग खनन कार्यों में कार्यरत हैं।

यहाँ 3.3 प्रतिशत लोग कृषक के रूप में तथा 5.28 प्रतिशत कृषक मजदूरों के रूप में काम कर रहे थे जबकि शेष 23.48 प्रतिशत पासी अन्य सेवाओं से जुड़े थे। यहाँ पासियों की साक्षरता दर 1981 की जनगणना के अनुसार 45.76 प्रतिशत दर्ज की गई जिसमें पुरुषों की साक्षरता दर 55.92 प्रतिशत तथा महिलाओं की 25.66 प्रतिशत थी।

हरियाणा में पासी

सिख संप्रदाय के गुरु गोविन्द सिंह जब पटना से पंजाब लौट रहे थे उस समय वे हरियाणा में पासियों के संपर्क में आये। उन्होंने पासियों को अपनी सेना में भर्ती किया और उन्हें पंजाब लाए; 1981 की जनगणना के अनुसार हरियाणा में पासियों की जनसंख्या 6,748 थी जिनमें 4,017 पुरुष तथा 2,731 महिलाएँ थीं। इस प्रदेश की यह विशेषता है कि यहाँ के 73 प्रतिशत पासी नगरी क्षेत्रों के निवासी हैं। इनमें से कुछ अपना रोजगार करते हैं और अन्य सरकारी या निजी संगठनों में कार्यरत हैं जबकि कुछ पासी पशुपालन व्यवसाय से जुड़े हैं। 1981 की जनगणना के अनुसार हरियाणा के 36.11 प्रतिशत पासी श्रमिक हैं जिनमें पुरुषों का प्रतिशत 59.1 तथा महिलाओं का 2.20 प्रतिशत है। यहाँ केवल 4.96 प्रतिशत पासी कृषक हैं जबकि कृषक मजदूरों का प्रतिशत 6.11 है। यहाँ के कुछ पासी आर्य समाजी भी हैं। 1981 की जनगणना के अनुसार हरियाणा के पासियों की साक्षरता दर 41.15 प्रतिशत और महिलाओं की 22.78 प्रतिशत है।

पंजाब में पासी

पंजाब में पासियों की जनसंख्या रोपड़, पटियाला और लुधियाना में केन्द्रित है। 1981 की जनगणना के अनुसार पंजाब में इनकी जनसंख्या 5,593 थी। जिसमें 3,495 पुरुष तथा 2,098 महिलाएँ थीं। यहाँ 69.44 प्रतिशत पासी नगरीय क्षेत्रों के निवासी हैं और यह उत्तर प्रदेश के प्रवासी हैं। यहाँ के पासियों का मुख्य पेशा सूअर पालन है हालाँकि वे श्रमिक के रूप में भी कार्य करते हैं। 1981 की जनगणना के अनुसार 40.73 प्रतिशत पासी श्रमिक हैं। जिनमें 62.86 प्रतिशत पुरुष तथा 3.86 प्रतिशत महिलाएँ हैं। यहाँ 34.50 प्रतिशत पासी ताड़ी खींचने के व्यवसाय से जुड़े हैं। जबकि 15.80 प्रतिशत परिवहन, 5.09 प्रतिशत ताड़ी बेचने के व्यापार, 10.27 प्रतिशत कृषक मजदूर तथा 1.67 प्रतिशत कृषि कार्यों से जुड़े हैं। यहाँ 3.86 प्रतिशत कामगार पशुधन और वनीकरण के कार्य में भी लगे हुए हैं। जिनमें सूअर पालन मुख्य कार्य है। शेष 28.8 प्रतिशत पासी अन्य व्यवसाय से जुडे हुए हैं। पंजाब में पासियों की साक्षरता दर 1981 की जनगणना के अनुसार 24.98 प्रतिशत है जिनमें पुरुषों का प्रतिशत 30.30 है और महिलाओं का प्रतिशत 16.11 है।

इन प्रदेशों के अतिरिक्त उड़ीसा के कटक, बालासोर तथा पुरी में भी पासी समुदाय के लोग रह रहे हैं जिनकी जनसंख्या 1981 की जनगणना के अनुसार मात्र 537 थी। इस क्षेत्र के पासियों की विशेषता यह है कि ये केवल उड़िया ही बोलते हैं जबकि अन्य सभी स्थानों के पासियों की भाषा हिन्दी है। पासी समुदाय के लोग गुजरात, हिमाचल प्रदेश, राजस्थान और चंडीगढ़ में भी रह रहे हैं। 1981 की जनगणना के अनुसार गुजरात में इनकी जनसंख्या 1164, हिमाचल में 226, राजस्थान में 943 तथा चंडीगढ़ में 928 थी।

POPULATIONS OF PASEES ACCORDING TO CENSUS OF 1891

1891 की जनगणना के अनुसार पासियों की जनसंख्या

Districts जिले	Arakh अरख	Baurasi बौरासी	Gujar गूजर	kaithvas कैथवास	mothee मोथी	Rajpaasee रजपासी	others अन्य	Total कुल
देहरादून	...	648	231	92	...	69	244	1,284
सहारनपुर	...	122	78	7	...	6	529	742
मुजफ्फरनगर	...	12	...	9	...	...	6	27
मेरठ	...	...	...	...	...	...	699	699
मथुरा	...	...	...	...	...	...	14	14
आगंरा	...	...	...	...	...	...	11	11
फर्रुखाबाद	...	8	4	...	...	9	15	36
मैनपुरी	...	3	...	...	...	1	32	36
इटावा	...	...	...	3	...	...	31	34
एटा	...	...	...	...	...	...	3	3
बरेली	...	...	...	156	...	...	184	340
बिजनौर	...	...	...	...	...	...	8	8
बदायूं	...	...	8	...	...	...	6,738	6,746
मुरादाबाद	...	...	...	...	...	...	7,199	7,199
शाहजहाँपुर	4	59	1,330	95	72	14,218	3,166	18,944
पीलीभीत	18	5,826	2,742	183	...	2,637	348	11,744

कानपुर	...	...	193	96	...	15	889	1,193
फतेहपुर	...	2	9	29,552	...	88	1,206	30,857
बांदा	...	14	5	1,623	125	...	437	2,204
हमीरपुर	...	4	...	14	...	...	5	23
इलाहाबाद	...	...	52	109,242	...	...	3,098	112,392
झाँसी	...	...	...	13	...	...	98	111
जालौन	...	...	...	...	...	...	12	12
ललितपुर	...	...	...	10	...	...	2	12
बनारस	...	...	...	3,283	...	...	1,641	4,924
मिर्जापुर	...	...	...	19,139	782	2,138	475	22,534
जौनपुर	...	...	...	29,456	...	...	1,070	30,526
गाजीपुर	...	...	...	37	...	...	4,785	4,822
बलिया	...	...	...	...	...	...	677	677
गोरखपुर	...	14,155	7,109	10,145	...	...	17,267	48,682
बस्ती	...	10,413	6,909	1,098	...	...	324	18,744
आजमगढ़	...	...	...	22,421	...	...	65	22,484
तराई	...	...	1	1	...	7	912	921
लखनऊ	102	169	29,971	67	4,638	39,107	1,602	75,656
उन्नाव	68	1,270	29,848	129	...	19,314	31,792	82,421
रायबरेली	...	50,049	10,434	26,243	...	17	14,325	101,248

सीतापुर	3,020	14	13	...	1,043	95,653	5,157	104,900
हरदोई	...	8	22	...	74	85,308	627	86,039
खीरी	8,567	242	49	...	1,218	63,880	559	74,515
फैजाबाद	...	2,786	34,623	...	...	...	337	37,746
गोंडा	...	14,061	22,011	...	315	163	1,110	37,665
बहराइच	117	8,623	21,470	29	...	4,221	15,635	50,095
सुल्तानपुर	...	23,455	2,687	6,598	...	...	1,973	34,722
प्रतापगढ़	...	...	127	61,993	...	...	239	62,459
बाराबंकी	4,314	75,615	5,931	...	...	26,653	10,315	122,828
कुल	16,210	207,558	175,857	321,914	8,267	353,535	135,961	1,219,311

लखनऊ में भर-पासी राजा

लगभग आठ सौ साल पहले लखनऊ पासी राजाओं का गढ़ था। लखनऊ के आसपास के इलाके इन्हीं पासी राजाओं के अधीन थे। मलिहाबाद तहसील के महोना परगना में अमानीगंज बाजार है। यह बाजार बनोगा गाँव में स्थित है। इस बाजार का निर्माण नवाब आसिफुद्दौला ने कराया था। लखनऊ डिस्ट्रिक्ट गजेटियर के खण्ड-37 के पृष्ठ 168 पर लिखा है कि बनोगा गाँव मूल रूप से पासियों का गाँव था। जिसे थाना पट्टी के पवारों के वंशज राम सिंह ने पासियों से खाली करा लिया था। इसी तरह अमेठी में शुरुआती दौर में भर राजाओं का राज था। इस स्थान को सैयद सालार मसूद के एक सिपहसालार मलिक यूसुफ ने युद्ध करके भर राजाओं से छीन लिया था। (पृष्ठ 170) बिजनौर परगना के बारे में सर्वविदित है कि यह बिजली पासी का गाँव था। गोसाईंगंज में राजा हिम्मत गिरि गोसाईं के किले के अवशेष इस शताब्दी की शुरुआत तक मौजूद थे। राजा गोसाईं शुजाउद्दौला की फौज में कमांडर थे। इस किले के बारे में भी कहा जाता है कि इसे भर-पासियों ने बनवाया था। लखनऊ तहसील का परगना जुग्गौर के बारे में कहा जाता है कि इसे जोगी जगदेव ने बसाया था। लखनऊ डिस्ट्रिक्ट गजेटियर (1904) में लिखा है कि भर जाति के लोगों का यह मुख्यालय था। बाद में भरों को यहाँ से मुस्लिम आक्रमणकारियों ने बेदखल कर दिया। लखनऊ जिले का काकोरी पगरना भी भरों-पासियों के कब्जे में था, जिन्होंने यहाँ काकोरगढ़ नामक दुर्ग का निर्माण कराया। यहाँ से बैसवारा राज्य के राजाओं ने भरों को हटाकर अपना राज्य कायम किया। इसी प्रकार बिजनौर के कल्ली पश्चिम के बारे में उल्लेख किया जा चुका है कि यहाँ महाराजा बिजली पासी का एक किला था। यहाँ कालीखेड़ा का टीला था जिसके नीचे किले के अवशेष दबे हुए थे। 1901 में इसकी जनसंख्या 1978 थी जिनमें अधिकांश पासी थे। तहसील मलिहाबाद के कसमंडी परगने में भी पासी राजा कंस का राज था। जिसे सैयद सालार मसूद ने युद्ध में हराया। इस गाँव के बाहर बहुत-सी कब्रें उन सिपाहियों की थीं जो युद्ध में मारे गए। इनमें से सैयद हाशिम और सैयद कासिम की मजारें इस शताब्दी की शुरुआत तक मौजूद थीं। इसके अलावा मलिहाबाद की उत्तर दिशा में दो मील की

दूरी पर कसमंडी खुर्द नाम का स्थान है। इसके बारे में भी कहा जाता है कि यहाँ पासी राजा कंस का राज था। वर्ष 1901 में इस स्थान की जनसंख्या 1838 थी इनमें अधिकांश पासी थे। मलिहाबाद तहसील के महोना परगने में कढवारा नाम का स्थान है। इसके बारे में कहा जाता है कि यह अत्यन्त प्राचीन स्थान था। जनश्रुतियों के अनुसार द्वापर युग में इस स्थान पर किसी दयूयद अनसनभुज का राज था। इस स्थान पर भर राजाओं ने अपना आधिपत्य कायम किया। इसी प्रकार मलिहाबाद तहसील के खरावन परगने के दक्षिण पश्चिमी हिस्से पर आरखं पासियों का राज था। यह मलिहाबाद के पश्चिम में चार मील की दूरी पर स्थित था तथा संडीला जाने वाली सड़क के दक्षिण से इसकी दूरी एक मील है।

मलिहाबाद तहसील के माल परगना के झोझा मुसलमानों के बारे में कहा जाता है कि वे भर-पासी थे और इनके माल व आंट में किले थे। दशहरी आमों के लिए प्रसिद्ध मलिहाबाद तहसील के विषय में कहा जाता है कि मलिया पासी ने इसे बसाया था। हालाँकि इस मलिया पासी के बारे में कोई विस्तृत जानकारी तो नहीं उपलब्ध है लेकिन ऐसा लगता है कि पासी और अरख इस क्षेत्र के बहुत से गाँवों पर राज करते थे। ऐसा कहा जाता है कि यहाँ पासियों की एक टकसाल थी और समय-समय पर उनके सिक्के प्राप्त होते रहे हैं। मलिहाबाद के अंटगढ़ी, दिलावर नगर, माल और सिसवारा में ऊँचे टीले थे। इनके बारे में भी कहा जाता है कि यह सब पासियों के दुर्ग थे और शुरुआती दौर में यहाँ भी पासियों का राज था।

इस परगने को समय-समय पर राजपूतों की विभिन्न जातियों ने रौंदा। कहा जाता है कि 13वीं शताब्दी से लेकर तीन सौ साल तक यह परगना राजपूतों के अधीन था। बाद में पठानों के कुछ परिवार यहाँ आकर रहने लगे। ऐसा लगता है कि वर्तमान में यहाँ जो शेख रह रहे हैं वे सजातीय हिन्दू हैं और जिन्होंने इस्लाम धर्म स्वीकार कर लिया था। (जिला गजेटियर, लखनऊ, खंड-37, पृष्ठ 245)। लखनऊ के उत्तर दिशा में मड़ियाँव एक प्राचीन स्थान है। इसके बारे में भी कहा जाता है कि यहाँ भर-पासियों का राज्य था, जिन्हें सैयद सालार मसूद के एक सैन्य अधिकारी मलिक आदम ने भरों से जीत लिया था। बाद में भर-पासियों ने इन्हें मार दिया। इनकी कब्र भी यहीं बनाई गई। मोहनलालगंज तहसील के दक्षिण पूर्व में हुलासखेड़ा नाम का एक स्थान है। यहाँ पर करेला झील के तट पर एक पुराने किले के निशानात मौजूद हैं। यह किला भी भर-पासियों द्वारा बनाया गया था। इसी गजेटियर के अनुसार मोहनलालगंज मऊ ग्राम में स्थित है। 16वीं शताब्दी के अन्त में यह इस स्थान के बड़े हिस्से पर काबिज थे। इन जंवारों ने बहुत से गाँव बसाए। यह जंवार आक्रामक और उद्यमी परिवारों से संबंधित थे। एक अवसर पर इन्होंने दिल्ली भेजे जाने वाले राजा के खजाने को भी लूट लिया था। इस प्रकार इन्हें चुरहा कहा जाने लगा।

मोहनलालगंज के नगराम परगना के बारे में कहा जाता है कि इसके संस्थापक

भर-पासी राजा नल थे और इन्हीं के नाम पर इसका नाम नगराम पड़ा। इसी गजेटियर में उद्धृत है कि उनके किले के अवशेष एक ऊँचे टीले के रूप में वहाँ मौजूद थे। इस स्थान का नाम राजा नल के नाम पर नलग्राम था। पुराने सरकारी दस्तावेजों में इसे नलग्राम ही लिखा गया है। ऐसा प्रतीत होता है कि यह टीला उस स्थान पर था जहाँ से सैयद सालार मसूद की सेनाएँ गुजरीं। क्योंकि इस टीले पर शहीद मुनव्वर और अनवर की कब्रें थीं और इस टीले के बाहर पीरन हाजी बुर्द की मजार मौजूद थी। इस स्थान को गंजे शहीदां भी कहा गया है। ऐसा प्रतीत होता है कि भर-पासी राजा नल से जो युद्ध हुआ था उसमें स्थायी रूप से उसका राज मुसलमानों के हाथ में नहीं गया क्योंकि कुछ समय बाद भरपासियों ने इस स्थान पर पुनः कब्जा कर लिया। कालांतर में जयपाल सिंह के नेतृत्व में यहाँ पर आक्रमण हुआ और जयपाल सिंह ने भर-पासियों को यहाँ से बेदखल कर दिया। राजा जयपाल सिंह कुम्हरावाँ का अमेठिया राजपूत था। मोहनलालगंज के निगोहां का इतिहास भी काफी प्राचीन है। इसके विषय में कहा जाता है कि इसके संस्थापक चन्द्रवंशी राजा नाहक थे। यह स्थान भी 10वीं-11वीं शताब्दी के भर-पासियों में अधीन था।

इन भर-पासियों को मऊ के जंवारों ने बेदखल कर दिया। मोहनलालगंज के सिसेंडी के बारे में भी कहा जाता है कि यहाँ भर-पासियों का राज था। इसे गौतम राजपूत नामक ठाकुर ने भरों से छीन लिया था। उजरियांव गाँव के बारे में भी गजेटियर कहता है कि यहाँ पर पूर्व में एक गाँव था जो भर-पासियों के अधीन था। इसी प्रकार उतरांवा गाँव का एक हिस्सा किला के नाम से जाना जाता है। यह भी पासी राजाओं का दुर्ग था।

महाराजा बिजली पासी

12वीं शताब्दी पासी राजाओं के साम्राज्य के लिए बहुत अशुभ साबित हुई। इसी शताब्दी के अन्तिम दशक में अवध के सबसे शक्तिशाली पासी शासक महाराजा बिजली पासी वीरगति को प्राप्त हुए (1194 ई.)। इससे पहले राजा लाखन पासी भी वीरगति को प्राप्त हो चुके थे। सातन पासी का साम्राज्य भी अगली शताब्दी में समाप्त हो गया। वस्तुतः महाराजा बिजली पासी की मृत्यु के बाद पासी साम्राज्य कमजोर पड़ गया और अवध, जहाँ पासी राजाओं का सिक्का चलता था, विदेशी आक्रमणों के आगे बेबस होकर उनके अधीन चला गया।

पासी साम्राज्य के बिखरने का मूल कारण विदेशी आक्रांताओं के आक्रमण तो थे ही, राजपूतों के आक्रमण भी बहुत बड़ा कारण थे। राजपूतों ने छोटे-छोटे पासी राजाओं से उनके राज्य छीने और उनको बेदखल किया। अवध के सैकड़ों गाँवों पर राजपूतों ने अधिकार प्राप्त कर लिया था। दूसरी ओर दिल्ली में विदेशी आक्रांताओं का आधिपत्य हो चुका था और वे उत्तर-पश्चिम की तरफ तेजी से बढ़ रहे थे। कदाचित् छोटे-छोटे पासी राजाओं का राज्य समाप्त न हुआ होता तो महाराजा बिजली पासी जैसे वीर योद्धाओं का साम्राज्य इतनी आसानी से समाप्त न होता।

महाराजा बिजली पासी जिस कार्यकुशलता से अपने साम्राज्य का विस्तार कर रहे थे, उससे संभव था कि पासी साम्राज्य 13वीं शताब्दी में अपने स्वर्णिम युग में पहुँच जाता। बिजली पासी बचपन से ही शूरवीर थे। कहा जाता है कि बहुत कम आयु में ही वे एक समुदाय के सरदार बन गए थे। राजकुमार की पुस्तक 'बिजली पासी की ऐतिहासिकता' के अनुसार कदाचित् उनकी माँ का नाम 'बिजना' था इसीलिए उन्होंने सर्वप्रथम अपनी माँ की स्मृति में 'बिजनागढ़' की स्थापना की। जो कालान्तर में बिजनौरगढ़ के नाम से संबोधित किया जाने लगा। बिजली पासी के कार्य क्षेत्र में विस्तार हो जाने के कारण बिजनागढ़ में गढ़ी का सीमित स्थान पर्याप्त नहीं रह गया था। बिजली पासी ने इसे अपने मातहत एक सरदार को नियुक्त कर उसे सौंप दिया। इसके बाद उन्होंने पिता की याद में बिजनौरगढ़ से तीन किलोमीटर उत्तर की ओर अपने पिता नटवा की याद में 'नटवागढ़' की स्थापना की। यह किला भी

काफी भव्य और सुरक्षित था। बिजली पासी की लोकप्रियता बढ़ने लगी और अब तक वे 'राजा' की उपाधि प्राप्त कर चुके थे और नटवागढ़ का किला भी शासकीय कार्यसंचालन के लिए पर्याप्त नहीं रह गया था। तब राजा बिजली पासी ने नटवागढ़ से उत्तर तीन किलोमीटर की दूरी पर एक विशाल किले का निर्माण कराया जिसके अवशेष आज भी मौजूद हैं और जिसे 'महाराजा बिजली पासी किला' कहते हैं। उस समय तक राजा बिजली पासी महाराजा बिजली पासी की उपाधि से विभूषित हो चुके थे।

लखनऊ जिला मुख्यालय से 8 किलोमीटर सदर तहसील के अन्तर्गत दक्षिण की ओर बंगला बाजार के आगे सड़क के दाहिनी ओर (अक्षांश 27^{0}-44', उत्तर देशांतर 80^{0}-55') पूरब इस किले के अवशेष आज भी महाराजा बिजली पासी के साम्राज्य के मूक गवाह के रूप में मौजूद हैं। पूरब से पश्चिम 210 मीटर, उत्तर से दक्षिण 280 मीटर तथा कुल 58,800 वर्ग मीटर के क्षेत्रफल में किले के यह अवशेष आज भी मौजूद हैं। उनके 11 अन्य किलों में से चार किलों क्रमशः—नटवा, माती, परवर-पश्चिम, और कल्ली-पश्चिम किलों के भग्नावशेष आज भी मौजूद हैं। बाकी आठ किलों के अवशेष अब समाप्त हो चुके हैं। दरअसल पासी साम्राज्य के निशानात के संरक्षण का विचार इससे पूर्व कभी किसी सरकार को आया ही नहीं। आठ सौ साल बाद सत्ता में वापस आए शूद्रों ने जब अपने पूर्वजों के स्वर्णिम इतिहास के अवशेषों को सम्मान देने का प्रयास किया तो अधिकांश दुर्ग, किले, महल आदि विध्वंस हो चुके थे। फिर भी जहाँ कहीं भी प्राकृतिक रूप से बच गए अवशेष मिले उन्हें संरक्षित करने का प्रयास किया गया। महाराजा बिजली पासी किला उन्हीं में से एक है। राजकुमार ने अपनी पुस्तक 'बिजली पासी की ऐतिहासिकता' में महाराजा बिजली पासी के 12 किलों का उल्लेख किया है। यह हैं—बिजली पासी किला, बिजनौरगढ़ किला, नटवाडीह किला, माती किला, परवर-पश्चिम किला, कल्ली-पश्चिम किला, पुराना किला, औरांव किला, दादूपुर किला, भटगाँव किला, ऐंन किला और पिपरसेंड किला। राजकुमार के अनुसार बिजली पासी किले की सीमा के अन्तर्गत पूरब में कल्ली-पश्चिम, पश्चिम में पिपरसेंड, भटगाँव, ऐंन। उत्तर में पुराना किला, दक्षिण में नींवा ढक जंगल सीमा सुरक्षा के रूप में कार्य करता था। इसके मध्य महाराजा बिजली पासी का केन्द्रीय किला सुरक्षित था। महाराजा बिजली पासी के राज्य के अंतर्गत 94,829 एकड़ भूमि अथवा 148 वर्गमील का भूभाग सम्मिलित था। इस क्षेत्र की भूमि अत्यधिक उपजाऊ थी और धान की फसल के लिए यह क्षेत्र बहुत अनुकूल था धान के अलावा गेहूँ, चना, मटर, ज्वार, बाजरा आदि की खेती भी होती थी।

महाराजा बिजली के अधीन परगना सदर, परगना काकोरी और परगना बिजनौर थे। इन तीनों स्थानों के कुल 103 गाँव उनके राज्य के अधीन थे। सन् 1924 के बंदोबस्त के अनुसार भी इन गाँवों की पुष्टि होती है।

बिजली पासी के किले की पुरातात्त्विक स्थिति

पुरातत्त्वविदों का अनुमान है कि यह किला तीसरी शताब्दी ई. पूर्व तक पूर्ण रूप से विकसित हो चुका था। यह भी माना गया है कि तीसरी शताब्दी ई. पूर्व से पहले यहाँ पूरी तरह से जीवन की सभी आवश्यकताओं के लक्षण मिलते हैं। ब्लैक स्लिप्ड, ग्लेज्डवेयर, जलपात्र की टोंटी, तश्तरी, सकोरे, मृदभांड और अन्य पात्रों के अवशेष यहाँ प्राप्त होते रहे हैं। इस आधार पर इसे 700 ई. पूर्व का भी माना गया है। किले की उत्तरी बुर्ज एवं प्राचीर की संरचना में टीले की मिट्टी का प्रयोग किया गया है। इस संरचना में मध्यकालीन 12वीं शताब्दी ई. में लाल मृत्तिका पात्रों के टुकड़े ग्लेज्ड वेयर बहुतायत से प्राप्त होते रहे हैं। किले के निर्माण में प्रयोग की गई ईंटों से ऐसा माना गया है कि कुषाणकालीन दूसरी शताब्दी ई. पूर्व की वास्तुकला का किले पर प्रभाव रहा है।

किले का इतिहास

कहा जाता है कि महाराजा बिजली पासी ने इसी किले से अपने विशाल साम्राज्य का संचालन किया। यहाँ यह ध्यान देने योग्य बात है कि महाराजा बिजली पासी की मृत्यु के बाद पासी साम्राज्य लगभग समाप्त हो गया था। तत्पश्चात् महमूद गजनवी के भतीजे सैयद सालार मसूद ने इस किले पर आक्रमण किया लेकिन भर-पासियों ने अपनी बची-खुची सैन्य शक्ति का जोरदार प्रदर्शन किया और उसे पराजित कर दिया। इसी दौरान काकोरगढ़ पर भी मुस्लिम आक्रमणकारियों ने हमला किया था और वहाँ अपना आधिपत्य स्थापित कर लिया था। मलिहाबाद के निकट बख्तियारपुर नामक गाँव की स्थापना बख्तियारपुर खिलजी के नाम पर ही उस समय की गई थी। यद्यपि यहाँ से सालार मसूद को पराजित होकर वापस जाना पड़ा था लेकिन सन् 1202 के आस-पास मोहम्मद बिन कासिम की सेनाओं ने इस पर पुनः हमला किया और इसे जीत लिया। कासिम ने जीतने के बाद इस किले को अपने दामाद मीर जलालुद्दीन को इसे नजराने के रूप में दे दिया। तभी इसका नाम 'किला जलालाबाद' पड़ा।

सन् 1556 में अकबर के शासनकाल में परगना बिजनौर अवध के सूबे के अंतर्गत आ गया जिसके ताल्लुकेदार राय श्रीराम बहादुर थे। यह कायस्थ थे और बिजनौर परगना की मालगुजारी वसूल करके दिल्ली मुगल दरबार में पहुँचाते थे। तब तक स्थितियाँ काफी बदल चुकी थीं और पासी समाज जो दो सौ साल पूर्व तक शासक समाज था, अब विदेशी आक्रांताओं के अधीन हो गया था। 18वीं शताब्दी के पूर्वार्द्ध में इस किले का नाम 'किला जलालुद्दीन' पड़ गया था। नवाब सफदरजंग के भतीजे मोहम्मद कुली खाँ को सआदत अली खाँ, बुरहानुल्मुल्क की बेटी 'मोहम्मदी

बेगम' ब्याही थीं। इन्हीं के नाम पर मोहम्मदी नगर बसाया गया और फिर इसे कुछ दिन तक 'किला मोहम्मदी' भी कहा गया। नवाब शुजाउद्दौला ने इसी किले में मोहम्मद कुली खाँ को कत्ल करवा दिया और उसकी लाश किले के मध्य बने कुएँ में डलवा दी थी।

नवाबी शासनकाल के 136 वर्षों तक महाराजा बिजली पासी का यह दुर्ग नवाबों के प्रतिनिधियों की शरणस्थली रहा और इससे पूर्व दिल्ली सल्तनत के सूबेदारों ने इस पर अपना अधिकार जमाने के लिए समय-समय पर हमले किए।

18वीं शताब्दी में जब नवाबी शासन अपने स्वर्णिम युग में पहुँच चुका था, तब भी यह दुर्ग उनके अधीन तो रहा लेकिन इसके संरक्षण और विस्तार के बारे में किसी नवाब ने नहीं सोचा। अंग्रजों ने जब 1857 के युद्ध में लखनऊ पर हमले शुरू किए तो इसे अपनी सैनिक छावनी के रूप में प्रयोग किया। अंग्रेज जनरल कैम्पवेल को यह स्थान बहुत पसंद आया। उसने यहाँ काफी समय बिताया। उसने किले के अन्दर-बाहर सौंदर्यीकरण के लिए प्रयास किए और इसे सुसज्जित किया। जनरल कैम्पवेल ने ही इसके अन्दर उत्तर की ओर एक कुआँ भी खुदवाया था, जिससे पेड़-पौधों की सिंचाई की जाती थी।

एच.आर. नेविल द्वारा संकलित एवं सम्पादित लखनऊ गजेटियर खंड-37 के पृष्ठ 138-139 पर लिखा है कि परंपरागत जनश्रुतियों के आधार पर ऐसा कहा जाता है कि अयोध्या के सूर्यवंशी राजाओं के पतन के बाद लखनऊ में ऋषियों और मुनियों के आश्रम ही अस्तित्व में थे। मंडियांव में मण्डल ऋषि, जुग्गौर में जगदेव जोगी आदि ऋषियों को महाराजा जनमेजय ने जागीरें भेंट की थीं। ऐसा कहा जाता है कि अवध के पूर्वी क्षेत्र में भर जाति के लोगों का बाहुल्य था साथ ही लखनऊ में इस जाति के लोगों का भी आधिपत्य था। इस प्रकार उत्तर और पश्चिम में अरख और पासी वंश के लोगों का राज्य था और मोहनलालगंज तहसील में केवल भर जाति के लोग राज कर रहे थे। ऐसा कहा जाता है कि नगराम के राजा भर जाति के लोग थे तथा बिजनौर में बिजली पासी का राज था, जिसके इस परगने में 12 किले थे। इसके अतिरिक्त काकोरगढ़ (काकोरी) में भी एक पासी अथवा भर राजकुमार शासक था।

यह जातियाँ पूरी तरह से स्वतंत्र थीं और स्थानीय परंपरागत जनश्रुतियों के आधार पर ऐसा कहा जाता है कि बहराइच के एक भर राजवंश का इन पर आधिपत्य था। इस राजवंश की स्थापना 918 ई. में तिलकचन्द्र द्वारा की गई थी। तिलकचन्द्र ने दिल्ली के राजा विक्रम पाल को पराजित कर अवध का राज हासिल किया था। इस राज्य का अन्त 1093 ई. में हुआ। जब रानी भीमदेवी, जो कि गोविन्द चन्द की विधवा थीं, ने अपना समस्त राज्य अपने गुरु हरगोविन्द को सौंप दिया। गुरु हरगोविन्द की 14 पीढ़ियों ने इस क्षेत्र पर राज्य किया।

ऐसा कहा जाता है कि कन्नौज के राजाओं ने इस क्षेत्र को जीतने का भरसक प्रयास किया। कन्नौज के शासक जयचन्द ने आल्हा-ऊदल को बिजली पासी के किले पर आक्रमण के लिए भेजा। आल्हा-ऊदल ने सबसे पहले लखनऊ के लक्ष्मण टीले पर अपना पड़ाव डाला, उसके बाद उनका पड़ाव मोहनलालगंज में पहाड़ नगर टिकरिया पर पड़ा। इस स्थान पर एक बड़ा-सा कुआँ है, जिसके बारे में कहा जाता है कि इसका निर्माण आल्हा-ऊदल ने किया था। इसी गजेटियर के पृष्ठ 180 पर लिखा है कि बिजनौर परगने पर पासी वंश के शासकों का राज्य था। इस परगने का शासक बिजली पासी था, जिसके बारे में कहा जाता है कि उसके 12 किले थे। इनमें से नथावां, कल्ली-पश्चिम, माती, परवर-पूरब, तथा अन्य किले थे जिनके नाम अब भुला दिए गए हैं। दूसरी ओर बिजली पासी की ऐतिहासिकता पुस्तक के लेखक राजकुमार ने इस पुस्तक में महाराजा बिजली पासी के जिन 12 किलों का उल्लेख किया है वे हैं—बिजनौरगढ़ किला, माती किला, परवर-पश्चिम किला, कल्ली-पश्चिम किला, पुराना किला, औरांव किला, दादूपुर किला, भटगाँव किला, नटवा किला, ऐंन किला, पिपरसेंड किला और बिजली पासी किला।

लखनऊ गजेटियर में आगे लिखा है कि बिजनौर के पासी शासकों ने अपने एक पुत्र के विवाह के लिए एक ब्राह्मण परिवार पर दबाव डाला, लेकिन कट्टर ब्राह्मणों ने इस मुद्दे को गरमाया और कन्नौज के राजा जयचन्द की अवसरवादिता का लाभ लिया। कहा जाता है कि ऐसे ही मामले खरावा और सिसेंडी में भी हुए। अन्ततः जयचन्द ने इन पासी राजाओं को सबक सिखाने के लिए आल्हा-ऊदल को भेजा था। लेकिन राजकुमार अपनी पुस्तक के पृष्ठ 81 पर जयचन्द और महाराजा बिजली पासी के बीच हुए युद्ध का दूसरा कारण लिखते हैं। वह लिखते हैं कि महाराजा बिजली पासी पराक्रमी, उत्साही और महात्वाकांक्षी राजा था। बिजली पासी के सैन्य बल एवं वीर योद्धाओं का वर्णन सुनकर जयचन्द भयभीत रहता था। लेकिन अपने साम्राज्य के विस्तार की उसकी इच्छा बनी रहती थी। जयचन्द ने सबसे पहले महाराजा सातन पासी के किले कोट पर आक्रमण किया परन्तु इस आक्रमण में घमासान युद्ध के पश्चात् जयचन्द की सेनाओं को भागना पड़ा। इस अपमानजनक पराजय से जयचन्द का मनोबल टूट गया था। इसके बाद जयचन्द ने कुटिलतापूर्ण एक चाल चली और महोबा के शूरवीर आल्हा-ऊदल को भारी रकम एवं राज्य देने का प्रलोभन देकर बिजनौरगढ़ तथा महाराजा बिजली पासी किले पर आक्रमण करने के लिए प्रेरित किया। आल्हा-ऊदल कन्नौज से सेनाएँ लेकर अवध आए और उनका पहला पड़ाव लक्ष्मण टीला था। इसके बाद पहाड़ नगर टिकरिया अवस्थान किया। बिजनौरगढ़ से 10 किलोमीटर दक्षिण की ओर सरवन टीले पर उन्होंने डेरा डाला। यहाँ से उन्होंने अपने गुप्तचरों के द्वारा बिजली पासी किले से संबंधित सूचनाएँ एकत्र कीं।

जिस समय महाराजा बिजली पासी उत्तर-पश्चिम स्थित पड़ोसी मित्र राजा

काकोरगढ़ के किले में आवश्यक कार्यवश गए थे, उसी समय मौका पाकर आल्हा-ऊदल ने अपना एक दूत इस संदेश के साथ बिजली पासी किले पर भेजा कि राजा हमें अधिकाधिक धनराशि देकर हमारी अधीनता स्वीकार करें। यह सूचना द्रुतगति से संदेशवाहक ने महाराजा बिजली पासी को काकोरगढ़ किले में दी। उसी समय सातन पट्टी के राजा सातन भी किसी विचार-विमर्श के लिए काकोरगढ़ आए थे। संदेश पाकर महाराजा बिजली पासी घबराए नहीं बल्कि धैर्य से उसका मुँहतोड़ जवाब भिजवाया कि महाराजा बिजली पासी न तो किसी राज्य के अधीन रहकर राज्य करता है और न ही किसी को अपनी राज्य आय का एक अंश भी देने को तैयार है।

जब आल्हा-ऊदल का दूत यह संदेश लेकर सरवन पड़ाव पहुँचा तो उसे सुनकर आल्हा-ऊदल झुँझलाकर आग-बबूला हो गये और अपनी सेनाएँ गांजर में उतार दीं; यह खुला मैदान था, यहाँ पेड़-पौधे नहीं थे। इस स्थान पर मुकाबला आमने-सामने बिना किसी अवरोध के हुआ। यह गांजर मैदान इतिहास में गांजर-भांगर के नाम से प्रसिद्ध है। कहा जाता है कि यह युद्ध तीन महीने तेरह दिन तक चला। इस युद्ध में सातन कोट के राजा सातन पासी ने मैत्रीपूर्ण भागीदारी की। यह युद्ध बड़ा भयावह एवं बीभत्स था। इसमें अनेक वीर योद्धाओं का नरसंहार हुआ। आल्हा खंड में यह युद्ध इस तरह उद्धृत किया गया है—

'तीन महीने तेरह दिन तक,
गांजर युद्ध चली तलवार'

युद्ध में गांजर भूमि पर खून ही खून था। इसीलिए इसे 'लौह गांजर' भी कहा गया है। वर्तमान में इस स्थान पर गंजरिया फार्म है। इस घमासान युद्ध में पराक्रमी पासी राजा महाराजा बिजली पासी बहादुरी से लड़ते हुए वीरगति को प्राप्त हुए। यह युद्ध सन् 1194 ई. में हुआ। राजा बिजली पासी की मृत्यु का वर्ष 1194 इसीलिए माना जाता है। यह समाचार जब पड़ोसी राज्य देवगढ़ के राजा देवमाती को मिला तो वह अपनी फौजों के साथ आल्हा-ऊदल पर भूखे शेर की तरह झपट पड़ा। इस युद्ध की भयंकर गर्जन एवं ललकार सुनकर भयभीत होकर आल्हा-ऊदल कन्नौज की ओर भाग खड़े हुए परन्तु आल्हा के साले जोगा भोगा को राजा सातन ने खदेड़कर मौत के घाट उतार दिया। और पड़ोसी राज्य से सच्ची मित्रता तथा पासी समाज के शौर्य का परिचय दिया।

महाराजा बिजली पासी के किले के अलावा उनके अधीन जो 11 अन्य किले थे, उनका विवरण इतिहास की किताबों में बहुत ही सतही ढंग से किया गया है। इनके चार किलों का तो जिक्र मिलता है लेकिन बाकी आठ किलों का उल्लेख नहीं किया गया है। राजकुमार ने अपनी पुस्तक 'बिजली पासी की ऐतिहासिकता' में जो विवरण दिया है, उसके अनुसार—

बिजनौरगढ़ किला

लखनऊ से जेल रोड-बिजनौरगढ़ मार्ग पर बिजनौर से दक्षिण किनारे सड़क के दाहिनी ओर 14 किलोमीटर की दूरी पर इस किले (अक्षांश 80-58-2, देशांतर 27-44-30) पर इस किले के अवशेष अभी बाकी हैं। अब यह टीला ही रह गया है। दक्षिणी भाग 100 मीटर लम्बा और 25 मीटर चौड़ा शेष बचा है। सामान्य धरातल से यह 4 मीटर ऊँचा है। कहा जाता है कि इस किले के दक्षिण मध्य भाग में 24 मीटर लम्बी, 5 मीटर चौड़ी, लखौरी ईंटों से निर्मित एक बारादरी थी। यह किला महाराजा बिजली पासी किले से 6 किलोमीटर दक्षिण की ओर है। यहाँ से मध्यकालीन लाल मृदभांड ग्लेज्डवेयर के टुकड़े मिलते रहे हैं। इससे इसके 12वीं शताब्दी में होने के सबूत मिलते हैं।

नटवा किला

महाराजा बिजली पासी के किले से तीन किलोमीटर बिजनौर संपर्क मार्ग पर औरंगाबाद के आगे सड़क के बाईं ओर (अक्षांश 26-44, देशान्तर 80-56 पूरब) नटवा किले के अवशेष आज भी टीले के रूप में मौजूद हैं। यह वही किला है जो महाराजा बिजली पासी ने अपने पिता की याद में बनवाया था। अनुमान है कि यह किला लगभग 200 मीटर लम्बा और 200 मीटर चौड़ा तथा धरातल से तीन मीटर ऊँचा होगा। इसके अवशेषों में भी मध्य कुषाण काल से गुप्त काल तक (दूसरी शताब्दी ई. पूर्व से 5वीं शताब्दी ई. तक) के निशानात मिलते रहे हैं। यहाँ से मध्यकालीन मृदभांड, ग्लेज्डवेयर के टुकड़े भी मिलते रहे हैं। इसे नटवाडीह, नटवागढ़, नटवाकिला तथा नटावन के नाम से संबोधित किया जाता रहा है।

माती किला

लखनऊ-बिजनौर मार्ग पर चंद्रावल चौराहे से बाईं तरफ मोहनलालगंज संपर्क मार्ग पर 3 किलोमीटर तथा लखनऊ से 17 किलोमीटर की दूरी पर अक्षांश (260-42-47, देशांतर 800-55-35) माती गाँव स्थित है। इसके दाहिनी ओर खड़ंजा मार्ग से गाँव के निकास पर माती टीले के अवशेष मौजूद हैं। यह किला लगभग 200 मीटर लम्बा और 200 मीटर चौड़ा तथा धरातल से 3 मीटर ऊँचा है। इसी किले के मध्य से ग्राम रामसिंह खेड़ा को कच्चा मार्ग बना दिया गया है जिससे यह दो भागों में विभाजित हो गया है। किले के पूरब ऊँचे भाग पर 11वीं-12वीं शताब्दी के इष्टिका मंदिर की नींव संरचना है। इस स्थान पर मालाधारी, गंधर्व, दशावतार विष्णु की प्रतिमाओं के अवशेष भी मिलते हैं। यहाँ 12वीं शताब्दी तक मध्य काल के ग्लेज्डवेयर पाए गए

हैं। कहा जाता है कि इस किले का सरदार माती नामक पासी योद्धा था। बाद में उसी के नाम पर ग्राम का नाम माती पड़ा।

परवर-पश्चिम किला

लखनऊ-बिजनौर मार्ग पर चन्द्रावल चौराहे से बाईं ओर मोहनलालगंज संपर्क मार्ग पर 8 किलोमीटर तथा लखनऊ से 20 किलोमीटर दूरी पर (अक्षांश 80-57-4, देशांतर 26-41-25) सड़क के बाईं तरफ परवर-पश्चिम किला स्थित है। वर्तमान में यह टीला ऊँची कँटीली झाड़ियों से घिरा है। इसी स्थान को बाद में 'बाबा की कुटी' के नाम से संबोधित किया जाने लगा था।

इसके पश्चिम में परवर गाँव है और पूरब में गंजताल था। इस ताल में बने इष्टिका शिव मंदिर के गर्भगृह में प्राचीन शिवलिंग स्थापित है। कहा जाता है कि तत्कालीन 'परवर पश्चिम' किला महाराजा बिजली पासी के अधीन था। इसमें आपसी विवाद होने पर महाराजा बिजली पासी ने इसे पूरब और पश्चिम दो भागों में बाँट दिया जिससे इसे परवर-पश्चिम और परवर-पूरब कहा गया।

कल्ली-पश्चिम किला

लखनऊ-रायबरेली मार्ग पर 17 किलोमीटर पर सड़क के दाहिनी ओर खड़ंजा संपर्क मार्ग से 3 किलोमीटर कल्ली पश्चिम गाँव के किनारे 'कल्ली पश्चिम' नामक किला (अक्षांश, उत्तर 23-44-47, देशांतर पूरब 80-87-4) स्थित है। यहाँ कुषाण काल से मध्य काल तक के लाल ग्लेज्डवेयर के टुकड़े प्राप्त होते रहे हैं और इसके अवशेषों में कुषाण काल से गुप्त काल तक की भवन संरचना एवं पुरासम्पदाओं के होने का अनुमान है। यह किला महाराजा बिजली पासी के किले के ठीक पूरब की ओर 11 किलोमीटर की दूरी पर स्थित है। इसके सरदार का नाम कालू सरदार था। इसी के नाम पर कालू खेड़ा ग्राम आबाद हुआ। कहा जाता है कि इस किले के सेवकों के आपसी संघर्ष को महाराजा बिजली पासी ने स्वयं आकर सुलझाया था। झगड़े को सुलझाने के लिए ही उन्हें इसको दो भागों में बाँटना पड़ा था। ज्ञातव्य है कि कल्ली पश्चिम अपने उपरोक्त पूर्ववत स्थान पर ही मौजूद है जबकि दूसरा भाग दाहिनी ओर एक फर्लांग की दूरी पर आबाद है।

पुराना किला

लखनऊ शहर के कैसरबाग-कैंट मार्ग पर 3 किलोमीटर दूर सड़क के दाहिनी ओर पुराना किला है। अभी भी यह जगह पुराना किला के नाम से जानी जाती है। नवाबी शासनकाल में 1827-37 ई. में गाजीउद्दीन हैदर ने एक नहर खुदवाई थी। जिसे हैदर कैनाल के नाम से आज भी जाना जाता है। कहा जाता है कि गाजीउद्दीन हैदर की

योजना थी कि इस नहर के माध्यम से गंगा का पानी गोमती तक लाया जाए। यह प्रयास सफल नहीं हुआ। इस नहर की खुदाई के कारण ही पुराना किला दो भागों में विभाजित हो गया। किले के पश्चिम भाग पर सिंचाई विभाग का मुख्यालय बना दिया गया है।

पुराने किले के अंतर्गत पश्चिम की ओर 4 किलोमीटर की दूरी पर जंगलों के बीच हरचंद की गढ़ी थी जो अब नष्ट हो चुकी है। यह किला लगभग डेढ़ किलोमीटर के क्षेत्र में फैला हुआ था। यह लखनऊ शहर का प्राचीनतम टीला था।

औरांव किला

लखनऊ-कानपुर मार्ग पर 22 किलोमीटर की दूरी पर स्थित बंथरा पासी बहुल क्षेत्र अभी भी है। थाना बंथरा के उत्तर की तरफ नगवा नाला के बाईं ओर औरांव किले के टीले अभी भी मौजूद हैं। यह गोलाकार किला था। यहाँ की खुदाई में कुषाणकालीन के मृदभांड के टुकड़े मिलते हैं। इस किले के पूरब एक कुषाण कालीन कुआँ भी मिला है। कुषाण कालीन सभ्यता के बाद ही यहाँ भर-पासियों का उदय हुआ। 5वीं शताब्दी में ही भर-पासियों ने इस पर अपना आधिपत्य जमा लिया था। यह महाराजा बिजली पासी के अधीन था यह उनके किले से 11 किलोमीटर की दूरी पर स्थित था। कहा जाता है कि शिवरात्रि के अवसर पर महाराजा बिजली पासी यहाँ आते थे क्योंकि यहाँ पर इस अवसर पर भव्य मेला लगाया जाता था। इस किले के अवशेषों में कुषाण कालीन मूर्तियाँ भी मिली हैं।

दादूपुर किला

यह भी लखनऊ-कानपुर मार्ग पर बंथरा से एक फर्लांग पश्चिम नगवा नाला के बाएँ तट पर मिट्टी के टीले के रूप में विद्यमान है। इसका क्षेत्रफल लगभग 100 एकड़ है। (अक्षांश 26-41-16 पूरब, देशांतर 80-49-2 उत्तर) कहा जाता है कि टीले पर बंजारों का पड़ाव था जिन्होंने टीले की भूमि में जीवधारी माया गाड़ दी थी। यह जीवधारी माया रात में एक स्थान से दूसरे स्थान पर लुढ़कती है तो भयभीत आवाज होती है। पुरातात्विक दृष्टिकोण से यह किला अत्यन्त प्राचीन है। यहाँ ग्रेवेयर, एन. वी.पी., ब्लैक स्लिप्ड, कुषाण कालीन मृदभांड के टुकड़े मिलते रहे हैं। इस टीले से प्राप्त पुरासम्पदाओं के आधार पर यह 700 ई. पूर्व से दूसरी शताब्दी ई. के मध्य बना। इस पर पाँचवीं शताब्दी में ही भर-पासी राजाओं का राज्य स्थापित हो गया था। बाद में बिजली पासी के अधीन पाया। यहाँ के सरदार की कठोरता के कारण उसे ददूदा कहा जाता था। कालांतर में यह दादूपुर हो गया।

भटगाँव किला

लखनऊ-कानपुर मार्ग पर बंथरा के आगे चुनौरी से नगवा नाला पार ग्राम रामचौरा के रास्ते से गढ़ी चुनौरी कालांतर में भटगाँव (अक्षांश 26-42, देशांतर 80-48 पूरब) पर इस किले के अवशेष टीले के रूप में विद्यमान हैं। इस किले के पूरब में पक्की सड़क दक्षिण में बाजार एवं आबादी तथा पश्चिम में भटगाँव की पुरानी आबादी है। कहा जाता है कि इस किले का सरदार भटगू भर-पासी शासक था। इसी के नाम पर भटगू से भटगवाँ और फिर भटगाँव हुआ।

सर्वप्रथम इस किले पर कुषाण शासन था। इसके अवशेषों में हांडी, सकोरे, सुराही, कड़ाही, जार आदि प्राप्त हुए हैं। पुरासम्पदा के आधार पर यह किला/टीला दूसरी शताब्दी ई. पूर्व से 14वीं सदी ई. के बीच आबाद रहा। यह किला महाराजा बिजली पासी किले से 14 किलोमीटर की दूरी पर स्थित है। 12वीं शताब्दी में भटगू नामक पासी सरादार का इस पर पुनः आधिपत्य हुआ। इस किले पर भुइंया देवी का मंदिर था जिसे सैयद सालार मसूद गाजी ने ध्वस्त किया।

ऐंन किला

लखनऊ-कानपुर मार्ग से बनी-हरौनी मार्ग पर 46 किलोमीटर की दूरी पर स्थित (अक्षांश 27-45 उत्तर, देशांतर 80-44 डिग्री पूरब) ऐंन किला है। इस किले के पश्चिम में चंद्राकार झील थी। जिससे किला अत्यधिक सुरक्षित था। इस किले के सरदार का नाम शिवा सरदार था। इस सरदार के बारे में कहा जाता है कि इसने कई नगर आबाद किए। यह किला महाराजा बिजली पासी के अधीन था। बाद में बख्तियार खिलजी के अधीन मुस्लिम जमींदारों का प्रभुत्व बढ़ा और इस किले को ध्वस्त कर दिया गया। उसके सिपहसालार ने अपने नाम पर यहाँ शादुल्ला ग्राम आबाद किया। किले के दक्षिण में उजाड़खंडी देवी का स्थान है। इस मढ़िया में कुषाण कालीन मंडमूर्ति तथा प्रतिहार कालीन अलंकृत ईंटें रखी हैं। टीले के उत्तर चबूतरे पर कुषाण कालीन मंडमूर्ति तथा खंडित पुरावशेष रखे हैं।

पिपरसंड किला

लखनऊ-कानपुर मार्ग पर 13 किलोमीटर की दूरी पर स्कूटर इंडिया चौराहे के पास पिपरसंड जाने वाली सड़क पर 6 किलोमीटर की दूरी पर पिपरसंड रेलवे स्टेशन के बाईं ओर किला/टीला के अवशेष विद्यमान हैं। यह 500 मीटर लम्बा और 400 मीटर चौड़ा तथा 4 मीटर ऊँचा आँका गया है। बीच में सड़क बन जाने से अब ये दो भागों में विभाजित हो गया है। पश्चिम में सबसे ऊँचे मुख्य भाग पर टीले के गर्भगृह में छिपे भवन, मिट्टी के बर्तनों के टुकड़े, सकोरे, तश्तरी आदि पुरासंपदाएँ मिली

हैं। ग्लेज्डवेयर भी मिले हैं जिसे दूसरी शताब्दी ई. पूर्व से 13वीं शताब्दी ई. पूर्व तक का कहा जा सकता है।

पिपरसंड किले पर भर-पासियों का राज्य था। यह भी महाराजा बिजली पासी के अधीन था। बिजली पासी किले से इसकी दूरी 11 किलोमीटर है। कहा जाता है कि महाराजा बिजली पासी प्रत्येक वर्ष किसी धार्मिक आयोजन में यहाँ आया करते थे। इस किले में सिंहवाहिनी दुर्गा मंदिर स्थापित है। मंदिर के गर्भगृह में सिंहवाहिनी दुर्गा देवी की संगमरमर की प्रतिमा स्थापित है। मंदिर में उमा, महेश्वर, नन्दी, दुर्गा के खंडित पाषाण पुरावशेष रखे हैं जिससे इस किले के 12-13वीं शताब्दी के होने के प्रमाण मिलते हैं।

महाराजा लाखन पासी

लखनऊ विलुप्त सभ्यताओं का शहर है। यहाँ की एक सभ्यता और संस्कृति वह है, जो आज लखनऊ को नवाबों का शहर बताती है। लेकिन इसकी वास्तविक प्राचीन सभ्यता और संस्कृति वह है, जिसके निशानात आज मिट्टी के टीलों के रूप में हमारे सामने मौजूद हैं। 'लखनऊ' नाम जिसके नाम पर पड़ा वह था 'लाखन पासी'। आज जिस टीले पर किंग जार्ज मेडिकल कालेज की भव्य इमारत खड़ी हुई है, वह लाखन पासी का दुर्ग था। लाखन पासी इस क्षेत्र का शक्तिशाली शासक था।

लाखन पासी किले का उल्लेख मुस्लिम शासकों के इतिहास में भी मिलता है। 'ए टूरिस्ट गाइड टू लखनऊ' में एडवर्ड एच. हिल्टन लिखते हैं कि लखनऊ में लक्ष्मण टीले के निकट ब्राह्मण परिवार रहते थे। इन ब्राह्मणों को शेखों के परिवार ने बेदखल कर दिया था। यह शेख परिवार सैयद सालार मसूद की आक्रामक सेना के साथ आया था। यह घटना लगभग सन् 1160 ई. की है। शेखों के इस परिवार ने लखनऊ में अपना असर जमाया और इस परिवार के कई लोग बाद में अवध के सूबेदार हुए। इन शेखजादों ने सर्वप्रथम एक किले का निर्माण कराया जो कि जल्द ही उनकी शक्ति का प्रतीक माना जाने लगा। हिल्टन के अनुसार किले का नक्शा एक अहीर ने बनाया था जिसका नाम लखना था। इसी लखना के नाम पर इसको 'किला लखना' कहा जाने लगा। अंग्रेजों द्वारा इतिहास को तोड़मरोड़ कर प्रस्तुत करने का यह ज्वलंत उदाहरण है। लखनऊ महोत्सव 1983 पर प्रकाशित स्मारिका में विख्यात साहित्यकार अमृतलाल नागर ने अपने एक लेख 'लखनऊ की ऐतिहासिक सांस्कृतिक पृष्ठभूमि' में लिखा है कि "लखनऊ में किला लखना के किसी इंजीनियर द्वारा बनवाने की बात बहुत प्रचलित है किन्तु यह सूचना अपने आप ही एक सवाल यह भी उठा देती है कि क्या भारत या दुनिया के किसी अन्य शासक ने अपने इंजीनियर के नाम पर किले या अपने जीते हुए शहर का नाम रखा है?

फिर यह अनोखापन यहाँ ही क्यों लागू हो। इसके अतिरिक्त जब मेडिकल कालेज के पीछे वाले हॉस्टल की नींव पड़ रही थी, तब मैंने यहाँ काली चमकदार पालिश के बर्तनों के टुकड़े संग्रह किए। पुराने लोगों की बातों पर मुझे लाखन कोट

की बात ही उचित लगती है।" अमृतलाल नागर का बयान इसे लाखन पासी का किला होने का पक्का प्रमाण माना जा सकता है। राजकुमार ने अपनी पुस्तक 'लखनऊ के वास्तविक निर्माता लाखन पासी' के पृष्ठ 65 पर लिखा है कि लाखन पासी का राज्य 10-11वीं शताब्दी ई. में माना जाता है। यह लखनऊ का प्राचीनतम टीला माना जाता है। लगभग एक किलोमीटर के क्षेत्र में फैला यह किला धरातल से 20 मीटर ऊँचा था। लाखन पासी के किले के मुख्य भाग पर किंग जार्ज मेडिकल कालेज स्थापित है। यही स्थान लाखन किला के नाम से जाना जाता था। इस किले पर ही मेडिकल कालेज, बड़ा इमामबाड़ा, मच्छी भवन, टीले वाली मस्जिद तथा आस-पास का क्षेत्र था।

जनश्रुतियों के आधार पर ऐसा कहा जाता है कि राजा लाखन पासी ने अपने किले के बाईं ओर गोमती नदी के किनारे एक अन्य वाटिका का भी निर्माण कराया था। इस वाटिका का नाम 'लखनावती' था। कहते हैं कि लखनावती राजा लाखन पासी की पत्नी थी। संभवतः इसी कारण लखनऊ को लखनावती भी कहते हैं। जिस स्थान पर इस वाटिका का निर्माण हुआ था वो वर्तमान में टीले वाली मस्जिद के आस-पास का भू-भाग है।

लखनावती वाटिका के पूर्वी तट पर राजा लाखन पासी ने एक मंदिर का निर्माण भी करवाया था। इस मंदिर में नाग प्रतिमा की स्थापना की गई थी। राजकुमार ने लखना पासी पर अपनी पुस्तक में उल्लेख किया है कि लखना पासी नाग उपासक थे। इस मंदिर में एक कुण्ड भी था, जिसमें बेलपत्र चढ़ाने की परम्परा थी। एक किंवदंती के अनुसार इस कुण्ड में जिस किसी भक्त का बेलपत्र डूब जाता था, उसकी मनोकामना अवश्य पूरी होती थी।

लाखन किले के उत्तरी भाग में लाखन कुण्ड था। इस कुण्ड के जल का प्रयोग राजपरिवार के लोग करते थे। 16वीं शताब्दी में लखनऊ पर राज कर रहे शेखजादों ने इस कुण्ड में रंगबिरंगी मछलियाँ पाली थीं। इसी कारण इस कुण्ड का नाम मच्छी कुण्ड हो गया। शेखजादों ने कालांतर में यहाँ 26 द्वार के एक भवन का निर्माण कराया। जिसमें प्रत्येक द्वार पर मछलियों का एक जोड़ बनवाया गया और इस भवन को मच्छी भवन का नाम दिया गया।

अब्दुल हलीम शरर ने अपनी पुस्तक 'पुराना लखनऊ' के पृष्ठ 14 पर लिखा है कि 'शेख अब्दुर्रहीम ने लक्ष्मण टीले के पास दूसरी बुलंदी पर एक छोटा किला बनवाया जो आसपास की गढ़ियों से ज्यादा मजबूत था और वहाँ के लोगों पर इनका बड़ा असर पड़ता था। या तो इसलिए कि शेख अब्दुर्रहीम को शाही दरबार से 'इल्मे माही मरातिब' (मत्स्य ज्ञान विशारद) की उपाधि प्राप्त हुई थी। या इसलिए कि किले के मकान में 26 मेहराबें थीं और हर मेहराब पर शिल्पी ने दो-दो मछलियाँ बनाकर बावन मछलियाँ बना दी थीं। इस किले का नाम मच्छी भवन मशहूर हो गया। भवन

शब्द या तो किले के अर्थ में प्रयुक्त हुआ है या बावन से बिगड़कर बन गया है।'

इतिहास के पन्नों में दर्ज है कि सैयद सालार मसूद लखनऊ के क्षितिज पर इस्लामी पताका लेकर आए थे। इनके प्रमुख सेनापति सैयद हातिम और सैयद खातिम थे। इन लोगों ने सर्वप्रथम राजा लाखन पासी की लखनऊ नगरी की सीमा पर स्थित गढ़ी जिंदौर में अपना पड़ाव डाला; यहीं लाखन पासी के किले पर आक्रमण करने की योजना बनाई गई।

गढ़ी जिंदौर के पड़ाव स्थान पर गुप्तचरों के माध्यम से लाखन किले की सभी गतिविधियों की जानकारी हासिल की जाती रही। यहाँ युद्ध की योजना बनाई गई और यह तय किया गया कि लखनऊ के लाखन पासी और निकट ही स्थित कसमंडी के राजा कंस पर एक ही दिन और एक ही समय हमला बोल दिया जाए। इस प्रकार राजा कंस और राजा लाखन पासी एक-दूसरे को सहायता नहीं पहुँचा पाएँगे।

योजनानुसार दोनों ही पासी राजाओं पर सैयद सालार मसूद की सेनाओं ने हमला किया। यह होली के उत्सव का संध्याकाल था। इस समय राजा लाखन पासी अपने दुर्ग में आराम कर रहे थे। किले पर आक्रमण का समाचार सुनते ही राजा स्वयं घोड़े पर सवार होकर रणभूमि में जा डटे। यह युद्ध बहुत ही भयंकर था और इसमें भीषण रक्तपात हुआ।

सैयद सालार मसूद की सेनाओं में घुड़सवार थे। और इसका उन्हें लाभ मिला। अंततः राजा लाखन पासी को घुड़सवारों ने चारों तरफ से घेर लिया, फिर भी राजा लाखन पासी मोर्चा सँभाले रहे। चारों ओर से घिर गए लाखन पासी पर तलवार से हमला हुआ और वे वीरगति को प्राप्त हुए। यह हमला इतना भयानक था कि जब उनकी गर्दन पर तलवार का वार हुआ तो उनका सिर लुढ़कता हुआ रक्त के एक नाले में जा गिरा। यह रक्त युद्धरत सैनिकों का था और और बहकर एक नाले में गिर रहा था। इसी नाले में राजा लाखन पासी का सिर गिरा। इसी कारण नाले को सरकटा नाला कहा जाने लगा। वर्तमान चौपटियाँ नामक स्थान पर स्थित अकबरी दरवाजे के निकट ही यह भयानक युद्ध हुआ था। इस प्रकार लखनऊ के संस्थापक महान पासी शासक राजा लाखन का अंत हुआ। इतिहास के पन्नों में कहीं-कहीं थोड़ा बहुत उल्लेख राजा लाखन पासी का मिलता है। किला लखना का भी वर्णन मिलता है लेकिन वह भी सहज और स्वाभाविक रूप में नहीं बल्कि कहीं मजबूरीवश तो कहीं कठोर व्यंग्य के रूप में जो कि इतिहास लिखने वालों की मानसिकता को दर्शाता है।

रायबरेली के पासी राजा

जनपद रायबरेली किसी समय भर-पासी शासकों की सत्ता का केन्द्र था। इस जिले के संस्थापक भर-पासी शासक ही थे और इसे भरौली के नाम से जाना जाता था। बरेली भरौली शब्द का ही अपभ्रंश है। जहाँ तक 'राय़' शब्द का संबंध है, इसकी उत्पत्ति 'राही' शब्द से हुई है। वर्तमान रायबरेली के पश्चिम में राही नाम का एक गाँव है। कदाचित् राही और भरौली का नाम कालांतर में रायबरेली पड़ा।

हिंदू तथा मुसलमानों से जुड़े विभिन्न भवनों के भग्नावशेषों के अतिरिक्त रायबरेली जिले में बहुत से डीह और खेड़े हैं। इनके बारे में कहा जाता है कि इन टीलों के नीचे जिले के भर-पासी शासकों के किले और उनके द्वारा बसाए गये नगरों के ध्वंसावशेष दबे पड़े हैं। डलमऊ के बृहद् किले के एक हिस्से को जौनपुर के शर्की शासकों ने हमला कर तोड़ दिया था। इतिहास के पृष्ठों में अंकित है कि इस किले का निर्माण भर-पासी जाति के शासक राजा डालदेव ने कराया था। राजा डालदेव के तीन भाई थे। इनके नाम क्रमशः बालदेव, ककोरन, तथा भावों थे। राजा डालदेव ने अपने राज्य को अपने सभी भाइयों के बीच बाँटकर इस क्षेत्र में एक शक्तिशाली भर साम्राज्य की स्थापना की थी। इन भाइयों का राज्य गंगा और सई नदी के मध्य पूर्व अरखा ग्राम से लेकर पश्चिम दिशा में खीरों तक फैला हुआ था।

राजा डालदेव का किला लगभग आठ एकड़ क्षेत्र में फैला हुआ था। तकरीबन 30 मीटर ऊँचाई पर स्थित इस किले के चारों ओर गहरी खाई थी, जिसे गंगा नदी के पवित्र जल से भरा जाता था। किले के बीच में एक बावली थी जिसका व्यास लगभग 12 मीटर था। राजकुमार ने अपनी पुस्तक 'रायबरेली में पासी राजभर' में लिखा है कि इस किले के अंदर सैनिक छावनी थी और राजदरबारी भी रहते थे। किले के दक्षिण में गंगा नदी का तट था, यह किला काफी ऊँचाई पर निर्मित था।

ऐतिहासिक दृष्टि से भी डलमऊ का किला बहुत अधिक महत्त्वपूर्ण है। इस किले के भग्नावशेष जो एक टीले के रूप में मौजूद हैं, का सर्वेक्षण करने पर बुद्धकालीन बर्तनों के टुकड़े, 'ब्लैक एंड रेडवेयर', रेड वेयर और 'फाइन ग्लेज्ड वेयर' के टुकड़े प्राप्त होते हैं।

सई नदी के तट पर राजा डालदेव के भाई राजा बालदेव का दुर्ग था। राजा बालदेव ने ही रायबरेली नगर की नींव डाली और उसे बसाया। इस राजा ने भरौली नाम के एक किले का निर्माण कराया था। कालांतर में भरौली शब्द बिगड़कर बरेली हो गया। एक ऊँचे स्थान पर स्थित यह किला लगभग 300 मीटर चौड़ा और 400 मीटर लंबाई में स्थित था। किले के बीचोंबीच एक विशाल कुआँ था जो पाट दिया गया। इसका कारण संभवतः यह है कि विकास के साथ-साथ यह कुआँ वर्तमान रायबरेली नगर के मध्य में आ गया था।

रायबरेली जिले के दक्षिण-पूर्व में जगतपुर से लगभग 12 किलोमीटर की दूरी पर तहसील डलमऊ के अंतर्गत सुदमानपुर राजा ककोरन का किला था। ये भी भर-पासी शासक राजा डालदेव के भाई थे। पराक्रमी पासी शासक राजा ककोरन का राज्य दक्षिण में गंगा नदी तक फैला हुआ था। राजा ककोरन भी अपने भाइयों के समान वीर और पराक्रमी राजा थे। राजा डालदेव के सबसे छोटे भाई राजा भावों ने भी एक किले का निर्माण कराया था। इस किले के अवशेष रायबरेली के पूरब में लगभग 20 किलोमीटर की दूरी पर स्थित हैं।

राजा भावों ने अपना किला मिट्टी से बनवाया था, जो लगभग 200 मीटर लंबा और इतना ही चौड़ा था। अपने बड़े भाइयों के समान ही राजा भावों कुशल संगठनकर्ता थे। उन्होंने राजभर पासियों की एक अच्छी सेना तैयार की थी। गंगा तथा राई नदियों के तट पर स्थित होने के कारण इन राजभर पासी शासक बंधुओं का राज्य संपन्न था और इनकी प्रजा खुशहाल थी।

राजा डालदेव और इनके अन्य भाइयों के 'पासी राज' की खुशहाली और संपन्नता जौनपुर के शासक इब्राहिम शाह शर्की (1402-40) के साम्राज्य विस्तार में एक कांटे की तरह थी। अतः इब्राहिम शाह शर्की ने राजा डालदेव के राज्य पर आक्रमण कर दिया। इस आक्रमण का सामना करने के लिए राजा डालदेव के भाई ककोरन ने सुदमानपुर में शर्की शासक से भीषण संघर्ष किया। अंततः रणभूमि में ककोरन शहीद हो गए।

बाद में जौनपुर का शर्की शासक अपनी सेनाओं के साथ डलमऊ की ओर बढ़ा। यह होली का अवसर था और लोग त्योहार के रंग में रंगे हुए थे। इस अवसर पर हुए अचानक आक्रमण से राजा डालदेव और उनकी सेना स्तंभित रह गई। इस युद्ध में पासी लोग बहुत वीरता से लड़े और अंतिम व्यक्ति तक ने अपनी मातृभूमि की रक्षा के लिए जान की बाजी लगा दी।

युद्ध क्षेत्र में शहीद डालदेव तथा उनके बन्धुओं की स्मृति में पखरौली नामक गाँव में एक स्मृति चिन्ह का निर्माण कराया गया था। यह स्थान डलमऊ से दक्षिण-पूर्व दिशा में लगभग चार किलोमीटर की दूरी पर स्थित है। 'यू.पी. डिस्ट्रिक्ट गजेटियर', रायबरेली के अनुसार इस स्थान के निकटवर्ती क्षेत्र की अहीर महिलाएँ स्मृति चिह्न

की पूजा करती हैं। आज भी इस क्षेत्र के लोग होली का त्योहार होली के दिन न मनाकर एक सप्ताह बाद मनाते हैं। इस क्षेत्र की महिलाएँ नाक में कील और हाथ में चूड़ियाँ नहीं पहनती थीं। यह तथ्य ए. कनिंघम की 'आर्कियोलॉजिकल सर्वे आफ इंडिया' रिपोर्ट के खण्ड 11 के पृष्ठ 60 पर अंकित है।

रायबरेली से लगभग 29 किलोमीटर दूर बछरावाँ-महाराजगंज मार्ग पर थुलेंडी में भर-पासी राजा थुल के किले के ध्वंसावशेष भी एक टीले के रूप में मौजूद हैं। इस किले के उत्तर में एक बड़ी-सी झील थी। इस पासी राजा का राज लगभग 500 एकड़ क्षेत्र में फैला हुआ था। इसी प्रकार रायबरेली लखनऊ मार्ग पर बछरावाँ नामक ग्राम है। यहाँ से पाँच किलोमीटर की दूरी पर एक टीला स्थित है। रायबरेली के डिस्ट्रिक्ट गजेटियर के अनुसार इस स्थान पर भी भर-पासियों का एक किला था, जो यहाँ के शासक थे।

महाराजगंज-बछरावाँ मार्ग पर महाराजगंज तहसील से लगभग 12 किलोमीटर की दूरी पर हरदेव का किला स्थित था और यह किला भी भर-पासी शासकों का था। इस किले के उत्तर में कुम्हराँयाँ, दक्षिण में एक प्राकृतिक झील, पश्चिम में पश्चिम गाँव तथा पूर्व में मऊ तक इसकी सीमा थी। इस स्थान पर दसवीं शताब्दी से ही भर-पासी राजा शक्तिशाली शासक के रूप में राज करते थे। इसके अतिरिक्त खीरों, जायस, बावन बुजुर्ग, इन्हौंना, सलोन आदि स्थानों पर भी भर-पासी शासकों के किलों के भग्नावशेष आज भी टीलों के रूप में मौजूद हैं।

चौदहवीं शताब्दी के अंत और पन्द्रहवीं शताब्दी की शुरुआत तक रायबरेली जिले में पासी राजाओं के राज्य स्थापित थे। ये शासक एक शक्ति के रूप में समय-समय पर शत्रुओं से लोहा लेते रहे और पासी समाज के सम्मान के लिए अंत तक संघर्ष करते रहे।

उत्तर प्रदेश के अन्य पासी शासक

सुल्तानपुर

जिले का प्राचीन नाम कुशपुर अथवा कुशभावनपुर था। तेरहवीं शताब्दी के अंत में इस क्षेत्र पर भी भर-पासी शासकों का शासन था। वर्तमान सुल्तानपुर की कादीपुर तहसील में धोपाप नामक एक प्राचीन स्थल है। धोपाप का शाब्दिक अर्थ है पापों को धोने वाला। एक किंवदंती के अनुसार अयोध्या के राजा राम ने रावण वध के पश्चात् गोमती नदी में इसी स्थान पर स्नान कर ब्रह्महत्या का अपना पाप धोया था। यह पूरा इलाका लगभग एक किलोमीटर क्षेत्र में है, तथा यहाँ पर पुरानी ईंटें और प्राचीन काल के बर्तनों के टुकड़े भरे पड़े हैं। इस क्षेत्र पर भी कुशपुर के हेला राजा का शासन था जो जाति का भर-पासी था। इसी जिले के अल्देमऊ नामक स्थान में 49 खेड़े हैं। इसके अंतर्गत राजापुर, टीकर, शाहगढ़ आदि ग्रामों में टीले हैं। स्थानीय रूप से यह कहा जाता है कि इन टीलों में भी भर राजाओं के किलों और नगरियों के ध्वंसावशेष दबे पड़े हैं। अल्देमऊ नूरपुर ग्राम के बारे में ऐसा कहते हैं कि इस स्थान के संस्थापक भर-पासी राजा अल्दे थे। इस नगर और यहाँ स्थित एक किले को जौनपुर के शर्की शासकों ने ध्वस्त कर दिया था। विस्तृत क्षेत्र में फैले हुए इस खेड़े पर अब इस किले और नगर के ध्वंसावशेष दूर-दूर तक फैले हुए हैं। ग्राम बिलवारी के अंतर्गत एक पुराने तालाब के किनारे टीले पर एक प्राचीनकाल का शिवलिंग प्राप्त हुआ था। इसके निकट एक पक्की दीवार है जिसकी मोटाई 0.69 मीटर थी। इस दीवार के विषय में भी कहा जाता है कि इसका निर्माण भर पासी राजाओं ने किया था।

इसी जिले की मुसाफिरखाना तहसील में कुछ प्राचीन स्थल हैं। इसमें इसौली नाम का एक गाँव है। कहते हैं कि इस गाँव को भर-पासी राजा ईश ने बसाया था। यहाँ भी राजा ईश के किले के भग्नावशेष हैं। इसी जिले में गोमती नदी के दाहिने किनारे पर भरखेड़ा नाम का स्थान है जो भर-पासी शासकों के अधीन था।

भारत के मध्यकालीन इतिहास में जब कन्नौज के राजा जयचन्द का पतन

प्रारम्भ हुआ और उसे युद्ध में मुँह की खानी पड़ी तो सुल्तानपुर जिले में भर-पासी शासक पुनः काबिज हो गए। इसी समय जिले में गोमती नदी के तट पर अल्दे नामक पासी ने अल्देमऊ नामक परगने की स्थापना की। ऐसा कहा जाता है कि अल्देमऊ परगना दस भागों में बँटा था। ये भाग थे—हवेली, सरवन, रोहियावन, जतौली, हरई, मकरहा, बेवन्ना, करौंदी, कटघर और इमलक। इस प्रकार सुल्तानपुर जिले में भी भर-पासी शासकों ने वर्षों तक राज किया।

उन्नाव

इतिहास के पन्नों में दर्ज है कि वर्तमान उन्नाव जिला प्राचीन समय में कोशल राज्य का हिस्सा था। कालांतर में इसे अवध सूबे में शामिल कर लिया गया। ऐसा प्रतीत होता है कि इस जिले की उपजाऊ भूमि पर बहुत समय पहले से ही लोग अपना व्यवस्थित जीवन व्यतीत कर रहे थे।

गत शताब्दी के अंत तक तहसील हसनगंज के मध्य स्थित ग्राम अलीगंज में एक वृहदाकार टीला था। इस टीले पर टूटे-फूटे ईंटों का ढेर जमा था। जिले के सुदूर दक्षिण में डौंडिया खेड़ा नामक स्थान है। यह स्थान पुरवा तहसील में है।

उन्नाव जिले के लगभग 45 किलोमीटर दक्षिण पूर्व में एक ऊँचा टीला है। इसके ऊपर एक मंदिर है जो बहुत अधिक प्राचीन नहीं है। इस मंदिर में विष्णु नारायण और पार्वती आदि देवी-देवताओं की मूर्तियाँ स्थापित हैं। इसके अतिरिक्त उन्नाव तहसील के ग्राम हड़हा में ईंटों से निर्मित एक बृहद् किले के भग्नावशेष मौजूद हैं। इस किले के विषय में कहा जाता है कि यह भर-पासी राजाओं का किला था।

उत्तर प्रदेश जिला गजेटियर के उन्नाव खंड के पृष्ठ 20 पर उद्धृत है कि पुरवा तहसील और हड़हा क्षेत्र के कई भागों में भर-पासी शासकों का राज्य था। हालाँकि जिले के केन्द्रीय भाग में बिसेन राजपूत काबिज थे, लेकिन उत्तर पश्चिम क्षेत्र में रजपासियों की सुदृढ़ सत्ता स्थापित थी और बांगरमऊ उनकी सत्ता का प्रमुख केन्द्र था। इसी जिले में मशहूर पासी शासक महाराजा सातन पासी के किले के भग्नावशेष आज भी देखे जा सकते हैं।

उन्नाव जिले के ही डौंडिया खेड़ा नामक स्थान पर भी राजभर पासी शासक का राज्य था। इस शासक को बैस राजपूतों ने बेदखल किया।

बिड़हर

वर्तमान अम्बेडकर नगर जिले की टांडा तहसील में बिड़हर नाम का एक परगना है। इस स्थान पर भी ग्यारहवीं तथा बारहवीं शताब्दी तक भरपासियों का राज था। उस समय जब मुस्लिम आक्रमण हुआ तो यहाँ के राजाओं को भी मुसलमानों ने उनके राज्य से बेदखल कर दिया। ऐसा माना जाता है कि इस स्थान के भर-पासी

यहाँ से विस्थापित होकर उड़ीसा राज्य में बस गए। वहाँ इन्हें भुइयाँ कहा जाने लगा। सर हेनरी इलियट ने भर और भुइयाँ जाति के लोगों में समानता का अध्ययन किया है।

इस परगने में भर-पासी शासकों के 12 किलों के निशान पाए जाते हैं। ये किले निम्नानुसार हैं–

1. कोरावां
2. चाँदीपुर
3. समौर
4. रूधाई
5. हसनपुर धीपनी
6. सैदपुर लरवाडीह
7. सोनहान
8. नथमाल पुरबेढुरिया
9. पोखर बेहटा
10. सामडीह
11. करावां
12. ओछवान

बिड़हर से तीन कोस पूर्व दिशा में घाघरा नदी के किनारे जंगल में एक भर-पासी ने एक किले का निर्माण कराया था। इस किले में पासी राजा ने चन्द्रिका देवी की मूर्ति स्थापित की थी। स्थानीय मान्यता के अनुसार इसी कारण इस स्थान का नाम चाँदीपुर पड़ा।

हिन्दी शब्द बिड़हर का अर्थ होता है अनुपजाऊ। वास्तव में जब इस परगने का नाम बिड़हर पड़ा तो उस समय भूमि की एक लम्बी पट्टी पर जंगल थे।

फैजाबाद

स्थानीय परंपराओं के अनुसार अयोध्या जब एक समय में उजाड़ अवस्था में था, तो उस समय भर-पासी राजाओं का राज्य अवध के अधिकांश भागों पर हो गया। भरों के विषय में कहा जाता है कि विख्यात दुर्ग कालिंजर के सेनानायक डल्की और मल्की भर-पासी शासक थे। इस जिले में भी डीह और टीले भर शासकों के शासनकाल के गवाह हैं। इस तरह के टीले फैजाबाद जिले के कई गाँवों में आज भी विद्यमान हैं।

बहराइच

प्रदेश का बहराइच जिला एक प्राचीन स्थल है। बौद्धकालीन साहित्य और ऐतिहासिक

स्रोत इस स्थान पर पाँचवीं शताब्दी तक के इतिहास पर ही प्रकाश डालते हैं। तदुपरांत इतिहास के विषय में कोई ज्यादा जानकारी नहीं मिलती है। इस काल में बहराइच में भर-पासी शासकों का राज था। इस जिले में प्राचीन इमारतों के अधिकतर भग्नावशेष, जो आज टीलों में परिवर्तित हो गए हैं, भर-पासी जाति के शासनकाल से जुड़े हैं। बहराइच जिले के नाम के विषय में ऐसा कहा जाता है कि इसका नाम भी भर-पासी शासकों से जुड़ा हुआ है। जिले के हाशिमपुर परगना में करनई, जरवल, भुकौरा, मोहरी, कसेहरी बुजुर्ग आदि ऐसे स्थान हैं जहाँ बड़ी संख्या में कुएँ और छोटे-बड़े किले भर-पासी शासकों ने बनवाए थे। लखीमपुर खीरी के धौरहरा नामक परगना में भी पासी शासकों का राज था।

प्रतापगढ़ के बिहार परगने में भर-पासी शासक के किले के भग्नावशेष, सराय नामक स्थान के पूर्व में विद्यमान थे। (गजेटियर आफ अवध)

सीतापुर जिले के विषय में कहा जाता है कि इसे छीता पासी ने बसाया था। ऐसा माना जाता है कि इस जिले में राजपूत आक्रमणकारियों के आगमन से पूर्व पासी शासकों का राज था। जिले की मिश्रिख तहसील पर तो पासी शासक पूरी तरह से स्थापित थे। इसके अलावा सीतापुर, हरगाँव, खैराबाद, लहरपुर और तम्बौर में भी पासी राजा राज कर रहे थे। महोली नामक स्थान पर पासी शासक सर्वाधिक शक्तिशाली थे।

वीरांगना ऊदा देवी

भारत के प्रथम स्वाधीनता संग्राम (1857) की प्रमुख विशेषता एक यह भी थी कि इसमें महिलाओं ने बढ़-चढ़कर हिस्सा लिया। महिलाओं ने न केवल आजादी के दीवानों के सहायक की भूमिका अदा की बल्कि युद्ध में स्वयं अंग्रेजों का सामना किया।

मिसाल के तौर पर आलमबाग में भारतीय सैनिकों द्वारा किए गए छः हमलों में एक हमले में अवध की शासक बेगम हजरतमहल स्वयं मौजूद थीं और वे युद्ध के संचालन पर कड़ी निगाह रखे हुए थीं। इस प्रकार भारतीय इतिहास के कुछ पृष्ठों पर महिलाएँ अपना योगदान स्वर्णाक्षरों में दर्ज करा गईं।

इसी कड़ी में वीर पासी योद्धा ऊदा देवी ने लखनऊ के सिकन्दरबाग में एक अज्ञात वीरांगना के रूप में अपनी गौरव गाथा भारतीय इतिहास के पृष्ठों में अंकित करा दी। सिकंदरबाग के युद्ध में वे न केवल वीरता के साथ लड़ीं बल्कि उन्होंने मृत्यु को अपने गले लगाया और कई ब्रिटिश सैनिकों को मौत के घाट उतार दिया। ऊदा देवी की वीरता का साक्षात् गवाह यूरोपियन सिपाही सार्जेण्ट फोर्बेस मिचैल था।

सार्जेण्ट फोर्बेस ने अपनी किताब 'रेमेनीसेन्सेज आफ द ग्रेट म्यूटिनी' के पृष्ठ 57-58 पर वीरांगना ऊदा देवी की बहादुरी की भूरि-भूरि प्रशंसा करते हुए लिखा है कि "सिकंदरबाग के अंदरूनी हिस्से के बीचोंबीच पीपल का एक बहुत बड़ा घना पेड़ था। उसके नीचे ठंडे पानी के बहुत से मिट्टी के मटके रखे हुए थे। जब सिकंदरबाग में हुए युद्ध में रक्तपात का अंत हुआ तो बहुत से सिपाही अपनी प्यास बुझाने तथा पीपल के नीचे ठंडी छाँव का आनंद लेने गए। इस पीपल के नीचे ब्रिटिश सेना की 53वीं और 93वीं फौजी टुकड़ी के बहुत से जवान मरे हुए पड़े थे। लेकिन एक स्थान पर कैप्टेन डॉसन का ध्यान गया कि इन मृत सिपाहियों के जिस्म के घावों से विदित होता है कि इनकी मृत्यु ऊपर से चलाई गई गोलियों से हुई है। कैप्टन डॉसन शीघ्र ही उस पीपल की छाया से बाहर निकला और उसने क्वेकर वालेस को इस उद्देश्य से बुलाया कि वह पीपल पर देखे कि वहाँ तो कोई नहीं है। उसने कहा कि यूरोपीय सिपाहियों की मौत रणक्षेत्र में आमने-सामने से चली गोलियों से न होकर पेड़ के

ऊपर बैठे किसी व्यक्ति द्वारा चलाई गई गोलियों से हुई है। वालेस के पास उसकी भरी हुई बन्दूक थी। सावधानीपूर्वक पीछे हटते हुए पेड़ पर बैठे व्यक्ति की तलाश उसने शुरू की। तत्काल ही उसने कैप्टेन डॉसन से कहा "मैंने उसे देख लिया" और अपनी बन्दूक तानते हुए उसने कहा कि अब मैं भगवान के सामने अपना वचन पूरा करूँगा। यह कहते हुए उसने गोली चला दी। उसकी गोली चलते ही पीपल से किसी व्यक्ति का शरीर नीचे गिरा। यह व्यक्ति लाल रंग की कसी हुई जैकेट और गुलाबी रंग की कसी हुई पैंट पहने था। उस व्यक्ति के नीचे गिरने से जब एक झटके के साथ उसकी जैकेट खुल गई तो पता लगा कि पेड़ से गिरने वाला व्यक्ति पुरुष नहीं एक महिला थी। यह महिला पुराने मॉडल की दो पिस्तौलों से लैस थी। इनमें से एक पिस्तौल खाली थी तथा दूसरी में उस समय भी गोलियाँ भरी हुई थीं। उसकी आधी जेब में भी गोलियाँ भरी हुई थीं, जिन्हें सावधानीपूर्वक बनाया गया था। वालेस ने जब देखा कि पेड़ पर बैठे हुए जिस व्यक्ति को उसने गोली मारी वह पुरुष नहीं महिला थी तो वह रोने लगा। और उसने कहा कि "यदि मुझे मालूम होता है कि यह औरत है तो मैं हजार बार मर जाता लेकिन उसे नुकसान नहीं पहुँचाता।" यह महिला कोई और नहीं ऊदा देवी थीं।

यह घटना 16 नवंबर 1857 की है। 1857 के संग्राम में क्रांति के दीवानों ने रेजीडेन्सी घेर ली थी। अंग्रेजों को मुक्ति का कोई रास्ता नजर नहीं आ रहा था। ईस्ट इंडिया कंपनी ने जनरल कैम्पवेल को सेनापति बनाकर अवध भेजा था। यह वही कैम्पवेल था जिसे कानपुर के रास्ते लखनऊ आने तक तीन बार अमेठी-बंथरा के पासियों से मुँह की खाकर वापस जाना पड़ा था। जब कैम्पवेल चौथी बार आगे बढ़ने में सफल रहा तो उसने सबसे पहले महाराजा बिजली पासी के किले पर ही अपनी सैनिक छावनी बनाई थी। 10 नवंबर 1857 को जनरल कैम्पवेल बिजली पासी किले से आलमबाग होता हुआ दिलकुशा पहुँचा था। योजनानुसार उसे मोतीमहल में तैनात जनरल आउटरम और हैनरी हैवलेक से मिलना था। किन्तु देशी वीरों और खासकर डंकाशाह के डर से रास्ता बदलकर वह सिकंदरबाग आ पहुँचा। पहली बार में उसे सिकंदरबाग में पराजय हुई लेकिन दूसरी बार में वह सिकंदरबाग तक पहुँच गया। इस समय महिला फौज का मोर्चा ऊदा देवी सँभाले हुए थीं तभी, उसकी सेना की मुठभेड़ ऊदा देवी से हुई थी।

बेगम हजरत महल ने आजादी के संघर्ष में अपने पति के बंदी बना लिए जाने के पश्चात् महिलाओं की फौज तैयार की थी। इसकी सेनापति ऊदा देवी को बनाया था। ऊदा देवी उजरियाँव की रहने वाली थीं। इनका ससुराली नाम जगराना था। उनके पति का नाम मक्का पासी था। वह भी हजरत महल की फौज में सिपाही थे। चिनहट में वे भी अंग्रेजों से लड़ते-लड़ते वीरगति को प्राप्त हुए थे। इस युद्ध में स्वयं बेगम हजरत महल गई थीं।

हजरत महल के साथ ऊदा देवी भी थीं। हजरत महल ने अपने घायल सैनिकों की स्वयं देखभाल की थी और जो शहीद हो गए थे, उनके शरीर पर कफन डाला था। उसी समय एक लाश के पास ऊदा देवी ठिठक गई थीं और फूट-फूट कर रो पड़ी थीं। यह शव ऊदा देवी के पति मक्का पासी का था। तभी ऊदा देवी ने कसम खाई थी कि इसका बदला वे अवश्य लेंगी, जिसकी परिणति में 16 नवम्बर को पेड़ पर चढ़कर उन्होंने 36 अंग्रेज सैनिकों को मार गिराया था और फिर वीरगति को प्राप्त हो गई थीं।

सन्दर्भ सूची

1. Arjun Dangle, Poisoned Bread orient Longman (Bombay, 1992).
2. Butler, Donald, Outline of the Topography and Statistics of the Southern Districts of Oudh and the Cantonment of Sultanpur Oudh (1839).
3. Crookes, W., The Tribes and Castes of the North Western Provinces and Oudh Vol.1 to 4, 1890 Government Press Calcutta.
4. Cunningham, A, Archeological Survey of India, Vol.XI, Calcutta (1880).
5. Dey, N.L., The Geographical Dictionary of Ancient and Mediaeval india, Calcutta 1899.
6. Elliot, H.M. and Dowson, J., The History of India as told by its own Historians, 8 Volumes (London 1866).
7. Forrest, G.W., History of India Mutiny (London 1904).
8. Fuhrer, A., The Monumental Antiquities and Inscriptions in the North western Provinces and Oudh (Allahabad 1891).
9. Hilton, E.H., The Tourists Guide to Lucknow, 1894.
10. J Forbes W.&. John., People of India Vol. 2, Reprint By B.R. Publishing Corporation, Delhi. William Kaije (Editors).
11. Forbes-Mitchell, W., Reminiscences of the Great Mutiny-1857-59 Macmillan & Co. London (1904 Edition).
12. Kitts, Castes and Tribes in India (1885).
13. Misra, A.S., Nana Seheb Peshwa and the Fight for Freedom, UP Informaition Department, Lucknow. 1961.
14. Risley, H.H., Tribes and Castes of Bengal Vol. 2, 1891.
15. Singh, K.S., The Scheduled Castes Vol. 2 Oxford University Press, New Delhi, 1995.

16. Srinivas, Castes in Modern India and Other Essays, 1962.
17. Sleeman W., A Journey through the Kingdom of Oudh, 1856.
18. Source Material in Five Volumes, Feedom Struggle in Uttar Pardesh, UP Information Deptt. 1857-59.

Gazetteers

- Imperial Gazetteer of India Vol.XVI Oxford at the Clarendon Press, 1908 By Henery Frowde.
- Gazetteers of Oudh Three Volumes in one Low priced Publications, New Delhi.
- Lucknow A Gazetteer Being Vol. XXXVII of the District Gazetteers of the United Provinces of Agra and Oudh, H.R. Nevill, I.C.S. 1904, Alld. United Provinces.

Uttar Pradesh District Gazetteers

(i) Bahraich, K.N. Pandey, State Editor (Distt. Gazetteers), 1988.
(ii) Barabanki, Smt. Esha Basanti Joshi, State Editor (Distt. Gazetteers), 1964.
(iii) Rae Bareli, Amar Singh Beghel, State Editor (Distt. Gazetteers) 1976.
(iv) Sitapur, Smt. Esha Basanti Joshi, State Editor (Distt. Gazetteers) 1964.
(v) Sultanpur, Sri Danhali Pd. Yarun, State Editor (Distt. Gazetteers), 1982.

हिन्दी पुस्तकें

1. अब्दुल हलीम 'शरर', पुराना लखनऊ, नेशनल बुक ट्रस्ट, नई दिल्ली, 1971।
2. राजकिशोर, अयोध्या और उससे आगे, वाणी प्रकाशन, नई दिल्ली, 1993।
3. रामशरण वर्मा, शूद्रों का प्राचीन इतिहास, राजकमल प्रकाशन, नई दिल्ली, 1995।
4. राजकुमार, बिजली पासी की ऐतिहासिकता, पासी शोध केन्द्र, गढ़ी कनौरा लखनऊ, 1992; लखनऊ के वास्तविक निर्माता लाखन पासी, पासी शोध संस्थान, गढ़ी कनौरा लखनऊ, 1995।
5. नरेन्द्र सिंह, दलितों के रूपांतरण की प्रक्रिया, राधाकृष्ण, नई दिल्ली, 1993।

6. धर्मवीर विद्यालंकार, ब्राह्मणवाद बनाम शूद्रवाद, वीर साहित्य प्रकाशन, दिल्ली, 1994।
7. योगेश प्रवीन, लखनऊ नामा, लखनऊ महोत्सव समिति का प्रकाशन, 1984।
8. धीरेन्द्र वर्मा, मध्य देश, बिहार राष्ट्रभाषा-परिषद्, पटना, 1995।

वार्षिकी एवं पत्रिकाएँ

- उत्तर प्रदेश वार्षिकी, 1995-96।
  सूचना एवं जनसंपर्क विभाग उत्तर प्रदेश, लखनऊ।
- लखनऊ महोत्सव, वार्षिकी, 1977।
- लखनऊ महोत्सव, वार्षिकी, 1983।
- लखनऊ महोत्सव, वार्षिकी, 1986।
- वीरांगना ऊदा देवी पासी शहीद दिवस स्मारिका, 1996।

वर्ण व्यवस्था और कुरील वंश

हरमोहन दयाल

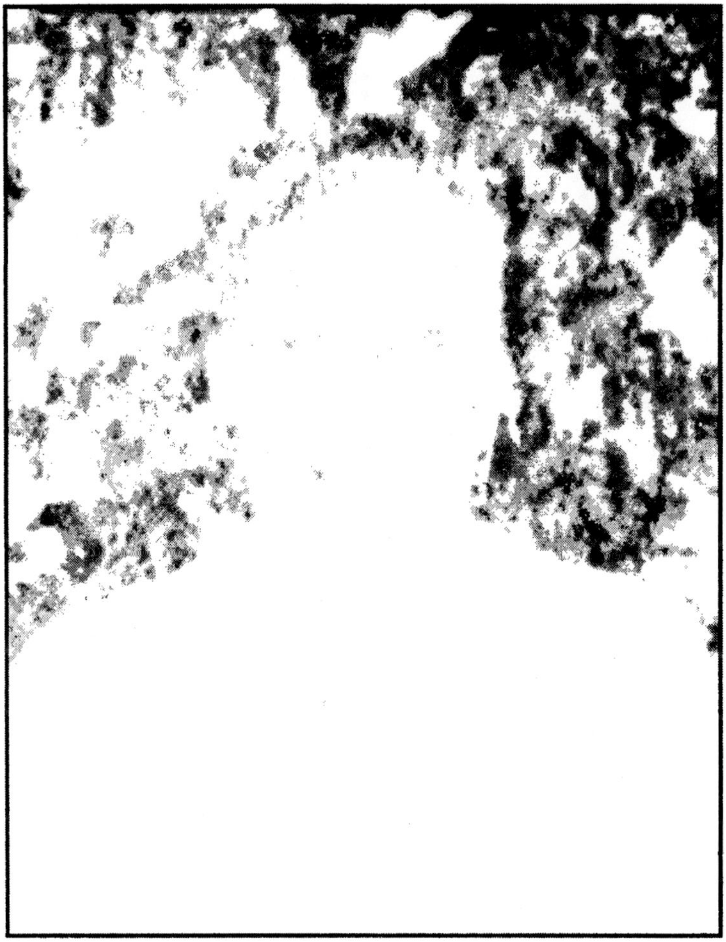

हरमोहन दयाल

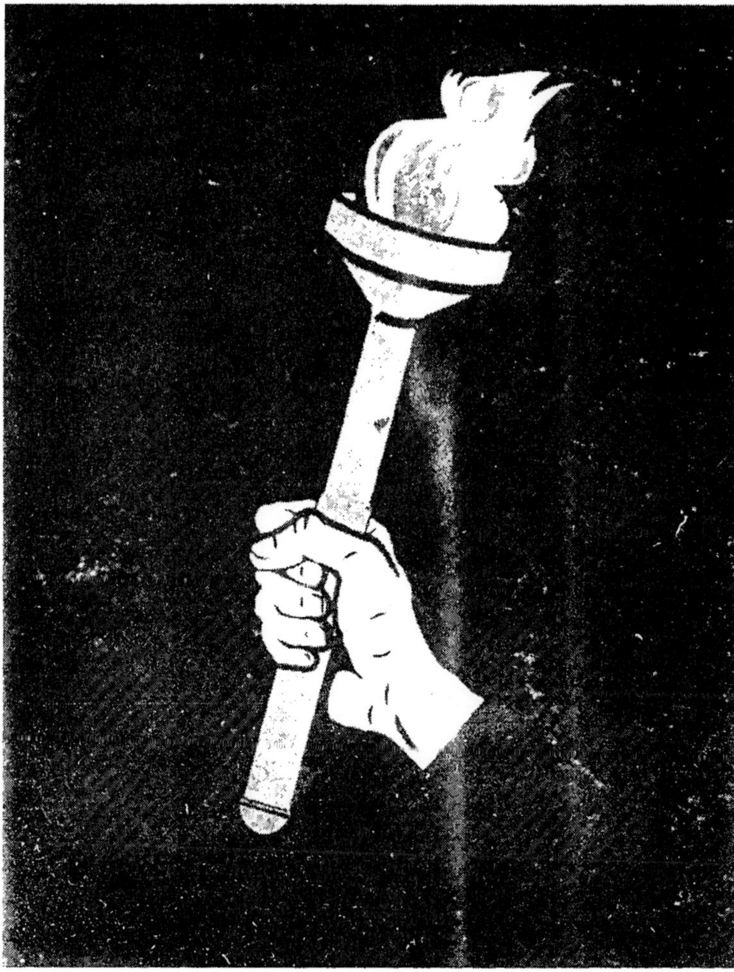

वर्ण व्यवस्था
और
कुरील व्यवस्था

"इन्द्रिय को वश में करें, सुख से रहे सुशील।
प्राणिन के दुख हरैं, उनका नाम कुरील।।"

राम बिलास बाल्मीकी
राज्य मंत्री, पूर्व कारागार
होमगार्ड्स एवं
राजनैतिक पेंशन, उ.प्र.

कार्यालय : 226820
दूरभाष : सी.एच. : 3521
आवास : 73443
सी5/4 निरालानगर, लखनऊ

'वर्ण व्यवस्था एवं कुरील वंश' पुस्तक के अध्ययन से न सिर्फ हिंदूवर्ण व्यवस्था तथा विभिन्न जातियों की उत्पत्ति की पर्याप्त जानकारी मिलती है। अपितु कुरील वंश द्वारा स्वतंत्रता संग्राम आन्दोलन एवं दलितोद्धार के लिए किए गए सराहनीय योगदान की भी पर्याप्त जानकारी मिलती है।

जातीय व्यवस्था की विकृतियों एवं उसके विभिन्न अमानवीय पक्षों, ऊँच-नीच की अवधारणा के चलते समाज में लोगों को विशेष रूप से दलित वर्ग को कितनी समस्याओं का सामना करना पड़ता है। इसकी एक स्पष्ट झलक इस पुस्तक के अध्ययन से मिलती है।

लेखक 'हरमोहन दयाल' का पुस्तक लेखन का यह प्रथम प्रयास सफल कहा जा सकता है। भविष्य में अन्य पुस्तकों की भी उनसे अपेक्षा है ऐसे प्रशंसनीय कार्य के लिए मेरी हार्दिक शुभकामनाएँ उनके साथ हैं।

राम बिलास बाल्मीकी
पूर्व कारागार मंत्री, उ.प्र. सरकार

दो शब्द

मुझे कुरील वंश के विषय में दो शब्द लिखने का शुभ अवसर पाने की बहुत खुशी है और यह जानकर बड़ी प्रसन्नता हुई है, कि 'कुरील वंश' के दायरे में प्रवेश कराने का कार्य उस परिवार के ही एक अभिन्न अंग श्री हरमोहन दयाल द्वारा किया जा रहा है। जो इस पुस्तक के लेखक तथा सक्रिय समाज सेवक हैं। इस पुनीत कार्य में प्रथम पुष्प पिरोने का श्रेय हमारे अग्रज श्री निरंजन लाल कुरील जी ने पूर्व में कर दिया था। परंतु काल चक्र की प्रतीक्षा और उनके समयाभाव के कारण गति नहीं प्राप्त कर सका। फिर भी 20वीं सदी के अंत में इस गौरवशाली वंश का परिचय पुस्तक के रूप में समाज को समर्पित किया जा रहा है। जिसे सभी हृदयंगम करेंगे ऐसी मुझे आशा है।

कुरील परिवार ने डॉ. अम्बेडकर के द्वारा चलाए गए सामाजिक आंदोलनों को अग्रसारित किया है तथा उत्तर प्रदेश में सर्वप्रथम श्री निरंजन लाल कुरील तथा श्री प्यारे लाल कुरील 'तालिब' ने समाज को संगठित तथा सशक्त नेतृत्व प्रदान किया है।

श्री निरंजन लाल की सामाजिक सेवाएँ सराहनीय और मील का पत्थर हैं जो कभी विस्मृत नहीं की जा सकती हैं। कुरील साहब एक क्रांतिकारी प्रखर वक्ता तथा प्रसिद्ध समाज सेवक हैं।

भारतीय संविधान के शिल्पी स्व. बाबा साहब डॉ. भीमराव अम्बेडकर के द्वारा चलाए गए सामाजिक, राजनीतिक गतिविधियों में इस कुरील परिवार का महान योगदान रहा है। अनेक सामाजिक संगठनों की आधारशिला भी रखी है और उनके माध्यम से सर्वप्रथम प्रदेश के कोटि-कोटि अछूतों के हृदय में बाबा साहब के उपदेशों (विचारों) और आदर्शों की लौ जलाई।

मेरा तो इस परिवार से संबंध अपने छात्र जीवन से ही जुड़ा है जो आज तक है आगे भी रहेगा ऐसी मेरी मान्यता है। इस परिवार में जो विभूतियाँ हुई हैं उनमें सूर्य के समान तेज, सरिता के समान वेग और समुद्र के समान गांभीर्य रहा है जो भावी पीढ़ियों के लिए सदा मार्ग दर्शक रहेगा ऐसी मुझे आशा है।

दीन दयाल

एम.ए.एल.एल.बी. (एडवोकेट)

प्रकाशकीय

आजादी की स्वर्ण जयंती वर्ष में एक ऐसी पुस्तक को प्रकाशित करने का अवसर प्राप्त हुआ है जिसके संबंध में यह लिखना गलत नहीं होगा कि भविष्य में यह पुस्तक एक ऐसे दस्तावेज के रूप में जानी जाएगी, जिसके माध्यम से देश के एक ऐसे वंश के बारे में पर्याप्त जानकारी मिल सकेगी जिसने न सिर्फ स्वतंत्रता संग्राम में बढ़-चढ़ कर हिस्सा लिया बल्कि समाज सुधार में भी महत्त्वपूर्ण योगदान किया है। विशेष रूप से गरीबों, दलितों या समाज के कमजोर तबकों के लिए इस वंश की सेवा भावना सराहनीय है। दलितोद्धार के लिए इस वंश का सक्रिय योगदान आज भी निरंतर प्रवाहमान है।

संत कबीर की शिक्षाओं को मानने वाले मौजा घाटमपुर जनपद उन्नाव के इस वंश को समाज में कुरील वंश के नाम से जाना जाता है। इसी वंश के एक सदस्य श्री हरमोहन दयाल ने कुटुम्ब के अन्य सदस्यों के आग्रह पर इस पुस्तक को लिखा। इस कार्य में उन्हें परिवार के अनेक सदस्यों से सलाह एवं सहयोग समय-समय पर प्राप्त होता रहा।

विकृत वर्ण व्यवस्था के कारण समाज में दलितों ने किन-किन कठिनाइयों का सामना किया उसका एक स्पष्ट चित्र इस पुस्तक का अध्ययन करते समय नजरों के सामने आ जाता है। साथ ही मन में यह विचार भी उठता है कि आजादी की स्वर्ण जयंती मना लेने के बाद भी ऐसी कौन सी वजह है जिसके कारण समाज में सवर्ण-अवर्ण की रेखा को आज भी मिटाया नहीं जा सका। यह कहना अनुचित न होगा कि आज यह रेखा और भी तीक्ष्ण हो गई है। आश्चर्य की बात है कि आजादी के बाद इस रेखा को ही मिटाने के लिए सबसे ज्यादा शोर शराबा हुआ लेकिन समस्या विकराल होती गई ऐसा क्यों हुआ? क्या समस्या के समाधान का गलत रास्ता चुना गया या फिर इन बातों को सच माना जाए कि राजनेताओं ने (कुछ विरले नेताओं को छोड़कर) अपने राजनीतिक स्वार्थों के लिए समस्या को कभी हल करना ही नहीं चाहा, बल्कि सवर्ण-अवर्ण की खाई को हमेशा और चौड़ा करने में ही अपनी संपूर्ण शक्ति लगाई। इस बात को स्वीकारने में कोई हिचक नहीं होनी चाहिए कि राजनीतिज्ञों

का एकमात्र उद्देश्य यही रहा है कि समस्याएँ उत्पन्न कर या उसे विराट रूप देकर उसकी आड़ में जनता को लगातार भ्रमित कर अपने हितों की पूर्ति की जाए। यदि कोई गैरराजनीतिक व्यक्ति या संस्था उस समस्या को वास्तव में समाप्त करने का प्रयास करती है तो इन राजनेताओं के प्रयासों के चलते सभी सुधारवादी कार्यक्रम सफल नहीं हो पाते हैं।

कुरीलवंश के सदस्यों को भी समाज सुधार का विशेष ध्यान रहा है। लेकिन प्रारंभ में इन सभी को अनेक कठिनाइयों का सामना करना पड़ा, प्रतिक्रियावादी शक्तियों ने इनके कार्यों को कभी अच्छी दृष्टि से नहीं देखा परंतु फिर भी कुरील वंश के सदस्य कभी हताश नहीं हुए और निरंतर प्रयासरत हैं। देश की आजादी के लिए अनेक सदस्य नेताजी सुभाषचन्द्र बोस की आजाद हिंद फौज में भर्ती हुए और लड़ाई में बढ़-चढ़कर हिस्सा लिया। ऐसे स्वतंत्रता संग्राम सेनानियों एवं समाज सेवकों के संबंध में पूरी जानकारी इस पुस्तक के माध्यम से देने का प्रयास लेखक श्री हरमोहन दयाल जी ने किया है जो सराहनीय है।

हमें विश्वास है कि प्रगतिशील विचारधारा के लोगों के बीच यह पुस्तक अधिक सराही जाएगी और सुधारवादी कार्यक्रमों की तरफ लोगों का ध्यान भी आकर्षित करेगी। पाठकों से हमारा निवेदन है कि अपने सुझावों एवं प्रतिक्रियाओं से हमें अवश्य ही अवगत कराएँ। उनके पत्रों की हम बेसब्री से प्रतीक्षा करेंगे।

राजमोहन

आशियाना, लखनऊ

लेखकीय

मैं कोई स्वाभाविक या पेशेवर लेखक नहीं हूँ। जीवन का एक महत्त्वपूर्ण हिस्सा सरकारी सेवा में व्यतीत करने के बाद 1992 में सहायक आयकर आयुक्त के पद से सेवानिवृत्त हुआ। उसके बाद से समाज सेवा में ज्यादा से ज्यादा समय व्यतीत करने का प्रयास करता हूँ। इससे मुझे आत्मिक संतोष प्राप्त होता है। समाज सेवा की भावना मुझमें किशोरावस्था से ही कूट-कूट कर भरी थी। लेकिन परिस्थितिवश पूरे मनोयोग से इस कार्य को करने का अवसर 1992 में ही प्राप्त हुआ।

मेरा ऐसा मानना है कि इस पुस्तक को लिखकर मैं समाज के हित में कुछ कर पाने में सफल हुआ हूँ। मेरी इस धारणा के पीछे महत्त्वपूर्ण तर्क यह है कि समाज सेवा का मतलब सिर्फ इतना नहीं है कि लोगों के बीच जाकर उनकी बातों को सुना या फिर कुछ वस्तुएँ बाँट कर आराम से घर में बैठ कर बड़े-बड़े भाषण अपनों के बीच देकर समाज सेवक का लबादा ओढ़ लिया। समाज सेवा का तो अर्थ यही होना चाहिए कि जरूरतमंद लोगों की समस्याओं का स्थायी निराकरण करने का प्रयास हो, न कि क्षणिक सहायता कर वाहवाही लूटने की कोशिश की जाए। मेरी उपरोक्त बातों को पढ़कर लोगों के मन में संभवतः यह प्रश्न उठे कि कोई पुस्तक लिख कर किस तरह समाज सेवा की जा सकती है। इस संबंध में मेरे विचार यह हैं कि किसी व्यक्ति, समाज या वर्ग द्वारा जो भी कार्य किए जाते हैं उनके करने के पीछे कोई प्रेरणा अवश्य ही महत्त्वपूर्ण भूमिका अदा करती है। अक्सर आदमी संसाधनों एवं क्षमताओं के होते हुए भी यह तय नहीं कर पाता है कि उनका सदुपयोग कैसे हो? ऐसे में उन लोगों की क्या हालत होती होगी जिनके पास या तो संसाधन होते ही नहीं या अपर्याप्त होते हैं। अपनी क्षमता का प्रयोग कैसे करें इसका भी निर्णय अक्सर नहीं कर पाते हैं। ऐसी परिस्थिति में ये वर्ग समाज में तेजी से पिछड़ता चला जाता है। उसका अपना कोई महत्त्व नहीं रह जाता है। फिर शुरू होता है उसके शोषण का सिलसिला जो जीवन पर्यन्त चलता रहता है। समाज में जिस वर्ग को दलित की संज्ञा दी गई है। उस वर्ग के साथ सदियों से यही होता चला आ रहा है। कुशल नेतृत्व, संसाधन, प्रेरणा स्रोत के अभाव में समाज का बहुसंख्यक वर्ग शोषित होता

रहा लेकिन जब-जब अनुकूल अवसर मिला तब-तब इस वर्ग ने अपनी योग्यता से सभी को अभिभूत कर दिया। महर्षि वाल्मीकि, संत रविदास, महात्मा ज्योतिबा फुले, डॉ. बाबा साहब भीमराव अम्बेडकर आदि ऐसी महान विभूतियाँ हैं जिन्होंने कठिनतम परिस्थितियों में भी अपना धैर्य नहीं खोया, निरंतर परिश्रम एवं लगन से अपने को महानता के सर्वोच्च शिखर पर पहुँचाया। आज इन्हीं महान विभूतियों के कारण दलित वर्ग अपने मान सम्मान एवं अधिकारों को पाने में सफल हो पा रहा है। उसका शोषण करना अब उतना आसान नहीं रहा जितना पहले हुआ करता था। आज सिर्फ दलित वर्ग के लिए ही नहीं बल्कि हर कमजोर तबके के लिए ये महान हस्तियाँ प्रेरणा स्रोत बनी हुई हैं। इनके कार्यों को जानकर वे अपने अंदर शक्ति की अनुभूति करते हैं। अपने महत्त्व को जानने लगे हैं। शिक्षा, संगठन, श्रम, धैर्य के मूल्य को समझ गए हैं। इन बातों के उल्लेख से मेरा तात्पर्य यह है कि बहुसंख्यक वर्ग की परिस्थितियों में उनके सामाजिक, आर्थिक, राजनीतिक, शैक्षिक या धार्मिक स्थिति में जो इतना बड़ा क्रांतिकारी परिवर्तन आया है उसके लिए उपरोक्त महान हस्तियाँ प्रेरक एवं दिशा निर्देशक का कार्य कर रही हैं। समाज की इतनी महान सेवा इन आदरणीय लोगों ने जितना अपने व्यावहारिक कार्यों से की उससे कहीं हजारों गुना ज्यादा अपने ज्ञान का प्रकाश फैलाकर कर रहे हैं। इसके लिए इन लोगों ने अनेक ग्रंथों की रचना की। इस कार्य के लिए दलित वर्ग हमेशा उनका ऋणी रहेगा।

मैंने उपरोक्त बातों का वर्णन सिर्फ इस बात को स्पष्ट करने के लिए किया है कि **सार्थक पुस्तकों की रचना करके भी समाज की, देश की महती सेवा की जा सकती है**। साथ ही एक बात और स्पष्ट कर देना चाहता हूँ कि उपरोक्त महान हस्तियों का उल्लेख मैंने अपनी बात को ठीक ढंग से प्रस्तुत करने के उद्देश्य से किया है। पाठकगण यह कदापि न समझें कि उन महान विभूतियों के साथ मैं अपनी गिनती कर रहा हूँ। इन सभी के समक्ष मेरी स्थिति ठीक वैसी ही है जैसे किसी विशाल आकाश गंगा के समक्ष कोई सूक्ष्म नक्षत्र।

विभिन्न तरह से समाज सेवा करने के दौरान जब मुझे कुरील वंश का इतिहास लिखने के लिए प्रेरित किया गया तो प्रारंभ में मुझमें कोई विशेष उत्साह नहीं था। लेकिन जब एक दिन मन में अनायास ही यह विचार आया कि किसी भी वर्ग, समाज या देश के लिए यदि कोई व्यक्ति या संस्था निःस्वार्थभाव से कुछ करती है तो उसकी जानकारी आम जनता तक पहुँचनी चाहिए। जिससे उनमें भी देश के लिए समाज के लिए त्याग की भावना जाग्रत हो। प्रायः यह देखा गया है कि अनेक महत्त्वपूर्ण लोगों की जानकारी आम जनता को सिर्फ इसलिए नहीं हो पाती है क्योंकि उन लोगों के संबंध में या तो ख्याति प्राप्त लेखकों का रुझान नहीं होता, या फिर प्रचार माध्यम न्याय नहीं कर पाता है। इन बातों की तरफ ध्यान जाने पर मैंने यह निर्णय लिया कि इस पुस्तक को अवश्य लिखूँ। यदि मेरा यह प्रथम प्रयास सफल रहा तो भविष्य

में अन्य पुस्तकों को भी लिखने का प्रयास करूँगा।

इस पुस्तक में मैंने कुरील वंश के उन सदस्यों पर विशेष ध्यान देने का प्रयास किया है जिन्होंने स्वतंत्रता संग्राम में नेता जी सुभाष चन्द्र बोस की आजाद हिन्द फौज में महत्त्वपूर्ण पदों पर रहते हुए देश की आजादी के लिए अपने प्राणों की बाजी लगा दी। जंग-ए-आजादी में इस वंश के अनेक अहिंसावासी सदस्यों ने गांधीजी का तन-मन-धन से साथ दिया। ब्रिटिश पुलिस के बर्बरतापूर्ण अत्याचारों को भी सहा एवं जेलों की यात्राएँ भी कीं।

समाज सुधार में भी इस वंश के अनेक सदस्यों ने महत्त्वपूर्ण भूमिका अदा की है जिसे भुलाया नहीं जा सकता। इनके प्रयासों से अनेक ऐसी परम्पराएँ अस्तित्व में आईं एवं सरकारी नियम कानून लागू किए गए जिससे समाज को विशेष रूप से दलित वर्ग को आज भी अनेक लाभ प्राप्त हो रहे हैं। समाज को हर ऐसी प्रेरक राष्ट्रीय विभूतियों के संबंध में जो कि प्रचार माध्यमों या लेखकों की उपेक्षा का शिकार हुए हैं, की जानकारी देना ही मेरी इस पुस्तक का मुख्य उद्देश्य है।

पाठकों से मेरा निवेदन है कि जैसा कि मैंने पहले ही उल्लेख किया है कि मैं कोई परिपक्व लेखक नहीं हूँ इसलिए बहुत संभव है कि पुस्तक में कुछ त्रुटियाँ हों, जिसे वे नजरअंदाज कर इसमें निहित तथ्यों एवं भावनाओं पर अपना ध्यान देना चाहें। उनके सुझावों की हम प्रतीक्षा करेंगे।

हरमोहन दयाल
के-7, आशियाना
लखनऊ

संपादकीय

'वर्ण व्यवस्था और कुरील वंश' नामक इस पुस्तक में लेखक श्री हरमोहन दयाल जी ने इस वंश के डेढ़ सौ वर्षों के इतिहास का संक्षिप्त वर्णन किया है। वह स्वयं भी इसी वंश के एक सम्मानित सदस्य हैं। पुस्तक लिखते समय इन्हें अनेक कठिनाइयों का सामना करना पड़ा क्योंकि तथ्यों को जानने के लिए इनके पास न तो कोई साहित्यिक, पुरातात्विक, आधार स्रोत था, न ही अन्य किसी लेखक का कोई ग्रंथ। जो भी जानकारी इन्हें मिली वह इस वंश के अनेक बुजुर्ग सदस्यों तथा उन स्थानों के वरिष्ठ नागरिकों से प्राप्त हुई जहाँ कहीं इस वंश के सदस्य अतीत में रहे तथा देश एवं समाज के लिए अपनी सेवा अर्पित की। इसके अलावा सरकारी अभिलेखों से भी कुछ मदद मिली। सीमित साक्ष्यों एवं संसाधनों के चलते पुस्तक को बृहद् रूप न दे पाने का अफसोस लेखक को है। लेकिन इसके बावजूद इस पुस्तक से कुरील वंश के इतिहास के संबंध में पर्याप्त जानकारी मिल जाती है।

इतिहास किसी देश या समाज का वह जादुई दर्पण होता है जिसमें उस देश या समाज के संपूर्ण विकास अथवा सामाजिक जीवन के स्वरूप को देखा जा सकता है। यह कोई आश्चर्य की बात नहीं है कि एक ही देश में विविधतापूर्ण स्वरूप विद्यमान हो। समाज में भिन्न प्रकार का जीवन स्तर, सामाजिक मान्यताएँ एवं प्रथाएँ समानांतर चलती रहती हैं। वर्ग, समुदाय, क्षेत्रीयता के नाम पर प्रतिस्पर्धा भी जारी रहती है। दुनिया में एक भी देश ऐसा नहीं है, जहाँ सब कुछ सामान्य रहा हो अर्थात् हर जगह विविधताएँ व्याप्त हैं। लेकिन जब ये विविधताएँ विकृत स्वरूप प्राप्त कर लेती हैं तो स्थिति शोचनीय हो जाती है। सुखद बात यह है कि जब भी ऐसी परिस्थितियाँ बनती हैं तब उसी समाज में एक शक्ति ऐसी भी सामने आती है जो विकृतियों को दूर करने के कार्यों में जुट जाती हैं। हालाँकि ऐसी हर शक्ति को प्रारंभ में अनेक कठिनाइयों से जूझना पड़ता है। उन्हें हर स्तर पर प्रतिक्रियावादी शक्तियाँ परास्त करने का प्रयास करती हैं। इस द्वंद्व में अक्सर प्रतिक्रियावादी ताकतें विजयी भी होती रही हैं। लेकिन उनका प्रभुत्व हमेशा कायम नहीं रहा।

दुर्भाग्य से भारत विकृत विविधताओं वाले देशों में प्रायः अग्रणी बना रहता

है। इसीलिए यहाँ पर सुधारवादी शक्तियाँ भी प्रायः सक्रिय दिखाई देती हैं। इन सुधारवादी शक्तियों में भी अनेक वर्ग होते हैं। किसी का उद्देश्य धार्मिक क्षेत्र में व्याप्त बुराइयों को दूर करने का होता है, तो किसी का सामाजिक या राजनीतिक या फिर किसी क्षेत्र विशेष के लोगों को आगे बढ़ाने का। कुछ समाज सुधारक ऐसे भी होते हैं जिनका उद्देश्य बहुत व्यापक होता है, जो हमेशा पूरे देश में एक समानता पर आधारित समाज स्थापित करने का प्रयास करते हैं, अर्थात् समाज सुधारक बड़ा हो या छोटा, उन सबका उद्देश्य एक ही होता है। समाज का, राष्ट्र का उद्धार, उद्देश्य एक होते हुए भी यह जरूरी नहीं है कि उसके प्राप्ति के रास्ते सभी के एक हों। जिस प्रकार दुनिया में एक सूक्ष्म वर्ग जिसे नास्तिक नाम दिया जाता है को छोड़कर शेष सभी एक परम शक्ति या ईश्वर को मानते हैं लेकिन सभी की अपनी-अपनी पूजा पद्धति है। कोई निराकार पद्धति से ईश्वर की समीपता पाना चाहता है तो कोई साकार ईश्वर की धारणा अपनाता है। किसी को कठोर तपस्या का मार्ग उचित प्रतीत होता है। ऐसे लोग भी हैं जो योग, यज्ञ आदि की पद्धति अपनाते हैं। ऐसी ही अन्य अनेक पद्धतियाँ भी लोगों द्वारा अपनाई जाती हैं। लेकिन रास्ते भिन्न होने या अलग होने के बावजूद सभी की मंजिल एक ही होती है, ईश्वर की उपासना।

इसी प्रकार समाज सेवकों के भी उद्देश्य एक ही होते हैं, समाज की सेवा करना। लेकिन इनके भी रास्ते भिन्न-भिन्न होते हैं। कोई जरूरतमंदों के बीच जाकर सेवा करना चाहता है, तो कुछ ऐसे भी होते हैं जिनकी नजर हर उन सरकारी योजनाओं पर होती है जिनके क्रियान्वयन से प्रकृति संतुलन के प्रभावित होने या बड़े जन समुदाय के विस्थापित होने की संभावना होती है। ऐसी हर योजना का विरोध करना उसे रुकवाना ही इन समाज सेवकों का उद्देश्य होता है। अपने विचारों या किसी व्यक्ति या व्यक्तियों के उल्लेखनीय कार्यों का अपनी पुस्तक में बृहद् वर्णन कर उसे पाठकों तक पहुँचाना भी सेवा का एक रूप है। चाहे वह किसी वंश का इतिहास ही क्यों न हो। कुरील वंश का इतिहास भी इसी श्रेणी में आता है।

कुरील वंश समाज के उस वर्ग से संबंध रखता है जिसे दलित नाम दिया गया है। ''दलित''...। यह एक ऐसा शब्द है जो समाज में व्याप्त उस बुराई की ओर इंगित करता है जिसे इंसानियत के नाम पर, मानवता के नाम पर एक कलंक ही कहा जाएगा। जब ईश्वर (नास्तिक इसकी जगह प्रकृति शब्द प्रयोग करना चाहेगा) ने सबको एक समान बनाया है तो किसी व्यक्ति या वर्ग को यह अधिकार कहाँ से मिल गया कि वो स्वयं को श्रेष्ठतम बताते हुए भेदभावपूर्ण बर्ताव करे, पूरी एक ऐसी व्यवस्था कायम कर दे जिसमें मानव मात्र को भिन्न-भिन्न जातियों में बाँट कर जन्म से ही उनके कार्यों को निर्धारित कर दिया जाए। उन्हें उनके मूल अधिकारों से वंचित कर उनकी प्रगति के सारे मार्ग अवरुद्ध कर दिए जाएँ। साथ ही तर्क यह दिया जाए कि यह सारी व्यवस्था ईश्वर की बनाई हुई है।.....आखिर ईश्वर अपने

ही प्राणियों के साथ भेदभाव क्यों करेगा। इस प्रश्न का भी उत्तर दिया जाना चाहिए।

कुरील वंश के कई सदस्य जीवन पर्यन्त इस सत्य के प्रचार प्रसार में लगे रहे कि सब प्राणी एक समान हैं। ईश्वर भेद-भाव नहीं करता। जो लोग भेद-भाव को तरजीह देते हैं वो वेदों-उपनिषदों की शिक्षाओं का तो उल्लंघन करते ही हैं साथ ही ईश्वर के संबंध में भी भ्रम की स्थिति उत्पन्न करते हैं।

इसी वंश के प्रमुख समाज सुधारक महात्मा रामचरन कुरील ने अपनी एक पुस्तक 'भगवान रविदास की सत्य कथा' में एक जगह यह वर्णन किया है कि एक बार भगवान रविदास का ब्राह्मणों के साथ वाद-विवाद हुआ तो उन्होंने ब्राह्मणों की बातों का उत्तर देते हुए कहा कि वेदादि शास्त्रों को पढ़ने, सुनने और सुनाने का सर्व मनुष्य मात्र को अधिकार है ऐसा आपका वेद कहता है।

यथे मां वाचंकल्यामीभावदानिजनेभ्यः।
ब्रह्मराजन्याभ्या शूद्राय चार्याय च स्वाय चारणाय॥

देखो परमेश्वर कहता है कि जैसे मैं सब मनुष्यों के लिए इस कल्याण अर्थात् संसार और मुक्ति के सुख देने वाले ऋग्वेदादि चारों वेदों की वाणी का उपदेश करता हूँ वैसे ही तुम भी किया करो।

अब यहाँ कोई ऐसा प्रश्न करे कि 'जन' शब्द से द्विजों का अर्थ ग्रहण करना चाहिए क्योंकि स्मृतादि ग्रंथों में ब्राह्मण, क्षत्रिय, वैश्य ही के लिए वेदों को पढ़ने का अधिकार लिखा है, स्त्री, शूद्रादि वर्णों को नहीं। इसका भी उत्तर सुनिए (ब्रह्मराजन्याभ्य) इत्यादि देखो परमेश्वर स्वयं कहता है कि हमने ब्राह्मण, क्षत्रिय (आर्याय) वैश्य (शूद्राय) शूद्र और (स्वाय) अपने भृत्य व स्त्रियादि (अरणाम) और अति शूद्रादि के लिए भी वेदों का प्रकाश किया है। सब मनुष्य वेदों को पढ़, पढ़ा और सुन, सुना कर ज्ञान को बढ़ाएँ। अच्छी-अच्छी बातों को ग्रहण करें। बुरी बातों का त्याग कर तथा दुखों से छूटकर आनन्द को प्राप्त करें। कहिए, अब तुम्हारी बात मानें या परमेश्वर की? परमेश्वर की बात अवश्य ही माननीय है। इतने पर भी जो कोई न माने वह वेदों का नाम लेकर दूसरों को धोखा देता है। क्या परमेश्वर शूद्रों का भला करना नहीं चाहता? क्या परमेश्वर पक्षपाती है जो कि वेदों को पढ़ने-सुनने का शूद्रों के लिए निषेध और द्विजों के लिए विधि करेगा? जो परमेश्वर का अभिप्राय शूद्रादि को पढ़ाने-सुनाने का न होता तो इनके शरीर में वाक और श्रोतादि इन्द्रियों को क्यों रचता, जैसे परमात्मा ने पृथ्वी, जल, अग्नि, वायु, चन्द्र, सूर्य और अन्नादि पदार्थ सबके हित के लिए बनाए हैं वैसे ही **वेद भी सब मनुष्य के लिए प्रकाशित किए हैं।**

महात्मा राम चरन ने भगवान रविदास के जीवन चरित्र को इसी उद्देश्य के साथ लिखा था कि उनके उपदेशों का व्यापक पैमाने पर प्रचार प्रसार हो। जो लोग ईश्वर की आड़ में मनगढ़ंत बातों के आधार पर एक बड़े वर्ग का शोषण करने का षड्यंत्र करते हैं उनका पर्दाफाश हो। ईश्वर या वेदों आदि के संबंध में जो भ्रम पैदा

किया गया है उसे दूर किया जा सके।

महात्मा राम चरन जीवन भर अपने उपदेशों एवं पुस्तकों के माध्यम से समाज की बुराइयों को दूर करने, दलितों को समान अधिकार दिलाने के लिए प्रयत्नशील रहे। उन्होंने हमेशा यही कहा कि ऊँच-नीच, जाति-पाँति, छुआ-छूत आदि ढकोसलों का परित्याग होना ही चाहिए। ऐसा किए बगैर समाज में एकरूपता आ ही नहीं सकती।

कुरील वंश में जहाँ एक ओर अनेक सदस्यों ने सामाजिक कुरीतियों के खिलाफ संघर्ष किया वहीं कई सदस्यों ने देश की आजादी के लिए भी प्राण-प्रण से प्रयास किया। कुछ सदस्यों ने नेता जी सुभाष चन्द्र बोस की आजाद हिन्द फौज में महत्त्वपूर्ण पदों पर रहते हुए अंग्रेजों के खिलाफ सीधे संघर्ष में हिस्सा लिया तो कुछ लोगों ने गाँधी जी का साथ दिया। इन सभी के संबंध में लेखक ने यथा शक्ति इस पुस्तक के माध्यम से जानकारी देने का प्रयास किया है। लेखक ने कई स्थानों पर यह भी लिखा है कि दलित वर्ग का होने के कारण इस वंश के सदस्यों को अपने कार्यों को करते समय विभिन्न प्रकार की कठिनाइयों का सामना करना पड़ता था। दलित वर्ग का होने के कारण किस तरह की समस्याओं से रूबरू होना पड़ता है इसके वर्णन के साथ-साथ जिस विकृत वर्ण व्यवस्था के कारण दलित या ऊँच-नीच, छुआ-छूत जैसी समस्याएँ उत्पन्न हुईं उस वर्ण व्यवस्था के संबंध में भी अति संक्षेप में वर्णन लेखक से अपेक्षित था लेकिन किन्हीं अपरिहार्य कारणोंवश क्योंकि लेखक महोदय ऐसा नहीं कर पाए हैं इसलिए पुस्तक के लिए आवश्यक समझते हुए मैं संपादकीय में ही अति संक्षेप में यथा शक्ति हिंदू वर्ण व्यवस्था के संबंध में उल्लेख कर रहा हूँ।

हिन्दू वर्ण व्यवस्था के संबंध में जितना गहन अध्ययन या शोध किया गया है उतना निश्चित रूप से संसार की अन्य किसी व्यवस्था के बारे में नहीं किया गया होगा। अन्य कई धर्मों की व्यवस्थाओं का शोध तो हिन्दू वर्ण व्यवस्था के शोध के दौरान प्रसंगवश ही हो गया है। यह भी सत्य है कि जिस विषय पर जितने अधिक लोग शोध करेंगे उसके संबंध में विचार या सिद्धांत भी अलग-अलग प्रकार के उभर कर आएँगे। इसलिए एक समान विचार या सिद्धांत की अपेक्षा नहीं की जा सकती हाँ किसी एक सिद्धांत के पक्ष में बहुमत अवश्य ही होता है। बहुमत प्राप्त सिद्धांत पर ही ज्यादा सहमति बनती है। यहाँ प्रसंगवश हिन्दू वर्ग व्यवस्था के उन अंग पर विशेष उल्लेख होगा जिसमें शूद्र या दलितों की उत्पत्ति एवं उनके कामों आदि के संबंध में बताया गया है। शूद्रों की स्थिति के संबंध में जितने भी विद्वानों ने शोध किया है उनमें डॉ. भीमराव अम्बेडकर का नाम प्रमुख है। इसलिए इस संबंध में उनके विचारों को पहले जान लेना ज्यादा समीचीन होगा। डॉ. अम्बेडकर ने गहन शोध करने के बाद इस विषय पर उस समय तक प्रचलित बहुत से सिद्धांतों को

गलत एवं दुराग्रहपूर्ण साबित कर दिया था। जिनमें से अधिकांश विदेशी विद्वानों द्वारा प्रतिपादित सिद्धांत थे। इन गलत साबित सिद्धांतों में वह सिद्धांत भी शामिल है जिसके द्वारा अधिकांश विद्वानों ने यह प्रतिपादित किया कि आर्य बाहर से भारत आए और यहाँ के मूल निवासियों जिन्हें अनार्य कहा को युद्ध में परास्त कर उन्हें दास बना लिया था फिर सुदूर दक्षिण भारत में खदेड़ दिया। आगे चलकर अनार्य ही शूद्र के रूप में जाने जाने लगे। इस सिद्धांत को निराधार बताते हुए डॉ. अम्बेडकर ने अपनी पुस्तक "Who were the Shudras" में यह प्रमाणित कर दिया है कि आर्य कहीं बाहर से नहीं आए थे। शूद्र की उत्पत्ति कैसे हुई, उनके लिए क्या काम निर्धारित किए गए थे, शूद्रों की निम्न स्थिति के लिए कौन जिम्मेदार है, इन सब बातों का उक्त पुस्तक में विस्तृत वर्णन डॉ. अम्बेडकर जी ने किया है।

आर्य व्यवस्था के संबंध में विचार व्यक्त करते हुए डॉ. अम्बेडकर जी ने लिखा है कि आर्य व्यवस्था के अनुसार ब्राह्मण, क्षत्रिय, वैश्य, शूद्र चार वर्ण हैं। चारों वर्णों में शूद्र चौथा वर्ण रहा है। समाज यदि चारों वर्णों में ही विभाजित रहता, तो चातुर्वर्ण व्यवस्था में कोई आपत्ति न होती। परंतु दुर्भाग्यवश इस व्यवस्था में ऊँच-नीच की भावना भरी है, तथा कानूनी भी है। इसमें शूद्र चौथा वर्ण है। इस वर्ण पर ऐसे कठोर प्रतिबंध लगाए गए हैं कि वह कभी पनप ही नहीं सकता। डॉ. अम्बेडकर कहते हैं कि जब तक अछूतों का पाँचवाँ वर्ण नहीं बना था, तब तक शूद्र ही सबसे नीचे माने जाते थे। यहाँ पाँचवें वर्ण से आशय यह है कि पहले शूद्र वर्ण दो वर्गों में विभाजित था। जिनमें से एक वर्ग तो स्पृश्य माना जाता था, तथा दूसरा वर्ण अस्पृश्य माना जाता था।

डॉ. अम्बेडकर ने अपनी उक्त पुस्तक में यह भी कहा है कि ऋग्वेद युग में केवल तीन वर्ण थे। तीनों में शूद्र वास्तव में क्षत्रिय थे। ब्राह्मणों से भी ज्यादा इनका मान सम्मान था। इस स्थिति में परिवर्तन ब्राह्मणों की कुटिल नीतियों के कारण आया। ऋग्वेद के जिस पुरुष सुक्त में इस वर्ण का वर्णन है वह बहुत बाद में ब्राह्मणों ने गढ़कर जोड़ा है। तभी से संस्कृत साहित्य में शूद्र वर्ण का जिक्र प्रारंभ हुआ है। जब कि इसके पूर्व शूद्र आर्य जाति में सूर्यवंशी थे, क्षत्रियत्व इनका मुख्य ध्येय था। सत्ता इनके हाथ में होने के कारण निर्णायक शक्ति भी इनके पास थी। अपने-अपने वर्चस्व को बढ़ाने के फेर में ब्राह्मण और शूद्रों में बराबर संघर्ष होता रहा। ब्राह्मणों ने आजिज होकर द्वेष भाव के चलते शूद्रों का उपनयन संस्कार करना बंद कर दिया। इस संस्कार से वंचित होने के बाद शूद्र वर्ण अपने क्षत्रियत्व से गिरकर तीसरे वर्ण वैश्य से भी नीचे एक नया चौथा वर्ण बन गया। चौथे या शूद्र वर्ण के संबंध में डॉ. अम्बेडकर का यह मत मौलिक एवं अन्य सभी प्रचलित सिद्धांतों के बिल्कुल विपरीत है। उनके इस मत को व्यापक मान्यता मिलेगी। इस बारे में डॉ. अम्बेडकर जी को संदेह था। इसीलिए इन्होंने कहा था कि मेरा यह सिद्धांत मौलिक एवं प्रचलित सिद्धांतों के विरोध

में है। यह माननीय है या नहीं यह समालोचकों पर निर्भर करता है। समालोचक यदि सच्चा है तो मेरे इस सिद्धांत को मान्यता देगा ऐसी मुझे आशा है। कम से कम इस मत को नया मत तो अवश्य ही कहेगा।

डॉ. अम्बेडकर की उपरोक्त बातों से स्पष्ट है कि उन्हें इस बात का अहसास था कि उनके विचारों को प्रतिक्रियावादी वर्ग मान्यता नहीं देगा। लेकिन निष्पक्ष आलोचकों एवं सुधारवादी वर्ग के बीच उनके सिद्धांतों को मान्यता अवश्य ही मिलेगी। इसलिए वह अपने काम में निरंतर लगे रहे। चौथे या शूद्र वर्ण के संबंध में इनके विचारों को समझना तब ज्यादा आसान होगा जबकि पहले आर्यों के संबंध में इनके विचारों को भली-भाँति समझ लिया जाए। जैसा कि पहले ही बताया जा चुका कि डॉ. अम्बेडकर जी उन सिद्धांतों को सही नहीं मानते जिनमें यह बताया गया है कि आर्य भारत में बाहर से आए और यहाँ के मूल निवासियों को अनार्य कहा तथा उन्हें युद्ध में परास्त कर दास बना लिया या दूसरे क्षेत्रों में खदेड़ दिया तथा यही परास्त लोग बाद में शूद्र बन गए। डॉ. अम्बेडकर का दृढ़ मत था कि आर्य भारत के मूल निवासी थे। अपने इस मत के पक्ष में वह सिलसिलेवार अनेक प्रमाण प्रस्तुत करते हैं उनमें से कुछ इस प्रकार हैं उनका पहला प्रश्न कि आर्य कौन थे। इसका उत्तर जानने से पहले यह जानना जरूरी है कि जाति किसे कहते हैं। जाति उस जनसमुदाय को कहते हैं जिनमें पैतृक विशेष लक्षण पाए जाते हों जैसे कि सिर की बनावट, लंबाई तथा आँखों एवं बालों की संरचना आदि। मानव शरीर रचना शास्त्र में उपरोक्त आधारों पर जातियों के निर्धारण की विस्तृत व्याख्या है। इस शास्त्र के विशेषज्ञ प्रोफेसर रिप्ले ने योरोपीय लोगों को तीन भागों में विभाजित करते हुए बताया है कि ट्यटोनिक जाति के लोगों का सिर और चेहरा लम्बा, हल्के रंग के बाल, नीली आँख, लंबा कद, नाक पतली होती है। तथा मेडीट्रियन जाति के लोगों की नाक कुछ चौड़ी, औसत कद, काली आँख, भूरे या काले बाल, सिर चेहरा लंबा होता है। इसी प्रकार केलिटक या अल्पाइन लोगों की नाक चौड़ी बड़ी, गोल सिर, चौड़ा चेहरा, भूरे बाल, भूरी आँखें, औसत कद होता है। इन तीनों योरोपीय जातियों के जो लक्षण हैं वो आर्यों में कहीं दूर-दूर तक नजर नहीं आते। क्योंकि आर्य जाति के बारे में पहले मत के अनुसार यह बताया जाता है कि वह लम्बे सिर, पतली खूबसूरत नाक, लंबे चेहरे, लंबे कद और अच्छी कद काठी वाले होते हैं। आर्यों के बारे में दूसरा मत प्रो. मैक्समूलर का है। जिन्होंने भाषा के आधार पर अपनी बात को समझाया है।

मैक्समूलर के अनुसार 'अर' तथा 'आर' प्राचीनतम शब्द है जिनका अर्थ है धरती। अतः आर्य शब्द का अर्थ हुआ गृहस्थ तथा धरती जोतने वाला। मनु की लड़की इड़ा का अर्थ है 'जुती हुई धरती' इससे ऐसा प्रतीत होता है 'इड़ा' शब्द 'अरा' से प्रेरित है। इसी प्रकार प्रोफेसर मैक्समूलर दूसरा अर्थ यह बताते हैं कि 'आर्य'

शब्द का अर्थ धरती जोतने वाला है। संभवतः यह शब्द आर्यों ने स्वयं चुना है। प्रो. मैक्समूलर यह भी कहते हैं कि आर्य कोई जाति नहीं थी। आर्य एक भाषा का नाम है। इन विद्वानों के विचारों के बाद आर्यों के संबंध में वेद क्या कहते हैं अब उन पर गौर करते हैं। ऋग्वेद में 'अर्य'; एवं 'आर्य' ये दोनों ही शब्द पाए जाते हैं। 'अर्य' शब्द 88 बार आया है। 'आर्य' शब्द 31 बार आया है। 'अर्य' का अर्थ, शत्रु देश का नाम मालिक, माननीय पुरुष आदि है। परंतु जाति के अर्थ में इसका प्रयोग कहीं नहीं हुआ है।

भाषा के आधार पर वेनफ्रे महोदय ने आर्यों का मूल स्थान काला सागर के उत्तर में निश्चित किया है। लेकिन आर्यों की शारीरिक संरचना के आधार पर कुछ विद्वान इन्हें 'काकेशस' क्षेत्र का मूल निवासी मानते हैं। लोकमान्य तिलक के अनुसार आर्य उत्तरी ध्रुव के पास आर्कटिक क्षेत्र के मूल निवासी हैं। यह मत भी सत्य नहीं हो सकता है। क्योंकि वेदों एवं आर्यों के जीवन में अश्वों का स्थान बहुत महत्त्वपूर्ण रहा है। जबकि उत्तरी ध्रुव के पास घोड़ों की बात स्वीकार नहीं की जा सकती है।

डॉ. अम्बेडकर जी की उपरोक्त बातों से उनका यह मन्तव्य स्पष्ट हो जाता है कि उनके विचार में आर्यों की जो शारीरिक संरचना है, उस तरह के मनुष्यों का मूल निवास भारत के बाहर अन्य कहीं नहीं था। इस तरह यह विचार स्वतः ही गलत सिद्ध हो जाता है कि आर्यों ने कभी भारत पर आक्रमण किया था।

ऋग्वेद का हवाला देते हुए डॉ. अम्बेडकर जी आगे बताते हैं कि वेद में ऐसे कोई तथ्य नहीं हैं जिनसे यह संकेत भी मिल सके कि आर्यों का आगमन बाहर से हुआ। यदि ऐसा होता तो आर्य कभी भी मेरी गंगा, मेरी यमुना, मेरी सरस्वती आदि कहकर वर्णन न करते। वेदों में सात नदियों का विस्तृत वर्णन है। विजेता वर्ग विजित क्षेत्र की संस्कृति आस्थाओं के केन्द्र आदि को पददलित करते हैं न कि उनमें आस्था प्रकट कर उनकी आराधना करते हैं। जबकि वेदों में आर्यो द्वारा विभिन्न भारतीय देवी-देवताओं की पूजा अर्चना का विशेष उल्लेख है।

जब आर्यों का आगमन ही बाहर से नहीं हुआ तब स्थानीय जातियों को युद्ध में परास्त कर उन्हें दास बनाने या शूद्र बनाने की बात भी गलत है इसका प्रमाण यह है कि वेदों में दासों या दस्युओं के मध्य किसी भी बड़े युद्ध का वर्णन नहीं है। जिन छोटे-छोटे युद्धों का वर्णन मिलता है उनमें यह बताया गया कि दास तथा दस्यु आर्यों से मिलकर अपने शत्रुओं से युद्ध करते थे। ऋग्वेद के मंत्र 6, 33, 3, 673, 1-8, 51, 9 एवं 11, 102, 3 में ऐसा ही वर्णन है। इसी वेद के मंत्र 1022, 8 में ऐसा वर्णन है कि "हम लोग दस्यु जातियों के बीच में रहते हैं। ये लोग यज्ञादि नहीं करते और किसी में भी भक्ति नहीं रखते। इनकी रीतियाँ अलग हैं, ये मनुष्य कहलाने योग्य नहीं हैं। हे शत्रुओं का नाश करने वाले इन लोगों का नाश कीजिए।"

डॉ. अम्बेडकर द्वारा दिए गए ऋग्वेद के उपरोक्त उदाहरण में यह बात बिल्कुल

स्पष्ट है कि जिन युद्धों का वर्णन ऋग्वेद में है वह किसी विदेशी आक्रमणकारी और (जिन्हें अधिकांश विद्वानों ने आर्य कहा है) मूल भारतीयों के बीच का संघर्ष नहीं है। बल्कि आर्यों जोकि बाहरी आक्रमणकारी नहीं बल्कि यहीं के मूल निवासी हैं के उन दो वर्गों के बीच का संघर्ष है जिनमें से एक वर्ग तो तत्कालीन रीति रिवाजों को मानने, यज्ञ, भक्ति आदि को करने को जीवन का मूल उद्देश्य समझता था तथा दूसरा वर्ग इन सब बातों से दूर रहता था या विरोध करता था। इसी दूसरे वर्ग को दस्यु कहा गया। अर्थात् यह कहना बिल्कुल निराधार है कि आर्यों ने भारत पर आक्रमण कर यहाँ के मूल निवासियों को परास्त किया तथा उन्हें दास बनाया और पूरे समुदाय को दस्यु नाम से संबोधित करना प्रारंभ किया। आर्य मूलतः भारतीय हैं, डॉ. अम्बेडकर के इस सिद्धांत को नकारा नहीं जा सकता। इस संबंध में दिए गए उनके तर्क अकाट्य कहे जा सकते हैं। आर्यों के मूल क्षेत्र के संबंध में डॉ. अम्बेडकर के खोजपूर्ण विचारों को जानने के बाद एक बार पुनः शूद्र वर्ण के बारे में उनके विचारों पर चर्चा प्रारंभ करते हैं।

शूद्रों की उत्पत्ति कैसे हुई? इस प्रश्न का उत्तर ढूँढ़ने के लिए डॉ. अम्बेडकर ने वर्षों शोध किया, इसी दौरान उन्होंने महाभारत ग्रंथ का अध्ययन करने के बाद कहा 'मैं महाभारत के शांति पर्व के चालीसवें अध्याय के रचयिता का आभारी हूँ, क्योंकि उन्होंने 'पैजवन' को शूद्र बताकर शूद्रों की उत्पत्ति खोजने का मार्ग दिखला दिया है।' इस पुस्तक का उद्देश्य भी यही है कि शूद्र अपनी उत्पत्ति को जाने अपने पतन को समझे।

डॉ. साहब आगे कहते हैं कि हर आदमी यह तो जानता है कि आर्यों का चौथा वर्ण शूद्र है। लेकिन यह जानने का प्रयास कम लोग ही करते हैं कि चौथा वर्ण बना कैसे? इस वर्ण का स्थान चौथा क्यों हो गया इन प्रश्नों का उत्तर जानने के लिए वर्ण व्यवस्था की उत्पत्ति कैसे हुई इसे जानना जरूरी है। इस व्यवस्था का उल्लेख सर्वप्रथम ऋग्वेद के दसवें मंडल के उन्नीसवें सूक्त में हुआ है। ये पुरुष सूक्त के ही मंत्र हैं। मंत्र 11 एवं 12 में यह बताया गया है कि ईश्वर ने ब्राह्मण, क्षत्रिय, वैश्य, और शूद्र को अपने शरीर से बनाया है। बात यहीं तक रहती तो कोई समस्या नहीं होती। लेकिन समाज ने इसका अर्थ कुछ और ही लगा लिया और समाज को ही चार वर्णों में विभाजित कर दिया। यही व्यवस्था चातुर्वर्ण के नाम से प्रचलित हुई। यही समाज का आदर्श बन गया और पूरा आर्य समाज इसके साँचे में ढल गया। अर्थात् पुरुष सूक्त के कारण वह समाज बना जिसमें चौथे वर्ण के लिए तीनों वर्णों की सेवा करने के सिवाय और कोई कार्य नहीं था। जिसका भगवान बुद्ध ने ही सफलतापूर्वक विरोध किया था।

शूद्र उत्पत्ति की विवेचना करते हुए डॉ. अम्बेडकर आगे कहते हैं कि हर विकसित समाज में श्रेणियाँ हैं। लेकिन पुरुष सूक्त ने चातुर्वर्ण को कानूनी बनाकर जटिलता

उत्पन्न कर दी। जहाँ अन्य जातियों ने सामाजिक व्यवस्थाओं को आदर्श नहीं माना वहीं पुरुष सूक्त ने वर्ण व्यवस्था को ईश्वरीय आदेश घोषित कर दिया। वर्णों की श्रेणियों को हमेशा के लिए बाँध कर रख दिया। ब्राह्मण ने अपने को सर्वश्रेष्ठ सम्माननीय एवं अपने बाद क्षत्रिय, उनके बाद वैश्य और सबसे अंत में शूद्र को स्थान दिया। यही मान अपमान की व्यवस्था हमेशा के लिए अपरिवर्तनीय कानून बन गया।

डॉ. अम्बेडकर ने अपनी पुस्तक में साफ शब्दों में लिखा है कि केवल पुरुष सूक्त में ही वर्णों की उत्पत्ति का वर्णन है। ऋग्वेद के अनुसार आर्य पाँच जातियों से बनी है और इन पाँचों जातियों की प्रशंसा एक साथ की गयी है। ऐसा ऋग्वेद के 2, 2, 10 और 6, 4, 6, 7 मंत्रों से मालूम होता है। जिनमें कहा गया है कि हमारा तेज पाँचों जातियों में चमके, जैसे स्वर्ग चमकता है तथा हे इन्द्र जो बल और पौरुष नहुष के वंश में है और पाँचों जातियों में है, वह मुझे मिले। अब यदि पुरुष सूक्त जैसी ऊँच-नीच की भावना वाली वर्ण व्यवस्था होती तो इन मंत्रों में सभी जातियों की एक साथ प्रशंसा कैसे की जाती।

कुल मिलाकर डॉ. अम्बेडकर का निष्कर्ष यह रहा कि ब्राह्मणों ने स्वार्थ एवं द्वेषवश ऋग्वेद में पुरुष सूक्त जोड़ा जिसमें भेदभाव पूर्ण व्यवस्था को बनाया और शूद्र वर्ण पर अमानवीय, कठोर नियम कानून लागू किए। तीनों वर्गों की सेवा करना ही उनका एकमात्र कार्य निर्धारित किया। इस तरह पुरुष सूक्त समय से शूद्र वर्ण की उत्पत्ति मानी जानी चाहिए।

डॉ. अम्बेडकर अपनी उसी पुस्तक में शूद्रों के लिए निर्धारित किए गए नियम कानूनों की चर्चा करते हुए बताते हैं कि द्वेष एवं स्वार्थ के चलते इस वर्ण को हमेशा दबाकर रखने की चेष्टा की गई। इसके लिए भयंकर प्रतिबंधों, प्रायश्चित्तों का सहारा लिगा गया। मैत्रयानी संहिता में व्यवस्था दी गई है कि जिस गाय का दूध अग्निहोत्र के लिए प्रयोग किया जाता हो, उसे शूद्र स्पर्श न करे ना ही शूद्र को सोमरस पिलाना चाहिए। ऐतरेय एवं पंचविंश ब्राह्मण के अनुसार शूद्र अन्य का सेवक है उसे इसके अलावा और कोई अधिकार नहीं है। ब्राह्मण का अतिथि ब्राह्मण ही हो सकता है, क्षत्रिय, वैश्य, शूद्र नहीं। ब्राह्मण के यहाँ यदि क्षत्रिय मेहमान आए तो स्वयं भोजन करने के बाद ब्राह्मण उसे भोजन दे। यदि मेहमान वैश्य एवं शूद्र है तो उसे नौकर से भोजन दिलवाएँ। आपस्तम्ब धर्म सूत्र के अनुसार ब्राह्मण के यहाँ शूद्र मेहमान आए तो उसे कुछ काम कराकर ही भोजन दिया जाए। ऐसा न करने पर इसे शूद्र का बड़ा सम्मान माना जाए। गौतम धर्मसूत्र में दण्ड प्रक्रिया का वर्णन इस प्रकार है कि यदि क्षत्रिय ब्राह्मण को गाली दे तो उसे सौ कर्षपण का दण्ड। यदि ब्राह्मण को मारे तो इसका दुगुना। परंतु यदि ब्राह्मण क्षत्रिय को गाली दे तो उसे केवल पचास कर्षपण ही दण्ड स्वरूप देना होगा। यदि वैश्य को गाली देता है तो केवल पचास

कर्षपण ही दे। शूद्र को गाली देने पर किसी प्रकार का दण्ड नहीं है।

डॉ. अम्बेडकर ने अपनी पुस्तक में विभिन्न ग्रंथों से उदाहरण देकर सफलता पूर्वक इस सत्य को समाज के सामने लाने का प्रयास किया है कि शूद्र वर्ण की निम्नस्थिति के लिए ब्राह्मण वर्ग द्वारा बनाए गए विभिन्न धार्मिक-सामाजिक नियम कानून ही जिम्मेदार हैं। ऐसे नियमों की शुरुआत ऋग्वेद के पुरुष सूक्त से प्रारंभ हुई और आगे हजारों वर्षों तक जारी रही। शूद्र वर्ण की जो निम्न स्थिति है उससे किसी दूसरे के प्रयासों से नहीं, बल्कि शूद्र स्वयं अपने प्रयासों से ही निजात पा सकेंगे। डॉ. अम्बेडकर के यह विचार अक्षरशः सत्य हैं। शूद्र वर्ण जब तक स्वयं पूरी तरह से अपने प्रगति पथ का निर्माण नहीं करेंगे तब तक उनकी दशा में कोई विशेष परिवर्तन आने वाला नहीं है। किसी राजनीतिक व्यक्ति या पार्टी से भी इस बारे में ज्यादा अपेक्षा करना उचित नहीं है। दलितोद्धार के संबंध में डॉ. अम्बेडकर जी के विचार न सिर्फ आज बल्कि भविष्य में भी हमेशा प्रासंगिक रहेंगे।

डॉ. अम्बेडकर सहित अन्य सभी प्रमुख विद्वानों के विचारों एवं विभिन्न धार्मिक ग्रंथों के अध्ययन के बाद यह निष्कर्ष निकलता है कि भारतीय समाज में वर्ण व्यवस्था वैदिक युग में ही पूर्णता प्राप्त कर चुकी थी। समाज में वर्गीकरण का जो सिलसिला उस समय प्रारंभ हुआ था वह आज भी निरंतर जारी है। प्रारंभ में वर्ण व्यवस्था कर्म प्रधान थी। कार्यों के अनुसार ही लोगों का वर्ण निर्धारित किया जाता था, जन्म के अनुसार नहीं। अपनी अभिरुचि एवं कार्यों के अनुसार वर्ण परिवर्तन की भी छूट थी। लेकिन उत्तर वैदिक काल के समाप्त होते-होते इस व्यवस्था में कठोरता आती गई। वर्ण का निर्धारण कार्य से न होकर जन्म से होने लगा। इसके लिए तरह-तरह के तर्क दिए जाने लगे। ऊँच-नीच आदि की भावना प्रबल होती गई। अधिकारों कार्यों आदि के निर्धारण को लेकर वैमनस्य बढ़ता रहा। जो आज अत्यधिक विस्तार ले चुका है। वर्ण व्यवस्था में भेद-भाव, ऊँच-नीच की भावना, एवं निर्धारित कर्म ये मुख्य तत्त्व हैं।

वैदिक काल में वर्ण व्यवस्था बहुत ही वैज्ञानिक थी क्योंकि समाज के सभी वर्गों का महत्त्व उसके कार्यों से था। किसी पर कोई कार्य लादा नहीं जाता था। अपनी अभिरुचि के अनुसार कार्य चुनने के कारण लोग अपने कार्यों में पारंगत होते थे। उनका सर्वांगीण विकास होता था। लोगों के बीच अंतर कार्यों एवं क्षमताओं का था। इसके अलावा और कोई भेद-भाव नहीं था। विकृतियाँ उत्तर वैदिक काल से प्रारंभ हुईं।

वैदिक काल में जहाँ आर्य एवं दास के रूप में दो प्रमुख वर्ग हुआ करते थे एवं इनमें परस्पर विद्वेष की भावना विद्यमान थी। वहीं उत्तर वैदिक काल में इसकी जगह चातुर्वर्ण को प्रमुखता मिलने लगी। ऋग्वेद के जिस पुरुष सूक्त में चारों वर्णों का वर्णन है वह सूक्त ऋग्वेद की अन्य ऋचाओं से बहुत बाद में रची गई है।

उस समय लोगों के बीच परस्पर बेहतर संबंध थे क्योंकि अन्तर्जातीय विवाह का बाहुल्य था। रक्त संकरता विस्तृत थी जिससे मौलिकता का अभाव उत्पन्न हुआ। विजातीयता समाप्त हुई। ऐसी स्थिति के कारण ही इस युग में दासी पुत्र, वत्स दीर्घतमा, औशिज आदि ऋषि की पदवी प्राप्त कर सके।

लेकिन इसी समय आर्यों के मन में रक्त की शुद्धता तथा अपनी संस्कृति के प्रति मोह बढ़ा जिसके परिणामस्वरूप उन्होंने समाज को चार वर्णों में पुनर्गठित कर कर्म प्रधान वर्ण व्यवस्था को जन्म आधारित कर दिया। यही जन्म आधारित वर्ण व्यवस्था आज तक तमाम अवगुणों के साथ विद्यमान है।

बौद्ध काल में इस जन्म आधारित वर्ण व्यवस्था पर काफी प्रहार हुआ था। जिसका उल्लेख बौद्ध साहित्य में व्यापक रूप से हुआ है। भेद-भाव परक व्यवस्था पर चोट करते हुए जहाँ सद्व्यवहार, सदाचार, अहिंसा आदि पर अधिक ध्यान दिया गया है वहीं पुराणों, उपनिषदों की तरह पापपूर्ण का वर्णन बौद्ध साहित्य में नहीं मिलता। पूरा बौद्ध साहित्य कर्म की प्रधानता पर जोर देता है। 'सोशल आर्गनाइजेशन इन नार्थ ईस्ट इंडिया' के पृष्ठ 209 पर यह वर्णित है कि एक बार भगवान बुद्ध से यह प्रश्न पूछा गया कि मनुष्य जन्म से ब्राह्मण है या कर्म से तब भगवान बुद्ध ने जवाब दिया कि कर्म सर्व प्रधान है। कर्म से ही मनुष्य ब्राह्मण होता है भगवान बुद्ध की शिक्षाएँ जहाँ कर्मवाद पर ही केन्द्रित हैं वहीं हिन्दू समाज में जन्म एवं कर्म आधारित सिद्धांतों का बराबर महत्त्व बना रहा क्योंकि एक तरफ जहाँ यह तर्क दिया जाता था कि व्यक्ति जन्मजात स्वाभाविक प्रवृत्तियों से प्रभावित होता है। जिसका पूर्णरूपेण परित्याग संभव नहीं है। वहीं यह भी कहा जाता था कि कर्म से स्वाभाविक प्रवृत्तियों को व्यापक पैमाने पर प्रभावित किया जा सकता है। महाभारत काल में तो कर्मवाद बहुत अधिक प्रभावी हो गया था। गीता में एक जगह श्रीकृष्ण ने कहा है।

चातुर्वर्ण्य मया सृष्टं गुणकर्म विभागशः।
तस्य कर्तारमीय मां विद्धयकर्तारमव्ययम्॥

अर्थात् मैंने प्रकृति के तीनों गुणों और उनसे संबद्ध कर्म के अनुसार मानव समाज को चार वर्णों में विभाजित किया है। यद्यपि मैं इस सृष्टि का स्रष्टा हूँ, किन्तु तुम (अर्जुन को संबोधित) यह समझो कि मैं फिर भी अव्यय अकर्ता हूँ।

उक्त कथन से स्पष्ट है कि उस समय कर्मवाद कितना प्रभावी था। द्रोणाचार्य जन्म से ब्राह्मण थे लेकिन उनका कर्म क्षत्रिय वर्ण का था। उन्हीं के पुत्र जन्मतः ब्राह्मण तो थे लेकिन वो इतिहास में एक अत्यंत क्रूर निर्मम कठोर हृदय वाले व्यक्ति के रूप में जाने जाते हैं। इसी तरह महाभारत युग के काफी बाद में पुण्यमित्र, कण्व, सातवाहन, वाकाटक आदि राजवंशों की स्थापना ब्राह्मणों द्वारा की गई जो कि क्षत्रिय कर्म था। इन सबके बावजूद तत्कालीन समय में समाज में एक वर्ग ऐसा भी सक्रिय

था जो जन्म आधारित वर्ण व्यवस्था को ही महत्त्व देता था। शायद इसीलिए द्रोणाचार्य क्षत्रिय कर्म करने के बावजूद ब्राह्मण ही माने जाते रहे। इसी प्रकार से ब्राह्मण एवं विजेता माने जाने वाले परशुराम ने जीवन भर ब्राह्मणत्व को नहीं अपनाया, इक्कीस बार क्षत्रियों को परास्त किया। इन सबके बावजूद इस वर्ग द्वारा उन्हें ब्राह्मण ही कहा गया। संभवतः इसी दूसरी शक्ति के प्रभाव के कारण महाभारत में जगह-जगह जन्म एवं कर्म आधारित दोनों वर्णन मिलते हैं। जो परस्पर विरोधी हैं।

प्रायः यह भी देखा गया है कि हर युग में ब्राह्मण एवं क्षत्रियों में यह प्रतिद्वंद्विता कुछ ज्यादा ही रही कि कौन श्रेष्ठतम है, किसका महत्त्व ज्यादा है। इसी कारण किसी युग में क्षत्रिय ज्यादा प्रभावशाली रहे तो किसी में ब्राह्मणों का वर्चस्व चरम सीमा को पार कर गया। उत्तर वैदिक काल में ब्राह्मण सर्वोपरि माना जाता था जबकि बौद्धकालीन सामाजिक व्यवस्था में ब्राह्मणों का वर्चस्व निम्नतम स्थिति में पहुँच गया था। बुद्ध ने चारों वर्णों में क्षत्रियों को श्रेष्ठतम बताया था। बौद्ध ग्रंथ दीघ निकाय में एक जगह ऐसा उल्लखित है कि बुद्ध ने एक अवसर पर उपदेश देते हुए कहा था कि राजन क्षत्रिय, ब्राह्मण, वैश्य, शूद्र ये चार वर्ण हैं। इनमें क्षत्रिय, ब्राह्मण अभिवादन, प्रणामांजलि, अग्रासन एवं सेवा के अधिकारी हैं। इस कथन से बुद्ध के विचार स्पष्ट हो जाते हैं कि उनकी नजर में ब्राह्मण क्षत्रिय से श्रेष्ठ नहीं था। दीघ निकाय में ही यह भी उल्लेख है कि एक बार अम्बष्ठ नामक ब्राह्मण से बुद्ध ने कहा था कि क्षत्रिय ही श्रेष्ठ है ब्राह्मण नहीं।

बुद्ध के कथनों से यह बात बिल्कुल स्पष्ट हो जाती है कि उस काल में ब्राह्मणवाद पर कितनी गहरी चोटें की गई थीं। एक समय तो ब्राह्मणवाद मृतप्राय हो गया था लेकिन आगे चलकर शुंग एवं सातवाहन काल में इसे पुनः नई प्राणवायु मिली। ईसा पूर्व तीसरी सदी आते-आते वर्ण व्यवस्था पूर्णरूपेण जन्म आधारित या वंशानुगत हो गई थी।

भारतीय समाज या हिन्दू समाज का विभाजन यहीं तक सीमित नहीं रहा। चार वर्णों में विभाजन के साथ-साथ हर वर्ण में अलग-अलग और भी विभाजन हुए। स्वयं ब्राह्मण वर्ण भी अनेक श्रेणियों में विभक्त होता गया। इसके लिए वर्ण व्यवस्था संबंधी कारणों के साथ-साथ आर्थिक कारण भी जिम्मेदार है। जब वक्त के साथ-साथ ब्राह्मणों ने आर्थिक कारणों से अन्य काम भी अपनाने प्रारंभ किए तो उनमें श्रेणियों का निर्धारण प्रारंभ हो गया। महाभारत में ब्राह्मणों की छह श्रेणियों का उल्लेख मिलता है। क्रमानुसार ये ब्राह्मणसम, देवसम, शूद्रसम, चाण्डालसम, क्षत्रसम, वैश्यसम के रूप में प्रचलित थीं। एक अन्य वर्णन में महर्षि अत्रि ने दस प्रकार के ब्राह्मणों का उल्लेख किया है। उनके अनुसार देवसम ब्राह्मण वह है जो नित्यस्नान, संध्या, जप, होम, देव पूजन और अतिथियों का सत्कार करता है। मुनि ब्राह्मण वह है जो जंगलों में रहकर जप, तप आदि करता है। सांख्य योग वेदांत आदि का ज्ञाता द्विज ब्राह्मण,

व्यवसायी प्रवृत्ति वाला वैश्य ब्राह्मण, मांस, घी दूध, शहद आदि वस्तुओं का व्यापार करने वाले ब्राह्मण को शूद्र ब्राह्मण कहा गया। इसी प्रकार चोरी, लूट अन्य गलत कामों को करने वाला निषाद ब्राह्मण, अनपढ़ पूजा पाठ से विरक्त को पशु ब्राह्मण, जल स्रोतों को अपवित्र करने वाले को म्लेच्छ ब्राह्मण तथा अत्यंत मूर्ख, क्रूर, असभ्य को चाण्डाल ब्राह्मण की संज्ञा अत्रि ने दी है। ब्राह्मण वर्ण के साथ-साथ अन्य तीनों वर्णों में भी व्यापक विभाजन होते रहे। इन विभाजनों के परिणामस्वरूप जाति व्यवस्था में जटिलता बढ़ती रही। जो हिन्दू समाज में व्याप्त आपसी फूट एवं अमानवीय व्यवहारों के लिए जिम्मेदार कारणों में प्रमुखतम है।

जातीय विभाजन कितने विशाल पैमाने पर हुआ है इसका अनुमान इसी बात से लग जाता है कि आज भारत में हिन्दू समाज तीन हजार से भी ज्यादा जातियों एवं उपजातियों में बँटा हुआ है। सभी की अपनी-अपनी विशेषताएँ हैं। रहन-सहन, जीवन स्तर, व्यवहार, आचरण, पूजा पद्धति हर मामलों में विभिन्नता है। सभी अपने को बेहतर मानते हुए दूसरे को हीन समझते हैं। लेकिन मुख्य वैमनस्यता सवर्ण और अवर्ण के मध्य है। इन दोनों के बीच की खाई किसी तरह कम हो सकती या फिर पट सकती थी लेकिन वोट की राजनीति ने इसे और गहरा किया। सदियों से चली आ रही कटुता को और बढ़ावा दिया अपने-अपने स्वार्थों के लिए।

जैसा कि मैंने पहले ही उल्लेख किया है कि कुरील वंश को अपने कार्यों को करते समय जिन कठिनाइयों का सामना करना पड़ा उसे समझने के लिए जातीय व्यवस्था की विकृतियों को समझना अत्यावश्यक है। इसलिए अब वर्ण व्यवस्था के अगले चरण जातीय विभाजन का अति संक्षेप में वर्णन करना चाहूँगा। तीन हजार से अधिक जातियों का वर्णन स्थानाभाव के कारण संभव नहीं है इसलिए प्रमुखतम अंशों का ही वर्णन कर रहा हूँ।

विश्व की प्राचीनतम भाषा संस्कृत की 'जन' धातु से जाति शब्द की उत्पत्ति मानी जाती है। इस भाषा में जाति का अर्थ जन्म भेद, प्रजाति है। पुर्तगाली भाषा में 'कास्टा' का अर्थ है नस्ल, प्रजाति एवं जन्म। इसी कास्टा से अंग्रेजी में कास्ट बना जिसका अर्थ जाति है। कास्ट शब्द के लिए यह भी कहा जाता है कि यह लैटिन भाषा के कास्टस से उत्पन्न हुआ है। हिन्दी भाषा में भी जाति शब्द का ही प्रचलन है। इसका संबंध प्रजातीय या फिर जन्म आधारित व्यवस्था से जोड़ा जाता है। जाति व्यवस्था में रक्त की संकरता व्यवस्था परिवर्तन एवं नए सदस्य स्वीकार्य नहीं है। साथ ही इस व्यवस्था में सभी जातियाँ परस्पर विरोधी होती हैं। इसलिए कभी एकता कायम नहीं होती। इसके अलावा जन्म को प्रमुखता देते हुए विवाह, व्यवस्था रक्त आदि की विशेषता कायम की जाती है जो सभी जातियों को पृथक बनाए रखने में सफल रहती है। सभी जातियों के अपने-अपने कुछ विशेष अधिकार भी हैं जिनके कारण ऊँच-नीच की भावना प्रबल होती जाती है। यही भावना हिन्दू

समाज के लिए एक नासूर बन गई है उसे अंदर ही अंदर समाप्त किए जा रही है। इस नासूर से उस वर्ग को सबसे ज्यादा कष्ट हुआ है जिसे दलित नाम दिया गया है।

दलितों की स्थिति हर युग में शोचनीय रही। जातीय व्यवस्था के प्रभावी होने के कारण उन्हें कभी भी एक समान दर्जा नहीं मिला। चारों वर्णों में अंतिम स्थान के कारण निम्नतम जाति शूद्र या दलित कही गई।

जिसका उच्च वर्ग तक पहुँचना अत्यंत कठिन हो गया। कई अवसर ऐसे भी आए हैं जब इस वर्ग के अनेक सदस्य अपनी असाधारण क्षमताओं के कारण उच्च स्तर तक पहुँचे लेकिन स्थायित्व का अभाव भी बना रहा।

दलितों की स्थिति में बीसवीं सदी के नौवें दशक के आते-आते सुधार की गति में तीव्रता आई। अब तक ब्राह्मणों में भी एक बड़ा वर्ग ऐसा बन गया है जो इस भावना का परित्याग कर चुका है कि वह ज़न्म से ही विशिष्ट है। पूज्य है और दलित अस्पृश्य हैं।

अब वह व्यवस्था भी समाप्त हो चुकी है जिसमें दलित वर्ग दो उप-वर्गों में बँटा हुआ था। एक स्पृश्य और दूसरा अस्पृश्य। इसमें पहला वर्ग दूसरे वर्ग से ऊँचा माना ज़ाता था या इसे अछूत नहीं माना जाता था। जबकि दूसरा वर्ग नीचा और अछूत माना जाता है।

जाति व्यवस्था में एक और अमानवीय पक्ष था जिसके अंतर्गत लोगों को अपना स्वतंत्र व्यवसाय चुनने का अधिकार नहीं था। सभी जातियाँ अपनी परंपरागत और वंशानुगत व्यवसाय को ही चुन सकती थीं कोई भी जाति दूसरी जाति के काम या व्यवसाय को नहीं अपना सकती थी। भले ही वह व्यवसाय उसके लिए कितना ही लाभप्रद क्यों न हो। इस पक्ष का इतनी सख़्ती से पालन होता था कि सदियों तक इस व्यवस्था में कोई परिवर्तन नहीं आया। लेकिन परिस्थितियों ने इस पक्ष को नकारने के लिए सभी वर्गों को विवश कर दिया। जो ब्राह्मण वर्ग पहले अध्ययन-अध्यापन, पौरोहित्य कर्म काण्ड आदि के अलावा अन्य कोई कार्य करना अपना अपमान समझता था, वही ब्राह्मण अपना परंपरागत पेशा त्यागकर प्रशासकीय, सैनिक सेवा आदि में सम्मिलित होने लगे। धीरे-धीरे ब्राह्मणों ने कृषि, व्यापार, सेवा कार्य, सार्वजनिक कार्यों को भी अपना लिया। ईसा से लगभग आठ सौ वर्षों बाद ही राजस्थान के मारवाड़ियों के यहाँ ब्राह्मण, सेवा कार्य में लग चुके थे। 'कास्ट, क्लास एण्ड आकुपेशन' ग्रंथ के पृष्ठ 14, 15 में उल्लेख है कि मध्य भारत में व्यापार एवं मद्रास (अब चेन्नई) में सार्वजनिक कार्यों में ब्राह्मणों की भागीदारी शुरू हो चुकी थी। इसी प्रकार क्षत्रियों एवं वैश्यों ने भी अपनी सुविधानुसार कार्य प्रारंभ कर दिए थे लेकिन इन वर्गों को पौरोहित्य के कार्यों की इजाजत नहीं थी।

जाति व्यवस्था में विवाह संबंधों पर भी कठोर नियंत्रण है। एक जाति को

दूसरी जाति में विवाह करने की इजाजत नहीं है। लेकिन समय ने इस व्यवस्था को भी बहुत कमजोर कर दिया है। अब लोग दूसरी जातियों में भी विवाह संबंध आसानी से बना रहे हैं। अब पहले की तरह ऐसा कुछ करने पर सामाजिक बहिष्कार या किसी अन्य प्रकार की प्रताड़ना का डर नहीं रह गया है। अपवादस्वरूप इस आधुनिक युग में भी कुछ घटनाएँ सामाजिक प्रताड़ना की, आज भी घट रही हैं। परंपरावादी वर्ग हर हालत में जाति व्यवस्था को प्रश्रय देना चाहता है।

देश में भाषायी, क्षेत्रीय विभिन्नताओं ने भी अनेक जातियों की उत्पत्ति में विशिष्ट भूमिका निभाई है। अस्तित्व में आने के बाद इन जातियों के कार्यों से इनकी अभिव्यक्तियों के अनुसार ही उन्हें विशिष्टतापरक नाम भी दे दिए गए। ऐसी जातियों का विस्तार सैकड़ों इकाइयों के रूप में विभिन्न नामों के अंतर्गत हुआ। इन कारणों से अनेक विशिष्ट परंपराओं का भी निर्माण निरंतर होता रहा।

अनेक जातियों के अस्तित्व में आने के बाद उनका विभिन्न आधारों पर विभाजन भी किया गया। धर्म, भाषा, जन्म, प्रदेश, व्यवसाय आदि मुख्य आधार हैं जाति विभाजन के। आधुनिक विचारकों ने जाति को सात भागों में विभक्त किया है। इन विचारकों के अनुसार ये जातियाँ अपने गुणों के आधार पर विकसित हुईं तथा समय के साथ-साथ भारतीय समाज की अभिन्न इकाई बन गईं। ऐसी जातियों का संक्षिप्त वर्णन अग्रांकित है।

प्राचीन समय से भारत में अनेक जन-जातियाँ रहती आई हैं। इतिहासकारों का ऐसा मानना है कि ये जनजातियाँ जहाँ भी हिंदू समाज के संपर्क में आईं वो हिंदू बन गईं। हालाँकि ये जनजातियाँ भी आदिम काल से ही महादेव की उपासना कर रही हैं। हिंदू बनने के बाद इन्हें शूद्र श्रेणी में रखा गया। भारत के अनेक जंगलों, बीहड़ स्थानों पर आज भी ये जनजातियाँ आधुनिक संस्कृति से दूर अलग-अलग निवास कर रही हैं।

जैसा कि पहले ही बताया जा चुका है कि वर्ण व्यवस्था प्रारंभ में कर्म या व्यवसाय आधारित थी। इसी वजह से अनेक जातियाँ व्यवसाय के कारण बनीं। जैसे रथकार, कर्मकार, सुराकार, मणिकार, चर्मकार, केवट आदि। जो अपने व्यवसाय व्यंजक नामों से जुड़ी रहीं।

इनके अलावा रीति-रिवाज, आचार-विचार, आदि जिसने जैसा भी अपनाया वही उसकी जाति बनती गई। जैसा कि जाट एवं राजपूत जातियाँ कहने को तो एक प्रजाति हैं। लेकिन दोनों अपने को पृथक मानती हैं। साथ ही इस बात को भी लेकर मतभेद बना रहता है कि कौन किससे श्रेष्ठ है। दोनों ही अपने को उच्च मानती हैं।

प्रादेशिकता या क्षेत्रीयता के कारण भी अनेक जातियों का उद्भव हुआ। अनेक लोग आर्थिक कारणों से एक क्षेत्र से दूसरे क्षेत्र को जाया करते हैं। ऐसे में ये लोग

जहाँ जाते हैं वहाँ के अनुकूल अपने को बनाते हैं। वहाँ की परंपराओं प्रथाओं का पालन शुरू कर देते हैं। आगे चलकर वैवाहिक संबंध भी होते हैं जिससे नई जातियाँ उत्पन्न होती रहीं।

राष्ट्रीय भावना की प्रबलता ने भी अनेक जातियों को उत्पन्न किया। मरहठ या मराठा जाति इसी भावना से प्रेरित है। महाराष्ट्र की इसी वीर जाति ने मुगलों की विशाल सत्ता को छिन्न-भिन्न करके रख दिया था।

भारत में संप्रदाय आधारित जातियों का भी बाहुल्य है। लिंगराज जाति लिंगायत संप्रदाय से संबंधित है। जो शैव मत के अनुयायी हैं। इनकी संख्या मुंबई में अधिक है।

जातियों की संख्या में सबसे ज्यादा वृद्धि अंतर्जातीय विवाहों के कारण हुई। धर्म शास्त्रों के अनुसार अंतर्जातीय विवाह से उत्पन्न संतान, वर्ण संकर है जिसे माता या पिता किसी की भी जाति या वर्ण प्राप्त नहीं हो सकती है। ऐसी व्यवस्था के फलस्वरूप एक नई जाति बनती रही।

समय के साथ-साथ इस व्यवस्था में कुछ न कुछ जुड़ता ही रहा। जातियों के दो प्रमुख भेद जाति एवं उपजाति के नाम से हुए। इन दोनों में सामाजिक एवं व्यवसाय संबंधी कुछ विशेषताएँ सामान्य होती हैं। दोनों में अंतर अन्तर्विवाही समूह, खान-पान, सामाजिक सहवास आदि का है। जहाँ उपजाति एक छोटा समूह है वहीं जाति बड़ा समूह है।

इसी प्रकार जाति और जनजाति में भी अंतर है। जाति एक सामाजिक समूह के अंतर्गत आता है जबकि जनजाति स्थानीय समूह का द्योतक है। जाति और प्रजाति का अंतर इन दोनों से कुछ ज्यादा व्यापक है। प्रजाति एक प्राणिशास्त्रीय समुदाय है। इनके सदस्यों में अनेक अपरिवर्तनीय वंशानुगत शारीरिक लक्षण होते हैं। अर्थात् शारीरिक लक्षणों के आधार पर यह वर्ग अन्य से भिन्न रहता है। जब कि जाति में ऐसा कुछ न होकर जन्म आधारित व्यवसाय, नैतिक नियम, धार्मिक नियम आदि प्रमुख लक्षण हैं।

इनके अलावा समाज में तरह-तरह के व्यवसायों के कारण अन्य अनेक वर्ग भी अस्तित्व में आए। उदाहरणार्थ, वकील, डॉक्टर, इंजीनियर, कलाकार, खिलाड़ी, राजनीतिक, साहित्यकार आदि। लेकिन जाति एवं वर्ग में बहुत भिन्नता है। जाति में जहाँ ऊँच-नीच, भेद-भाव आदि व्याप्त है, वहीं वर्ग में ऐसा कुछ नहीं होता। इसी प्रकार जाति एवं वर्ण में भी व्यापक अंतर है। अनेक लोग इसे एक ही बात मान लेते हैं जो अनुचित है क्योंकि वर्ण हमेशा कर्म एवं गुणों के अनुसार ही बनता है। जबकि जाति हमेशा जन्म से निर्धारित होती रही है।

व्यवसाय एवं अन्य कार्यों के कारण जितनी बड़ी संख्या में जातियाँ हिंदू समाज में बनीं उतनी दुनिया के अन्य किसी समाज में नहीं बनीं। अनेक विद्वानों का ऐसा

मत है कि वेदकाल के अंतिम चरण में ही व्यवसाय करने वालों में दो वर्ग बन गए थे। उच्च स्तर का व्यवसाय करने वाला वैश्य की श्रेणी में गिना जाने लगा। निम्न स्तर का व्यवसाय करने वाले को निम्न या अस्पृश्य श्रेणी का माना जाने लगा। इस युग में कीर, लोहार, तृष्टा, बढ़ई, वप्ता, मापित, भिषक, वैद्य, चर्मग्न, चर्मकार, वाय (जुलाहा) आदि जातियाँ बन चुकी थीं। इसी प्रकार उत्तर वैदिक काल में सूत, कर्मार, धातृ, तक्ष, रथकार, ईषकृत, धवकृत, मृगयु, कुलाल, रज्जूसर्ग, वय, मणिकार रवीन, निषाद, कंटककार, सुराकार, विदलकार नामक प्रमुख जातियाँ अस्तित्व में थीं। इनके साथ-साथ कुछ खानाबदोश प्रकार की भी जातियाँ प्रकट हो चुकी थीं। इनका मुख्य पेशा लोगों का मनोरंजन करना था। मायाकार, सपेरे, अंधनट, नट, गंधर्व, भैरीवादक आदि ऐसी ही जातियाँ थीं।

इन सबके अलावा जब सम्मिलित जातियों का भी सम्मिश्रण प्रारंभ हुआ तो उससे उत्पन्न सभी संतानें शूद्र ही कहलाईं। ये जातियाँ अस्पृश्य होते हुए भी स्वयं अपने वर्ग में भी भेदभावपरक आचरण करती रही हैं। ऐसी कुछ प्रमुखतम जातियों का उल्लेख निम्नवत है।

गौतम धर्म-सूत्र के अनुसार वैश्य स्त्री शूद्र पुरुष से उत्पन्न संतान को आयोगव नाम दिया गया। इसी संबंध में मनु एवं बौधायन के विचार भिन्न हैं। इनके अनुसार वैश्य पुरुष, क्षत्रिय स्त्री से उत्पन्न संतान आयोगव है। इनका कार्य बढ़ईगीरी बताया गया है। बौधकाल में इसी जाति को तच्छक नाम से जाना जाता था।

उग्र जाति की उत्पत्ति के संबंध में भी बौधायन एवं गौतम के विचार भिन्न हैं। बौधायन के अनुसार इस जाति की उत्पत्ति शूद्र स्त्री एवं क्षत्रिय पुरुष से हुई है। जबकि गौतम इसे वैश्य पुरुष शूद्र स्त्री से मानते हैं। स्मृतियों में भी बौधायन के विचार का ही समर्थन है। इस जाति का जीवन यापन बिलों से जानवरों को निकालने के काम पर आधारित था। स्मृतियों एवं बौधायन के अनुसार ब्राह्मण पुरुष एवं वैश्य स्त्री के संयोग से उत्पन्न संतान अम्बष्ठ नाम से जानी गई। नदी तट के निवासियों को विष्णु पुराण में अम्बष्ठ कहा गया था। लेकिन इस मत के पक्ष में अधिकांश विद्वान नहीं हैं।

मागध जाति के संबंध में भी सभी विद्वान एकमत नहीं हैं। याज्ञवल्क्य तथा मनु का मानना है कि वैश्य पुरुष क्षत्रिय स्त्री के संसर्ग से मागध जाति उत्पन्न हुई। महाभारत एवं स्मृतियों में भी इनकी उत्पत्ति का ऐसा ही उल्लेख मिलता है। जबकि बौधायन के विचार से इनकी उत्पत्ति शूद्र पुरुष तथा वैश्य स्त्री से हुई है इस संबंध में गौतम के विचार महाभारत स्मृतियों के अनुसार ही हैं।

महाभारत एवं बौधायन के अनुसार ब्राह्मण पुरुष शूद्र स्त्री से उत्पन्न संतान निषाद कहलाई। गौतम का मानना है कि ब्राह्मण पुरुष वैश्य स्त्री से उत्पन्न संतान ही निषाद मानी गई जिसका मुख्य कार्य शिकार एवं मछली मारना आदि था।

महाभारत, स्मृतियों, हेमचन्द्र, बौधायन आदि के अनुसार वैश्य पुरुष और ब्राह्मण स्त्री से उत्पन्न संतान वैदेहक नाम से जानी गई। जिसका मुख्य कार्य अंतःपुर की स्त्रियों की सेवा एवं रक्षा आदि करना था। गौतम इन सब से अलग विचार व्यक्त करते हुए कहते हैं कि शूद्र पुरुष क्षत्रिय स्त्री के संसर्ग से उत्पन्न संतान वैदेहक कहलाई।

रथकार जाति के बारे में भी परस्पर विरोधी विचार हैं विद्वानों के, हेमचन्द्र जहाँ इस जाति की उत्पत्ति माहिष्य पुरुष एवं करभी स्त्री से मानते हैं। वहीं बौधायन इन्हें वैश्य पुरुष शूद्र स्त्री से उत्पन्न मानते हैं। क्षत्रिय पुरुष वैश्य स्त्री से उत्पन्न संतान माहिष्य के नाम से जानी जाती है। इसी प्रकार वैश्य पुरुष शूद्र स्त्री से उत्पन्न संतान (कन्या) करभी स्त्री कही जाती है। रथकार का मुख्य कार्य रथ का निर्माण करना निर्धारित किया गया था।

हेमचन्द्र, बौधायन, स्मृतियों आदि के अनुसार सूत जाति की उत्पत्ति क्षत्रिय पुरुष, ब्राह्मण स्त्री के संसर्ग से हुई। इस जाति का मुख्य काम सारथी या रथ हाँकने का था।

क्षत्रा जाति की उत्पत्ति क्षत्रिय स्त्री शूद्र पुरुष से उत्पन्न मानी जाती है। मनु के अनुसार इनका कार्य बिलों आदि में रहने वाले जीवों को मारना आदि था।

अभिधान चिंतामणि में ऐसा उल्लेख है कि ब्राह्मण पुरुष और उग्र पत्नी के संसर्ग से आवृत्त जाति उत्पन्न हुई। जो शूद्र वर्ग में रखी गई।

मनु के अनुसार ब्राह्मण पुरुष आयोगव पत्नी के संयोग से धिग्वय जाति का उद्‌भव हुआ।

बौध धर्म सूत्रों के अनुसार अम्बष्ठ स्त्री वैदेहक पुरुष के संसर्ग से वेण जाति उत्पन्न हुई। इसका कार्य बांस या लकड़ी का सामान बनाना, कांस, मूरज आदि का बाजा बजाना आदि निर्धारित किया गया था।

मनु के अनुसार ब्राह्मण पुरुष, शूद्र स्त्री से उत्पन्न संतान 'पाशव' नाम से जानी गई। इस जाति का भी कार्य निषादों जैसा ही निर्धारित किया गया।

बौधायन धर्म सूत्र में पुक्कस नामक जाति का भी उल्लेख मिलता है। निषाद पुरुष शूद्र स्त्री की संतान इसी नाम से जानी जाती है। इस जाति की दशा काफी निम्न थी। जीवों को मारना, बाँधना, मंदिरों की सफाई आदि ही इस जाति का मुख्य कार्य था।

धीवर जाति वैश्य पुरुष क्षत्रिय स्त्री से उत्पन्न हुई। कुक्कुट जाति शूद्र पुरुष निषाद स्त्री से, श्वापाक क्षत्रा पुरुष उग्र स्त्री से उत्पन्न हुई।

मनु के अनुसार शूद्र पुरुष और ब्राह्मण स्त्री से उत्पन्न संतान 'चाण्डाल' नाम से जानी जाती है। सभी जातियों में इसका स्तर सबसे निम्न था। उत्तर वैदिक काल में इसकी दशा बद से बदतर हो गई थी। बौध युग में भी यह जाति बस्ती से बाहर

ही रहकर करतब आदि दिखाकर अपना जीवन यापन करती थी। मृत व्यक्तियों के आभूषण, अवशिष्ट वस्त्र, शैया अन्य सामान आदि भी यह जाति ग्रहण करती थी। इसके अलावा मांस बेचना, पशुओं को मारना, बहेलिये के काम, बधिक आदि का भी काम ये जाति करती थी।

इसी प्रकार वैदेह स्त्री निषाद पुरुष से कारवार, वैदेह पुरुष कारवार स्त्री से 'मेद', निषाद स्त्री वैदेह पुरुष से अन्ध्र निषाद जाति, आयोगव स्त्री से मार्गव, आयोगव स्त्री दस्यु पुरुष से सैरिंध्र, आयोगव स्त्री वैदेह पुरुष से मैत्रयक, चाण्डाल पुरुष पुक्कस स्त्री से सोपाक, चाण्डाल पुरुष वैदेह स्त्री से पाण्डू, वैश्य पुरुष वैदेह स्त्री से अहिण्डक, क्षत्रिय पुरुष शूद्र स्त्री से शूलिक, व्रात्य वैश्य पुरुष एवं वैश्य स्त्री से कारूष, वैश्य पुरुष शूद्र स्त्री से पुलिन्द नामक जातियाँ उत्पन्न हुईं। इनके अलावा, शैलूष, किरात, भिल्ल (भील), डोम, हाडी, रजक (धोबी), तंतुवाय, बधतौ, तक्षन (त्वष्ट्रा), कर्मार (लोहार), कुलाल, सुराकार, तक्षायस्कर, कर्मकार, धनुष्कर, भारवाह, गाथक, श्याममायिक, बावरिक, नैवारिक, कम्बल करक, नर्तक, कर्मार, चर्मकर, मायुकि, तैतिरक, पाक्षिक, द्यातन, गन्धिक, नापित, कुम्भकार, अनार्यों, आखनिक, कौलिक, पसूयाल, राजपाल, विनोदपाल, विद्यापाल, पारीख, सोनी, दोसी, गांधी, जबहरी, पटसूत्रिया, हरथेर, बलिया, भोगी, जोगी, मौटाबोला, मामगर, कअतिगिया, सीगिड़िया, लाठा, माठा, खरठ, विंट, खूंट मपारा मणियारा, गांछा, छीपा परीपट, चीतारा, तुनारा, कंदोयी, पंचडली, डबागर, फेफलिया, बंधारा आदि ऐसी जातियाँ हैं जिनको समाज में न तो कोई मौलिक अधिकार प्राप्त थे और न ही इन्हें कोई सम्मान दिया जाता था।

ऐसा नहीं कि केवल चौथे वर्ण में ही तमाम उपजातियाँ बनती रहीं। मध्यकाल आते-आते स्वयं ब्राह्मण वर्ण ही चौंतीस वर्गों में विभाजित हो चुका था। इसमें क्षेत्रीयता की भावना ज्यादा महत्त्वपूर्ण कारक बनी थी। हेमचंद्र का वर्गीकरण क्षेत्रीयता पर ही आधारित है। उन्होंने सुराष्ट्र ब्राह्मण, काशिब्राह्मण, अवन्ति ब्राह्मण, कलिंग ब्राह्मण, शाकलद्वीपी ब्राह्मण आदि नामकरण किए थे। जिनसे क्षेत्र विशेष के ब्राह्मण का पता चलता है। लेकिन मध्यकाल तक चौंतीस प्रकार के जो ब्राह्मण ज्यादा प्रचलित हो चुके थे, उनके नाम इस प्रकार हैं। रोड़वाल, उदबट, साहांद्रा, नागन्द्रा, सिणोरा, सांचोरा, दासोरा, नागर, उदवट, राजर भटनागर, धेणोजा, तंदुआणा, सारस्वत, उदिच मालवीय, मथुरिया, कान्हड़ा, कनौजिया सिनौडिया, गुजरगोड, बालिमिया, श्रीगोड़ गोड़चितोड़ा, गोड़ मेवाड़ा, इटावाल, खेड़ावाल, श्रीमाल, पल्लीवाल, गोलवाल, चौबीस, बड़ी सिखा, छोटी सिखा, सरयूपारीय ब्राह्मण वर्ण स्वयं अपनों में भी छुआ-छूत, ऊँच-नीच की भावना से त्रस्त है। इसीलिए 'तीन कनौजिया तेरह चूल्हा' की कहावत प्रचलित हुई। जो ब्राह्मण वर्ण स्वयं ही ऊँच-नीच, परस्पर द्वेष-भाव से ग्रस्त हो, वह समाज में समरसता ले आएगा इसकी अपेक्षा करना सिवाय बड़ी मूर्खता के और कुछ नहीं है। समरसता वही ताकत ला सकती है जो स्वयं जातीय व्यवस्था की सीमा से बाहर आ चुकी

हो। क्षत्रिय इनसे भी आगे निकले और छत्तीस प्रकार में बँटे हुए हैं। जिनका वर्णन इस प्रकार है, गौड़, मकवा, यादव, डाभी, कोरड़, तुँअर, डोडिया, हरिअड़, खेरपड़ खीची, देवड़ा चन्द्रावत, भाटी कछवाहा, सेविनगरा, परिहार, झाला, चावड़ा, कागवा, छूर, रोहर वूस, जेठवा, गोहिल, सोलंकी, खेरमोरी, सीसोदिया, नाकुंभ, परमार चौहान, राठौर गहलौत, बगछा, दहिया, सेणचा, बोरी, बोरड़ आदि। मध्यकाल से पूर्व या प्राचीन समय में भी अनेक प्रकार के क्षत्रिय हुए हैं। क्षत्रियों की भी अनेक जातियाँ बनने के पीछे क्षेत्रीयता की भावना भी मुख्य कारक थी। सूर्यवंशी, चन्द्रवंशी, रघुवंशी, नामक क्षत्रिय उत्तरी भारत में प्राचीन समय में ज्यादा प्रभावशाली थे। हेमचन्द्र ने मागध क्षत्रिय, इक्ष्वाकु क्षत्रिय आदि नाम से अन्य अनेक प्रकार के क्षत्रियों की भी चर्चा की है, यदि प्राचीन एवं उसके बाद के सभी प्रकार के क्षत्रियों की गिनती एक साथ की जाए तो संभवतः पचास प्रकार के क्षत्रियों की लंबी सूची तैयार हो जाए। उपरोक्त सभी प्रकार के क्षत्रिय अपने को हमेशा एक दूसरे से श्रेष्ठ मानते आए हैं। इतना ही नहीं अपनी श्रेष्ठता सिद्ध करने एवं दूसरे को नीचा दिखाने के लिए अधिकांश समय परस्पर घात प्रतिघात में ही लगे रहे। यहाँ तक कि दूसरे देशों के दुश्मन राजाओं को भारत पर आक्रमण करने के लिए आमंत्रित किया और युद्ध में उनका साथ देकर अपने प्रतिद्वंद्वी का पतन कराया। इतिहास गवाह है कि ऐसी ही तमाम घटनाओं एवं परस्पर विद्वेष के कारण ही भारत कमजोर हुआ और हजारों वर्ष गुलाम बना रहा। राजाओं, सामंतों के अलावा आम क्षत्रिय भी एक दूसरे की जड़ खोदने में ही लगे रहे। जिस वर्ण के लिए यह कहा जाता रहा है कि उसके ऊपर देश की समाज की रक्षा की जिम्मेदारी है क्या इस परस्पर विद्वेष के कारण जिम्मेदारी का निर्वहन हुआ? किसी को इस बात को स्वीकार करने में कोई हिचक नहीं होनी चाहिए कि इस विद्वेष के कारण ही भारत गुलाम रहा, उसकी जमीन उससे छिन गई। समाज में जो कटुता बनी वह अलग, वैश्य इन दोनों से आगे निकलते हुए अड़तालीस वर्गों में विभाजित हुए। ब्राह्मणों, क्षत्रियों की तरह वैश्यों के विभाजन में भी सामाजिक एवं क्षेत्रीयता ही मुख्य कारण रहे। वैश्य जातियाँ भी आपसी द्वेष भाव से मुक्त नहीं रहीं इसीलिए अड़तालीस प्रकार में बँट गईं। जिनमें नाम अग्रांकित हैं।

मेड़लिया, बीयाड़ा, खड़ायता, जैसवाल, सांडेरा, कुभा, सोझीता, साचोरा, हरसोरा, श्रीमाली, कठोड़ा, पोरवाल, दिसावाल, धाकड़ कपोला, वाल, पल्लीवाल, बधेरवा, ओसवाल, खंडेलवाल, मेड़वाल, सोनी, आमेटा, चीतोड़ा, भागद्रा, अगरवाल, नागर, नागोरा, नागद्रा, छूबड़, श्रीमाल, रोझवाल, हरसोला, बधनेरा, नरसिंधपुरा, दसोरा, मौठ, लाडुआ, लाढ़, सोठिया, जलोरा, भटेरा, मेवाड़ा, सूराणा, डीडूवाल, नीमा, बायड़ा, देशवाल आदि।

ब्राह्मण, क्षत्रिय वर्ण की तरह वैश्य वर्ण भी परस्पर ऊँच-नीच की भावना से ग्रस्त हैं। वैश्य वर्ण प्रारंभ से ही आर्थिक गतिविधियों में ही संलग्न रहा है। आज

भी अधिकांश वैश्य व्यवसाय में ही संलग्न है।

हमेशा राजकीय सेवा या लेखकीय कार्यों में ही संलग्न रहने वाले कायस्थ जाति का उल्लेख किसी भी ग्रंथ में उपरोक्त चारों में से किसी भी वर्ण के अंतर्गत नहीं किया गया है। 'सहेल-महेल' गहड़वाल के अभिलेख में सुरादित्य नामक कायस्थ का उल्लेख मिलता है। पद्म पुराण के सृष्टि काण्ड के अनुसार जिस प्रकार ब्रह्मा से अन्य चारों वर्णों की उत्पत्ति हुई उसी प्रकार पाँचवें वर्ण के रूप में ब्रह्मा की काया से ही कायस्थ की उत्पत्ति हुई। जिनका काम लेखकीय ही होता था।

प्रशासनिक कार्यों में इनका हमेशा वर्चस्व बना रहा। 'सोड्ढल' के अनुसार शिलादित्य नामक राजा के भाई कलादित्य ही कायस्थों के जनक हैं। उदय सुन्दरी कथा नामक ग्रंथ के पृष्ठ ग्यारह में इस संबंध में एक श्लोक इस प्रकार है।

"कायस्थनाम्नों महेश्वरगस्य आवतारः क्षत्रियविभूषणम कलादित्य॥"

एक तरफ जहाँ दत्त और स्टीन ने ब्राह्मण वर्ण की एक शाखा को कायस्थ कहा है, वहीं अली चौहान डायनेस्टीज में डॉ. दशरथ शर्मा ने कायस्थों को क्षत्रिय कहा है। दत्त बंगाल की कायस्थ जाति को ही क्षत्रिय मानते हैं। डॉ. भंडारकर गुजरात के नागर ब्राह्मणों को बंगाल के कायस्थों से संबंधित मानते हैं। श्री हर्ष के विचारानुसार यम के लिपिक चित्रगुप्त कायस्थों के जनक हैं। ग्यारहवीं सदी के एक अभिलेख में ऐसा उल्लिखित है कि निडर क्षत्रियों को परशुराम ने छोड़ दिया था जो बाद में कायस्थ कहलाए। कुछ अन्य विद्वानों के विचारानुसार ऋषि याज्ञवल्क्य ने सर्वप्रथम कायस्थ जाति का उल्लेख लेखक वर्ग के रूप में किया है। राजपूत कालीन अभिलेखों में भी कायस्थ लेखक ही कहे गए हैं। महर्षि व्यास ने कायस्थों का वर्णन पृथक वर्ण के रूप में न करके एक जाति के रूप में किया है। एक अन्य कतिपय सिद्धांत के तहत कायस्थों को विदेशी तत्त्वों से संबद्ध किया जाता है। कहते हैं कि मौर्य युग के बाद भारत में विदेशियों के आगमन के समय मिश्रण के परिणामस्वरूप कायस्थों की उत्पत्ति हुई। फारसी शब्द 'क्षायथिम' का प्रयोग शासक वर्ग के लिए होता था, यही बाद में संस्कृत के कायस्थ शब्द से जुड़ा, इस तरह कायस्थ को क्षत्रिय जाति के रूप में माना गया। कायस्थ जाति की उत्पत्ति के सम्बन्ध में विदेशी तत्व या मौर्य युग के बाद इनकी उत्पत्ति हुई ऐसा कहना सर्वथा गलत है। क्योंकि यदि मौर्य काल से पहले यह जाति थी ही नहीं तो इस काल से बहुत पहले महर्षि व्यास, याज्ञवल्क्य, उशनस आदि ने इस जाति के संबंध में विस्तारपूर्वक वर्णन कैसे कर दिया। पद्म पुराण के सृष्टि कांड में भी पाँचवें वर्ण के रूप में कायस्थों का वर्णन मिलता है। कालांतर में अन्य जातियों की तरह कायस्थ जाति में भी अनेक उपजातियाँ बन गईं। इनमें कुछ क्षेत्रीय आधार पर तो कुछ कार्यों के आधार पर विभाजित हुईं। जैसे सारस्वत क्षेत्र के कायस्थ श्रीवास्तव नाम से विख्यात हुए। गौड़ प्रदेश के निवासी गौड़ कहलाए। मथुरा क्षेत्र के माथुर नाम से प्रसिद्ध हुए। भटनागर, वर्मा, सिन्हा, सक्सेना, वालभ्य

आदि भी कायस्थों की श्रेणियाँ हैं। वर्मा कायस्थों के बारे में एक विचार यह भी है कि जो भी क्षत्रिय अपने क्षत्रियत्व के कार्यों से विमुख होकर अन्य कामों या लेखन के कार्यों को करने लगे वे समाज में वर्मा नाम से जाने जाने लगे। भटनागर और सक्सेना कायस्थों की उत्पत्ति के बारे में भी अलग-अलग कई विचार हैं। कहा जाता है कि नागर ब्राह्मण और भाट की संतान भटनागर नाम से प्रसिद्ध हुई। सक्सेना जाति के लिए तो बहुत विचित्र बात यह कही जाती है कि विदेशी आक्रमणकारी जाति शक की सेना के जो लोग बड़ी संख्या में भारत में बस गए वही शकसेना या सक्सेना हैं, यह विचार महज शब्दों के तोड़ मरोड़ या केवल शाब्दिक अर्थ पर निर्भर मालूम होता है। कायस्थों की उत्पत्ति के संबंध में इतने मत-मतांतर हैं कि उनका वर्णन करने से पूरा एक ग्रंथ तैयार हो जाएगा।

सभी प्रमुख विद्वानों के विचारों का अध्ययन करने के बाद निष्कर्ष यही निकलता है कि कायस्थ जाति क्षत्रियों या ब्राह्मणों से ही संबंधित हो सकती है। हालाँकि इसे पाँचवें वर्ण के रूप में मान्यता देना ज्यादा उपयुक्त होगा।

पाठकगण सोच रहे होंगे कि इतने वर्णों, जातियों, उपजातियों, जनजातियों आदि का वर्णन किया गया लेकिन अभी तक उस 'कुरील' जाति के संबंध में कुछ वर्णन नहीं किया गया जिसको केन्द्र में रखकर यह पुस्तक लिखी गई। दलित वर्ग में चमार जाति एक प्रमुख जाति है। जिस तरह अन्य जातियों में अनेक उपजातियाँ हैं उसी तरह चमार जाति में भी कई उपजातियाँ हैं। जो सामाजिक, क्षेत्रीय, धार्मिक, व्यावसायिक कारणों से बनती गईं और अलग-अलग क्षेत्रों में भिन्न नामों से जानी गईं। जैसे उत्तर प्रदेश के मेरठ, आगरा, अलीगढ़, फर्रुखाबाद, बुलन्दशहर, सहारनपुर आदि नगरों एवं उनके आस-पास के क्षेत्रों में जाटव नाम से जानी जाती हैं। लखनऊ, कानपुर, उन्नाव, रायबरेली, सीतापुर, बाराबंकी, फतेहपुर, हरदोई, प्रतापगढ़ आदि जिलों में कुरील नाम से तथा लखनऊ, कानपुर, झाँसी, जालौन, इलाहाबाद, हमीरपुर, बांदा आदि जिलों में अहिरवार; गाजीपुर, गोरखपुर, बलिया, आजमगढ़, जौनपुर, बस्ती, देवरिया में धूसिया; इलाहाबाद, बलिया, लखनऊ, कानपुर, गोरखपुर, आजमगढ़, देवरिया, जौनपुर में जायसवाल; कानपुर, औरया, फर्रुखाबाद, झाँसी, जालौन, इटावा में दोहरे नाम से जानी जाती हैं। चमार जाति के लिए जो कार्य पुराणों, स्मृतियों, धर्मसूत्रों में निर्धारित किए गए थे वही इन जातियों के लिए भी था। पुस्तक के लेखक श्री हरमोहन दयाल के अनुसार पूरे भारतवर्ष में हिन्दू समाज में चमार जाति बहुत निम्न कोटि की मानी गई है। सवर्णों ने इस जाति पर अनेक जुल्म, अत्याचार किए हैं। वैसे पूरा दलित समाज अत्याचार का शिकार हुआ है। सदियों से हो रहे अत्याचार से दलित समाज को मुक्ति दिलाने वालों में डॉ. अम्बेडकर साहब का स्थान सर्वोपरि है। जिन्होंने दलितों की रक्षा के लिए संविधान में आर्थिक, सामाजिक, राजनीतिक अधिकार प्रदान किए हैं। दलित समाज इसके लिए बाबा साहब का हमेशा ऋणी

रहेगा। महान संत रविदास जी ने भी इसी जाति में जन्म लिया था। उनकी महानता एवं उच्चकोटि की भक्ति से प्रभावित होकर परम कृष्ण भक्त मीराबाई भी उनकी शिष्या बन गई थी। संत रविदास ने आजीवन छुआ-छूत, जातिपांत, ऊँच-नीच को समाप्त कराने का प्रयास किया। लेकिन कट्टर प्रतिक्रियावादी ताकतों के कारण दलितों की स्थिति में व्यापक सुधार नहीं हो पाया। परंतु फिर भी रविदास एवं अन्य अनेक महानुभावों ने दलितोद्धार की जो प्रक्रिया प्रारंभ की थी उसमें डॉ. अम्बेडकर जी के अथक प्रयासों से तीव्रता आई। दलितों में अपने अधिकारों के प्रति जागरूकता बढ़ी। उनमें अब ऐसी शक्ति का संचार हो चुका है जिसके रहते वो अपनी स्थिति को बेहतर बनाने का काम जारी रखेंगे।

लेखक हरमोहन दयाल का यह विचार सत्य है कि डॉ. अम्बेडकर एवं संत रविदास जैसी महान हस्तियों के कारण दलितों की स्थिति में व्यापक सुधार हुआ है।

चमार जाति का उल्लेख जहाँ वर्ण व्यवस्था के साथ ही प्रारंभ हो जाता है वहीं अन्य जातियों की उपजातियों की तरह इस जाति की भी अनेक उपजातियों का उल्लेख काफी बाद में प्रारम्भ हुआ। इनमें से उपजाति कुरील कब, किन परिस्थितियों में बनी, इसके लिए कौन जिम्मेदार है इन सब बातों का उल्लेख मध्य काल के काफी बाद के ग्रंथों एवं पुस्तकों में भी नहीं मिलता। बाद के ग्रंथों में जो वर्णन मिलता है वह पूरी तरह स्पष्ट नहीं है इसलिए यह एक शोध का विषय है। जिसके लिए पर्याप्त समय एवं उपयुक्त साधनों की नितांत आवश्यकता है। अल्पसमय एवं सीमित साधनों में ऐसे किसी विषय पर विस्तृत जानकारी उपलब्ध करा पाना अत्यंत दुष्कर कार्य है जो इतिहास के दायरे में आता हो।

लेकिन इसके बावजूद मैं इतना अवश्य कह सकता हूँ इस पुस्तक से न सिर्फ कुरील वंश के इतिहास की जानकारी मिलेगी बल्कि हिन्दू समाज की वर्ण व्यवस्था, जाति व्यवस्था की भी एक स्पष्ट झलक मिलेगी।

कुरील वंश के सदस्यों ने समाज के लिए, देश के लिए जो कुछ भी किया है वह किन परिस्थितियों में किया, और क्यों ज्यादा महत्त्वपूर्ण है या उन कार्यों का कितना महत्त्व हो सकता है। इन सब बातों का उचित मूल्यांकन तभी किया जा सकता है जब कि वर्ण एवं जाति व्यवस्था की यथोचित जानकारी हो। पाठकगणों को मैं पुनः याद दिलाना चाहता हूँ कि इन्हीं बातों को ध्यान में रखकर पुस्तक का **संपादकीय** लिखते समय वर्ण एवं जाति व्यवस्था की समुचित जानकारी देने का प्रयास मैंने किया है। यथासंभव प्रयासों के बावजूद संभव है कि पुस्तक में कहीं कुछ त्रुटियाँ रह गई हों। इसलिए सभी सुधी पाठकों से मेरा विनम्र आग्रह है कि वे अपने विचारों से हमें अवश्य ही अवगत कराएँ। उनके सुझावों, विचारों की हम प्रतीक्षा करेंगे।

प्रदीप श्रीवास्तव

वर्ण व्यवस्था और कुरील वंश

मौजा घाटमपुर जनपद उन्नाव के कुरील वंश के डेढ़ सौ वर्षों से अधिक समय के इतिहास के संबंध में तो काफी प्रामाणिक जानकारी मिलती है, लेकिन उसके पूर्व के इतिहास के बारे में समुचित प्रमाणों का अभाव है। इसलिए केवल डेढ़ सौ वर्षों के इतिहास का ही वर्णन किया जा रहा है।

कुरील वंश के सदस्यों ने समाज के लिए, देश के लिए उल्लेखनीय सेवाएँ अर्पित की हैं। सामाजिक बुराइयों को दूर करने, उसे गतिशील बनाने के लिए जो भी कार्य संभव हुआ उसे करने में इस वंश के सदस्यों ने कभी कोताही नहीं बरती। हालाँकि सामाजिक व्यवस्थाओं के कारण इन लोगों के सामने अनेक अड़चनें उत्पन्न होती थीं। जिनका इन सभी ने डटकर मुकाबला किया और अपने उद्देश्यों में सफल रहे।

आश्चर्यजनक रूप से कुरील वंश में समाज सेवा की भावना पीढ़ी-दर-पीढ़ी से प्रवाहमान है। हमारे पूर्वज सामाजिक सेवा कार्यों में सदैव तल्लीन रहे तथा अपने समय में समाज के लिए अनेक क्रांतिकारी कदम उठाए और बहुत हद तक सफलता भी प्राप्त की। इस वंश के अनेक पूर्वज फौज में भी ऊँचे पदों पर आसीन थे। लेकिन इसके बावजूद जब भी गाँव आते तो अपने समाज की समस्याओं को दूर करने का हर संभव प्रयत्न करते। उस समय हमारा समाज अनेक समस्याओं से घिरा हुआ था। छुआ-छूत, जाति-पाँति, ऊँच-नीच, बेगार प्रथा, कुएँ, तालाबों से जल न लेने देना, अच्छे साफ-सुथरे कपड़े, सोने चाँदी के जेवर पहनने की मनाही के साथ-साथ अच्छा खाना खाने की भी हिम्मत जुटानी पड़ती थी। समाज के लोगों का जीवन पशुओं से भी बदतर हो गया था। इस तरह की सभी परेशानियों की जड़ है विकृत वर्ण व्यवस्था, जाति व्यवस्था के साथ-साथ मनु के सिद्धांत, जाति व्यवस्था अकेले मनु की देन नहीं है। इसमें इनके पहले एवं बाद में भी अनेक लोगों ने योगदान किया है। लेकिन सबसे ज्यादा अमानवीय सिद्धांतों का प्रणयन करने वाले मनु ही थे। हमारा परिवार गाँव में अकेला ही इन सभी समस्याओं से जूझता रहा। दबंगों के भय से समाज के अन्य लोग सहयोग करने से भी कतराते थे।

हमारे पूर्वजों को मौजा घाटमपुर जनपद उन्नाव में आए हुए कुछ ही समय व्यतीत हुआ था कि पुलिस का एक सिपाही श्री छब्बा एवं श्री रामजीवन जी को बेगार (बगैर किसी भुगतान के ही काम करना) करने के लिए बुलाने आया। लेकिन इन दोनों जागरूक सज्जनों ने निर्भीकता के साथ बेगार करने से साफ मना कर दिया। **इससे सिपाही आग-बबूला हो उठा और इन दोनों लोगों को मारने लगा परंतु उन्होंने बहुत पिटाई की तथा सिर फोड़ दिया।** इस झगड़े के बाद पुलिस ने दोनों को बंद कर दिया। फिर उन पर मुकदमा चला। उस समय अंग्रेजों का शासन था और उस केस की सुनवाई भी एक अंग्रेज जज कर रहा था। जब जज ने श्री छब्बा एवं श्री रामजीवन से पूछा क्या तुमने इस सिपाही को मारा पीटा है? तब इन दोनों लोगों ने बयान दिया कि हुजूर बेगार करने से मना किया था इस पर ये नाराज हुए तो हम दोनों अपनी जान बचा कर घर के अंदर भागे। यह भी हमें पकड़ने के लिए पीछे-पीछे भागे। हमारे घर के छप्पर का बाँस बाहर निकला हुआ था, वही इनके सिर में लग गया। हम लोगों ने इन्हें नहीं मारा। जज ने पूछा सही कहते हो? उत्तर दिया हाँ हुजूर...बिल्कुल सही कह रहे हैं। जज ने दोनों लोगों के बयान सुनने के बाद उन्हें बाइज्जत बरी कर दिया। साथ श्री रामजीवन को गाँव का चौकीदार नियुक्त कर दिया। उस समय चौकीदार का पद बहुत महत्त्वपूर्ण होता था। इस घटना के बाद न सिर्फ अपने गाँव बल्कि आस-पास के गाँवों में भी हमारे परिवार की धाक जम गई। इस घटना का इतना व्यापक प्रभाव पड़ा कि आस-पास के सभी गाँवों में निम्न वर्ग के लोगों से बेगार कराने की प्रथा ही लगभग समाप्त हो गई। जो भी वर्ग या लोग बेगार कराना अपना जन्म सिद्ध अधिकार समझते थे, उनमें इस घटना के बाद इतना साहस नहीं रह गया था कि वो किसी से बेगार करने को कहते। दलितों में इस घटना के बाद अपने अधिकारों के प्रति एक नई चेतना का प्रस्फुटन हुआ। अनेक अन्य सामाजिक प्रतिबंधों के साथ-साथ उस समय दलितों के खान-पान, रहन-सहन, वस्त्रादि को लेकर भी काफी प्रतिबंध थे। अनुसूचित जाति या जनजाति समाज की औरतें-पुरुष-बच्चे आदि न तो अच्छे कपड़े-सोने-चाँदी के आभूषण आदि धारण कर सकते थे न ही उस समय प्रतिष्ठापरक अन्य किसी कार्य को अंजाम दे सकते थे। दलित वर्ग दूर से ही पहचाना जा सके इसके लिए उन्हें कुछ अलग ही तरह के वस्त्रादि पहनने को विवश किया जाता था। स्त्रियाँ ऊँची धोती बाँधती थीं। पीतल के कड़े या चूड़ा पहनती थीं जिससे उन्हें दूर से ही पहचाना जा सके कि वह अनुसूचित जाति की स्त्रियाँ हैं, तथा सवर्ण उनसे एक निश्चित दूरी बनाए रखें। कितना अमानवीय व्यवहार था यह। इन सब बातों से दलित समाज को कितना कष्ट होता था, उनके मन में आक्रोश किस कदर फूटता रहा होगा इसका सहज ही अनुमान लगाया जा सकता है।

जैसा कि मैंने पहले ही कहा है कि मेरे परिवार का कोई भी सदस्य अमानवीय

व्यवहारों, असंगत रीति-रिवाजों, अपमानजनक किसी भी प्रथा को मानने के लिए कभी तैयार नहीं होता था। किसी भी अनुचित बात का तब तक विरोध किया जाता था जब तक कि न्याय नहीं मिल जाता था। अव्यावहारिक वेश-भूषा को लेकर सबसे पहला सफल विरोध हमारे कुरील वंश के ही एक सदस्य जो हमारे चाचा भी हैं, श्री चिरंजीव लाल जी ने किया।

सन् 1925 में श्री चिरंजीव जी की शादी कानपुर के महात्मा रामचरन कुरील की सुपुत्री कमला जी के साथ हुई। हमारी चाची जी विवाह के बाद विदा होकर जब गाँव घाटमपुर आईं तो उन्होंने बहुत अच्छे कपड़े, सोने, चाँदी के जेवर आदि पहन रखे थे। पैरों में पीतल की जगह चाँदी के कड़े धारण किए हुए थीं क्योंकि यह सब पुरानी परंपराओं के विपरीत था इसलिए सभी परंपरावादियों ने कड़ा विरोध किया। सवर्णों के साथ-साथ हमारे समाज ने भी न सिर्फ विरोध किया बल्कि कई गाँवों के चौधरियों ने मिलकर एक पंचायत की और हमारे परिवार को कड़ा दंड देते हुए पूरे समाज से ही निष्कासित कर दिया। हमारे परिवार का पूरे समाज से हुक्का पानी, उठना-बैठना, बोल-चाल, शादी-विवाह बंद कर दिया गया। इतनी कड़ी पाबंदियों के बाद भी हमारे परिवार ने ऐसी अनुचित कार्यवाहियों के समक्ष आत्मसमर्पण नहीं किया। सवर्णों के साथ-साथ अपने समाज से भी पूरे साहस के साथ अकेला ही लड़ता रहा। समय के साथ-साथ लोगों ने हमारे परिवार की बातों को समझा और धीरे-धीरे उनके साथ होते गए। जो आंदोलन अकेले ही शुरू किया गया था कुछ समय बाद वह एक बड़े जन समुदाय का आंदोलन बन गया। काफी समय तक आंदोलन चलता रहा और अंततः सफलता मिली तथा उक्त अमानवीय प्रथा का अंत हो गया जिसके तहत दलितों को अच्छे कपड़े, सोने चाँदी के जेवरात आदि पहनना मना था। इस कार्य में हमारे परिवार को सबसे ज्यादा सहयोग और समर्थन सवर्ण वर्ग के पंडित राम शंकर पाठक तथा पंडित कृपा शंकर पाठक से मिला जो गाँव के एक उदारवादी जमींदार थे। इस कार्य के लिए इन दोनों सज्जनों को अपने सवर्ण वर्ग के कट्टर पंथी लोगों के कड़े विरोध का सामना करना पड़ा था।

अनुसूचित जाति समाज में व्याप्त ऐसी अन्य अनेक बुराइयों के खिलाफ एक और आंदोलन कुरील वंश के ही एक अन्य सदस्य मेजर मनुआ राम जी के नेतृत्व में चलाया गया। आंदोलन को सफल बनाने के लिए श्री चिरंजीव लाल जी, नाना श्री घसीटे लाल जी तथा महात्मा रामचरन जी ने अपना अमूल्य योगदान किया था। आंदोलन क्योंकि पुरानी रूढ़िवादी, पक्षपाती अमानवीय परंपराओं एवं नियमों के खिलाफ था इसलिए हर तरफ से कड़ा विरोध किया गया। सदियों से वर्ण व्यवस्था की बेड़ियों में जकड़े दलित समाज में भी इस सुधारवादी आंदोलन के प्रति कोई आस्था नहीं थी। इसलिए समाज के अधिकांश लोगों ने सहयोग नहीं किया उल्टे कुछ लोगों ने विरोध भी किया। इतना सब कुछ होने के बाद भी श्री मनुआ राम

जी का आंदोलन जब बंद नहीं हुआ तो आंदोलनकारियों की हत्या का प्रयास शुरू हो गया। इसी क्रम में श्री घसीटे लाल जी को अकेला पाकर गाँव के ही कुछ दबंग विरोधियों ने उन्हें तालाब में धकेल दिया। जिससे उन्हें गंभीर चोटें आईं और काफी चिकित्सा आदि के बाद भी उन्हें बचाया नहीं जा सका। श्री घसीटे लाल जी की मृत्यु एवं अन्य अनेक कारणों से श्री मनुआ राम जी का सुधारवादी आंदोलन सफल नहीं हो पाया। इतनी कठिनाइयों एवं स्वयं अपने समाज द्वारा भी किसी प्रकार का सहयोग न मिलने के बावजूद कुरील वंश के सदस्यों का आत्म विश्वास नहीं टूटा। समाज द्वारा अनेक बाधाएँ खड़ी की जाती रहीं लेकिन कुरील वंशी कभी झुकने को तत्पर न हुए। निरंतर समाज की भलाई के लिए प्रयासरत रहे।

श्री चिरंजीव लाल जी जो मेरे चाचा जी हैं का भी नाम प्रमुख समाज सेवकों में लिया जा सकता है। सन् 1925 में पंजाब प्रांत में अपनी पढ़ाई पूरी कर बजाय शहर में जाकर अच्छी नौकरी करने के इन्होंने गाँव में रहकर समाज की सेवा करना ज्यादा उचित समझा जब चाचा जी गाँव में थे तो अंग्रेजों का प्रभुत्व हर तरफ था। सारा कामकाज, चिट्ठी, पत्री, तार आदि अंग्रेजी में ही हुआ करते थे। ऐसे में जब पढ़े-लिखे लोग ही नहीं थे तो अंग्रेजी पढ़ने का प्रश्न ही नहीं उठता था। हमारे चाचा जी अंग्रेजी भाषा के बहुत अच्छे विद्वान थे। गाँव या आस-पास के सभी लोग चिट्ठी, पत्री, तार आदि चाचा जी से ही पढ़ाने व लिखाने आया करते थे। सन् 1942 में उन्हें डिस्ट्रिक्ट बोर्ड में 'डिप्रेस्ट क्लास एजूकेशन' का चेयरमैन बनाया गया इसी दौरान श्री उम्मीद जाटव फर्रुखाबाद ग्राम नूरामऊ फतेहगढ़ की नियुक्ति उन्नाव जिले के शिक्षा विभाग में सुपरवाइजर 'शिक्षा' के पद पर हुई। गाँव में हमारे चाचा श्री चिरंजीव लाल जी की अच्छी ख्याति से प्रभावित होकर श्री उम्मीद जाटव उनसे मिलने आए। दोनों लोगों के बीच में दलितों की शिक्षा, उनकी निम्न स्थिति को लेकर गहन विचार-विमर्श हुआ जिसमें यह निष्कर्ष निकला कि दलितों की निम्न स्थिति के लिए सबसे ज्यादा जिम्मेदार उनका अशिक्षित होना है। इसलिए उन्हें सबसे पहले शिक्षित करने का प्रयास किया जाए। इसी उद्देश्य को ध्यान में रखकर दोनों लोगों ने गाँव-गाँव जाकर दलित समुदाय के लोगों को पढ़ने के लिए प्रेरित करना प्रारंभ किया। अनेक अवसरों पर तो पढ़ने के लिए विवश करते थे। ज्यादा से ज्यादा संख्या में बच्चों को स्कूलों में भर्ती कराया गया। वजीफे दिलवाए। समाज के लोगों से बराबर पढ़ाई की ओर ध्यान देने के लिए आग्रह करते थे। इसके अलावा इन बातों का भी ध्यान रखते कि स्कूल का स्टाफ या शिक्षा विभाग अपने कार्यों को सही ढंग से आयाम दे रहा है या नहीं। स्कूलों का मुआयना भी किया करते थे। इस प्रक्रिया में अनुसूचित जाति या दलित वर्ग के सभी छात्रों से यह जरूर पूछते कि अध्यापकगण उन लोगों से कैसा व्यवहार करते हैं। यह प्रश्न इसलिए किया करते थे क्योंकि उस समय शैक्षिक संस्थानों में लगभग शत-प्रतिशत लोग सवर्ण होते थे। उनमें भी अधिकांश ब्राह्मण।

इसीलिए दलित बच्चों के साथ हुए किसी अनुचित कार्य की जानकारी दी तो उसकी शिकायत जिले के कार्यकारी या अन्य सक्षम माध्यमों से करके समस्या का समाधान कराते थे। ऐसे ही सज्जनों के व्यापक प्रयासों से दलित शिक्षा के क्षेत्र में क्रांतिकारी परिवर्तन प्रारंभ हुआ। दलितों ने अपने बच्चों को शिक्षित बनाने का प्रण कर लिया और निरंतर इस कार्य में लगे हुए हैं।

श्री चिरंजीव लाल एवं श्री उम्मीद जाटव के कार्यों की चहुँओर चर्चा होने लगी। उनकी ख्याति से प्रभावित होकर सन् 1952 में कांग्रेस ने चिरंजीव जी को विधान सभा का चुनाव लड़ने के लिए आमंत्रित किया लेकिन उन्होंने स्पष्ट इनकार कर दिया। क्योंकि उनका ऐसा मानना है कि राजनीति में आने के बाद वो समाज का हित नहीं कर सकेंगे। किंतु इस निर्णय से यह बात आईने की तरह बिल्कुल साफ हो जाती है कि राजनीति की चमक-दमक, उसका वैभव किंतु उसकी ताकत आदि भी चिरंजीव जी को अपने मार्ग से विचलित न कर सकी। समाज की सेवा उनका परम उद्देश्य था। उसके लिए वह बड़े से बड़ा कष्ट सहने के लिए सदैव तत्पर रहते थे।

श्री पी. एल. कुरील एवं श्री निरंजन लाल कुरील

श्री पी. एल. कुरील एवं श्री निरंजल लाल कुरील नार्थ वेस्ट फ्रंटियर प्राविन्स (अब पाकिस्तान में) से आकर लखनऊ में बस गए। यहाँ के कालेज एवं विश्वविद्यालय में उच्च शिक्षा ग्रहण की और अपना कार्य क्षेत्र निर्धारित किया।

उस समय ग्रामीण क्षेत्रों से शहर में आकर उच्च शिक्षा ग्रहण करने वाले दलित छात्रों के सामने सबसे बड़ी समस्या थी स्कूलों, कालेजों में प्रवेश एवं आवास की। इन समस्याओं से इन दोनों भाइयों को बड़ी कठिनाइयों का सामना करना पड़ रहा था। अतः इन दोनों लोगों ने इनके निराकरण हेतु एक विस्तृत योजना बनाई और उसी के तहत अनुसूचित एवं पिछड़ी जातियों के छात्रों के लिए एक छात्रावास की स्थापना 'शैड्यूल्ड कास्ट फेडरेशन छात्रावास' के नाम से हीवेट रोड लखनऊ में की। उस समय की परिस्थितियों को देखते हुए वह एक बहुत बड़ा क्रांतिकारी कदम था। समाज में इस कार्य के लिए चहुँओर इनका प्रशंसा की गई। पहली महत्त्वपूर्ण सफलता के बाद उत्साह में बढ़ोतरी हुई और फिर इन दोनों भाइयों ने समाज को व्यापक अधिकार एवं सुविधाएँ दिलाने के उद्देश्य से एक राजनीतिक संस्था 'शैड्यूल्ड कास्ट फेडरेशन' यू.पी. लाटूश रोड लखनऊ की स्थापना की। लेकिन अनेक अभावों के चलते संस्था पूर्ण विस्तार न ले सकी। सफलता जहाँ उत्साहित करती है नवीन संसार रचने के लिए वहीं असफलता निराशा के अंधकार में धकेलने का प्रयास करती है। लेकिन इन दोनों भाइयों ने किसी भी स्थिति में हार नहीं मानी। इनके अनेक कार्यों का मनुवादियों की तरफ से समय-समय पर विरोध भी होता रहा। फिर भी इनके

कदम रुके नहीं। शीघ्र ही 'शैड्यूल्ड कास्ट हॉस्टल' एवं लाइब्रेरी की स्थापना की।

किसी संस्था की स्थापना या उसका गठन कर देना कोई बहुत बड़ा काम नहीं है, लेकिन उसको निरंतर गतिमान बनाए रखना एक कठिन कार्य है। हॉस्टल और लाइब्रेरी की स्थापना के बाद इन सभी की देखरेख प्रबंध आदि की सभी जिम्मेदारी श्री निरंजनलाल कुरील अकेले सँभालते रहे। सबसे ज्यादा प्रशंसनीय बात तो यह रही कि इन्होंने कई संस्थाओं का कई वर्षों तक खर्च स्वयं ही वहन किया। उस समय सरकार की तरफ से किसी प्रकार की कोई सहायता प्राप्त नहीं होती थी। छात्रावास, लाइब्रेरी आदि के संचालन में एक बड़ी धनराशि की आवश्यकता होती है। जिसे किसी एक व्यक्ति द्वारा लम्बे समय तक चला पाना संभव नहीं है। इन्हीं सब बातों को ध्यान में रखकर निरंजन लाल जी ने सरकारी मान्यता के लिए अथक प्रयास किए और अंततः सफल हुए। सरकारी मान्यता मिलने के बाद पर्याप्त सरकारी सहायता मिलने लगी। अनुसूचित जातियों को सरकार से अन्य जो भी सहायता उपलब्ध करा सकते थे निरंजन जी ने वह सब सरकारी सुविधाएँ उपलब्ध करा दीं।

सीमित संसाधनों व अनेक अड़चनों के बावजूद समाज की जो सेवा श्री निरंजन लाल कुरील जी ने की है वह सराहनीय है। उनके द्वारा उपलब्ध कराई गई सुविधाओं से लाभ उठाकर नई पीढ़ी के अनेक लोग आई.सी.एस., आई.ए.एस. बन कर देश की सेवा कर रहे हैं। साथ ही समाज निरंतर प्रगति कर रहा है।

ऐसे किसी वर्ग द्वारा जो कि हजारों वर्षों से शोषित रहा हो, समाज में अपने विचार रखने या अपने आस्था के केन्द्र को महिमामंडित करने का भी अधिकार न रहा हो। सभी मानवीय मौलिक अधिकारों से दूर रखा गया हो, उस वर्ग या उस वर्ग के किसी व्यक्ति द्वारा किसी एकदम नई परंपरा की शुरुआत करना एक बहुत ही अदम्य साहस एवं उच्च नैतिक बल का परिचायक है।

सन् 1940 से पहले संत रविदास जो कि दलितों के प्रमुख आस्था के केन्द्र हैं को लेकर कोई विशेष समारोह आदि नहीं होता था न ही कोई इस तरह का कार्यक्रम करने का ही साहस कर पाता था। क्योंकि कट्टर परंपरावादी शक्तियों द्वारा व्यापक प्रतिक्रिया होने का डर बना रहता था। ऐसी स्थिति में प्रभावित वर्ग के मनोबल का ह्रास होता रहता है। उसे कहीं आशा की किरण नजर नहीं आती। ऐसे विकट हाल में यदि प्रभावित वर्ग का कोई व्यक्ति सारे भय, निराशा, हताशा को त्यागकर, परिणामों की परवाह किए बगैर पूरी निर्भीकता के साथ यदि प्रभावित वर्ग के मनोबल को बढ़ाने, उसके आस्था के केन्द्र को महिमामंडित करने के उद्देश्य से कोई कार्य करता है, या नई परंपरा प्रारंभ करता है तो व्यक्ति प्रभावित वर्ग के सामने आशा का केन्द्र बनकर उभरता है।

ऐसा ही सन् 1940 में हुआ जब कुरील वंश के दो सदस्यों निरंजन लाल कुरील तथा श्री पी. एल. कुरील 'तालिब' ने दलितों के प्रमुख आस्था के केन्द्र संत रविदास

की जयंती के अवसर पर भव्य समारोह का आयोजन रविदास मंदिर चांदगंज लखनऊ में किया। पिछले अनुभवों के विपरीत इस बार कुरील वंश को समाज के चौधरियों ने भी अपना भरपूर समर्थन दिया। संत रविदास जयंती का विशाल जुलूस लखनऊ की मुख्य सड़कों से होता हुआ सभा स्थल तक पहुँच कर एक आम सभा में परिवर्तित हो गया। जहाँ पर निरंजन लाल कुरील एवं तालिब जी ने संत रविदास जी की शिक्षाओं के बारे में लोगों को प्रभावपूर्ण ढंग से बताया। इसी दौर में प्रसंगवश बाबा साहब डॉ. भीमराव अम्बेडकर जी के बारे में भी उपस्थित जनसमुदाय को अवगत कराया गया। उनकी राजनीतिक, सामाजिक शिक्षा तथा दलितोद्धार संबंधी नीतियों को जानकर जनसमुदाय खुशी से झूम उठा। सदियों से हो रहे शोषण के कारण हताश निराश लोगों में नई चेतना का संचार हुआ। लोगों को लगा कि अब उनके उद्धार के लिए फिर से शक्ति तैयार हो रही है। कुल मिलाकर उस समय संत रविदास की जयंती समारोहपूर्वक मानना एक क्रांतिकारी कदम था। जिसका आगे चलकर दूरगामी प्रभाव पड़ना निश्चित था। श्री तालिब एवं श्री निरंजन लाल जी का यह कदम दलितों का मनोबल बढ़ाने में काफी सहायक सिद्ध हुआ।

सन् 1940 तक डॉ. भीमराव अम्बेडकर भारतीय राजनीति में एक धूमकेतु की तरह छा चुके थे। दलितों के पक्ष को पूरी मजबूती से रखनेवाला एक ऐसा योद्धा मिल गया था दलितों को, जिसकी बात को महत्त्वहीन करने की शक्ति उस समय किसी में नहीं थी। ऐसी महान हस्ती के साथ श्री तालिब एवं श्री निरंजन जी के बहुत ही करीबी रिश्ते थे। दलितोद्धार के संबंध में इन दोनों लोगों को बाबा साहब से निरंतर निर्देश प्राप्त होते रहते थे जिसका अनुपालन करना ये दोनों लोग अपना कर्तव्य समझते थे।

श्री 'तालिब' अपने भाषणों में हमेशा एक बात बड़े जोरदार ढंग से कहते थे कि स्कूलों, कालेजों, विश्वविद्यालयों तथा अन्य अनेक मेडिकल एवं इंजीनियरिंग शिक्षा संस्थानों में दलित छात्रों का प्रवेश तब तक लगभग नामुमकिन रहेगा जब तक कि आरक्षण की व्यवस्था न की जाए। अपने इसी विचार के कारण आरक्षण आंदोलन के वह मुख्य कर्ताधर्ता रहे। आगे चलकर आरक्षण व्यवस्था को सरकारी मान्यता मिली। जिससे दलित समाज की प्रगति का मार्ग प्रशस्त हुआ।

श्री तालिब जी में एक विशेष बात यह थी कि वो किसी एक उद्देश्य के पूरा हो जाने पर शांतिपूर्वक बैठते नहीं थे। बल्कि अगले उद्देश्य का तत्काल निर्धारण कर उसे पूरा करने में जुट जाते थे। जब दलितों की शिक्षा की बात चली तो अधिकांश लोगों ने 'दलितों को शिक्षित होना चाहिए' इसी एक वाक्य की रट लगाकर अपने कार्यों की इति श्री मान ली। यह कठिन कार्य कैसे होगा? इसके लिए किस तरह की कितनी सुविधाओं को उपलब्ध कराना होगा। ऐसे किसी मुख्य मुद्दे पर कोई रचनात्मक कार्य करने की आवश्यकता अधिकांशतया लोगों ने नहीं समझी। अव्वल

तो आजादी से पूर्व तक दलितों को शिक्षित करने की बात करना ही बड़े साहस का काम होता था। ऐसे में शिक्षा की व्यवस्था करना कितना कठिन था इस बात का अनुमान आसानी से लगाया जा सकता है। संभवतः राह की दुश्वारियों ने ही अधिकांश लोगों को केवल बयानबाजी तक ही सीमित रहने को विवश कर दिया था लेकिन तालिब जी इसके बिल्कुल विपरीत राह की हर दुश्वारियों को निर्भीकता से सामना करते हुए काम को अंजाम देने में विश्वास करते थे। अपने इसी गुण के कारण वह डॉक्टर अम्बेडकर जी के बहुत ही विश्वास पात्र बन पाए थे।

तालिब जी इस बात को अच्छी तरह समझते थे कि दलितों की शिक्षा में स्कूलों या शिक्षण संस्थाओं की कमी एक बहुत बड़ी बाधा है जिसे दूर करके ही लक्ष्य की ओर बढ़ा जा सकता है। इन तथ्यों को ध्यान में रखकर इन्होंने स्वयं तो स्कूल खोलने प्रारंभ ही किए साथ ही अन्य लोगों को भी प्रेरित किया। इन्होंने दलितों के लिए पहला स्कूल सन् 1945 में 'श्री मनुआराम मेमोरियल स्कूल' नाम से उन्नाव में खोला, जो कक्षा पाँच तक के विद्यार्थियों के लिए था। कुछ वर्षों बाद अपने अथक परिश्रम से सरकारी मान्यता एवं अनुदान की व्यवस्था कराई।

दलितोद्धार की व्यापक व्यवस्था निरंतर अस्तित्व में बनी रहे इसके लिए सरकारी सहयोग की प्रबल आवश्यकता महसूस की गई। ऐसा तभी संभव हो सकता था जब कि एक स्वतंत्र विभाग सरकार के अधीन रह कर इस काम को संचालित करता। उस समय तक सरकार के अधीन ऐसी कोई व्यवस्था नहीं थी। अतः श्री तालिब जी ने अपने सहयोगियों से विचार-विमर्श करके सन् 1946 में अपनी माँगों को लेकर एक आंदोलन उत्तर प्रदेश में चलाया। आंदोलन में मुख्य सहयोग श्री निरंजन लाल, श्री लाल चन्द्र, श्री प्रभु दयाल, श्री भीम राज आदि का रहा। श्री तालिब के नेतृत्व में हजारों कार्यकर्ताओं ने विधान भवन लखनऊ का घेराव किया। जब आंदोलन बहुत बढ़ गया तब सरकार ने माँगों पर विचार किया। तत्कालीन मुख्यमंत्री श्री गोविंद बल्लभ पंत ने श्री तालिब जी की माँगों को न्यायोचित मानते हुए अपनी सहमति दे दी। सभी माँगें मान लेने के बाद श्री तालिब को भी जेल से रिहा कर दिया। इन्हें आंदोलन के दौरान गिरफ्तार कर लिया गया था।

आंदोलन समाप्त होने के बाद सन् 1948-49 में एक पृथक परिजन सहायक बोर्ड तथा हरिजन कल्याण विभाग की स्थापना की गई। अनुसूचित जाति के छात्रों के लिए शिक्षा तथा नौकरियों में आरक्षण, छात्रवृत्ति, छात्रावास के साथ-साथ अन्य अनेक सुविधाओं की भी व्यवस्था दलितों के लिए की गई।

सन् 1949-50 में श्री निरंजन लाल कुरील जी की क्षमताओं को देखते हुए उन्हें रीजनल हरिजन सहायक ऑफिसर लखनऊ एवं फैजाबाद डिवीजन्स का बनाया गया। बाद में समाज कल्याण विभाग उत्तर प्रदेश के उप-निदेशक भी बने। सरकारी पद पर रहते हुए सामाजिक कार्यों को करना बहुत ही कठिन है, क्योंकि अनेक कानूनी

अड़चनें पेश आती हैं। इन सबके बावजूद निरंजन जी कोई न कोई रास्ता निकाल ही लेते थे पीड़ित वर्ग की भलाई के लिए। इसके लिए एक संस्था ऑल इण्डिया अम्बेडकर वेलफेयर एसोसियेशन लखनऊ की भी स्थापना करवाई और उसके संस्थापक अध्यक्ष भी बने। समाज के सभी पीड़ित लोगों की भलाई इतने मनोयोग से करते हैं कि लोगों की भीड़ इनके निवास पर लगी रहती है। इनके कार्यालय को पीड़ित लोग अशोक का दरबार कहते हैं। जहाँ पर सभी को अपनी समस्याओं का हल मिल जाता है।

डॉ. भीमराव अम्बेडकर जी जब भारतीय राजनीति में एक निर्णायक शक्ति बन चुके थे और दलितोद्धार की उनकी योजनाएँ, उनके कार्य बहुत अधिक विस्तार ले चुके थे उस स्थिति में उन्हें ऐसे सहयोगियों की आवश्यकता पड़ी जो न सिर्फ उनकी योजनाओं को मूर्त रूप देने का प्रयास करे बल्कि सरकार एवं अन्य प्रतिक्रियावादी संगठनों के हर उस काम पर भी विशेष नजर रखे जो दलितों के खिलाफ हो। कुरील वंश के सदस्यों ने उनकी इस भावना का विशेष ख्याल रखा और उनके कार्यों को अंजाम देने में कभी हिचकिचाहट महसूस नहीं की। कुरील वंश की इसी भावना के कारण डॉ. अम्बेडकर जी का कुरील वंश को विशेष स्नेह मिलता रहा। परिवार के साथ उनकी बहुत अधिक घनिष्ठता थी। श्री तालिब जी की पुत्री का नाम 'सुजाता' बाबा साहब ने ही रखा था।

श्री तालिब जी की योग्यता को देखते हुए डॉ. अम्बेडकर जी ने उन्हें 1942 में ही कान्स्टीट्यूण्ट एसेम्बली ऑफ पार्लियामेंट का मेम्बर बनाने में पूरा सहयोग किया था। पाठकों को इन बातों से यह अर्थ नहीं निकालना चाहिए कि घनिष्ठ संबंधों के कारण अम्बेडकर जी कुरील परिवार को विशेष दर्जा देते थे। बल्कि ऐसा इसलिए होता रहा क्योंकि श्री तालिब एवं श्री निरंजन लाल जी परिवार के सहयोग से सन् 1940 से ही बाबा साहब के विचारों को आम जनता तक पहुँचाने और उन्हें अपने आत्मसम्मान और अधिकारों की रक्षा के लिए सदैव सजग रहने के लिए निरंतर प्रेरित करते रहते थे। आज अनुसूचित तथा पिछड़ी जातियों की प्रगति की जो बयार बह रही है उसके पीछे कुरील वंश के अथक प्रयासों का भी मुख्य हाथ है।

कैप्टन मोहन लाल

श्री मनुआराम जी के ज्येष्ठ पुत्र थे कैप्टन मोहन लाल। इनका जन्म कोहाट (अब पाकिस्तान में) में सन् 1910 में हुआ था। बहुत ही गोरा एवं आकर्षक व्यक्तित्व था इनका, प्रारंभिक शिक्षा इन्होंने कोहाट में ही प्राप्त की थी। उच्च शिक्षा के लिए लखनऊ क्रिश्चियन कालेज में प्रवेश लिया। लेकिन कुछ अपरिहार्य कारणोंवश आगे की पढ़ाई पूरी न कर सके और कुछ समय बाद पंजाब अपने पिता के पास वापस चले गए। वहीं कुछ समय बाद फौज में भर्ती हो गए। 1939 में एक मिशन पर

सिंगापुर गए, वहाँ जब सिंगापुर का पतन हो गया तो अन्य अनेक फौजियों के साथ इन्हें भी कैद कर लिया गया। इन्होंने 1939-45 तक नेता जी सुभाष चन्द्र बोस की आजाद हिन्द फौज में कैप्टन के पद पर रहते हुए अनेक युद्धों में भाग लिया था। इनकी वीरता, रण कौशल फौजियों के बीच एक मिसाल बन चुकी थी।

उस समय द्वितीय विश्व युद्ध चल रहा था और जापान प्रमुख शक्ति के रूप में लड़ रहा था। सुभाष चन्द्र बोस की आजाद हिन्द फौज भारत को अंग्रेजों की गुलामी से मुक्त कराने के लिए लड़ रही थी। इन्हें जापान से बड़े पैमाने पर जो सैनिक सहायता मिल रही थी। वह युद्ध में जापान की करारी हार के बाद बंद हो गई। इससे आजाद हिन्द फौज के पास सैनिक साजो सामान की भारी कमी उत्पन्न हो गई जिसके चलते सुभाष चन्द्र बोस का अभियान असफल हो गया। अधिकांश फौजी बंदी बना लिए गए। इन बंदियों में कैप्टन मोहन लाल भी शामिल थे। आजादी के बाद जब सन् 1947 में सभी कैदी रिहा किए गए तब मोहन लाल जी भी अपने गृह जनपद उन्नाव वापस चले आए। वापस आने पर उन्नाव में इनका जगह-जगह स्वागत किया गया।

कैप्टन मोहन लाल

कुछ समय बाद स्थानीय सुभाष इण्टर कालेज में अध्यापक नियुक्त हो गए। इन्हें अंग्रेजी भाषा का बहुत अच्छा ज्ञान था। कुछ समय के लिए उत्तर प्रदेश शिक्षा संस्थान के चीफ मिलिट्री इंस्पेक्टर के पद पर भी कार्य किया था। तत्पश्चात 1952 के विधान सभा चुनाव में हिस्सा लिया और सफीपुर सीट से चुनाव जीत गए। अपने राजनीतिक जीवन में इन्होंने समाज के लिए उल्लेखनीय कार्य किए। समाज का हर व्यक्ति इनके पास अपनी समस्याओं को लेकर आता था और कभी निराश नहीं लौटता था। जीवन के आखिरी पड़ाव में भी समाज के हितार्थ सक्रिय रहते थे। सत्तर वर्ष की आयु में जब इनकी मृत्यु हुई तो पूरे समाज में शोक की लहर दौड़ गई थी। अधिकांश लोगों का यह मानना है कि समाज के हितों की चिंता करने वाला सच्चा सपूत काल के क्रूर हाथों ने समाज से छीन लिया है। इससे समाज को जो क्षति हुई वह निकट भविष्य में पूर्ण होती नहीं दिखती।

कैप्टन मोहन लाल जी के एक पुत्र एवं दो पुत्रियाँ हैं। पुत्र श्री शिवलोचन डी. आई. जी. ऑफिस लखनऊ में कार्यरत हैं। एक पुत्री श्रीमती सरला नर्सिंग सेवा से जुड़ी हुई है। दूसरी पुत्री का नाम श्रीमती शकुन्तला देवी है।

श्री लाल चन्द्र

कुरील वंश के ही श्री लाल चन्द्र जी जिले में एक प्रतिष्ठित सामाजिक कार्यकर्ता के रूप में विख्यात थे। समाज के सभी लोगों के बीच उनकी इज्जत थी। सभी के सुख-दुख में शामिल होना उनकी फितरत में शामिल था। किसी का कोई भी काम हो वह उसे कराने के लिए हर समय तत्पर रहते थे। सभी सामाजिक कार्यों में सदैव आगे रहने की उनकी फितरत के कारण लोग उन्हें मुखिया के नाम से पुकारते थे। इससे यह बात स्पष्ट हो जाती है कि लोगों के मन में उनके प्रति कितनी श्रद्धा थी। जब 1952 में विधान सभा चुनाव की घोषणा हुई तब अपने शुभ चिंतकों के आग्रह पर इन्होंने चुनाव भी लड़ा। लाल चन्द्र जी हमेशा इसी चिंतन में लगे रहते थे कि कैसे दलितों को बराबरी का दर्जा दिलाया जा सके। किस प्रकार उनकी आर्थिक, सामाजिक स्थितियों को सुदृढ़ बनाया जा सके।

श्री प्रभु दयाल

प्रमुख सामाजिक कार्यकर्ताओं की फेहरिस्त में श्री प्रभु दयाल जी का भी नाम एक सम्मानपूर्ण स्थान रखता है। अपने विद्यार्थी जीवन से ही इन्होंने सामाजिक कार्यों में बढ़-चढ़ कर हिस्सा लेना प्रारंभ कर दिया था। इनके मन में दलितों, कमजोर एवं पीड़ित वर्ग के लिए अपार करुणा थी। किसी के दुख या कष्ट को दूर करने में इन्हें असीम आनन्द का अनुभव होता था। स्वयं को कितना भी कष्ट हो लेकिन किसी अन्य की समस्या को हल कराने के लिए जी जान से जुट जाते थे। जिस कार्य को एक बार हाथ में लेते थे उसे पूरा करके ही छोड़ते थे। इनमें संगठन की अद्भुत क्षमता थी। जब सन् 1946 में अनुसूचित जातियों की माँगों को लेकर श्री पी. एल. कुरील तालिब ने एक बड़ा आंदोलन चलाया तो उसमें भी श्री प्रभु दयाल जी ने उल्लेखनीय सहयोग प्रदान किया था। इसी क्रम में विधान भवन लखनऊ पर हुए धरना तथा घेराव में श्री प्रभु दयाल जी की संगठन क्षमता उभर कर सामने आई थी। सन् 1952 में मोहनलालगंज से लोकसभा का चुनाव भी लड़ा था। समाज में दलितों के साथ होने वाले भेद-भाव के कारण इनके मन में प्रतिक्रियावादी, या कट्टर परंपरावादी शक्तियों के खिलाफ

श्री प्रभु दयाल, श्रीमती तारा देवी पत्नी ऊपर पुत्री सुमन एवं पुत्री संध्या

बहुत आक्रोश था। दलितोद्धार ही इनका सपना था, प्रमुख उद्देश्य था। जिसे साकार करने के लिए हमेशा सक्रिय रहे।

श्री निरंजन लाल जी की धर्म पत्नी श्रीमती कान्ता कुमारी जी भी प्रमुख समाज सेविका हैं। 'आल इंडिया अम्बेडकर वेलफेयर एसोसिएशन' की उपाध्यक्षा की हैसियत से भी समाज के लिए काफी सेवाएँ की हैं। समाज में अपनी प्रतिष्ठा के ही चलते दक्षिणी पुरवा से सन् 1952 में एम.एल.ए. का चुनाव स्वतंत्र उम्मीदवार के रूप में लड़ी थीं। महिला होने के नाते इन पर दोहरी जिम्मेदारियाँ हैं। लेकिन फिर भी अपनी दोनों जिम्मेदारियों को पूरी कुशलता के साथ निभा रही हैं। आप हुलासी खेड़ा तहसील रवा जिला उन्नाव के महन्त बाबा लक्ष्मण दास की पुत्री एवं सेवा भाव से ओत-प्रोत एक सफल गृहिणी हैं। अतिथियों की सेवा करना अपना कर्तव्य समझती हैं।

श्री प्रभु दयाल जी की धर्म पत्नी श्रीमती तारा देवीजी में भी समाज सेवा के प्रति गहरी रुचि थी। समाज सेविका के रूप में इन्हें काफी प्रसिद्धि मिली थी। राजनीति की तरफ भी इनका रुझान था। सन् 1962 में मोहनलालगंज से लोकसभा चुनाव भी लड़ा था। पारिवारिक जिम्मेदारियों को हमेशा गंभीरता के साथ निभाना इनकी आदत में शुमार है। आज कल अपने छोटे बेटे के साथ अमेरिका में रह रही हैं।

महात्मा रामचरन कुरील

कुरील वंश में जितने भी समाज सुधारक हुए हैं उनमें महात्मा रामचरन कुरील का स्थान सर्वोपरि है। हमेशा उच्च आदर्शों का पालन करने वाले महात्मा रामचरन जी का जन्म सितंबर 1882 को दानाखोरी जिला कानपुर में हुआ था। इनके पिता श्री घसीटे लाल जी पी.डब्ल्यू.डी. के नक्शा नवीस विभाग के गवर्नमेंट पेंशनर थे। इनकी मृत्यु तिरासी वर्ष की आयु में 17 मार्च 1943 ई. को हुई थी।

महात्मा जी ने एक समृद्धिशाली घराने में जन्म लिया था। ऐशो आराम की सभी सुविधाएँ घर में मौजूद थीं। चाहते तो आराम से निश्चिंततापूर्वक अपना जीवन व्यतीत करते समाज की सेवा करने जैसी कठिन राह चुनने की उन्हें आवश्यकता ही क्या थी। लेकिन नहीं उनका करुणामय हृदय दलितों, पीड़ितों की कठिनाइयों, कष्टों और उनके साथ होने वाले अत्याचारों को देखकर तीव्र आक्रोश से भर उठता था। दलितों की अशिक्षा, उनमें फैले अंधविश्वास, तमाम तरह की रूढ़िवादी परंपराओं, रीतिरिवाजों को वो उनकी प्रगति में सबसे बड़ी बाधा मानते थे।

कुशाग्र बुद्धि के महात्मा जी किसी भी विषय को बहुत ही शीघ्र समझ लेते थे। किशोरावस्था में ही इन्होंने कई भाषाएँ सीख ली थीं। अपने पिता की किसी भी बात को अस्वीकार करना ये बहुत गलत समझते थे। उन्हीं विचारों के चलते न चाहते हुए भी इन्होंने केवल पिता जी की इच्छा पूरी करने के लिए आलेखाकार (नक्शा नवीसी) का काम पूरी दक्षता के साथ सीखा। उनके ही कहने पर पी.डब्ल्यू.

डी. कार्यालय में नक्शा नवीसी के पद पर नौकरी भी की, तत्कालीन समय में ऐसी नौकरी काफी महत्त्व की मानी जाती थी। महात्मा जी चाहते तो सरकारी सेवा में ही न सिर्फ बहुत आगे बढ़ जाते बल्कि विशाल धनराशि भी एकत्र कर विलासिता पूर्ण जीवन व्यतीत करते। लेकिन सरल हृदय महात्मा जी का मन भौतिक सुखों के बजाय आत्मिक संतोष प्राप्त करना चाहता था। इसलिए शीघ्र ही उनके वास्तविक गुण प्रकट होने लगे। दीन-दुखियों की सेवा करना, दलितोद्धार के कार्यों को गति प्रदान करना उनका मुख्य ध्येय बन गया। अपने समान विचारधारा के लोगों की एक टीम बनाकर महात्मा जी गाँव-गाँव जाकर दलितों की दीन-हीन दशा सुधारने, उन्हें विद्या, कला कौशल आदि सिखाने का प्रयास करते। धार्मिक-सामाजिक कुरीतियों को दूर करने के लिए उपदेश देते।

अपने कार्यों को ठीक ढंग से संपादित करने के लिए 1917 ई. में 'रविदास कुरील सुधार सभा' की स्थापना की। इसी संगठन के माध्यम से आपने जाति सुधार तथा दलितों पर लगे अनेक प्रकार के अमानवीय प्रतिबंधों को दूर करने का सफल प्रयास किया। उदाहरणार्थ दलितों को सोने-चाँदी के जेवर, अच्छे कपड़े आदि पहनने पर जो आपत्ति उठाई जाती थी वह इन्हीं के प्रयासों से नगण्य सिद्ध हुई। दलित वर्ग में शिक्षा के प्रति एक नई उत्कठा का जन्म हुआ। जब महात्मा जी ने अपना समाज सुधार प्रारंभ किया था उस समय दलित वर्ग को यह असंभव लग रहा था। उन्हें संदेह था कि महात्मा जी का आंदोलन सफल होगा। महात्मा जी की बातों को अव्यावहारिक मानकर स्वजातीय बंधुओं ने ही विरोध प्रारंभ कर दिया। इस मुद्दे को लेकर काफी समय तक समाज में संघर्ष चला। लेकिन महात्मा जी ने विरोधी स्वरों की परवाह किए बगैर अपना समाज सुधार आंदोलन जारी रखा। धीरे-धीरे जब लोग इनकी बातों का महत्त्व समझने लगे तो इनके साथ सहयोग करने लगे। लेकिन ऐसी स्थिति आने में बीस वर्ष लग गए। इससे यह बात एक बार फिर सच साबित हुई कि अंततः सत्य और न्याय की विजय होती ही है।

महात्मा रामचरन जी एक परिपक्व लेखक भी थे। सामाजिक कार्यों में अतिव्यस्तता के बावजूद अपने लेखन के लिए पर्याप्त समय निकाल ही लेते थे। इनका लेखन गद्य और पद्य दोनों ही प्रकार का रहा। इनका पूरा का पूरा रचना-संसार दलितों की समस्याओं पर ही केन्द्रित है।

एक बार महात्मा जी बीमार हुए और स्वास्थ्य लाभ के दौरान ही इन्हें संत रविदास जी के संबंध में एक छोटी-सी पुस्तक पढ़ने को मिली। जिसमें संत रविदास जी के बारे में बहुत ही संक्षेप में अस्पष्ट-सी जानकारी दी गई थी। पुस्तक को पढ़कर महात्मा रामचरन जी को इस बात का बड़ा दुख हुआ कि एक ऐसे महान पुरुष के बारे में कोई प्रामाणिक ग्रंथ नहीं है जिसने पूरे मानव समाज को एक नई रोशनी दी। जीवन के सत्य से अवगत कराया। मानव मात्र ही नहीं बल्कि प्राणी मात्र को

सुखी देखना जिनका उद्देश्य था। बीमारी की हालत में ही रामचरन जी ने यह निश्चय कर लिया की संत रविदास जी पर एक विस्तृत ग्रंथ अवश्य लिखेंगे। उस समय के संत रविदास जी के संबंध में जो कुछ भी अन्य साहित्यकारों विशेषकर सवर्ण साहित्यकारों ने लिखा उसे रामचरन जी अपर्याप्त ही मानते थे। उनका कहना था कि इन साहित्यकारों ने एक महान पुरुष को साधारण पुरुष और साधु या भक्त कह कर उनके महत्त्व को कम करने का ही प्रयास किया।

स्वस्थ होने के बाद महात्मा रामचरन जी रविदास जी की संपूर्ण जीवनी लिखने के उद्देश्य से तथ्यों की खोज करने लगे। इसके बाद इन्होंने भारत के बहुत से मुख्य स्थानों का दौरा किया। साधु-संतों के बीच सत्संग में भाग लिया। सिक्ख धर्म के ग्रंथों का व्यापक अध्ययन किया। उनके जीवन की हर प्रमुख घटनाओं की प्रामाणिकता को जानने के लिए मांडव, अमरावती, चित्रकूट, काशी, प्रयाग, मथुरा, आगरा, जलगाँव, पूना, बंबई, जयपुर, अजमेर, चित्तौड़, जबलपुर, नागपुर, भोपाल, इंदौर, मऊ घाट, लखनऊ आदि नगरों में भी गए। इन्हीं खोज यात्राओं के दौरान इन्हें काशी नगरी में तीन सौ वर्षों से अधिक पुरानी 'भक्त पचीसी' हस्तलिखित पुस्तक एवं लगभग इतना ही पुराना संत रविदास का चित्र मिला। जिसे रामचरन जी ने हजारों की संख्या में छपवा कर भक्त जनों में बाँटा। सारे तथ्यों को एकत्र करने के बाद 'भगवान रविदास की सत्य कथा' के नाम से संत रविदास जी की पूरी जीवनी प्रकाशित करवाई। किताब की भाषा काफी सरल है या ये कहें कि आम जनता की भाषा में सब कुछ लिखा गया है। इसी वजह से लोगों के बीच काफी लोकप्रिय थी।

समाज में अच्छी लोकप्रियता के कारण ही फर्रुखाबाद के तिर्वा नरेश भी इन्हें बहुत सम्मान देते थे। तिर्वा नरेश ने एक बार कन्नौज में दलित सभा का आयोजन करवाया। जिसमें इनको सम्मानपूर्वक सभापति घोषित किया गया। इसके बाद अमरावती की कुरील महासभा में भी इन्हें अध्यक्ष बनाया गया। दक्षिणी प्रदेश में तो कोई भी दलित सभा बगैर इनके पूर्ण मानी ही नहीं जाती थी। सन् 1935 में कानपुर में इन्होंने अपने प्रयासों से द्वितीय अखिल भारतीय रविदास महासभा का आयोजन करवाया। कार्यक्रम की सफलता के लिए इन्होंने न सिर्फ अथक परिश्रम किया बल्कि जितना संभव हुआ उतना धन भी अपने पास से खर्च किया। महासभा का प्रथम आयोजन भी इन्होंने अपनी अध्यक्षता में सन् 1935 में ही तकिया जिला उन्नाव में करवाया था। दलितोद्धार के प्रति इनकी लगनशीलता एवं प्रेम से प्रभावित लोगों ने 22 सितंबर 1939 के चतुर्थ अखिल भारतीय रविदास महासभा के अधिवेशन में भी इन्हें सर्वसम्मति से अध्यक्ष बनाया। इन बातों से समाज में इनकी लोकप्रियता का सहज ही अनुमान लगाया जा सकता है।

जीवन में इन्होंने जो भी धन संग्रह किया वह सब सामाजिक हितों के कार्यों में व्यय कर दिया। इनके द्वारा बनवाए गए कुओं आदि के पत्थरों पर इन्हीं के रचित

उपदेशात्मक दोहे अंकित हैं। अक्सर मेलों का भी आयोजन कराया करते थे।

इनके कार्यों के कारण अधिकांशतया लोग इन्हें जाति विशेष का हिमायती मानने लगते हैं। लेकिन यह यथार्थ नहीं है। महात्मा जी कभी भी जाति विशेष के लिए नहीं बल्कि हर पीड़ित वर्ग के लिए संघर्षरत रहे। इनका एक ही सिद्धांत था कि सभी मनुष्य एक समान हैं। कोई ऊँचा या नीचा नहीं है। यही बात इनकी अग्रांकित रचना में भी स्पष्ट झलकती है।

ईश्वर कृत जो जाति है, एक शक्ल की देख।
'कुरील' दूर से जानिए, गाय, मनुज अरु मेष॥

ऐसी सुंदर भावना को धारण करने वाला व्यक्ति किसी जातीय विशेष का कैसे हो सकता है। संत धर्म का आचरण करने के कारण ही संवत् 1997 को बुद्ध पुरी के पवित्र स्थान पर आर्य बौद्ध संघ कानपुर की ओर से गुरुकुल कांगड़ी के स्नातक आचार्य ईश्वर दत्त मेधार्थी ने इनके चरित्र पर श्रद्धा प्रकट करते हुए रामचरन जी को 'महात्मा' की उपाधि से विभूषित करने का प्रस्ताव किया जिसे पूरी सभा ने एक स्वर से सहमति प्रदान कर दी। तभी से आप 'महात्मा कुरील' के रूप में विख्यात हो गए। हालाँकि इस घटना से पूर्व ही लोगों ने इन्हें महात्मा कहना प्रारंभ कर दिया था।

महात्मा रामचरन जी उन संत धर्म प्रचारकों में से हैं जिन्होंने प्रथम वेदों, उपनिषदों, पुराणों, शास्त्रों आदि अनेक ग्रंथों का अध्ययन कर यह निष्कर्ष निकाला था कि इस देश में संत धर्मानुसार 'पंचरंगा' झण्डा प्रधान था। अपने पंचरंगे झण्डे को पाकर लोगों में नए उत्साह का संचार हुआ है। दलित समाज में इस झण्डे ने नई जान फूँक दी है। रामचरन जी कहा करते थे कि जिस जाति या देश का अपना झण्डा नहीं होता वह अत्यधिक समय तक अपना अस्तित्व कायम नहीं रख पाता है। वास्तव में महात्मा रामचरन कुरील जी एक सच्चे दार्शनिक महात्मा, समाज सेवक थे। समाज के उत्थान के लिए उन्होंने अपनी जो सेवाएँ अर्पित की हैं वो विस्मरणीय हैं।

महंत बाबा लक्ष्मण दास

संत कबीर के सिद्धान्तों को मानने वाले गुरु, कवि तथा मुख्य समाज सुधारक महंत बाबा लक्ष्मण दास जी कुरील वंश के अभिन्न सहयोगियों में से थे। इस वंश के साथ उनका असीम स्नेह था। उनकी पुत्री कांता कुमारी का विवाह 1944 में श्री निरंजन लाल कुरील जी के साथ हुआ था।

तत्कालीन सामाजिक परिवर्तन के आंदोलन में महंत बाबा लक्ष्मण दास जी कुरील वंश को हर संभव सहयोग देते थे। इसकी वजह उन्हें सामाजिक, आर्थिक, मानसिक तौर पर काफी मुश्किलें झेलनी पड़ती थीं लेकिन वह कभी पीछे नहीं हटे।

उन्हें जितना अधिक कष्ट मिलता वह उतनी ही मजबूती के साथ अपने कदम और आगे बढ़ाते। सामाजिक परिवर्तन के आंदोलन में इस परिवार को कई गाँवों के चौधरियों तथा अन्य महानुभावों ने सहयोग दिया जिन्हें सवर्णों द्वारा प्रताड़ित किया गया। यातनाएँ दी गईं। तथा गाँव तक छोड़कर भागना पड़ा था। ऐसे सज्जनों में श्री प्रयागदास, श्री राम भरोसे, श्री लक्ष्मण, श्री सुखलाल, श्री कन्हाई लाल, श्री राम चरन, श्री कल्लू दास, श्री गजाधर आदि प्रमुख थे।

ग्राम मन्डपाह के श्री प्रयागदास, उनके परिवार के सदस्य श्री रामभरोसे, श्री लक्ष्मण, श्री सुखलाल को गाँव छोड़कर 'थर' में रहने के लिए विवश होना पड़ा था। ऊँच गाँव सानी के श्री कन्हाई लाल, श्री रामचरन, मनिकापुर के श्री कल्लूदास, श्री गजाधर आदि को ठाकुरों से बड़ा संघर्ष करना पड़ा था। चौधरी ख्याम, श्री चतुरी लाल (पाड़ेपुर), श्री बिन्दा चौधरी (रानीपुर), श्री मंगत चौधरी, श्री नन्हकू चौधरी, बेहटा गोपी, श्री भोला चौधरी, श्री लक्ष्मन चौधरी, श्री बैजनाथ कुरील, लल्ला खेड़ा मुस्तकीमगंज जिला रायबरेली, महंत बाबा लक्ष्मणदास, श्री राम कुँवर हुलासी खेड़ा, श्री श्याम लाल, श्री किशोर चन्द्र, श्री रमेश चन्द्र कुरील, श्री राजेन्द्र कुमार, श्री तिलक चन्द्र, श्री फुल्ली दास (कानपुर), श्री गया प्रसाद कुरील, प्रशांत श्री मन्नू लाल कुरील, श्री माता प्रसाद सागर, श्री चन्द्रिका प्रसाद जिज्ञासु (लखनऊ), श्री दादा कनौजी लाल (फर्रुखाबाद), श्री छेदीलाल, श्री सूरज प्रकाश आदि लोगों ने भी सामाजिक परिवर्तन आंदोलन में कुरील वंश के साथ कंधे से कंधा मिला कर सहयोग किया था। उस समय एक छोटे से जिले से प्रारंभ हुआ आंदोलन पूरे प्रदेश में प्रभावकारी हुआ था। बाद में अन्य कई प्रदेशों में भी इसका असर दिखाई पड़ा था। कुरील वंश के सामाजिक सुधार कार्यक्रमों को प्रारंभिक चरण में जहाँ अपने स्वजातीय बंधुओं से ही विरोध का सामना करना पड़ा था वहीं आगे चलकर जब लोगों ने इन कार्यों के महत्त्व को समझा तो अपना पूर्ण सहयोग प्रदान करने लगे। जैसा कि मैंने पहले ही उल्लेख किया है कि कुछ सवर्ण उसमें भी ब्राह्मण वर्ग के कुछ सदस्य भी कुरील वंश को उनके कार्यों में सहयोग कर रहे थे। जैसे-जैसे सहयोगियों की संख्या बढ़ती गई वैसे-वैसे कुरील वंश के आंदोलनों में ताकत का संचार होता गया। लोग उनकी बातों को सुनने को तैयार हुए और माँगों को स्वीकार भी किया। सरकार ने भी अनेक सुधार कार्यक्रमों को मान्यता दी। उसके अनुरूप कानून बनाए जिससे कि पुनः कोई व्यवधान उत्पन्न न हो।

श्री गुरदीन दास उर्फ पुत्तीदास एवं उनका परिवार

श्री गुरदीन दास जी अपने पिता श्री बोडेदास जी के ज्येष्ठ पुत्र थे। दुबले-पतले शरीर के छः फीट से भी अधिक लंबे बचपन से ही कबीर पंथी श्री गुरदीन जी बहुत ही सीधे-सादे, सरल स्वभाव के शांतिप्रिय व्यक्ति थे। अपने उच्चकोटि के आदर्शों के

कारण समाज में उनका बहुत आदर होता था। काफी मेहनती स्वभाव का होने के कारण इनका अधिकांश समय कार्य करते ही व्यतीत होता था। समाज के सभी दीन-दुखियों की सेवा करना, सामाजिक कुरीतियों को दूर करने का प्रयास करना इनकी दिनचर्या में शामिल था।

इनका विवाह भी बड़ी रोचक स्थिति में हुआ था। श्री लालादास जी फौज में नौकरी करते थे और पंजाब में तैनात थे। जब इनकी पुत्री कुमारी लक्ष्मी देवी विवाह के योग्य हुई तो यह फौज से अवकाश लेकर अच्छे वर की तलाश में गाँव से निकल पड़े। लालादास जी पंजाब से अपने गृह जनपद उन्नाव बैलगाड़ी से आया-जाया करते थे क्योंकि उस समय ट्रेन या बस वगैरह की सुविधा नहीं थी। बैलगाड़ी से बेटी के लिए वर ढूँढ़ने निकले लालादास जी काफी समय बाद घाटमपुर गाँव आए और हमारे परदादा जी से मिले। परदादा जी ने उनकी बात सुनने के बाद कहा मेरे पास चार पुत्र हैं। जिसे आप पसंद कर लें मैं आपकी पुत्री का विवाह उसी से कर दूँगा। इधर लालादास जी की एक शर्त थी कि वर कबीर पंथी भक्त होना चाहिए। तभी मैं अपनी पुत्री का विवाह उससे करूँगा। वह स्वयं भी कट्टर कबीर पंथी थे। सौभाग्यवश परदादा जी के बड़े पुत्र श्री गुरदीन दास जी भी कबीर पंथी भक्त थे। यह जानकर लालादास जी बहुत खुश हुए और अपनी पुत्री का विवाह गुरदीन दास जी के साथ कर दिया।

विवाहोपरांत लालाजी गुरदीन दास जी को अपने साथ पंजाब ले गए और उन्हें भी फौज में भर्ती करा दिया। इनका चयन अंग्रेजी फौज के लिए हुआ था। अपनी कार्यकुशलता एवं परिश्रमशीलता के चलते शीघ्र ही वे अपने अधिकारियों के प्रिय बन गए। फौज में रहने के बावजूद इनकी भक्ति में कोई फर्क नहीं आया। इनका घर झेलम नदी के किनारे था। अपने नियम एवं भक्ति के प्रति यह इतने कट्टर थे कि सब कुछ छूट जाए, वह तो इन्हें मंजूर था लेकिन अपने सिद्धांतों, अपनी भक्ति को लेकर इन्हें किसी प्रकार समझौता मंजूर नहीं था। चाहे सर्दी हो या गर्मी इनका नियम था प्रातः चार बजे झेलम नदी में स्नान करने का। दिसंबर और जनवरी के महीने में जब कड़ाके की ठण्ड पड़ती है तब भी इनकी दिनचर्या में कोई परिवर्तन नहीं होता था।

इनके चार पुत्रों में सबसे बड़े पुत्र का नाम मथुरादास था। दूसरे मनुआराम (मनोहरलाल), तीसरे प्रयागदास, एवं चौथे पुत्र का नाम चिरंजीव लाल था। इनकी धर्मपत्नी श्रीमती लक्ष्मी देवी भी कबीर के सिद्धांतों को मानने वाली महिला थीं। परिवार में गुरदीन दास जी का बहुत कठोर शासन था। बगैर उनकी आज्ञा के कुछ भी किया जाना ठीक नहीं था। इनके सामने न कोई चारपाई पर बैठ सकता था और न ही हुक्का आदि पी सकता था। हँसना इत्यादि भी संभव नहीं था। दुर्भाग्यवश इनका बड़ा पुत्र पढ़ाई-लिखाई नहीं कर सका। लेकिन उनसे छोटे पुत्र मनुआराम जी

ने उस समय के हिसाब से अच्छी शिक्षा ग्रहण की। जब इन्होंने हाईस्कूल पास किया तो लोगों ने खुश होकर पूरे बन्नू शहर (अब पाकिस्तान में) में जुलूस निकाला था। उस समय हाईस्कूल पास करना एक महत्त्वपूर्ण बात लगती थी। दलित वर्ग के लिए तो और भी ज्यादा महत्त्व था क्योंकि उस समय उनके लिए स्कूल में प्रवेश करना ही एक बड़ी समस्या थी। पढ़ाई के बाद इन्हें शीघ्र ही फौज में अच्छी नौकरी मिल गई। उस समय देश भर में पढ़े-लिखे लोग बहुत ही कम मिलते थे।

बताते हैं कि मेरे दादा जी एवं लालादास जी पंजाब से उन्नाव बैलगाड़ी से आया-जाया करते थे। इतना लम्बा सफर बैलगाड़ी से तय करने में इन्हें एक महीने से भी ज्यादा समय लग जाया करता था। मजबूत बैलगाड़ी के लिए इनके पास अच्छी नस्ल के बैलों की जोड़ी थी। इतनी दूरी के बावजूद दादा गुरदीन दास जी ने कभी गाँव से अपना संपर्क छोड़ा नहीं। निरंतर गाँव से अपने को जोड़े रखा और समाज की भलाई के लिए जो भी संभव हुआ वह सब किया।

फौज से सेवानिवृत्त होने के बाद गाँव वापस आ गए और समाज सेवा के लिए अपनी पूरी क्षमता का प्रयोग किया। अस्थमा बीमारी के कारण साठ वर्ष की उम्र में इनकी मृत्यु हो गई। इनकी मृत्यु के बाद ही श्रीमती लक्ष्मी देवी जी गाँव में अकेली रह गईं। लंबी एवं तंदुरुस्त शरीर वाली दादी जी का अधिकांश जीवन पंजाब कोहाट में ही व्यतीत हुआ था। दादाजी के रिटायरमेंट के बाद उन्हीं के साथ गाँव वापस आ गई थीं।

अकेलापन जब ज्यादा महसूस करतीं तो गाँव से तीन मील दूर अपने बाग आ जातीं। यहीं काफी देर तक रहतीं पौधे वगैरह लगातीं सिंचाई करतीं और छोटे-छोटे बच्चों के साथ कुछ समय व्यतीत करने के लिए घर वापस आ जातीं। हँसमुख एवं मिलनसार दादी जी गरीबों एवं जरूरतमंदों की सहायता करना, उनकी सेवा करना अपना कर्तव्य समझती थीं। उन्हें कहानियाँ भी बहुत याद थीं। जिसे छोटे बच्चों को बड़े चाव से सुनाया करती थीं। समाज के उत्थान का उन्हें बहुत ख्याल रहता था। किसी भी गलत या अनुचित परंपरा का वह डटकर विरोध करती थीं। इससे होने वाली किसी कठिनाई का सामना करने को भी सदैव तत्पर्य रहती थीं।

सादे सरल स्वभाव की दादी जी को मिठाई बहुत अच्छी लगती थी। अपनी रसोई में मीठी चीजें अक्सर बनाया करती थीं। लेकिन पवित्रता को लेकर इतनी ज्यादा सख्त थीं कि कोई छोटा बच्चा भी उनकी रसोई में प्रवेश नहीं कर सकता था। कबीर पंथ की कट्टर भक्त होने के साथ-साथ मानवीय संवेदनाओं का भी पूरा ख्याल रखती थीं। सफाई पसंद दादी श्रीमती लक्ष्मी देवी जी का सत्तर वर्ष की आयु में देहांत हुआ था।

श्री मनुआ राम जी

श्री गुरदीन दास जी के द्वितीय पुत्र श्री मनुआ राम जी औसत कद काठी के गौरवर्णीय व्यवहार कुशल व्यक्ति थे। बाल्यकाल से ही इनकी पढ़ाई में विशेष रुचि थी। पंजाब में ही इन्होंने हाईस्कूल तक की शिक्षा प्राप्त की थी। फिर कोहाट (अब पाकिस्तान में) में ही फौज में उन्हें नौकरी मिल गई। जल्दी ही पास ही के गाँव में उनका विवाह कर दिया गया। इनकी धर्म-पत्नी की अंतिम संतान के जन्म के बाद ही असामयिक मृत्यु हो गई थी। उस समय इनके सात छोटे-छोटे बच्चे थे। इसलिए इन्हें काफी मुश्किलें सहन करनी पड़ती थीं। इसलिए इन्हें शीघ्र ही दूसरा विवाह करना पड़ा। इनकी दूसरी पत्नी पार्वती देवी जी स्थूल शरीर की लंबी, कठोर स्वभाव वाली स्त्री थीं इसकी वजह से सभी बच्चे इनसे बहुत डरते थे। बच्चे इनकी बड़ी अम्मा के नाम से पुकारते थे। इनके तीन पुत्र तथा दो पुत्रियाँ हैं। साठ वर्ष की आयु में इनका स्वर्गवास हो गया था।

लेफ्टिनेंट श्री नंदलाल जी

लेफ्टिनेंट नंदलाल (आई.ए.एस.)

श्री मनुआ राम जी के द्वितीय पुत्र थे श्री नंदलाल जी। इनका भी जन्म 1914 में कोहाट (अब पाकिस्तान में) में हुआ था। साँवले रंग के साढ़े पाँच फीट लंबे नंदलाल जी ने कोहाट में ही हाईस्कूल तक की शिक्षा प्राप्त की थी। कुछ वर्ष तक लाहौर कालेज में भी अध्ययन किया। पिता जी जब रिटायरमेंट के बाद उन्नाव चले आए तब आपने लखनऊ विश्वविद्यालय में प्रवेश लिया और 1941 में एम.एस-सी. की डिग्री प्राप्त की। शुरू से ही इनकी डॉक्टर बनने की इच्छा थी लेकिन किन्हीं कारणों वश ऐसा नहीं हो पाया। डिग्री न होने के बावजूद इन्हें चिकित्सा विज्ञान की पूर्ण जानकारी थी। इसीलिए लोगों का इन्होंने काफी समय तक इलाज भी किया जिससे समाज में डॉक्टर साहब के नाम से प्रसिद्ध हो गए। इनमें फौज के प्रति भी काफी अनुराग था इसलिए सन् 1942 में इन्होंने फौज में प्रवेश ले लिया जहाँ लेफ्टिनेंट के पद पर इनकी नियुक्ति हुई। द्वितीय विश्व युद्ध के दौरान फौज में अधिक लोगों की भर्ती की आवश्यकता महसूस की जा रही थी। लेकिन विदेशी शासन होने के कारण भारत की जनता में कोई विशेष उत्साह नहीं था। साथ ही लगातार युद्ध के कारण देश की आर्थिक स्थिति बिगड़ती जा रही थी। महँगाई आसमान को छू रही थी। गरीब जिनमें अधिकतर दलित समाज के ही थे,

भुखमरी की कगार पर पहुँच चुके थे। रोजगार की कमी हर तरफ थी। इस मुश्किल स्थिति में समाज को राहत देने के उद्देश्य से नन्दलाल जी ने लोगों को फौज में भर्ती करवाना प्रारंभ कर दिया। वह जब भी गाँव आते तो दो-तीन दर्जन लोगों को लेकर जाते और उन्हें फौज में भर्ती कर लेते। इससे लोगों की आर्थिक स्थिति में बदलाव आता रहा। द्वितीय विश्व युद्ध के बाद फौज से रिटायर हो गए और सन् 1948 में डिप्टी कलेक्टर के पद पर नियुक्त किए गए। आगे चलकर इन्हें आई. ए.एस. का दर्जा मिला और डिप्टी कलेक्टर से कमिश्नर बना दिए गए। लेकिन दुर्भाग्यवश चार्ज लेने से पहले ही बीमार हुए और ब्रेन हेमरेज के कारण 22 जुलाई सन् 1969 को इनकी मृत्यु हो गई।

नन्दलाल जी महत्त्वपूर्ण सरकारी पद पर अवश्य थे लेकिन समाज की खराब हालत को लेकर बहुत चिन्तित रहते थे। जैसे भी संभव होता था समाज के कमजोर वर्गों या पीड़ितों की मदद अवश्य करते थे। नन्दलाल जी बहुत ही उदारवादी व्यक्ति थे। जब आप मैनपुरी में सिटी मजिस्ट्रेट थे तब इनके साथ एक हृदय विदारक घटना हुई जिसमें पुलिस के एक हवलदार ने इनके एक बच्चे की निर्मम हत्या कर दी। नन्दलाल जी चाहते तो उस हत्यारे को मौत की सजा दिला सकते थे। लेकिन उसके परिवार की हालत को देखते हुए केवल छः वर्ष की सजा सुनाई। इनके दो पुत्र तीन पुत्रियाँ हैं।

बड़े पुत्र नन्द किशोर ने बी. ए., एल. एल. बी. तक पढ़ाई करने के बाद म्युनिसिपल बोर्ड में एक्जीक्यूटिव ऑफिसर की नौकरी कर ली। दूसरे पुत्र आनंद किशोर अपना व्यवसाय करते हैं।

पुत्रियों में श्रीमती विद्यावती कुमारी ने बी.एस-सी., एल.एल.बी. करने के बाद सुपरिण्टेण्डेण्ट की नौकरी की। दूसरी पुत्री श्रीमती राजकुमारी ने भी बी.ए.,एल.एल. बी. करने के बाद असिस्टेण्ट सुपरिण्टेण्डेण्ट की नौकरी की। तीसरी पुत्री श्रीमती मंजू ने भी बी.एस-सी. तक पढ़ाई की लेकिन इनकी रुचि नौकरी के बजाय सामाजिक कार्यों में अधिक रही। आगे चलकर वह उन्नाव जिला पंचायत की सदस्या भी बनीं।

श्री प्यारे लाल 'तालिब'

श्री मनुआ राम जी के तृतीय पुत्र थे 'तालिब' जी, इनका भी जन्म कोहाट (अब पाकिस्तान में) में हुआ था। साँवले रंग एवं औसत कद काठी के तालिब जी ने रावलपिण्डी (अब पाकिस्तान में) में ही बी. ए. तक शिक्षा प्राप्त की थी। उसके बाद लखनऊ आ गए और यहीं से एम. ए. तथा कानून की पढ़ाई सन् 1942 में पूरी की। छात्र जीवन से ही इनकी राजनीति में विशेष रुचि थी। इसीलिए पढ़ाई पूरी करते ही 1942 में ही सक्रिय राजनीति में आ गए। इनकी बहुआयामी विद्वत्ता से प्रभावित होकर डॉ. भीमराव अम्बेडकर जी ने इन्हें वाइसराय कौंसिल का सदस्य बनाने

की सिफारिश कर दी। इसके उपरांत इन्हें 1943 में वाइसराय कौंसिल का सदस्य बना दिया गया। अपने श्रेष्ठ कार्यों के कारण कौंसिल के सदस्यों के बीच इनकी विशेष प्रतिष्ठा थी।

उर्दू में सफलतापूर्वक शायरी करने के साथ-साथ बहुत ही प्रभावशाली भाषण भी दिया करते थे। अपनी राजनीतिक क्षमताओं के कारण शीघ्र ही डॉ. अम्बेडकर जी की रिपब्लिकन पार्टी के प्रांतीय अध्यक्ष चुन लिए गए।

जैसा कि पुस्तक के प्रारंभ में ही वर्णन किया जा चुका है कि जब आप शेड्यूल्ड कास्ट फेडरेशन के अध्यक्ष पद पर थे तो उस समय आपने दलित छात्रों की भलाई के लिए कई संस्थाएँ, स्कूल, छात्रावास, लाइब्रेरी आदि प्रारंभ करवाई थीं। उत्तर प्रदेश के समस्त जिलों में ऐसी ही संस्थाएँ चलाने हेतु निरंतर दलित समाज को प्रोत्साहित करते रहते थे। इसके पीछे इनका एक ही उद्देश्य था कि दलित छात्रों को पढ़ाई करने के लिए बेहतर माहौल मिल सके। उनके लगातार प्रयासों से पूरे उत्तर प्रदेश में दलितों की शिक्षा एवं दलित समाज में बड़ा परिवर्तन आया है।

'तालिब' जी की सबसे बड़ी विशेषता यह थी कि वह जो बात एक बार निश्चित कर लेते थे उससे फिर कभी पीछे नहीं हटते थे। आजादी से पूर्व तक दलितों की सभा करना बहुत ही मुश्किल काम हुआ करता था। लेकिन तालिब जी की दृढ़ इच्छा शक्ति के सामने बड़ी समस्या भी छोटी हो जाया करती थी। सन् 1945 में बेहटा गोपी गाँव जिला उन्नाव में दलित समाज की एक बड़ी रैली का आयोजन किया गया लेकिन कट्टर सवर्णों के वर्ग ने सभा न करने की चेतावनी दी। लेकिन 'तालिब' जी अपने निर्णय से पीछे नहीं हटे। उनके साहस को देखकर लोग सभास्थल तक पहुँच गए। दूसरी तरफ सभा को भंग करने के उद्देश्य से सवर्णों का भी एक गुट बढ़ा। इस स्थिति का आभास तालिब जी को था इसलिए उन्होंने सभा की सुरक्षा एवं सफलता के लिए पुलिस व्यवस्था पहले ही कर दी थी। जब सभा को भंग करने के उद्देश्य से अराजक भीड़ पुलिस की अनदेखी करके आगे बढ़ी तो विवश होकर पुलिस अधिकारी को यह चेतावनी देनी पड़ी की यदि वह लोग नहीं माने तो गोली चला दी जाएगी। इस चेतावनी के बाद अराजक भीड़ वहाँ से पलायन कर गई और तालिब जी के नेतृत्व में दलित सभा सफलतापूर्वक सम्पन्न हुई।

इस सभा से पूर्व एक और सभा ऐसी ही परिस्थितियों में 1943 में उन्नाव क्लब में भी सफलतापूर्वक संपन्न हुई थी जिसमें तालिब जी का भाषण सुनने के लिए दूर-दूर से दलित समुदाय आया हुआ था। तालिब जी के भाषण इतने प्रभावपूर्ण होते थे कि सुनने वाले मंत्र मुग्ध से हो जाते थे। मुझे कई बार उनके भाषण सुनने का अवसर प्राप्त हुआ था। उस समय मेरी (हरमोहन दयाल) उम्र काफी कम थी लेकिन फिर भी उनकी प्रभावोत्पादक बातें आज तक मुझे काफी हद तक स्मरण हैं।

डॉ. भीमराव अम्बेडकर जी को अपना राजनीतिक गुरु मानने वाले 'तालिब' जी सदैव उन्हीं के बताए रास्ते पर चलते थे। इसी वजह से शीघ्र ही वह भी दलितों के बीच बाबा साहब के बाद दूसरे सबसे बड़े नेता के रूप में उभरकर सामने आए। दलितोद्धार के लिए ही आपने 1945 में एक आंदोलन चलाया और अनेक लोगों के साथ जेल गए। तत्कालीन सरकार ने आंदोलन कमजोर करने के लिए जो भी प्रयास किए वह सब विफल हुए। कानपुर जेल में ही इनको तत्कालीन मुख्यमंत्री गोविंद बल्लभ पंत की तरफ से आंदोलन वापस लेने के बदले में मंत्री पद स्वीकार करने तथा जेल से रिहाई का प्रस्ताव मिला जिसे इन्होंने अस्वीकार कर दिया। काफी समय तक जेल में रहने के बाद आप रिहा हुए। तब तक भारत आजाद हो चुका था। सन् 1952 में स्वतंत्र भारत का पहला आम चुनाव हुआ जिसमें जनता ने समाज के लिए की गई इनकी महत्त्वपूर्ण सेवाओं को ध्यान में रखते हुए भारी मतों से विजयी बनाया। सांसद बनने के बाद दलितोद्धार के बहुत से कार्यों को इन्होंने अंजाम दिया। इनकी लोकप्रियता दिनोंदिन बढ़ती रही। अपने जीवन में यह चार बार राज्य सभा के सदस्य बने। एक बार उत्तर प्रदेश विधान परिषद के भी सदस्य बने।

तालिब जी उन व्यक्तियों में से थे जो किसी भी स्थिति में अपने सिद्धांतों से समझौता नहीं करते हैं। एक लंबे समय तक कांग्रेस पार्टी में रहने के बावजूद इन्होंने कभी भी अपने सिद्धांतों में परिवर्तन नहीं होने दिया। **पार्टी लाइन की परवाह किए बगैर गरीबों की आवाज को हमेशा उठाने वाले तालिब जी से कांग्रेस के बड़े-बड़े नेता हमेशा नाराज रहते थे।** सच्चाई से लबालब इनके भाषण किसी को कभी रास नहीं आए। इसी कारण सरकार में इन्हें कभी कोई पद या मंत्रिमण्डल में शामिल नहीं किया गया। परंतु इन्हें इस बात का कोई गम नहीं था। इसी में हमेशा खुश रहते थे कि दलितोद्धार के लिए कुछ तो कर पा रहे हैं।

दलितों के इस सच्चे हितैषी की 27 दिसम्बर 1984 को कैंसर बीमारी के कारण मृत्यु हो गई। आपके पाँच पुत्रियाँ एवं तीन पुत्र हैं। बड़े पुत्र कैप्टन अशोक पायलेट हैं। दूसरे अनिल कुमार का अपना व्यवसाय है। तीसरे पुत्र सुनील तालिब का भी अपना व्यवसाय (पेट्रोल पम्प) है। पुत्रियाँ श्रीमती सुजाता, श्रीमती विधाता, श्रीमती निर्माता, श्रीमती सुमाता, श्रीमती प्रीदाता, श्रीमती बसुदाता गृहिणियाँ हैं।

श्री तालिब जी की सफलता के पीछे तालिब जी की पत्नी श्रीमती कृष्णा कुमारी जी की प्रेरणा एवं सहयोग मुख्य था। इनका जन्म बेहटा ग्राम उन्नाव में हुआ था। इनके पिता का नाम नन्कू राम था। गौर वर्ण की लंबी-चौड़ी श्रीमती कृष्णा कुमारी जी बहुत ही हँसमुख स्वभाव की थीं। अच्छी राजनीतिक समझ रखने वाली कृष्णा जी सदैव अपने पति के राजनीतिक एवं सामाजिक कार्यों में सहयोग करती थीं। बाद में स्वयं भी सक्रिय राजनीति में आ गईं और कांग्रेस की टिकट पर उन्नाव लोकसभा सीट से चुनाव लड़ा परंतु सफलता इनके हाथ से दूर छिटक गई। पति

श्री तालिब की तरह स्वयं भी जीवन भर दलितोद्धार में लगी रहीं। राजनीतिक क्षेत्र में भी इनकी धाक थी। सामाजिक-राजनीतिक क्षेत्रों में सक्रिय भाग लेने के बावजूद इन्होंने कभी भी पारिवारिक जिम्मेदारियों से मुँह नहीं मोड़ा। परिवार की सभी जिम्मेदारियों को पूरी सफलता के साथ निभाया। सन् 1994 में 65 वर्ष की अवस्था में इनकी भी मृत्यु कैंसर बीमारी के कारण हो गई।

श्री निरंजन लाल कुरील

श्री मनुआ राम जी के चतुर्थ पुत्र श्री निरंजनलाल जी का जन्म सन् 1920 में बन्नू शहर (अब पाकिस्तान में) में हुआ था। इनकी प्रारंभिक शिक्षा बन्नू डेरा इस्माइल खाँ एवं कोहाट में हुई थी। प्रारम्भिक शिक्षा के बाद 1938 में लाहौर (पाकिस्तान) आ गए। वहीं पर 1939 में डी.ए.वी. कालेज से हाईस्कूल की परीक्षा पास की। उस समय हाईस्कूल पास करना एक बड़ी बात मानी जाती थी। कुरील परिवार के अन्य सदस्यों की तरह इनकी भी राजनीतिक एवं सामाजिक कार्यों में विशेष रुचि थी। जाति-पाँति, ऊँच-नीच की बातों से इन्हें घृणा थी। इस कुव्यवस्था को समाप्त करने के उद्देश्य से ही इन्होंने लाहौर में जाति-पाँति तोड़क मण्डल की सक्रिय सदस्यता ली और हर संभव प्रयास किया। इसी बीच सन् 1939 में इनके पिता जी गंभीर रूप से बीमार पड़े। उनका इलाज कराने के लिए लखनऊ मेडिकल कालेज में भर्ती कराया गया जहाँ लंबी बीमारी के बाद 21 सितंबर 1939 को उनका आकस्मिक निधन हो गया। पिता की मृत्यु के बाद निरंजन जी की पढ़ाई में थोड़ा व्यवधान पड़ा। किंतु जाति-पाँति, भेद-भाव के कठोर बंधन, ऊँच-नीच की परंपरा, छुआछूत तथा शूद्र कहे जाने वाले समुदाय की हर तरह से होने वाली घोर उपेक्षा देखकर इनका रोम-रोम सिहर उठा। ऐसी सामाजिक व्यवस्था के खिलाफ इनके मन में संघर्ष की ज्वाला धधक उठी। पिता की मृत्यु के बाद इनके मन पर जो हल्की सी निराशा छाई थी वह विलुप्त हो गई। एक नए जोश के साथ दलितों की समस्याओं एवं उनके दुखों का गहन अध्ययन किया। फिर समस्याओं के निदान हेतु अपने बड़े भ्राता श्री तालिब जी के साथ सन् 1940 में ही सर्वप्रथम शेड्यूल्ड कास्ट फेडरेशन, लखनऊ की स्थापना की। दलित छात्रों की सुविधा के लिए छात्रावास तथा लाइब्रेरी की स्थापना की। उस समय दलित विद्यार्थियों के साथ बहुत छुआछूत बरता जाता था। उन्हें मेस में खाना अलग से दिया जाता था। निरंजन जी के बहुत से कार्यों का वर्णन प्रारंभ में तालिब जी के साथ किया जा चुका है। यहाँ प्रसंगवश ही उनके बारे में और उल्लेख किया जा रहा है। लखनऊ में दलित छात्रों के लिए लाइब्रेरी, छात्रावास आदि की व्यवस्था करने के उपरांत प्रदेश के अन्य जिलों में भी अपने अथक प्रयासों से इन्होंने कई लाइब्रेरी, छात्रावास, स्कूलों आदि की व्यवस्था करवाई। इनके प्रयासों से दलित समाज में शिक्षा के प्रति एक नई चेतना जाग्रत हुई। लोगों को शिक्षा के लिए

प्रेरित करने के साथ-साथ अत्यधिक व्यस्तता के बावजूद इन्होंने अपनी भी पढ़ाई जारी रखी। और 1945 में लखनऊ विश्वविद्यालय से बी.एस-सी. की डिग्री हासिल की। इसके बाद 1946 में इलाहाबाद ट्रेनिंग कालेज से एल.टी. किया। एल.टी. पास करने के बाद 1946 से 1949 तक डी. ए. वी. कालेज लखनऊ, गवर्नमेंट इण्टर कालेज मुरादाबाद, और शाहजहाँपुर में भी विज्ञान प्राध्यापक के रूप में अध्यापन कार्य किया। कुछ समय के लिए खीरी लखीमपुर डिवीजन में डिप्टी इंस्पेक्टर ऑफ स्कूल के पद पर भी कार्य किया। पठन-पाठन में इनकी बड़ी रुचि थी। हिन्दी, अंग्रेजी, मराठी, बंगाली, पंजाबी आदि भाषाओं का इन्हें बहुत अच्छा ज्ञान था।

श्री निरंजन लाल कुरील

निरंजन जी दलित समाज को विभिन्न सामाजिक बेड़ियों से मुक्त कराने के साथ-साथ देश को अंग्रेजों की दासता से भी मुक्त कराना चाहते थे। इसके लिए इन्होंने राष्ट्रीय स्वतंत्रता संग्राम में हमेशा बढ़-चढ़कर हिस्सा लिया। सन् 1942 में 'भारत छोड़ो आन्दोलन' के समय जुबली कालेज लखनऊ तथा अन्य छात्रों के समूह का कम्यूनर के रूप में नेतृत्व किया। इनके समय में आजादी के लिए जो भी आंदोलन हुए उसमें इनकी हमेशा सक्रिय भागीदारी रही।

अपने लक्ष्य को पाने के लिए निरंजन जी अवसर की प्रतीक्षा नहीं करते थे बल्कि उपयुक्त रास्ते का निर्माण स्वयं कर लिया करते थे। जब जैसे संगठन की आवश्यकता महसूस हुई उसकी स्थापना तुरंत कर ली। आजादी के बाद सन् 1956 में शेड्यूल्ड कास्ट्स यंगमेन एसोसिएशन (रजि.) तथा 1978 में ऑल इंडिया अम्बेडकर वेलफेयर एसोसिएशन (रजि.) की स्थापना की। भारतीय संविधान के शिल्पी डॉ. बाबा साहब भीमराव अम्बेडकर ने सर्वप्रथम उत्तर प्रदेश में अपने जिन उद्देश्यों की पूर्ति के लिए सामाजिक, राजनीतिक गतिविधियाँ प्रारंभ कीं उन सभी में निरंजन लाल जी सहित कुरील परिवार का उल्लेखनीय सहयोग रहा है। बाबा साहब के उपदेशों, आदर्शों को जन-जन तक पहुँचाने के लिए निरंजन जी ने अनेक सामाजिक संगठनों की स्थापना की। अपने ज्येष्ठ भ्राता के साथ संयुक्त प्रयासों से चाँदगंज लखनऊ से संत रविदास का जुलूस निकाला इसके पश्चात सन् 1940 में सर्वप्रथम उत्तर प्रदेश में बाबा साहब अम्बेडकरजी का भी जुलूस निकाला गया। इन्हीं के प्रयासों से प्रदेश के तत्कालीन प्रथम मुख्यमंत्री ने सन् 1949 में हरिजन सहायक बोर्ड का गठन करवाया तथा उत्तर प्रदेश हरिजन कल्याण निदेशालय की स्थापना हुई। इसी दौरान निरंजन जी की नियुक्ति लोक सेवा आयोग इलाहाबाद द्वारा रीजनल हरिजन वेलफेयर ऑफिसर

लखनऊ कम फैजाबाद डिवीजन, लखनऊ के पद पर कर दी गई। बाद में इनकी उत्कृष्ट सेवाओं एवं उपलब्धियों को देखते हुए सरकार ने 1956 में इनको सहायक निदेशक उत्तर प्रदेश तथा बाद में उप-निदेशक, समाज कल्याण उ.प्र. नियुक्त कर दिया। तब से निरंतर अछूतों एवं पिछड़ी जाति, अल्पसंख्यकों तथा दलितों की अनवरत सेवा करते आ रहे हैं। 78 वर्ष की वृद्धावस्था के बावजूद दलितोद्धार के प्रयासों में लगे रहते हैं। इनके दो पुत्र, पाँच पुत्रियाँ हैं। बड़े पुत्र श्री शशिकांत बी.ई.एम. आई. संयुक्त निदेशक डी.डी.ए. नई दिल्ली में हैं। द्वितीय पुत्र कैप्टन रजनीश कांत बी.एस-सी, सी.पी.एल. पायलेट एयर इंडिया में हैं। पुत्रियों में स्वर्गीय श्रीमती मंजू लाल एम.एस-सी., श्रीमती आशा कौल, एम.एस-सी. मैनेजर एन.टी.पी.सी. दिल्ली। श्रीमती चन्द्रा सागर बी.ए. एयर होस्टेस एयर इंडिया मुंबई, श्रीमती कोकिला सिंह एम.ए. एयर होस्टेस एयर इंडिया। श्रीमती प्रोमिला लाल एम.ए. एयर होस्टेस एयर इंडिया मुंबई में हैं। निरंजन जी की धर्म पत्नी श्रीमती कांता कुमारी जी भी सामाजिक कार्यों में संलग्न रहने वाली महिला हैं। राजनीति में भी इनकी अभिरुचि है। इनके बारे में अलग से वर्णन पहले ही कर चुका हूँ।

श्री प्रयाग दास

श्री प्रयाग दास जी गुरदीन दासजी के तृतीय पुत्र थे। साँवले रंग, हृष्ट-पुष्ट शरीर के छः फीट लंबे व्यक्ति थे। मजबूत कद काठी और इनकी अभिरुचि को देखते हुए इनके पिता ने इनको फौज में भर्ती करा दिया था। प्रथम विश्व युद्ध के दौरान 1918 में मिस्र और अन्य अरब देशों में भी गए। 1919 में लड़ाई समाप्त होने के बाद भारत वापस आए फिर 1930 में बर्मा गए। वहाँ पाँच साल तक रहे। द्वितीय विश्व युद्ध के दौरान मिलिट्री से इन्हें एमरजेंसी काल किया गया था। फौज की नौकरी के कारण प्रारंभ में प्रयाग दास जी अपने परिवार को उचित समय नहीं दे पाते थे। लेकिन जब भी वक्त मिलता तो अपनी जिम्मेदारियों को पूरा अवश्य करते थे। पिता के प्रति इनका विशेष अनुराग था। उनके स्वर्गवास से इनको बहुत कष्ट हुआ था। उनकी मृत्यु के बाद उनकी आत्मा की शांति के लिए ब्रह्म भोज (गया) करने गया नामक स्थान पर गए थे। ब्रह्म भोज के बाद ही इनकी विचारधारा में कुछ बदलाव सा आया और कबीर पंथी भक्त हो गए। पूर्व में इन्हें मकान बनवाने, अच्छी वस्तुएँ प्रयोग करने का बहुत शौक था। 1910 में जब छुट्टियों में गाँव आए तो अपने साथ साइकिल और ग्रामोफोन भी लाए थे। उस समय ये चीजें गाँवों के लिए बहुत ही महत्त्वपूर्ण और दुर्लभ मानी जाती थीं। जब श्री प्रयाग जी साइकिल लेकर निकलते तो लोग कहते देखो हवा गाड़ी जा रही है। लोग नजदीक से देखने के लिए आ जाते थे। इसके अलावा जब गाँव में ग्रामोफोन बजाते थे तो भीड़ इकट्ठी हो जाती थी। सब यह जानने का प्रयास करते थे कि आवाज कहाँ से और कैसे आ रही

है। बड़ा आश्चर्य होता था लोगों को। शांत सरल स्वभाव के श्री प्रयागदास जी को मकान बनवाने ईंटों का भट्ठा लगवाने का भी बहुत शौक था। फौज से रिटायर होने के बाद लगभग सत्तर वर्ष की उम्र में 31 मई सन् 1952 में प्रयाग दास जी का स्वर्गवास हुआ था। दुखी, पीड़ितों, गरीबों की मदद को हमेशा तत्पर रहने वाले शांतिप्रिय प्रयागदास जी की समाधि भंवरा गाँव में बनी हुई है। कड़ा चूड़ा आंदोलन में इनकी सक्रिय भूमिका कभी भी विस्मृत नहीं की जा सकती।

श्री प्रयाग दास

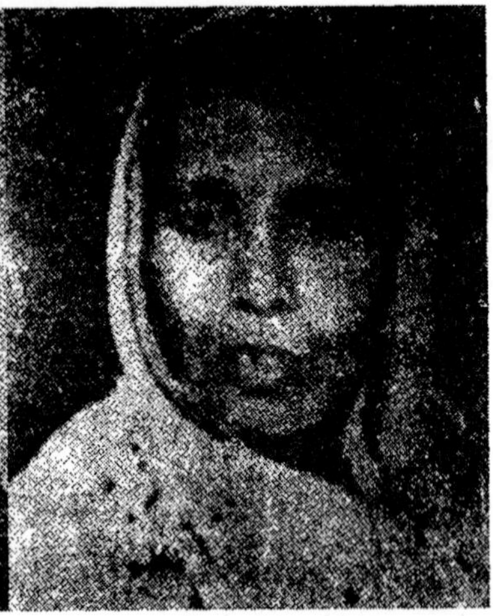

श्रीमती मैकी देवी

समाधि श्री प्रयाग दास, श्रीमती मैकी देवी, श्री शम्भू दयाल

प्रयाग दास जी की धर्म पत्नी श्रीमती मैकी देवी जी का प्रारंभिक जीवन बहुत उतार-चढ़ाव भरा रहा। इनका जन्म ऊँच गाँव सानी जनपद उन्नाव में हुआ था। पिता जी का नाम रामलाल तथा माता का नाम श्रीमती रनिया देवी था। बाल्यावस्था में पिता की मृत्यु के कारण पालन-पोषण का सारा भार इनकी माँ रनिया देवी पर आ गया था। अपनी जिम्मेदारी को पूरी निष्ठा के साथ निभाने के लिए रनिया देवी जी कड़ी मेहनत करती थीं। पुत्र-पुत्री के पालन-पोषण में किसी तरह की कोई कमी नहीं आने देती थीं। पुत्री मैकी देवी का विवाह भी इन्होंने काफी कम उम्र में कर दिया था। विवाहोपरांत ये कोहाट (अब पाकिस्तान में) गई थीं। उस समय तक रेलगाड़ी चलने लगी थी लेकिन उसकी गति बहुत ही कम होती थी। इतनी कम कि चलती रेल से लोग चढ़ उतर सकते थे। कई वर्ष वहाँ रहने के बाद लगभग छः वर्ष बर्मा में भी रहीं। इस बीच गाँव भी आया-जाया करती थीं। इनके पाँच पुत्र थे। बहुत ही उदार हृदय मैकी देवी जी का कभी किसी से कोई वाद-विवाद नहीं हुआ। हर संभव गरीबों की मदद करने में जुटी रहती थीं। गाँव की गरीब महिलाओं, बच्चों को स्वयं कपड़े सिलकर दिया करती थीं। उन्हें पढ़ाई-लिखाई की तरफ भी प्रेरित करती थीं। सन् 1958 में कैंसर रोग से पीड़ित हो गईं। बहुत इलाज किया गया लेकिन सन् 1960 में 65 वर्ष की आयु में काल के क्रूर हाथों ने उन्हें हमसे छीन लिया। आपकी समाधि भंवरा नामक स्थान पर ग्राम घाटमपुर जनपद उन्नाव में बनी हुई है।

श्री लाल चन्द्र

प्रयाग दास जी के ज्येष्ठ पुत्र श्री लाल चन्द्र जी का जन्म 1921 में बन्नू शहर (अब पाकिस्तान में) में हुआ था। औसत कद काठी साँवले रंग के लाल चन्द्र जी लोगों के बीच एक सज्जन पुरुष के रूप में जाने जाते थे। गाँव में मुखिया या ठेकेदार के नाम से पुकारे जाने वाले लाल चन्द्र जी ने अपनी प्रारंभिक पढ़ाई बर्मा (अब म्यांमार) में शुरू की थी। क्योंकि इनके पिता जी फौज में थे और उस समय बर्मा में तैनात थे। बर्मा में पाँच वर्ष रहने के बाद इनके पिता जी की बदली पेशावर में हो गई। इस कारण लाल चन्द्र जी को गाँव के पास मौरावाँ हाईस्कूल पढ़ने भेजा गया लेकिन वहाँ पर पढ़ाई में इनका मन नहीं लगा। और पढ़ाई छोड़कर पिता जी के पास पेशावर चले आए। इस समय तक द्वितीय विश्व युद्ध बड़े पैमाने पर प्रारंभ हो चुका था। इनका भी मन फौजी बनने का था इसलिए सन् 1942 में ही फौज में भर्ती हो गए। युद्ध के दौरान अनेक बार खतरनाक मोर्चों पर इनकी तैनाती हुई।

सन् 1945 में द्वितीय विश्य युद्ध समाप्त होने के बाद फौज से सेवानिवृत्त हो गए और अपने गाँव वापस आ गए। यहाँ सन् 1952 में सफीपुर विधानसभा क्षेत्र से चुनाव भी लड़ा। गाँव में खेतीबाड़ी भी सँभालते रहे लेकिन इन कामों में

इनका मन ज्यादा समय नहीं रमा। इन कार्यों को छोड़कर लाल चन्द्र जी ने भिलाई स्टील प्लाण्ट में नौकरी कर ली। भिलाई में पंद्रह साल नौकरी करने के बाद पुनः गाँव वापस आ गए। शेष जीवन गाँव में ही व्यतीत किया। एक फरवरी सन् 1990 में अड़सठ वर्ष की आयु में लाल चन्द्र जी का देहावसान हो गया। आपके तीन पुत्र दो पुत्रियाँ हैं। बड़े पुत्र जयप्रकाश नरायन का जन्म 1945 में हुआ था! एम.ए.एल. एल.बी. करने के बाद डि. जज कानपुर में हैं। द्वितीय पुत्र आनन्द किशोर का जन्म 1948 में हुआ था। बी.ए. तक शिक्षा प्राप्त करने के बाद कृषि व्यवसाय से जुड़े हुए हैं। तृतीय पुत्र श्री सुरेन्द्र कुमार का जन्म 1952 में हुआ था। बी.एस-सी. करने के बाद खाद्य विभाग लखनऊ में अधिकारी हैं। पुत्रियाँ श्रीमती निर्मला देवी, श्रीमती मधुबाला गृहिणियाँ हैं।

श्री प्रभु दयाल

श्री प्रयाग दास जी के द्वितीय पुत्र श्री प्रभु दयाल जी का जन्म सन् 1923 में पाकिस्तान के बन्नू शहर में हुआ था। गौर वर्णीय साढ़े पाँच फीट लंबे हृष्ट-पुष्ट श्री प्रभु दयाल जी मृदुभाषी लेकिन बहुत कम बोलने वाले सज्जन पुरुष थे। आपकी भी प्रारंभिक शिक्षा बर्मा (म्यांमार) तथा मौरावाँ हाईस्कूल मौरावाँ में हुई थी। मौरावाँ हाईस्कूल से हाईस्कूल परीक्षा यू.पी. बोर्ड से 1942 में पास की थी। उस समय द्वितीय विश्व युद्ध पूरा विस्तार ले चुका था। फौज में बड़े पैमाने पर भर्ती चल रही थी। फौजी अभिरुचि के चलते इन्होंने भी सेना की नौकरी कर ली। विश्व युद्ध के दौरान सराहनीय कार्य किया और युद्ध की समाप्ति पर फौज से डिस्चार्ज हुए। सन् 1940 में ही लोकल सेल्फ बोर्ड में आडिटर की नौकरी कर ली। पाँच साल नौकरी करने के बाद इस नौकरी को भी छोड़ दिया और साबुन बनाने का व्यवसाय किया। लेकिन उसमें सफल नहीं हो पाए। इसी दौरान 1952 में भारत में प्रथम लोकसभा चुनाव की घोषणा हुई। प्रयोगवादी प्रभु जी ने राजनीति में भी भाग्य आजमाने की सोची और उन्नाव लोकसभा सीट से चुनाव लड़ा। लेकिन राजनीतिक तिकड़मबाजी इन्हें रास नहीं आई। इसलिए राजनीति से नाता तोड़ लिया।

कुछ समय पश्चात एग्रीकल्चर फार्म सूरतगढ़ में नौकरी की लेकिन यह नौकरी भी इन्हें रास नहीं आई और इस नौकरी को भी शीघ्र ही अलविदा कह दिल्ली वापस आ गए। सन् 1956 में सेण्ट्रल सेक्रेटेरियट की सर्विस में चुन लिए गए। यहीं से सेक्शन ऑफिसर के पद से सेवानिवृत्त हुए। दिल्ली में ही अपना स्थायी निवास बना लिया था। अगस्त 1986 में न्यूयार्क (अमरीका) जाने के लिए बस से एयर पोर्ट जाते समय 64 वर्ष की अवस्था में बस में ही इनका आकस्मिक निधन हो गया था। प्रयोगवादी फितरत के बावजूद आप दलितोद्धार के लिए चलाए गए सभी आंदोलनों में सक्रिय भाग लेते थे। सन् 1946 के सत्याग्रह आंदोलन में भी बढ़-चढ़कर हिस्सा

लिया था।

प्रभु दयाल जी की धर्म पत्नी श्रीमती तारा देवी का जन्म दाना खोरी, मोहाल, कानपुर में श्री राम लाल जी के घर हुआ था। आपने कानपुर में ही शिक्षा प्राप्त की थी। शांत सरल स्वभाव की तारा देवी जी दलित समाज की सेवा में बहुत रुचि लेती थीं। सन् 1967 में रायबरेली सीट से लोकसभा चुनाव भी लड़ा। पति प्रभु दयाल जी की मृत्यु के बाद आप सन् 1987 में अमेरिका अपने छोटे बेटे संतोष कुमार के पास चली गईं। प्रभु दयाल जी के बड़े पुत्र अशोक कुमार एम.एस-सी., बैंक मैनेजर हैं। द्वितीय पुत्र संतोष कुमार ने बी.एस-सी, एमई. (मैकेनिकल) किया है और अमेरिका में हैं। पुत्री श्रीमती सुमन एयर होस्टेस, सेल्स असिटेण्ट अमेरिका में हैं। दूसरी पुत्री श्रीमती संध्या भी सेल्स मैनेजर हैं अमेरिका में।

महंत लक्ष्मण दास

कुरील वंश के प्रमुख संबंधियों में से एक महंत लक्ष्मण दास जी हुलासी खेड़ा जिला उन्नाव के निवासी थे। आप व्यावसायिक स्तर पर किसानी करते थे और उन्नाव के प्रमुख गल्ला व्यापारियों में थे। एक बार गल्ला के इस व्यापार में इन्हें भारी घाटा हुआ जिसे पूरा करने के लिए पूरी संपत्ति बेचनी पड़ी। इस घटना के बाद इनकी विचारधारा में आमूल चूल परिवर्तन आ गया। व्यापार आदि का काम छोड़कर गाँव-गाँव जाकर कबीर पंथ का प्रचार करने लगे। गरीबों, दलितों को शिक्षा के लिए प्रेरित करना, सामाजिक बुराइयों को दूर करना यही इनके जीवन का मुख्य कार्य तथा उद्देश्य बन गया था। अपनी पुत्री कांता कुमारी का विवाह श्री निरंजन लाल कुरील जी सें करने के बाद अपना पूरा समय साभाजिक सुधार के कार्यों में लगाया करते थे। यद्यपि आप कबीर पंथ के अनुयायी थे। फिर भी आप सुख-दुख में परिवार के साथ जुड़े रहे। जीवन के कार्य क्षेत्र में आपने रायबरेली, उन्नाव, लखनऊ, कानपुर आदि शहरों में रुकने के लिए कार्यस्थली का निर्माण कराया था। जो आज भी कबीर स्थली के नाम से विद्यमान हैं। जीवन के अंतिम समय में अपनी धर्म पत्नी को भी कबीर पंथ के प्रचार कार्य में लगाए रखा था। बाबा महंत लक्ष्मण दास जी का पैंसठ वर्ष की अवस्था में सन् 1946 में स्वर्गवास हो गया था।

सेठ पूरन दास

सेठ पूरन दास जी बहुत ही मेहनती और महत्वाकांक्षी व्यक्ति थे। मदाहिलौली गढ़ी थोक के निवासी श्री पूरन जी गाँव से पैदल ही चलकर हैदराबाद गए थे। वहाँ जो व्यापार शुरू किया वह जम नहीं पाया। फिर अपना भाग्य आजमाने मुम्बई आ गए। मुम्बई में इन्होंने पहले की ही तरह कड़ी मेहनत की भाग्य ने साथ दिया और इनका व्यापार चल निकला। विदेशों से भी आपका व्यापार होने लगा। कबीर पंथी सेठ पूरनदास

जी ने अपनी फैक्ट्री में उन्नाव जिले के बहुत से लोगों को नौकरी पर लगाया था उनके रहने की भी व्यवस्था धारावी काला किला मुम्बई में की थी। धारावी क्षेत्र में सेठ के नाम से प्रसिद्ध पूरनदास जी अपने क्षेत्र के चौधरी भी थे। मुम्बई में जब हिंदू मुस्लिम दंगा हुआ तब बहुत से लोगों को अपने यहाँ शरण दी। कबीर पंथ के साधुओं के यहाँ आपका आना-जाना लगा रहता था। उन सबका आप बहुत सम्मान करते थे। अनपढ़ होते हुए भी आपको अधिकांश विषयों की बहुत अच्छी जानकारी थी जिसे विद्वानों, संत-महात्माओं के साथ रहकर आपने ग्रहण की थी। सेठ पूरनदास जी ने अपनी दो बेटियों कैलाशा देवी और पार्वती देवी उर्फ जयश्री देवी का विवाह कुरील वंश में ही किया था। बड़ी बेटी कैलाशा देवी का विवाह गोकुल चंद फानी के साथ हुआ है। छोटी बेटी जयश्री देवी का विवाह श्री हरमोहन दयाल (इस किताब के लेखक) के साथ हुआ है। पारिवारिक जिम्मेदारियाँ निभाने के बाद पूरनदास जी ने गृहस्थ आश्रम का परित्याग कर दिया था। अपने कबीर पंथी आध्यात्मिक जीवन के कारण लोगों के बीच में शीघ्र ही महात्मा के रूप में प्रसिद्ध हो गए। महात्मा सेठ पूरन दास जी सन् 1964 में 105 वर्ष की आयु प्राप्त करने के बाद पंच तत्त्व में विलीन हो गए।

श्री बैजनाथ कुरील

(भूतपूर्व राजस्वमंत्री उत्तर प्रदेश सरकार लखनऊ) कुरील वंश के प्रमुख संबंधियों में बैजनाथ कुरील जी का भी नाम शामिल है। आप लल्ला खेड़ा (मुस्तकीमगंज) जिला रायबरेली के निवासी थे। आपकी बहन की शादी कुरील वंश के श्री चिरंजीव लाल जी से हुई थी। कुरील परिवार के निरंतर सहयोग से बैजनाथ जी प्रदेश के मंत्री पद तक पहुँचे। आपने भी हाईस्कूल पास करने के बाद फौज की नौकरी कर ली थी। द्वितीय विश्व युद्ध के समाप्त होने के बाद मद्यनिषेध अधिकारी तथा कुछ समय बाद नायब तहसीलदार के पद पर कार्य किया। सन् 1952 के चुनाव में कुरील वंश के सहयोग से एम.पी. बने। सन् उन्नीस सौ बावन के बाद भी कई बार एम.पी. बने। फिर एक बार उत्तर प्रदेश कांग्रेस के अध्यक्ष एवं उत्तर प्रदेश सरकार में राजस्व मंत्री भी रहे।

इतनी प्रगति करने के बावजूद बैजनाथ जी में घमण्ड नाम की कोई चीज नहीं थी। कुरील परिवार से उनका हमेशा घनिष्ठ संबंध बना रहा। हर सुख-दुख में हमेशा साथ रहे।

प्रो. डॉ. अंगने लाल

एम. ए. (गोल्डमेडलिस्ट) पी-एच.डी, डी.लिट.

श्रेष्ठ विद्वान डॉ. अंगने लाल जी का जन्म 25 सितंबर 1935 में उन्नाव जनपद के

सूरी सादिकपुर परगना बांगरमऊ तहसील सफीपुर में हुआ था। किशोरावस्था में ही आपके सिर से पिता जी का साया उठ गया था। ऐसी स्थिति में इन्होंने बहुत ही धैर्यपूर्वक कार्य किया। आर्थिक कठिनाइयों से जूझते हुए अपनी पढ़ाई जारी रखी और शिक्षा के उच्च शिखर को प्राप्त किया। आपने लखनऊ विश्वविद्यालय से एम. ए. (गोल्डमेडलिस्ट) पी-एच.डी. तथा ज्याग्राफिकल डाटा इन बुद्धिस्थ लिटरेचर इन इंडिया पर डी.लिट. की उपाधि प्राप्त की।

पढ़ाई पूरी करने के बाद लखनऊ विश्वविद्यालय में 1961 में भारतीय इतिहास पुरातत्त्व विभाग के प्रवक्ता बने। सन् 1985 में रीडर, सन् 1991 में प्रोफेसर तथा राममनोहर लोहिया अवध विश्वविद्यालय फैजाबाद में 1995 में कुलपति के पद पर नियुक्त हुए।

प्रो. अंगने लाल जी कई प्रदेशीय, राष्ट्रीय और अंतर्राष्ट्रीय बौद्धिक और समाज सेवी संस्थाओं से जड़े हुए हैं। बौद्ध धर्म पर आपने अनेक महत्त्वपूर्ण समीक्षात्मक ग्रंथ भी लिखे हैं। अपनी बौद्धिक क्षमता के कारण आपको बहुत ख्याति प्राप्त हुई है। आपका अधिकांश समय दलित समाज तथा बौद्ध धर्म की सेवा में व्यतीत होता है। प्रो. साहब की अद्वितीय बौद्धिक एवं सामाजिक सेवाओं के लिए समाज हमेशा उनका ऋणी रहेगा। इनकी अतुलनीय विद्वत्ता के कारण ही इन्हें 'वर्ल्ड पीस फाउण्डेशन' तथा 'ग्लोबल ओपन युनिवर्सिटी मिलान इटली' एवं 'इण्डियन इन्स्टीट्यूट ऑफ इकोलॉजी एण्ड एनवायरमेण्ट' नई दिल्ली ने संयुक्त रूप से फेलोशिप प्रदान कर सम्मानित किया है।

प्रो. साहब का 'कुरील परिवार' से अटूट पारिवारिक संबंध है। यह संबंध आपके विद्यार्थी जीवन से ही प्रारंभ हुआ था तब से निरंतर बरकरार है। आप दलित समाज सेवा के कार्यों में निरंतर कुरील परिवार का सहयोग करते रहे हैं।

श्री हरमोहन दयाल उर्फ राजाराम

'वर्ण व्यवस्था और कुरील वंश' नामक इस किताब का लेखक, मैं हरमोहन दयाल उर्फ राजाराम अब अंत में अपने बारे में कुछ वर्णन करना चाहता हूँ। मेरा जन्म 25 सितंबर 1934 को बर्मा (म्यांमार) के मगना डाउन शहर में हुआ था। उस समय मेरे पिता श्री प्रयाग दास जी इंडियन आर्मी में थे। सन् 1935 में पिता जी का तबादला बर्मा (म्यांमार) से पंजाब प्रांत में हो गया और हम सभी लोग गाँव घाटमपुर जनपद उन्नाव में आ गए।

मेरी प्रारंभिक शिक्षा गाँव के स्कूल में हुई थी। सन् 1955 में लखनऊ विश्वविद्यालय से बी.ए. तथा दिल्ली विश्वविद्यालय से एल.एल.बी. की डिग्री सन् 1971 में प्राप्त की थी। विद्यार्थी जीवन में ही सामाजिक सेवा की भावना से प्रेरित होकर कई समाज सेवी संगठनों से जुड़ गया। सन् 1962 में दिल्ली रचनात्मक कार्य समिति

दरियागंज दिल्ली से संपर्क हुआ। इस संस्था के रचनात्मक कार्यक्रमों तथा भाषणों में हिस्सा लिया। इसी दौरान आयकर विभाग में नौकरी कर ली। जहाँ से सन् 1992 में सहायक आयकर आयुक्त के पद से सेवानिवृत्त हुआ। रिटायरमेंट के बाद 1994 से लखनऊ में स्थायी निवास कर रहा हूँ। सरकारी सेवा के दौरान कानूनी अड़चनों के कारण सामाजिक कार्यों को करने में जो बाधा महसूस हो रही थी अब उससे निजात मिल चुकी है इसलिए अब समाज के हित के लिए जो संभव हो सकता उसे करने का प्रयास करता रहता हूँ। वर्तमान में कई सामाजिक एवं राजनीतिक संगठनों से संबद्ध हूँ तथा यथाशक्ति अपना योगदान प्रदान कर रहा हूँ। महात्मा ज्योतिबा फुले सेवा संस्थान (रजि.) एल.डी.ए. कालोनी, लखनऊ का सदस्य हूँ। अखिल भारतीय अम्बेडकर ब्रिगेड का प्रदेश अध्यक्ष एवं जयश्री ग्रामीण सेवा संस्थान (रजि.) आशियाना कालोनी लखनऊ का भी अध्यक्ष पद सँभाल रहा हूँ। राजनीतिक क्षेत्र में राष्ट्रीय जनता दल में लखनऊ नगर का उपाध्यक्ष हूँ।

मेरी पत्नी जयश्री उर्फ पार्वती देवी भी मेरे काम में काफी सहयोग करती है। इनका जन्म मुंबई के प्रसिद्ध सेठ पूरन दास जी के यहाँ हुआ था। सेठ पूरन दास जी के बारे में विस्तृत वर्णन पहले ही कर चुका हूँ। मेरी पत्नी शांतिप्रिय, स्पष्ट वक्ता, मधुर स्वभाव, धार्मिक प्रवृत्ति की एक आदर्श महिला हैं। दूसरों के सुख-दुख में शामिल होना, उन्हें हर संभव सहायता करना इनकी प्रवृत्ति है। बागवानी का भी इन्हें बहुत शौक है।

जब तक दिल्ली में थीं तब तक महिला कल्याण मण्डल गोल मार्केट, दिल्ली की सदस्य थीं। इस संस्था की सदस्यता इन्हें सन् 1962 में मिली थी। इस समय जयश्री ग्रामीण सेवा संस्थान लखनऊ की उपाध्यक्ष हैं। उनसठ वर्ष की आयु में भी अपनी जिम्मेदारियों को बखूबी निभा रही हैं।

श्री हरमोहन दयाल

मेरा इकलौता पुत्र राजमोहन पढ़ाई पूरी करने के बाद अपना व्यवसाय सँभाल रहा है। पाँच पुत्रियाँ हैं। पहली पुत्री श्रीमती अनीता है। द्वितीय श्रीमती सुनीता ने बी.ए., तृतीय कुमारी रजनी बी.ए., चतुर्थ हैं रेनू चन्द्रा एवं पंचम हैं कुमारी सरिता दयाल जो कि ड्रेस डिजाइनर हैं। आज बड़ी प्रसन्नता होती है कुरील वंश की उन्नति को देखकर। हमारे वंश के अतीत का एक पन्ना यह भी था जब हमारे पूर्वज एक सौ पचास वर्ष पूर्व छपाना नामक एक छोटे से गाँव में गंगा नदी के किनारे रहा करते थे। यह स्थान उन्नाव जनपद से लगभग 50 किमी की दूरी पर है। वर्षा ऋतु में गाँव में प्रायः बाढ़ आ जाया करती थी। बार-बार की

बाढ़ से आजिज आकर हमारे पूर्वजों ने छपाना गाँव हमेशा के लिए त्याग दिया। ग्राम घाटमपुर आकर बस गये। यह गाँव भी गंगा नदी के किनारे ही बसा हुआ है लेकिन सुरक्षित स्थिति के कारण बाढ़ का पानी कभी गाँव में प्रविष्ट नहीं हुआ। एक बहुत ही भव्य मन्दिर तथा विशाल तालाब के किनारे हमारे परिवार का घर है। इस मंदिर के बारे में कहा जाता है कि यह महाराजा अल्वर का है। इस गाँव के एक सज्जन पं. बालेश्वर प्रसाद अवस्थी मंदिर के पुजारी थे। उन्होंने ही इस मंदिर तथा तालाब को महाराजा अल्वर की इच्छा पर एक सौ बीस वर्ष पूर्व बनवाया था। हमारे पूर्वज श्री बोडेदास जी अपने छोटे भाई श्री दुर्गा दास जी के साथ इस गाँव में रहना प्रारंभ किए थे। इस वंश की शुरुआत श्री बोडेदास जी से ही हुई है। ऐसा इसलिए मानना चाहिए क्योंकि इसके पूर्व का इतिहास उपलब्ध नहीं है।

मुझे प्रसन्नता है कि कुरील परिवार के इतिहास को लिखने का सौभाग्य मुझे प्राप्त हुआ। इस पुनीत कार्य में वाराणसी के समाजवादी चिंतक, विद्वान, विधिवेत्ता भाई दीनदयाल एडवोकेट का बहुत अच्छा योगदान रहा। उनका मैं हृदय से आभार प्रकट करता हूँ।

मैं अपने परम पूजनीय बड़े भ्राता श्री एन. एल. कुरील जी का बहुत कृतज्ञ हूँ जिन्होंने परिवार की तमाम कड़ियों को जोड़ने तथा छायाचित्रों को उपलब्ध कराने में हर संभव योगदान किया। सही दिशा-निर्देश भी दिए।

इस पुस्तक के माध्यम से मैं सभी कुरील वंशियों को यह भी संदेश देना चाहता हूँ कि परिवार के लगभग सभी सदस्य अपनी नौकरियों या व्यवसाय के कारण न सिर्फ पूरे भारत में बल्कि अमेरिका आदि दूसरे देशों में जाकर बस गए हैं। यह परिवार की निरंतर प्रगति और बढ़ोतरी का सूचक है। लेकिन इससे एक समस्या यह भी उत्पन्न हो रही है कि परिवार के सभी सदस्य लंबे समय तक एक-दूसरे से मिल नहीं पाते हैं। इससे आपसी संबंधों में एक रिक्तता सी उत्पन्न हो सकती है। संभव है भविष्य में परिवार के सदस्य एक-दूसरे को सामने आने पर भी पहचान न पाएँ। इस विषम स्थिति से बचने के लिए वर्ष में कम से कम एक बार पैतृक आवास पर सभी सदस्य इकट्ठा होकर पारिवारिक मिलन समारोह अवश्य मनाएँ। इससे सभी के मध्य भावनात्मक सेतु और भी अधिक मजबूत होगा।

यह गर्व की बात है कि कुरील वंश ने गौरवशाली उन्नति की है। परिवार के सदस्यों ने प्रशासनिक, राजनीतिक, सामाजिक एवं शैक्षणिक क्षेत्रों में उल्लेखनीय सफलता प्राप्त की है। बहुत से लोग एम. पी. एम., एल. ए., आई. ए. एस., आई. आर. एस., आई. पी. एस., मैनेजर, वकील, डॉक्टर, बैंक मैनेजर, निदेशक आदि पदों पर रह चुके हैं या अभी भी आसीन हैं। परिवार की लड़कियों, बहुओं ने भी प्रशंसनीय प्रगति की है। डॉक्टर, वकील, अध्यापिका, विमान परिचारिका इत्यादि पदों पर आसीन हैं। इस परिवार की बहुओं ने राजनीतिक, सामाजिक क्षेत्रों में भी बहुत

योगदान किया है। परिवार के कुछ लोग आज भी गाँव में रह रहे हैं। परिवार की एकता ही उन्नति का मूल तत्त्व है। परिवार का हर सदस्य अपने को कुरील वंश का होने पर गर्व महसूस करता है।

कुरील वंश का आम का बाग एवं समाधि स्थल

बायें से श्री मनुआ राम, पत्नी पार्वती देवी, श्री नंदलाल, पत्नी श्रीमती विजय लक्ष्मी देवी, प्यारे लाल "तालिब", पत्नी श्रीमती कृष्णा कुमारी, सुश्री मंजू लाल (पुत्री श्री निरंजन लाल), श्री दलीप चन्द

अंत में हिंदू समाज से इतना ही कहना चाहता हूँ कि जाति-पाँति, ऊँच-नीच की भावना यदि इसी तरह कायम रही तो एक दिन पृथ्वी पर हिंदू समाज, हिंदू संस्कृति महज इतिहास बनकर रह जाएँगे। हमें इस मुगालते में भी नहीं रहना चाहिए कि हमें कोई मिटा नहीं सकता, हजारों वर्षों से हमारी हस्ती कायम है क्योंकि जिन हजारों वर्षों की बात की जाती है उस समय दुनिया में कोई दूसरी प्रमुख संस्कृति थी ही नहीं। इसीलिए हमारा प्रभुत्व कायम रहा। जब से दो हजार वर्षों में कुछ प्रमुख संस्कृतियों ने जन्म लिया है तब से आपसी कलह के चलते समाज विघटित हो रहा है। भारत वर्ष की धरती छीन ली गई है। फिर भी हम आपसी कलह से उबरे नहीं। एक दूसरे को नीचा दिखाने के लिए तीसरे को सिर पर बैठा रहे हैं। अब भी वक्त है, यदि ऊँच-नीच, जाति-पाँति को त्याग कर देश और समाज के लिए काम किया जाए तो दुनिया में हम किसी से कम नहीं हो सकते। हमें एक बात और ध्यान में रखनी

चाहिए कि कोई भी राजनीतिक दल सामाजिक समरसता नहीं ला सकता। क्योंकि उनकी मजबूरी है, वो हर काम वोट बैंक को ध्यान में रखकर करेंगे। सामाजिक समरसता गैरराजनीतिक व्यक्ति या संगठन ही ला सकता है। हम सब को देश और समाज हित के लिए जाति-पाँति, ऊँच-नीच की भावना त्यागनी ही होगी। अन्यथा इतिहास बनने में वक्त ही कितना लगता है।

कुरील वंशावली

1. प्रथम पीढ़ी : 1. बोड़े दास 2. दुर्गा दास
2. द्वितीय पीढ़ी : 1. गुरदीन दास, राम बक्श, छब्बादास, लाला
   2. लक्ष्मन प्रसाद, रामजीवन
3. तृतीय पीढ़ी : 1. मथुरा दास 2. मनुआ राम 3. प्रयाग दास
   4. चिरंजीव लाल 5. राम नरायन
4. चौथी पीढ़ी : 1. जय राम, देवी दास
   2. मोहन लाल, नन्द लाल, प्यारे लाल, निरंजन लाल कुरील, गोकुल चन्द्र, दलीप चन्द्र, हरी सिंह, मोती लाल
   3. लाल चन्द्र, प्रभु दयाल, शंभु दयाल, हरमोहन दयाल उर्फ राजाराम, रोशन लाल
   4. रामस्वरूप, सूर्य प्रकाश
   5. शिव कण्ठ, रामकुमार
5. पाँचवीं पीढ़ी : 1. प्यारे लाल, अमरनाथ, राजकुमार, ओमप्रकाश, चन्द्र प्रकाश
   2. शिव लोचन प्रकाश
   3. नन्द किशोर, आनन्द किशोर
   4. अशोक कुमार, अनिल कुमार, सुनील कुमार
   5. शशि कांत, रजनीश कांत
   6. राजेन्द्र कुमार उर्फ राजन, विनोद कुमार
   7. ललित कुमार, दिनेश कुमार, रजनीश कुमार, पवन कुमार
   8. राजेन्द्र कुमार, जितेन्द्र कुमार, रवि कुमार
   9. संजय कुमार (मुन्ना), राजेश कुमार
   10. जयप्रकाश नरायन, अनंत किशोर, सुरेन्द्र नाथ
   11. अशोक कुमार, संतोष कुमार
   12. राम औतार, सुरेश कुमार, शैलेश कुमार, जितेन्द्र कुमार, धर्मेन्द्र कुमार

13. राज मोहन
14. शैलेन्द्र कुमार, वीरेन्द्र कुमार
15. राकेश कुमार, दीपक कुमार, मनोज कुमार
16. कमल जीत, विमल जीत

कन्या

प्रथम पीढ़ी :

द्वितीय पीढ़ी :

तृतीय पीढ़ी : श्रीमती महारानी पुत्री श्री मथुरा प्रसाद पत्नी प्रयागदास ग्राम-थर, जिला-उन्नाव

श्रीमती चम्पा देवी पुत्री श्री मनुआ राम पत्नी श्री भीमराज, कानपुर

श्रीमती रामप्यारी पुत्री श्री मनुआ राम, पत्नी श्री सोनीदास, मेरठ

श्रीमती श्यामा देवी पुत्री श्री मनुआराम पत्नी श्री बनवारी लाल, काल्पी

शांति देवी पुत्री श्री मनुआ राम पत्नी श्री सोनी दास, मेरठ

श्रीमती श्यामा देवी पुत्री श्री चिरंजीव लाल पत्नी सुखलाल बिन्दकी, फतेहपुर

श्रीमती पार्वती देवी पुत्री श्री राम नरायन, फतेहपुर

श्रीमती कलावती पुत्री श्री जयराम पत्नी श्री नत्थाप्रसाद, रूझई

श्रीमती सरला देवी पुत्री कैप्टन मोहन लाल

श्रीमती विद्या पुत्री श्री नन्द लाल

श्रीमती राजकुमारी पुत्री श्री नन्द लाल पत्नी श्री रामऔतार

श्रीमती मंजू लाल पुत्री श्री नन्द लाल पत्नी डॉ. प्यारे लाल

श्रीमती सुजाता पुत्री प्यारे लाल पत्नी श्री के.के. वीर

श्रीमती निर्माता पुत्री प्यारे लाल

श्रीमती विधाता पुत्री प्यारे लाल

श्रीमती सुमाता पुत्री प्यारे लाल पत्नी गोपाल कृष्ण, दिल्ली

श्रीमती प्रियदाता पुत्री प्यारे लाल पत्नी विजय कुमार, दिल्ली

कुमारी वसुदाता पुत्री प्यारे लाल

श्रीमती आशा कौल पुत्री निरंजन लाल पत्नी आर.बी. कौल, दिल्ली

श्रीमती चन्द्रा सागर पुत्री निरंजन लाल पत्नी सुरेश सागर, बम्बई
श्रीमती प्रमिला लाल पुत्री निरंजन लाल
श्रीमती कोकिला सिंह पुत्री श्री निरंजन लाल पत्नी श्री भोपालसिंह, जयपुर
श्रीमती निर्मला देवी पुत्री श्री गोकुल चन्द्र, मुम्बई
श्रीमती सुषमा देवी पुत्री श्री गोकुल चन्द्र पत्नी सूर्य प्रसाद, बम्बई
श्रीमती रेखारानी पुत्री श्री हरी सिंह
श्रीमती रजनी रानी पुत्री श्री हरी सिंह
श्रीमती रंजीता रानी पुत्री श्री हरी सिंह
कुमारी सुनीता पुत्री श्री मोती लाल
कुमारी संगीता पुत्री श्री मोती लाल
कुमारी सरिता पुत्री श्री मोती लाल
श्रीमती निर्मलादेवी पुत्री श्री लालचन्द्र पत्नी श्री बाबूलाल, लखनऊ
श्रीमती मधुबाला उर्फ आशा रानी पुत्री श्री लालचन्द्र पत्नी श्री रामेश्वर भारतीय, लखनऊ
श्रीमती सुमन पुत्री श्री प्रभु दयाल
श्रीमती संध्या पुत्री श्री प्रभु दयाल
श्रीमती राजकुमारी पुत्री श्री शंभु दयाल पत्नी श्री हनुमान प्रसाद, इलाहाबाद
श्रीमती दुर्गादेवी पुत्री श्री शंभु दयाल पत्नी श्री धनीराम, कानपुर
श्रीमती अनीता पुत्री श्री एच.एम.दयाल पत्नी रामचन्द्र चौधरी, लखनऊ
श्रीमती सुनीता पुत्री श्री एच. एम. दयाल पत्नी श्री वी. के. गौतम, इलाहाबाद
श्रीमती रजनी पुत्री श्री एच.एम.दयाल
श्रीमती रेनू दयाल पुत्री श्री एच.एम. दयाल पत्नी श्री दिनेशचन्द्र, लखनऊ
कुमारी सरिता दयाल पुत्री श्री एच.एम. दयाल
श्रीमती राजरेखा पुत्री श्री रोशनलाल पत्नी श्री आर के सागर, कानपुर

श्रीमती बीना राय पुत्री श्री रामस्वरूप पत्नी श्री महेन्द्रकुमार, उन्नाव

श्रीमती अर्चना पुत्री श्री रामस्वरूप पत्नी श्री अनिल कुमार, कानपुर

सम्मानित तथा सहयोगी व्यक्ति

महात्मा रामचरन कुरील, कानपुर (दानाखोरी)

सेठ दुर्गादास, चननगंज, कानपुर

सेठ पूरनदास, मदा हिलौली, उन्नाव

उम्मीद जाटव, इटावा

चौ. परागी लाल एम.पी. सीतापुर

श्री बैजनाथ कुरील, मंत्री केन्द्रीय प्रांतीय सरकार कांग्रेस अध्यक्ष, उ.प्र. रायबरेली

महन्त लक्ष्मनदास हुलासी खेड़ा, उन्नाव

श्री किशनलाल सनेह नगर, लखनऊ

श्री जमुना प्रसाद सनेह नगर, लखनऊ

चौ. विन्दा प्रसाद रानीपुर, रायबरेली

नागवंशी :
हेला की कहानी हेला की जबानी

बौद्धाचार्य एस. राव सजीवन नाथ

भूमिका

प्रस्तुत काव्य पुस्तक 'नागवंशी हेला की कहानी हेला की जबानी' के रचयिता बौद्धाचार्य एस. राव सजीवन नाथ ने अथक परिश्रम के साथ इतिहास भित्तियों के माध्यम से दलित एवं पिछड़े समाज की प्रगति के लिए रचनात्मक दिशा देकर प्रशंसनीय कार्य किया है। विभिन्न जातियों एवं उपजातियों में बँटे-बिखरे असंगठित समाज को एक सूत्र में पिरोकर बोधिसत्व बाबा साहेब अम्बेडकर के सपनों के बौद्ध भारत को साकार करने का यह उनका एक अनूठा प्रयास है।

यह सच है कि कुल देव के रूप 'भगवान बुद्ध' एवं कुल गुरु के रूप में 'बोधिसत्व बाबा साहेब अम्बेडकर' ही समाज की एकता एवं प्रगति के मार्ग को प्रशस्त करने वाले रहे हैं। कुल गुरु बोधिसत्व बाबा साहेब अम्बेडकर के पवित्र दलितोद्धारी मार्ग को दर्शाते तथा कुल देव भगवान बुद्ध का दर्शन करते हुए स्वाभिमानी नागवंशी हेलाओं के गौरवशाली इतिहास और उनकी महान विश्वकल्याणी धार्मिक-सांस्कृतिक विरासत को उजागर करने वाली यह पुस्तक समाज में चेतना एवं नव-जागरण के लिए 'सूर्य प्रकाश' के सदृश्य है।

मैंने विद्वान लेखक बौद्धाचार्य श्रद्धेय एस. राव सजीवन नाथ जी लिखित रहस्यों से पर्दा हटाकर तथ्य को उजागर करने वाली अनेक कविताओं, लेखों और पुस्तकों को पढ़ा। विशेषकर अभी हाल ही में प्रकाशित आपकी खोज पूर्ण पुस्तक 'आज के दलित शूद्र कल के शासक-मालिक' नागवंशी पुरोहित 'भंगी की जीवन गाथा' को भी पढ़ा, जिसमें हेला जाति की समस्त जातियों के इतिहास को मजबूत एवं अकाट्य प्रमाणों के साथ दर्शाकर उनके भारत में हमलावर आर्यों के आगमन के पूर्व यहाँ के आदि शासक-मालिक और सर्वगुण संपन्न श्रेष्ठ नागवंशी पुरोहित होने के रहस्य को उजागर किया गया है। विद्वान लेखक ने उक्त तथ्यों को काव्य रूप में देकर दलित हेलाओं तथा उनकी अन्य शाखाओं में आत्म गौरव जगाकर उन्हें अपने उत्थान के लिए संघर्षरत हो उठने की जो प्रेरणा रूपी संजीवनी उनमें पैदा की वह निश्चय ही प्रशंसनीय है।

काव्य पुस्तक का आद्योपांत अध्ययन करने पर जहाँ निहित स्वार्थों के लिए

फैलाई गई मानव-मानव के बीच जन्माधारी ऊँच-नीच, छुआ-छूत आदि जैसी अमंगलकारी अमानवीय भेद-विषमता का बीजारोपण करनेवाली अर्थहीन वैदिक वर्ण-जाति का धर्म-पाखण्डी आडम्बर, अंध-विश्वास और रूढ़िवाद का पर्दाफाश हो जाता है, वहीं तथाकथित हेला जैसे तमाम जाति और उपजातीय नामों में बिखरे वर्तमान दलित नागवंशियों की बहुजन हिताय-बहुजन सुखाय की मूल भारतीय श्रमण-संस्कृति का ऐसा आदि मार्ग दर्शन होता है, जो इस काव्य को महाकाव्य की श्रेणी में पहुँचाकर स्वतः अमूल्य धरोहर सिद्ध कर देता है।

पुस्तक सामाजिक कार्यकर्त्ता अथवा समाज सेवी का लबादा ओढ़े निहित स्वार्थ के लिए कार्य करने वालों के लिए भी एक करारी चोट है। पुस्तक के माध्यम से ऐसे कार्यकर्ताओं और समाज सेवकों को सत्यता का ज्ञान हो सकेगा एवं पुस्तक उन्हें भी सही मार्ग देगी और वे सत्य-निष्ठापूर्वक समाजोत्थान की दिशा में जिम्मेदारी निभाएँगे।

पुस्तक जन भाषा में सरल एवं बोधगम्य है तथा यह न केवल अन्तर्मन की गहराइयों में पहुँच कर जनमानस को उद्वेलित करेगी वरन् पवित्र मन से सामाजिक उत्थान के लिए कार्य करने के लिए उनमें वह भावना भी पैदा करेगी, जो वर्तमान दलित हेलाओं के लिए नव-युगारंभ ही साबित होगा। ऐसी मंगल भावनाओं सहित बौद्धाचार्य जी के प्रयास के लिए हार्दिक बधाई तथा सफलता हेतु शुभकामना करती हूँ।

शान्ति कुमारी, एम.ए., एल.टी.

प्रधानाचार्या—[सेवानिवृत्त] राजकीय बालिका इण्टर कालेज

191, ग्राम नैका, छतनाग रोड, झूँसी, इलाहाबाद

लेखक कृति और कृतित्व

श्रद्धेय बौद्धाचार्य एस. आर. नाथ जी को 1984 से जानता हूँ। कवि, लेखक, पत्रकार ही नहीं बल्कि एक समर्पित सामाजिक कार्यकर्त्ता के रूप में भी उनकी एक खास पहचान है। उपेक्षितों की बस्तियों, विशेष रूप से सर्वाधिक पिछड़े हेला जैसे दलितों के बीच में जा-जाकर लोगों में सामाजिक चेतना जगाने तथा उन्हें रूढ़िवादी धर्म पाखण्डी भेद-विषमतावादी दल-दल से निकलकर पूर्वजों के समतावादी सम्मानित जीवन व उन्नति का मार्ग अपनाने हेतु प्रेरित करने की दिशा में जो महान कार्य नाथ जी ने किया और कर रहे हैं। वह स्तुत्य है।

डॉ. अम्बेडकर शोध ग्रंथों से अब यह स्पष्ट हो गया है कि भारत के अछूत जातियों के लोग ही यहाँ के मूल निवासी स्वाभिमानी नागवंशी रहे हैं। इन्हीं में एक जाति हेला भी है। नागवंशी हेला जो बहुत बहादुर और स्वाभिमानी हैं। सदियों से दीनता, दरिद्रता और दलन के शिकार हो गए। उनके जीवन की त्रासदी, दुःख व पीड़ा कथित सवर्ण हिंदुओं के अन्याय, अत्याचार और अमानवीयता की परिणति हैं।

व्यक्ति भूखा रह सकता है, खुले आकाश के नीचे गुजर कर सकता है, वह और भी अभाव सह सकता है। लेकिन अपमान और जिल्लत की जिंदगी कोई जीना नहीं चाहेगा, दलित शूद्र-अछूत भी दूसरे लोगों की तरह समता और सामाजिक सम्मान के साथ जीना चाहते हैं। इसके लिए उन्हें अम्बेडकर मिशन की महती आवश्यकता है। इस दृष्टि से अम्बेडकर मिशन को आगे बढ़ाने में नाथ जी की निष्ठा और समर्पण निश्चित रूप से प्रशंसनीय है। 'नागवंशी हेला की कहानी हेला की जबानी' भी उनकी अन्य पुस्तकों की तरह दलितों को उनकी अस्मिता से परिचित करा कर उन्हें नागवंशी पूर्वजों के बौद्ध धर्म की ओर प्रवृत्त कर जीवन उन्नत बनाने में सहायक सिद्ध होगी। इसी आशा के साथ नाथजी को शुभकामना।

जे.पी. कर्दम

एम.ए., साहित्यकार

सी-538, डी.डी.ए. फ्लैट, ईस्ट आफ लोनी रोड, शाहदरा, दिल्ली-93

सम्मतियाँ

नागवंशी हेला जैसी दलित जातियों के उत्थान हेतु साहित्य के माध्यम से पिछले दशकों से जितना कार्य श्रद्धेय बौद्धाचार्य एस.राव सजीवन नाथ जी ने किया, उतनी ही निष्ठा और विद्वत्ता से कार्य करने वाले बिरले ही देखने को मिला करते हैं। बौद्धाचार्य नाथ जी निरंतर अपनी सशक्त लेखनी के बल पर निःस्वार्थ भाव से नवजागरण का जो अद्भुत कार्य सम्पन्न कर रहे हैं, वह संपूर्ण पददलित समुदाय के लिए वरदान साबित होगा। आप पाक्षिक समाचार-पत्र 'दलित-केसरी' का सम्पादन करते हुए ब्राह्मणवादियों को जिस दिलेरी और बेबाकी से मुँहतोड़ उत्तर देते हुए सत्य को सामने लाने के लिए उनके धर्म-पाखण्ड का पोल खोलने में जरा भी संकोच नहीं दिखाते, उसकी जितनी भी प्रशंसा की जाए कम होगी। हम सबको नाथ जी जैसे विद्वान पुरोहित, निर्भीक कवि, लेखक और प्रखर वक्ता पर गर्व है।

बौद्धाचार्य नाथ जी की यह नवीन काव्य रचना 'नागवंशी हेला की कहानी हेला की जबानी' भी अंधकार में भटक रहे हमारे समाज के लिए एक ऐसा प्रकाश पुंज है, जिसकी रोशनी में लोगों को सत्य मार्ग का बोध होगा। यह हेला जैसे तमाम छितरे-गितरे विशाल नागवंशी समाज में नव-चेतना पैदा कर उसे प्रगति की दिशा में आगे बढ़ने को प्रेरित करेगी। अपनी ऐसा आशा ही नहीं वरन् पूर्ण विश्वास के साथ बौद्धाचार्य एस.राव सजीवन नाथ के दीर्घायु होने की कामना करते हुए हार्दिक शुभकामना प्रेषित करता हूँ।

गुरुचरण हेला 'कमल'

साहित्यकार

फजिर बाजार, हावड़ा (प. बंगाल)

●

'नागवंशी हेला की कहानी हेला की जबानी' या इसके पूर्व प्रकाशित 'भंगी की जीवनगाथा' आदि जैसी तथ्यपरक कृतियों की रचना करके श्रद्धेय बौद्धाचार्य एस. राव सजीवन नाथ जी ने इतिहास जिज्ञासुओं में एक हलचल पैदा कर दी है। आपकी कृतियाँ शोधपूर्ण ही नहीं वरन् एक सामाजिक क्रांति भी हैं। जन्म के आधार पर

स्वयं को ऊँच सवर्ण तथा दूसरों को अपने से तुच्छ-नीच यहाँ तक कि शूद्र-अछूत मानने जैसी पूर्वाग्रही मानसिक रोग से ग्रसित जात्याभिमानियों की दृष्टि में औंधे को सीधा कर उसके वास्तविक स्वरूप को उजागर करने वाली यह पुस्तक भले ही खटके। किंतु खोजी पाठकों और जिज्ञासुओं के लिए एक ऐसा सराहनीय ग्रन्थ-रत्न है कि जो भारतीय समाज को नए ढंग से सोचने के लिए न केवल विवश करेगा बल्कि उन्हें आगे बढ़ने की नई दिशा भी प्रदान करेगा।

पुस्तक के रूप में बौद्धाचार्य जी ने इतिहास के गर्भ में छिपे उन तथ्यों का अद्‌भुत भण्डारण किया है, जिससे भारतीय समाज अब तक अनभिज्ञ था। मुझे पूर्ण विश्वास है कि पुस्तक न केवल जिज्ञासु पाठकों के लिए वरन् युगों से हीन भावना के शिकार बनाए गए दलितों में भी कौतूहल उत्पन्न कर उनमें ऐसी जागृति पैदा कर देगी कि हजारों वर्ण जाति में बँटा-दलित समाज अपने गौरवशाली इतिहास से जुड़ निश्चय ही पुनः संगठित होगा तथा दयनीय-अपमानित जीवन से उबर शासक मालिक श्रेष्ठ पुरोहित के अपने आदि पद पर पदासीन होगा। इस आशा सहित बौद्धाचार्य जी को नमनभाव से साधुवाद प्रेषित करता हूँ।

ओ.पी. स्नातक

प्रतिष्ठित समाज-सुधारक

आवास विकास कालोनी सिविल लाइन्स, इटावा (उ.प्र.)

●

श्रद्धेय बौद्धाचार्य एस. राव सजीवन नाथ जी द्वारा लिखित काव्य 'नागवंशी हेला की कहानी हेला की जबानी' मात्र एक कविता नहीं वरन् नागवंशी अनार्यो की ऐतिहासिक भावना का प्रतिनिधि करता हुआ 'एक तूफान है' भारत के सर्वगुण संपन्न आदि आदि शासक मालिक, श्रेष्ठ पुरोहित कर्मवीर नागवंशी अनार्यों के गौरवमय इतिहास तथा उनके पतन एवं लंबे संघर्ष को दर्शाने वाली यह कविता अमूल्य रत्न एवं हमारी धरोहर है। भारत के मूल निवासी जिन स्वाभिमानी नागवंशी अनार्यों में जरा भी स्वाभिमान शेष होगा, उनकी जमीर बची होगी वे निश्चय इसमें लाभ उठाएँगे; कविता के भाव इस तथ्य को दर्शाते हैं कि लगभग पाँच हजार वर्ष से प्रयासरत हमलावर आर्यों का दमन चक्र हेला जैसे स्वाभिमानी नागवंशी अनार्यों को समूल नष्ट और समाप्त करने में असफल रहा है। नागवंशी अनार्यों के छीने गए सम्मान एवं धन-धरती धर्म की बहाली तथा शोषण-विषमता को जड़-मूल से उखाड़ फेंकने के लिए तूफान तो आने ही वाला था...मेरा दिल कह रहा तूफान आ गया है। विद्वान् रचयिता, जो किसी परिचय के मोहताज नहीं को नमन भाव से साधुवाद प्रेषित करता हूँ।

डॉ. रमाकांत राव

एम.बी.बी.एस., एम.एल.बी. मेडिकल कालेज, झाँसी (उ.प्र.)

•

हेला की कहानी इतनी दर्दनाक है कि यदि विस्तार से लिखा जाए तो एक बहुत बड़ा ग्रंथ हो जाए, परन्तु लेखक-कवि ने 'नागवंशी हेला की कहानी हेला की जबानी' नामक अपनी इस पुस्तक में अपनी काव्यात्मक शैली का अद्‌भुत परिचय देते हुए सारगर्भित शब्दों की अनुपम माला पिरोते हुए 'गागर में सागर' भर दिया। वास्तव में इतने कम पृष्ठों में सारे वृत्तांत का इतना सजीव चित्रण कवि की बुद्धिमत्ता एवं परिपक्वता को दर्शाता है। पुस्तक पठनीय, ज्ञान-वर्धक व संग्रह योग्य है। इसका लाभ खोजी पाठकों व समाज को अवश्य मिलेगा।

मोतीलाल हेला

मन्त्री—आ.इं.एस.सी./एस.टी. बैंक इम्प्लाइज फेडरेशन इलाहाबाद

'हेला भवन' 67ए/1बी, भावापुर, इलाहाबाद

•

वर्तमान में हमारा नागवंशी कथित हेला समाज अंधविश्वास और धर्म पाखण्डी आडंबरों जैसी कुरीतियों में फँसकर अपने गौरवशाली इतिहास को भुला बैठा है। पूर्वजों के सम्मानित जीवन मार्ग से बहके हमारे समाज को बुरी लतें पतन के गर्त में ले डूबीं। इन कुरीतियों और बुराइयों के दलदल से बाहर निकालने के लिए हमें समाज को शिक्षित और जागरूक बनाना होगा। तभी वैदिक वर्ण जातियों में विभाजित हमारा विशाल नागवंशी समाज संगठित होगा और हम अपनी सामाजिक गुलामी की बेड़ी को तोड़ने में सफल हो सकेंगे।

वर्तमान परिस्थिति में पाक्षिक समाचार व दलित-केसरी के संपादक विद्वान लेखक-कवि बौद्धाचार्य एस.राव सजीवन नाथ ने अपनी कृति 'नागवंशी हेला की कहानी हेला की जबानी' के माध्यम से अंधेरे में एक ऐसा दीप जला दिया है कि जिसकी रोशनी दयनीय जीवन से उबरने की चाहत रखने वालों को पीढ़ी दर पीढ़ी सुखमय मानवीय जीवन का मार्ग दर्शाती रहेगी। हार्दिक शुभकामनाओं सहित बौद्धाचार्य जी को साधुवाद प्रेषित करता हूँ।

चमनलाल

कान्ट्रेक्टर

चमन लाइट एण्ड साउण्ड

36/67, बलुआघाट (चौराहा), इलाहाबाद

•

बौद्धाचार्य एस. राव सजीवन नाथ जी रचित काव्य ग्रंथ 'नागवंशी हेला की कहानी हेला की जबानी' आज दलित-शूद्र का अमानवीय जीवन-जीनेवाले यहाँ के आदि शासक मालिक नागवंशी पुरोहितों के विलोप इतिहास को उजागर करने वाली एक ऐसी किरण ज्योति है जो हमारे देश में बाहर से आने वाले आक्रांता वैदिक आर्यों द्वारा फैलाए

गए भ्रमतिमिर को दूर कर हेला, धानुक, बंसोर, धरकार, महार, डोम सरहिया, डोमार, कठेरिया आदि अनेक नामों से बिखरे हमारे समाज को संगठित करेगी। यह नागवंशी एकता का आदित्य प्रकाश है। भूरि-भूरि प्रशंसा की पात्र रचना भारत के आदिवासी दलित समाज को भविष्य में पुनः उन्नति शिखर पर पहुँचाएगी, ऐसी आशा सहित बौद्धाचार्य जी को साधुवाद देता हूँ।

एन.एल.हरद्रोही

सभापति

म.सु. धानुक समाज पंचायत मंडल उ.प्र.,

अ.न. ऐशबाग, लखनऊ

●

अमुक काव्य पुस्तक 'नागवंशी हेला की जबानी' के रचयिता श्रद्धेय बौद्धाचार्य एस. राव सजीवन नाथ जी बाबा साहेब अम्बेडकर का सपना साकार करने की दिशा में जिस गति से सटीक कलम चला रहे हैं, उससे निश्चय ही एक दिन बाबा साहेब का सपना साकार होगा। दलित गुलामों को उनकी गुलामी का एहसास दिलाकर वर्ण जाति के नाम पर तिनकों की भाँति बिखरे मूल भारतीय नागवंशी समाज को पुनः संगठित होने की प्रेरणा देने वाला उनका अभूतपूर्ण काव्य एक ऐसा ग्रंथरत्न है कि जिसे घर-घर में पहुँचाकर हम सब अपने समाजोत्थान का लक्ष्य बहुत आसानी से प्राप्त कर सकते हैं। बोल-चाल की भाषा में लिखी यह काव्य पुस्तक जनमानस को ऐसा झकझोरेगी कि वह अपने खोए सम्मान और मानवीय जीवन के लिए संघर्षरत हो उठेगा। पुस्तक आदि श्रमण-संस्कृति एवं बौद्ध धर्म के वर्तमान दलितों के ही नागवंशी पूर्वजों की धरोहर होने के तथ्य को उजागर करने वाला एक ऐसा जबरदस्त धमाका है, जो हेला जैसे तमाम नागवंशियों को घर लौटने के लिए उनके हेलवः हेला जैसा वह आदि जेहादी आवाहन साबित होगा, जिसके गुंजायमान होने पर कभी बहुसंख्यक मूल भारतीय नागवंशीजन संगठित होते थे।

प्रेमचन्द्र बौद्ध

वरिष्ठ सामाजिक कार्यकर्ता

256, लालपुरा, इटावा (उ.प्र.)

लेखक की कलम से

प्रस्तुत काव्य पुस्तक 'नागवंशी हेला की कहानी हेला की जबानी' के माध्यम से मैंने कथित हेला जैसे अनगिनत वर्ण-जाति और उपजाति सूचक नामों के अलग-अलग खेमों में बँटे-बिखरे भारत के मूल निवासी स्वाभिमानी नागवंशी अनार्यों के गौरवशाली इतिहास की एक हल्की सी झलक मात्र प्रस्तुत करने की दिशा में प्रयास किया है। जब कि आवश्यकता इस बात की रही है कि युगों-युगों से शोषण-उत्पीड़न और दोलन-दोहन के शिकार, मान सम्मान भंग करके शूद्र से अति शूद्र नीच अछूत पतित भंगी तक बनाए गए, यहाँ के आदि शासक-मालिक और सर्वगुण संपन्न श्रेष्ठ पुरोहितों की इन मूल भारतीय जुझारू नागवंशी संतानों के गौरवशाली महान इतिहास पर सविस्तार प्रकाश डाल कर तमाम रहस्यों पर पड़े पर्दे को हटाया जाता। लेकिन इसे विडंबना ही कहा जाएगा कि जात्याभिमानी लेखक आज तक उपेक्षा बरतते रहे हैं, इस संवेदनशील अति महत्त्वपूर्ण दिशा में कलम चलाना उन्होंने अपना लेखन-धर्म ही नहीं समझा।

अस्तु प्रयास रूपी यह पहल यदि आंशिक रूप में भी हेला जैसे तमाम नागवंशियों को अपने महान् पूर्वजों के गौरवशाली इतिहास से प्रेरणा लेने तथा सम्मानित मानवीय जीवन की दिशा में आगे बढ़ने के लिए प्रेरित कर सके तो मुझे अतीव प्रसन्नता होगी। मैं अपने प्रयास को सफल समझूँगा। क्योंकि मेरा स्पष्ट अभिमत-आवाहन है कि–

''हम 'धर्म-परिवर्तन' नहीं बल्कि वर्तमान में 'काल-परिवर्तन' के उस मुकाम पर खड़े हैं, जिसके एक ओर हमारे कुल गुरु बोधिसत्व बाबा साहेब अम्बेडकर का दर्शाया समता, स्वतंत्रता, न्याय, बन्धुता से ओत-प्रोत हमारे ही नागवंशी पूर्वजों का मूल भारतीय सम्मानित मानवीय जीवन का बुद्धिवादी मार्ग हमारे स्वागत के लिए खड़ा है, तो दूसरी ओर विदेशी हमलावरों की भेद-विषमता मूलक धर्म-पाखण्डी वर्ण-जाति की अमानवीय शोषकी समाज व्यवस्था हमें अपने ही देश में शूद्र-अछूत व नीच गुलाम बनाकर निगल जाने के लिए मुँह फैलाए खड़ी है। हम किस ओर बढ़ेंगे? हमारा आज का निर्णय न केवल हमारे अपने बल्कि हमारे आने वाली पीढ़ियों के लिए भी सुखमय सम्मानित जीवन

अथवा दुःखमय अपमानित जीवन यापन के लिए भी निर्णायक साबित होगा। इसलिए निर्णय भावना में बहकर नहीं बल्कि बुद्धि-विवेकी कसौटी पर कसकर सावधानीपूर्वक लेना ही उचित और समय की पुकार है।''...''सामाजिक विसंगति व रूढ़ियों को तोड़ मानवीय मूल्यों को स्थापित करने वालों में सुकरात को जहर दे कर मारा गया, अरस्तू को विषपान कर आत्महत्या करना पड़ा, प्लेटो को गुलाम के रूप में बिकना पड़ा, कृषक बालिका जानआफ अर्क, गेलेलियो व गिर्योदानोब्रूनो को जीवित जलाया गया, बाल्टेयर को देशनिकाले की सजा दी गई, भगवान बुद्ध को अपमानित व जान से मारने की कोशिशें की गईं। ईसा को सूली चढ़ना पड़ा, हजरत मुहम्मद को मक्का छोड़ मदीना भागना पड़ा, कबीर को कोड़े सहने पड़े। बोधिसत्व बाबा साहेब अम्बेडकर को कठिनाइयों और कड़े विरोधों का सामना करना पड़ा। नेल्सन मण्डेला जैसे क्रान्तिकारी के जवानी के 27 वर्ष जेल में बीते और पूज्य दलाईलामा निर्वासित जीवन व्यतीत कर रहे हैं। लेकिन यह सत्य है कि जहाँ समाज को बदलना तलवार की धार पर चलने से भी कठिन कार्य है, वहीं इस सत्य को भी नकारा नहीं जा सकता है कि समाज की जीवनधारा को मोड़ने के लिए बुद्धिवादियों का चिंतन और बलिदान ही कारगर साबित हुआ।

विकास और नाश प्रकृति का शाश्वत नियम रहा है। मानव ही नहीं वरन् संपूर्ण जीव जगत का विकास व नाश इसका ज्वलंत प्रमाण है। बुद्धिजीवी मानव ने प्रकृति के परिवर्तनशील नियमों के अनुरूप ढलकर अपने अस्तित्व को बनाए रखा। यदि मानव परंपरा-प्राचीनता व रूढ़िवादी रीति-रिवाज के नाम पर देश-काल और परिस्थितियों के अनुरूप अपने को ढालकर सामंजस्य नहीं स्थापित करता तो उसका पतन ही नहीं होता बल्कि एक समय ऐसा भी आता है जब उसका वजूद ही मिट जाता है। समय की पुकार है कि आप भी अपनी और अपने समाज की दशा बदलने के लिए आगे बढ़ें। वर्तमान दयनीयता की जंजीरों को तोड़ो और महान नागवंशी पूर्वजों के सुख समृद्धि के गौरवशाली सम्मानित जीवन इतिहास से सबक लेकर एक ऐसा नव इतिहास रच डालो कि आने वाली पीढ़ियाँ तुम्हें सर झुकाने को विवश हो जाएँ।''

इस काव्य पुस्तक को तैयार करने का श्रेय मुझे उत्तर प्रदेश के इटावा जनपद के स्वाभिमानी नागवंशी हेला समाज को देना ही पड़ेगा। क्योंकि इटावा के ही कुछ उत्साही बुद्धिजीवी समाज सेवियों, जो कि मेरे विचारों से इतना प्रभावित थे कि मेरे विचारों को पुस्तक के रूप में सँजोकर रखना चाहते थे। दलित-शोषित समाज के ऐसे सजग प्रहरियों का उत्साह देख उनके ही आग्रह पर मुझे इस काव्य रचना के लिए बाध्य होना पड़ा। मैंने इसके कुछ भाग की रचना भी इटावा प्रवास के दौरान ही की। मुझे यह लिखते हुए हर्ष हो रहा है कि इटावा की ऐसी ही उत्साही त्यागमूर्तियों ने इसके प्रकाशन में आर्थिक सहयोग दिया। यह उनके सहयोग का ही प्रतिफल है कि पुस्तक मात्र 10 रुपये की मामूली कीमत में आपके हाथों तक पहुँचाने में सफल हो सका। यह सभी उपासक साधुवाद के पात्र हैं।

इस अवसर पर श्रीयुत ओम प्रकाश स्नातक के कुशल नेतृत्व में मेरे संपर्क में आये इटावा के उत्साही सहयोगियों में सर्वश्री प्रेमचन्द्र बौद्ध, राघव नागवंशी, राम लखन, राजेन्द्र कुमार, राकेश चन्द्र अटल, राजाराम उर्फ रज्जू महेवा, मुन्नालाल सरल, महेन्द्र प्रेमी, रामप्रकाश सरल, लक्ष्मण देशप्रेमी, हरी बाबू, चन्द्रशेखर, रामप्रकाश विकल, चौधरी रमेश वर्मा, एडवोकेट नागेन्द्र कुमार, गुरु प्रसाद, रामसेवक विशोक, सुनील, प्रहलाद, शंकर, चन्द्रशेखर सिंह, शिवशंकर आदि का नाम न दर्शाना उनके साथ नाइन्साफी होगी।

अंत में अपने अनेक प्रांतों और जिलों के साथी-सहयोगियों सहित भारतीय अम्बेडकर महासभा, इलाहाबाद के पदाधिकारी सर्वश्री हीरा लाल नागवंशी, ओमप्रकाश हेला, वी.के. सिद्धार्थ, भगवान दीन, कुमार नीरज बौद्ध, फूल चन्द्र नागवंशी, राजेन्द्र राही, हरिश्चन्द्र बौद्ध, इंजि. नागसेन, राजेन्द्र रावत, मन्नन लाल, चौ. हरी लाल तथा अपनी कर्तव्य परायणी पत्नी श्रीमती शकुन्तला नाथ व परिवारजनों, जिन्होंने इस कृति को पूर्ण करने में हर संभव सहयोग दिया। उनके प्रति भी आभार प्रकट करते हुए आशा करता हूँ कि 'नागवंशी हेला की कहानी हेला की जबानी' जिसका पात्र स्वाभिमानी नागवंशी कथित हेला अपनी आप बीती बताते हुए खुद अपनी ही जबानी अपने तथा अपने जैसे तमाम वर्ण-जाति में बँटे-बिखरे नागवंशी भाइयों के दयनीय जीवन का वृत्तांत प्रस्तुत करता है। अपने नागवंशी पूर्वजों के गौरवशाली इतिहास को उजागर करते हुए वह न केवल विदेशी शोषक हमलावरों और अपने ही आस्तीन का साँप बने धूर्तों से सावधान करता है, बल्कि पूर्वजों की श्रमण-संस्कृति और सुखमय सम्मानित मानवीय जीवन यापन का बुद्धिवादी आदि बौद्ध मार्ग भी दर्शाता है। वर्तमान में हेला, हाँडी, धीवर, धानुक, धरकार, माँग, महार, डोम-डोमार, राउत, बंसोर, धोबी, चमार, खटिक, पासी तथा पिछड़ी, परिगणित और जन जाति आदि के हजारों नामों से 'फूट डालो और राज्य करो' की ब्राह्मणी नीति के तहत बाँट-बिखेर कर कमजोर बनाए गए बहुसंख्यक दलित शोषित नागवंशी जन उससे लाभ उठाकर अपनी दयनीय हालत बदलेंगे।

सर्वाधिक उपेक्षा तथा शोषण उत्पीड़न के शिकार दलित नागवंशियों को इस संदेश के साथ कलम को विश्राम देता हूँ कि—"मेरे दीन-दुःखी दलित भाइयो! जब भी तुम्हें अपने दयनीय दरिद्र शूद्र-अछूत अपमानित जीवन पर ग्लानि महसूस हो, तब आगे बढ़कर अपने कुल गुरु बाबा साहेब अम्बेडकर का मार्ग अपना लेना। तुम्हें अपने कुलदेव बुद्ध की पवित्र शरण मिलेगी तुम्हारा कल्याण और उद्धार होगा।"

—बौद्धाचार्य एस.आर.नाथ

396 'मिलन-निकेतन' सदर बाजार, कैंट, इलाहाबाद

नागवंशी : हेला की कहानी हेला की जबानी

मेरे दुःख और दुःखदायी विषमता का आरंभ

[अपनी आप बीती बताते हुए एक स्वाभिमानी मूल भारतीय नागवंशी कथित हेला कहता है कि आज से लगभग चार हजार वर्ष पूर्व हमलावर वैदिक आर्यों ने मेरे देश में घुस कर किस प्रकार छल-छद्म से यहाँ अपना कब्जा जमाया तथा भेद-विषमता फैलाकर हम नागवंशियों को असंगठित और कमजोर बनाया। वैदिक आर्यों की आरंभिक त्रिवर्णी (तीन वर्णों की) समाज व्यवस्था भंग करते हुए उन्हें ब्राह्मण के रूप में अपना धर्म गुरु पुरोहित मानने से जब मैंने इनकार कर दिया, तब जात्याभिमानी वैदिक आर्यों ने ईर्ष्यावश बदला लेते हुए शासक-मालिक और सर्वगुण संपन्न श्रेष्ठ पुरोहित से मेरा मान-सम्मान भंग करके मुझे 'शूद्र' अर्थात बेधर्मी घोषित कर चौथे वर्ण में ही नहीं ढकेला बल्कि शूद्र से अतिशूद्र नीच अछूत पतित भंगी तक बना डाला।]

हमारे दुःख भरे जीवन का जरा हाल सुनो।
अपनी बीती सुनाऊँ, करके जरा ख्याल सुनो॥
भारत के मूल निवासी, नागवंशी पूत हैं हम।
समता करुणामयी विश्व मैत्री के दूत हैं हम॥
कभी हम नागों का था, संगठित एक दल भारी।
भारत के चप्पे-चप्पे के हमी थे अधिकारी॥
चार हजार वर्ष पूर्व यहाँ जब लुटेरे आर्य घुस आए हैं।
बताऊँ जुल्म-सितम हम पर, क्या शोषकों ने ढाए हैं॥
लूटा धन-धरती मेरे इतिहास को मिटाने लगे।
शासक-मालिक से दास-गुलाम मुझे बनाने लगे॥
मिटा सत्य धर्म मेरा, अधर्म यहाँ फैलाने लगे।
अपने धर्म-पाखण्ड को, धूर्त महान धर्म बताने लगे॥
किया विरोध तो दैत्य, दानव, असुर बताने लगे।
प्रचण्ड हल्ला बोला, तो, चाण्डाल-डोम कहलाने लगे॥

मेरी पुरोहिती और सम्मान भी मिटाने लगे।
भेद-विषमता यहाँ, वर्ण-जाति का फैलाने लगे॥
लूटा छल-छद्म से, करने लगा ये मनमानी।
मिली सत्ता बना ब्राह्मण पुरोहित अभिमानी॥
पर पुरोहिती का था, मसला बड़ा ये स्वाभिमानी।
पुरखे पुरोहितों ने मेरे, एक न इनकी मानी॥
बदला लेने की आर्य ब्राह्मणों ने तब ठानी।
चली जो चाल प्रमाण वेद-शास्त्र है ज्ञानी॥
खुद बने श्रेष्ठ आर्य, अनार्य मुझे बताने लगे।
त्रिवर्णी भ्रम-जाल मेरे देश में फैलाने लगे॥
समता के पोषक थे, वर्ण-भेद से इनकार किया।
वर्ण-भंगी दोषी बने, फिर भी न स्वीकार किया॥
तीन से वर्ण तभी, ब्राह्मणों ने चार किया।
पुरोहित नागवंशियों को, शूद्र-भंगी कह उतार किया।
विरोधी वर्ण-भंगी को, सर्वभंगी बना तोड़ दिया।
शूद्र से अतिशूद्र, अछूत बना छोड़ दिया।

जाति विस्तार और नागवंशियों का हेलवः हेला जेहादी ललकार मेरा जाति नाम कैसे पड़ा

[हेला जो किसी जाति का नाम नहीं, बल्कि आरंभ से ही अपने मूल हेलवः रूप में भी यह समस्त जुझारू नागवंशियों का एक जेहादी आवाहन रूपी ललकार रहा। इसका वास्तविक अर्थ-महत्त्व क्या रहा है और यह भारत के मूल निवासी शासक-मालिक सर्वगुण संपन्न श्रेष्ठ नागवंशी पुरोहितों के विशाल समूह से ही निकली मेरी इस शाखा विशेष के साथ जन्माधारी वर्ण-जाति सूचक नाम के रूप में हेला बनकर कैसे जुड़ गया तथा विविध गुण कला-शिल्प पारंगतता आदि के आधार पर एक के बाद एक-एक करके हेलवः हेला हल्ला की आदि जेहादी ललकार के साथ अपने धज-धरती धर्म की बहाली के लिए जूझने वाले मेरे तमाम स्वाभिमानी नागवंशी भाइयों के अनगिनत वर्ण-जाति व उपजाति सूचक नाम कैसे पड़ते गए और ये कैसे बँटते-बिखरते गए?]

हम संगठित नागवंशियों के संगठन को मिटाया है।
भेद-विषमता का जहर, मेरे देश में फैलाया है॥
जन्म आधारी भेद-विषमता का यहाँ प्रचार किया।
वर्ण से जाति फिर-उप-जाति का विस्तार किया॥
एक ही नागवंशी के तमाम नामों का राज दर्शाता हूँ।
कैसे बाँटा वर्ण-जाति में एक नमूना तुम्हें दिखाता हूँ॥

कभी शब्द हेला सभी नागवंशियों की ललकार रहा।
फतह होती वहाँ, जहाँ हेलवः हेला ललकार कहा॥
हेला ये नाम पड़ा, कैसे अब बताता हूँ।
अपना इतिहास तुम्हें, आज मैं सुनाता हूँ॥
लुटेरा आर्य यहाँ आकर जब पग फैलाने लगा।
लूट धन-धरती मेरा धर्म भी मिटाने लगा॥
देश-धर्म रक्षा में तब, रणघोष नक्कारा बजाने लगे।
हेलवः हेला हल्ला का, जेहादी अहवान गुँजाने लगे॥
हेलवः शब्द की ललकार के संग डोलते थे।
मिलकर सब नागवंशी, हल्ला इन पर बोलते थे॥
अर्थ हेलवः का क्या, वैदिक न समझ पाते थे।
प्रचण्ड हमलों से मेरे, आर्य जन घबराते थे॥
यही वह शब्द है, जिससे वैदिक थर्राने लगे।
पुरोहित नागवंशी सब, 'हेला' कहलाने लगे॥
गर न विश्वास, इनका शास्त्र देख आओ तुम।
क्या हेलवः प्रतीक न, प्रचण्डता का बताओ तुम॥
हिन्दी ने हेलवः को, हेला अब बनाया है।
मेरे समूह पर जो, जाति बनाकर छाया है॥
शब्द हेला का अर्थ, आक्रमण चढ़ाई रेला है।
फँसाया मुझ नागवंशी को, देखो जाति बना हेला है॥
हेला वह शब्द है, जो स्वाभिमान को जगाता है।
संकट से मिल जूझने की, राह भी दिखाता है॥
शब्द हेला हमारी वीरता दर्शाता है।
श्रेष्ठ पुरोहिती की, दास्ताँ भी सुनाता है॥
थे शासक-मालिक यहाँ के, एहसास ये दिलाता है।
निज सम्मान फिर पाने की, हृदय ज्वाला भड़काता है॥
हेलाओं की समृद्धि का, ये राज भी बताता है।
बढ़ने को संगठित हो, आवाहन लेकर आता है॥
निराशा त्यागो वीर, बदहाली अब मिटाना है।
गौरवशाली आदि इतिहास, हेलाओं का बताना है॥
गुणी हैं ज्ञानी हैं, हेला बड़े स्वाभिमानी हैं।
सभी कला में निपुण, हेला लासानी हैं॥
गीत संगीत के हेला सदा ही राजा रहे।
गजब कला से बजाते सभी ये बाजा रहे॥

बिगुल जयघोष फूँकते, हेला तुरहिया बन।
बजाए रणघोष नक्कारा, हेला नगाड़ची बन॥
हेलाओं की गायकी में, एक जादू भरा कमाल रहा।
'हेला ख्याल दंगल' कहीं, हेला गहोरा बेमिसाल रहा॥
कला जो बाँस पर छोड़ा, हेला बंसोर बने।
बनाए धनुष हेला धानुक, रण बाण तने॥
बेना सूप दौरी बना, हेला धरकार कहलाने लगे।
हम हेलाओं के हुनर को, ये नीच कर्म बताने लगे॥
चलाए हल हेला, हलिया भी कहलाने लगे।
भूख दुनिया से मिटे, हेला अन्न उगाने लगे॥
कहीं हाँड़ी कहीं चुहड़ा डुमार कहलाने लगे।
महा अरि वैदिकों के, महार भी कहे जाने लगे॥
महाराष्ट्र महार-राष्ट्र, महारों की वीरता दर्शाता है।
नागवंशियों का एक प्रमुख गढ़, नागपुर कहलाता है॥
शासक राजों के पूत, हेला ही राऊत बने।
निज वंश धर्म के हेला सदा ही दूत बने॥
कहीं तोटी माले, कहीं नमोशूद्रा भी कहलाता हूँ।
हद्‌दी माँग मातंग मदिगा, नाम दिए बताता हूँ॥
मखियार मुसहर हजरा भुइयाँ, दुसाध मैं कहलाता हूँ।
भरमार अपने नामों की, आज मैं दर्शाता हूँ॥
धीवर कहार बजनिया, एक नाम तो बंजारा है।
कहीं पर नायक रेल्ली, नटबेड़िया नाम हमारा है॥
हम नागवंशियों के नागपाश से वैदिक घबराए जब।
तमाम नागवंशी जन पासी भी कहलाए तब॥
इसी तरह धोबी चमार, एक नाम खटिक धराए हैं।
केला की पाति भाँति, जातिन में जाति बनाए हैं॥
जाती नाम धराए इतने कि गिनना अब आसान नहीं।
पर खून के भाई सब हैं, नागवंशी बात सही॥

'फूट डालो और राज्य करो' की नीति में फँस कर नागवंशी हेला असंगठित एवं बरबाद हैं

[हेलवः हेला हल्ला के साथ प्रदर्शित मेरी संगठित नागवंशी शक्ति से त्रसित भयभीत हमलावर वैदिक आर्यों ने 'फूट डालो और राज्य करो' की अपनी कपट पूर्णनीति के जाल में फँसा कर मुझे पतन के गर्त में मिलाने का कुचक्र रचा, इनके धर्म-पाखण्डी

वर्ण-जाति में फँसने के साथ ही साथ हम अपना समता करुणा मैत्री का आदि धर्म ही नहीं भूलते गए बल्कि अमानवीय ब्राह्मणवादी जात्याभिमानी मानसिकता का भूत भी हम नागवंशीजनों पर भी इस कदर सवार होता गया कि इस अपने ही खून के भाइयों को अपने से अलग जाति-बिरादरी का मानते हुए आपस में ही भेद-विषमता का व्यवहार करने लगे तथा एक दूसरे से ऊँचा बनने की होड़ में लड़ते-झगड़ते असंगठित और बरबाद होते रहे हैं।]

लुटेरा वैदिक मेरे हमलों से परेशान रहा।
जेहाद हेलाओं का दबाना, न कोई आसान रहा॥
मेरे विरोध ने जब इनका टिकना दुश्वार किया।
बताऊँ वैदिकों ने, फिर छल से कैसे वार किया॥
'फूट डालो और राज्य करो' की नीति को अपनाए हैं।
बड़े छल-छद्म से, वर्ण-जाति को फैलाए हैं॥
मौका पा षड्यंत्री गुल अपना ये खिलाए हैं।
खुद को तो ऊँच कहा और नीच मुझे बताए हैं॥
पेट की रोटी न, तन चिथड़ों में मुर्झाने लगा।
बना के मनु विधान, जब आर्य हमें सताने लगा॥
थे न हरामखोर मेहनत से जीने-खाने लगे।
हेला हलालखोर डोम भंगी भी कहलाने लगे॥
बना के दास, ये गन्दी सेवा हमसे लेने लगे।
पशु से भी नीच समझ, यातनाएँ देने लगे॥
नागवंशी हेलाओं की, जो शान थी वो जाने लगी।
टूट कर बिखरे ऐसे कि जान जैसे जाने लगी॥
हेला निज धर्म भूल, अपना सब लुटा बैठे।
वैदिक धर्म में फँस, खुद अपने को मिटा बैठे॥
जाति जंजाल में फँस, भेद-भाव मान रहे।
खून के भाइयों को, अपने से अलग जान रहे॥
भूले समता का धर्म, आदि अपना प्यारा था।
जिओ और जीने दो, विश्व मैत्री का नारा था॥
वैदिक वर्ण जाल में फँस, अन्धे बहरे लूले हुए।
क्या कहें हम हेला, इतना भी आज भूले हुए॥
कि वर्ण-जाति से, न कोई सरोकार रहा।
हमें मिटाने का, ये ब्राह्मणी हथियार रहा॥
हजारों वर्ण-जातियाँ नागवंशियों की एक तमाशा है।
हमें बाँट राज करने की, ये छलियों की भाषा है॥

पिछड़े, अनुसूचित व जन जाति जो कहलाते हैं।
आदि नागवंशी हैं सभी, ऐसा इतिहास दर्शाते हैं॥

ब्राह्मणवादी वर्ण-जाति के विषघुटन से मिटती श्रमण-संस्कृति का पुनरुद्धार सिद्धार्थ ने बौद्ध धर्म के रूप में किया, भारत धर्मगुरु कहलाया

[हमलावर वैदिक आर्यों के भारत में घुसने से पूर्व यहाँ न वर्ण न जाति और न उपजाति थी। हेला जैसे जाति सूचक नाम भी नहीं थे। सभी स्वाभिमानी मेहनतकश कमेरे सर्वगुण संपन्न धर्म प्राण नागवंशीजन आदि श्रमण-संस्कृति के पोषक व संगठित थे। मेरा महान भारत प्रगति की बुलन्दियों को छू रहा था। लेकिन जात्याभिमानी आर्यों ने हमारी श्रमण-संस्कृति को छल-छद्म से विनष्ट करके यहाँ ब्राह्मण-संस्कृति फैलायी। शनैः-शनैः शोषण-उत्पीड़न, दलन-दोहन, भेद-विषमता और छुआछूत आदि के अमानवीय धर्म-पाखण्डी ताण्डव से देशवासी त्रसित हो उठा, मानवता सिसक-सिसककर दम तोड़ रही थी कि महामानव सिद्धार्थ गौतम ने नागवंशियों की मूलभारतीय श्रमण-संस्कृति, जिसकी जड़ें मोहनजोदड़ों व हड़प्पा आदि के उत्खननों में देखने को मिलीं, उसका पुनरुद्धार बुद्धिवादी बौद्ध धर्म के रूप में करके मानवता को नव-जीवन प्रदान किया। खुशहाल भारतवासी, भारत निहाल हो उठा। मेरे अपने ही परिवार के हेला सुनीत भंगी जैसे अनगिनत नागवंशियों ने अपने महान पूर्वजों की आदि श्रमण-संस्कृति आधारित बौद्ध धर्म को संसार में फैलाने में महत्त्वपूर्ण भूमिका निभायी, तमाम देश बौद्ध धर्मी बने। मेरा महान भारत विश्व में धर्मगुरु के रूप में सम्मानित हुआ।]

अब अपने वंश धर्म की कुछ बातें भी हमें करना है।
श्रेष्ठ था आदि पुरोहित, ये तुमसे कहना है॥
आर्य जब न आये थे, न वर्ण था न जाति थी।
मानवों में भेद की, बातें न हमें आती थी॥
वर्ण और जाति क्या, ये हम कभी न जानते थे।
समता करुणा मैत्री, बस धर्म अपना मानते थे॥
श्रम को पूजा सदा, श्रम से ही अपना नाता रहा।
बड़े शुकून से मेहनत की रोटी खाता रहा॥
थी 'श्रमण-संस्कृति' लुटेरों ने मिटाया है।
हराम खाने को यहाँ 'ब्राह्मण-संस्कृति' फैलाया है॥
डूबती श्रमण-संस्कृति को, जब बुद्ध ने निकाला है।
नत मस्तक जग, हुआ विषमतावादी का मुँह काला है॥
बौद्ध धर्म रूप जब, श्रमण-संस्कृति मेरी पुन आई है।
वर्ण-जाति मिटने लगी, पटी भेद-विषमता की खाई है॥

धनिया कुम्हार उपाली नाई, स्वाति ग्वाले दौड़े आए।
चुन्द सोनार सुमंगल लोहार, बिनभेद सरण सभी पाए॥
भंगिन तरुणी प्रकृति का भी, मन देखो हर्षाया है।
सुप्पिय-सोपाक चांडालों को, बुद्ध ने गले लगाया है॥
नागवंशी पुरखों ने मेरे, बुद्ध धम्म को फैलाया है।
हेला भंगी सुनीत, अरहत पद पाया है॥
आज रोको न मुझे, मैं राज सब बताऊँगा।
छिपी हकीकतों को, खोल कर दिखलाऊँगा॥
आज तो विश्व धर्म गुरु बन छाती सभी फुलाते हैं।
पर धर्म गुरु कहलाने का, क्यों न राज ये बताते हैं॥
पुरखों का बुद्ध धम्म मेरा, जब सारा जगत पाया है।
तभी तो विश्व गुरु, भारत ही कहलाया है॥
लंका, बर्मा, चीन, जापान आदि धाये हैं।
मेरे बुद्ध देव की, शरण सभी अपनाए हैं॥
दसों दिशाओं से पूछो, तो वे बताएँगी।
बौद्ध पुरखों का मेरे, इतिहास तुम्हें सुनाएँगी॥
गर न विश्वास शिलाओं से पूछ सकते हो।
खोद कर धरती मेरा इतिहास देख सकते हो॥
हड़प्पा-जोदड़ों के खँडहर भी आज चीखते हैं।
नागवंशी पुरखों के मेरे, अवशेष जहाँ दीखते हैं॥
हवा जो पुरखों की हड्डी को छू के आती है।
पुरखे पुरोहितों की, श्रेष्ठता बतलाती है॥
अपनी बदहाली देख, आज मैं शर्माता हूँ।
समय के चक्र में फँस, पतित, भंगी कहलाता हूँ ॥
शर्म से ऐसा गड़ा कि अपना मुँह छिपाने लगा।
शराब के प्यालों में डूब, अपना गम भुलाने लगा ॥

अपनी श्रमण-संस्कृति एवं धर्म रक्षा में मुझे अनेक नाम रूप धारण करने पड़े

[श्रम और श्रमिकों को सम्मान व महत्त्व दिलाने वाली मूल भारतीय आदि श्रमण-संस्कृत आधारित यहाँ मेरा बुद्धिवादी बौद्ध धर्म था, मेरा महान भारत विश्व धर्मगुरु कहलाया। लेकिन विश्व धर्मगुरु के नाम पर गर्व से छाती तानने वाले ब्राह्मण-संस्कृति के पोषक जात्याभिमानी हमलवारों ने विश्व शांति के प्रतीक मेरे आदि बुद्धिवादी बौद्धधर्म को मिटाने का छल-छद्मी षड्यंत्र रचकर न केवल मेरी पुरोहिती छीनी बल्कि शासक-मालिक

श्रेष्ठ पुरोहित से शूद्र-अछूत बना कर मेरा सम्मान भी भंग किया तथा देश को वर्ण-जाति और ऊँच-नीच की अमानवीय भावना में उलझाकर बरबाद करने लगे। अपनी श्रमण-संस्कृति और धर्म को जात्याभिमानी हमलावरों से बचाने के लिए मुझे समय के साथ संघर्ष के लंबे दौर से गुजरते हुए बुद्ध से सिद्ध, सिद्ध से नाथ तथा नाथ से संत मत आदि के रूप के अनेक नाम-रूप धारण करने पड़े।]

अब लंबे संघर्ष का अपने, ब्योरा तुम्हें बताता हूँ।
कितने रूपों में लड़ा, इतिहास तुम्हें दिखाता हूँ॥

समता का धर्म मेरा, इनके वर्ण-जाति का काल रहा।
जब तक रहा बौद्ध धर्म मेरा, भारत खुशहाल रहा॥

छल से फिर शोषकों ने मेरे बौद्ध धर्म पर वार किया।
अपने ही देश से उसे, सात समुद्र पार किया॥

बुद्ध को अवतार कहा, बौद्ध धर्म को विदेशी बताने लगे।
झूठा प्रचार कर, मुझे पूर्वजों के धर्म से भटकाने लगे।

समता के बौद्ध धर्म को, ये छल-छद्म से मिटाने लगे।
बौद्धों को मारने पर, खुले हाथ धन लुटाने लगे॥

बुद्ध से सिद्ध, नाथ, संत, हुआ बताता हूँ।
निज धर्म बचाने में कई नाम-रूप अपनाता हूँ॥

नए नाम आते ही पुराने नाम ओझल हो जाते हैं।
खुद को हम नागवंशी, नए नाम-रूप में पाते हैं॥

लूट धन-धरती जब, बंजारा मुझे बनाया है।
पूज बंजारी-देवी, धम्म शक्ति को बचाया है॥

देवियों का पूजक, बड़ी सिद्धियों का ज्ञाता रहा।
करते हुए झाड़-फूँक, बड़े मंत्र मैं चलाता रहा॥

पूजा सदा नाग देव, जो वंश का प्रतीक रहा।
वृक्षों में देवी बसती, इस लिए वो भीत रहा॥

बोधि वृक्ष रूप मेरे घर, पीपल पूजा जाता रहा।
इसके तले बुद्ध-ज्ञान मिले, इससे अटूट नाता रहा॥

भारत में बुद्ध-ज्ञान मेरा, कभी सूर्य सा जगमगाता रहा।
बनकर ये चन्द्रमा, अंधकार को भगाता रहा॥

श्रमण-संस्कृति मेरी, विश्व शांति की प्रतीक रही।
था सम्मानित धम्मश्रेष्ठी, विश्व बंधुता की नीति रही।

अतीत देखा अपना आज तुम, फूले नहीं समाओगे।
अपने इतिहास पर खुद गर्व से झूम जाओगे॥

हेला जैसे नागवंशी जन ही यहाँ के शासक-मालिक और श्रेष्ठ पुरोहित रहे

[मूल भारतीय नागवंशी जन हजारों वर्ण-जातियों में बँटने-बिखरने से पूर्व यहाँ के आदि शासक-मालिक और सर्वगुण संपन्न धर्म श्रेष्ठी सम्मानित नागवंशी पुरोहित थे। हम हेला जैसे वर्तमान तथाकथित नामों से जाने-जाने वाले नागवंशी पुरोहितजन वैदिक ब्राह्मणों से श्रेष्ठ और इतने पारंगत पुरोहित थे कि मुझे शूद्र अछूत आदि घोषित करके पतित दयनीय जीवन में झोंकने के बाद भी अनेक अवसरों पर जात्याभिमानी वैदिकों का मेरी पुरोहिताई के बगैर काम नहीं चल पाता। जात्याभिमानी ब्राह्मण पुरोहितों को भी मेरी पुरोहिती का लोहा मानने के लिए विवश ही नहीं होना पड़ता बल्कि अपने संस्कारों में धर्मदान का अधिकारी मान उन्हें हम नागवंशी पुरोहितों को दान तक देना पड़ता है। मेरे भाइयो, यदि समय रहते अपने नागवंशी पूर्वजों के इतिहास को नहीं स्वीकारोगे तो पतन गर्त में पड़े रहोगे और आने वाली पीढ़ियाँ भी तुम्हें कोसेंगी।]

मेरे सम्मान के रहते, न ये उठ पाते कभी।
पुरोहित तो क्या, ये ऊँच भी न कहलाते कभी॥
मुझे मिटाने में, ये अपनी प्रगति मानते हैं।
श्रेष्ठ था आदि पुरोहित, सच्चाई जानते हैं॥
फिर भी लुटेरा पुरोहित बन इतिहास मेरा मिटाता रहा।
यज्ञों की अग्नि खुद दिन-रात ये जलाता रहा॥
देने को आहुति घृत अन्न मिसरी सानता है।
कौन न जाने वैदिक, अग्नि को पवित्र मानता है॥
जीते-जी पुरोहित बन अग्नि सदा जलाता रहा।
करके सम्मान भंग पतित भंगी मुझे बताता रहा॥
पर मरते ही राज पुरोहिती का खोलना ही पड़ा।
स्वर्ग जाने का आया, अंत जब एक मसला बड़ा॥
नश्वर काया को अपने, पंचभूत में मिलाने के लिए।
धुवाँ के रूप अपने कल्पित स्वर्ग में जाने के लिए॥
तैयार चिता में, जब नश्वर क़ाया रख देते हैं।
जलाने को अग्नि पवित्र तब देखो मुझसे ही लेते हैं॥
मेरी पुरोहिती का लोहा मान लेते हैं।
श्रेष्ठ भंगी पुरोहितों को दान देते हैं॥
देखा! अभिमानी का सब गर्व टूट चूर हुआ।
पुरोहित मानने को अन्ततः मजबूर हुआ॥

अब भी विश्वास न, तो एक और कथा सुनाता हूँ।
हेला-भंगी पुरोहितों की बानगी दिखलाता हूँ॥
कहें, ग्रहण पड़ते, इनके भगवान पर विपत आए।
संकट भगवान का, छुड़ाने अब कहाँ जाए॥
मेरी पुरोहिती की, श्रेष्ठता को जानते हैं।
भगवान होंगे मुक्त, मेरे आशीष से ये मानते हैं॥
उसका प्रमाण भी मैं अब तुम्हें दिखाता हूँ।
संकट छुड़ाने भगवान का, दान देते मुझे बताता हूँ॥
पुरोहित बन दान-दक्षिणा पर, जो सदा पलते रहे।
खुद को सवर्ण ब्राह्मण, धर्म गुरु कहते रहे॥
संकट छुड़ाने भगवान का दान अधिकारी मुझे बताए हैं।
भगवान मुक्ति मेरे अशीष से इस राज को दर्शाए हैं॥
दान ले अशीष मंत्र, जब देखो मैं चलाता हूँ।
संकट से घिरे इनके, भगवान को छुड़ाता हूँ॥
देखा? समय आते ही श्रेष्ठ पुरोहिती अपनी दर्शाया है।
हेला है आदि पुरोहित, यह सत्य तुम्हें बताया है॥
कहो दिन-रात तुम्हें, इतिहास अपना सुनाता रहूँ।
भंगी 'हेला' पुरोहितों का गीत गाता रहूँ॥
दिखा के मैंने झलक, बस तुम्हें जगाया है।
हेला है नागवंशी पुरोहित, इस राज को दर्शाया है॥
संभव है सुनहरा इतिहास देख अपना तुम चकराओगे।
जल्द मेरी बात का, यकीन कर न पाओगे॥
पर समय रहते न यारो, होश तुम आओगे।
प्रमाणित इतिहास को, गर आज भी ठुकराओगे॥
पुरखों की श्रमण-संस्कृति न फिर से जो अपनाओगे।
और संगठित हो नागवंशियो न मिलके कदम बढ़ाओगे॥
कई युगों तक मेरे भाइयो पछताओगे।
आने वाली पीढ़ियों से भी कोसे जाओगे॥

गैरों ने ही नहीं मुझे अपनों ने भी धोखा दिया

[यह सच है कि 'गैर मुल्की' हमलावरों ने मुझ पर बड़े जुल्म ढाए, मुझे धोखा दिया। लेकिन मुझे अपनों से भी बड़े धोखे मिले। अपनों से मिलने वाले ये धोखे मुझे अपने दयनीय जीवन से उबरने तथा अपनी हालत बदलने की राह में बहुधा भितर-घाती मार्ग अवरोधक ही साबित होते रहे हैं। इसलिए भविष्य में अपने दलित शोषित नागवंशी

समाज के उत्थान के लिए इनसे भी सतर्क रहकर आगे बढ़ना पड़ेगा। निहित स्वार्थ के लिए अपने ही आस्तीन का साँप बनकर बैठे, इन धूर्तों ने मुझे और मेरे समाज को बड़ा धोखा दिया है, दिग्भ्रमित किया है। ये लक्ष्यहीन खुदगर्ज धूर्त अपने स्वार्थ के लिए आगे भी धोखा देकर हमें और भी भटका सकते हैं, भले ही इन्हें बड़े से बड़े झूठ का सहारा क्यों न लेना पड़े। हमें रिझाने के लिए ये धूर्त एक से बढ़ कर एक स्वाँग रचेंगे। क्योंकि समाजोत्थान के नाम पर स्वार्थम् सिद्धम् मूल मंत्रम् ही इनका एकमात्र लक्ष्य रहा है।]

अब अपने समाज हित, बातें कुछ खास बताना है।
बैठे हुए आस्तीन के, साँपों को भी दिखाना है॥
स्वार्थवश आज तक, जो धूर्त तुमको भटकाते रहे।
खोज इतिहास असल, अपना न दिखाते रहे॥
समाज सेवा का दम भर, ये ढोंग बहुत रचाते हैं।
स्वार्थ निकालने को, धूर्त मण्डली बनाते हैं॥
बनकर समाज सेवी, ये गुल बड़े खिलाते हैं।
लूट समाज को ही, घर अपना खूब सजाते हैं॥
कुछ राजनैतिक स्वार्थ हित, समाज में तो आते हैं।
पर नाम समाज का ले, बेवकूफ हमें बनाते हैं॥
ओहदेदार अधिकारी बनते ही, कुछ जाति को छिपाते हैं।
समाज से कटते हैं, परिवार को ठुकराते हैं॥
समझें न जाति छुपाने से, इज्जत कभी बढ़ पाएगी।
हमें नीच दर्शाने वाली, वर्ण-जाति न मिट पाएगी॥
वर्ण-जाति में बँटा समाज ही, हिन्दू धर्म कहलाता है।
ऊँच-नीच का भेद बरतना, वैदिक धर्म सिखलाता है॥
जाने न वैदिक धर्मी रहते, ये वर्ण-जाति न मिट पाएगी।
मरना पड़ेगा अपमानित जीवन, पीढ़ी भी नीच कहाएगी॥
मिटाने को वर्ण-जाति, ये बुद्ध भीम शरण न आते हैं।
खुद फँसे हैं ब्राह्मणवाद में, समाज को फँसाते हैं॥
कुछ तो समाज में आते हैं, रुतबा अपना दिखाने के लिए।
ब्राह्मणवाद को कोसते हैं, झूठी हमदर्दी दिखाने के लिए॥
विद्वान बन समाज उत्थान के, सुझाव बड़े बताते हैं।
काम की बात करो तो, कन्नी काट जाते हैं॥
ऊँचे मंचों से डॉक्टर अम्बेडकर की बातें करते हैं।
मंच से नीचे सुनो, ये धूर्त खुद क्या करते हैं॥

खुदगर्जी में आगे पीछे, शोषकों के नाचते हैं।
उनके गुण-गान की, दिन-रात कथा बाँचते हैं॥
दुःख है, अंधविश्वास में, ये अनपढ़ गँवारों से आगे हैं।
क्या जगाएँगे समाज को, जो खुद न अब तक जागे हैं॥
कुछ भोले-भाले नासमझ, इनके पीछे लग जाते हैं।
खुद तो डूबते हैं, समाज को डुबाते हैं॥
गैरों ने धोखा दिया, यह बात सभी जानते हैं।
दुःख होता जब धोखा देते, जिनको हम अपना मानते हैं॥
दूर रहना इनसे, ये पक्का स्वार्थ-पुजारी है।
न लक्ष्य इनका स्पष्ट है, न इनमें ईमानदारी है॥
स्वार्थम् सिद्धम् मूल मंत्रम्, बस एक ही इनका नारा है।
झूठ-सच से मतलब न इनको, स्वार्थ अपना प्यारा है॥

मेरे वास्तविक कुल गुरु बाबा साहेब अम्बेडकर तथा कुल देव भगवान बुद्ध

[गुरुओं के नाम पर मेरे साथ भयानक साजिश रचाकर मुझे फिर वैदिक वर्ण-जाति के भ्रमजाल में फँसाने का प्रयास किया जा रहा है। सिद्धनाथ और संत आदि के रूप में हमारे जिन महापुरुषों ने अमानवीय वर्ण-जाति को मिटाने की दिशा में प्रयासरत रहकर पूजनीय कार्य किया। ब्राह्मणवादी मानसिक गुलामी की जंजीर में जकड़े मेरे ही कुछ धर्म प्राण मूल भारतीय नागवंशी भाई अज्ञानतावश तथा दूसरे मुट्ठी भर धूर्तजन झूठी मान बड़ाई व निहित स्वार्थ के लिए भेद-विषमता मूलक वैदिक वर्ण-जाति के विध्वंसक अपने उक्त संत-महापुरुषों के कठिन प्रयास से मिटती वर्ण-जाति का आधुनिकीकरण करते हुए उस अमानवीय जातीयता की जड़ को सींच रहे हैं, जो दलित शूद्र-अछूत के रूप में बँटे-बिखरे स्वाभिमानी नागवंशियों के पतन की मूल रही है। बोधिसत्व बाबा साहेब अम्बेडकर के कठिन परिश्रम से वर्तमान में मिटती वर्ण-जाति को जीवन पुनः प्रदान करने जैसे इन धूर्त स्वार्थियों और नासमझों के उक्त आत्मघाती कार्य से न केवल मेरे समाज का पैसा और समय बरबाद हो रहा है, बल्कि वैदिक वर्ण-जाति से मुक्ति और समता बंधुता के सम्मानित मानवीय जीवन की मेरी सारी आशा किरणें भी धूमिल पड़ने लगी हैं। ऐसी स्थिति में अलग-अलग गुरुओं के चक्कर में भटकने के बजाय हमें इस सच्चाई को बिना समय गँवाए स्वीकार कर ही लेना चाहिए कि शिक्षा, संगठन और संघर्ष का नारा देकर हमें जगाने तथा हमारे उद्धार मार्ग रूपी अम्बेडकर मिशन कारवाँ को चला कर हमें प्रगति के इस मुकाम तक पहुँचाने वाले हमारे एकमात्र कुल गुरु बोधिसत्व बाबा साहेब अम्बेडकर ही रहे हैं। उनका

दर्शाया मार्ग ही मेरे उद्धार का एकमात्र मार्ग है, जिस पर चलकर हमें अपने उस कुलदेव बुद्ध का दर्शन होगा जिन्होंने न कवेल पूर्वजों की श्रमण-संस्कृति आधारित समता, स्वतंत्रता, न्याय, बंधुता के मूल मानवीय आदि भारतीय धर्म का पुनरुद्धार बौद्ध धर्म के रूप में किया बल्कि मेरे उद्धार के लिए आज से लगभग पौने तीन हजार वर्ष पूर्व वर्ण-जाति को ध्वस्त करके मानव समता का अलख जगाते हुए मुझे गले भी लगाया था।]

अपने स्वार्थ के लिए, ये धूर्त और भटका सकते हैं।
नकली इतिहास दिखा, तुमको अटका सकते हैं॥
महामानव-सन्तों के ये मत-रूप बदल डालेंगे।
उनके भी आड़ में, निज स्वार्थ को निकालेंगे॥
जाति-भंजक संतपुरुषों को, ये वर्ण-जाति में उलझाएँगे।
उनके ही नाम पर, वर्ण-जाति को फैलाएँगे॥
नए-नए गुरुओं को, ये रोज लेकर आएँगे।
वैदिक वर्ण जाल में, ये फिर हमें फँसाएँगे॥
कोई इनसे पूछे जब इतिहास मेरा मिटाया गया।
करके सम्मान भंग पतित भंगी तक मुझे बनाया गया॥
कौन था अपना गुरु, जिसने मुझे बचाया है।
पुरखों का खूनी रिश्ता और मानवता को निभाया है॥
कहने को ये ऋषि-मुनि, शास्त्र रचयिता भी कहलाएँ।
कैसे कहूँ उन्हें अपना गुरु, जो मेरी रक्षा में न लिख पाएँ॥
जुल्मों को रोक, जो मेरा हक मानवीय दिलाए हैं।
गवाहें तारीख, दुःख से बुद्ध-भीम ही छुड़ाए हैं॥
यह भी एक प्रमाण है, जो खूनी रिश्ता बताता है।
सच्ची मानवता का, महत्त्व भी दर्शाता है॥
कई युगों के हम भटकों का, निजधर्म भीमजी बतलाए।
थे बौद्ध पुराने दलित-शूद्र, यह सत्य सभी को समझाए॥
बोले, हम भारत के मूलवासी, कुल नागवंशी कहलाए।
हेलवः हेला हल्ला का, रहस्य भीम जी दर्शाए॥
अब भी कुल गुरु खोजने में, समय काहे गँवाते हो।
अपने ही कुलदेव को आखिर, देख नहीं क्यों पाते हो॥

भीम एक गुरु हमारे, जिसने हमें जगाया है।
कुल देव भगवान बुद्ध, जिसने गले लगाया है॥
ब्राह्मणवादी वर्ण-जाति को प्रथम बुद्ध ने ललकारा है॥
शिक्षा संगठन संघर्ष मंत्र, मेरे भीम गुरु का नारा है।

सिद्ध नाथ संतों ने भी वर्ण-जाति पर प्रहार किया।
मानवता की बहाली में, पूजनीय कार्य किया॥
बुद्ध, सिद्ध, नाथ, संत पुरखों का संदेश लाए हैं।
श्रमण-संस्कृति की शाखाएँ सभी, मानवता को बचाए हैं॥

अंधविश्वास, रूढ़िवाद व आडम्बरी धर्म-पाखण्ड त्याग पूर्वजों की भाँति प्राचीन बौद्ध जीवन बिताएँगे

[हमारे अनेक सिद्ध, नाथ, संतों आदि ने भी अपने-अपने काल में उस काल की स्थिति और परिस्थितियों के अनुरूप अपने-अपने ढंग से अमानवीय ब्राह्मणवादी भेद-विषमता मूलक वर्ण-जाति को मिटाने के लिए जीवन पर्यन्त संघर्षरत रहकर पूजनीय कार्य किया। अस्तु वर्णजातीयता में फँसकर बँटे-बिखरे हम समस्त मूल भारतीय नागवंशी जन बाहर से आ घुसे जात्याभिमानी हमलावर वैदिक आर्यों द्वारा फैलाई गई भेद-विषमता मूलक वर्ण-जाति को त्याग कर अपने सभी संत-महापुरुषों को नमन करते हुए पुनः संगठित होने का संकल्प लेते हैं तथा हम धर्म-पाखण्डी रीति-रिवाजों और आडम्बरी पर्वों में पैसा व समय नष्ट करने के बजाय भविष्य में अपने मूल पर्वों और रीति-रिवाजों को अपने आदि नागवंशी पूर्वजों की भाँति ही एक बौद्ध के रूप में शालीनता और सादगी से मनाने के लिए भी कृत संकल्प हैं।]

हमको तो वर्ण-जाति तोड़, एक सूत्र बँध जाना है।
अपने महापुरुषों के पद चिन्हों पर बढ़ जाना है॥
नागवंशी एकता का, पंचशीली ध्वज फहराना है।
सभी महापुरुषों को अपने मिल शीश अब नवाना है॥
पूर्णिमा बुद्ध की, बुद्ध जयन्ती हम मनाएँगे।
अम्बेडकर जयंती पर हम भीम गीत गाएँगे॥
नाग पंचमी वंश पर्व हमारा, इसको सदा मनाएँगे।
पिला दूध नागों को, वंश चिन्ह का गौरव बढ़ाएँगे॥
रूढ़िवादी परंपराओं को, समाज से मिटाएँगे।
अंधविश्वासी-आडंबरी, रास्तों पर अब न जाएँगे॥
अपने रीति-रिवाज पर्वों को, पुरखों की भाँति मनाएँगे।
ब्राह्मणवादी पाखण्ड में फँस, न पैसा समय गँवाएँगे॥
एक थे हम एक रहेंगे, एक सूत्र बँध जाएँगे।
ऊँच-नीच का भेद मिटा, भारत को स्वर्ग बनाएँगे॥
थे मूल भारतीय नागवंशी, हम नागवंशी कहलाएँगे।
पिछड़े, परिगणित, जनजाति के, सारे भेद मिटाएँगे॥

आदि नाम नागवंशी अपना, इसको ही अपनाएँगे।
ब्राह्मणवादी वर्ण-जाति से हर-हाल में मुक्ति पाएँगे॥
भीम दिए बौद्ध धर्म हमारा, हम इसको अपनाएँगे।
समता का धर्म मिला हमारा अब नीच नहीं कहलाएँगे॥
बौद्ध धर्म अपना कर अपना सम्मानित जीवन बिताएँगे।
जै भीम जै बुद्ध का नारा, घर-घर में पहुँचाएँगे॥

अपने गौरवशाली इतिहास से प्रेरणा लेकर हम नया इतिहास रचेंगे

[हम अपने इतिहास और इतिहास के महत्त्व को दर्शाकर इस रहस्य को उजागर करेंगे कि जिस प्रकार सूरज बिना प्रकाश नहीं होता है। ठीक उसी प्रकार इतिहास के बिना किसी समाज का विकास नहीं होता है। जिस देश अथवा कौमों का इतिहास मिट जाता है। वे बँट-बिखर कर शक्ति हीन व दास-गुलाम बन जाती हैं। हम हेला जैसे अनगिनत वर्ण-जाति सूचक नामों में बँटे-बिखरे मूलभारतीय नागवंशीजनों के पतन का एक प्रमुख कारण हमारे गौरवशाली इतिहास का मिटाया जाना अथवा उस पर पर्दा डालना ही रहा है। हम अपने इतिहास की बिखरी कड़ियों को सँजोकर न केवल उसे जोड़ेंगे बल्कि उससे प्रेरणा लेकर फिर अपना शासक-मालिक सम्मानित धर्मश्रेष्ठी-पुरोहित का आदि पद प्राप्त करके सुख-समृद्धि का सम्मानित जीवन-जीते हुए नया इतिहास भी रचेंगे।]

नागवंशीश्रमण-संस्कृति के इतिहास को हम दर्शाएँगे।
दास बनाया इतिहास मिटा इस राज को भी बताएँगे॥
बताएँगे इतिहास मिटते ही नस्ल-कौमें मिटा करती हैं।
पतन को गिरती हैं और दयनीयता में मरती हैं॥
समझायेंगे ज्ञान, जैसे सूरज बिना प्रकाश नहीं।
ठीक वैसे ही यारो, इतिहास बिना विकास नहीं॥
निज इतिहास के अभाव में, समाज अंधा लूला है।
भटक रहा है शूद्र-अछूत बन, गौरवशाली पथ भूला है।
इतिहास होता है जिनका, सम्मान से वो जीते हैं।
जिनका इतिहास मिटा, वो पशु से भी गए बीते हैं॥
हेला जैसे नागवंशियों की बरबादी का यही राज रहा।
जब से मिटा इतिहास, न शान-मान ताज रहा॥
औंधा इतिहास पलट अपना, सच्चाई जग को दिखाना है।
हम शूद्र-अछूत भंगी नहीं, असल इतिहास बताना है॥
जैसे धनुष भंग करके, राम धनुर्भंगी कहलाए।
और वचन भंग करने पर, नेता वचन-भंगी कहाए॥

वर्ण भंगकर्ता मेरे पुरखे, वैसे ही वर्ण-भंगी कहलाए।
ब्राह्मणवादी महिमा देखो, मुझको नीच भंगी बताए॥
हूण, शक, मुसलमान, अंग्रेज यहाँ जो आया था।
सभी ने लूटा मुझे, सत्ता अपनी जमाया था॥
जिसके हाथ लगी सत्ता, मन-माना इतिहास लिखाया।
दास-गुलाम बनाने को, मेरा असली इतिहास मिटाया॥
महत्त्व जाना इतिहास का, तो इसमें सर खपाया है।
इतिहास पाने में अपना, दिन-रात को लगाया है॥
माना बड़ी मुश्किल हुई, छिपे इतिहास से पर्दा हटाने में।
फिर भी मैं खुश हूँ आज, सच्चाई तुम्हें बताने में॥
मैंने तो मानवता-धर्म, कर्ज खून का चुकाया है।
छिपा इतिहास बता, फर्ज अपना भी निभाया है॥
लोगे सबक तो यारो, जीवन सफल बनाओगे।
थे शासक मालिक पुरोहित, फिर 'नाथ' वही पद पाओगे॥

उपसंहार

ये चिथड़ों में लिपटे, हड्डियों के ढाँचे।
कि बक्शा गया जिनको, जीवन में फाँके॥
जमाने की धुतकार, बस इनाम इनका।
करें सबकी सेवा है इमान इनका॥
ये फाँको से उकता के मर जाने वाले।
कि गिजलत में पलते हैं, घर जिनके नाले॥
अगर हक की सोचा तो इनको लड़ाया।
इन भूखों को रोटी का टुकड़ा दिखाया॥
अरे जुल्मी इन पर, जुलम क्यों है ढाया।
हैं ये भी तो इन्सां, समझ क्यों न पाया॥
ये जब तक बँटे हैं, हुकूमत चला ले।
मशक्कत पर इनके, गुलछर्रे उड़ा ले॥
ये गुणी-ज्ञानी ऐसे कि बयाँ जिसकी मुश्किल।
जो जागे तो लुटेंगे, दुनिया की महफिल॥
थे शासक और मालिक, पुरोहित भी न्यारे।
बने शूद्र-भंगी, समय के ये मारे॥
गर गिजलत का इनके कोई अहसास दिलादे।
गौरवशाली इतिहास, इनका दिखा दे॥

दिखा दे गुरुभीम को, जो दलितों का प्यारा।
कुल देव बुद्ध पथ, जो दुःखी जन सहारा॥
तो जागेगा स्वाभिमान, मिटेगी निराशा।
बढ़ेगा मनोबल, न होगी हताशा॥
मिटाने को अन्याय, फिर बोलेगा हेला।
उजड़ जाएगा, धर्म-पाखण्डी का मेला॥
फैलेगा धरम अपना, मिटेगा झमेला।
वर्ण और जाति का, न होगा बवेला॥
ये बदलेंगे हालत, हँसेंगे सब मिलके।
जुटे जाति छोड़, सब टुकड़े एक दिलके॥
सभी नागवंशी, मिलकर सर जो उठाएँ।
जात्याभिमानी, सरकशी भूल जाएँ॥
ये भड़के तो जुल्मों को, मुट्ठी में दबा लें।
जुल्मी-शोषक की 'नाथ' हड्डी तक चबा लें॥

कृति आपके हाथ में, जिनके सहयोग-संबल से

श्री राघव राम

श्री बाबू राम निवासी पतवरिया, इटावा (उ.प्र.) के घर जन्मे श्री राघव राम 'नागवंशी' एक कर्मठ समाज सेवी हैं। आपकी शैक्षिक योग्यता एम.ए. (अर्थशास्त्र) है तथा संगीत में न केवल विशेष रुचि लेते हैं, बल्कि एक बहुत अच्छे गायक भी हैं। इटावा कलेक्ट्रेट में पेशकार के पद पर कार्यरत राघवजी समाजोत्थान में अग्रणी भूमिका निभाते हैं।

श्री रामलखन

श्री रामलखन पुत्र निर्वा. चटरू लाल हेला निवासी साबित गंज इटावा (उ.प्र.) एक प्रगतिशील समाज सेवी तथा अच्छे कवि हैं। यह आपके काव्य प्रतिभा का ही द्योतक

है कि 'नागवंशी हेला की कहानी हेला की जबानी' काव्य की पाण्डुलिपि देख बोल उठे—

कविता न जानो इसे, ये एक भूचाल सा लाएगा।
हेलाओं के उजड़े गुलशन का, हर फूल खिल जाएगा॥

श्री मुन्नालाल सरल

श्री मुन्नालाल सरल पुत्र समुद्दी लाल निवासी ग्राम उझियानी, इटावा। जन्मतिथि 1-7-1942 ई. शैक्षिक योग्यता बी.काम. है। आरंभ में आप चिकित्सा विभाग में स्वास्थ्य सहायक वर्तमान में वरिष्ठ लिपिक के पद पर कार्यरत हैं। समाज सेवा अंतिम क्षण तक करते रहने की हार्दिक इच्छा है।

श्री राजेन्द्र कुमार

निर्वा. कल्लू लाल के घर जन्मे श्री राजेन्द्र कुमार, निवासी कटरा बल सिंह, इटावा एक कर्मठ जुझारू युवक हैं। आपकी रुचि सामाजिक और सामान्य ज्ञान की पुस्तकें पढ़ना तथा क्रिकेट और शतरंज खेलना है। आप क्रिकेट के अच्छे खिलाड़ी हैं। धर्म के प्रति आस्थावान रह कर समाज सेवा में रत हैं।

श्री राकेश चन्द्र अटल

प्रगतिशील सामाजिक कार्यकर्ता निर्वा. दुलीचन्द्र एवं श्रीमती रामवती अटल के घर, जवाहर रोड, भरथना, इटावा (उ.प्र.) में जन्मे होनहार श्री राकेश चंद्र अटल बी.ए. एल.एल.बी, तक शिक्षा ग्रहण कर स्वास्थ्य विभाग में वरिष्ठ लिपिक के पद पर कार्यरत हैं। आप समाज उत्थान के कार्यों में अपनी महत्त्वपूर्ण भूमिका निभाते हैं तथा अनेक संस्थाओं से जुड़े रहकर समाज में शिक्षा के प्रचार-प्रसार हेतु विशेष रूप से एक समर्पित कायकर्ता के रूप में संघर्षरत हैं।

श्री मानवर हेला

निर्धन परिवार में जन्मे श्री मानवर हेला बंगाल के जाने-माने सामाजिक कार्यकर्ता हैं बंगाल के नागवंशी हेला, जो वहाँ पिछड़ी जाति (बैकवर्ड क्लास) की सूची में हैं, उसके उत्थान हेतु कार्य कर रहे हैं। शिक्षण संस्था चलाते हैं तथा दलित-केसरी (पा. समाचार पत्र) के प्रांतीय प्रतिनिधि भी हैं।

श्री एम.एल. परमदास

बंगाल के प्रसिद्ध दलित हित चिंतक तथा विद्धान साहित्यकार श्री मेवा लाल परमदास निवासी, नूर मोहम्मद मुंशी लैन, हावड़ा का जन्म एक साधारण दलित परिवार में हुआ, संगठन और कुशल नेतृत्व के धनी श्री परमदास 'आल इण्डिया अनु.जाति युवा

जन समाज' प. बंगाल कमेटी के अध्यक्ष हैं, सामाजिक जागृति हेतु आपने अनेक अच्छी पुस्तकें लिखी हैं।

श्री नागेन्द्र कुमार दिनकर, एडवोकेट

एक साधारण हेला परिवार में जन्मे श्री एन.के. दिनकर, एडवोकेट पुत्र श्रद्धेय बी. एल. दिनकर निवासी लखना, इटावा एक प्रगतिशील चिन्तक और अच्छे सामाजिक कार्यकर्ता हैं। आप नागवंशी हेला समाज के गौरवशाली इतिहास से इतने प्रभावित हैं कि प्रगति की धारा से बहक गए दलित समाज में अपने महान इतिहास को प्रचारित करके उन्हें प्रगति की मूल धारा से जोड़ने हेतु उत्साहपूर्वक जुटे हैं।

श्री गुरु प्रसाद

सती मोहल्ला, इटावा निवासी श्री गुरु प्रसाद का जन्म श्रद्धेय काली चरण के घर दलित हेला परिवार में हुआ। आप जनपद के एक कर्मठ समाज सेवी हैं तथा समाज उत्थान से संबंधित किसी भी कार्य में बढ़-चढ़ कर भागीदारी निभाते हैं। आप स्वभाव से एक सीधे-सादे मृदुभाषी व्यक्ति रहे हैं।

मा. हरिश्चन्द्र बौद्ध

श्री हरिश्चन्द्र बौद्ध निवासी मलाक राज रामबाग, इला. का जन्म इलाहाबाद के जाने-माने समाज सुधारक निर्वाणगत चौधरी रामदीन बौद्ध के घर हुआ। आप दूरसंचार विभाग में टेक्निकल सुपरवाइजर के पद पर कार्यरत हैं। अपने महान पिता के नक्शे-कदम पर चलते हुए समाज सुधार और शिक्षा को बढ़ाने में प्रयत्नशील हैं। समाज सेवा में विशेष रुचि के कारण आप जनपद की अनेक संस्थाओं से जुड़े हैं।

श्री रामबाबू

एक साधारण हेला परिवार में जन्मे श्री रामबाबू पुत्र निर्वाणगत श्याम लाल निवासी गाड़ीपुरा, नई बस्ती बिसुनबाग, इटावा, निष्ठावान समाज सेवी वर्तमान में एफ.सी. आई. में कार्यरत हैं, समाज उत्थान के कार्यों में विशेष रुचि रखते हैं तथा एक कार्यकर्ता के रूप में कार्य करते रहने का मन में एक महान संकल्प है।

श्री हरी बाबू

श्री हरी बाबू पुत्र श्रद्धेय मदारी लाल निवासी अस्तल, इटावा (उ.प्र.) स्वाभिमानी नागवंशी हेला समाज के ठोस स्थानीय कार्यकर्ता हैं, आप अडिग, अदम्य साहसी, निष्ठावान समाज सेवी के साथ-साथ एक अच्छे कवि के रूप में समाज में शिक्षा विस्तार एवं समाज को संगठित करने की दिशा में तन्मयता से प्रयासरत हैं।

शान्ति कुमारी

जे.पी. कर्दम

गुरुचरण हेला

ओ.पी. स्नातक

चमन लाल

प्रेमचन्द्र बौद्ध

राघव राम

मुन्ना लाल सरल

राजेन्द्र कुमार

मानवर हेला

एम.एल. परमदास

गुरु प्रसाद

मा. हरिश्चन्द्र बौद्ध

हरी बाबू

निषाद वंश के कुल गौरव

अविनाश चन्द्र चौधरी

भूमिका

अतीत की गहराइयों में डूबती नई पुरानी स्मृतियों की विस्मृति के आगोश में सदा के लिए समा जाने से पूर्व लिपिबद्ध कर सुरक्षित करने के प्रयास में हमने भूतपूर्व निषाद समाज सेवियों द्वारा जनहितार्थ किए गए कार्यों से संबंधित घटनाक्रम का विवरण प्रस्तुत करने की चेष्टा की है। इसके अंतर्गत इलाहाबाद में किए गए 1910 तक पुराने तथा अखिल भारतीय निषाद महासभा द्वारा राष्ट्रीय स्तर पर उत्तर प्रदेश, बिहार तथा प. बंगाल में किए गए 1916 तक पुराने सामाजिक कार्यों का संक्षिप्त विवरण दिया गया है। आइसबर्ग की छोटी-सी चोटी समान उस विवरण को देने का प्रमुख आशय, आप सब प्रबुद्ध जनों के मन में समुद्र में डूबे उसके विशाल हिमखण्ड के प्रति जिज्ञासा उत्पन्न करना है जिससे उस दिशा में और उन्नत कार्य हेतु सामूहिक प्रयास किया जा सके। दिवंगत हुए और सौभाग्य से जीवित वयोवृद्ध समाजसेवियों के प्रति यही हमारी श्रद्धा होगी।

हम उन सब रचनाकारों, अध्येताओं, विचारकों और शुभ चिंतकों के आभारी हैं जिन्होंने अपनी व्यस्तता के बावजूद हमारे निवेदन गंभीर अध्ययन मनन के पश्चात परिश्रमपूर्वक तैयार अपनी रचनाओं के माध्यम से समिति के इस सारस्वत अनुष्ठान में अहैतुक सहयोग दिया है। इस स्मारिका को मूर्त रूप देने में डॉ. प्रेम निषाद शरद नर्सिंग होम इलाहाबाद द्वारा प्राप्त विशेष सहयोग के लिए समिति आभारी है। इसके प्रकाशन में निहित जलिटतम कार्य जैसे संपादन सहयोग, सामग्री संकलन, प्रूफ रीडिंग, दौड़-धूप आदि को अत्यंत धैर्यता के साथ संपादित कर सफलता की मंजिल तक पहुँचाने का श्रेय सर्वश्री सुनील कुमार निषाद, चौधरी रामलखन, भोला निषाद एवं क्रांति स्वरूप को है। इसके अतिरिक्त समिति के अन्य पदाधिकारी संरक्षक सदस्यों तथा जनपद के सभी नाविक घाटों से भी सहयोग प्राप्त हुआ। वस्तुतः आप सब सहृदय बंधुओं के कारण ही इस स्मारिका का प्रकाशन संभव हुआ। अपने उद्देश्यों की पूर्ति में यह स्मारिका कहाँ तक सफल हुई है इसका निर्णय करने का अधिकार प्रबुद्ध पाठकों को है। अकिंचन मात्र हम तो बस इतना निवेदन करेंगे कि इसमें जो त्रुटियाँ हों उन्हें हमारी गलती समझी जाए।

महाराजा निषादराज गुह

महाराजा निषादराज गुह रामकाल में एक ऐसे यशस्वी नरेश हुए जिन्होंने ईश्वर भक्ति, विश्वास, शौर्य, समर्पण, त्याग और आत्मा के परस्पर सम्मान के उच्च आदर्शों के प्रतिफलन की मर्यादा की पराकाष्ठा कर स्वयं राम कथा को कृत कृत किया था। समग्र भारतीय समाज की आत्मा की आवाज को हजारों वर्षों से प्रतिध्वनित करती आ रही रामकथा निषादराज का उल्लेख किए बिना पूर्ण नहीं होती। उस महापुरुष की राजधानी इलाहाबाद से 39 किलोमीटर दूर गंगातट पर स्थित शृंगवेरपुर में थी जहाँ भगवान राम ने अपने वनगमन का पहला पड़ाव किया था। यहीं पर राजसी वेशभूषा का परित्याग कर राम ने निषाद के हाथों जटाजूट और वनवासी परिधान धारण किया था।

महाराज दशरथ द्वारा वनवास की आज्ञा पाकर राम सर्वप्रथम शृंगवेरपुर गए थे। **"सीता सचिव सहित दोउ भाई शृंगवेरपुर पहुँचे जाई।"** इसका कारण था। राजकुमार राम की मित्र मंडली में निषादराज भी सम्मिलित थे। एक बार राम ने कहा कि मृग का शिकार वे अकेले अपने धनुषबाण से करेंगे और इस बीच कोई भी शस्त्र नहीं उठाएगा। जिस मृग पर उन्होंने तीर चलाया वह मृग नहीं सिंह निकला जिसने तत्क्षण राम का वध करने के लिए उछलकर उनके कंधों पर अपना पंजा गड़ा दिया। अपने प्रिय मित्र राम के जीवन को संकट में देखकर निषादराज ने उनकी आज्ञा का उल्लंघन करते हुए अपने तीर से सिंह को मार गिराया। अवज्ञा के कारण राम ज्योंही निषादराज को मृत्यु दण्ड देने के लिए उद्यत हुए त्योंही मृत सिंह उठकर खड़ा हो गया और भगवान शिव का रूप धारण करते हुए कहा कि 'राम! निषादराज से अधिक विश्वासी तुम्हारे जीवन में और कोई मित्र नहीं है।'

भगवान राम और महाराज निषाद की मित्रता की यही बुनियाद थी। जिस नाव से भगवान राम पार हुए थे उसे केवट ने चलाया था तथा राम के विनय करने पर निषादराज भी उनके साथ गए थे। जैसा कि इस चौपाई से ज्ञात होता है।

उतरि ठाढ़ भए सुरसरि रेता। सीय राम गुह लखन समेता॥

डॉ. सुरेश ब्रत राय ने 'नमामि रामम' में लिखा है कि भरद्वाज आश्रम से राम

सती अनसूया का दर्शन करने अतरसुइया तथा माँ ललिता का दर्शन करने मीरापुर आए थे तथा यहीं से आगे यमुना नदी पार कर चित्रकूट के लिए प्रस्थान किया था। मीरापुर के आगे सप्त सिंधु सागर घाट (वर्तमान ककरहाघाट) है। अतः यहीं से उन्होंने यंमुना पार किया होगा। यथा–

ग्राम निकट जब निकसहिं जाई। देखहिं दरसु नारिनर धाई॥
सुनत तीरवासी नरनारी। धाए निज निज काज बिसारी॥

सप्त सिंधु सागर घाट से सटा हुआ सदियापुर है जो निषाद बाहुल्य मोहल्ला है। उपर्युक्त चौपाइयों से वर्णित 'ग्राम' तथा 'तीरवासी' से तात्पर्य क्रमशः सदियापुर व निषाद से ही हो सकता है। निषादराज सदियापुर तक आए थे और राम को विदा कर शृंगवेरपुर वापस गए थे।

राम रजाययु सीस धरि भवन गवनु तेई कीन्ह।

मीरापुर में महाशक्ति पीठ ललिता मंदिर है। इसी स्थान पर सती के दाहिने हाथ की अंगुलियाँ गिरी थीं।

हस्तांगुल दुइ गिरा प्रयागा। तरनि सुता तट सुंदर जागा॥
जेहि भू गिरा अंश अनूपा। महाशक्ति भइ ललिता रूपा॥

मीरापुर से एक फर्लाङ्ग आगे यमुना तट पर सप्त सिंधु सागर घाट है जिसे 26 वाँ चक्रतीर्थ माना जाता है।

''प्रयागे ललिता देवी मीरापुर स्थितः। दक्षिणो भाग कालिन्दी वट वृक्ष शोभिता। 26 चक्रतीर्थ नाम सिंधु सागर स्थितः। पीठ स्थान महाकूपो भव भेरो वह मोचना।'' स्पष्टतया भगवान राम माँ ललिता के दर्शनोपरांत इसी घाट पर आए थे और यहीं से यमुना पार कर चित्रकूट के लिए प्रस्थान किया था।

राम कथा के अत्यंत महत्त्वपूर्ण पात्र निषादराज की भूमिका यहीं समाप्त नहीं होती। सेना सहित भरत राम को वापस ले जाने के लिए जब शृंगवेरपर पहुँचे तो निषाद को प्रथम दृष्टया राम के प्रति भरत के मन में कपट होने की शंका हो गई थी।

कारन कवन भरतु बन जाहीं। है कछु कपट भाइ मन माहीं॥

फलस्वरूप निषाद राज भरत से तथा उनकी विशाल सेना से राम रक्षार्थ युद्ध करने को तैयार हो गये।

होहु संजोइल रोकहु घाटा। ठाटहु सकल मरै के ठाटा॥
सनमुख लोह भरत सम लेऊँ। जियत न सुर सरि उतरन देऊँ॥
समर मरन पुनि सुरसरि तीरा। राम काज छन भंगु सरीरा॥

परंतु यह ज्ञान होने पर कि भरत राम को अयोध्या वापस आने के लिए मनाने जा रहे हैं निषाद ने उनको अपने हृदय से लगा कर उनका भी आवभगत किया तथा सम्मानपूर्वक उन्हें केवल गङ्गा ही पार नहीं करवाया अपितु राम से भेंट करवाने

के लिए उनके साथ भी गए।

कियउ निशादनाथु अगआई। मातृ पाल़की सकल चलाई॥

चूँकि राम सप्त सिंधु सागर घाट से यमुना पार किए थे इसलिए भरत भी निषाद के साथ इसी घाट पर गए थे।

जमुन तीर तिहि दिन करि वासा। भयउ समय सम सबहि सुपासा॥

वनगमन के समय गङ्गा पार करते हुए सकुशल वापस आने के लिए सीता जी ने उनसे मनौतियाँ मानी हैं। वापस आने पर इस पूजा को संपन्न कराने में निषाद-राज की प्रमुख भूमिका थी। राम के राज्याभिषेक समारोह में निषादराज एक अत्यंत सम्मानित अतिथि थे। कार्यक्रम के समापन पर राजा राम ने उनसे कहा था।

तुम मम सखा भरत सम भ्राता। सदा रहेहु पुर आवत जाता॥

रामचरित मानस में अयोध्या काण्ड, लंका काण्ड, उत्तर काण्ड आदि में अत्यंत प्रमुखता से छाए महाराज निषादराज गुह की महानता शृंगवेरपुर का नरेश होना भी है जहाँ देवी-देवता, ऋषि, मुनि, तपस्वी वास करते थे और जहाँ कश्यप ऋषि द्वारा लोमस ऋषि की अध्यक्षता में 88 हजार ऋषियों द्वारा महायज्ञ किया गया था।

शृंगवेरपुर में शृंगी ऋषि का जन्म हुआ था जो विभाण्डक ऋषि के पुत्र तथा ऋषि कश्यप के पौत्र थे। शृंगी ऋषि ने यहीं पुत्रयेष्टि यज्ञ करवाया था जिससे महाराज दशरथ को राम, लक्ष्मण, भरत तथा शत्रुघ्न जैसे प्रतापी पुत्र प्राप्त हुए थे। शृंगवेरपुर जैसे अति महत्त्वपूर्ण एवं पवित्र राज्य का नरेश एक महान् से महान् व्यक्ति ही हो सकता था और वे थे निषादराज गुह। महात्मा तुलसीदास ने उन्हें राम सखा कहा क्योंकि रामायण या राम कथा के मूल रचनाकार महर्षि वाल्मीकि ने उन्हें "रामस्यात्म समःसखा" (2.50.33) कहा था। कम्बन ऋषि ने तो कम्बन रामायण में उन्हें राम का पाँचवाँ भाई माना है। महा प्रतापी और शौर्यवान निषादराज के विषय में वाल्मीकि ने लिखा है।

"तत्र राजा गुहेनाम राम स्थात्यसम सखा।
निषाद जान्यो बलवान स्थति श्वेति विश्रुताः।"

निषादराज के परिप्रेक्ष्य में तुलसी कृत रामचरित मानस के अध्ययन से जो स्थिति उभरकर आती है उसे निम्न वर्णों के प्रति सवर्णों की पूर्वाग्रही मानसिकता की उपज कहा जा सकता है। निषाद जाति के निम्नवर्णीय गुहराज राम के आत्मा तुल्य सखा तथा एक शौर्यवान नरेश होते हुए भी हीनता की इस मानसिकता से बच नहीं सके।

रामायण के उस महान पात्र को मानस में नीच, अस्पृश्य, कपटी, कायर आदि शब्दों से संबोधित किया जाना परोक्ष रूप से स्वयं राम की मर्यादा से प्रभावित करना है क्योंकि गुहराज राम के निकटतम मित्र थे। शृंगवेरपुर पहुँचने पर राम के सम्मुख निषादराज से कहलवाया गया—**"देव धरनि धनु धामु तुम्हारा। मैं जनु नीचु सहित**

परिवारा।'' (87) इसे विनम्रता प्रदर्शित करने का शिष्टाचार कहा जा सकता है पर अयोध्याकाण्ड में बार-बार इसकी पुनरावृत्ति उस धारणा को बनने नहीं देती। भरत के शृंगवेरपुर आने पर निषादराज का परिचय इस प्रकार करवाया जाता है—**लोक बेद सब मानिहिं नीचा। जासु छाँह छुई लेइअ सींचा॥** (193) राम के संपर्क में आने के पूर्व निषाद को **''कपटी कायर कुमति कुजाती। लोक बेद बाहेर सब भाँती॥** (195) कहा गया। पर्णकुटी में ठहरे राम लक्ष्मण तथा सीता को अयोध्या वापस बुला ले जाने के उद्देश्य से पहुँचे गुरु वशिष्ठ व भरत आदि के सम्मुख निषाद के लिए कहा गया—

एहि सम निपट नीच कोउ नाहीं। बड़ वसिष्ठ को जग माहीं॥ (247)

यहीं पर कोल किरात भील समेत निषाद के विषय में लिखा गया—

हम जड़ जीव जीवजन घाती। कुटिल कुचाली कुमति कुजाती॥
पाप करत निसि बासर जाहीं। नहिं पट कहिं नहि पेट अधाहीं। (250)

अत्यंत श्रद्धा और विश्वास के साथ पढ़े जाने वाले इस महान धर्मग्रंथ में सन्निहित उपर्युक्त चौपाइयाँ पाठक के मन में निषादराज के प्रति हीनता की भावना उभारती हैं और उनकी दृष्टि में निषादराज एक तुच्छ व्यक्ति प्रतीत होने लगते हैं। राम भक्ति के प्रवाह में लिखी गई मानस में स्वयं राम के परम प्रिय मित्र निषादराज का इस प्रकार उल्लेख असमंजस में डालते हुए पाठक के मन में सवाल खड़ा करता है कि तुलसीदास सरीखे महान युगपुरुष के मन में निम्न जाति और उच्च जाति के मध्य भेद की कैसी भावना थी जबकि वह महान पण्डित जानते थे कि निम्नजाति के स्थूल शरीर में बसे चैतन्य आत्मा तथा उच्च जाति के स्थूल शरीर में बसे चैतन्य आत्मा में कोई भेद नहीं होता। उस विषय की विवेचना करते हुए रामायण रहस्य नामक अपनी पुस्तक में विद्वान अभिलाष दास ने लिखा है कि गोस्वामी जी ने राम को ऊपर उठाने के लिए गुहराज की गरिमा को गिराने का प्रयत्न किया। वे गुहराज की बड़ाई करते हुए उन्हें नीच कहते हैं और उनके मुख से उन्हें स्वयं नीच कहलवाते हैं। गुहराज ने वशिष्ठ को देखकर अपना नाम लेते हुए दूर से प्रणाम किया। उसने अपने गाँव जाति तथा नाम को बताते हुए माथे को जमीन पर टेककर नमस्कार किया। जो लोक-वेद दोनों दृष्टियों तथा सब प्रकार से नीच है जिससे छू जाने से अपने अंगों पर पानी छिड़ककर अपने को शुद्ध करना चाहिए या वस्त्र सहित स्नान करना चाहिए। वाल्मीकीय काव्य में गुहराज को कहीं नीच नहीं कहा गया है किंतु गोस्वामी जी गुहराज को नीच कह कर चित्रित करते हैं। गोस्वामी जी के समय में सवर्णों के मन में जो जहरीली तथा पापपूर्ण भावना शूद्र कहे जाने वाले बंधुओं के प्रति थी, गोस्वामी जी के मन में उसके विरोध में कोई क्रांति होने की संभावना नहीं थी।

भारतीय संस्कृति के जनक

'निषाद' संस्कृत भाषा का शब्द है जिसका धातुमूलक अर्थ है 'बैठाने वाला'। मत्स्य आखेट तथा नौकायन के अतिरिक्त समुद्री यात्राओं में भी उनकी प्रधानता थी। निषाद 'मल्लाह' के नाम से भी जाने जाते हैं परंतु यह पेशावाचक शब्द है तथा मूलतः अरबी शब्द है। आर्यों के आगमन से पूर्व ही निषाद भारत के पश्चिमोत्तर, पश्चिमी, मध्यवर्ती और पूर्वी प्रदेशों में बसे हुए थे। इनकी सभ्यता पहले से ही पर्याप्त रूप से विकसित थी। इनके विभिन्न प्रकार के 'पुर' (दुर्ग) थे जिन्हें शारदीय, उर्वो, अश्ममयी, आमा, आयसी तथा शतभुजी आदि कहा जाता था। इतिहासकार श्री राम गोयल (विश्व की प्राचीन सभ्यताएँ) ने लिखा है कि "जब दूसरी सहस्राब्दी ई. पू. के पूर्वार्द्ध में आर्य पश्चिमोत्तर भारत में प्रविष्ट हुए तो उस समय इस प्रदेश में यही (दास, दस्यु अथवा निषाद) सभ्यता फल फूल रही थी। मोहनजोदड़ो हड़प्पा, सुत्कजेन्डोर तथा अलीमुराद आदि स्थलों के ध्वंसावशेषों को देखकर यह स्वीकृत करना अनिवार्य सा हो जाता है कि आर्यों ने दास दस्यों व निषादों के जिन 'पुरों' का वर्णन किया है वे सैंधव नगरों से भिन्न नहीं थे।" अर्थात् सैंधव सभ्यता के जनक निषाद थे। 'दास' दस्यु द्रविण जातीय थे। इसके पक्ष में डॉ. सुनीति कुमार चाटुर्ज्या, फादर हेरास, ह्यूम आदि विद्वानों ने भी अपना मत व्यक्त किया है। द्रविड़ जाति ईरान तक फैली हुई थी जैसाकि यूनानियों द्वारा केस्पियन समुद्र के समीप निवास करने वाली जाति को संबोधित 'दाह' शब्द से प्रतीत होता है जो वैदिक 'दास' से भिन्न नहीं थी। ईरानी साहित्य में 'दस्यु' शब्द का उल्लेख है जिसका अर्थ 'दास' ही होता है। इसके अतिरिक्त आर्य जब भारत में आए तो उन्हें यह पता ही नहीं चला कि वे किसी नए देश में प्रवेश कर रहे हैं क्योंकि यहाँ उन्हें वे ही जातियाँ मिलीं जिन्हें उन्होंने ईरान में देखा था। हिन्दी विश्वकोश, खण्ड-6 (काशी नागरी प्रचारिणी सभा) के अनुसार अति प्राचीन युग में दक्षिण पूर्व एशिया से समुद्री मार्गों द्वारा एक विशाल जन समूह भारत के दक्षिण तटों पर आकर बसा था जो 'द्रविण निषाद' कहलाते थे। आर्यों ने इन्हें बाद में 'निषाद' कहा और कालांतर में ये 'द्रविण जन' के नाम से भी जाने गए। आस्ट्रेलियाई भाषा के अनेक तत्त्व भाषा विज्ञानियों का इस कोश में उल्लेख है जिन्होंने इस तथ्य

को स्वीकारा है। निषादों को 'आस्ट्रिक' भी कहा जाता था। ऋग्वेद में भी निषादों के बारे में यह तथ्य स्वीकार किया गया है कि आर्यों के भारत आने पर उन्हें ये जातियाँ पहले से ही बसी हुई मिली थीं तथा ये विकसित और सभ्य जाति थी। इतिहासकार श्री राम गोयल ने निषादों को सैन्धव सभ्यता का निर्माता माना है और इसके पक्ष में उन्होंने अपनी पुस्तक 'भारत की प्राचीन सभ्यताएँ'–(323 ईसा पूर्व तक) में पुष्ट तर्क भी दिए हैं। हाल, कीथ डॉसन, स्लेटर तथा हिवेट आदि विद्वानों ने भी आर्यों के आगमन के पूर्व से ही द्रविणों (निषाद) की सभ्यता को पर्याप्त रूप से विकसित माना है। कुबेर नाथ राय के अनुसार 'यही नस्ल' (निषाद आदि) भारतीय जन समाज, भारतीय भाषा, भारतीय धर्मोपासना तथा समग्र भारतीयता की नींव या आधार रखती है अतः पौराणिक भारतीय संस्कृति के नए आगमन के पूर्व से संयुक्त उत्तराधिकार की उभयनिष्ठ भूमि भारत और द्वीपांतर में मौजूद थी। नगेन्द्र नाथ बसु के मतानुसार अनार्य जाति निषाद आर्यों के भारत आने के पूर्व से ही यहाँ विभिन्न स्थानों पर बसी हुई थी।

भारत के दक्षिण में बसे 'द्रविण जन' (निषाद) चतुर्धा विभक्त होकर (तमिल, तेलुगू, मलयालम आदि) भाषाओं के आधार पर चार प्रदेशों में फैल गए थे। इनकी शक्ति, समृद्धि और विकसित सभ्यता के कारण आर्यों ने भारत आने पर इनसे संघर्ष करने के बजाय सहअस्तित्व की प्रार्थना की थी। यही कारण था कि वैदिक काल या अंशतः पूर्व वैदिक काल में जबकि भारत की सहस्रों जातियों को ब्राह्मण, क्षत्री, वैश्य और शूद्र वर्ण में वर्गीकृत कर विलय कर दिया गया था निषाद जाति का अस्तित्व स्वतंत्र रखा गया था जिसे वेदों में पाँचवाँ वर्ण कहा गया। यथा–

ऊर्जादः उत यज्ञिमासः पंचजनाः मम् होत्रं जुषध्वम (ऋग्वेद)
पंचजनाः चत्वारो वर्णाः निषादः पंचम इति औपमन्यवः (निरुक्त)

(अन्नाहारी यज्ञ की इच्छावाले ब्राह्मण, क्षत्रिय, वैश्य, शूद्र व निषाद ये पाँचों प्रकार के लोग यज्ञ को संपादित करें)

निषाद से यथा क्रम निषादी में जो संतान पैदा होगी उसे माना जाता था कि वह पाँचवें जन्म में जाकर शूद्रता से रहित होगी।

निषादेन निषाद्यामा पंच मज्जानो पद्यन्ति।
शूद्रताम तपुमनयेच्छष्ठं याजयेत्॥

निषाद जाति इतनी महान थी कि **'स्थपतये नमः निषादेभ्योनमः'** कह कर शास्त्रों में इसे नमन किया गया था। वैसे भी सत्यवती, वेदव्यास, एकलव्य, निषादराज, रघुकेवट, वसुनिषाद, योहन, अन्दिय हिम्मतराय, जैसे भारतीय धर्म, संस्कृति और सभ्यता के महान शिल्पियों को जन्म देकर निषाद जाति ने विश्व पटल पर अपने आपको कीर्तिमय स्थान पर स्वयं भी स्थापित किया था।

विश्व वाणिज्य के इतिहास में निषादों का उल्लेख स्वर्णाक्षरों में किया गया

है। अंतर्राष्ट्रीय परिवहन की समस्त व्यवस्था इसी जाति के हाथों में थी। वायुयानों के आविष्कार से बहुत पूर्व आवागमन का साधन केवल नौकाएँ होती थीं जो स्वचालन यंत्रों से विहीन होने के कारण सुरक्षित नहीं होती थीं फिर भी निषाद समुद्री यात्राओं के लिए उपलब्ध इस एकमात्र साधन से दूर-दूर के देशों तक जोखिम से भरी साहसिक यात्राएँ बड़ी निडरता से किया करते थे। वास्तव में निषाद समुद्र लंघन का कसम ले कर जन्मा था और जन्मने का ऋण तो उसे चुकाना ही था परिणाम चाहे समुद्र लंघन हो या जल समाधि। विभिन्न प्राचीन ग्रंथों में उसकी साहसिक समुद्री यात्राओं का वर्णन मिलता है। 'सुवर्ण द्वीप', 'युक्ति कल्पतरु', 'तिलक मंजरी', 'वैजयन्ती', 'अभिदान रत्नमाला' और 'देशी नाम माला' जातक आदि ग्रंथों में उसका विवरण है; 'निद्वेश' के अनुसार जिन देशों को ये भारतीय नाविक जाया करते थे उनके प्रमुख नाम हैं मरुकान्तर (अरब, सीरिया, अल्लसन्द्रा अलेक्जेण्डरिया, काहिरा), परमयौना (रोम), सुबर्णकूट (मलय), सुवर्णभूमि (बर्मा), जावा, बीरापथ, (बारावेट) तथा सुमात्रा। यूनान, मिस्र आदि से अरब सागर, भूमध्य सागर, हिंद महासागर तथा बंगाल की खाड़ी को पार करते हुए ये नाविक जावा, सुमात्रा, बोर्नियो आदि देशों को व्यापार एवं धर्म प्रचारार्थ नियमित रूप से जाया करते थे। मलेशिया में तद्भव संस्कृत में लिखे शिलालेख तथा युकोसन प्रांत (अमेरिका) से प्राप्त अभिलिखित ईंटों के अध्ययन करने के बाद अमेरिकन डॉ. वेरिफेल ने लिखा है कि बुद्ध गुप्त नामक एक भारतीय नाविक ने अमेरिका की खोज कोलम्बस से 6 सौ वर्ष पूर्व ही कर ली थी। इन अभिलेखों के अनुसार महानाविक बुद्धगुप्त जुलाई माह शक संवत् 845, ई.सं. 983 में अमेरिका पहुँचा था। टेकसास तथा केलिफोर्निया में मूल अमेरिका में कोलम्बरा पूर्व कलाकृतियों का सर्वेक्षण कर भारतीय इतिहासकार डॉ. बाकणकर ने लिखा है कि उसमें अंकित स्वस्तिक, सूर्य, चन्द्र आदि निश्चित रूप से भारतीय प्रभाव के द्योतक हैं।

संभव है इन्हें बुद्धगुप्त ही अपने साथ ले गया हो। यह नाविक भारत में 'रक्त मृत्तिका' (बंगाल का रागामाटी वर्तमान मुर्शिदाबाद से 12 मील दूर) का रहने वाला था।

जिन नौकाओं से भारतीय नाविक दूर-दूर तक समुद्री यात्राएँ करते थे उनके निर्माण तथा संचालन का विवरण 'अवदान शतक' अर्थशास्त्र तथा 'युक्ति कल्पतरु' में मिलता है। उसे जमाने में लड़कियों का भी वर्ग विभाजन था। आम, पलाश, शमी, पीपल को ब्राह्मण काष्ठ, साखू, साल, सागोन, देवदास क्षत्रिय काष्ठ तथा शीशम, गम्हार, चंदन आदि को वैश्य काष्ठ कहा जाता था। नौकाएँ क्षत्रिय काष्ठ के फलकों को परस्पर गूँथ (जोड़) कर बनाई जाती थीं परंतु लोहे की कीलों का प्रयोग नहीं किया जाता था क्योंकि उससे समुद्र में गुप्त चुंबकीय खिंचाव से नौकाओं के डूब जाने का खतरा उत्पन्न हो जाता था। इन नौकाओं के तीन वर्ग थे—(1) सामान्य जिनकी लम्बाई × चौड़ाई × ऊँचाई क्रमशः 16 × 4 × 4 से लेकर 120 × 60 × 60 हाथ होती थी, (2) दीर्घ 32 × 4 × 3 से 176 × 22 × 17.75 हाथ तथा (3) उन्नत—32

× 16 × 16 से 96 × 48 × 48 हाथ। इन नौकाओं के विभिन्न अंगों को 'दारुतल' (डेक), कुषक (मस्तूल), 'शीर्ष गाँठ' (गलई), 'दंड कर वार्ला' (डांड), 'वंश कर वाल' (लग्गी), 'नंगर' (लंगर), 'सिखपट' (पाल), 'कर्ण' (पतवार) आदि कहा जाता था। गहरी समुद्री यात्राओं में अधिक ऊँचाई वाली नौका प्रयोग में लाई जाती थी। बनावट के अनुसार इन नौकाओं के विभिन्न नाम थे जैसे 'मध्य मन्दिर' 'अग्र मन्दिर' 'मेल्हना' 'संगर' आदि। समुद्र में प्रयोग किए जाने वाली नौकाओं के पेंदी में बालू भरी बोरियाँ रखी जाती थीं जिससे समुद्र की विकराल तरंगें उनके संतुलन को बिगाड़ न सकें। यात्रा सुनियोजित ढंग से व्यवस्थित कई नौकाओं के एक बेड़े के साथ की जाती थी जिसमें मालवाही नौका के साथ एक मध्य मन्दिर एक अग्र मन्दिर, दो-चार डोगियाँ और मेल्हना नौकाएँ होती थीं तथा इस बेड़े के साथ संगर नौकाओं का एक बेड़ा भी होता था जिसमें धनुष बाण इत्यादि से लैस युद्ध प्रवीण रक्षक गण एवं श्रमिक बैठते थे। उस बेड़े का संचालन एक कुशल 'नाविक मंडल' (क्रिउ) द्वारा किया जाता था जिसमें विभिन्न कार्यों के लिए पृथक्-पृथक् नाविक गण होते थे। गौन (गुन) खींचना, लंगर डालना, तरी को कूल से मिलाना, 'आहार' या 'माँझी' द्वारा मझधार में नौका संचालन करना, 'कैवर्त' द्वारा पतवार सँभालना, 'कर्णधार' द्वारा लग्गी चलाना, 'कुक्षिधर' द्वारा और डांड़ खेने का कार्य 'दंडकर वाल' द्वारा संपन्न होता था। पाल तथा मस्तूल ठीक करने का कार्य 'दत्ररश्मि' या 'संग्राहक' द्वारा, नाव को दिशा दिखाने का कार्य 'दिशाधर' द्वारा तथा नाव को छिद्र द्वारा जल भराव से सुरक्षित रखने का कार्य 'उत्से चक' द्वारा किया जाता था। ये सभी अपने कार्य के विशेषज्ञ तथा अनुभवी हुआ करते थे। 'माँझी' नक्षत्र मण्डल में तारों एवं उपग्रहों की स्थिति से दिशा एवं समय का पता लगाने में होशियार होने के साथ-साथ स्थान विशेष की भौगोलिक एवं किनारों के उतार-चढ़ाव, कगार, टूट-फूट इत्यादि की जानकारी रखता था। 'कैवर्त' लहरों के बहाव, अण्डर वाटर, करेण्ट, भँवर चकोह आदि का पता लगाने में अनुभवी होता था। 'कुक्षिधर' गुप्त शिलाखण्ड, गोपन बालू की चट्टानें या डूबे हुए महीरुहों की जड़ों का जिनमें नौका फँस कर डूब सकती थी पता लगाने में माहिर होता था। पूरे बेड़े के सर्वोच्च अधिकारी को 'महानाविक' या 'जेत्तक' कहा जाता था। समुद्री यात्रा का श्रीगणेश नाव की पूजा अर्चना करके किया जाता था। गुजराती नाविक 'रत्नाकर भगवान' की पूजा करते थे तथा उनकी स्त्रियाँ 'चौरठ' (चावल का घोल) नौका गात्र पर हस्तछाप देकर सिंदूर से टीकती थीं जो मंगल और अभय का प्रतीक माना जाता था। उत्कल (उड़ीसा) के नाविक 'मंगला चण्डी' की पूजा करके कार्तिक मास में बाली, सुमात्रा व जावा की ओर रवाना होते थे। तमिल और द्रविण नाविक 'सहस्त्रशीर्ष अनन्तशायी' की पूजा करके शंखध्वनि करके यात्रा आरंभ करते थे। आधुनिक जलयानों की जन्मदात्री ये नौकाएँ सागर में 2000 ई. पू. से लेकर 14वीं शती तक साहसिक विचरण करती रहीं और इनके साढ़े तीन हजार वर्ष तक की इस कीर्ति की महिमा इतिहास के पन्नों में सदैव स्वर्णाक्षरों में जगमगाती रहेगी।

मूर्धन्य विद्वान श्री कुबेर नाथ राय ने निषादों की जिस गौरवमयी प्राचीन सभ्यता का पता लगाया वह अभूतपूर्व है। इनकी तीन पुस्तकें 'निषाद बाँसुरी', 'किरात नदी में चन्द्र मधु' तथा 'मन पवन की नौका' निषादों की गौरवगाथा से भरी पड़ी हैं। उन्हीं के शब्दों में "ये पुस्तकें भारतीयता के विशिष्ट आयामों के पुनराविष्कार के संदर्भ में एक त्रयी (Triology) रचती हैं।" 'निषाद बाँसुरी में उन्होंने निषादों के बारे में लिखा है : "भारतीय धरती के आदि-मालिक निषाद ही थे। भारतीय भाषाओं में मूल संज्ञाएँ, भारतीय कृषि के मूल और आदिम तरीके और भारतीय मन के आदिम संस्कार उन्हीं की देन है।....विश्व में सर्वप्रथम इसी गंगा की घाटी में धान चावल का आविष्कार किया था, भैंस को दुधारू बनाया था, जड़ी-बूटियों और फलों को पहचाना था और उन्हें नाम दिया था तथा खेती के औजारों को गढ़ा था।..." भारतीय खेती का सूत्रपात करने वाला निषाद ही है।... इन्हीं के द्वारा कृषि-कर्म का श्रीगणेश हुआ।....यही नहीं, आधुनिक भाषा वैज्ञानिकों की दृष्टि में कदली, नारिकेल, ताल, तम्बूल, वातिङ्गण (बैंगन), आलवु (लौका), निबुक, जम्बू, कर्पास, शाल्मला इत्यादि अनेक वृक्षों और तरकारियों के नामों का मूल स्रोत निषाद भाषा ही है।...कुक्कुट, मोर, मातंग, गज शब्द निषाद बोलियों से संबंधित हैं।...निषादों ने न केवल खेती करना बल्कि गुड़ बनाना, पान का प्रयोग, कौड़ी (बीस) में गिनने की पद्धति, बुनाई कला, भैंस और हाथी पालना आदि का भी समारंभ किया था।...महिष काल, महिष मर्दिनो, दुर्गा की पूजा, शीतला की पूजा अपने-अपने रूप में निषाद संस्कृति से आरंभ होती है।...सृष्टि और काल का मूल उत्स है चन्द्र मण्डल, ऐसे पुराने निषादों (आस्ट्रिकों) का विश्वास था। वे चन्द्रमा की कलाओं पर तिथि गणना करते थे। वर्तमान युग में पौलीनीशिया में आस्ट्रिक या निषाद पंचाङ्ग अब भी चालू है और उनकी तिथि गणना चन्द्रमा पर आधारित है।...पुनर्जन्म की अवधारणा इन्हीं निषादों के भारतीय बिरादरी से आर्यों ने ग्रहण की थी। श्री राय ने लिखा है कि "आज की भारतीयता का पिता है आर्य, पितामह है द्रविण और प्रपितामह है निषाद।"

केवल भारत वर्ष में ही निषादों की सभ्यता फल फूल रही थी ऐसा नहीं है। इनकी सभ्यता एवं संस्कृति दूर-दूर के कई देशों में भी फैली हुई थी। बर्मा, श्याम और कम्बोज (कम्पूचिया) में रहने वाले 'मान', 'मोल', 'ख्मेर' निषाद जातियाँ थीं जो भारतीय निषाद-किरात सभ्यता से जुड़ी थीं। आस्ट्रिक (निषाद) जातियाँ दक्षिण तथा दक्षिण पूर्व एशिया तक फैली हुई थीं। फाहियान के अनुसार उत्तर कम्बोडिया (चानला) के शासक ख्मेर वंशीय निषाद थे। कौडिन्य नामक एक भारतीय ने यहाँ की सम्राज्ञी सोमा (निषाद जाति की) से विवाह किया था जिससे सोमवंश का सूत्रपात हुआ था। आर्य पूर्व संस्कृतियों में मातृ सत्ता की प्रधानता थी। अतः वंश माता की जाति के अनुसार चलता था। डॉ. रमेश चन्द्र मजुमदार के अनुसार मान-ख्मेर निषाद थे जो कश्मीर से दक्षिण पूर्व एशिया तक फैले हुए थे। यही मत डॉ. राजबली पाण्डेय का भी है। कुबेर नाथ राय के अनुसार आस्ट्रिक सभ्यता के अवशेष भूमध्य सागर

से प्रशांत महासागर तक हैं तथा ईराक और तुर्किस्तान से जावा-सुमात्रा तक पाए जाते हैं। उपर्युक्त तथ्यों का वर्णन डॉ. सुनीति कुमार चाटुर्ज्या, बी.एस. गुहा, डॉ. हटन के शोध प्रबंधों में भी है।

निषाद सभ्यता का आर्यीकरण तो आर्यों के आगमन के साथ ही आरंभ हो गया था। आगे चलकर आर्य निषाद एकदम एकाकार हो गए। भारत की आर्य सभ्यता कई हजार वर्ष पुरानी है परंतु उससे भी पुरानी है निषाद सभ्यता जो 'आर्यीकरण' के फलस्वरूप विलुप्त होती गई। साहसिक समुद्री यात्रा, वाणिज्य, धर्म शास्त्रों की रचना, कृषि के आविष्कार; औषधि उत्पादन आदि के क्षेत्रों में अग्रणी प्राचीन निषादों की आने वाली पीढ़ी उनके द्वारा प्रदत्त गौरवमयी पताका को सँभाल नहीं पाई और विरासत में मिली अपनी संस्कृति, सभ्यता एवं संपन्नता की धरोहर को सदियों से लुटाती रही। अन्ततोगत्वा भारत में निषाद जाति की अवस्था दयनीय होकर रह गई। इस समय ये पिछड़ी जातियों में गिने जाते हैं तथा कुछ प्रांतों में इन्हें अनुसूचित जाति या जनजाति में रखा गया है अर्थात् अब इनके पैर इतने कमजोर या नाकाम हो गए हैं कि इन्हें 'आरक्षण' की आवश्यकता महसूस हो रही है। बेरोजगारी, गरीबी, अशिक्षा तथा उपेक्षा की त्रासदी झेलना इनकी नियति बन चुकी है। भारत के चार करोड़ से अधिक जनसंख्या वाले इस समुदाय का राजनीतिक, वाणिज्य उद्यम, मत्स्य उद्योग, जहाजरानी, शासकीय सेवाएँ, साहित्य, विज्ञान, तकनीक आदि क्षेत्रों में प्रवेश शून्य के बराबर है। यह जाति अधिकांशतः नदियों एवं समुद्री किनारों पर बसी है और भौगोलिक, सामाजिक तथा भाषाई भिन्नता के कारण एक-दूसरे के प्रति प्रायः अनजाने हैं। उदाहरण के लिए आंध्र प्रदेश के वेस्था (मछुवा) आदि का आनाम के झालो गालो (मछुवा) से, गुजरात के धीवर का पश्चिमी बंगाल के मल्लाह से या उत्तर प्रदेश के माँझी मझवार का तमिलनाडु के वेस्था से कोई सामाजिक रिश्ता (रिश्तेदारी) नहीं है। मणिपुर के नाम शूद्र (मछुवा), कश्मीर या महाराष्ट्र के धीवर सभी सामाजिक रूप से पृथक हैं। परंतु प्राचीन काल में भौगोलिक, सामाजिक, रीतिरिवाज या भरपाई अंतर के बावजूद भी सभी उपजातियाँ 'निषाद' के नाम से राष्ट्रीय स्तर पर संगठित थीं जो इनके समृद्धशाली होने का रहस्य था। आज का उनका पिछड़ापन इसी स्थिति के विपरीत हो जाने का परिणाम है। भारतीय संस्कृति के विकास में महत्त्वपूर्ण भूमिका निभाने वाली निषाद जाति ने रचना के अभ्युदय से अब तक एक लंबा सफर तै किया है लेकिन इसी दौरान इन्होंने अपना सब कुछ लुटा भी दिया। इस स्थिति की निरंतरता एक दिन इनकी अस्मिता की रक्षा का प्रश्न बन कर खड़ा हो सकता है।

इस लेख की रचना में निम्नलिखित पुस्तकों से भी साभार सहायता ली गई—

1. वेदात्रती समालोचन-कवि रत्न अखिलानन्द शर्मा 2. हिन्दू धर्म कोश—डॉ. राजबली पाण्डेय
3. इन्साइक्लोपीडिया इण्डिका—नगेन्द्र नाथ बसु

निषाद वंश के अमरदीप

1. महर्षि वाल्मीकि और निषाद

रामायण के प्रथम रचयिता महर्षि वाल्मीकि आरंभ में रत्नाकर नामक एक विद्या विहीन दस्यु थे। अपने पापों से मुक्ति पाने के लिए देवर्षि नारद के मार्ग दर्शन में प्रायश्चित्त स्वरूप घनघोर तपस्या करते-करते उनके शरीर में दीमक लग गया था। 'मारा' 'मारा' से 'रामा' 'रामा' जपने वाले (उलटा नामु जपत जगु जाना। वाल्मीकि भए ब्रह्म समाना—अयो. 193) इसी भावी महा पुरुष के कर कमलों द्वारा प्रथम रामायण की रचना हुई जिसका बीजारोपण एक निषाद के द्वारा हुआ था। सरोवर में कल्लोल क्रीड़ा रत क्रौंच पक्षी का निषाद द्वारा वध किए जाने से अचानक ही वाल्मीकि के मुख से अनुष्टुप छंद में रामायण का प्रथम वाक्य फूट पड़ा। यथा—

''मा निषाद प्रतिष्ठाम त्वमगमः शाश्वती समा।
यत क्रौंच मिथुनादेक मवधीः काम मोहितम्॥''

भारतीय जनमानस की धार्मिक भावना को सर्वाधिक आंदोलित करने वाले उस अद्वितीय धर्म ग्रंथ की रचना का, उक्त घटना के परिप्रेक्ष्य में, सूत्रधार होने का श्रेय निस्संदेह निषाद को था यद्यपि उसके पक्ष में वस्तुतः श्राप आया था। रामायण रूपी इसी बीज के प्रस्फुटन के अंश स्वरूप कालांतर में भारतीय एवं विदेशी मनीषियों ने राम कथा साहित्य की रचना की। विश्लेषणात्मक दृष्टि से यह साहित्य रामभक्ति साहित्य, पुराण साहित्य, रामायण साहित्य, महाकाव्य साहित्य तथा नाटक साहित्य में विभक्त किया जा सकता है। रामभक्ति साहित्य के प्रतिपादन करने वाले ग्रंथ हैं, अगस्त्य संहिता, कलि राघव, बृहदराघव, और राघवीय संहिता। इसके साथ राम पूर्व तापनीय, रामोत्तर तापनीय तथा राम रहस्योपनिषद है। अध्यात्म रामायण में अद्वैत वेदांत का सिद्धांत लेकर राम की भक्ति बताई गई और राम को परब्रह्म परमात्मा माना गया। रामलीला में रासलीला भी आई और कृष्ण की लीला का प्रभाव रामोपासकों पर भी पड़ा। आनन्द रामायण, सत्योपाख्यान, भुशुण्डि रामायण, महारामायण, हनुमत्संहिता, संगीत रघुनन्दन आदि भक्ति प्रधान ग्रंथों में राम की रासलीला का वर्णन किया गया।

पुराण साहित्य में रामकथा का स्वरूप छोटा या बड़ा प्रस्तुत किया गया तथा राम को विष्णु का अवतार माना गया। हरिवंश पुराण, मार्कंडेय पुराण, ब्रह्माण्ड पुराण, विष्णु पुराण, वायु पुराण, मत्स्य पुराण आदि इस श्रेणी के ग्रंथ हैं। रामायण साहित्य में राम चरित का वर्णन है जिनमें अद्भुत रामायण, आनन्द रामायण, तत्व संग्रह रामायण आदि उस महाकाव्य साहित्य के वाल्मीकि रामायण का कवि जगत् पर व्यापक प्रभाव दृष्टिगोचर होता है। इसी प्रभाव के वशीभूत रघुवंश, जानकी हरण, रामचरित, रामायण मंजरी, उदात्त राघव, जानकी परिणय आदि ग्रन्थों की रचना हुई। नाटक साहित्य में राम कथा की प्रस्तुति पात्रों द्वारा संवाद कहला कर की गई। इसमें प्रमुख हैं प्रतिमन्नाटक, अभिषेक नाटक, महाबीर चरित, उत्तर रामचरित, उदात्त राघव, प्रसन्न राघव, बाल रामायण, हनुमन्नाटक, उन्मत्त राघव आदि। नाटक साहित्य की शृंखला में श्लेष काव्य, नीति काव्य, विलोम काव्य, चित्र काव्य, कथा साहित्य आदि की भी रचना हुई। इन्हीं शृंखलाओं की कड़ी में रामचरित मानस, कम्ब रामायण, कृतिवास आदि बहुचर्चित रामायण अस्तित्व में आए। उत्तर भारत में राम कथा से संबंधित सर्वाधिक ग्राह्य ग्रंथ तुलसी कृत रामचरित मानस हुआ।

राम कथा साहित्य के उस विशाल वट वृक्ष, जिसकी शीतल छाया में भारतीय धर्म, संस्कृति और मर्यादा से ओतप्रोत मनुष्य के व्यावहारिक जीवन, उसके मानवीय मूल्य और सांसारिक संबंधों की दिव्यात्मक विचारधारा फली-फूली, का सूत्रधार बन कर निषाद हिंदू धर्म और भारतीय विचारधारा को ऋणी कर गया। क्रौंचवध तो एक दैविक घटना थी जिसे वाल्मीकि रामायण को जन्म देना था और वह महान कार्य एक निषाद द्वारा संपादित करवाया जाना उसकी महत्ता को प्राप्त एक दैविक मान्यता थी। अन्यथा पशु-पक्षी का वध तो एक अत्यंत साधारण बात थी जिसे आर्य-अनार्य सभी स्वच्छंदता से करते थे पर संदर्भित क्रौंच वध से दस्यु जीवन व्यतीत किए विद्या विहीन किसी पुरुष के मुख से संस्कृत में रामायण के श्लोक का अचानक फूट पड़ना दैविक घटना थी जिसका श्रीगणेश विधाता ने एक निषाद के द्वारा करवाया। इस दृष्टि से रामायण का सबसे अधिक महत्त्वपूर्ण पात्र स्वयं निषाद था।

2. कृष्ण द्वैपायन महर्षि वेदव्यास

भारतीय धर्म (हिन्दू धर्म) के अभ्युदय में निषादों का योगदान ही धर्म की आधार शिला है। निषाद जाति की सत्यवती के पुत्र कृष्ण द्वैपायन वेदव्यास ने वेदों का सम्यक विभाजन किया था तथा 18 पुराणों की रचना की थी। भास्कर भट्ट ने यजुर्वेद की भूमिका में इसका उल्लेख किया है। भाष्यकार महीधर ने लिखा है : "तत्रदौ, ब्रह्मपरंपरया प्राप्त वेदव्यासो मंद मतीन मनुष्ययान विविन्त्य तत्कृपया चतुर्धा व्यस्य ऋग्यजु सामथववरिख्याश्चतुरो वेदान पैल वैशम्पायन जैमिनी, सुमन्तुभ्य; क्रमादुपदि देवः।"

विश्व प्रसिद्ध 'गीता' एवं 'महाभारत' वेदव्यास की रचना है। श्रीमद्भागवत,

स्मृति कौस्तुभ तथा पुरुषार्थ चिंतामणि में संन्यासियों, यतियों एवं साधुओं द्वारा आषाढ़ की पूर्णिमा को 'व्यास पूर्णिमा' मनाने का विशेष उल्लेख है। तमिलनाडु में इसे ज्येष्ठ शुक्ल 15 (मिथुनकि) को मनाया जाता है। महर्षि वेदव्यास भगवान विष्णु के अवतार भी माने गए। कुछ विद्वानों का मत है कि 'सांख्य' मूल निरीश्वरवादी रूप अनार्य (निषाद) परंपरा का दर्शन है जिसे कपिल ने वेदांती रूप प्रदान किया था।

महाभारत में आदि पर्व के 63वें अध्याय में व्यासजी के जन्म की कथा वर्णित है। वे महर्षि पराशर तथा सत्यवती के समागम से यमुना नदी के द्वीप पर पैदा हुए थे। यथा—

इति सत्यवती हृष्टा लब्ध्वा वरमनुत्तमम
पराशरेण संयुक्ता सद्यो गर्भं सुषाव सा॥
जज्ञे च यमुना द्वीपे पाराशर्य स वीर्यवान। (84-63)

द्वीप पर उत्पन्न होने के कारण उन्हें कृष्ण द्वैपायन के नाम से भी जाना गया।

विद्वान द्वैपायन ने देखा कि प्रत्येक युग में धर्म का एक-एक पाद लुप्त होता जा रहा है, मनुष्यों की आयु और शक्ति क्षीण हो रही है तथा युग में अस्थिरता हो गई है। अतः उन्होंने वेदों का विस्तार विन्यास कर ऋग्वेद, अथर्ववेद, यजुर्वेद एवं सामवेद की रचना की। तदनन्तर पाँचवें वेद महाभारत की भी उन्होंने रचना की। इस कार्य में अपने शिष्य सुमंत, जैमिन, पैल वैशम्पायन तथा अपने पुत्र शुकदेव महाराज को भी लगाया था।

पादापसारिणं धर्म स तु विद्वान युगे युगे।
आयुः शक्तिं च मर्त्यानां युगावस्थामवेक्ष्य च॥
ब्रह्मणो ब्राह्मणानां च तथानुग्रहकाङ्क्षया।
विव्यास वेदानूयस्मात स तस्माद व्यास इति स्मृतः॥ (87-63)

(आदिपर्व-अंशावतरण पर्व)

निषाद पुत्री सत्यवती के गर्भ से जन्मे भानु राम उदीप्त महर्षि वेद व्यास को कोई और अधिक प्रकाशवान क्या कर सकता था पर फिर भी उनकी आने वाली विशेषकर निषाद संतानों का यह कर्तव्य होता था कि वे उनसे सीधे जुड़े होने के तथ्य को जनमानस की स्मृति में ताजा रखने तथा उनके प्रति अपने कर्तव्यबोध के निर्वाह हेतु स्वयं भी व्यास पूर्णिमा अत्यंत धूमधाम से मनाते पर ऐसा हुआ नहीं। इस दृष्टि से श्री व्यास आश्रम का उल्लेख किया जाना प्रासंगिक होगा। श्री काशी मठ संस्थान के 45वें गुरु महामना श्री सुधेन्द्र तीर्थ स्वामी के प्रयत्नों से 26 जनवरी 1988 को श्री व्यास आश्रम हरिद्वार के हरिपुर सप्त सरोवर मार्ग पर निर्मित करवाया गया जो पावन गंगा के तट पर आठ एकड़ भूमि पर बना है। आश्रम के मध्य भाग में अष्टभुजीय एक भव्य व्यास मंदिर है जिसमें भगवान वेद व्यास की सुंदर प्रतिमा प्राणप्रतिष्ठित है। उनके चरणों में उनके पुत्र श्री शुक्रदेव महाराज की मूर्ति है तथा

चारों ओर व्यास जी के चार शिष्यों जैमिनी, वैशम्पायन, सुमन्त तथा पैल ऋषि की प्रतिमाएँ हैं। यह व्यास आश्रम सम्भवतया भारत का सबसे बड़ा और सुंदर आश्रम व मंदिर है।

3. वीर एकलव्य

हिरण्य धनु के इस महान पुत्र को माँ सरस्वती की बौद्धिक आराधना की व्यवस्था स्वरूप प्राचीन काल से स्थापित गुरु-शिष्य परंपरा के ललाट पर ऐसा मुकुट पहनाया था जिसका अन्य उदाहरण विश्व भर में दुर्लभ है। भारत में जब कभी गुरु-शिष्य परंपरा की चर्चा होगी वीर एकलव्य की पूर्व चर्चा किया जाना सदैव अपरिहार्य आवश्यकता होगी। सवर्ण और निम्नवर्ण के मध्य व्याप्त ऊँच-नीच की खाई को सवर्णों द्वारा किए गए अत्याचार के परिणामस्वरूप उपजे घृणा और भय की भावना का दमन करते हुए जिस प्रकार वीर एकलव्य ने पाटने की कोशिश की थी उसके कारण वे आदर्शों पर चलने वाले नहीं अपितु स्वयं एक आदर्श बन कर युग-युग तक शिष्यों के प्रेरणास्रोत बन गए।

वीर एकलव्य का वर्णन भगवान वेद व्यास द्वारा रचित महाभारत में आदिपर्व के संभव पर्व में किया गया है। इस ग्रंथ के अनुसार गुरु द्रोणाचार्य के पास एकलव्य धनुर्वेद की शिक्षा लेने गए थे जिन्हें निषाद पुत्र समझ कर धर्मज्ञ आचार्य ने धनुर्विद्या विषयक शिष्य बनाने से इनकार कर दिया था।

ततो निषादराजस्य हिरण्यधनुषः सुतः।
एकलव्यो महाराज द्रोणमग्याजभागह॥ (31-131)
न स तं प्रतिजग्राह नैषादिरिति चिंतयन।
शिष्यं धनुषि धर्मज्ञस्तेषामेवान्ववेक्षया॥ (32-131)

द्रोणाचार्य द्वारा एकलव्य को शिष्यत्व प्रदान किए जाने से इनकार करने पर उन्हें मन से अपना गुरु मान लिया और उनकी मूर्ति बनाकर उसमें आचार्य की परमोच्च भावना रखकर अत्यंत लगन एवं संकल्प से धनुर्विद्या का अभ्यास करने लगे। शीघ्र ही एकलव्य इस विद्या में पारंगत हो गए। एक दिन द्रोणाचार्य अपने शिष्य कौरव और पाण्डव को लेकर रथ पर शिकार करने निकले। साथ में चल रहा उनका कुत्ता भौंकते हुए अभ्यासरत एकलव्य के पास जा पहुँचा और भौंक कर उनके काम में विघ्न डालने लगा। उसे शांत करने के ध्येय से एकलव्य ने उसके मुँह में सात बाण मारे जिससे उसे जरा भी चोट नहीं आई परंतु मुँह तीरों से भर जाने के कारण उसे चुप होना पड़ा। वह उसी अवस्था में पाण्डवों के पास आ गया जिसे देखकर सब विस्मय में पड़ गए। एकलव्य की हाथ की फुर्ती और शब्द वेधीबाणों के इस अद्वितीय कौशल को देखकर कौरव और पाण्डव दोनों ही लज्जा से ग्रस्त हो गए।

लाघवं शब्दवेधित्वं दृष्ट्वा तत् परमं तदा।
प्रेक्ष्य तं व्रीडिताश्चासन् प्रशशं सुश्च सर्वशः॥ (42-131)

एकलव्य को खोजते हुए सभी राजकुमार उस स्थान पर पहुँचे जहाँ वह अपनी सुधबुध खोकर धनुर्विद्या के अभ्यास में तल्लीन था। वे उसे पहचान नहीं पाए और परिचय पूछा तब एकलव्य ने कहा–

निषादाधिपतेर्वीरा हिरण्य धनुषः सुतम्।
द्रोणशिष्यं च मां वित्त धनुर्वेदकृत श्रमम्॥ (45-131)

इस प्रकार का परिचय पाकर राजकुमार अर्जुन द्रोणाचार्य के पास गए और कहा कि 'आपने कहा था कि आपका कोई भी शिष्य मुझसे बढ़कर नहीं होगा फिर यह निषादराज का पुत्र अस्त्रविद्या में मुझसे बढ़कर कुशल और संपूर्ण लोक से भी अधिक पराक्रमी कैसे हुआ।'

अथ कस्मान्मद्विशिष्टो लोकादपि च वीर्यवान्।
अन्योऽस्ति भवतः शिष्यो निषादाधिपतेः सुतः॥ (49-131)

कुछ सोच विचार कर द्रोणाचार्य अपने शिष्यों के साथ एकलव्य के पास गए और गुरु दक्षिणा के रूप में उसके दाहिने हाथ का अंगूठा माँगा।

तमब्रवीत् त्वमाङ्गष्टो दक्षिणो दीयतामिति॥ (56-131)

भारतीय धार्मिक इतिहास में अमर हो जाने का यही स्वर्णिम अवसर एकलव्य को महान से महानतम बना गया। द्रोण की कपटपूर्ण इस दक्षिणा को भी महादानी वीर एकलव्य ने हँसते हुए अपना अंगूठा काटकर दे दिया–यथा–

एकलव्यस्तु तच्छ्रुत्वा वचो द्रोणस्य दारुणम।
प्रतिज्ञामात्मनो रक्षन सत्ये च नियतः सदा॥
तथैव हृष्टवदनस्तथैवादीन मान सः।
शिष्य छित्त्वाविचार्य तं प्रदाद् द्रोणायाङ्गुष्टमात्मनः॥ (58-131)

सत्य पर अटल एकलव्य ने अपनी प्रतिज्ञा की रक्षा जिस अद्वितीग ढंग रो की उससे वे महादानी और वीरता के चर्मोत्कर्ष पर पहुँच गए और जहाँ द्रोणाचार्य ने निषाद जाति के होने के नाते एकलव्य को केवल शिष्यत्व ही प्रदान नहीं किया अपितु उसके साथ छल करके गुरु की मर्यादा को भंग किया वहीं एकलव्य के अंगूठे का दान अर्थात् धनुर्वेद की अपनी समस्त तपस्या का भेंट देकर शिष्य की मर्यादा को महिमा से मंडित कर दिया।

आर.एस. सिरोहिया के अनुसार गुड़गाँव (हरियाणा) में न्यू रेलवे स्टेशन रोड पर गुरु द्रोणाचार्य का मंदिर है। यहीं पर गुरु द्रोणाचार्य कौरवों पाण्डवों को बाण विद्या सिखाते थे। गुड़गाँव से पाँच किलोमीटर दूर खाण्डसा ग्राम में एकलव्य मंदिर है। संभवतः यही उसका अभ्यास स्थल था।

4. सत्यवती

महाभारत के आदि पर्व अध्याय तिरेसठ के अनुसार निषाद पुत्री सत्यवती की जन्म कथा इस प्रकार है। चेदिराज वसु आकाश में रहते थे जिन्हें राजा उपरिचर भी कहा जाता था। उनकी पत्नी का नाम गिरिका था। एक बार शिकार करने के लिए वसु जंगल में गए जहाँ उद्दीपन सामग्री पाकर वे कामाग्नि से संतप्त हो गए। फलतः उनका वीर्य स्खलित हो गया। राजा ने अपने वीर्य को व्यर्थ होने से बचाने के लिए उसे पुत्रोत्पत्ति कारक मंत्रों से अभिमंत्रित कर श्येन पक्षी के द्वारा अपनी पत्नी गिरिका के पास भेजा पर मार्ग में बाज पक्षी से युद्ध हो जाने के कारण वीर्य जमुना जी के जल में गिर गया। जल में ब्रह्माजी के शाप से अद्रिका नामक अप्सरा मछली के रूप में रहती थी जिसने लपककर उस वीर्य को निगल लिया। कुछ महीना बाद मत्स्यजीवी मल्लाहों ने उसे पकड़ा। उदर चीरने पर उसके एक कन्या और एक बालक निकले। उस आश्चर्यजनक घटना को लेकर मल्लाह उपरिचर राजा के पास गए जिन्होंने बालक को स्वयं ग्रहण कर लिया। यही बालक मत्स्य नामक धर्मात्मा एवं सत्य प्रतिज्ञ राजा हुआ। कन्या को उन्होंने मल्लाहों को सौंप दिया जो रूप और सत्व तथा उत्तम गुणों से युक्त होने के कारण सत्यवती नाम से विख्यात हुई। उसे 'मत्स्यगंधा' भी कहा गया। उसका पालन-पोषण दासराज निषाद ने किया था। सत्यवती अपने मल्लाह पिता के साथ नदी में नौका चलाती थी। एक दिन तीर्थ यात्रा पर निकले महर्षि पराशर की दृष्टि उस पर पड़ गई और काम भावना से पीड़ित पराशर ऋषि ने सत्यवती से समागम की इच्छा प्रकट कर दी। अप्रत्याशित इस अपमान पूर्ण इच्छा के विरोध में सत्यवती ने कहा कि यदि उसका कन्यापन कलंकित किया गया तो वह जीवित नहीं रहना चाहेगी। पराशर द्वारा उसके कन्यापन को अक्षुण्ण रहने का वरदान दिए जाने के पश्चात समागम संभव हुआ जिसके फलस्वरूप यमुना के द्वीप पर कृष्ण द्वैपायन वेद व्यास का जन्म हुआ।

इति सत्यवती हृष्टा लब्ध्वा वरमनुत्तमम्
पराशरेण संयुक्ता सद्यो गर्भं सुषाव सा
जज्ञे च यमुना द्वीपे पाराशर्य स वीर्यवान् (83,84-63)

राजा शांतनु एक बार यमुना नदी के निकटवर्ती वन में विचरण कर रहे थे। (स कदाचित् वनं या तो यमुनामभि तो नदीम् (46)) वह स्थान परम उत्तम सुगंध से महक रहा था। उसके स्रोत का पता लगाते शांतनु ने मल्लाहों की एक कन्या देखी जो देवाङ्गनाओं के समान रूपवान थी। शांतनु ने पूछा 'तू कौन है किसकी पुत्री है और क्या करती है' उत्तर में सत्यवती ने कहा कि वह निषाद कन्या है और अपने पिता महामना निषादराज की आज्ञा से धर्मार्थ नाव चलाती है।

'साब्रवीद दाशकन्यास्मि धर्मार्थे वाहये तरिम' (48-100)

रूप, माधुर्य सुगंध से युक्त सत्यवती से विवाह हेतु राजा ने निषादराज से प्रार्थना

की जिस पर उन्होंने यह शर्त रखी कि इसके गर्भ से जो पुत्र उत्पन्न हो वही राजा के राज्य का उत्तराधिकारी हो और राजा के रूप में उसी का अभिषेक किया जाए।

सा जायते यः पुत्रः स राजा पृथिवीपतिं।
त्वदूर्ध्वमभिषेक्तव्यो नान्यः कश्चन पार्थिव॥ (56-100)

राजा शांतनु इस शर्त को मानने में असमर्थ हो गए और वापस अपने राज्य गए। सत्यवती के प्रति उनके मन में गहरा अनुराग हो गया था और उसकी याद में बहुत दुखी रहने लगे। गंगापुत्र देवव्रत उनके इकलौते पुत्र थे। निषादराज की इस शर्त को मानने से देवव्रत का राज्याधिकार छिन जाता। राजा शांतनु इसी धर्म संकट में फँसे थे। देवव्रत ने अपने पिता के दुख का कारण उनके सारथी से जान लिया। (दाशकन्या नरश्रेष्ठ तत्र भावः पितुर्गतः) वे स्वयं सत्यवती के पिता निषादराज के यहाँ गए और अपने पिता के लिए सत्यवती का हाथ माँगा। निषादराज ने अपनी शर्त को पुनः दोहराया। यथा–

राज्य शुल्का प्रदातव्या कन्येयं याचता वर।
अपत्यं यद भवेत् तस्याः स राजास्तुपितुः.... (77-100)

देवव्रत ने कहा, "सत्यवानों में श्रेष्ठ निषादराज! मेरी यह सच्ची प्रतिज्ञा सुनो और ग्रहण करो। ऐसी बात कह सकने वाला कोई मनुष्य न अब तक पैदा हुआ है और न आगे पैदा होगा।" देवव्रत ने प्रतिज्ञा लेते हुए कहा कि सत्यवती के गर्भ से जो पुत्र पैदा होगा वही राजा बनेगा। परंतु निषादराज इससे भी संतुष्ट नहीं हुए क्योंकि देवव्रत के पुत्र इस करार को तोड़ सकते थे। उनकी इच्छा जान कर देवव्रत ने आजीवन ब्रह्मचर्य रहने की भीषण प्रतिज्ञा कर डाली। यथा–

अद्यप्रभृति मे दाश ब्रह्मचर्य भविष्यति।
अपुत्रस्यापि मे लोका भविष्यन्त्यक्षया दिवि॥ (96-100)

देवव्रत की इस प्रतिज्ञा को सुन कर निषादराज के रोंगटे खड़े हो गए। इसी प्रतिज्ञा के कारण देवव्रत भीष्म के नाम से विख्यात हुए। निषादराज ने राजा शांतनु के लिए वधू के रूप में सत्यवती को भीष्म के साथ विदा कर दिया। उनके पिता के प्रति इस निष्ठा से प्रभावित राजा शांतनु ने भीष्म को इच्छा मृत्यु का वरदान दिया था।

महारानी सत्यवती के गर्भ से वीर चित्राङ्गद उत्पन्न हुआ तथा दूसरा पुत्र विचित्रवीर्य उत्पन्न हुआ। राजा शांतनु के मृत्योपरांत भीष्म ने चित्राङ्गद को राज गद्दी पर बैठाया। परंतु मिलते-जुलते नाम वाले गंधर्वराज चित्राङ्गद से वीर चित्राङ्गद का युद्ध हुआ जिसमें वे मारे गए। तत्पश्चात् शांतनु के छोटे पुत्र विचित्रवीर्य को राजा बनाया गया। इनका विवाह कराने के लिए भीष्म वाराणसी गए जहाँ काशीराज की तीन कन्याओं का स्वयंवर हो रहा था। अनेक राजाओं की उपस्थिति में भीष्म तीनों कन्याओं को अपने रथ पर बैठा कर वहाँ से चल दिए। उन राजाओं ने मिलकर

भीष्म से भयंकर युद्ध किया परंतु हार गए। काशीराज की तीन कन्याओं में ज्येष्ठ अम्बा को राजा शाल्व से परिणय हेतु जाने दिया गया शेष, अम्बिका और अम्बालिका का विवाह विचित्रवीर्य के साथ कर दिया। विचित्रवीर्य सात वर्षों पश्चात यमलोक चले गए। माता सत्यवती अपने दोनों पुत्रों के चले जाने से बहुत दुखी रहती थीं। अब उन्हें अपने वंशज को चलाने की चिंता भी सताने लगी। उन्होंने भीष्म से अम्बालिका और अम्बिका से संतान उत्पन्न कर स्वयं राजा बनने का आग्रह किया किंतु भीष्म ने अपनी प्रतिज्ञा को दोहराते हुए ऐसा करने से नम्रतापूर्वक विचार किया। व्यास जी का आह्वान कर उनसे अपनी इच्छा प्रकट की। अपनी माता की आज्ञा को व्यास जी टाल नहीं सकते थे। अतः अम्बिका और अम्बालिका से संतान उत्पन्न करने हेतु स्वीकृति दे दी। नियोगविधि द्वारा जब व्यास जी अम्बिका के पास आए तो उनके काले रंग रूप को देखकर उसने अपनी आँखें बंद कर लीं। फलस्वरूप उसका पुत्र अंधा पैदा हुआ। इसलिए सत्यवती ने व्यास जी से अम्बालिका के साथ भी नियोगविधि द्वारा संतान उत्पन्न करने के लिए कहा। व्यास जी को देखकर वह पीली पड़ गई इसलिए उसका पुत्र पाण्डु रंग का हुआ। सत्यवती ने अपनी बड़ी वधू अम्बिका को पुनः व्यास के पास संतानोत्पत्ति हेतु भेजा परंतु उन्होंने अपने स्थान पर अपनी दासी को भेज दिया जिससे विदुर पैदा हुए। इस प्रकार धृतराष्ट्र, पाण्डु तथा विदुर का जन्म निषाद पुत्री सत्यवती के पुत्र व्यास जी के द्वारा हुआ। धृतराष्ट्र के सौ पुत्र हुए। जन्म से नेत्रविहीन धृतराष्ट्र के सौ पुत्रों में दुर्योधन, दुःशासन, दुःसह, दुर्मर्षण, विकर्ण, चित्रसेन, विविशति, जय, सत्यव्रत, पुरुमित्र, तथा युयुत्स महारथी थे। पाण्डु से युधिष्ठिर, भीमसेन, अर्जुन, नकुल तथा सहदेव उत्पन्न हुए।

(आदिपर्व-अंशावतरण पर्व)

5. साईं बाबा

शिरडी के साईं बाबा का देहावसान सन् 1918 में हुआ था और सत्य साईंबाबा का जन्म उनके देहावसान के आठ वर्ष बाद सन् 1926 में हुआ था। सत्य साईं बाबा ने 23 मई 1947 को घोषणा की थी वे शिरडी के साईं बाबा के अवतार हैं। सत्य साईं बाबा के अनुसार शिरडी के साईं बाबा का जन्म मयमाड के निकट पन्ती गाँव में हुआ था जो नदी के किनारे बसा था। उनके पिता का नाम गंगा गवडिया था जाति से मल्लाह थे और माँ का नाम देवागिरि यग्गा था।

6. लाक्षागृह में पाण्डवों की रक्षा में निषादों का बलिदान

धृतराष्ट्र की आज्ञा से पाण्डव पुत्र तथा उनकी माँ कुंती वारणावत नगर में नदी किनारे स्थित लाक्षागृह में ठहरे थे जो ज्वलनशील सामग्री से बनाया गया था। दुर्योधन की यह सोची-समझी योजना थी जिसके अंतर्गत पाण्डवों को कुंती समेत जला कर मार

डालना था। परंतु विदुर की राय प्राप्त कर पाण्डवों ने सोचा कि ज्वलनशील भवन से भाग जाने से दुर्योधन फिर भी उन्हें अपने सैनिकों से मरवा सकता है इसलिए उत्तम यही होगा कि इस भवन के नीचे एक सुरंग बना कर उसी रास्ते से चुपचाप निकल लिया जाए और संदर्भित भवन को जला दिया जाए। पाण्डव व कुंती वास्तव में जल मरे यह प्रमाणित करने के लिए उस भवन में पाँच पुरुष और एक स्त्री के जले हुए नर कंकाल होने की आवश्यकता समझी गई। उसके लिए छः व्यक्तियों को वहाँ जिंदा जलाना था।

आमुद्यागारमादीप्य दग्ध्वा चैव पुरोचनम।
षट प्राणिनो निधामेह द्रवामोऽनभिलक्षिताः॥ (4-147)

उस योजना को कार्यान्वित करने के लिए कुंती ने एक दिन रात्रिभोज का आयोजन किया जिसमें स्त्री पुरुष सभी सम्मिलित हुए। इन्हीं अतिथियों में निषाद जाति की एक स्त्री भी अपने पाँच पुत्रों समेत आमंत्रित थी।

निषादी पञ्चपुत्रा तु तस्मिन भोज्ये यदृच्छया।
अन्नार्थिनी समभ्यागात् सपुत्रा काल चोदिता॥ (7-147)

इन निषादों को मदिरा पिलाकर नशे में बेहोश कर दिया गया इसलिए रात्रि में बेखबर वे उसी भवन में सोते रहे जबकि अन्य अतिथियों को विदा कर दिया गया। रात्रि के एकांत में पाण्डव अपनी माता के साथ सुरंग के रास्ते चुपचाप निकल गए। और फिर भीमसेन ने जहाँ दुर्योधन का सेवक पुरोचन सो रहा था आग लगा दी और स्वयं श्री सुरंग के रास्ते चले गए। लाक्षागृह धू धू करके पूरी तरह जल कर भस्म हो गया।

निषादी पञ्चपुत्रा तु जातुषे तत्र वेश्मनि।
कारणाभ्यागता दग्धा सत पुत्रैरनागसा॥ (10-140)

पाण्डवों की रक्षा में मरे इन निषादों का योगदान उन्हें महाभारत (आदिपर्व) में अगर बना गया है। पाण्डवों को सुरक्षित स्थान पर पहुँचाने में तथा उनके कार्यकलाप को नितांत गुप्त रख कर एक और निषाद ने महत्त्वपूर्ण योगदान दिया था। लाक्षागृह से बच निकलने के पश्चात वन से गुजरते हुए पाण्डवों को गंगा नदी पार करना था। विदुर ने विश्वासपात्र एक नाविक को भेजा था जिसकी सुसज्जित नाव नदी के किनारे लगी थी। यथा—

सर्ववातसहां नाव यंत्रयुक्तां पताकिनीम।
गिवे भागीरथी तीरे नैरर्विस्त्रम्भिमिः कृताम॥ (5-148)
इयं वारिपथे युक्ता नौरप्सु सुखगामिनी।
मोचयिष्यति वः सर्वानस्माद देशान्न संशयः ॥ (10-148)

उसी नाविक ने अपनी नाव में बैठाकर पाण्डवों को उनकी माता समेत सकुशल पार उतारा था—**तारयामास राजेन्द्र गङ्गा नावा नरर्षभान।** (13-148)

7. भक्त रघु केवट

ईश्वर भक्ति को चरमोत्कर्ष तक पहुँचाने वाले निषादों की वश परंपरा में जन्मे रघु केवट एक ऐसे महान भक्त हुए हैं जिनके उल्लेख के बिना हिंदुओं के चार धामों से एक जगन्नाथपुरी की आरंभिक कथा पूर्ण नहीं होती। उड़ीसा प्रांत में समुद्र किनारे बसे पुरी में भगवान जगन्नाथ का मंदिर है जिसे वहाँ के राजा द्वारा बनवाया गया था। इस मंदिर में कृष्ण, बलराम तथा सुभद्रा की काष्ठ पर उत्कीर्ण मूर्तियाँ हैं। यहाँ प्रत्येक वर्ष जुलाई में रथ यात्रा निकाली जाती है तथा प्रत्येक बारहवें वर्ष में नूतन मूर्तियाँ गढ़ी जाती हैं। यह रथ मंदिर से तीन किलोमीटर दूर मागी वाडी या गुनिचा मंदिर ले जाया जाता है तथा उसकी नौवें दिन पुनः मंदिर में वापसी होती है।

मंदिर के निर्माण के पश्चात उसमें भगवान की मूर्ति को प्राण प्रतिष्ठित करने से संबंधित पौराणिक कथा के अनुसार उसी मंदिर के निकट रघु केवट नामक एक महात्मा थे जो भगवान जगन्नाथ के परम भक्त थे। वे भगवान की आराधना में इतने मग्न रहते थे कि उन्हें खाने-पीने की भी सुधि नहीं रहती थी। उनके पूर्ण समर्पण एवं भक्ति से प्रसन्न भगवान जगन्नाथ स्वयं उन्हें भोजन करवाने आते थे तथा उनका अधिकांश समय रघु केवट की झोंपड़ी में व्यतीत होता था। मंदिर के निर्माण के पश्चात जब उनकी मूर्ति की प्राण प्रतिष्ठा करने का अनुष्ठान किया गया तो भगवान जगन्नाथ ने वहाँ आना तब स्वीकार किया जब रघु केवट का भी मंदिर उनके दक्षिण की ओर बनवाया जाना मान लिया गया। रघु केवट का मंदिर बन जाने के पश्चात ही मुख्य मंदिर में भगवान जगन्नाथ ने आना स्वीकार किया। वर्तमान में उस निषाद महात्मा के मंदिर को उपेक्षा का शिकार इसीलिए होना पड़ रहा है कि भक्त रघु केवट नीच जाति थे। जिस व्यक्ति के कारण भगवान जगन्नाथ मुख्य मंदिर में प्राण प्रतिष्ठित हुए स्वयं उसी की उपेक्षा वर्ण व्यवस्था की त्रुटिपूर्ण अर्थान्तर्गत सवर्णों की मानसिकता में उपजी शूद्रों के प्रति घृणा, अस्पृश्यता व उन्हें नीच समझने की भावना का प्रतिफल है।

जो हजारों वर्षों से हिंदू को विखंडित करता रहा। आर्य भारत के मूल निवासी अनार्यों की पूर्व स्थापित सभ्यता, धर्म व संस्कृति को फलने फूलने नहीं देना चाहते थे इसीलिए अपनी कूटनीतिक चालों के तहत उनके साथ सहिष्णुता का स्वांग रच कर अत्यंत सावधानी से उन्हें अपना सेवक बनाकर धर्म की आड़ में कर्मकाण्ड के नाम पर उनका आर्थिक और सामाजिक शोषण करते रहे। धार्मिक उपदेशों को भी तोड़ मरोड़कर कुछ ढंग से प्रस्तुत करते रहे जिससे वे हीन भावना से ग्रसित होते रहे। वर्ण व्यवस्था वास्तव में कर्म पर आधारित थी जबकि इसे जन्म से बताया गया।

श्रीमद्भागवत गीता के अध्याय 18 में 68वें से 71वें श्लोकों में भगवान ने कहा है कि "जो मनुष्य इस परम रहस्य युक्त गीता शास्त्र को मेरे भक्तों को सुनाएगा

तथा सुनेगा वे सब मुझे प्राप्त होंगे।" यह अधिकारी वर्ण विशेष के लिए वर्जित नहीं था। उद्धृत श्लोक की व्याख्या करते हुए संत ज्ञानेश्वर ने लिखा है कि जिस प्रकार फूलों के साथ-साथ श्रीमान लोग उस धागे को भी अपने गले में धारण करते हैं जिसमें वे फूल गुँथे हुए होते हैं, ठीक उसी प्रकार त्रैवर्णिक द्विजों के साथ शूद्रों का भी व्यवहार-संबंध होने के कारण श्रुतियों के लिए वर्ण संस्था में शूद्रों का भी समावेश करना आवश्यक होता है। यजुर्वेद में लिखा है–

मथेमा वाच कल्याणीम आवदानि जनेभ्यः।
ब्रह्म राजन्याभ्याम् शूद्राय चार्याय च स्वाय चारणाय॥

अर्थात् ईश्वर का आदेश है कि "जैसे मैं सभी मनुष्यों के लिए इन कल्याणकारी चारों वेदों की वाणी का उपदेश करता हूँ वैसा तू भी कर। वेद प्रकाश ब्राह्मण, क्षत्रिय, वैश्य, स्त्री और शूद्र सभी के लिए है उसमें कोई भेदभाव नहीं है।" जन्म से तो सभी शूद्र होते हैं। **"जन्मना जायते शूद्रः संस्कारात द्विज उच्यते।"** मनुस्मृति के दसवें अध्याय में लिखा है–

"शूद्रो ब्राह्मण तामेति ब्राह्मणश्चैति शूद्रताम।
क्षत्रियाज्जात मेवं तु विद्याद्वैश्यात्तथैव च॥

अर्थात् कोई भी शूद्र ब्राह्मण के कर्मों को करने से ब्राह्मण और ब्राह्मण अपने नीच कर्मों से शूद्र हो जाएगा। यही बात क्षत्रिय तथा वैश्य वर्ण के लिए भी लागू होती है।

यद्यपि महात्मा रघु केवट पंचम वर्ण के थे फिर भी यदि उन्हें शूद्र वर्ण का माना गया तो भी धर्म शास्त्रों के अनुसार उन्हें पूर्ण सम्मान पाने का अधिकार था और धर्माचरण के क्रियाकलापों के तदनन्तर भगवान जगन्नाथ (श्रीकृष्ण) के मंदिर में प्रवेश के पूर्व उनके परम भक्त महात्मा रघु केवट के मंदिर में भव्यता उत्पन्न कर प्रथम पूजा अर्चना उन्हीं का किया जाना शास्त्रोचित होता क्योंकि उन्हीं के कारण भगवान उस स्थान पर आए थे। गीता में भगवान ने स्वयं कहा है कि जो ईश्वर का संकीर्तन करते हुए उनके पास रहते हैं, ऐसे भक्तों के ईश्वर दास होते हैं–

गीत्वा च मम नामानि विचरेन्मम सान्निधौ।
इति ब्रवीमि ते सत्यं कृतोऽहं तस्मचार्जुन॥

8. देवर्षि नारद जी के गुरु

धर्म, अर्थ, काम, मोक्ष के ज्ञाता, सांख्य और योग के मर्मज्ञ, चौदहों भुवनों को प्रत्यक्ष देखने वाले महा तेजस्वी ब्रह्मापुत्र देवर्षि नारद के गुरु निषाद थे। पौराणिक कथानुसार एक बार यह जानने के लिए कि वास्तव में उनका भी कोई गुरु है देवर्षि नारद भगवान राम के पास पहुँचे। भगवान राम ने बताया कि दूसरे दिन प्रातः उन्हें जो भी मनुष्य प्रथम बार दिखाई पड़े वही उनका गुरु होगा। यथा समय नारद को नदी

किनारे कंधे पर मछली पकड़ने का जाल रखे सर्वप्रथम एक धीवर मिला। प्रथमतः नारद ने गुरु के भाव से उन्हें प्रणाम किया परंतु जैसे ही उन्हें पता चला कि वह धीवर (निषाद) है तो उसे अपना गुरु मानने से इनकार कर दिया। नारद की इस धृष्टता से क्रुद्ध धीवर ने श्राप दे दिया कि स्वर्गलोक प्राप्त करने के पूर्व दण्ड स्वरूप उन्हें चौरासी लाख योनियों से गुजरना पड़ेगा। इससे भयभीत होकर देवर्षि नारद भगवान राम के पास पुनः उपस्थित हुए और निषाद द्वारा दिए गए श्राप से मुक्ति के लिए याचना की। तत्पश्चात देवलोक से यह व्यवस्था दी गई कि यद्यपि निषाद के श्राप को निष्प्रभावी नहीं किया जा सकता तथापि उससे निदानार्थ प्रक्रिया में शिथिलता प्रदान की जा सकती है। तदनुसार नारद जी को वांछित चौरासी लाख योनियों से वास्तविक रूप से आवागमन से छूट प्रदान करते हुए निषाद की अवज्ञा करने से प्रायश्चित्त स्वरूप उन्हें उतनी संख्या में विभिन्न योनियों के चित्र बना कर उस पर लोट लगाने के पश्चात श्राप से मुक्ति दी गई। नारद जी ने निषाद से क्षमा मांग कर उन्हें अपना गुरु स्वीकार किया। तभी से निषाद स्वयं को ब्राह्मण का गुरु मानते हैं। गोकुल प्रसाद ने समाजोदय में उस निषाद का नाम महाराज बाली लिखा है।

(स्रोत–विलियम क्रुक्स–दी ट्राइब्स एण्ड कास्ट आफ नार्थ वेस्टर्न इण्डिया, पृष्ठ 92 एवं समाजोदय–गोकुल प्रसाद रायकबार)

9. वसु निषाद

पौराणिक कथाओं के अनुसार महर्षि भृगु बैकुण्ठ में यथोचित सम्मान न पाने से क्रोधित होकर भगवान विष्णु के पास गए। विष्णु भगवान लक्ष्मी के साथ क्षीरसागर में विश्राम कर रहे थे और इन पर ध्यान नहीं दिया। इस पर क्रोधित होकर भृगु ने भगवान विष्णु के वक्षस्थल पर लात मार दी जिससे क्रोधित होने पर भी विष्णु भगवान ने उनके पाँव को सहलाया और कष्ट के लिए स्वयं ही क्षमा माँगी। लक्ष्मी को भृगु का यह व्यवहार अत्यंत आपत्तिजनक लगा और उन्हें दण्ड देने के लिए कहा। विष्णु द्वारा उस बात से इनकार किए जाने से लक्ष्मी रुष्ट होकर पृथ्वीलोक पर चली आईं और कोल्हापुर स्थान पर तपस्विनी की भाँति रहने लगीं। इन्हें ढूँढ़ते हुए श्री विष्णु वेकटाचलम पर्वत पर तिरुमल स्थान पर अवतरित हुए तभी से वे श्री वेंकटेश्वर बालाजी या तिरुमला तिरुपति श्री वेंकटेश्वर बाला जी के नाम से सुविख्यात हुए। तिरुपति (आंधप्रदेश) से 7 किलोमीटर दूर वेकटाचलम पर्वत पर तिरुमला स्थान पर बाला जी का विश्वविख्यात मंदिर है जिसके आसपास स्थित प्रमुख दर्शनीय स्थल हैं भाष्यणाचार्य वरदराज, रंग मंडलम्, बकुल मालिका, योगानरसिंह आदि। दक्षिण भारत के इस विश्व विख्यात मन्दिर के पौराणिक इतिहास के अनुसार श्री वेंकटेश्वर बालाजी का एक भक्त हुआ है जिसे स्वयं भगवान ने दर्शन दिया था। यह अति भाग्यशाली भक्त था–वसु निषाद वसु की पत्नी का नाम चित्रावती तथा पुत्र का नाम सुवीरा

था। भगवान वेंकटेश्वर की मूर्ति के आगे शहद और चावल उसने पत्नी से पकवाकर सर्वप्रथम नैवेद्य अर्पण तथा पूजा करने के पश्चात् ही वह और उसका परिवार पानी व भोजन ग्रहण करता था। उसका पुत्र सुवीरा भी बड़ा भक्त हुआ। एक बार अपने पिता द्वारा जंगल से वापस आने में विलम्ब को देखते हुए उसने स्वयं नैवेद्य अर्पण करने का निश्चय किया। तदनुसार एक पक्षी पकड़ लिया और नैवेद्य रख कर भगवान द्वारा उसे ग्रहण करने की प्रतीक्षा में भूखा-प्यासा बैठा रहा। लौटने पर जब वसु को पता चला तो मंदिर में गए और मरे पक्षी का नैवेद्य देख कर अपने पुत्र सुवीरा को मारने के लिए तलवार उठा लिया परंतु तुरंत वेंकटेश्वर प्रकट हो गए और कहा, "हे वसु ठहरो। मुझे भक्ति प्रधान है नैवेद्य नहीं। तुमसे तुम्हारा पुत्र बड़ा भक्त है।" यह कहकर उनको मोक्ष प्रदान कर दिया।

("तिरुपति श्री वेंकेटश्वर बालाजी की जीवन कथा और माहात्म्य" लेखक माल्यम रामराव)

10. आदि शंकराचार्य को निषादों द्वारा जीवन दान

आचार्य शंकर भगवान वेद व्यास के बाद अवतारित होने वाले, ऐसे प्रज्ञापुरुष थे, जिन्होंने भारतीय मनीषा को नवजीवन, स्फूर्ति और प्रेरणा प्रदान की। उन्होंने वैदिक धर्म का शंखनाद आसेतु-हिमाचल गुंजाया, उपनिषदों की दिव्य वाणी देश भर को सुनाई और गीता ज्ञान का गंगा पिला कर सुधीजनों की प्यास बुझाई नर्मदा तट पर ओंकारेश्वर के निकट एक गुफा में गोविंद भगवत्पाद उन्हें गुरु के रूप में मिले थे जिन्होंने शंकर को शिष्य रूप में स्वीकार करते हुए उन्हें संन्यास दीक्षा दी थी और अद्वैतवेदांत की शिक्षा के लिए उपनिषदों और ब्रह्मसूत्र का ज्ञान कराया था। तीन वर्ष शिक्षा ग्रहण करने के पश्चात बारह वर्ष की आयु में शंकर गुरु का आश्रम छोड़ कर मणिकर्णिका घाट वाराणसी में छात्रों को वेदांत पढ़ाने लगे। यहीं पर गंगाघाट की ओर जाते समय मार्ग में चार कुत्तों के साथ एक चाण्डाल रास्ता घेरे मिला। शंकर ने उसे मार्ग से हटने के लिए कहा पर उसने अनसुना कर दिया। शंकर द्वारा जोर देकर कहने पर उसने कहा, "आप विद्यार्थियों को अद्वैत की शिक्षा देते हैं किंतु लगता है कि आपके जीवन में अद्वैत का कोई स्थान नहीं है। आप किसे दूर हटने को कह रहे हैं। अपने स्थूल शरीर से मेरे स्थूल शरीर के दूर हटने को या चैतन्य आत्मा से चैतन्य आत्मा को। क्या गंगाजल या चाण्डाल की गली में पड़े जल में प्रतिबिम्बित सूर्य में भेद होता है? अगर नहीं तो यह चाण्डाल है और यह ब्राह्मण है ऐसा भेद किस लिए?" चाण्डाल के इन प्रबोध देने वाले वचनों को सुन कर आचार्य शंकर अचम्भित हो गए। उसके वचनों से आचार्य शंकर के आत्मज्ञान को एक नई दिशा मिल गई। उन्होंने कहा, "जो सर्वत्र चिन्मय आत्मा का ही दर्शन करता है वह चाण्डाल हो या ब्राह्मण, मेरा गुरु है।"

विश्व के अध्यात्म चिंतन को आंदोलित करने वाले अद्वैत वेदांत दर्शन के प्रणेता महा ज्ञानी आचार्य शंकर को बाल्यावस्था में यदि निषादों ने डूबने से उनकी प्राण रक्षा न की होती तो अद्वैत वेदांत के उस सूर्य के प्रकाश को विश्व कभी देख ही न पाता। केरल में कालटी नामक ग्राम में शंकर का जन्म 788 ई. में हुआ था। उनके पिता शिवगुरु और माँ विशिष्ठा नम्बूदरीपाद (ब्राह्मण) कुल के थे। तीन वर्ष की आयु में पिता दिवंगत हो गए। माता तो चाहती थी कि बड़े होने पर शंकर का विवाह कर दे परंतु शंकर का इरादा संन्यास लेने का था। एक दिन माता के साथ शंकर गाँव के निकट अलवाई नदी में स्नान करने गए। माता तो नदी से बाहर आ गई थी परंतु शंकर को नदी में मगर ने पकड़ लिया। बालक शंकर ने मगर के जबड़ों से अपनी टाँग छुड़ाने का भरसक प्रयत्न किया परंतु छुड़ा न सके। शंकर ने अपनी माता से संन्यासी होने की अनुमति माँगी और कहा कि हो सकता है इसके पश्चात दैवयोग से मेरे प्राणों की रक्षा हो जाए। माता ने अनुमति दे दी। तत्क्षण चीख पुकार सुनकर नदी में मछली पकड़ रहे मल्लाह इन्हें बचाने के लिए पहुँच गए और अपने प्राणों की बाजी लगा कर उन लोगों ने भयंकर मगर से शंकर को छुड़ा कर सुरक्षित स्थान पर पहुँचा दिया। निषादों द्वारा प्राण दान पाकर यही बालक आगे चलकर हिमालय के दुर्गम स्थानों समेत समस्त भारत की यात्रा कर आदि शंकराचार्य कहलाया जिसने हिंदुओं के प्रसिद्ध चार धामों की स्थापना की। द्वारिका पीठ, बद्रिकाश्रम, जगन्नाथ पुरी तथा रामेश्वरम् की यात्रा कर हिंदू अपने को धन्य मानता है। मात्र 32 वर्ष की आयु में ब्रह्मलीन हुए उस युग पुरुष की समाधि केदारनाथ में है यद्यपि इनकी गहन साधना बद्रीनाथ के निकट माना ग्राम में स्थित व्यास गुफा में हुई थी जहाँ भगवान वेद व्यास ने ब्रह्मसूत्र की रचना की थी। आदि शंकराचार्य ने इसी स्थान पर अपनी अंतःकरण की आवाज पर ब्रह्मसूत्र पर भाष्य लिखा था।

इस महापुरुष को प्राण दान देने वाले निषादों का हिंदू धर्म सदैव ऋणी रहेगा यद्यपि इस ऋण का कभी मान नहीं किया गया। ईश्वर अंश एक होने के कारण प्रत्येक जीव में व्याप्त चैतन्य आत्मा में भेद नहीं होता। इस शाश्वत सत्य का ज्ञान देने वाले तत्ववेत्ता आत्म ज्ञानी निम्न जाति के उस व्यक्ति को जिसे स्वयं शंकराचार्य ने अपना गुरु माना था चण्डाल कह कर तिरस्कृत किया गया था। सवर्णों की भाषा में निषादों को नीच समझने के कारण तथा मानव के समुदाय विशेष के प्रति ऊँच-नीच व अस्पृश्यता की भावना से ग्रसित हिंदू समाज के कतिपय वर्ग द्वारा अपनाए गए नीति की परिणति हिंदू संगठन में बिखराव, पलायन और धर्म परिवर्तन के रूप में हुई। धार्मिक इतिहास लेखन में ऐसे जाति के महापुरुषों का परिचय 'चाण्डाल' या 'नीच' के रूप में देना भावी पीढ़ी के मन में भी ऊँच-नीच की कुत्सित भावना को सींचना था।

अन्य धर्मों के विकास में निषादों का योगदान

भारत में हिंदू धर्म के विकास में महत्त्वपूर्ण योगदान देने वाले निषादों का कार्य क्षेत्र अन्य धर्मों में भी विस्तृत था। इस दृष्टि से निषादों ने विश्व के अन्य धर्मों के विकास में उल्लेखनीय सहयोग प्रदान कर अंतर्राष्ट्रीय ख्याति अर्जित की थी। ईसाई धर्म, सिखधर्म, इस्लाम धर्म में इनके विशेष योगदान की चर्चा है।

सिखधर्म–हिम्मत सिंह (निषाद)

'सिख' शिष्य शब्द से बना है। इस धर्म में गुरु नानक, गुरु अंगद, गुरु अमरदास, गुरु रामदास, गुरु अर्जुन, गुरु हर गोविंद, गुरु हर राय, गुरु हरिकृष्ण, गुरु तेग बहादुर तथा गुरु गोविन्द सिंह दस गुरु हुए हैं। गुरु गोविंद सिंह ने अपने बाद देहधारी गुरुओं के स्थान पर गुरु ग्रंथ साहब को गुरु का स्थान दिया। उन्होंने अपनी काव्य रचना 'अकाल उस तुत्' में निरंकार परमात्मा की वंदना की और कहा कि मनुष्यों की जाति एक है–**"मानस की जाति सबै एकै पहचानबो"**। भिन्न-भिन्न पूजा या आराधना की पद्धतियों या विचारधारा से भ्रमित न होने के लिए उन्होंने लिखा–

देहरा मसीत सोई पूजा और निमाज ओई
मानव सबै एक से पै अनेक को भ्रमाउ है।
अल्लाह अमेषु सोई, पुरान और कुरान ओई
एक ही सरूप सबै एक ही बनाउ है॥

'वसुधैव कुटुम्बकम्' की भावना को जनमानस के अंतर्मन में पैठ के लिए इस धर्म में लिखा है–

अव्वल अल्ला नूर उपाया कुदरत के सब बंदे।
एक नूर ते सब जग उपज्या कौन भले कौन मंदे॥

वीर रस कवि, योद्धा, त्यागी, तपस्वी गुरु गोविन्द सिंहजी गरीब, शोषित, दलित लोगों के मसीहा थे। युग स्मरणीय इस महापुरुष ने हिंदुओं पर हो रहे अत्याचार का डटकर मुकाबला करने के लिए जातिपाँति का भेद मिटाकर शक्ति संगठन हेतु बलिदानी वीर पुरुषों का **"जो तड़ प्रेम खेलन का चाव। सिर धर तली, गली मेरी आव॥"** कहते हुए आह्वान किया था। उन्हें पाँच सर्वश्रेष्ठ ऐसे पुरुषों को उच्च स्थान पर स्थापित करना था। 13 अप्रेल 1699 को बैसाखी के दिन आनन्दपुर साहब में ऐसे वीर, त्यागी, निष्ठावान, देश और समाज के लिए जीवन का बलिदान करने वाले महापुरुषों का उन्होंने चयन किया। निषाद समाज के लिए यह अत्यंत गौरव का क्षण था जब देश की रक्षार्थ उस शीर्षस्थ स्थान हेतु उनका भी एक पुत्र हिम्मतराय चुना गया। दयासिंह, धर्मसिंह, मोहकम सिंह, साहब सिंह समेत 'पंच प्यारों' को सर्व प्रथम गुरु जी ने ही दीक्षा दी थी।

येसुमसीह के पाँच मछुआरे शिष्य

येसुमसीह का जीवन शाश्वत सत्य, भ्रातृभाव तथा समाज के प्रति उदारता एवं परमोचित कर्म की आवश्यकता का एक पुनःकथन 2 हजार वर्ष पूर्व पधारे येसु को मानव स्वभाव के सर्वोच्च गुणों का प्रतिरूप माना जाता है। उनका जीवन और चरित्र प्राचीन इतिहास की घटनाओं का लिखित रूप में प्राप्त सर्वोच्च उदाहरण है। जिसके आधार पर इतिहास युगों में बँट जाता है—एक येसु-पूर्व और दूसरा येसु-पश्चात। जीवनपर्यन्त बेसहारों, गरीबों, उपेक्षितों और दलितों को दुख से उबारने के लिए अपने प्रयासों के मार्ग में आने वाली भीषण कठिनाइयों को झेलते हुए यह महापुरुष उनका मसीहा बन कर अमर हो गया। 'पाप से घृणा करो पापी से नहीं,' 'दूसरों के बारे में ऐसा न सोचो जैसा तुम नहीं चाहते कि दूसरे तुम्हारे बारे में सोचें', 'धन्य हैं वे जो दीन हैं क्योंकि ईश्वर का राज्य उनका है, धन्य हैं वे जो मन के शुद्ध हैं क्योंकि वे भगवान के दर्शन पाएँगे', 'दयालु बनो किसी को दोषी मत ठहराओ तो तुम भी दोषी नहीं ठहरोगे, क्षमा करो तो क्षमा पाओगे' जैसे ईसा के उपदेश आज भी मनुष्य को रास्ता दिखा रहे हैं।

विश्व में सबसे बड़ी संख्या में अपनाए गए ईसाई धर्म के प्रवर्तक येसु बेथलहेम के पास एक गोशाला में मारिया के गर्भ से जन्मे थे। मारिया ने कुँवारी अवस्था में इन्हें जन्म दिया था। उसका विवाह योसेफ से हुआ था। 30 वर्ष के हो जाने पर येसु ने योहन से जल में बपतिस्मा संस्कार ग्रहण किया था। अपने परम अनुयायियों में से उन्होंने 12 शिष्य चुने थे जिसमें सिमोन अन्द्रेयस, पेत्रुस याकूब और योहन मछुआरे थे। अंतिम समय येसु को यरुशलम में रोमन गवर्नर पिलातस द्वारा सूली (क्रास) पर चढ़ाकर हाथ-पाँव में कील गाड़ कर शुक्रवार (गुडफ्राइडे) को मृत्यु दण्ड दिया गया था। मृत्यु से पूर्व अंतिम बार मारिया और योहन उनके पास थे। येसु ने कहा था 'माँ यह तुम्हारा पुत्र है। योहन! आज से यह तुम्हारी माँ है।' येसु आज भी सूली पर लटके हुए दर्शाए जाते हैं तथा सूली का प्रतीक क्रास सभी ईसाई अपने गले में पहने रहते हैं। येसु मसीह के उपदेशकों के 12 प्रचारकों में से पाँच मछुआरे प्रचारकों का स्थान बेथसैदा (इस्राइल) था जहाँ खुदाई की गई है। लगभग 2000 वर्ष तक इतिहास की गर्त में दबे रहने के पश्चात् खुदाई से पता चला कि मूलतः यह यहूदी बस्ती थी। बेथसैदा जिस समुद्री झील के किनारे बसा था वह पहली शताब्दी के उत्तरार्द्ध में गैलिली सागर में विलुप्त हो गया। सीरिया से इस्राइल द्वारा यह क्षेत्र छीने जाने के पश्चात बेथसैदा का पता चला जो खुदाई के पश्चात बिल्कुल सुरक्षित दशा में मिला। मिले मकानों के भग्नावशेष में मछुआरों के बर्तन, लंगर, मछली पकड़ने के कांटे जाल इत्यादि मिले हैं। पुरातत्ववेत्ताओं का कहना है कि यह सब सामान व स्थान येसु के मछुआरे शिष्यों का है। (सहारा—22.6.1995)

भगवान शंकर का निषाद वेश में अर्जुन को दर्शन देना

वेद व्यास रचित महाभारत के वनपर्वान्तर्गत कैरात पर्व के अध्याय 38 से 41 में भगवान शंकर के किरात वेश में प्रकट होने का वर्णन है। किरात निषाद का पर्यायवाची है।

कैरातं विषमास्थाय काञ्चनद्रुम संनिभम। (2-39)

कुंती नंदन महाबली अर्जुन तपस्या के लिए अकेले वन में विचरण कर रहे थे तभी उन्होंने सूअर के रूप में मूकनामक दानव को देखा जो अर्जुन को मार डालने की टोह में था। तत्क्षण दानव पर प्रहार करने हेतु धनुष पर प्रत्यञ्चा चढ़ा कर वे आक्रमण के लिए उद्यत हो गए। किरात ने आगे बढ़ कर उन्हें रोक लिया परंतु फिर भी किरात की अवहेलना कर अर्जुन ने दानव पर प्रहार कर दिया। साथ ही किरात ने भी उस पर बाण छोड़ दिया और अर्जुन से कहा कि यह दानव उनका शिकार था। इस स्थिति ने विवाद का रूप धारण कर लिया जिसकी परिणति किरात और अर्जुन के मध्य भयंकर युद्ध के रूप में हुई। यद्यपि अर्जुन ने किरात के साथ घनघोर युद्ध किया परंतु फिर भी हार गए।

ततोऽर्जुनः शरवर्ष किराते समवासृजत।
तत प्रसन्नेन मनसा प्रतिजग्राह शंकर॥ (36-39)

अर्जुन की वीरता से प्रसन्न हो भगवान शंकर ने उन्हें दर्शन दिया तथा पाशुपत नामक दिव्यास्त्र से सुसज्जित कर दिया।

निरपराध निषादों का संहार

गरुड़ पक्षी की माता के साथ सर्पों ने छल करके उनकी किसी जीती हुई बाजी को उलट दिया था। इसी कारण गरुड़ को नागों की दासता स्वीकार करनी पड़ी की। एक बार गरुड़ ने नागों से पूछा कि वे क्या लाकर उन्हें दें जिससे दासता से मुक्ति मिल जाए। इस पर सर्पों ने कहा कि वह अमृत ला दें तो दासता से छुट्‌टी मिल जाएगी। गरुड़ ने अपनी माता से पूछा कि वे अमृत लेने जा रहे हैं किंतु उनका भोजन क्या होगा। उसकी माता बोली कि समुद्र के बीच में एक टापू है जिस पर सहस्त्रों निषाद रहते हैं उन्हीं को मार कर खाना।

समुद्रकुक्षावेकान्ते निषादालयमुत्तमम्।
निषादानां सहस्राणि तान भुक्त्वामृतमानय॥ (2-28)

साथ ही यह भी कहा कि ब्राह्मण को मारने का विचार नहीं करना क्योंकि ब्राह्मण समस्त प्राणियों के लिए अवध्य है। वह अग्नि के समान दाहक होता है।

न च ते ब्राह्मणं हंतुं कार्या बुद्धि कथंचन।
अवध्य सर्वभूताना ब्राह्मणो ह्यनलोपमः॥ (3-28)

इस पर भी ब्राह्मण हत्या नहीं करनी चाहिए ऐसा गरुड़ को उसकी माता ने

बताया। माता की आज्ञा लेकर गरुड़ उन निषादों के पास उनका संहार करने जा पहुँचे।

"स तान् निषादानुपसंहरस्तदा"

वहाँ उन्होंने इतना अधिक धूल उड़ाया कि समस्त निषाद बेहाल हो गए और प्रचण्ड वायु के झोंकों से बेसुध गरुड़ के विशाल मुँह में समा गए। उसके बाद गरुड़ ने मछली मार कर जीविका चलाने वाले उन अनेकानेक निषादों का विनाश कर दिया।

निषूदमन बहुविधमत्स्यजीविनो
बुभुक्षितो गगन चरेश्वरस्तदा। (21-28) आदि पर्व-आस्तीक पर्व

स्वतंत्रता संग्राम में निषादों का योगदान

बिरसा मुण्डा–बिरसा का जन्म 15 नवंबर 1875 को राँची नगर से 40 किलोमीटर दूर खूँटी के एक छोटे से गाँव शरेविया उलिहादू में हुआ था। बिरसा का उग्रवादी स्वरूप तब प्रकट हुआ जब उसने देखा कि बाहरी व्यक्ति आदिवासियों पर अत्याचार और लूटखसोट कर रहे हैं और आदिवासियों का उनका दृढ़ता से मुकाबला करने में मनोबल गिर रहा है। ईसाई मिशनरियों के संपर्क में आने से उसके विचार तथा कार्य प्रणाली परिष्कृत होते रहे जिससे वह एक सफल क्रांतिकारी के रूप में उभरा। मिहार, मध्यप्रदेश, उड़ीसा और बंगाल में आदिवासी बहुतायत से निवास करते हैं। दक्षिण बिहार में राँची, सिंहभूम, हजारीबाग, पलामू, गुमला, लोहरदग्गा, चाईबासा, संथाल परगना आदिवासी बाहुल्य क्षेत्र है। अपनी कड़ी मेहनत से जब उन लोगों की भूमि को कृषि योग्य बना लिया तो 'दिकू' अर्थात् बाहरी लोगों द्वारा धन उगाही जबरन की जाने लगी। शोषण के खिलाफ, 1875 तक संथाल किसी के संगठित विरोध में शामिल नहीं हुए थे और न ही किसी आंदोलन ने जन्म लिया था। उसी समय सिद्धो और कान्हू नामक दो जागरूक नवयुवकों ने आदिवासियों के असंतोष का नेतृत्व किया और अंग्रेज एवं भारतीय सामन्तों द्वारा किए जा रहे अत्याचार के विरुद्ध जेहाद बोल दिया। अंग्रेजों, साहूकारों, जमींदारों पर आक्रमण होने लगे। उस अभियान में कुम्हार, तेली, लोहार, मुसलमान, जुलाहा, ग्वाला आदि भी सम्मिलित हो गए। 1871 व 1879 के मध्य इस आंदोलन ने अपने में एक धार्मिक आंदोलन भी जोड़ा जिसके मुखिया भागीरथ थे। परंतु वास्तविक अर्थों में जनजातीय स्वतंत्रता संघर्ष से जो व्यक्ति जुड़ा वह बिरसा था। ईसाई मिशनरियों के बढ़ते प्रभाव जमींदारों व ब्रिटिश प्रशासकों के अत्याचार के विरुद्ध उसने आवाज उठाई और आंदोलन को तेज कर दिया। 1857 से 1899 के बीच का समय मुण्डा क्षेत्र के लिए बढ़ते अकाल, भुखमरी व रोग के कारण यद्यपि दुर्भाग्यपूर्ण था परंतु उसी समय आदिवासियों की अनुपम सेवा कर बिरसा को उनका दिल जीतने का सुनहरा अवसर मिल गया। 1899 में क्रिसमस के दिन बिरसा ने अपने आंदोलन को बड़े स्तर पर करके स्वयं 300

सशस्त्र साथियों के साथ खूँटी पुलिस स्टेशन पर आक्रमण कर पुलिस उप निरीक्षक की हत्या कर दी। दो लालची और गद्दार कांडे और वीर सिंह मुण्डा ने पुलिस को उसके छिपने के स्थान को बता दिया। अंत में बिरसा मुण्डा सिंहभूम के जंगल में गिरफ्तार कर लिया गया। वर्णिकाशती स्मृति सितंबर 1985 के अनुसार मुण्डा आंदोलन में अधिक मुण्डा मारे गए। रांची कारागार में पच्चीस वर्षीय इस महान स्वतंत्रता संग्राम सेनानी की इहलीला जून 1900 में समाप्त हुई। 1895-1900 के मध्य बहुत कम समय में बिरसा मुण्डा आजादी का प्रतीक बन गया। राँची जिले कि आदिवासी इसे अपना भगवान मानते हैं।

मानव शास्त्री प्रो. सच्चिदानंद ने लिखा है कि दमन और अत्याचार की परेशानी से त्रस्त मुण्डा जन जातियों ने बिरसा में सिद्ध पुरुष और रक्षक का गुण देखा। आंदोलन इतना प्रखर था कि शीघ्र ही छोटा नागपुर क्षेत्र में ब्रिटिश शासन की नींव हिल गई। बिरसा मुण्डा के सम्मान में राँची स्थित भारी उद्योग निगम का प्रवेश द्वार बिरसा मुण्डा चौक के नाम से रखा गया है। (स्रोत सामाजिक परिवर्तन—ए.आर.एन. श्रीवास्तव)

कानपुर के क्रांतिकारी वीर नाविक

यह घटना है 27 जून 1857 की। कानपुर में क्रांति की ज्वाला धधक रही थी। नाना साहब (श्रीमंत नाना धोंडो पंत) के नेतृत्व में क्रांतिकारियों का मनोबल आसमान छू रहा था। यहाँ क्रांति का वास्तविक आरंभ रात में 2 बजे 4 जून सन् 1857 को हुआ था। जनरल ह्वीलर के कमाण्ड में अंग्रेजी रेजीमेंट को क्रांतिकारियों ने पूरी तरह घेर कर उनकी रसद सामग्री व शस्त्रास्त्र पर कब्जा कर लिया था। 6 जून 1857 से 12 जून 1857 तक घमासान युद्ध के पश्चात क्रांतिकारियों का पलड़ा भारी होता गया और अंततोगत्वा कानपुर में नाना साहब की शासन व्यवस्था कायम हो गई। 23 जून 1857 को क्रांतिकारियों ने अंग्रेजों के बैरकों पर पुनः भीषण हमला कर उनके मनोबल की रही सही कमर भी तोड़ डाली। अंग्रेजों की दशा अत्यंत शोचनीय हो गई थी। उनकी संचित सामग्री समाप्त हो रही थी और कहीं से सहायता के आसार नजर नहीं आ रहे थे। जनरल ह्वीलर के पास हथियार डालने के अलावा कोई चारा नहीं बचा था। अंततः 26 जून 1857 को एक बैठक हुई जिसमें अंग्रेजों की ओर से मूर, ह्विटलिंग और रोशे तथा नाना साहब की ओर से अजीम उल्ला खाँ तथा ज्वाला प्रसाद ने भाग लिया जिसमें समर्पण की निम्नांकित शर्तें निश्चित हुईं : (1) सभी अंग्रेज अपने अस्त्रशस्त्र नाना साहब के हवालें कर देंगे। (2) स्त्रियों, बच्चों व घायलों के लिए वाहन का प्रबंध किया जाएगा। (3) घाट पर नावों का प्रबंध होगा जिनमें खाद्य सामग्री भी होगी तथा (4) नाना साहब व अजीम उल्ला खाँ के अनुसार उन्हें उसी रात्रि को बैरकों को खाली करना होगा। अंग्रेज इलाहाबाद से सैनिक

सहायता की प्रतीक्षा में थे। इसलिए अपने मन की बात छिपाए हुए उन्होंने 27 जून को प्रातःकाल जाने की पेशकश की जिसे नाना साहब ने मानवीय कारणों से स्वीकार कर लिया था। तदनुसार इसी तारीख को प्रातः 9 बजे अंग्रेज व उनके परिवार के लोग 16 हाथी तथा 80 पालकियों से सती चौरा घाट पर पहुँचे जहाँ हरदेव मंदिर के सामने तात्या टोपे और अजीम उल्ला खाँ पहले से मौजूद थे। नदी के दोनों किनारों पर भारी भीड़ थी। माब्रे थामसन (स्टोरी आफ कानपुर, पृष्ठ 163-65) के अनुसार घाट से संकेत आया, बिगुल बजा और सवारियों से भरी 40 नावों से नाविक नदी में कूदकर उस पार चले गए। अंग्रेजों ने उन पर गोलियाँ चलाईं। किनारे खड़े सैनिकों ने भी गोलियाँ चलाईं पर निडर नाविक लोग तनिक भी विचलित हुए बगैर नावों को नदी में छोड़कर भागने में सफल हो गए।.... सती चौरा घाट पर अंग्रेजों के गोलीबारी के प्रत्युत्तर में बालाराव तथा अजीम उल्ला की आज्ञा से क्रांतिकारियों द्वारा भी नावों पर गोलियों की बौछार की गई थी। आग्नेयास्त्रों के प्रयोग से नावों में आग लग गई और सब डूब गईं। (माड—मेमोरीज आफ दि म्यूटनी) नाना साहब घटना स्थल पर मौजूद नहीं थे। जब उन्हें इस घटना का पता चला तो उन्हें अंग्रेज स्त्री और बच्चों की मौत से दुख हुआ। उन्होंने तुरंत गोलीबारी रोकने की आज्ञा दी। इस घटना के परिणामस्वरूप बंदी बनाए गए 286 व्यक्तियों में से 125 अंग्रेज महिलाएँ और बच्चे थे। 40 नावों में से एक नाव बच निकली थी जिसे 28 जून को नजफगढ़ में किनारे पर तैनात क्रांतिकारी सैनिकों ने ठिकाने लगा दिया था। जिस नाव से थामसन और उनके साथी किनारे उतरे थे वह पकड़ ली गई और 80 अंग्रेज स्त्री-पुरुष बंदी बना लिए गए। यह सब बीबीघर में बंद किए गए थे जिन्हें 30 जून को फाँसी दे दी गई थी। इतना सब होने पर भी परतंत्रता के काले बादल कानपुर में घने होते रहे। 16 जुलाई 1857 को हवलाक की अंग्रेजी सेना से नाना साहब परास्त हो गए और उन्हें कानपुर (बिठूर) से विदा लेना पड़ा। नाना साहब के निष्ठावान नाविक क्रांतिकारियों ने टीकापुर घाट से उन्हें नावों द्वारा उनके गन्तव्य स्थान को पहुँचाया था। (नाना साहब—लेखक डॉ. मोती लाल भार्गव, सूचना विभाग उत्तर प्रदेश सरकार-1961 तथा चार्ल्सवाल—हिस्टरी ऑफ दि इण्डियन म्यूटिनी)

संदर्भित पुस्तकों में इन दिलेर नाविकों के नाम पते का उल्लेख नहीं है। विश्वस्त सूत्रों से पता चलता है कि उनमें से कुछ नाविकों के नाम बुद्धू, लक्ष्मन और देवीदीन थे।

मेहतर जाति का इतिहास

एस. एल. सागर

भूमिका

मेरा जन्म उत्तर प्रदेश जहाँ काशी है मथुरा है और गंगा बहती है के एक छोटे से गाँव में हुआ था। मेरे निकट पड़ोसी क्षेत्र में जाटव, धानुक, चिक, धोबी, कोरी और मेहतर नाम की अछूत जातियाँ थीं और ब्राह्मण, ठाकुर सवर्ण जातियाँ थीं। पिछड़ों में मात्र अहीर, काछी, बढ़ई, कहार, नाई जातियाँ थीं। अछूतों, पिछड़ों और सवर्णों की अन्य जातियाँ मेरे क्षेत्र में नहीं थीं और बचपन में मैं इन्हीं जातियों को जानता था। बाकी जातियाँ तो सभी वर्गों की मैंने बाद में जानीं जब कक्षा 9 की शिक्षा लेने के लिए मैं घर से 30 किलोमीटर दूर जिला मुख्यालय के शहर मैनपुरी में आया। चूँकि मैं जाटव वंश में पैदा हुआ था मेरी जाति को लोग चमार कहकर अपमानित करते थे। यह भी सही था कि मेरी ही जाति के पड़ोसी गाँव में रहनेवाले लोग चमड़ा खींचने का काम करते थे जिन्हें चमार कहकर घृणित समझा जाता था और जाटव जो पहले इनसे खान-पान का संबंध रखते थे उन्होंने भी इनसे खान-पान छोड़ रखा था। मेरे गाँव नगला दूल्हाराय में केवल दो ही जातियाँ रहती थीं ठाकुर और जाटव। मेरा बचपन मुझे याद है—होली के त्योहार पर बूढ़े-बूढ़े हमारे लोग ठाकुरों के घर-घर से त्योहारी में पूड़ियाँ पकवान माँगकर लाते थे और एक जगह बैठकर आपस में अपने घरों के हिसाब से बँटवारा कर लेते थे। बँटवारे में कम ज्यादा पर कभी-कभी झगड़ा भी हो जाता था। मुझे यह प्रथा अति अपमानजनक लगी। एक स्थान पर मैंने नौजवानों को इकट्ठा किया और जहाँ हमारे बुजुर्ग लोग इन माँगी हुई बासी पूड़ियों की हिस्सा कसी कर रहे थे वहाँ पहुँच गए। बुजुर्गों से कहा कि पूड़ियाँ हमें दो हम बाँटेंगे। वे पूड़ियाँ हमने ले लीं और लाकर कूड़े में फेंक दीं। बुजुर्ग नाराज भी हुए पर उस दिन से यह त्योहारी प्रथा बंद हो गई। होली पर एक जुहारी की प्रथा भी थी। होली की पड़वा के दिन हमारे गाँव के ठाकुर और जाटव अपने मौजे के गाँव नगला भवानी में ब्राह्मणों के घर इकट्ठे होकर जुहारी करने जाते थे। एक बार मैं भी गया, मैं छोटा था, दूसरे दर्जे का छात्र था। ब्राह्मणों के दरवाजे पर पहुँचते ही वे ठाकुरों को ऊपर चबूतरे पर फर्श बिछा कर बैठाते थे और ब्राह्मण ठाकुर सीने से सीना मिलाकर आपस में मिल भेंटते थे। वे जाटवों को गली में जहाँ ब्राह्मण जानवर

बाँधते थे वहाँ बैठा देते थे। ब्राह्मण लोग किसी एक जाटव को कत्था चूना लगाकर 50-100 पान पकड़ा देते थे और उसके द्वारा नीचे बैठे जाटवों में बँटवा देते थे। ब्राह्मणों के हर दरवाजे पर यही होता था। मैंने इसे बहुत अपमानित व्यवहार समझा। गाँव में लौटकर मैंने फिर नौजवानों को इकट्ठा कर बुजुर्गों से कहा कि भविष्य में कोई भी ब्राह्मणों के यहाँ 'जुहारी' करने नहीं जाएगा। अगली साल आई तो अपने ही बुजुर्गों से काफी जद्दोजहद करना पड़ा पर 'जुहारी' को किसी को नहीं जाने दिया और यह प्रथा भी रुक गई। होली पर एक 'अंधराय' प्रथा थी। ब्राह्मण या ठाकुरों के यहाँ साल भर में जो लोग मर जाते थे उनके नाम के 'अंधराय' उठाने के लिए जाटव ढोलक मजीरा लेकर जाते थे, गीत गाते थे और उनके शोक में शरीक होते थे पर कोई ब्राह्मण ठाकुर जाटवों के मरने पर उनके दरवाजे अंधराय उठाने नहीं आता था। शायद यह इसलिए था कि कोई ब्राह्मण या ठाकुर किसी जाटव के मरने पर शोक का विषय नहीं समझता था। मैंने इस अंधराय उठाने की प्रथा को बहुत अपमानित समझा और इसे भी लड़ कर बंद कराया।

जब मैं शहर में आया तो मुझे गाँव के छुआछूत के काफी कड़वे अनुभव थे। मैं अछूत था, मेहतरों से मुझे बहुत प्यार था। यहाँ मैंने देखा कि मेहतरों को होटल में चढ़ने की मनाही है, उन्हें दूर से मिट्टी के कुल्हड़ में चाय दे दी जाती है और दूसरों को कप प्यालों में दी जाती है। उन्हें लोग छूने से घृणा करते थे कि नाई तक उनके बाल नहीं काटता था। मैं मैनुपरी में 'दरीबा' मोहल्ले में आकर रहा और 1970 से मैं इसी म.न. 223 में रह रहा हूँ। इस मोहल्ले में अधिकांश मुसलमान और मेहतर ही रहते हैं। मेरा अकेला जाटव का घर है। मेहतर मेरे पास उठते-बैठते अपनी छुआछूत की अग्नि झुलसी जिंदगी की दास्तान सुनाया करते तो मैं बहुत विह्वल हो जाता। उनमें भी बासी रोटी त्योहारी में माँगने की प्रथा है। एक बार 8-10 मेहतर नौजवान मेरे पास आए। मैं यहाँ वकालत का पेशा करता था और आज भी कर रहा हूँ। इन नौजवानों ने दुखभरी दास्तान सुनाई कि दुकानदार हमें दुकानों में कपों में चाय नहीं देते हैं न नाई बाल काटते हैं। मैं उठ दिया और कहा चलो देखते हैं। मैं एक जगदीश चाय वाले की दुकान पर पहुँचा। मेरे साथ ये मेहतर नौजवान भी थे। मैंने चाय वाले से कहा कि हम सबको चाय कपों में पिलाओ। उसने मुझे कप में चाय दे दी पर मेहतर नौजवानों को कप में न देकर कुल्हड़ मँगवाए। इसी बीच मेहतर लड़के दुकान में अंदर आकर बैठ गए। इतने में ही दुकानदार चिल्लाने लगा कि मेरी दुकान मेहतरों ने भ्रष्ट कर दी। उसने अब इन्हें कुल्हड़ में भी चाय देने से इनकार कर दिया। थोड़ी ही देर में देखते-देखते मजमा लग गया। मैं नीचे दुकान से उतर कर गया और टेलीफोन से पुलिस बुला ली। मैंने पुलिस से कहा कि दुकानदार छुआछूत का व्यवहार कर रहा है जो कानून के खिलाफ है वह मेहतरों को होटल में घुसने और चाय देने से मना करता है कि मेहतरों को चाय होटल में बैठाकर

नहीं देंगे। थानेदार ने कहा कि आप रिपोर्ट लिखाइए। मैंने कोतवाली में छुआछूत की रिपोर्ट लिखा दी। इधर उस दुकानदार से कुछ ठाकुर ब्राह्मण बनियों ने मिलकर योजना बनाई—अपनी क्राकरी (कप-प्याले) सब सड़क पर तोड़कर बिखेर दिए और वे भी रिपोर्ट लिखाने आ गए कि डकैतों ने मेरी दुकान लूट ली है। इस रिपोर्ट में मेरा नाम गेंग लीडर और अन्य 12 मेहतरों का नाम डकैती डालने में था। थानेदार ने कहा भी कि ये तो घटना स्थल से सब मेरे साथ ही आए हैं और तब से यहीं हैं उस समय तो डकैती की घटना नहीं हुई थी, झूठी रिपोर्ट क्यों कराते हो? सारे सवर्ण हिंदुओं ने मिलकर कहा कि निरीक्षण कर लो। थानेदार गया तो पाया कि कप प्याले भारी संख्या में सड़क पर टूटे पड़े हैं। थानेदार ने कहा भी कि यह सब बनावटी है पर उसे डकैती की रिपोर्ट मेरे और 12 मेहतरों के खिलाफ लिखनी पड़ी। इस घटना के बाद मैंने सब मेहतरों को इकट्ठा किया और पूरे शहर की मैला उठाने और नगरपालिका की भी हड़ताल करा दी। कुछ नौजवानों ने मरे कुत्ते अधिकारियों की कोठियों में टाँग दिए और मैला भरी गाड़ियाँ सड़कों के चौराहों पर खोल दीं। सारे शहर में हाहाकार मच गया। एस.पी., कलेक्टर को फोन खटकने लगे। मेरे लिए लाउडस्पीकर पर एक चौबे ऐलान करने लगा कि सागर निकले तो इसे गोली से मार दो। उस समय सरदार नगेन्द्र सिंह जिलाधिकारी और श्री खूब सिंह अपर जिलाधिकारी थे। ये दोनों ही अनु. जाति के थे और नगर मजिस्ट्रेट श्री सदाराम ठाकुर थे, सब नगरपालिका में आ गए और मुझे बुलवाया। मैं और हमारे लोग मुझे चारों तरफ घेरे में लेकर मय झाड़ू की लाठियों के मुस्तैद होकर चले क्योंकि सड़क पर सवर्ण हमें लाउडस्पीकर पर गोली मारने का ऐलान कर रहे थे। हम सब सैकड़ों की संख्या में नगरपालिका पहुँचे। हमारे संगठन को देख किसी की गोली मारने की हिम्मत नहीं हुई। जिलाधिकारी, ए.डी.एम. और नगर मजिस्ट्रेट ने समझौता कर लेने का प्रस्ताव रखा और हड़ताल समाप्त करने को कहा। मैंने कहा कि डकैती की रिपोर्ट झूठी है और छुआछूत की रिपोर्ट सत्य है। इन दोनों केसों में चाय वाले के विरुद्ध कार्यवाही की जाए। जिलाधिकारी ने समझौते की बात कही तो मैंने प्रस्ताव रखा कि मामला जहाँ से चला था वहीं से समाप्त हो सकता है। चाय वाला बनिया मेहतरों को होटल में बैठाकर चाय पिलावे और जूठे प्याले स्वयं धोए। साथ में यह भी शर्त है कि चाय हेतु पानी कंजड़ लाएगा। धानुक चाय बनाएगा मेहतर सप्लाई करेगा। सभी जातियों के दो-दो व्यक्ति चाय पियेंगे। चाय पीने पर छुआछूत का केस वापस होता है फिर डकैती का झूठा केस वापस करे, मेहतरों की तब हड़ताल टूट सकती है। पहले तो बहुत से सवर्णों ने आनाकानी की, चिल्लाए और भाग खड़े हुए। एक बार हो हल्ला इतना हुआ कि जिला मजिस्ट्रेट को लाठी चार्ज कराना पड़ा पर हड़ताल न टूटती देख मेरी शर्त सबको स्वीकार करनी पड़ी तब कहीं यह मामला शांत हुआ।

सन् 72 से लेकर 74 तक मैं सफाई मजदूर संघ मैनपुरी का अध्यक्ष रहा।

इस समय मैंने देखा कि नगरपालिकाओं में इन मेहतरों को कितनी यातनाएँ दी जाती हैं। उनको 6-6 माह के वेतन का भुगतान नहीं किया जाता है, उन्हें वर्दी, गमबूट कुछ नहीं दिया जाता,. नगरपालिका वाले झाड़, डलिया, गाड़ी तक नहीं देते हैं और इनकी वर्दी, झाड़ू, गाड़ी सबका पैसा खा जाते हैं। इन बेचारों को झाड़ू तक घर से बनाकर लाना पड़ता है। नगरपालिका में इनका पैसा तो फंड के नाम से काटा जाता है पर उसका एकाउंट बैंक में होता ही नहीं है। फंड ग्रेच्युटी पेंशन में अंत में कुछ नहीं मिलता है। इनकी बीमारी के दिन का वेतन काट लिया जाता है जबकि इनकी छुट्टी के दिन का जमा कूड़ा दूसरे दिन उन्हें ही उठाना पड़ता है।

मेहतरों का काम नगरपालिका में काफी बड़ा होता है। नालों की सफाई, सड़क पर झाड़ू लगाने, कूड़ा भर कर डालने और मशक से नाली में पानी डालने वाला अलग-अलग स्टाफ होता है। हर त्योहार पर ये सब स्टाफ के लोग अलग-अलग टोकरी लिए त्योहारी के लिए घूमते हैं जिन्हें लोग कुछ तो दे देते हैं और कुछ के दरवाजे पर बुरी तरह डाँट कर भगा दिए जाते हैं। बेचारों की बुरी दशा होती है। नगरपालिका के मेहतरों से घरों पर भी काम कराया जाता है और उन्हें बात-बात पर निलंबित कर दिया जाता है।

इस प्रकार मैंने मेहतरों के जीवन को बहुत निकट से देखा है। जब मैं इसकी लड़ाई लड़ रहा था और नगरपालिका मजदूरों का नेतृत्व कर रहा था तब मुझे इनकी दशा को समझने का पूरा अवसर मिला। मैंने उसी समय यह विचार किया था कि मैं इनके जीवन पर एक लेख लिखूँगा। यह लेख मेरी उसी इच्छा की पूर्ति का प्रस्तुतीकरण है।

मैं चाहता तो मेहतरों की समस्या पर एक बहुत बड़ा ग्रंथ लिख सकता था किंतु जिनके लिए मुझे लिखना था वह बहुत गरीब तबका है। मेरी आशा है वे इसे अवश्य पढ़ेंगे। मैंने उनके घरों में जाकर घंटों बैठ-बैठकर उनके जीवन को पढ़ा है। उनके धूल में सने बच्चों को देखा है, उनकी महिलाओं की गिलाजत की जिंदगी को देखा है। मैं सोचता हूँ कि क्या कभी इन इंसान कहलाने वाले जीवों की दशा भी सुधरेगी? यहाँ भगवान कछुआ और सूअर बनकर अवतार लेता है। वह क्षत्रिय बनकर क्षत्रियों को और ब्राह्मण बनकर ब्राह्मणों को गौरव प्रदान करने के लिए अवतार लेकर आता है। क्या कभी वह भगवान इन मेहतरों की दशा सुधारने के लिए मेहतर बनकर भी अवतार लेगा?

मैंने जहाँ उनकी दशा का चित्रण किया है वहीं इस लेख में उनसे यह भी कहा है कि तुम्हारी दशा पर दया करने कभी कोई नहीं आएगा। तुम्हें स्वयं सम्हलना है, स्वयं उठना है। उठो दासता की जंजीरें तोड़ दो। जिस तरह जी रहे हो उन विचारों और पेशों को छोड़ दो तभी तुम्हारा उद्धार होगा। बहुत सो चुके हो अब जागकर जिंदगी को नया मोड़ दो।

यदि मेरे रक्त वंशी अपने जीवन में कुछ सुधार कर सके तो मैं अपना प्रयास सार्थक समझूँगा।

मैं उन व्यक्तियों, लेखकों और साहित्यकारों से भी कहना चाहता हूँ कि वे बड़े-बड़े पोथन्ने लिखकर, ऊँचे लोग, ऊँचे भवन और ऊँचाई पर रहने वाले ऋषि देवता और भगवान पर बहुत कुछ दे चुके हैं। झूठे पाखंडियों और देशद्रोहियों की प्रशस्ति में अनेक गपोड़ गाथाएँ गढ़ चुके हैं, धरती पर रेंगने वाले इन इंसानों की जिंदगी पर भी कुछ लिखें।

अंत में, मैं यह कहना चाहता हूँ कि मैंने इस कामना के साथ यह लेख लिखा है कि इससे कुछ लाभ वे अवश्य उठाएँगे जिनकी जीवनी पर मैंने कुछ लिखने का प्रयास किया है।

मैनपुरी
6 दिसम्बर 1996

सुंदरलाल सागर
एडवोकेट

मैला उठाने वाले अस्पृश्य समाज की उत्पत्ति

भारत का सामाजिक इतिहास एक अनोखा इतिहास है जो क्रांतियों और प्रति क्रांतियों से भरा पड़ा है। यही क्रांतियाँ और प्रतिक्रांतियाँ ही भारत की जाति आधारित और अस्पृश्यता मूलक समाज व्यवस्था के लिए उत्तरदायी हैं।

भारत की प्राचीन सभ्यता मिस्र, मोसोपोटामिया और ग्रीक सभ्यता के समाजों की प्रारंभिक सभ्यताओं में से एक है। भारत की इस सभ्यता को सिंध सभ्यता के नाम से पुकारा जाता है। यह सिंध सभ्यता उन मूल निवासियों की थी जिन्हें द्रविड़ सभ्यता कहा जाता है। इसी से लगभग ढाई हजार वर्ष बाद भारत में आर्यों का आक्रमण हुआ। आर्यों ने इस सिंध सभ्यता का विनाश किया और अपनी वैदिक सभ्यता की स्थापना की। इस नई व्यवस्था को वैदिक प्रति क्रांति कहा जाता है। इस वैदिक व्यवस्था से ही वर्ण-व्यवस्था का प्रारंभ हुआ। ऋग्वेद का पुरुष सूक्त मण्डल इसकी साक्ष्य प्रस्तुत करता है। आज से ढाई हजार वर्ष पूर्व बौद्धिक क्रांति हुई जिसमें गौतम बुद्ध ने वैदिक व्यवस्था के विरुद्ध नई क्रांति की जिसमें उन्होंने कहा—जो कुछ भी स्वीकार करो वह बुद्धि स्वीकार करे तभी स्वीकार करो, जो तर्क पर स्वयं सिद्ध हो उसे स्वीकार करो। वैदिक व्यवस्था जो कहे उसे तब तक स्वीकार न करो जब तक बुद्धि उसे स्वीकार न करे। इस व्यपस्था का सबसे प्रबल प्रतीक बुद्ध के बाद महा पद्मनन्द बना। इस बौद्धिक क्रांति के विरुद्ध राजनीतिक प्रति क्रांति हुई जिसका सूत्रधार था चाणक्य जिसने बौद्धिक व्यवस्था के विरुद्ध और नन्द सत्ता के विरुद्ध उसी का वंशज चन्द्रगुप्त मौर्य को माध्यम बनाया। चन्द्रगुप्त मौर्य भी नन्द का सौतेला पुत्र था। मौर्य वंश का सबसे महान सम्राट अशोक बना जो बिंबसार का पुत्र था। इस वंश का आखिरी सम्राट वृहद्रथ था। अशोक ने धम्म क्रांति की थी इस क्रांति का सबसे अंतिम शासक वृहद्रथ ही था। कलिंग विजय के उपरांत अशोक ने विजय दशमी के दिन बुद्ध धम्म ग्रहण किया। यह दशमी विजय दशमी के रूप में मनाई और इसे एक वार्षिक त्योहार का रूप दिया। ठीक विजय दशमी के दिन सेना निरीक्षण परेड के समय वृहद्रथ के मंत्री पुष्यमित्र शुंग ब्राह्मण ने वृहद्रथ की तलवार से सिर काटकर हत्या कर दी और उसके बाद मनुस्मृति लिखवाई, पुराण

लिखे गए इसको पौराणिक प्रति क्रांति कहा गया। पुष्यमित्र ने नालंदा विश्वविद्यालय को जलवाया जो 365 दिन तक जलता रहा। उसने एक बौद्ध भिक्षु का सिर काटकर लाने के लिए 100 दीनार इनाम देने का ऐलान किया। जो बच गए इन बौद्धों के प्रति घृणा के कारण इन्हें अछूत बना दिया गया। उसके बाद धीरे-धीरे बुद्ध धम्म भारत से पलायन कर गया और विशुद्ध ब्राह्मणवादी हिंदू राज्य कायम हो गया। सैकड़ों वर्ष बाद भारत पर यवनों के आक्रमण शुरू हुए। मुहम्मद बिन कासिम से इस्लामी सत्ता का भारत में जमना प्रारंभ हुआ। इस्लामी सत्ता भारत में कासिम से प्रारंभ होकर मुगल शासक बहादुरशाह जफर तक चली। इस 900 वर्ष के शासन में हिंदुओं ने मुसलमानों का विरोध नहीं किया। मुसलमानों को आमंत्रित करने वाले राणा सांगा जैसे हिंदू शासक ही थे और जब मुसलमानों को हिंदुओं ने शासक बना लिया तो मुसलमानों ने सामाजिक, सांस्कृतिक और धार्मिक क्रान्ति के दरवाजे बंद कर दिए। उन्होंने यह समझौता किया कि हिंदू हमें बादशाह और अपना शासक मानें हम राज्य करेंगे पर हिंदुओं के धर्म और संस्कृति को नहीं छुएँगे, वह यथावत चलती रहेगी। हिंदुओं ने अपनी बहू बेटियाँ देकर मुसलमानों को दामाद और बहनोई बनाकर रिश्तेदारियाँ कायम कर लीं।

यह वही काल है जिसमें तुलसी ने अपनी रामायण रामचरित मानस लिखी। जिसमें—

'ढोल गंवार शूद्र पशु नारी ये सब ताड़न के अधिकारी'
'जैवर्णाधमतेलि कुम्हारा—स्वपच किरात कोल कलवारा'
'पूजिए विप्र शील गुणहीना—शूद्र न गुणगन ज्ञान प्रवीना'

लिखा गया। सच यह है कि यह मुसलमानों का ही काल था जब अछूतों को पखाना उठाने वाली कौम बनाया गया। इनके लिए मनु ने स्कूल के दरवाजे बंद कर दिए थे मुसलमानों ने भी बंद रखे। जो छुआछूत बौद्ध काल के बाद मनुस्मृति के हिंदू शासन काल में प्रारंभ हुई थी मुसलमान काल में और मजबूत हुई। ब्राह्मण शुंग वंश के शासन काल में जो वृहद्रथ के वफादार सैनिक शुंग सत्ता के विरुद्ध लड़े थे पकड़े जाने पर उन्हें घृणा का पात्र बना दिया गया। यही घृणा छुआछूत के रूप में परिणित हो गई। जो लड़े थे, जो सैनिक थे, वे ही अछूत बनाए गए थे। जो जितना लड़ाकू था वही उतना ही नीच बनाया गया। आज जिन्हें अति पिछड़ा वर्ग कहते हैं (यादव, गूजर, जाटों को छोड़कर) जिनमें तेली, तमोली, नाई, भुर्जी, सुनार, कुम्हार, लुहार, लोधी, काछी, गड़रिया, बढ़ई, दर्जी आदि जातियाँ आती हैं ये भी सभी बुद्धिष्ट थीं। इन्हें श्रमिक पेशे करने को विवश किया गया और ये श्रमजीवी पेशेवर लोग बना दिए गए। इस प्रकार जो पिछड़े हैं वे भी तब बुद्धिष्ट थे और जो अछूत बनाए गए वे भी बुद्धिष्ट थे। ये पिछड़ी जाति के लोग और अछूत एक ही रक्त वंश के लोग हैं; ये बौद्ध धर्मी हैं और भारत के मूल निवासी हैं। सैनिक वर्ग के लोग जिन्हें अछूत

बनाया गया समाज से बहिष्कृत कर दिए गए और शेष पिछड़े शूद्र कहलाए जाते रहे। आज की ये पिछड़ी जातियाँ शूद्र हैं और अछूत लोग बहिष्कृत जातियाँ हैं।

कैसी विडम्बना है जो वीर थे, बहादुर थे, सैनिक थे और जो समर में लड़े थे, उन्हें बहादुर होने का पुरस्कार यह मिला कि पकड़े जाने पर ये घृणा के पात्र बनाकर अछूत बना दिए गए जो उनके ही रक्तवंश के भाई थे जिन्हें आज पिछड़ा वर्ग कहा जाता है जिन्हें कभी शूद्र बनाया गया था वे ही अपने सगे भाइयों को अछूत समझते हैं और ब्राह्मण, क्षत्रिय, वैश्य से भी अधिक इनसे घृणा करते हैं। आज भारत का सामाजिक और सांस्कृतिक इतिहास जानने की सबसे बड़ी जरूरत इन्हीं अति पिछड़े मूलवासियों के वर्ग को है। जिस दिन ये अपना इतिहास समझ जाएँगे और इन्हें ज्ञान हो जाएगा कि अछूत और वे दोनों ही इस भारत भूमि के मूलवासी हैं और आपस में भाई-भाई हैं उस दिन ये अछूतों से घृणा करना छोड़ देंगे।

मैंने ऊपर की कुछ पंक्तियों में जो भारत के सामाजिक और सांस्कृतिक इतिहास की अति संक्षिप्त व्याख्या की है इसका आशय अछूतों की उत्पत्ति तक पहुँचना था। यद्यपि इस पर अनेक पुस्तकें अलग से लिखी जा चुकी हैं। स्वयं डॉ. आम्बेडकर ने 'अनटचेवल्स' नामक पुस्तक में इस विषय की विस्तृत व्याख्या प्रस्तुत की है। प्रस्तुत लेख इन अछूतों में से भी सबसे नीचे वाली अछूत जाति 'मेहतर' को लेकर लिखा जा रहा है इसलिए इसकी विषय वस्तु उन्हीं की स्थिति तक सीमित रखी जा रही है।

भारत की मेहतर जाति वह जाति है जो दुनिया में कहीं भी नहीं पाई जाती है। मैले की सफाई का काम हर देश में होता है और वहाँ भी होता है जहाँ विज्ञान उच्च शिखर पर पहुँचा हुआ है किन्तु दुनिया का कोई भी देश ऐसा नहीं है जहाँ मनुष्य मनुष्य का पखाना हाथ से उठाता हो, उसके बदले में उसे भीख की बासी रोटी मिलती हो और उसके स्पर्श से इतनी नफरत की जाती हो कि लोग उसकी छाया से भी बचते हों।

आगे हम संक्षिप्त परिस्थितियों की भूमिका के साथ-साथ चलते हैं और क्यों कैसे ये मेहतर जाति इस अवस्था तक पहुँची है, उसकी वर्तमान में क्या दशा है और उसके उद्धार हेतु दूसरों और स्वयं मेहतरों से क्या अपेक्षाएँ हैं उसका विवेचन करते हैं।

मैला उठाने वाले अस्पृश्य समाज की दशा और दिशा

भारत की वर्ण व्यवस्था में चौथा वर्ण शूद्र और शूद्र में भी एक दलित अछूत वर्ग है। भारत में आमतौर पर दलितों को गंदे पेशे ही दिए गए थे। ये गंदे पेशे ही उनके साथ छुआछूत के व्यवहार के लिए कारण रहे हैं। भारत के दलितों में एक वर्ग जिसे अछूत कहा जाता रहा है। डॉ. आम्बेडकर ने इसके लिए अपनी पुस्तक में बहिष्कृत शब्द का प्रयोग किया है। इन बहिष्कृतों को हिंदुओं के चार वर्ण ब्राह्मण, क्षत्रिय, वैश्य और शूद्र समाज से दूर रखा गया है। आमतौर से इन्हें अछूत (अनटचेवल) कहा गया है। इस अछूत वर्ग में चमड़ा खींचने वाली, मैला उठाने वाली, कपड़ा धोने वाली, धाय का काम करने वाली, सूअर पालने का काम करने वाली, मांस बेचने वाली आदि जातियों को अछूत कहा गया है। इन अछूतों में मैला उठाने का काम करने वाली जाति को भंगी, हेला, डुमार, चाण्डाल, मेहतर, मंग अनेक नामों से पुकारा जाता है। यह जाति समाज में सबसे नीची जाति मानी जाती है। इससे इतनी घृणा की जाती है कि स्वतंत्रता के 47 वर्ष बाद भी इसको छूना निषेध है। जो जाति गंदगी हटाती है समाज को स्वच्छ रखती है विडम्बना है कि उसे ही अस्वच्छ कहा जाता है। सैकड़ों वर्षों से यह जाति उत्पीड़न का शिकार रही है। पीढ़ियों से यह परंपरागत तरीके से सफाई का काम करते-करते जड़ता को प्राप्त हो गई है और इसका सम्मान नष्ट हो चुका है।

हिंदू शासन में मनुस्मृति का कानून चला। इस कानून के अनुसार मेहतर चाण्डाल कहलाते थे। इनके लिए गाँव से बाहर रहने, पुराने फटे कपड़े पहनने, सूअर पालने, बासी रोटी माँगकर खाने, कच्चे मढ़ी बनाकर रहने, गाँव में न घूमने, सचिन्ह रहने, कुत्ते, गधे और सूअर पालने का विधान था। इनके लिए दिन में एक बार आचमन करेगा, स्नान नहीं करेगा यह कानूनी आदेश था।

इस बेचारे वर्ग की जीविका का कोई साधन नहीं था दूसरों के जूठे टुकड़े मांगकर पेट भरता था। इसके लिए स्कूल, मंदिर, सराय, ढाबा में प्रवेश वर्जित था। यह सचिन्ह रहता था और गाँव, शहर में जब जाता था तो झाड़ू लेकर या झाँकर बाँधकर सड़क से गुजरता था। इसे सड़क पर आवाज लगाते चलना पड़ता था और

पहचान के लिए गले में काला डोरा बाँधना पड़ता था। सार्वजनिक मार्ग पर चलते समय थूकने के लिए इसे अपने गले में हांडा लटकाकर चलना पड़ता था।

कुल मिलाकर चाण्डाल बेचारा कहने को तो मनुष्य प्राणी था किंतु उसकी दशा एक कुत्ता बिल्ली जैसे जानवर से भी गई बीती थी। कुत्ता बिल्ली तो हिंदू के चौके में घुस जाता था किंतु कोई अछूत मेहतर किसी हिंदू के मकान की दीवार से 24 कदम दूर रहकर ही बात कर सकता था! हिंदू को उसकी छाया से भी नफरत थी।

हिंदू शासन काल में इस अभागे इंसान की दशा अति दयनीय थी। हिंदू साँप को दूध पिलाता था और चींटी को आटा खिलाता था किंतु इस अछूत को आदेश था कि जब उसे भीख देने कोई हिंदू उसके नजदीक आए तो यह 24 कदम पीछे हट जाए और जब भीख डालकर वह 24 कदम दूर चला जाए तब भीख उठाए। यह स्थिति उसकी तीन हजार वर्ष तक हिंदू राज्य में रही। हिंदू राज्य इस स्वच्छकार जाति के विनाश की त्रासदी की आधारशिला है।

हिंदू शासन की बदहाली का परिणाम विदेशियों के हमले का कारण बना। सिकंदर, सेल्यूकस, मीनान्दर, विनकासिम, गजनवी के पश्चिमी ओर से हमले हुए। ये इस्लाम को मानने वाले इस्लाम का परचम फहराने के लिए विश्व विजय पर निकले थे। भारत इनके हमले का पहला निशाना बना क्योंकि यह काफिर हिंदुओं का राज्य था। हिंदू राजा दाहिर, पुरु हारे और मारे गए। ये हमलावर तूफान की तरह आए और हवा की तरह वापस चले गए। कुछ काल के अंतराल में मोहम्मद गोरी का हमला हुआ। गोरी का हमला भारत में हिंदू राज्य के खात्मे का कारण बना। पृथ्वीराज दिल्ली का हिन्दू राजा गोरी से लड़ा। वह कायर और अय्याश होने के कारण हारा और मारा गया। गोरी अपने गुलाम ऐबक को दिल्ली की गद्दी पर बैठाकर वापस हो लिया। कुतुबुद्दीन ऐबक के बाद इस गुलाम के गुलाम भारत के शासक बने और फिर गुलाम नारी भी। सारी दुनिया जानती है कि रजिया सुल्ताना गुलाम नारी थी जो इतिहास प्रसिद्ध शासक बनी। गुलाम वंश के बाद तुगलक, सैयद, लोदी और सूरी वंश अनेक भारत के शासक बने फिर अंत में आए मुगल। इनका पहला शासक था बाबर उसने इब्राहीम लोदी से मुसलमान क्षेत्र और राणा सांगा को मारकर हिंदू राज्य क्षेत्र छीन लिए और भारत का शासक बन गया। बाबर के बाद हुमायूँ और हुमायूँ के बाद अकबर बादशाह बना जो एक चक्रवर्ती सम्राट हो गया। भारत भर में सारे हिंदू राजे उसके गुलाम बन गए। जिस हिंदू ने सिर उठाया उसका सिर कलम कर दिया गया। भारत पर बाबर से बहादुरशाह जफर तक मुगलों का शासन रहा। मुगलों के शासन में अछूतों की दशा अति दयनीय रही। इन मुगल शासकों की सत्ता में इस स्वच्छकार जाति का धर्म परिवर्तन कर इस्लाम में दीक्षित करने का अभियान चलाया गया। धर्म परिवर्तन कर इन्हें शेख (मेहतर) खाकरोब, हलाल खोर आदि नामों

की संज्ञा दी। मुसलमान पर्दानशीन थे। इनकी नारियाँ घरों से नहीं निकल सकती थीं। इन्होंने घरों में ही छोटे-छोटे संडास बना लिए और पखाना उठाने का काम इन मेहतरों से ही लेने लगे। इन संडासों को मामूली उजरत पर इस भंगी समाज द्वारा बलात साफ कराया जाता था। मुसलमान महिलाओं में पर्दे का रिवाज था इस कारण युवकों से पखानों का पेशा न कराकर इन भंगियों की महिलाओं से कराया जाता था। मुगलों का भारत में चार-पाँच शताब्दियों तक राज्य रहा किंतु इन मेहतरों के पेशे में कोई परिवर्तन नहीं आया। मुसलमानों के पूरे 900 साल के शासन में इनकी आर्थिक, सामाजिक और शैक्षणिक स्थिति में कोई सुधार नहीं हुआ। समाज में इनकी छाया से भी नफरत थी। मुसलमान बादशाहों से लेकर रईस अमीर गरीब किसी भी मुसलमान को ये मेहतर नहीं छू सकते थे और न कोई मुसलमान इन्हें छूता था। मुगल बादशाहों के किलों में लिखा रहता था कि अछूत जाति का व्यक्ति बिना आदेश और बिना सूचना के किले के दरवाजे में प्रवेश न करे। इन मेहतरों से मुसलमान उसी प्रकार नफरत और छुआछूत का व्यवहार करते थे जिस प्रकार हिंदू करते थे। मुसलमान सूअर से नफरत करता है और मेहतर चूँकि सूअर पालने वाली जाति है इसलिए वह सूअर जितनी ही नफरत इनसे भी मानता था। नौ सौ वर्ष में अनेक मुसलमान भारत के शासक रहे इनके दरबार में ब्राह्मण, क्षत्रिय, वैश्य जाति के हिन्दू दरबारी और रत्न होते थे (मुगलों में 9 रत्न होते थे) किंतु नौ सौ साल में सैकड़ों बादशाहों और शासकों में भी एक भी ऐसा नहीं था जिसके दरबार में कभी कोई एक भी अछूत दरबारी रहा हो। इतना ही नहीं किसी मुसलमान बादशाह ने स्वच्छकार मेहतरों में से एक को भी सिपाही या चपरासी तक नहीं बनाया।

मुसलमानों के बाद भारत के शासक अंग्रेज बने। अंग्रेजों के काल में इन स्वच्छकारों की स्थिति प्रायः यथावत रही फिर भी इसमें दो परिवर्तन हुए—पहला यह कि अंग्रेजों के संडास कच्चे न बनकर उनकी जगह पॉट और कमोड ने ले ली। ब्रिटिश शासकों ने महाराजाओं, रईसों, जमींदारों और सामंतों के महलों, बंगलों और कोठियों में झाड़ू लगने का रिवाज शुरू किया तथा मेहतर सफाई नौकर बने। कुछ नगरों में सीवरीकरण हुआ जहाँ कच्चा पखाना उठाने से मेहतरों को कुछ छुटकारा मिला।

दूसरा परिवर्तन यह हुआ कि ईसाई मिशनरियों ने इन मेहतरों का धर्म परिवर्तन कराकर ईसाई बनाया। ईसाई बनने पर इन्हें बैरा और खानसामा बनाया चूँकि जिसकी छाया से भी हिंदू द्वारा नफरत की जाती थी ईसाई बनने पर वह अंग्रेज की रसोई में घुस जाता था यह उसके जीवन में एक चमत्कार था, इस चमत्कार के कारण लाखों की संख्या में मेहतर हिंदू धर्म छोड़कर ईसाई बन गया। इतना होने के बावजूद और हिंदू धर्म छोड़कर ईसाई बनने पर भी वे भंगी मेहतर स्वीपर से बदलकर मसीह चरण और प्रेम मसीह भले ही पुकारे जाने लगे किंतु सामाजिक धारणाएँ ज्यों की त्यों बनी रहीं। अंग्रेजों ने बड़े-बड़े शहरों और नगरों में टाउन एरिया, नगरपालिका

और महापालिकाएँ बना दीं जिनमें झाड़ू वालों की भर्ती की गई और मैले की डलिया के स्थान पर उनके हाथों में अब झाड़ू पकड़ा दिया।

किंतु अंग्रेज के काल में शिक्षा, आर्थिक, सामाजिक और धार्मिक समस्याओं पर कोई ध्यान नहीं दिया गया। कुल मिलाकर यह सच है कि अंग्रेजों ने भी इनकी पेशे की दशा में कोई सुधार नहीं किया। बल्कि सच तो यह भी है कि मेहतर ईसाई बनकर भी हिन्दू समाज तो क्या स्वयं ईसाई समाज में जाकर भी अछूत का अछूत ही रहा। उनका पेशा भी वही बना रहा। उन्हें सामान्य चर्च आदि में भी प्रवेश नहीं मिला और इन्हें अपने अलग चर्च बनाने पड़े।

ईसाइयों का प्रभाव देखकर हिंदू विचलित हुए, उन्हें चिंता बढ़ी कि यदि सब भंगी ईसाई हो गए तो उनका मैला कौन उठाएगा और उनकी गंदी नालियाँ कौन साफ करेगा? यही सोचकर पण्डित दयानंद सरस्वती ने आर्य समाज की स्थापना की। उन्होंने आर्य समाज के माध्यम से इन स्वच्छकारों को इस्लाम की ओर जाने से रोका। उन्होंने हवन करके शुद्धीकरण की योजना बनाई, इन्हें जनेऊ दिया और 'महाशय' नामकरण कर दिया। इतना करने के बाद भी आर्य समाज वर्ण-व्यवस्था का समर्थक था उसने भंगियों के जातिगत मैला उठाने के पेशे में कोई परिवर्तन नहीं किया। उन्होंने कुछ आर्य समाजी स्कूल खोले जहाँ वर्ण-व्यवस्था एवं जातिव्यवस्था के नियमों के पूर्ववत् पालन की शिक्षा दी जाती थी। आर्य समाजी मेहतरों से धर्म परिवर्तन न करके हिंदू बने रहने को तो कहते थे किंतु मैला उठाने के पेशे को करते रहने को जोर देते थे। वे मेहतरों से कहते थे कि वर्ण-व्यवस्था विधि का विधान है। दयानन्द के मरने के बाद से ही आर्य समाज क्षय की ओर चल पड़ा और धीरे-धीरे ये आर्य समाजी हिंदू कट्टर सनातनी और जातिवादी हिंदू बन गए।

19वीं सदी की समाप्ति के निकट डॉ. आम्बेडकर का उदय हुआ। वे इन अस्वच्छ पेशाकारों के मुक्तिदाता बनकर उभरे। उन्होंने इन मेहतरों के लिए जीवन भर संघर्ष किया। उन्होंने बार-बार इन मेहतरों को पेशा छोड़ने को कहा। जब संविधान का निर्माण डॉ. आम्बेडकर को सौंपा गया तो उन्होंने इन मेहतरों को विशेष सुविधा देने का प्रावधान करके उन्होंने कहा कि आदमी द्वारा आदमी का मैला उठाने का पेशा अति गंदा और घृणित है। इसी पेशे के कारण वे अछूत और अस्पृश्य हैं इसलिए उन्हें यह पेशा छोड़ देना चाहिए। इसके लिए उन्होंने आंदोलन भी चलाया किंतु गरीबी और गुरवत के कारण ये मेहतर अपना पेशा नहीं छोड़ सके और आज भी वे उस गंदे पेशे से चिपके हुए हैं।

महात्मा गाँधी ने इन मेहतरों का नाम बदलकर 'हरिजन' रख दिया और कहा कि ये हरि के जन हैं किंतु अपना पेशा करते रहें यही शिक्षा दी। उन्होंने स्वयं तो अंगूर खाने वाली बकरी का दूध पिया किंतु इन बासी रोटी खाने वालों को माँगी हुई बासी रोटी खाने की ही शिक्षा दी। उन्होंने कहा कि मैला उठाना महान तप है।

यह तप मेहतरों को करते रहना चाहिए इसी से उन्हें स्वर्ग मिलेगा। अपना वर्ण विहित कर्म छोड़ना अधर्म है। अपना पेशा ही अपना धर्म है। उन्होंने कहा कोई पेशा बुरा नहीं होता न मैला उठाने वालों का मैला उठाना बुरा है। इसी से उन्हें मोक्ष मिलेगा। जातियाँ तो आवश्यक हैं क्योंकि ये समाज की जंजीर की कड़ियाँ हैं पेशा छोड़ने पर जाति रूपी कड़ियाँ टूटेंगी और समाज रूपी जंजीर बिखर जाएगी। अपनी बात मनवाने, आम्बेडकर की बात का विरोध करने और मेहतरों को मैला उठाने का पेशा करते रहने के लिए आरूढ़ रखने की शिक्षा देने के लिए उन्होंने अपनी हवादार कुटिया (आश्रम) मेहतर बस्ती के निकट बनाई। उन्होंने कभी भी दूसरे का पखाना उठाकर यह अनुभव नहीं किया कि पखाना उठाना कितना बीभत्स काम है।

गाँधी और नेहरू ने इन मेहतरों को गुमराह करने के लिए अनेक लच्छेदार भाषण दिए किंतु इनके सुधार के लिए और इनसे गंदा काम छुड़ाने के लिए कभी कोई व्यावहारिक प्रयास नहीं किया। नेहरू प्रधानमंत्री बने। पाकिस्तान से विस्थापित सवर्ण हिंदू जब भारत में घुसे तो नेहरू ने अरबों रुपया इन अपने जाति भाइयों में बाँटा और उन्हें एक समय में ही अपने जीतेजी मिल मालिक, कारखानेदार और उद्योगपति बनाकर बाजार का कारोबार उन्हीं के हाथ में सौंप दिया किंतु चार हजार वर्ष से मैला उठाकर बासी रोटी से पेट भरने वाले उन अभागे अस्पृश्यों को कोई सहायता नहीं दी।

स्वतंत्र भारत की सरकार ने नाटक तो बहुत किया, अनेक कागजी फरमान जारी किए, कमेटियाँ और आयोग गठित किए किंतु यह सब धोखा देने और उनके वोट प्राप्त करने की नीयत से किया गया। 1958-59 में भारत सरकार ने मलकानी कमेटी गठित की इसने देशभर का भ्रमण कर करीब 300 नगरपालिकाओं का सर्वेक्षण किया और एक विस्तृत रिपोर्ट भेजकर केन्द्र सरकार को सिफारिश की जिसमें कच्चा मैला उठाने और शौचादि के कामों में सुधार की सिफारिशें थीं किन्तु ये सिफारिशें खत्ते खाने में डाल दी गईं। सफाई कर्मियों के मन बहलाने को समिति तो गठित कर दी किंतु कार्यवाही कुछ नहीं की। 1959 में बाबू जगजीवनराम के परिश्रम से मजदूर आयोग गठित किया गया। गजेन्द्र गढ़कर समिति के अध्यक्ष व उप समिति के अध्यक्ष भानुप्रताप पांडे ने नगरपालिकाओं का निरीक्षण किया और 154 पृष्ठ की रिपोर्ट भी दी किंतु मजदूर आयोग ने जो 654 पृष्ठ की रिपोर्ट दी के साथ यह रिपोर्ट भी सरकार का काम कहकर रद्दी की टोकरी में डाल दी गई। वर्ष 1960 में मनक जी कमेटी गठित की। इस कमेटी ने जिजमानी प्रथा को सरकार के अधीन करने की सिफारिश की किंतु इस समिति की एक भी सिफारिश कार्यान्वित नहीं की गई। प्लानिंग कमीशन ने मेहतर आवास योजना के तहत करोड़ों रुपये निश्चित किए किंतु प्लानिंग के धन से एक झोंपड़ी भी इन भंगियों की नहीं बनाई गई। सर्वोच्च न्यायालय ने सफाई मजदूरों को औद्योगिक मजदूर माना और कानून भी बनाया पर किसी भी

नगरपालिका ने इन्हें औद्योगिक मजदूर नहीं माना। हर साल अनुसूचित जातियों का कमिश्नर सफाई मजदूरों की रिपोर्ट पेश करता है किंतु सरकार ने इस रिपोर्ट को कभी कार्यान्वित नहीं किया। हर प्रदेश की सरकार ने मेहतरों की कार्यप्रणाली में सुधार लाने के लिए समितियाँ गठित की हैं किंतु ये समितियाँ सिवाय दिखावे के कुछ नहीं करतीं और कुछ सुझाव भी दें तो सरकारें नहीं मानतीं और धन ही नहीं देती हैं।

यह कितना दुख का विषय है कि केन्द्र सरकार हो या प्रदेशों की सरकारें सबने अनेक कमेटियाँ गठित कीं किंतु इन कमेटियों की संस्तुतियाँ टोकरियों में पड़ी सड़ गई हैं।

यह पहलू भी महत्त्वपूर्ण है कि मेहतर वर्ग के लोग ही इन कमेटियों में रहे हैं किंतु इन लोगों ने कभी भी संस्तुतियों के बारे में न तो अपने वर्ग को बताया न अपनी सिफारिशें लागू करने के लिए सरकार पर जोर दिया।

सरकार ने सफाई मजदूरों की समस्याओं के निराकरण हेतु मजदूर आयोग गठित किया है किंतु इसमें कांग्रेस पार्टी ने अपने कुछ ही गुलामों को रखा। इसमें उ.प्र., म.प्र., बिहार, केरल, आंध्र, बंगाल, तमिलनाडु, आसाम, महाराष्ट्र, गुजरात, दिल्ली का कोई सामाजिक कार्यकर्ता और मजदूर संगठन का कोई सदस्य इस आयोग में सम्मिलित नहीं किया गया। यह आयोग भी सफेद हाथी साबित हो गया है।

देखने में आया है कि कई नगरपालिकाओं और महापालिकाओं की सफाई मजदूर यूनियनें सवर्णों के हाथ में हैं। वे ही उसके अध्यक्ष, मंत्री और सदस्य हैं। ये इन संगठनों के माध्यम से धन कमाते हैं और ऐश करते हैं। इन संगठनों की बोर्डों से साँठ-गाँठ रहती है। ये सफाई कर्मियों को थोड़ी-थोड़ी बात पर दण्डित कराते हैं। ये बात-बात पर निलम्बित और टरमीनेट कर दिए जाते हैं। फिर ये ही यूनियनों के नेता हजारों रुपया इन सफाई मजदूरों से लेकर उन्हें बहाल कराते हैं। ये खेल सारे हिंदुस्तान में चलता है। दुःखद बात यह है कि यह भी देखने में आया है कि जहाँ सफाई मजदूर संगठन में सफाई कर्मी ही पदाधिकारी हैं वे भी वही लूटखसोट का काम करते हैं जो सवर्ण जातियों के संगठन पदाधिकारी करते हैं। टाउन एरिया नगरपालिका और महापालिका सब में देखने को यह भी आया है कि इन सफाई कर्मचारियों में सफाई नायक दरोगा और जमादार बन जाते हैं। वे भी सफाई कर्मियों से माहवारी बाँधे रहते हैं और इनके वेतन का 10 प्रतिशत तक ले लेते हैं। यदि कोई सफाई कर्मी ऐसा न करे तो उसकी हाजिरी न लगाकर और दो-चार नागा लिखकर उसका वेतन ही कटवा देते हैं।

ये सफाई कर्मी गंदा काम करते हैं इसलिए उन्हें शराब पीने जैसी गंदी आदतें पड़ जाती हैं। इनकी महिलाएँ चाहे भीषण गर्मी हो चाहे कीचड़ भरी बरसात हो और चाहे कड़कड़ाती ठंड हो अपने दुधमुँहे बच्चों को छोड़कर झाड़ू लिए चार बजे ही

सड़क पर निकल पड़ती हैं। देखने को मिलता है कि जो महिलाएँ सुबह मैला उठाने की डलिया और झाड़ू लिए सड़कों पर सफाई को निकलती हैं वे ही महिलाएँ शाम को टोकरियाँ बगल में दबाए बासी रोटी माँगने के लिए दरवाजे-दरवाजे घूमती हैं। इन महिलाओं में बूढ़ी और जवान सब प्रकार की होती हैं।

जब-जब त्योहार आते हैं तो ये सफाई कर्मियों की महिलाएँ त्योहारी माँगने के लिए घर-घर घूमती हैं। ऊँचे-ऊँचे घरों के लोग बचीखुची बासी जूठी खाने की चीजें इनकी टोकरियों में डाल देते हैं। घर-घर से इकट्ठी की हुई ये त्योहारी चार-चार दिन तक बासी करके इनके बच्चे खाते रहते हैं।

यह भी देखने को आया है कि जब शाम को इन सफाई कर्मियों की महिलाएँ मालिकों के घर-घर घूमती हैं तो कभी-कभी इनकी युवा महिलाओं के साथ घरों के लोग छेड़खानी करते और कइयों के साथ बलात्कार जैसी घटनाएँ भी करते हैं। जब कभी शिकायत करने की नौबत आती है तो न तो इनकी समाज सुनता है और न पुलिस वाले।

इस प्रकार भारत में इन सफाई कर्मियों की बह दुर्दशा है जो विश्व के किसी भी देश में मानव प्राणियों की नहीं देखी जाती है। आज स्वतंत्र हुए भारत को 46-47 वर्ष बीत गए इनकी दशा में कोई सुधार नहीं हुआ।

जहाँ तक छुआछूत का सवाल है इनके साथ आज भी छुआछूत का व्यवहार किया जाता है। भारत का सवर्ण हिंदू अपने घर के चौके में कुत्ता बिल्ली को तो घुसा लेता है तथा कुत्तों को नहलाना और अपनी चारपाइयों पर लिटाने में उसे कोई एतराज नहीं है। कहीं-कहीं तो ऐसा देखने को मिलता है कि आधुनिक संपन्न घरानों की महिलाएँ बड़े-बड़े डीलडौल के कुत्तों को रात को अपने साथ अपने बिस्तर पर लिटाती हैं और दूसरी तरफ वे मेहतर लोग हैं जिनकी परछाईं को भी अछूत समझा जाता है। यह प्रायः रोज होता है कि जब कोई मेहतर किसी सवर्ण हिंदू के रास्ते में पड़ जाता है तो वह कई कदम पीछे ही रुक जाता है ताकि वह मेहतर दूर चला जाए और वह उसके निकट से न गुजर सके।

सच यह है कि इन बेचारे स्वच्छकारों के साथ जानवरों से भी गया बीता व्यवहार किया जाता है और इंसान होकर भी इन्हें इंसानी अधिकार नहीं है।

इनकी गर्दिश और गुरवत का कारण सर्वविदित है। इनके पास इनका अपना घर नहीं। जहाँ कच्चे बाड़ों में इनके सूअर रहते हैं वहीं कच्ची झोंपड़ियाँ बनाकर ये रहते हैं। इनके तन पर कपड़े भी माँगे के फटे-पुराने होते हैं और भोजन में मिली बासी रोटी भी परायी होती है। कुल मिलाकर ये पराधीन हैं, आश्रित हैं और दूसरों के मुहताज हैं। यह कहावत सच है कि पराधीन का कोई दीन नहीं होता है वह बिना दीन के होता है और यही कारण है कि वह सर्वत्र ठोकर खाता डोलता है।

स्वतंत्रता के बाद देश में चहुँओर विकास हुआ है और हाथ का काम मशीनरी

ने ले लिया है। किसान जो मुठिया पकड़ कर हल चलाता था वहाँ आज ट्रेक्टर हैं जो बुवाई, कटाई, निराई, भराई सब कुछ करते हैं। कुम्हार चाक से मिट्टी के बर्तन, घड़े-सकोरे बनाता था इसकी जगह चीनी के प्याले मशीन से बनते हैं और घड़े की जगह प्लास्टिक के बर्तन मशीन से बनते हैं। बढ़ई आरी कुल्हाड़ी से लकड़ी काटते थे वहाँ आज आरा मशीन है, खराद मशीन है। पहले कोरी हाथ से गजी गाढ़ा बुनता था वहाँ आज बड़े-बड़े कपड़ों के कारखाने हैं। चमड़े का काम करने वाले हाथ से चमड़ा साफ करते और हाथ से ही जूते बनाते थे पर आज चमड़ा उद्योग स्थापित हो गया है जिसमें मशीनों से चमड़ा साफ होता है और बाटा, बी.एस.ए., कैरोना जैसी बड़ी-बड़ी कंपनियाँ मशीनों से जूते बनाती और निर्यात करती हैं। पहले बैल जोतकर तेली तेल निकालते थे आज बड़ी-बडी स्पेलर मशीनों से यह काम होने लगा है। धोबी घाटों पर जाकर हाथ से कपड़े धोते थे। आज बड़ी-बड़ी लाउण्डरियों में यह काम मशीनों से होता है। घरों में भी धुलाई की मशीनें लग गई हैं। पहले भवन निर्माण में बहुमंजिली इमारत बनाने में मजदूर सीढ़ी पर चढ़कर ऊपर ईंटें गारा ढोते थे आज यह काम मशीनों से होने लगा है। सड़क बनाने का काम पहले मजदूर दुरमट से कूट-कूटकर करते थे आज यह काम मशीन से चलने वाले रोलर करते हैं। पहले भवन निर्माण में गिट्टी मसाला हाथ से मिलाया जाता था आज यह कार्य मिक्स प्लाण्ट करने लगे हैं।

आज हर पेशा नए-नए उपकरणों और बड़ी-बड़ी मशीनों से होता है किन्तु खेद का विषय है कि स्वतंत्रता के 46-47 वर्ष बाद भी इन सफाई मजदूरों की कार्य प्रणाली में कोई सुधार नहीं किया गया है। आज भी मेहतर और उसकी पत्नी कमर पर डलिया रखकर मैला ढोने का काम करते देखे जाते हैं, इसमें सुधार के लिए न तो किसी राजनीतिक दल ने पहल की और न किसी सामाजिक और धार्मिक संगठन ने कुछ किया।

मेहतर का वह काम है जिसे कोई दूसरा नहीं कर सकता है। इसे स्किल्ड पेशा माना जाना चाहिए क्योंकि इसे कुछ दक्ष लोग ही करते हैं। किंतु अधिक वेतन (स्किल्ड वेतन) न देना पड़े इसलिए इसे स्किल्ड पेशा नहीं माना गया है।

इन मेहतरों की बदहाली और अवनति के अनेक कारण हैं किंतु दो कारण प्रमुख हैं। पहला यह कि शेष समाज इनसे घृणा करता है कोई भी इनके प्रति हमदर्दी नहीं रखता। दूसरा इनकी अशिक्षा और आपसी घुटन है। ये विभिन्न टुकड़ों में बँटे रहते हैं इनमें भी जातिवाद का रोग है। इनमें अनेक उपस्थितियाँ हैं जिनमें आपस में खान-पान और विवाह संबंध भी एक नहीं है।

मुझे यह कहने में भी हिचक नहीं है कि यह कौम आज सम्मानहीन है। इसे अपनी इज्जत का कोई ख्याल नहीं है। इसके अंदर का जमीर मर चुका है। जिसे अपने सम्मान का स्वयं ख्याल न हो उसे कभी दूसरा सम्मान नहीं दे सकता है।

इन्हें अपनी गुलामी का कोई अहसास नहीं है। मानमर्यादा का ख्याल इनके निकट से होकर नहीं गुजरा है। इनकी माताएँ, जवान बहनें, पत्नियाँ, बेटियाँ सरेआम सिर पर गिलाजत का टोकरा रखकर हाथों में झाड़ू लेकर चलती हैं और इर्द-गिर्द के मनचले सीटिया कसते हैं तो इससे घोर अपमान का विषय और क्या हो सकता है किंतु इन्हें इसका कोई ख्याल नहीं होता है। आज देखने को मिलता है कि ये कायर और आरामतलब हैं कि स्वयं घरों में पीकर पड़े रहते हैं और महिलाओं को बहार कमाई के लिए भेज देते हैं। इनके अन्दर का पुरुष मर चुका है जो महिलाओं की कमाई खाते हैं और इसमें इन्हें कोई हिचक नहीं होती है। इनके मन में हीन भावना की दीमक लग चुकी है। यह निश्चित है कि जब तक ये हीन भावना नहीं त्यागते हैं तब तक इनकी बहूबेटियों की कमर से गिलाजत का टोकरा नहीं हट सकता है।

इन मेहतरों के नेता आजादी के बाद बहुत कुछ इनकी दुर्दशा के लिए दोषी हैं। यह सच है कि ये अपढ़ और अयोग्य होते हैं। वे केवल अपने सवर्ण आकाओं के बल पर विधायक और सांसद बन जाते हैं। क्योंकि विधायक और सांसद अपढ़ और निरक्षर भट्टाचार्य नचैया गवैया ढोला चिकाड़ा और झाड़ मार्का भी बन सकता है। चूँकि सवर्ण किसी योग्य दलित को पसंद नहीं करते और दलितों में से मूर्ख से मूर्ख को वोट देकर जिता कर भेजते हैं। इसी के कारण मेहतरों के अयोग्य अक्षम और अपढ़ अनाड़ी चुनकर पहुँचते हैं जो सवर्णों की गुलामी जीतकर भी करते हैं। क्योंकि सवर्ण सेवा और गुलामी ही उनके विधायक बनने की योग्यता होती है ज्ञान की योग्यता नहीं। उन्हें डर रहता है कि यदि हमने अपने जाति भाइयों को उठाने की बात की उनको पेशा छोड़कर सम्मान की जिंदगी जीने के लिए कहा तो अगली बार उसका टिकट ही काट दिया जाएगा और यदि टिकट भी मिल गया तो सवर्ण वोट नहीं देंगे। इसमें यह तथ्य भी सच है कि विधायक और सांसद बनने पर उन्हें दिव्य सुख मिल जाता है जिसे वे छोड़ना नहीं चाहते। वे अपने सुख अपनी कौम के सुख के लिए बलिदान नहीं कर सकते हैं। उनमें अपनी कौम के लिए कुर्बानी का माद्दा नहीं होता है क्योंकि सदियों से उसे गुलामी का पाठ पढ़ाया जाता है; सम्मान से जीने का नहीं।

इन मेहतरों के नेताओं को आकाओं की गुलामी के सिवाय अपने समाज के बारे में सोचने का अवसर ही नहीं मिलता है अगर समय भी मिल जाए तो वे खुशामद के खोल में छटपटाकर रह जाते हैं क्योंकि उन्हें अपने भाइयों की सेवा या उनके उत्थान हेतु संघर्ष की आवश्यकता नहीं है, उन्हें खुशामदी शस्त्र के द्वारा सब प्रकार के ऐशो आराम प्राप्त हो जाते हैं। कभी-कभी ये दलित नेता सम्मेलन करते हैं किंतु ये सांसद और विधायक बनने के लिए करते हैं क्योंकि ऐसे जातीय सम्मेलन कर अपनी जाति की जुड़ी संख्या आकाओं को दिखाना चाहते हैं ताकि यह कह सके कि उनकी कौम उसके साथ है जिसके वोट वे आकाओं की झोली में डाल सकते

हैं। और इस प्रकार वे इन सम्मेलनों के सहारे अपनी टिकट पक्की करते हैं। इन नेताओं का अपना कोई न सोच होता है न वजूद। दल के आका जो भी कहते हैं और जिधर भी जाते हैं ये पालतू की तरह वही कहने लगते हैं और उधर ही चल देते हैं। उनके आँख कान मुँह स्वयं के नहीं होते हैं। जो सवर्ण आका दिखाते हैं वे वही देखते हैं जो सुनाते हैं उसे ही सुनते हैं और जो बोलने को कहते हैं ये वही अपने मुँह से बोलते हैं। इन मेहतर नेताओं में भारत भर में कोई चिंतक विचारक नेता नहीं है। ये नेता अपनी ही जाति में फूट डालने का काम करते हैं।

जो हाल राजनीतिक दलों के नेताओं का है वही हाल इनकी मजदूर यूनियनों के नेताओं का है। जिला प्रदेश और अखिल भारतीय स्तर पर इनकी यूनियनें काफी बनी हुई हैं। इनके नेता अधिकांश वही झाड़ू वाले ही होते हैं। ये बोर्ड द्वारा थोड़ा लालच देकर खरीद लिए जाते हैं। ये अपने एक रिश्तेदार को झाड़ू की नौकरी दिलाने में ही बिक जाते हैं और मुँह बंद किए रहते हैं। जहाँ सफाई मजदूरों में से नेता नहीं होते हैं वे बोर्डों के सवर्ण अध्यक्षों, चेयरमैनों से मिले रहते हैं ये अपना काम बनाते और चौथ खाते रहते हैं और इन मेहतर मजदूरों को गुमराह करते रहते हैं। ये द्विजातीय नेता मेहतरों में फूट डाले रहते हैं ताकि उनमें नेता न पनप पाएँ और वे स्वयं ही उनके नेता बने रहें।

इन मेहतरों में मजदूर/कर्मचारी यूनियनें तो बहुत हैं पर सामाजिक संगठन न के बराबर हैं जो इनकी दशा सुधारने का काम करें। इनमें जो गंदा रहने, सूअर पालने, सूअर का मांस खाने, शराब पीने, मृत्यु भोज करने, बालविवाह करने, बच्चों को स्कूल न भेजने जैसी प्रथाएँ और आदतें हैं उनमें सुधार लाने के लिए इनमें आज तक कोई संगठन नहीं बना है। ये बुरी तरह अंधविश्वास, पूजापाठ, काली भुइयाँ जिन्ह बर्मरकस जैसे भूतों पर विश्वास करते हैं और देवताओं के नाम से मांस मदिरा चढ़ाते तथा प्रसाद के रूप में स्वयं खाते-पीते हैं। इन अंधविश्वासों को दूर करने के लिए उनमें कोई संगठन कहीं नहीं बना है। इन मेहतरों में अनेक कुरीतियाँ हैं जिसका कारण शिक्षा का अभाव है। इनकी आर्थिक स्थिति अतिदयनीय है। ये जन्म से मृत्यु तक कर्जे में डूबे रहते हैं। आज एक मेहतर 15-20 व्यक्तियों के मलमूत्र एवं घरेलू कूड़ाकरकट अपने हाथ से उठाने का काम करता है तब उसे 15-20 रुपया मिलते हैं अर्थात् जब वह महीने भर एक व्यक्ति का मलमूत्र उठाता है तब एक रुपया महीने भर का मिलता है जबकि कोई दूसरा व्यक्ति 10 हजार रुपया लेकर भी महीने भर किसी का मलमूत्र हाथ से उठाने को तैयार नहीं होगा। मलमूत्र उठाने से वह घृणा और छुआछूत का शिकार है। जब उसकी महिला-बच्चे मलमूत्र और कूड़ा उठाकर सिर पर लेकर चलते हैं तो समाज का हर व्यक्ति उसे देखते ही दूर भाग जाता है तब कोई समाज का व्यक्ति यह नहीं सोचता कि यह हमारी जिंदगी का रक्षक है अन्यथा समाज मर जाएगा।

देखने में आया है कि पहले तो मेहतरों के बच्चे स्कूलों में जाते ही कम हैं यदि एक दो जाते भी हैं तो स्कूल में अन्य बच्चों और अध्यापकों के द्वारा उन्हें अछूत मानकर उनसे घृणा की जाती है, उसे छूने से एतराज किया जाता है। मजबूरन वह स्कूल छोड़ देता है।

दुर्भाग्य है कि दलित समाज की सबसे नीची वाली सीढ़ी पर बैठे इस मेहतर समाज को जहाँ दूसरे अपनी घृणा और उपेक्षा का शिकार बनाए बैठे हैं, प्रथम दृष्ट्या वे दोषी ही नहीं मानवीय कानून के अंतर्गत अपराधी भी हैं किंतु निष्पक्ष बात यह है कि इसके लिए स्वयं मेहतर भी कम दोषी नहीं हैं। वे दूसरों से शिकायत करते हैं कि दूसरे उनसे मैला उठवाते हैं आखिर वे स्वयं बताएँ कि वे मैला उठाते ही क्यों हैं? संविधान से स्वतंत्रता है कि कोई व्यक्ति कोई भी पेशा अपना सकता है उसे पेशा विशेष करने को बाध्य नहीं किया जा सकता है फिर ये मेहतरों का स्वयं का दोष है कि वे दूसरों का मैला उठाते हैं। इनके नेता संगठनों के पदाधिकारी और छुटभइए कभी अपने समाज को शिक्षा ही नहीं देते कि मैला उठाना छोड़ें। वे स्वयं देखे जाते हैं कि मैला उठाने, झाड़ू लगाने की सिफारिशें नगरपालिकाओं और नगर निगमों के संचालकों से करते हैं और कहीं-कहीं तो मैला उठाने की नौकरी लगवाने में हजारों रुपया दलाली भी डकार जाते हैं। यह भी देखने को आता है कि यदि उनके इस पेशे में कोई सवर्ण जाति का व्यक्ति जमादार बनकर घुस भी जाए तो ये उसका विरोध करते हैं। इससे तो यही प्रमाणित होता है कि ये मेहतर सफाई कर्म पर अपना एकाधिकार चाहते हैं छोड़ना तो दूर की बात है। वरना यदि इन्हें गंदे पेशे से गुरेज है तो क्या ये पालिश करने, कपड़ा धोने, लुहारी और बढ़ईगीरी करने, खाट बुनने, छोटी-मोटी दुकानदारी करने का काम क्यों नहीं अपनाते। उनसे घृणा का कारण उनका पेशा है। जब ये दूसरे काम करने लगेंगे तो उनसे कौन उनकी जाति पूछने जा रहा है। यह वैज्ञानिक तथ्य है कि जिसे अपनी हालत सुधारने का स्वयं होश न हो उसकी हालत कोई दूसरा नहीं सुधार सकता। क्या वे नहीं जानते कि जब पंजाब छोड़कर विभाजन के समय 1947 में हिंदू भारत आया तब वह नंगा सड़क पर खड़ा था। उसने पीठ पर आलू के बोरे ढोना, कपड़े की पोटरी लेकर गाँव-गाँव घूमना, मंडियों में तुलाई करना और कच्छे बनियान बेचना स्वीकार किया तथा धीरे-धीरे सशक्त हो गए। उन्होंने मैला ढोने का काम नहीं अपनाया। मैला ढोने का काम करते रहना मजबूरी नहीं है यह शिकायत गलत है। चूड़ी जोड़ने, प्लास्टिक का काम करने, अखबारों की रद्दी बेचने, जैसे धंधे क्यों नहीं अपनाते। इसमें उन्हें भंगी समझकर कोई ये करने से नहीं रोकेगा। होटल, मिठाई की दुकान खोलने पर उन्हें एतराज का डर हो सकता है किंतु अन्य सैकड़ों काम ऐसे हैं जहाँ उन्हें कोई नहीं रोकेगा। मेहनत मजदूरी करने, बेलदारी, राजगीरी करने से उन्हें कौन रोकता है। मिलों में बोरे ढोने गधों से मिट्टी ढोने को किसने रोका है। सत्य यह है कि वे गंदगी के

कीड़ों की तरह गंदगी में रहने के आदी हो गए हैं और दोष दूसरों पर मढ़ते हैं।

राजनीतिक, सामाजिक, आर्थिक पहलू पर विचार करने के साथ ही यदि हम इन मेहतरों की धार्मिक स्थिति की भी चर्चा करें तो हम पाएँगे कि यही एक ऐसा कारण है जिससे मेहतरों की दुर्दशा की नींव का पत्थर तैयार हुआ है। किसी समय इसके लिए मनुस्मृति का विधान दोषी रहा इसे नहीं नकारा जा सकता है इसमें इन्हें चाण्डाल की परिभाषा दी गई। इनके लिए जूठा बासी भोजन, फटे-पुराने माँगे तोषक, सोने के लिए धान का पुआल निश्चित किया था। उनकी संपत्ति कुत्ते, गधे और सूअर बताई थी, उनके लिए घोषणा की थी वे अपपात्र होंगे उनको गाँव में घूमना मना होगा, उन्हें अछूत समझा जाएगा। किंतु आज तो मनुस्मृति लागू नहीं है। धार्मिक स्वतंत्रता भी है और धार्मिक मान्यताओं को मानना कोई विवशता भी नहीं है यदि धार्मिक स्थिति मेहतरों की गलत है तो उसके लिए स्वयं मेहतर ही जिम्मेदार है।

मेहतर जाति ने एक सुनियोजित सवर्ण षड्यंत्र के तहत और अपनी नादानी के फलस्वरूप रामभक्त रामायण लिखने वाले वाल्मीकि ब्राह्मण को अपना आराध्य मान रखा है। वाल्मीकि शूद्र या मेहतर नहीं थे बल्कि ब्राह्मण थे। मेहतर जाति का कल्याण हो ही नहीं सकता है जब तक ये राम और वाल्मीकि के भक्त बने रहेंगे। मुझे यह कहने में कोई हिचक नहीं है कि ये पूरा समाज अज्ञानी है जिसे न तो वाल्मीकि रामायण का ज्ञान है न राम का। यह जाति राम की भक्त है जिस राम ने शूद्र का इसलिए गला काटा क्योंकि वह द्विज जाति का काम कर रहा था। यदि उसी राम के ये लोग भक्त हैं तो इन्हें तो भंगी रहना ही है क्योंकि राम ने भंगी को भंगी बने रहने की व्यवस्था दी है और जिस वाल्मीकि को वे अपना आराध्य मानते हैं उसने अपनी रामायण में स्पष्ट लिखा है कि भंगी को भंगी ही रहना चाहिए उसे द्विज बनने की चेष्टा नहीं करनी चाहिए। रामायण काल में शूद्र को पढ़ने की इजाजत नहीं थी हम इन मेहतरों से पूछना चाहते हैं कि उस राम, रामायण और रामायण लेखक की पूजा करने से कैसे उद्धार हो सकता है। हम देखते हैं कि मेहतरों के नेता, कार्यकर्ता और बुद्धिजीवी जब वाल्मीकि की पूजा करेंगे तो उनको अपनी अवनति न होने की शिकायत ही नहीं होनी चाहिए। आखिर वे फिर अपनी दयनीय दशा की शिकायत किस मुँह से करते हैं जब रामायण में शूद्र को पढ़ने का अधिकार ही नहीं था तो वाल्मीकि यदि शूद्र था तो वह संस्कृत कैसे पढ़ गया? उनका गुरु कौन था जबकि कोई भी ब्राह्मण किसी शूद्र को शिक्षा देता ही नहीं था। मेहतर जिसके छूने से भी नफरत थी तो राम के बच्चे मेहतर के घर में कैसे रहे? वाल्मीकि को शूद्र बता देना केवल ब्राह्मणी चाल है और नेहरू जैसे ब्राह्मणों ने मेहतर सांसद को गुमराह कर भंगियों को वाल्मीकि का वंशज बता दिया। यह नितांत झूठ और भ्रामक है।

कितनी बड़ी इस जाति की भूल है कि वह वाल्मीकि को अपना धर्म गुरु मानता

है। जब वह वाल्मीकि को गुरु और राम को आराध्य मानता है तो इसका धर्म हिन्दू से भिन्न कैसे हो सकता है जो वह शिकायत करता है सब धर्म स्थल वालों को फलने-फूलने दिया जा रहा है और उसके धर्म स्थल को फलने नहीं दिया जा रहा है। रामायण लेखक राम के भक्त का धर्म द्विज हिंदुओं से भिन्न कैसे है। यह आश्चर्य होता है जब एक मेहतर वाल्मीकि मंदिर के निर्माण की माँग रखता है। देखने में आता है कि एक मेहतर लेखक नेता और सामाजिक कार्यकर्ता वाल्मीकि की रामायण का पाठ करने की सलाह अपने लोगों को देता है जिसमें लिखा है शूद्र को सदा प्रताड़ना ही देना चाहिए, यह मूर्खता नहीं तो और क्या है। यह मेहतर आज इसको समझ ही नहीं पा रहा है कि वाल्मीकि उन्हें क्यों पकड़ा दिया गया है। सवर्ण हिंदू जानता था कि मेहतर जो उसकी मैला उठाकर सेवा करता है यदि वह पेशा छोड़ गया तो उसका क्या होगा, उसका मैला कौन उठाएगा? इसलिए इस मेहतर को शूद्र और मेहतर ही बनाए रखा जाए और रामायण में मेहतर को मैला उठाने की जो शिक्षा दी है उसे धर्म मानकर उठाता रहे। सच यह है कि आज मेहतर मेहतर है और उसका पेशा गंदा काम करना है तो इसका कारण राम, रामायण और वाल्मीकि है। रामायण वाल्मीकि की है और रामायण में राम को आदर्श पुरुष कहा गया है। मैं यह पूरी शक्ति के साथ कह सकता हूँ कि यदि रामायण और वाल्मीकि नहीं होते तो मेहतर मेहतर बना रहने को अब तक विवश नहीं रहता।

अछूतों में कुछ जातियाँ अपना पेशा त्यागकर उठती जा रही हैं। मेहतर मेहतर ही बना हुआ है और अपने पेशे से चिपका हुआ है। यह मेहतर समाज दूसरों को दोष देता है। यह सही है किंतु यह भी झूठ नहीं है कि मेहतर स्वयं अपने कर्मों से ही अछूत, नीच और घृणा का पात्र बना हुआ है। उसने शराब पीने जैसे अनेक व्यसन पाल रखे हैं। बेरोजगारी का वह शिकार इसलिए है क्योंकि वह अपनी जीविका का साधन केवल झाड़ू समझता है। वह नौकरी ढूँढ़ता है तो केवल नगरपालिका में झाड़ू की। वह पढ़कर दूसरी नौकरियों का प्रयास ही नहीं करता है। उसके मन का मर्द मर चुका है इसलिए वह स्त्री की कमाई खाने में गौरव समझ रहा है और स्वयं घर में बैठकर पत्नी को झाड़ू लेकर भेज देता है। वह बच्चे अधिक पैदा करता है इसे ईश्वर की देन समझता है किंतु बच्चों को पैतृक पेशे से बचाने का कोई प्रयत्न नहीं करता। सबेरे होते ही वह अपने मासूम बच्चों को शिक्षित बनाने की बजाय उनके हाथ में झाड़ू पकड़ा देता है और गिलाजत का टोकरा सिर पर रख देता है। जिन हाथों में दूसरा समाज कलम पकड़ाता है तब यह मेहतर समाज अपने मासूम हाथों में झाड़ू थमा देता है और उनके सम्मान एवं अरमानों को कुचल देता है। नगरपालिकाओं में झाड़ू की नौकरियाँ भी इतनी नहीं होतीं कि सब बच्चे नौकरी पा जाएँ जो बच्चे छूट जाते हैं वे आवारा और अपराधी बनते हैं। यह प्रमाणित सत्य है कि हर समाज की प्रगति के पीछे उसके विचार होते हैं। सब जानते हैं कि संघर्ष

प्रगति का मूल है आज के मेहतर को समाज के दूसरे लोगों से और अपने आप से भी संघर्ष करना है। मेहतर समाज में प्रचलित दैनिक सफाई मजदूरी एवं ठेकेदारी और जिजमानी प्रथा ने उसे पंगु बना रखा है आज यह कौन-सा मेहतर नहीं जानता है कि सब नौकरियों में आवास, फंड, ग्रेच्युटी, पेंशन, यूनिफार्म का नियम है पर नगरपालिका और नगर निगमों में ऐसा कुछ नहीं है फिर भी वे इन निगमों और नगरपालिका में सफाई की नौकरी के अलावा कुछ करना ही नहीं चाहते हैं। इसके लिए वे लड़ते और आंदोलन करते हैं। यह आश्चर्य है कि इन मेहतरों के संगठन मेहतरों के लिए कोटा परमिट लाइसेंस उद्योग नहीं माँगते जब आंदोलन करते हैं तो उनकी माँग नगरपालिका में केवल झाड़ू वाली नौकरियों की होती है, वे मैला उठाने के लिए टंचिंग ग्राउण्डों में घुसने के लिए गमबूट और काली वर्दी माँगते हैं। वे कभी इस बात के लिए आंदोलन नहीं करते कि उनकी बस्तियों में स्कूल खोले जाएँ, उनकी साफ-सुथरी सरकारी बस्ती बनाकर उन्हें मकान आबंटित किए जाएँ; उन्हें कोटा परमिट लाइसेंस भी दिए जाएँ। वे कभी यह माँग नहीं करते कि इन स्थानीय निकायों द्वारा बनाई जाने वाली दुकानों में से 25 फीसदी दुकानें उनके लिए आबंटित की जाएँ। इनकी बस्तियों में स्कूल न होने से बच्चे अनपढ़ रहते हैं और सूअर चराते रहते हैं, थोड़ा बड़ा होने पर उन्हें टोकरा पकड़ा दिया जाता है। कितना दर्दनाक लगता है कि जिन मासूमों के हाथ में कलम होनी चाहिए उनमें झाड़ू और डलिया होते हैं। इनमें अनेक बेरोजगार रहते हैं और जो जवान उम्र में बेरोजगार रहते हैं वे बुरे व्यवसनों में लिप्त हो जाते हैं।

नगर निगम/नगरपालिका/टाउन एरिया की नौकरियों के अतिरिक्त आय का दूसरा साधन इनकी जिजमानी है। जिस प्रकार ब्राह्मणों, नाइयों और काम वालों की जिजमानी होती है उसी प्रकार घरों का मैला उठाने की जिजमानी इन मेहतरों की आय का एक स्रोत है। यह स्रोत भी अति घृणित आय का साधन है। हम पहले चर्चा कर चुके हैं कि इस जिजमानी में एक व्यक्ति का पखाना एक रुपए में महीने भर उठाते हैं किंतु हमें यह जानकर अति दुख होता है कि इसमें भारत का कानून पहले ऐसा था कि यदि कोई मेहतर पखाना उठाना बंद कर दे या अधिक पैसा माँगे और काम बंद कर दे तो उस मेहतर को दण्ड भोगना पड़ता था और जेल भेज दिया जाता था। यह कानून मुसलमान राज्य में लागू हुआ था और अंग्रेजी राज्य तक चला।

आज जब हम वर्तमान स्थिति पर दृष्टि डालते हैं तो हमें इन मेहतरों की दशा देखकर क्षोभ होता है। दूसरे तो इनके शोषण पर उतारू हैं ही स्वयं इनमें भी अपने सम्हलने का होश नहीं है। इनके नौजवान बुरे व्यसनों के आदी हो रहे हैं। जो स्वयं नहीं उठना चाहता उसे कोई अलौकिक शक्ति भी नहीं उठा सकती। मैं इन्हें आगाह करना चाहता हूँ कि कोई राजनीतिक दल तुम्हें उठाने नहीं आएगा, कोई नेता तुम्हारे लिए संघर्ष नहीं करेगा और कोई भगवान तुम्हारा उद्धार करने को अवतार नहीं लेगा

तुम्हें स्वयं चेतना है, स्वयं उठना है। दयानंद सरस्वती, विवेकानन्द, गाँधी जैसे सवर्णजातीय संत तुम्हारी दशा पर चिल्लाए तो बहुत पर सब बहुरुपिए साबित हुए। इन्द्रा, मोरारजी और नरसिंह राव जैसे ब्राह्मण प्रधानमंत्रियों ने छः छः माह में छुआछूत मिटाने और मैला उठाने की प्रथा समाप्त करने की घोषणाएँ कीं पर यह मात्र वोट लेने वाला राजनीतिक हथकंडा ही प्रमाणित हुआ है।

हाँ तुम्हारी दयनीय दशा पर एक ही व्यक्ति ऐसा पैदा हुआ जो विह्वल हुआ वह था महामानव डॉ. भीमराव आम्बेडकर, उन्होंने अपने पूर्ण योग और शिक्षा के सहारे पूर्ण मनोयोग से तुम्हारी दशा का कायाकल्प करने का प्रयास किया। सारी कानूनी और संवैधानिक व्यवस्थाएँ बदलीं पर व्यवहार तो जालिमों के हाथ में रहा जिससे वे अभी भी बाज नहीं आ रहे हैं। वही डॉ. आम्बेडकर तुम्हारा आराध्य होना चाहिए। वाल्मीकि से पीछा छुड़ाइए वह तुम्हारा नहीं था वह उसी वंश का था जिसने तुम्हें मैला उठाने वाली 'भंगी' कौम बनाया है। वाल्मीकि ने अपने पोथन्ने में एक भी लाइन तुम्हारे लिए नहीं लिखी। जब तक आप वाल्मीकि, उसकी रचना और उसके आराध्य के गुलाम रहेंगे तुम्हारी दशा 100 हजार वर्ष में भी नहीं सुधरेगी। लेख को समराइज करने के साथ हमारी तुम्हें यही सलाह है कि मैला उठाने का पेशा त्याग दो। बच्चों को पढ़ाओ और उन्हें झाड़ू की नौकरी से दूर रखो। पढ़े बच्चे स्वयं अपना रास्ता ढूँढ़ लेंगे। अवांछनीय प्रथाएँ तोड़ डालो। आत्मा-परमात्मा, पुनर्जन्म, भाग्यवाद, स्वर्ग-नर्क का राग धोखा और पाखण्डपूर्ण है। इसकी कल्पना छोड़ दो, अपने पुरुषार्थ पर भरोसा करो। सड़ी-गली आस्थाओं और पुरानी दुनिया के गुजरे आदर्शों को छोड़ दो। पाखण्डियों की अतीत की भरी हुई आवाज मत सुनो नगरपालिका की सफाई कर्मचारी पार्ट टाइम और ठेकेदारी की नौकरी तथा जिजमानी में मैला उठाने की विवशता में जीवन काटने की न कोई धार्मिक व्यवस्था है न ईश्वरीय विधान। तुम्हें यही सिखाया गया है कि अपना कर्म छोड़ना धर्म के विरुद्ध है अन्याय है और नर्क भोग जैसा दण्डनीय अपराध है तुम ऐसे धर्म को ही छोड़ दो क्योंकि ऐसा धर्म धर्म नहीं गुलामी का षड्यंत्र है, शोषण का जाल है। मैं तुम्हें सलाह देना चाहता हूँ कि मरे हुए जीवन को त्यागकर उभरते हुए जीवन को अपनाओ। मैं यह भी कहना चाहता हूँ कि दुनिया में जातियों ने जातियों को दबाया है किंतु वे जातियाँ क्रांति कर गईं जिनके पीछे विचार थे और संघर्ष की प्रेरणा थी। इसलिए विचारवान बनो और संघर्ष का रास्ता अपनाओ। विचार और संघर्ष ही जीवन है।

एक महत्त्वपूर्ण बात कहकर इस लेख को समाप्त कर रहा हूँ। वह बात यह है जिससे इन मेहतरों को सचेत रहने की आवश्यकता है कि दुनिया का नियम है कि फूट डालो राज्य करो। मेहतर के साथ भी यही किया गया है। मेहतरों के साथ जो भी अन्य धोबी, धनुक, जाटव, पासी, महार आदि जातियाँ अछूत हैं वे सब एक ही वंश की संतान हैं। ब्राह्मणवादी व्यवस्थाकारों ने इन अछूत जातियों में आपस

में फूट डाल रखी है। इनको कभी एक नहीं होने दिया है, आज भी ब्राह्मणवादी यही हथकंडा अपना रहे हैं, तुम्हें पढ़ाया जा रहा है कि सरकार की आरक्षण सहित जो भी सुविधाएँ हैं उनका सारा भाग जाटव, कठेरिया, पासी और महार उठा ले गए हैं और तुम्हें कुछ नहीं मिला है। ये फूट डालने की बात वे ही लोग कर रहे हैं जिन्होंने तुम्हें झाड़ू और डलिया पकड़ाकर हजारों वर्षों से मेहतर बना रखा है। इनकी बात पर विश्वास न करें। लाभ वे ही उठाते हैं और उन्होंने ही उठाया है। जिन्होंने अपना गुलामी का गंदा पेशा छोड़ा है और अपनी संतान को पढ़ाया है। बेहतर यही होगा कि आप अपना पेशा छोड़ें और बच्चों को शिक्षित बनाएँ। आप नौकरी में नहीं हैं इसका कारण शिक्षा का अभाव है जब कोई ब्राह्मणवादी तुम्हें दूसरी अछूत जातियों के विरुद्ध फूट डालने की बात करे तो उनसे यह प्रश्न अवश्य पूछें कि अनुसूचित जाति और जनजाति की संख्या 20+10 = 30 प्रतिशत है आरक्षण जनसंख्या के अनुपात से कम है फिर 22.5 के स्थान पर प्रथम श्रेणी में 4 द्वितीय श्रेणी में 8 और तृतीय श्रेणी में 14 प्रतिशत क्यों है। चार में 18, आठ में 14 और 14 में 8 इनका भाग ये ही ब्राह्मणवादी हड़प गए हैं। यदि अछूतों को चार, आठ और चौदह मिला भी है तो इसमें भी जो जातियाँ लाभ उठा गई हैं उन्हें भी उनका भाग पूरा नहीं मिला है उनका भाग भी तो तुम्हीं खा गए हो फिर भी तुम्हें लज्जा क्यों नहीं आती जो मेहतरों को भड़काते हो। यदि अछूतों की अन्य जातियाँ भी यह 4, 8 और 10 प्रतिशत न पातीं तो यह हिस्सा भी तुम्हीं खा जाते।

मैंने मेहतरों के होटल प्रवेश और नाई द्वारा बाल काटने की लड़ाई लड़ी है। चार वर्ष तक मैं सफाई मजदूरों के संगठन का नायक भी रहा हूँ। मैंने बहुत नजदीक से उनकी दयनीय जिंदगी की दशा को देखा है। मैंने उनके जीवन पर एक लेख लिखने का विचार तभी किया था। इस लेख को मैंने इसी इच्छा के अनुरूप लिखा है। यद्यपि मेहतरों से छूते हुए अनेक पहलू इस लेख में अछूते रह गए हैं यदि उन्हें भी जोड़ा जाए तो यह वृहदाकार ग्रंथ बन जाता फिर भी मैंने उनकी जो आम समाज में व्यावहारिक जिंदगी है उसके हर पहलू को छूने का प्रयास किया है।

नागवंशी भंगी मातादीन हेला

बौद्धाचार्य एस. राव सजीवन नाथ

दो शब्द

इतिहास सदा विजेताओं द्वारा लिखा जाता है, ऐसा इतिहास बहुधा हमलावर विजेताओं के प्रशंसा गीत का पुलिन्दा मात्र बनकर रह जाता है तथा ऐसे इतिहास में विजेताओं के पक्ष और दृष्टिकोण की प्रधानता स्वाभाविक रूप से होती है। अध्ययन से स्पष्ट होता है कि अधिकांश भारतीय इतिहासकार इस दिशा में कोसों आगे बढ़ कर न केवल विजेताओं की महिमामण्डित करते पाए जाते हैं, बल्कि विजित (हारी हुई दास-गुलाम) जनता को मानसिक रूप से भी कमजोर बनाकर उनमें हीन भावना पैदा करने की घिनौनी साजिश में ही मशगूल दृष्टिगत हुए हैं। भारत के स्वाभिमानी दलित नागवंशियों में हीन-भावना पैदा करके उनके मनोबल को चूर और धूल-धूसरित करने के नापाक इरादे से ही जात्याभिमानी आर्यों ने दलित नागवंशियों की विविध कला पारंगता, वीरता और पराक्रम आदि की उपेक्षा कर सदा अनदेखी की।

हजारों वर्ष पूर्व हमलावरों के रूप में भारत में घुस कर यहाँ कब्जा जमाने वाले आवारा फिरते खानाबदोश जात्याभिमानी आर्य विजेताओं को सदा यह डर बना रहा है कि विजितों अर्थात् परास्त हो दास गुलाम बने आदि शासक-मालिक और सर्वगुण सम्पन्न श्रेष्ठ नागवंशी पुरोहित संतानों में अपने गौरवशाली इतिहास की झलक पाकर यदि जागृति आई और उनमें मनोबल पैदा हुआ तो छल-छद्म से जमी-जमाई हमारी प्रभुसत्ता और सुख-वैभव सब ख्वाब की भाँति नींद टूटने के साथ जाता रहेगा। इसीलिए वे सदैव दलित नागवंशियों के इतिहास से पन्ना साफ कर उनका इतिहास मिटाते व मनोबल गिराते रहे हैं।

भारतीय स्वतंत्रता संग्राम के इतिहास को दर्शाने के अवसर पर भी जात्याभिमानी लेखक और इतिहासकार असंख्य मूल भारतीय दलित नागवंशी वीर योद्धाओं और वीरंगानाओं की कुर्बानी एवं वीर गाथा को उजागर करने के बजाय उस पर पर्दा ही डालते रहे हैं।

उक्त स्थिति में जहाँ एक ओर तथ्यों को उजागर करने की मेरी लेखनधर्मिता मेरे समक्ष थी, वहीं दूसरी ओर वर्तमान में वैदिक वर्णजाति और उपजातियों में फँसकर असंगठित अपने मूल भारतीय दलित नागवंशी समाज को अशिक्षा-अज्ञानता के अंधकार

से बाहर निकाल कर उन्हें संगठित करने की दिशा में प्रयास का मेरा दायित्व भी मुझे निरंतर कुछ करने के लिए बाध्य करता रहा। अस्तु मैं '1857 की क्रांति का जनक नागवंशी भंगी मातादीन हेला' नामक इस कृति को इस आशा और विश्वास के साथ लिखने बैठ गया कि शोषण-उत्पीड़न के शिकार उपेक्षित नागवंशीजन अपने पूर्वजों के गौरवशाली इतिहास से प्रेरणा लेकर न केवल गौरवान्वित होंगे बल्कि उनका स्वाभिमान जागेगा और वे अपने महान राष्ट्रभक्त पूर्वजों की भाँति पुनः संगठित होकर अपने खोए मानवीय जीवन के लिए संघर्षरत हो उठेंगे अपने इस प्रयास में मैं कितनी सफलता प्राप्त करूँगा इसका आकलन समय के साथ प्रबुद्ध पाठक स्वयं ही कर सकेंगे। अंत में मैं संभावित त्रुटियों के लिए क्षमा याचना करते हुए अपने सभी सहयोगी साथियों को धन्यवाद देता हूँ, जिन्होंने सदा मेरा मनोबल बढ़ाया।—भवतु सब्ब मंगलं।

—बौद्धाचार्य एस.आर.नाथ

'मिलन-निकेतन' 396, सदर बाजार, कैंट, इलाहाबाद (उ.प्र.)

1857 की क्रांति का जनक नागवंशी भंगी मातादीन हेला

भारतीय इतिहासकारों ने भारत के इतिहास की रचना के समय इस देश के बहुसंख्यक मूल निवासी सर्वगुण संपन्न स्वाभिमानी राष्ट्र भक्त नागवंशी अनार्यों के साथ कभी भी न्याय नहीं किया। भारत में बाहर से आने वाले आर्यों के जिन मुट्ठी भर धूर्त और चतुर लोगों ने धर्म के नाम पर पढ़ने-पढ़ाने पर एकाधिकार जमा कर शिक्षा को अपनी मुट्ठी में बन्द कर लिया था। उन्होंने 'स्त्री शूद्रो विद्या न धियताम्' मंत्र जैसे अपने कपटपूर्ण धर्मादेश की ओट में इस देश के बहुसंख्यक नागवंशियों को अशिक्षा और अज्ञानता के अंधकार में झोंकते हुए उन्हें पशु से भी बदतर जीवन जीने को विवश कर दिया।

तथ्य है कि आज भी शिक्षा-दीक्षा व प्रचार-तंत्र पर कब्जा जमाए बैठे अधिकांश जात्याभिमानी सवर्ण, दलितों के इतिहास पर प्रकाश डालने के बजाय उनके गौरवशाली इतिहास पर पर्दा डालने में ही मशगूल रहा करते हैं। भारतीय इतिहास को पढ़ने से स्पष्ट हो जाता है कि मूल भारतीय नागवंशी अनार्यों के गौरवशाली इतिहास का बखान करते समय ईर्ष्यालु जात्याभिमानी लेखकों के शब्द चुक जाते हैं तथा लिखते समय इनके कपटी-कलम की स्याही सूख जाती है। सच तो यह है कि आज भारतीय इतिहास विदेशी आर्य हमलावरों और दूसरे आक्रांताओं जिन्होंने भारत में घुसकर यहाँ कब्जा जमाया उनके जीवन और शौर्य प्रशंसाओं का पुलिन्दा मात्र बन कर रह गया है।

तथ्य है कि सदियों की गुलामी के बाद हमारे देश को एक लम्बे संघर्ष से आजादी हासिल हुई। देश की आजादी के बाद दौर शुरू हुआ स्वतंत्रता का सेहरा बाँधने और बँधवाने का। सखेद कहना पड़ता है कि इस अवसर पर भी दलितों के साथ ऐसा भयानक पक्षपात बरता गया कि स्वाभिमानी दलित नागवंशी राष्ट्र भक्तों की वीरता और कुर्बानी निर्मूल सिद्ध होकर रह गई। स्वतंत्रता संग्राम के इतिहास से असंख्य दलित वीरों और वीरांगनाओं का लगभग पत्ता साफ ही नजर आता है।

लेकिन दलितों में शिक्षा और उनके बीच से निकलकर कलम के सिपाहियों के आगे आने पर अब एक के बाद एक-एक करके ऐसे साहित्य प्रकाश में आ रहे हैं कि जिनसे धीरे-धीरे दलित नागवंशियों की वीरता और भारत की आजादी के लिए दलित वीरों एवं वीरांगनाओं द्वारा दी गई कुर्बानियाँ उजागर होती जा रही हैं।

जलियानवाला बाग काण्ड जिसकी चर्चा के बगैर भारत की आजादी का इतिहास ही नहीं लिखा जा सकता है। उस काण्ड की चर्चा में भी जात्याभिमानी लेखक कलम तो चलाते हैं। लेकिन इस तथ्य को दर्शाते वक्त कोताही बरत जाते हैं कि जलियान वाले बाग में ब्रिटिश हुकूमत की आज्ञा का उल्लंघन करके 13 अप्रैल 1919 को आजादी के दीवानों की सभा बुलाने वाला कोई सवर्ण हिन्दू या मुसलमान नहीं बल्कि महान क्रांतिकारी दलित योद्धा 1866 में पीरू धोबी के घर जन्मा नागवंशी पूत नत्थू धोबी ही था। इसमें भारी संख्या में जुझारू दलित नागवंशी कथित अछूत शामिल हुए थे। जनरल डायर के आँकड़ों के अनुसार इस काण्ड में 200 (दो सौ) लोग मारे गए। जिनमें 185 अछूत जाति के थे। जलियानवाला बाग काण्ड में बर्बर अँग्रेजों की गोली के शिकार हुए दलितों में सभा संयोजक नत्थू धोबी, बुद्धा भंगी, मंगल मोची, दुलिया धोबी आदि प्रमुख अमर शहीदों में रहे हैं।

जलियानवाला बाग काण्ड के क्रूर हत्यारे वहशी जनरल डायर को इंग्लैण्ड में जाकर मौत के घाट उतार कर मानवता की हत्या का बदला लेने वाला भारत माँ का अमर सपूत ऊधम सिंह भी चूहर राम चमार तथा नारायणी देवी का पूत दलित अछूत ही था। यही नहीं 12 अगस्त सन् 1942 में इलाहाबाद की कोतवाली पर लगे यूनियन जैक रूपी ब्रिटिश हुकूमत के नापाक झण्डे को उतार कर भारतीय तिरंगा झण्डा फहराने वाला बलिदानी, जो अंग्रेजी पल्टन 'बलूच रेजीमेण्ट' के सिपाहियों की गोली खाकर मातृभूमि की स्वतंत्रता के लिए अमर शहीद हुआ, वह भारत माँ का वीर सपूत ननकू लाल हेला (ननका जी) भी एक मूलभारतीय दलित नागवंशी परिवार का ही पूत था। जिसका जन्म इलाहाबाद जिले के बक्शी बाजार की एक दलित बस्ती में मान-सम्मान भंग करके पतित भंगी बनाए गए मूल भारतीय जुझारू नागवंशी हेला परिवार में हुआ था।

विशेष उल्लेखनीय तथ्य है कि मूल भारतीय नागवंशी अनार्य सन्तानें एक लम्बे अरसे से समय की मार खाते-खाते भले ही लुंज-पुंज हुईं तथा वर्तमान में हमलावरों की 'फूट डालो और राज्य करो' की भेद-विषमता मूलक नीति के कारण वर्ण-जाति और उपजातियों में बँट-बिखर कर दयनीय दरिद्रता को प्राप्त हैं। लेकिन उनकी रगों में बहने वाला स्वाभिमानी खून समय-समय पर अपना रंग दिखलाकर उनके नागवंशी पूर्वजों के जुझारूपन की याद को तरो-ताजा करता रहता है।

उदाहरण के तौर पर हम देखते हैं कि औरंगजेब के कब्जे से सिक्खों के नौवें गुरु तेग बहादुर सिंह का सिर लाने का जौहर दिखाने वाला वीरयोद्धा भंगी पूत ही

था तथा गुरु गोविन्द सिंह के लिए उनके आदेश का पालन करते हुए जो पाँच प्यारे, बलिदान देने के लिए आगे आए वे भी दलित योद्धा ही थे। भारत की स्वतन्त्रता के लिए कुरबानी देने वालों के तथ्यों को उजागर करने के इस अवसर पर हमें चौरी-चौरा काण्ड पर प्रकाश डालना ही होगा जहाँ क्रांतिकारी रामपति चमार के नेतृत्व में 5 फरवरी 1922 ई. को ब्रिटिश हुकूमत विरोधी आजादी की दीवानी पाँच हजार दलितों की उग्र भीड़ ने थाने में आग लगा कर 23 पुलिसकर्मियों को मौत के घाट उतारते हुए ब्रिटिश हुकूमत की जड़ों को हिला दिया था। इस काण्ड में 272 लोगों का चालान तथा 228 को सेशन सुपुर्द किया गया। क्रांति वीर रामपति चमार, सम्पत चमार, दुघई राझभर सहित 19 भारत माँ के दलित सपूत 2 जुलाई 1923 को फाँसी पर झूल कर अमर हुए। 14 को आजीवन कारावास मिला। 38 लोग रिहा हुए शेष को 2 से 8 वर्ष तक की सजा हुई। सजा पाने वालों में क्रांति वीरों में छोटू पासी, अयोध्या चमार, कल्लू चमार, गरीब चमार, राम सरन पासी, जगेसर, नोहर चमार, अलगू पासी, फलई, बिरजा चमार, मंडी चमार, मेड़ई चमार, रघुनाथ पासी, रामजस पासी आदि प्रमुख रहे।

उल्लेखनीय तथ्य है कि नागवंशी दलित वीर ही नहीं वीरांगनाएँ भी स्वाभिमान रक्षा एवं स्वतंत्रता संग्राम में अपना जौहर दिखाने में पीछे नहीं रहीं। 22 स्ववंशीय महिलाओं सहित भारत माँ को अंग्रेजों की गुलामी से मुक्त कराने के लिए बलिदान देने वाली अमर शहीद वीरांगना महावीरी देवी भंगिन अपने नाम के अनुरूप बड़ी निडर, साहसी और वीर थी। उसने भी बर्बर अँग्रेज की फौज से डटकर मुकाबला किया था तथा जी तोड़कर बहादुरी से लड़ते हुए शहीद हुई थी।

उल्लेखनीय तथ्य है कि महावीरी देवी का जन्म कथित हेला, हांडी धानुक, धरकार, डोम, डोमार, माँग, महार, मातंग, मदिगा, तोटी, तुरहिया, नगाड़ची, बजनिया, बनजारा, बंसोर, चुहड़ा, राउत आदि जैसे नामों से संबोधित बेना (पंखा) सूप, डेल, डलिया, दौरी आदि बनाकर जीवन यापन करने वाले मान-सम्मान भंग करके एक लंबे अरसे से पतित भंगी तक बनाए गए स्वाभिमानी मूलभारतीय नागवंशी वंशज में हुआ था। मुण्डभर भाजू तहसील करौना, जिला मुजफ्फरपुर की निवासिनी वीरांगना महावीरी देवी के पिता भी अपने स्ववंशीय बन्धुओं की भाँति ढोल-ताशा, तुरही, नक्कारा आदि बजाते व सूप, पंखा, डलिया आदि बनाकर—जैसे-तैसे गरीबी में जीवन यापन करते थे। देश में फैली वर्ण जाति की भेद-विषमता मूलक जात्याभिमानी मानसिकता के कारण होने वाले शोषण-अत्याचारों ने उन्हें और भी तोड़ दिया था। ब्राह्मणवादी 'स्त्री शूद्रो विद्या न धियताम' जैसे अमानवीय मंत्रों का आदर्श मानने वाली हिंदू समाज व्यवस्था के रहते दलित भंगी परिवार में जन्मी महावीरी देवी के पढ़ने-लिखने और शिक्षित होने का प्रश्न ही नहीं था। लेकिन अशिक्षित होने के बाद भी वीरांगना महावीरी देवी अपने नागवंशी पूर्वजों की भाँति स्वाभिमानी थी। वर्ण-जाति जैसी अमानवीय

व्यवस्था को भंग करना तथा शोषण-उत्पीड़न, अन्याय और गुलामी के विरुद्ध लड़ने का संस्कार उसके खून में था।

आज यह एक कौतूहल का विषय है कि दलित वीरों और वीरांगनाओं के इतिहास पर पर्दा डालने के बाद भी समय के साथ अब तमाम तथ्य उजागर होते ही जा रहे हैं। आज यह तथ्य भी किसी से छिपा नहीं रह गया है कि रानी झाँसी के स्थान पर अंग्रेजों की फौज के साथ बहादुरी से लड़ते हुए वीरगति को प्राप्त होने वाली असली वीरांगना झलकारी बाई ही थी, जिसका जन्म एक तथाकथित दलित नागवंशी कोरी जाति में हुआ था।

विशेष उल्लेखनीय है कि उक्त तथ्यों पर प्रकाश डालते हुए 1986 में भारतीय दलित साहित्य अकादमी द्वारा दिल्ली में आयोजित दो दिवसीय सम्मेलन को संबोधित करते हुए तत्कालीन केंद्रीय कृषि राज्य मंत्री श्री योगेन्द्र मकवाना ने कहा था कि "भारतीय स्वतंत्रता का इतिहास गलत ढंग से लिखा जा रहा है। इसमें संशोधन की आवश्यकता है। उन्होंने कहा कि आजादी की लड़ाई में दलित वीरों की महत्त्वपूर्ण भूमिका रही है। अगर सही इतिहास लिखा जाए तो हमें रानी झाँसी के नाम पर असली लड़ाई लड़ने वाली दलित वीरांगना झलकारी बाई (कोरी) व अन्य योद्धा पूरन कोली, भाऊ बक्स व रामपत चमार आदि की वीरता को सम्मिलित करना होगा। इतिहास मूल्यांकन से ही उन लोगों की छँटनी हो सकेगी जो स्वतंत्रता संग्राम में लड़े ही नहीं, पर इतिहास में उनका नाम जोड़ दिया गया है और बहुत से लड़नेवाले योद्धाओं का नाम सिर्फ इसलिए ही काट दिया गया, क्योंकि वे वीर दलित समाज के व्यक्ति थे।"

इसी प्रकार अन्यत्र भोपाल की एक सभा को संबोधित करते हुए श्री मकवाना ने कहा था कि "देश की आजादी की लड़ाई के इतिहास में समाज के कमजोर एवं दलित वर्ग के लोगों द्वारा किए गए त्याग और कुर्बानी को अनदेखा किया गया है। उन्होंने कहा कि तथ्यों के आधार पर स्वतंत्रता के इतिहास की सही रचना की जानी चाहिए। जिससे आम लोगों को इस सत्य की जानकारी हो सके कि देश की आजादी की लड़ाई को मुट्ठीभर गिने-चुने लोगों ने ही नहीं लड़ा बल्कि इस आजादी की लड़ाई में दलित वीरों की भी महत्त्वपूर्ण भूमिका रही है।"

दलित साहित्य-प्रकाशन संस्था, नई दिल्ली ने तो उपेक्षित क्रांतिकारी दलित वीरों एवं वीरांगनाओं की वीर गाथाओं को समाज के समक्ष प्रस्तुत करने की दिशा में पहल करते हुए विद्वान लेखक एम.आर. विद्रोही कृत 'दलित दस्तावेज' नामक 360 पृष्ठों के एक महत्त्वपूर्ण अनमोल ग्रन्थ को प्रकाशित करके एक सराहनीय कार्य ही कर दिखाया है। जिसमें उचित प्रमाणों सहित स्वतंत्रता संग्राम के दलित योद्धाओं की वीर गाथा एवं आजादी के लिए जेल जाने वाले दलित क्रांतिकारियों के नाम, पते, जेल और जेल में कटी सजा अवधि सहित एक लंबा ब्योरा भी पेश किया गया

है। इसी पुस्तक के पृष्ठ 72 से उद्धृत निम्न पंक्तियाँ भी कुछ कम महत्त्वपूर्ण नहीं हैं–"भारत में लेखन पर ब्राह्मणों का ही एकाधिकार रहा है। जब किसी दलित ने आंदोलन किया तो उसका नाम भी इतिहास की पुस्तकों में नहीं आने देते हैं। कारण यह कि दलित बालक (नागवंशी संतानें) अपने पूर्वजों से प्रेरणा ले कहीं संगठित होकर ब्राह्मणवादी व्यवस्था के विरुद्ध भी संघर्ष न कर दे, (ऐसा हुआ तो) जो शासन पर पैर फैलाए सो रहे हैं, उन्हें तकलीफ होगी।"

विगत में सांसदों द्वारा राज्यसभा में नकली स्वतंत्रता सेनानियों की जाँच कराए जाने का प्रश्न उठाने पर तो तत्कालीन गृहमंत्री राज्य एम. एम. जैकब ने कहा कि सरकार ने एक हजार तीन सौ से अधिक मामलों में यह साबित होने पर कि (स्वतंत्रता सेनानी की) पेंशन लेने वाले लोगों ने वास्तव में स्वतंत्रता संग्राम में भाग ही नहीं लिया था, उनकी पेंशन रद्द कर दी गई।

विशेष उल्लेखनीय है कि अखबारों आदि के माध्यम से तमाम ऐसे महत्त्वपूर्ण तथ्य भी प्रकाश में आ चुके हैं कि अनेक ऐसे लोग भी स्वतंत्रता सेनानी बन बैठे, जिनका जन्म देश की आजादी के बाद स्वतंत्र भारत में हुआ। यही नहीं ऐसे नकली स्वतंत्रता सेनानी बड़े मजे से स्वतंत्रता सेनानियों को मिलने वाली समस्त सुविधाएँ भी भोगते रहे।

भारतीय इतिहास के साथ बरते गए पक्षपाती रवैये पर आश्चर्य तो उस समय होता है जब हम देखते हैं कि सन् 1857 के स्वतंत्रता संग्राम के प्रणेता भंगी मातादीन हेला के इतिहास पर पर्दा डालते हुए जात्याभिमानी सवर्ण लेखकों ने सन् 1857 के इस महत्त्वपूर्ण ऐतिहासिक स्वतंत्रता संग्राम का प्रणेता मंगल पाण्डेय को बना कर ऐसा पेश किया कि आज देशवासी भंगी मातादीन हेला का नाम तक नहीं जानता। जबकि सन् 1857 के गदर का जन्म देने का मूल प्रेरक-प्रणेता महान क्रांतिकारी स्वाभिमानी नागवंशी भंगी मातादीन हेला ही था।

आइए, आज जबकि हमारा देश आजादी के स्वर्णजयन्ती का समापन कर रहा है, तब हम स्वतंत्रता संग्राम के अमर शहीदों सहित उन तमाम शहीद दलित वीरों और वीरांगनाओं को, जिन्हें हमारा इतिहास भुला बैठा है या धूर्त इतिहासकारों ने जान बूझकर इतिहास के पन्ने पर स्थान नहीं दिया, उन्हें भी अपनी भावभीनी श्रद्धांजलि अर्पित करते हुए सन् 1857 के स्वतंत्रता संग्राम के प्रणेता महान क्रांतिकारी स्वाभिमानी नागवंशी भंगी मातादीन हेला के जीवन पर एक नजर डाल लें।

उल्लेखनीय है कि पाक्षिक समाचार-पत्र-दलित-केसरी ने अपने 14 व 30 जून 1990 के अंक में बंगाल के हेलाओं, जहाँ यह पिछड़ी जाति की सूची में शामिल एक जाति कही गई है, (राजस्थान में यही जुझारू नागवंशी हेला राजपूत क्षत्रिय माने जाते हैं।) उनके जीवन की समस्याओं पर 'पश्चिम बंगाल में हेला समाज का जीवन अंधकारमय' शीर्षक के अंतर्गत प्रकाशित अपने लेख में इस तथ्य को उजागर किया

गया था कि भारत में हमलावरों के रूप में बाहर से आने वाले आर्यों का यहाँ के जिन मूल भारतीय नागवंशी अनार्यों ने डटकर मुकाबला किया तथा हमलावर आर्यों ने जिन्हें अपनी छल-कपट की नीति से जीता ही नहीं बल्कि दास-गुलाम बना कर मनमाना राज्य करना चाहा, किन्तु अपनी हार न मानने वाले यहाँ के तमाम स्वाभिमानी नागवंशीजन प्रतिउत्तर में जात्याभिमानी वैदिक आर्यों की हर विषमतावादी शोषकी चाल व नीति-नियमों को अमान्य घोषित करके उसे भंग किया। कदम-कदम पर विरोध करते हुए आर्यों की प्रभुसत्ता में बाधक बने। क्रूर आर्यों ने उन्हें बेरहमी से कुचला और वैदिक वर्ण-भेद के भंगकर्ता के रूप में स्वाभिमानी नागवंशियों को भंगी घोषित किया।

संक्षेप में हम कह सकते हैं कि जिसने जितना आर्यों का विरोध किया आर्यों ने उन्हें अपने वैदिक विधान के भंगकर्ता यानी नियम तोड़ने वाले के रूप में भंगी कह कर उतना ही कुचला-दला और पतित-दलित नीच-अछूत भंगी तक बनाया। इस प्रकार हम कह सकते हैं कि आज जो जितना पतित-अछूत और नीच समझा जाता है वह उतना ही महान् मूल भारतीय स्वाभिमानी जुझारू नागवंशी अनार्य योद्धा तथा आर्यों का प्रचण्ड विरोधी व भयानक शत्रु रहा। आर्यों ने अपने नीति-नियम का कदम-कदम पर उल्लंघन करने तथा तोड़ने अथवा भंग करने वाले भंगियों अर्थात् अपनी वैदिक ब्राह्मणवादी भेद-विषमता मूलक वर्ण-जाति के नियम भंगकर्ताओं से बदला लेने की मन में ठान ली।

इस प्रकार पहले तो क्रूर छल-छद्मी आर्यों ने यहाँ के शासक-मालिक नागवंशी अनार्यों के धन-धरती से उनका संबंध भंग किया। कालांतर में अवसर मिलते ही शूद्र से अति शूद्र ही नहीं बल्कि मान-सम्मान भंग करके उन्हें सर्वभंगी बनाकर कथित धोबी, चमार, मेहतर, पासी और खटिक आदि जैसे नामों से हजारों जातियों और उपजातियों के रूप में अलग-अलग खेमों में भी बाँटकर शक्तिहीन बना दिया।

हमलावर आर्यों ने अपनी 'फूट डालो और राज्य करो' की कपट पूर्ण नीति के बल पर न केवल भाई को भाई से जुदा किया बल्कि उनमें भी ऊँच-नीच का जाति भेद फैलाकर उन्हें आपस में लड़ाया और ऐसा कमजोर बनाया कि सर्वगुण संपन्न बलशाली नागवंशी अनार्यों का हेलवः हेला-हल्ला की प्राचीन जेहादी ललकार के साथ जूझने वाला यह स्वाभिमानी जत्था नीच-अछूत और दास-गुलाम बनकर रह गया।

आज का कथित हेला समाज जिसका एक प्राचीन गढ़ इलाहाबाद माना जाता है, यह भी भारत के आदि शासक-मालिक और सर्व-गुण संपन्न नागवंशी पुरोहितों की एक प्रमुख शाखा है। यह भारत के मूल निवासी सर्वगुण बलशाली स्वाभिमानी नागवंशी अनार्यों के उस प्राचीन दल का ही एक छोटा-सा हिस्सा रहा है जो कभी हेलवः हेला-हल्ला के प्रचण्ड जेहादी ललकार के साथ लुटेरे वैदिक आर्यों से अपने

धन-धरती धर्म की बहाली के लिए प्राणार्पण से जूझते हुए अपने कथित शूद्र (अनुसूचित जाति, जनजाति तथा पिछड़ी जाति में बँटे-बिखरे) अन्य नागवंशी भाइयों को भी जूझने के लिए प्रेरित करता रहा।

हेलाओं का गढ़ अथवा मूल स्थान इलाहाबाद एवं उसके आस-पास मिर्जापुर, बनारस, सुल्तानपुर, बरेली, प्रतापगढ़, कानपुर, इटावा, फतेहपुर, बाँदा, चित्रकूट आदि जैसे अन्य जनपद भले ही माने जाते रहे हों, लेकिन इस तथ्य से इनकार नहीं किया जा सकता कि अपने पूर्वजों के प्राचीन सम्मानित जीवन से वंचित दयनीय दरिद्रता के शिकार नारकीय जीवन का बोझ ढोते, जिस कथित हेला समाज का मान-सम्मान भंग करके समय के चक्र ने उसे पतित भंगी तक बनाया था। वह एक लम्बे अरसे से बाँस और सरई आदि से बेना (पंखा), सूप, टोकरी, डेल, डलिया, दौरी आदि बनाने की अपनी विशेष कारीगरी तथा गाने-बजाने की कला पारंगतता आदि के सहारे रोजी-रोटी कमाने के लिए भारत के अन्य क्षेत्रों, जहाँ उसे दूसरे क्षेत्रीय नाम दिए गए में विचरता रहा है।

विडंबना ही कही जाएगी कि कभी बाँस पर अपनी विशेष कला छोड़ते हुए बेजोड़ धनुष-बाण बनाने ही नहीं बल्कि चलाने की कला में भी अपनी महारथता रखने वाले इन मूल भारतीय नागवंशी धनुर्धारी योद्धाओं की अभागी संतानों को कहीं-कहीं पर भूखे पेट की आग बुझाने के लिए मेहनत-मजदूरी के रूप में झाड़ू-बुहारी जैसे गन्दे-घृणित अमानवीय कार्य करने को भी विवश होना पड़ा। समय की मार से दर-दर भटकते इन्हीं नागवंशी योद्धाओं, जिनका एक नाम हेला भी पड़ गया। इनके तमाम नागवंशी भाई-बन्धुओं को भारत के अलग-अलग क्षेत्रों में बंसोर, डोमार, धानुक, रावत, माँग, महार, मुसहर, बजनिया, चुहड़ा, तोटी, तुरहिया, नगाड़ची, माले, मदिगा, हजरा, भुइयाँ, हाड़ी, दुसाध, धरकार, नायक नटबेड़िया, बंजारा, धीवर, कहार, चमार, पासी, धोबी, खटिक तथा जनजाति-पिछड़ी जाति आदि जैसे अन्य दूसरे अनेक नामों से भी संबोधित किया गया।

सैकड़ों वर्ष पूर्व अपनी रोजी रोटी की तलाश में अपना मूल क्षेत्र छोड़कर हेला समाज के बहुत से लोग बंगाल भी जा पहुँचे थे। यहीं से यह जुझारू नागवंशी हेला जन बर्मा तथा प. पाकिस्तान (वर्तमान बंगलादेश) आदि दूर मुल्कों में पहुँचे। आज प. बंगाल में हेलाओं की जनसंख्या इतनी अधिक है कि यदि बंगाल को हेलाओं का एक बहुत बड़ा गढ़ कहा जाए तो अनुचित न होगा। बंगाल में हेलाओं की इतनी विशाल जनसंख्या का मुख्य कारण यह भी रहा कि बंगाल में इन्हें जीविकोपार्जन हेतु बेना, सूप, टोकरी आदि बनाने तथा गाने बजाने की अपनी विशेष कला के माध्यम से कमाई के अतिरिक्त सफाई मजदूरी आदि जैसी मामूली सरकारी नौकरियाँ भी आसानी से मिल जाती थीं।

नागवंशी भंगी मातादीन भी इसी हेला समाज का एक सदस्य था। जिसके

पुरखे कभी अन्य हेला परिवारों की भाँति बंगाल में आकर बस गए थे। सरकारी नौकरी में अंग्रेजों के संपर्क में आने पर मातादीन को अपने नागवंशी पूर्वजों के समता, स्वतंत्रता, न्याय और बंधुता पर आधारित मानवीय जीवन का स्मरण शनैः-शनैः होने लगा। मातादीन के अचेतन मन में सुप्त पड़ी सुख-समृद्धिपूर्ण सम्मानित जीवन की प्राचीन यादें पुनः ताजा हो उठी थीं। अब उसमें आर्यों की अधीनता में गुजरी लंबी दयनीय दरिद्रता और अपमान भरी गुलाम जिंदगी की जंजीरों को तोड़ देने तथा सम्मानपूर्वक सर उठाकर समता-स्वतंत्रता का मानवीय जीवन जीने की तमन्ना जाग उठी थी। उसकी रगों में बहने वाला मूल भारतीय नागवंशियों का स्वाभिमानी खून उबल पड़ा था। यही कारण रहा है कि वर्ण जाति, ऊँच-नीच और छुआछूत के विष से विष-विषाक्त वैदिक हिन्दू समाज की परवाह किए बिना भंगी मातादीन हेला ब्रिटिश फौज के मंगल पाण्डेय नामक एक ब्राह्मण सिपाही से उसका पीतल का लोटा पानी पीने के लिए माँग बैठा था। जात्याभिमानी मानसिकता ग्रसित उस ब्राह्मण सिपाही ने अपने हिन्दूधर्मी पूर्वजों से विरासत में प्राप्त भेद-विषमतामूलक अमानवीय जात्याभिमानी संस्कार के वशीभूत अपनी वर्ण-जाति की ओछी श्रेष्ठता को दर्शाते हुए भंगी मातादीन हेला को फटकार दिया।

लेकिन स्वाभिमानी भंगी मातादीन हेला के मन-मस्तिष्क व हृदय में अब नागवंशी पूर्वजों की समता, स्वतंत्रता न्याय और बन्धुता की मूल मानवीय भावना और आदि भारतीय बुद्धिवादी चिंतन जाग्रत हो उठा था। उसने कारतूस बनाने वाले उस कारखाने में जहाँ वह स्वयं भी काम करता था अपनी आँखों से उस कारतूस को बनते देखा था जिसे पानी की नमी और जंक से बचाने के लिए गाय और सूअर की चर्बी लगी झिल्ली (पर्त) चढ़ाकर सुरक्षित किया जाता था और इस्तेमाल के समय इसी कारतूस की गाय और सूअर की चर्बी लगी पर्त को अंग्रेजी फौज में भर्ती हिन्दू-मुसलमान दोनों ही सिपाही अपने-अपने दाँतों से काटते (पर्त उखाड़ते) तथा बन्दूक में भरकर चलाते थे।

भंगी मातादीन हेला ने उस अहंकारी ब्राह्मण मंगल पाण्डेय जिसे अपने भेद-विषमतामूलक वैदिक हिंदू धर्म और कथित उच्च वर्ण-जाति पर बड़ा गुमान था। तथा गुमान के कारण ही जिसने लोटा माँगने पर मातादीन को अपमानित किया था, उसकी जात्याभिमानी फटकार को अपना ही नहीं बल्कि भंगी मातादीन हेला ने अपने पूर्वजों की समता, स्वतंत्रता, न्याय, बन्धुता की महान आदि श्रमण-संस्कृति का अपमान समझा तथा बिना एक पल गँवाये चोट खाये क्रोधित नाग की भाँति उलट कर वर्ण-जाति, ऊँच-नीच और छुआ-छूत की भित्ति पर अधिष्ठित शोषकी ब्राह्मणवादी समाज व्यवस्था पर करारी चोट करते हुए कहा कि "तुम सबका ब्राह्मणत्व और ऊँचेपन का जातीय अहंकार उस समय कहाँ चला जाता है, जब तुम सब अपनी बन्दूकें चलाने के लिए गाय और सूअर की चर्बी से युक्त (तर) कारतूस को मुँह में डालकर उसे

अपने ही दाँतों से काट-काटकर बन्दूकों में भरते और चलाते हो?" ब्रिटिश फौज की कारतूस बनाने वाली फैक्टरी बैरिकपुर (दमदम, कलकत्ता) में नौकरी करने के कारण भंगी मातादीन हेला के मुख से निकले तथ्य की पुष्टि के लिए किसी प्रमाण-पत्र रूपी बैसाखी की आवश्यकता नहीं थी। उसकी यह बात फौजी बैरिकों में जंगल की आग की तरह फैल गई। गाय और सूअर की चर्बी की बात सुनकर हिन्दू-मुसलमान सभी भारतीय सिपाही ऐसा भड़क उठे कि देखते ही देखते अंग्रेज सरकार के विरुद्ध एक विप्लव उठ खड़ा हुआ।

यह स्वाभिमानी मूलभारतीय नागवंशी पूत भंगी मातादीन हेला की फैलाई क्रांति चिनगारी का ही कमाल रहा कि वह ज्वाला बनी। एक बटालियन से दूसरी बटालियन, एक छावनी से दूसरी छावनी और दूर शहरों में फैली इस ज्वाला ने ऐसा विकराल रूप धारण किया कि इसमें असंख्य आजादी के दीवाने वतनपरस्तों द्वारा कुर्बानी का जो सिलसिला चल पड़ा तो वह अंग्रेजों के लाख प्रयास के बावजूद अनेक उतार-चढ़ावों के दौरों से गुजरता हुआ अन्ततः भारत माता की गुलामी की ब्रिटिश बेड़ियों को तोड़ तथा अंग्रेजों का बिस्तर बँधवाकर ही थमा। सन् 1857 का यही विप्लव जो अँग्रेजों की नजर में थ्योटिनी और गदर था। देशवासियों ने इसे आजादी की लड़ाई कहा, जो इतिहास के पन्नों पर स्वतंत्रता संग्राम की एक महत्त्वपूर्ण कहानी '1857 की क्रांति' बनकर अमर हो गई।

विशेष उल्लेखनीय तथ्य है कि जहाँ अधिकांश जातिवादी इतिहासकारों ने इस महान दलित क्रांतिकारी योद्धा की उपेक्षा की और इस महत्त्वपूर्ण तथ्य पर कलम चलाने से कतरा गए वहीं श्री राजेन्द्र कुमार जैन, भगवान दास तथा अन्य कुछ लेखकों ने भंगी मातादीन की ओर भी एक हल्की नजर डाल अपनी कलम चलाते हुए चन्द पंक्तियाँ लिखने की जहमत उठाई। उदाहरणार्थ श्री जैन ने अपनी पुस्तक 'सन् 1857 ई. का विप्लव और शाह जफर' के पृष्ठ 73 पर लिखा है, "नं. 70 बंगाली पलटन के कैप्टन राइट ने एक चिट्ठी मेजर बोन्टीन दमदम के नाम 22 जनवरी, 1857 ई. को लिखी थी, चिट्ठी में लिखा था कि नं. 2 की पलटन के एक ब्राह्मण सिपाही से एक भंगी (मातादीन हेला) ने पानी पीने के लिए उसका पीतल का लोटा माँगा। ब्राह्मण ने भंगी मातादीन को फटकार दिया। भंगी मातादीन ने ब्राह्मण को चिढ़ाते हुए कहा कि बहुत जल्दी तुम सबकी पंडिताई (ऊँच ब्राह्मणीपन) निकल जाएगी। जब तुम सब दाँत से सूअर और गाय की चर्बी से बने कारतूस को काटकर बन्दूकों में भरकर चलाओगे। यह भंगी दमदम के उस कारखाने में नौकर था जहाँ ये नए कारतूस बनाए जा रहे थे। इसलिए उसकी बात प्रामाणिक मानी गई।" इसी एक घटना से सेना में विद्रोह फैला और यह विप्लव सन् 1857 का गदर बना।

उक्त तथ्य की सुपुष्टि हेतु कुछ अन्य निम्न समाचार-पत्रों पर भी दृष्टिपात करना अनुचित न होगा। फैजाबाद से प्रकाशित 'दैनिक जन मोर्चा' के 8 अप्रैल 1993

ई. के अंक में पृष्ठ 4 पर उक्त तथ्य को उजागर करते हुए लिखा गया है कि "31 जनवरी 1857 को जब वे (मंगल पाण्डेय) लोटे से पानी लेकर रसोईघर में जा रहे थे तभी भंगी जाति के खलासी ने मंगल पाण्डेय से पानी पिलाने का अनुरोध किया। पाण्डेय ने अपने संस्कारवश एक अस्पृश्य (अछूत) को अपने लोटे से पानी पिलाने से मना कर दिया। इस पर खलासी ने गुस्सा कर व्यंग भरे शब्दों में कहा अपनी जाति पर बड़ा गुमान है। देखें अब उसे कैसे बचाते हो, जब अंग्रेज गाय और सूअर की चर्बी से युक्त (तर) किए गए कारतूस दाँतों से काट कर चलाने हेतु देने जा रहा है। यह सुनकर मंगल पाण्डेय बौखला उठे और अंग्रेजों से बदला लेने की ठान ली।......चर्बी प्रयोग की बात आग की तरह चारों ओर फैल गई। कलकत्ता स्थित तत्कालीन इंस्पेक्टर जनरल आफिस के रिकार्ड से यह प्रमाणित होता है कि 16 अगस्त 1857 में पशुओं की चर्बी आपूर्ति का ठेका कलकत्ता के ही गंगाधर बनर्जी एण्ड कंपनी को दो आना (12 पैसा) प्रति अर (की दर से) दिया गया था। चर्बी के प्रयोग से हिंदू एवं मुस्लिम दोनों सिपाही क्रोधित हो उठे। उन्हें लगा कि उनके धर्म को नष्ट करने की यह अंग्रेजों द्वारा सुनियोजित साजिश है।"

भारतीय दलित साहित्य अकादमी के राष्ट्रीय अध्यक्ष डॉ. सोहन पाल सुमनाक्षर एम.ए., पी-एच.डी. ने अपने द्वारा संपादित हिमायती (पाक्षिक) के मई 1996 (द्वितीय) अंक 16 में 1857 की चिनगारी को दर्शाते हुए लिखा है कि "1857 की आजादी की पहली लड़ाई का बीजारोपण करने वाला वह व्यक्ति और कोई नहीं मातादीन भंगी था। लेकिन लाख अफसोस कि बहुत कम इतिहासकारों ने मातादीन भंगी के साथ न्याय किया है।"...........

यह घटना बंगाल में कलकत्ता से 16 मील दूर बैरिकपुर की है। यहाँ कारतूस बनाने का एक कारखाना था। जहाँ अछूत कौम के लोग प्रायः काम करते थे। एक दिन की बात है, एक अछूत को जोरों की प्यास लगी। उसने एक सैनिक से उसका लोटा पानी पीने के लिए माँगा। वह सैनिक कट्टर सनातनी ब्राह्मण था। उसने फैक्टरी के कर्मचारी को लोटा नहीं दिया क्योंकि वह कर्मचारी कथित अछूत (भंगी हेला) जाति का था। लोटा न मिलने के कारण उस कर्मचारी (मातादीन हेला) ने बहुत अपमान महसूस किया। उसने उस ब्राह्मण सैनिक से कहा कि "बड़ा आया ब्राह्मण का बेटा। जिन कारतूसों का तुम उपयोग करते हो उन पर गाय और सूअर की चर्बी लगाई जाती है, जिसे तुम दाँतों से तोड़ (काट) कर बन्दूकों में भरते हो। उस समय तुम्हारा ब्राह्मणत्व और धर्म कहाँ चला जाता है।....धिक्कार है, तुम्हारे इस ब्राह्मणत्व को।...." यह मातादीन भंगी ही था, जिसने हिन्दुस्तानी सैनिकों की आँखें खोलते हुए 1857 के स्वतंत्रता संग्राम की पहली चिनगारी सैनिक छावनी में फेंक दी। पूरी छावनी में मातादीन भंगी की चिनगारी जंगल में आग की तरह फैल गई।

"1 मार्च 1857 को मंगल पाण्डेय परेड मैदान में लाइन से निकलकर बाहर

आ गए। सैनिक अधिकारी को गोली मार दी और इस तरह विद्रोह बढ़ गया। मातादीन की वह चिनगारी काम कर गई थी। 8 अप्रैल 1857 को क्रांतिकारी मंगल पाण्डेय को फाँसी पर लटकाया गया।...जो लोग गिरफ्तार हुए (जिन्हें सजाए मौत मिली थी) उनमें मातादीन भंगी प्रमुख थे। गिरफ्तार चार्जशीट में सबसे पहला नाम किसी और का नहीं बल्कि मातादीन भंगी का ही था। सभी गिरफ्तार क्रांतिकारियों का कोर्ट मार्शल हुआ। मातादीन भंगी शहीद हो गए।''

मैनपुरी उत्तर प्रदेश से प्रकाशित समाचार-पत्र 'अनार्य भारत' के संपादक विद्वान लेखक श्री एस.एल. सागर ने भारत के स्वतंत्रता संग्राम के प्रणेता स्वाभिमानी मूलभारतीय नागवंशी पूत भंगी मातादीन हेला के प्रसंग को दर्शाते हुए अपने 15 जून 97 के एक अंक में लिखा है कि ''1857 की छावनी की घटना के चित्रण से भी ऐसा प्रतीत होता है कि कुलीन लेखकों ने 1857 की क्रांति का श्रेय मात्र मंगल पाण्डेय को दे दिया, पर यह सच नहीं है। इस क्रांति का श्रेय मातादीन भंगी को जाता है। बैरिकपुर छावनी में कारतूस बनाने का कारखाना था। इसमें मातादीन भंगी एक कर्मचारी था। मातादीन ने मंगल पाण्डेय से पानी पीने का लोटा माँगा। मंगल पाण्डेय ने कहा कि नीच जाति को लोटा देने से धर्म नष्ट हो जाएगा। इस (अपमान) पर मातादीन ने कहा कि जो कारतूस तुम दाँत से तोड़ते हो उसमें सूअर-गाय की चर्बी लगी होती है। तब तुम्हारा धर्म नष्ट नहीं होता, तब तुम्हारा ब्राह्मणत्व कहाँ चला जाता है। मातादीन ने जो चिनगारी लगाई वही आग (ज्वाला) बन गई। सैनिकों (हिन्दू-मुसलमान दोनों) ने विद्रोह कर दिया। विद्रोह (आरंभ में) दबा दिया गया पर विद्रोहियों पर देशद्रोह का मुकदमा चला। इस मुकदमे का उन्मान ही 'सरकार बनाम मातादीन' था। अंत में कई लोगों (क्रांतिकारियों) को फाँसी की सजा हुई। इस मुकदमे में सबसे पहले फाँसी मातादीन भंगी को ही दी गई।...यद्यपि मंगल पाण्डेय भी इस क्रांति में शहीद हुए पर इस (क्रांति) का सूत्रधार पाण्डेय नहीं, मातादीन भंगी था। पाण्डेय के रक्तवंशी इतिहासकारों ने 1857 की क्रांति का श्रेय मंगल पाण्डेय को दे दिया और यह छिपा गए कि इस (क्रांति) के सूत्रधार मंगल पाण्डेय नहीं बल्कि मातादीन भंगी थे।''

अब तक हुई विवेचनाओं के बाद प्रकाश में आए तथ्यों के आधार पर निःसंदेह मानना पड़ता है कि 1857 की क्रांति का जनक अथवा प्रमुख सूत्रधार स्वाभिमानी मूल भारतीय नागवंशी पूत भंगी मातादीन हेला ही रहा है। उक्त तथ्य की और भी सुपुष्टि हो जाती है जब हम मातादीन हेला और मंगल पाण्डेय प्रकरण को गंभीरता से लेकर इस पूरे प्रकरण की बारीकी से जाँच करते हुए निम्न तथ्यों पर ध्यान देते हैं।

प्रथम यह कि इस प्रकरण में गाय और सूअर की चर्बी उपयोग की बात भविष्य में किए जाने की जो बात कुछ लेखकों द्वारा दर्शाई जाती है मैं समझता हूँ कि उसमें

तथ्य की अपेक्षा गाय और सूअर की चर्बी के उपयोग से अपनी जाति पवित्रता कायम रखने की भावना अधिक दृष्टिगत होती है। क्योंकि इतना बड़ा विद्रोह भविष्य में चर्बी उपयोग की संभावनाओं के आधार पर नहीं बल्कि गाय और सूअर की चर्बी के कारतूसों में उपयोग किए जाने पर ही खड़ा हुआ होगा। ऐसा ही तर्कसंगत सत्य प्रतीत होता है।

हम देखते हैं कि उक्त तथ्य घटना के गहन अध्ययन से भी उजागर होता है कि 1857 के आरंभ में यह विद्रोह उठ खड़ा हुआ था और माह अप्रैल 1857 में ही भंगी मातादीन हेला और मंगल पाण्डेय आदि क्रांतिकारियों को फाँसी पर चढ़ाया जा चुका था। जबकि कई लेखक चर्बी का ठेका तय होने की बात को अगस्त 1857 ई. में दर्शाते हैं। ऐसी स्थिति में भंगी मातादीन हेला जैसे अशिक्षित चतुर्थ श्रेणी कर्मचारी को जनवरी में गाय और सूअर की चर्बी तथा चर्बी के कारतूसों पर इस्तेमाल की बात उपयोग विवरण सहित कैसे मालूम हुई?...अथवा मालूम होना कैसे माना जा सकता है?

वास्तव में भंगी मातादीन हेला ने स्वतः अपनी आँखों से न केवल कारखाने में कारतूस बनते समय गाय और सूअर की चर्बी के उपयोग को देखा होगा। बल्कि उसने गाय और सूअर की चर्बी युक्त कारतूसों को हिन्दू और मुसलमान सिपाहियों द्वारा अपने दाँतों से काटकर चलाते भी देखा होगा। तभी तो अपने अपमान का बदला लेते हुए उसने जात्याभिमानी सिपाही मंगल पाण्डेय तथा उसके ब्राह्मणवादी हिंदूधर्मी पाखण्ड को गाय और सूअर की चर्बी के उपयोग की हकीकत का ताना मारकर ऐसा फटकार दिया था कि नागवंशी भंगी मातादीन हेला की स्वाभिमानी फटकार 1857 ई. की क्रांति को जन्म दे बैठी।

दूसरी बात यहाँ विशेष ध्यान देने लायक यह है कि जिस समय वर्ण-जाति की शोषकी ब्राह्मणवादी व्यवस्था भारतीय समाज में पूर्ण रूप से छाई थी तथा ऊँच-नीच और छुआछूत विशेष रूप से हिंदू समाज का अपृथक अंग बनकर उन असंख्य-बहुसंख्यक दलित नागवंशियों जिन्होंने कथित हिंदूधर्म को अपने पूर्वजों का आदि धर्म मान लिया था और उनके मन-मस्तिष्क में हिंदू धर्मी-पाखण्डी व्यवस्था ने हीन भावना पैदा कर दी थी। उक्त समय की ऐसी परिस्थिति में किसी दलित भंगी द्वारा एक ब्राह्मण से पानी पीने के लिए उसका लोटा माँगना धारा के विपरीत तैरने जैसा साहसी और क्रांतिकारी ही नहीं बल्कि विषमतावादी वर्ण-जाति की शोषकी व्यवस्था को ध्वस्त कर समता, स्वतंत्रता, न्याय बंधुता की मूल मानवीय भावना पर आधारित समाज व्यवस्था को स्थापित करने का महान युग-प्रवर्तनकारी कदम भी साबित होता है।

विद्वान लेखक एम.आर. विद्रोही की निम्न पंक्तियाँ भी मेरे उक्त विचारों को बल देती हैं इति—"सन् 1857 ई. का समय तो दलित जातियों को सूअर, कुत्ता, बिल्ली जैसी जिंदगी जीने पर बाध्य करता था। छुआछूत उस समय तो इस प्रकार

थी कि यदि कोई ब्राह्मण घर में भोजन कर रहा हो और कोई अछूत बाहर कहीं रास्ते में बोल दे उसकी आवाज ब्राह्मण के कानों में पड़ जाए तो वह ब्राह्मण, जो भोजन कर रहा हो बिना भोजन किए उठ जाता था और साथ ही उस दिन भोजन नहीं करता था। जिस देश के समाज में इस प्रकार की मान्यताएँ प्रचलित हों, उस देश में (उस माहौल में) किसी भंगी का ब्राह्मण से पानी पीने के लिए उसका लोटा (वह भी पीतल का) माँगना कितना बड़ा क्रांतिकारी कदम था। उसका मूल्यांकन स्वयं पाठक ही करें।'' देखें—विद्रोही कृत 'दलित दस्तावेज' (संस्करण 1989) पृष्ठ 80 पर।

इस प्रकार उपरोक्त तमाम तथ्यों से सुपुष्ट हो जाता है कि अपने धन-धरती और धर्म की बहाली में एक लम्बे अरसे से लड़ते थके-हारे वर्तमान में हेला, हाड़ी, धानुक, धरकार, डोम, डोमार, माँग, महार, राउत, बसोर, चुहड़ा, चमार, धोबी, पासी, खटिक आदि घोषित करके अलग-अलग जातियों में बाँट-बिखेरकर असंगठित कमजोर और पतित, अछूत ही नहीं बल्कि मान-सम्मान भंग करके भंगी तक बनाए गए स्वाभिमानी मूल भारतीय नागवंशियों की जुझारू संतानों ने भारत की आजादी की लड़ाई के अवसर पर भी अपना खून बहाया तथा बहादुरी से लड़े। असंख्य स्वाभिमानी नागवंशी वीर योद्धा एवं वीरांगनाओं ने अपनी मातृभूमि की आजादी के लिए कुर्बानी दी। अस्तु जब भी भारतीय स्वतंत्रता संग्राम का इतिहास सच्चाई के साथ लिखा जाएगा तब न केवल अनगिनत मूलभारतीय दलित नागवंशी वीर योद्धाओं और वीरांगनाओं की कुर्बानी तथा वीरगाथा का स्वर्ण अक्षरों में बखान किया जाएगा बल्कि 1857 की महान क्रांति जिसे अंग्रेजों ने थ्योटिनी और 1857 का गदर कहा तथा भारतवासियों ने भारतीय स्वतंत्रता संग्राम की संज्ञा दी थी उसका वास्तविक जनक और एकमात्र सूत्रधार प्रणेता निश्चित रूप से स्वाभिमानी नागवंशी भंगी मातादीन हेला को मानना ही पड़ेगा।

—भवतु सब्ब मंगलं

□□□